Peter Leue

1000 TIPS für Campingfreunde

Mit 400 Illustrationen
von Henryk Berg

transpress
VEB Verlag für Verkehrswesen
Berlin 1988

Leue, Peter:
1000 [Tausend] Tips für Campingfreunde /
mit 400 Ill. von Henryk Berg.
Berlin : transpress, 1988. –
336 S. : Ill.
NE: Berg, Henryk

ISBN 3-344-00260-0

1086 Berlin, Französische Straße 13/14
VLN 162-925/103/88 P 16/87/B1
LSV 5209
Illustrationen: Henryk Berg, Berlin
Gestaltung: Ingrid Romanowski, Berlin
Gesamtherstellung: (52) Nationales Druckhaus Berlin, Betrieb der VOB National
Printed in the German Democratic Republic
Best.-Nr.: 566 830 3
01980

Vorwort

Auf ein längeres Vorwort wollen wir verzichten.
Der Autor könnte darin zum Anliegen
des Buches kaum mehr mitteilen,
als der Leser ohnehin bei der Lektüre erkennt.
Auch kaufanreizend dürfte es nicht wirken,
denn ein so reich illustriertes Buch teilt sich
dem Interessenten beim ersten Durchblättern
bestimmt viel intensiver mit,
als das eine Absichtserklärung des Autors könnte.
Papier ist schließlich knapp,
und wenn wir uns an dieser Stelle bescheiden,
lassen sich aus der gleichen Papiermenge
mindestens 200 Bücher mehr herstellen.
Das ist unser Beitrag zur Materialökonomie!
Dieses Buch kann auf Dauer nur leben,
wenn alle Campingfreunde daran mitschreiben.
Darum freuen sich auf empfehlenswerte Tips
ihrer Leser, auf Verbesserungsvorschläge
und helfende Kritik der

Autor und Verlag

Inhalt

Camping heute

Der Camper tritt auf den Plan. Er zögert noch etwas mit seiner Entscheidung; denn er möchte sich vorher umfassend informieren. Schließlich gibt es auch FDGB-Plätze und das Reisebüro.

1. Kuschfelds Erben

1.1 **Sie staunten nicht schlecht, die um die Jahrhundertwende am Berliner Müggelsee flanierenden Ausflügler, als sie zwischen den Bäumen ein eigenartiges Gebilde hindurchschimmern sahen.**

Es war ein Zelt aus Nessel, gespannt über ein provisorisches Gestell aus Besenstielen, das der Schneidermeister KUSCHFELD in eigener Werkstatt gefertigt, am Wasser aufgestellt und bezogen hatte. Dabei konnte diesem Avantgardisten eigentlich nicht einmal eine neue Erfindung bescheinigt werden, stellten doch schon

Jahrhunderte vorher die mongolischen Viehzüchter ihre Filzjurten, Indianer ihre Tipis aus Leder und nomadisierende Beduinen ihre Wohnzelte im Wüstensand auf. KUSCHFELDS Verdienst ist anderer Natur: Er entdeckte das Zelt als Attribut der Erholung, als Freizeitbehausung im Grünen. Ein Millionenheer von Campingfreunden hat inzwischen sein Erbe angetreten, freilich nicht mehr mit Besenstiel und Nesselplane, sondern mit soliden, industriell gefertigten Ausrüstungen aller Größenordnungen. Wagen wir den Versuch einer Definition für die modernen Nachfolger des Schneidermeisters vom Müggelsee, für die campierenden Naturburschen von heute, Menschen mit besonderen Idealen und reichlich Gepäck.

1.2 Campingfreund, kurz und schmerzlos Camper:

Individuum oder Mitglied einer Gruppe Gleichgesinnter (oft Familie), das einen bestimmten Teil seines Lebens (meist Ferienzeit oder Wochenenden) in Zelten, Campinganhängern – auch Booten – oder sogar im Freien verbringt. Dazu sucht es dafür vorgesehene, den Bedingungen eines solchen Lebens angepaßte Areale (meist Campingplätze) auf, die in landschaftlich reizvoller Lage eingerichtet sind. Der Aufenthalt außerhalb von Campingplätzen wird »wildes Camping« genannt.

Der ideale Camper scheut weder Wind noch Wetter, ist bereit, während des Urlaubs einfacher als sonst zu leben, verhält sich rücksichtsvoll und hilfsbereit, liebt und schützt die Natur und beherrscht die Fähigkeit der Improvisation. Der überzeugte Camper hat auch nach dem Urlaub nicht das Bedürfnis, die Ausrüstung zu zerhacken und die Camperei wieder aufzugeben.

1.3 Wer eignet sich zum Camper?

Da gibt es nur eine Antwort: jeder – mit ganz wenigen Ausnahmen –, der es sein möchte. Dieses Wollen hängt von seinen Lebensgewohnheiten, insbesondere seiner Bequemlichkeit ab und von dem, was er sich zutraut. Camping erfordert keinerlei Spezialkenntnisse. Die Campingartikel sind so reichhaltig und perfekt, die ärztliche Betreuung auf den Zeltplätzen ist so umfassend geregelt, daß ein normal belastbarer Mensch keinerlei Schaden nehmen muß. Von dem noch immer verbreiteten Terminus »Rheumawiese« werden wir uns in diesem Buch trennen.

1.4 Warum ist Camping so beliebt?

Fragt man die Betroffenen, warum sie sich dieser Urlaubsform verschrieben haben, erhält man als häufigste Antwort, »daß es so schön sei, inmitten der Natur seinen Urlaub zu verbringen, an keinen festen Tagesablauf gebunden und fast unabhängig von einer Kleiderordnung« zu sein. Andere bevorzugen Camping, weil sie begeisterte Wasser- oder Angelsportler oder Wanderer sind. Wieder andere führen die Freiheit bei der Wahl von Urlaubsort und -zeit ins Feld und daß man überhaupt mit guter Sicherheit einen Urlaubsplatz bekomme. Schließlich kann man als Grund erfahren, daß es auch möglich sei, »schnell mal zwischendurch« – nur mal so zum Wochenende, wenn das Wetter schön ist – einen Kurzurlaub einzuschieben. Nicht zuletzt wird erwähnt, daß man sich auf leichte Weise interessante Gegenden des In- und Auslands erschließen kann und dabei fast immer nette Menschen mit ähnlichen Interessen trifft.

Für viele Camper trifft das alles gleichermaßen zu.

1.5 Welches Alter darf ein Camper haben?

Es gibt keine Verordnung, die ein bestimmtes Mindest- oder Höchstalter reglementiert. Ein älteres Campingbuch empfiehlt, daß Kinder eigentlich überhaupt nicht zum Camping mitgenommen werden sollten. »Man kann sie zur Oma geben, später ins Kinderferienlager!« Welch' kluge Idee! Was aber, wenn die »Oma« noch berufstätig ist oder selbst zum Camping fährt? Auf solchen ausgelatschten Wegen kann man leicht stolpern; wir wollen darum ein bißchen differenzieren.

1.6 Für Säuglinge und Kleinkinder bis zu etwa zwei Jahren ist der Campingplatz wirklich nicht der richtige Ort.

Abgesehen davon, daß solche kleinen Murkel Camping kaum bewußt erleben, würden sie ihren Eltern eine Menge Arbeit und Ungelegenheiten bereiten. Jedes abendliche Ausgehen wäre von den meist noch sehr jungen und unternehmungslustigen Eltern verantwortungslos gegenüber Kind und Zeltnachbarn und muß daher von vornherein unterbleiben. Es muß auch bedacht werden, daß ein ansonsten »liebes und ruhiges Kind« durch die ungewohnten nächtlichen Geräusche eines Zeltplatzes völlig durch-

einandergebracht werden kann und dann durch sein verängstigtes und nervöses, stundenlanges Weinen zum Alptraum aller umliegenden Zeltgemeinden wird. Auch gesunde Kleinkinder reagieren manchmal auf Luftveränderung heikel (hauptsächlich See- und Gebirgsklima). Darum: Wenn das Kind unbedingt mit muß – manchmal läßt sich das nicht vermeiden –, vorher unbedingt einen Kinderarzt aufsuchen. Einen Tip noch: Eine dezente Lösung der Windel- und Töpfchenfrage darf von den Anrainern ebenfalls erwartet werden.

1.7 **Wenn wir Kinder zwischen drei und zwölf Jahren beobachten,**
wie sie als Indianer, Trapper, Erd- und Kanalarbeiter die Natur im Spiel erobern, wie sie abends, bedeckt mit einer scheinbar 100jährigen Patina, hungrig das Zelt stürmen oder sie, was bedeutend häufiger vorkommt, erst mühsam eingeklaubt oder von den Bäumen abgesammelt werden müssen, erst dann bekommen wir eine Ahnung von den Kinderfreuden, die ein Campingurlaub bereiten kann.
Doch: Kleine Kinder können leicht erkranken und bedürfen dann fürsorglicher Pflege. Diese kann bei den auf Campingplätzen besonderen Witterungs- und Sanitärbedingungen zumindest erschwert sein. Das sollten wir vor allem dann erwägen, wenn wir beabsichtigen, mit einem drei- bis sechsjährigen Kind auf lange, strapaziöse Auslandsfahrt zu gehen.

1.8 **Den charakterformenden Wert des Campings bei Kindern darf man nicht unterschätzen.**
Er liegt schon in der gemeinsamen Planung der Urlaubsgestaltung, in der drängenden Erwartung und Vorfreude. Am Ort angekommen ergeben sich mannigfache Möglichkeiten der Erziehung zur Naturliebe. Das Kind lernt im Spiel mit Eltern und Gleichaltrigen seine Kräfte zu messen und seine Grenzen zu erkennen. Geschriebene und ungeschriebene Campingregeln gehen ihm ins Blut über, und es spürt was es heißt, Verantwortung für sich und andere zu tragen.
Ein Kind, das ins Zeltleben und -erleben vollständig einbezogen wird, fährt auch noch als 14jähriger Jugendlicher gern mit seinen Eltern. Wollen ältere Jugendliche schließlich lieber mit Gleichaltrigen verreisen, sollte man sie nicht zu einem Familienurlaub zwingen. In so einem Falle weilt der Jugendliche ohnehin nur physisch »im Schoße der Familie«; seine Träume versetzen ihn inzwischen ganz woanders hin. Man ist daher gut beraten, die Söhne und Töchter schon von Kindesbeinen an so an das Campingleben zu gewöhnen, daß man sie später ohne Gewissensängste allein ziehen lassen kann.

1.9 **Gerade die Urlaubszeit ist es, in der die Familie viel Zeit füreinander hat.**
Daher sollte man die Kinder nicht von der Familie trennen. Ob es der heimatliche Zeltplatz sein kann oder eine anstrengende Campingreise ins ferne Ausland sein muß, hängt außer vom Alter der Kinder auch noch von deren Reife und gesundheitlicher Anfälligkeit ab.
Auch wer ein oder zwei Jahre mit dem Camping aussetzt, bleibt trotzdem ein Camper!

1.10 **Eine andere Frage ist, ab welchem Alter Kinder und Jugendliche allein zum Camping fahren dürfen.**
Kinder bis zu 13 Jahren müssen mit einem Erziehungsberechtigten, einem Bekannten oder Verwandten, bei organisierten Gruppenfahrten auch mit einem verantwortlichen Betreuer rei-

sen. Davon darf es keine Ausnahme geben. Das Alleinübernachten und Reisen (auch Trampen) von Jugendlichen zwischen 14 und 17 Jahren ist in der DDR durch Gesetz weder direkt gestattet noch untersagt. Daher nehmen Jugendherbergen und Campingplätze Jugendliche auf, wenn sie einen gültigen Personalausweis vorzeigen (beachte 17.7, letzter Absatz).
Die Verantwortung für das Verhalten und die Handlungen des Sprößlings bei einem solchen »Alleingang« liegt jedoch bei den Eltern. Sie müssen also unter Berücksichtigung der Reife und des Allgemeinverhaltens ihres Kindes entscheiden, ob sie einer solchen Tour ihre Zustimmung geben. Diese sollte in schriftlicher Form mitgegeben werden, denn manche Objektleiter wollen sie sehen (spätestens dann, wenn es zu Unstimmigkeiten kommt!). Natürlich gilt auch für alleinreisende Jugendliche die Jugendschutzverordnung (→ Anhang 6/17/). Sie können also nicht beliebig lange in öffentlichen Gaststätten, in Kinos oder bei Tanzveranstaltungen verweilen oder gar hemmungslos dem Alkohol zusprechen. Auch ein schon älterer »Kumpel«, der einem jüngeren in »bester Absicht« etwas abgibt, macht sich strafbar. Für die Eltern kann es darum eine große Beruhigung sein, wenn sie ihr Kind in Begleitung und unter Obhut eines schon etwas älteren, verantwortungsvollen Freundes wissen.

1.11 Nach oben gibt es überhaubt keine starre Altersgrenze für Campingfreunde.

So manches Rentnerehepaar erlebt auf Dauercampingplätzen den Sommer oder fährt mit den »Kindern« mit. Auf manchen Zeltplätzen sind gerade die Rentner die guten Geister des Platzes, die das Gemeinschaftsleben ankurbeln und für Ordnung sorgen.

1.12 **Vorsicht ist für chronisch kranke Menschen, z.B. bei Herz-, Kreislauf- und Asthmaerkrankungen vor allem dann geboten, wenn sie Gegenden mit starkem Reizklima (See, Hochgebirge) bereisen wollen.**
Sie sollten ihre Pläne mit dem Arzt besprechen. Von bestimmten Erkrankungen betroffene Menschen (z.B. Asthmatiker, Diabetiker, Allergiker, Epileptiker und Alkoholiker) sollten beim Campen ihre Gesundheitsunterlagen bei sich führen, um in eventuellen kritischen Situationen dem fremden Arzt die Behandlung zu erleichtern. Für Personen mit ansteckenden Krankheiten verbietet sich der Aufenthalt auf Campingplätzen allein schon wegen der gemeinsamen Benutzung der sanitären Anlagen.

1.13 **Es gibt leidenschaftliche Camper, die bis zu 10 Prozent ihres Lebens auf Zeltplätzen verbracht haben.**
Sogar Ehen werden während des Campingurlaubs geschlossen. Dazu ist nur erforderlich, daß man mit dem zuständigen Standesamt am Ort rechtzeitig einen Termin vereinbart und die notwendigen Personaldokumente vorlegt. Bei einem auf diese Weise geschlossenen Bund fürs Leben sind dem jungen Paar die besten Wünsche aller Zeltnachbarn sicher (und – wenn's schon vorher herauskommt – ein stürmischer Polterabend).

1.14 **Wie ist übrigens die Rechtslage, wenn ein miteinander nicht verheiratetes Paar gemeinsam ein Zelt bewohnen will?**
Es gilt die gleiche Regelung wie bei Hotelübernachtungen: Volljährigen kann ein solches Zusammenwohnen nicht versagt werden, wenn sie sich so verhalten, wie man es nach den Regeln des sozialistischen Zusammenlebens erwarten darf. Jede Person muß jedoch ein eigenes Meldeformular ausfüllen.
Auch für minderjährige Personen bestehen dahingehend keine Rechtsvorschriften. Solche »Wohngemeinschaften« werden auf Campingplätzen im allgemeinen nicht kontrolliert; trotzdem machen Pärchen sicher keinen Fehler, wenn sie die Zustimmung ihrer Erziehungsberechtigten in der Tasche haben.

1.15 **Es gibt noch andere Bewohner auf dem Campingplatz.**
Denen geht es etwas besser als den »individuellen« Campern, die ihre gesamte Ausrüstung selbst herbeibuckeln müssen. Sie finden nämlich einen kompletten und meist hochkomfortablen Campinghaushalt am Ort vor: schöne Campingwohnwagen (die nicht mehr fahren können, weil man ihnen die Räder genommen hat), schmucke Bungalows, aber auch äußerlich wenig attraktive, ehemalige Baufahrzeuge. Wir

sprechen von den Urlaubern in den Betriebscampingeinrichtungen. Ihnen mangelt es kaum an etwas. Da gibt es Kühlschrank, Fernseher und Radio, eine teppichbelegte Terrasse, elektrische Heizung für kühle Tage, fließendes Wasser und warme, kuschelige Betten. In der perfekt ausgestatteten Küchennische mit Boiler waltet die Hausfrau wie am heimischen Herd. Wir wollen nicht lange rätseln, ob sich diese Urlauber als »echte« Camper fühlen oder nicht. Immerhin wohnen sie Seite an Seite mit den Campern und teilen mit ihnen viel Freud und einiges Leid. Auch die Betriebscamper werden von den meisten in diesem Buch angesprochenen Fragen tangiert. Zählen wir sie darum – wie es die Statistik übrigens auch tut – zu den Freunden des Campings.

1.16 **Bevor sich eine Familie entschließt, sich in das Millionenheer der Camper einzureihen,** bevor sie sich eine gewiß nicht billige Zeltausrüstung oder gar einen Wohnwagen zulegt, sollte sie ihre Interessen gründlich prüfen.
Informationsgespräche mit zeltenden Bekannten, eventuell sogar ein Mittun bei einer Wochenendreise sind dabei ebenso aufschlußreich wie ein ausgedehnter Spaziergang über den Campingplatz. Allerdings wird das Bild erst vollständig, wenn man eine solche Beschau nicht nur bei alles verklärendem Sonnenschein vornimmt, sondern auch mal bei Regenwetter, wenn es von den Bäumen und Zelten trieft und die Camper die weniger erfreulichen Momente ihres selbsterwählten Schicksals durchleben.

1.17 **Was Camping kostet, kann man nicht pauschal angeben.**
Differenzieren wir darum etwas und erwähnen zunächst die Ausrüstung. So kann man je nach Komfort und Reichhaltigkeit der Ausstattung etwa mit folgenden Richtwerten rechnen:

– Zwei Erwachsene, Touristenzelt, rucksack- oder fahrradgemäße Ausstattung	500,– bis 950,– M
– Drei Erwachsene, Touristenzelt mit Sitzgruppe bei etwas erweiterten Transportmöglichkeiten (z. B. zwei Kleinkrafträder)	1000,– bis 1500,– M
– Familie mit einem Kind, Steilwandzelt, Urlaubscamping	2000,– bis 3500,– M
– Familie mit zwei Kindern, Steilwandzelt, Urlaubscamping	2600,– bis 4600,– M
– Familie mit zwei Kindern, robustes und geräumiges Steilwandzelt für Dauercamping, Kühlschrank für Propanbetrieb, Grill	3900,– bis 7100,– M

Die Gebühren für Zeltscheine sind in der DDR von untergeordneter Bedeutung (→ Anhang 5). Nicht so im Ausland, wo man im Vergleich zum Inland mit bedeutend höheren Kosten rechnen muß, die sich auch einmal ändern können. Darum ist es unumgänglich, vor Planung der Reisefinanzen Erkundigungen einzuholen. Fahrkosten fallen bei jeder Reise an; sie sind nicht campingtypisch.
Was die Verpflegung betrifft, so kann sich jeder auf der Basis der bekannten Gaststätten- und Einkaufspreise selbst ausrechnen, wieviel er benötigt.
Bleiben die Kosten für die individuelle Urlaubsgestaltung. Auch diese muß jeder nach den eigenen Aktivitäten und Ansprüchen im Urlaub selbst kalkulieren.

2. Das Bild des Campings

»Wohin mit derrr vielen Leite??« (Verzweiflungsschrei eines Angestellten auf dem Campingplatz in »Emona«, Bulgarien, 1977)

2.1 **Das Campingwesen ist neben dem FDGB-Feriendienst der größte Träger der Urlaubsgestaltung in der DDR.**
Jährlich werden allein im Ostseebezirk über 500 000 Camper auf 54 Plätze vermittelt. In der ganzen DDR sind es über 2 Millionen, die alljährlich auf etwa 500 Campingplätzen ihren Urlaub verleben. Hinzu kommen ungezählte Kurzcampingreisen. Keine Statistik gibt genaue Auskunft über die Touristen, die individuell und durch Vermittlung der Reisebüros einen Campingplatz des Auslands aufsuchen.

2.2 **Kurzzeitcamping, nicht ganz korrekt auch als Wochenendcamping**

bezeichnet, umfaßt das Zelten an bis zu drei aufeinanderfolgenden Tagen.
Die Zeltscheine dafür sind direkt an der Rezeption der dafür vorgesehenen Zeltplätze erhältlich, aber nur so viele, bis die bestätigte Kapazität des Platzes ausgeschöpft ist. Wenn noch genügend freie Plätze vorhanden sind – besonders in der Vor- oder Nachsaison – kann man eine Kurzzeitcampinggenehmigung z.T. auch mehrmals hintereinander erwerben.

2.3 **Die häufigste Form ist das Urlaubs- oder Feriencamping über meist zwei bis höchstens fünf Wochen.**
Im Gegensatz zum Dauercamping wird es mitunter ebenfalls zum Kurzzeitcamping gezählt (z.B. bei der Eignungsangabe von Zelten). Im Inland werden hierfür die Campinggenehmigungen bei den Zeltplatzvermittlungen der Bezirke beantragt, in einigen Fällen auch direkt beim Rechtsträger des Platzes. Die Adressen befinden sich auf der Campingkarte der DDR (→ Anhang 7/16/).
Für Jugendliche besteht noch eine andere Möglichkeit (→ 15.14).
Auslandscampingplätze werden entweder beim Reisebüro gebucht, oder man erhält bei individuellen Reisen direkt auf dem Auslandscampingplatz einen Zeltschein, sofern noch freie Plätze vorhanden sind.

2.4 **Wandercamping, auch Rucksacktouristik oder Trampen genannt, ist das Privileg von naturverbundenen und wanderfreudigen Individualisten und Gruppen.**
Wie eine Schnecke trägt der Rucksacktourist auf dem Rücken alles bei sich, was er zum Leben so braucht. Darum muß er mit seinem Gepäck maßvoll sein, vor allem, wenn er Berge besteigt.

2.5 **Dauercamping bedeutet, daß Zelt oder Campinganhänger während der ganzen Saison (vier Monate) auf dem Zeltplatz verbleiben** und von den angemeldeten Personen während dieser Zeit beliebig genutzt werden können.
Im Ostseebezirk werden keine Genehmigungen für Dauercamping vermittelt, in den anderen Bezirken sind sie auf bestimmte Zeltplätze beschränkt (Campingkarte!) und nur in begrenzter Anzahl bei der zuständigen Campingvermittlung erhältlich.

2.6 **Auf Dauercampingplätzen besteht meist eine verschworene Gemeinschaft von Dauerzeltern.**
Sie kennen sich jahrelang und sorgen für Ruhe und Ordnung auf dem Platz. Zu Beginn der Saison reisen sie an, mit ihren umfangreichen Gerätschaften, manchmal sogar mit einer Gütertaxe. Das Terrain eines Dauerzelters erkennt man auf den ersten Blick: Von kunstvoll geflochtenen Zäunchen, sauber angelegten Wegen über Wasserfässer und riesige Überzelte bis hin zu kleinen Gemüsegärtchen, Piepvögeln im Bauer, sogar Hollywoodschaukeln reichen die Merkmale. Langjährigen Dauerzeltern kann man über Camping nicht viel erzählen. Sie kennen alle praktischen Kniffe und wissen, wie man besonders hartnäckige Störenfriede wirkungsvoll erziehen und – wenn das nicht möglich ist – auch vom Platz vergraulen kann.

2.7 **Mit Transitcamping wird der Kurzaufenthalt für meist nur eine Nacht bei der Durchreise – vorwiegend in einem fremden Land – bezeichnet.**
Transitcampingplätze liegen in der Nähe größerer Städte, an den Hauptverkehrsstraßen oder vor Grenzübergängen. Oft kann auf ihnen ein Zelt oder eine Hütte gemietet werden. Das ist vorteilhaft, wenn man mit einem großen Steilwandzelt oder mit einem Zeltanhänger reist, dessen Aufbau sich für eine Nacht nicht lohnt; oder bei Regen. Transitcampingplätze haben naturgemäß keine festen An- und Abreisetage. Die Autos bleiben zumeist am Zelt oder in dessen Nähe.

2.8 **Wintercamping wird auf einigen ausgewählten Zeltplätzen in weitestgehend schneesicherer Lage von Wintersportlern bevorzugt.**
Man kann sich dabei ausgezeichnet erholen und seinem Sport nach Herzenslust frönen. Wenn man weiß wie, ist dafür sogar ein Hauszelt geeignet (→ Kap. 43).

2.9 **Die Intercampingplätze in der DDR stehen auch für ausländische Campingfreunde offen.**
Diese wenden sich mit ihren Buchungswünschen an ein Reisebüro ihres Landes, das Partner des Reisebüros der DDR ist.
Besucher aus dem nichtsozialistischen Ausland können sich in Ausnahmefällen auch direkt an

das Reisebüro der DDR wenden. Platzreservierungen werden in diesem Falle beim Generaldirektor Direktionsbereich ATT, Alexanderplatz 5, Berlin, 1026, oder gleich nach der Einreise in die DDR bei einem Grenz-Servicebüro vorgenommen.

2.10 **Ein Jugendcampingplatz wird vorwiegend oder ausschließlich an Jugendliche vermittelt.**
Es dominieren Hauszelte und kleinere Ausrüstungen, und meist geht's einfacher, aber sehr lustig zu. Statt Autos bevölkern Zweiradfahrzeuge den (Park-) Platz. Zwar gelten auf einem Jugendcampingplatz die gleichen Forderungen für Ordnung und Ruhe wie auf allen anderen Plätzen auch – jede eventuell andere Meinung wäre irrig –, trotzdem geht es immer ein klein wenig lauter zu, auch noch spätabends. Darum sollten lärmempfindliche Menschen, Familien mit kleineren Kindern und Leute, die ihre eigene Jugend schon vergessen haben, solche Plätze besser meiden.

2.11 **Junge Menschen mit naturgemäß größeren Erlebniserwartungen sollten es sich überlegen,** ob sie auf einem relativ abgeschiedenen Platz am Bodden, im Gebirge oder an der Mecklenburger Seenplatte wirklich richtig aufgehoben sind.
Wird noch dazu das Wetter schlecht, so ist's um »Äktschn« mangelhaft bestellt, und der Tatendrang kanalisiert sich mitunter in Richtungen, aus denen es garantiert Ärger gibt. Viel günstiger sind für Tatenlustige die Campingplätze in der Nähe eines größeren Urlaubsortes, in dem Diskotheken, Kino-, Kultur- und Sportprogramme vielfältige Zerstreuung bieten oder ein Jugendcampingplatz, auf dem sich sehr schnell Anschluß und Abwechslung findet.

2.12 **Dem Wasser ist das Leben entstiegen, zum Wasser zieht es den Menschen zurück.**
Darum liegen die allermeisten Zeltplätze an einem Binnensee oder am Meer. Sie ziehen außer die Badehungrigen vor allem auch die Wassersportler an.
Wasserwanderer sind meist mit einem Faltboot-Zweier (F2) oder -Einer (F1) unterwegs, legen große Strecken paddelnd zurück und halten sich auf den Campings nur kurz auf.

Andere Camper bringen ihre Segelbretter oder das Boot auf einem Anhänger bzw. dem Autodach mit, teilweise zerlegt. Sie unternehmen dann ihre Ausflüge vom Campingplatz aus. Schließlich reisen einige mit einem richtigen großen Motor- oder Segelboot über den Wasserweg an uns schlagen ihren Wigwam auf. Angler lassen ihren Fang direkt aus dem Wasser in die Pfanne springen.

2.13 **Campingplätze im niederen Bergland oder in der Nähe von Hochgebirgen** (z.B. Hohe Tatra/ČSSR, Sinaia und Făgăras/Rumänien, Pirin und Rila/Bulgarien oder der Kaukasus/UdSSR) locken Bergwanderer und Hochgebirgssportler an.
Solche Plätze sind tags bei fast jedem Wetter wie leergefegt, abends kommt das wandermüde Völkchen sehr schnell zur Ruhe, um am nächsten Tag in aller Frühe dem Camp wieder zu entfliehen.

2.14 Die schon erwähnten **lieblos-getünchten ausgedienten Bauwagen,** verziert mit angepappten Vorbauten, schmucklos übergestülpten Welleternit-Dächern, eingesponnen in ein Gewirr von Wasser- und Energieleitungen sowie Fernsehantennen, sind auf vielen Zeltplätzen als sogenannte Betriebscampingeinrichtungen noch zu finden. In der Campingordnung steht zwar ». . . Campingeinrichtungen, die das Allgemeinbild . . . nachteilig beeinflussen, sind zu entfernen«, wer aber will den ersten Stein werfen?
Wer leichtfertig urteilt, der möge bedenken, daß diese Unterkünfte für viele Familien einen Urlaubsplatz bedeuten. Die verantwortlichen Betriebe sollten stärker das Bemühen unterstützen, den Zeltplatz attraktiv und schön zu gestalten. Farbe macht viel, etwas Ideenreichtum noch mehr, so daß schließlich kein Besitzer eines schmucken Zelts mehr über die benachbarte »Bastelbude« die Nase zu rümpfen braucht.

Die Ausrüstung

Der zukünftige Camper hat sich entschieden und geht einkaufen. Er formuliert seine Forderungen an die Ausrüstung und wählt sorgfältig. Schließlich muß man auch an die familiären und pekuniären Perspektiven denken.

3. Die Grundentscheidung: welche Campingunterkunft?

3.1 Die meisten Campingfreunde reisen zunächst mit einem Zelt.
Das kann man passend zur Personenzahl und dem Verwendungszweck kaufen. Kinderreiche Familien können auch zwei Zelte aufstellen. Zelte sind die preiswertesten Campingunterkünfte; auch für den schmalsten Geldbeutel findet sich ein geeigneter Typ. Bei sinnvoll gewählter Ausrüstung braucht auch in einem Zelt niemand zu frieren. Ein Berg- oder Hauszelt nimmt wenig Gepäckraum ein und ist leicht. Es läßt sich gut transportieren. Solche Zelte sind deshalb die typischen Unterkünfte der Camper mit Motorrad, Fahrrad, Faltboot oder Rückentragegestell. Bei großen Steilwandzelten darf man Packmasse und -volumen nicht mehr unterschätzen: Ein Bahn- oder Autotransport wird unumgänglich.
Zelte unterliegen einem größeren Verschleiß und bedürfen einiger Pflege (→ Kap. 59). Besonders, wenn das Zelt bei Dauercamping die ganze Saison über bei Wind und Wetter steht, kann man kaum mit einer längeren Lebensdauer als 5 bis 6 Jahre rechnen. Ein gut gepflegtes »Ferienzelt« dagegen kann mehr als 15 bis 20 Jahre halten – bis es von einer geräumigeren und komfortableren Campingwohnung abgelöst wird. Beschafft man sich zunächst die elementare Grundausstattung, so kann man seinen Campinghaushalt allmählich komplettieren und komfortabler gestalten. Wer später einmal auf einen Campinganhänger wechselt, kann einen großen Teil der Ausrüstung weiterverwenden (z. B. Campingmöbel, Küchengeräte und Schlafdecken).

3.2 Bei vielen Campingfreunden mit eigenem Auto entsteht bald der Wunsch nach einem Campinganhänger.
Besonders, wenn sie den ersten zarten Schmelz der Jugend hinter sich gelassen, eine Familie gegründet haben und auch finanziell etwas beweglicher geworden sind, sehnen sie sich nach einer etwas stabileren und komfortableren Campingbehausung.
Bei Campinganhängern unterscheidet man zwei grundlegende Arten: Wohnzeltanhänger und Wohnwagen. Das Fahrwerk ist bei allen in der DDR handelsüblichen Ausführungen einachsig und kann ungebremst oder gebremst (Auflaufbremsen mit mechanischer oder hydraulischer Bremskraftübertragung) sein. Lediglich der Aufbau hat bei beiden Arten charakteristische Merkmale, die die Wohnqualität im Urlaub wesentlich bestimmen.

3.3 Aus dem Wohnzeltanhänger mit Deckel wird ein großes Zelt ein-

schließlich Gestänge herausgeklappt.
Deckelinnenseite bzw. der Anhängeraufbau werden als Schlafflächen genutzt, teilweise wird noch eine weitere Schlaffläche herausgeklappt. Über den Radkästen befinden sich Gepäckstauräume; ein Küchentrakt mit Propankocher, Vorrats- und Geschirrschrank, teilweise Spüle, kann sowohl aus dem geschlossenen wie auch aus dem aufgeklappten Anhänger herausgeschwenkt werden.
Manchmal sind Innenkabinen vorgesehen, die sich beim Aufklappen mit aufstellen oder die nachträglich eingehängt werden müssen.
Ein Vorzelt wird entweder nachträglich angebaut oder es ist Bestandteil des herausgeklappten Zelts.

3.4 Boshafte Zungen behaupten, daß ein Wohnzeltanhänger die Nachteile eines Zeltes mit denen eines Wohnwagens verbindet.

Von den Besitzern vernimmt man genau umgekehrte Kunde. Wir wollen darum die Vor- und Nachteile des Zeltanhängers – bezogen auf einen Wohnwagen mit festem Aufbau – lediglich wertungsfrei gegeneinanderstellen.

3.5 Vorteilhaft bei einem Zeltanhänger ist:

Der fahrfertig zusammengeklappte Anhänger hat den Charakter eines Lastenanhängers und beeinflußt Fahrverhalten und Benzin-Mehrverbrauch des Gespanns weit weniger als ein Campingwohnwagen. Er ist preiswerter als dieser und bietet im allgemeinen einen größeren Wohnraum. Die Schlafflächen ähneln denen eines Wohnwagens und bieten ebenso guten Schutz vor Bodenkälte.

Bei den meisten Typen kann eine größere Nutzmasse zugeladen werden. Das ist vor allem dann vorteilhaft, wenn ein größeres Faltboot transportiert werden soll.
Ein Zeltanhänger läßt sich außerhalb der Saison einfacher unterstellen als ein Wohnwagen (wesentlich geringere Höhe, daher ist auch raumsparendes senkrechtes Aufstellen, z. B. an der Garagenrückwand, möglich).
Ein Zeltanhänger kann auch als Lastenanhänger mit Deckel benutzt werden, wenn man seine Einbauten entfernt.

3.6 **Dem stehen folgende Nachteile eines Zeltanhängers gegenüber:**
Das Wohnen in ihm ähnelt eher dem in einem großen Steilwandzelt als dem in einem Wohnwagen. Bei längeren Regenperioden werden Inneneinrichtung und Gepäck klamm und feucht. Bei Schäden an der Imprägnierung kann es sogar durchregnen. Bei Sturm gibt es die gleichen Probleme wie bei einem Steilwandzelt.
Geräuschdämpfung und Wärmeisolierung sind infolge der dünnen Stoffwände ungünstig. An kühlen oder nassen Tagen ist der Aufwand zum Heizen recht hoch.
Die Zeit von der Ankunft auf dem Campingplatz bis zur Bewohnbarkeit des Anhängers ist bedeutend (Aufstellen, Aufklappen, Abspannen, Befestigen der Zeltwände am Boden, innere Einräumung). Auch der Zusammenbau ist langwieriger und kann sich vor allem bei Regenwetter lange verzögern. Besonders bei Unterwegsübernachtungen ist das störend.
Die Kleidung muß wie beim Camping mit Zelt in Koffern verpackt werden (auf jeden Fall während der Fahrt).
Die jährliche Wertminderung ist höher als bei einem Campingwohnwagen, sie liegt bei etwa 20 % für das Zelt.
Der Zeltanhänger benötigt eine völlig ebene Standfläche, wenn das große Überzelt keine traurigen Falten werfen und das Dach bei Regen keine Wassersäcke bilden soll.
Der Sitzkomfort ist bei Zeltanhängern geringer als bei einem Wohnwagen, auch wenn sich eine Liegefläche zur Sitzgruppe umrüsten läßt (z. B. CT 6–2). Vor allem größere oder massigere Personen sind dann in den Campingsesseln im Vorzelt viel besser aufgehoben.
Zeltanhänger sind viel weniger einbruchsicher.

3.7 **Die komfortabelste, aber auch teuerste Form des Campings haben Wohnwagenbesitzer gewählt.**
Praktisch ist ein Campingwohnwagen ein rollendes Mini-Wohnhaus, das auf kleinstem Raum beinahe alle gewohnten Einrichtungen eines Haushalts zusammenfaßt. Ein Wohnwagen ist ein Stückchen Heimat: Egal, wo man sich gerade befindet, man fährt rechts ran, öffnet die Tür und ist zu Hause. Großes Auspacken entfällt, die Küche ist sofort betriebsbereit. Wind und Wetter können nur sehr wenig ausrichten. Kaum jemals ist zu befürchten, daß eine über die Bettdecke krabbelnde Ameise einen Schläfer erschreckt oder daß sich auf dem Fußboden garstige Pfützen bilden. »Zu weit weg von Mutter Erde«, sagen die urwüchsigen Naturburschen im kleinen Bergzelt nebenan.
Den Wohnwagenbesitzern ist jedoch ein Vorzelt anzuraten, damit es auf Dauer nicht zu eng wird (besonders, wenn Kinder mitfahren).

3.8 **Ein Campingwohnwagen ist mit einer starren, teilweise oder vollständig isolierten Wohnzelle versehen und hat eine fest eingebaute Inneneinrichtung.**
Dazu zählen eine Sitzgruppe mit Mitteltisch im Heck, die schnell zu einer Schlaffläche für zwei bis drei Personen umgerüstet werden kann. Stauräume über den Radkästen (als Sitzbänke ausgebildet), Garderobenschrank, weitere Staufächer für Wäsche und Zubehör sowie Kücheneinbauten (Geschirr- und Vorratsschränke, meist Propankocher, teilweise Abwaschbecken) gehören zur Standardausrüstung eines Wohnwagens. Größere Wagen haben noch einen weiteren Schlafplatz im Bug, der ebenfalls zu einer Sitzgruppe umgebaut werden kann (oder ein Etagenbett).
Die Innenbeleuchtung ist immer für 6/12 Volt (Autobatterie), teilweise zusätzlich für 220 Volt (Netzanschluß) ausgelegt. Serienmäßig eingebaute Propanheizung findet sich nur bei einigen Typen (→ 9.28 und Anhang 4). Entlüftungsöffnungen und Dachluken sorgen für gute Luftzirkulation, große Hubdächer vergrößern außerdem die Stehhöhe. Mehrere Fenster sind immer ausstell- oder aufschiebbar.
Zum Campingwohnwagen wird oft ein passendes Vorzelt geliefert, das das Raumangebot im Wohnbereich auf etwa das Doppelte vergrößert.

3.9 **Unbestreitbar, daß sich die Urlaubsqualität in einem Wohnwagen bedeutend verbessert, trotzdem sollte man vor seiner Anschaffung auch folgendes bedenken:**

– Der Anhänger muß außerhalb der Ferienzeit untergestellt werden. Dafür ist eine »Laternengarage« nicht der richtige Ort. Auch normale, massive oder transportable Garagen haben meist ein für Wohnwagen zu niedriges Tor. Da man aber den Anhänger nicht unbedingt in der Nähe der Wohnung stationieren muß, findet sich oft außerhalb – z. B. in einem Dorf – eine Unterstellmöglichkeit.

– Während der Urlaubsfahrt entstehen erhöhte, von den gefahrenen Kilometern abhängige Kosten durch Benzinmehrverbrauch des Zugfahrzeuges (bis zu 50 Prozent) und ein wesentlich höherer Verschleiß an Reifen, Motor, Getriebe, Bremsen, Kupplung und Achsantrieben. Außerdem verlängert sich die effektive Fahrzeit nicht unerheblich (bis zu 50 Prozent).

– Ein Campingwohnwagen benötigt Wartung und Pflege. Zwar läßt sich das meiste mit etwas Geschick selber machen, aber dazu braucht man Zeit. Verschleiß gibt es eigentlich wenig, auch die Reifen halten viel länger als bei einem Pkw (vor allem bei einem ungebremsten Anhänger).

– Feste Kosten entstehen durch Versicherungsbeiträge, erhöhte Campingplatzgebühren und Wertminderung. Letztere sind allerdings außer von der regelmäßigen Pflege auch vom Material des Aufbaus abhängig. Sie liegen zwischen jährlich etwa 15 Prozent (Holz, Aluminium) und etwa 8 Prozent (glasfaserverstärktes Polyester) des Kaufpreises. Für das Vorzelt ist eine jährliche Wertminderung von etwa 20 Prozent anzusetzen.

– Mit einem Wohnwagen im Schlepp ist man im Verkehr wesentlich unbeweglicher als mit einem Solofahrzeug. Beim Parken gibt es wegen der größeren Gespannlänge oft erhebliche Probleme.

3.10 **Die Anschaffung eines Campingwohnwagens lohnt sich vor allem dann, wenn man ihn während der Saison häufig gebrauchen kann.**

Erfahrungsgemäß verbringt man seinen Urlaub von drei bis vier Wochen darin, außerdem werden jährlich meist noch vier bis fünf Kurzcampingreisen an verlängerten Wochenenden unternommen. Besonders effektiv läßt sich ein Wohnwagen beim Dauercamping nutzen. Den Rest des Jahres steht das teure Stück herum und will gepflegt sein. Kann man ihn am Haus geschützt abstellen, so läßt er sich zusätzlich als Gästezimmer nutzen, bei eingebauter Heizung oder Stromanschluß selbst im Winter.

3.11 **Die Wartezeiten von der Bestellung bis zur Auslieferung eines Wohnwagens sind nicht kurz.**

Besteht der Wunsch, sich einen Wohnwagen zuzulegen, so sollte man nicht lange zögern, sondern seine Bestellung beim zuständigen IFA-Vertrieb notieren lassen.

3.12 **Manchmal schaffen sich mehrere Familien einen Campinganhänger gemeinsam an.**
Das reduziert die Kosten beträchtlich, kann aber auch Probleme aufwerfen. Über die Nutzungstermine sollten klare Vereinbarungen bestehen, damit bei Terminüberschneidungen jede Familie abwechselnd den Vorrang hat. Auch über Verantwortlichkeiten bei Schäden und über die Kostenverteilung für Wartung und Verschleiß sollte man sich bereits vorher einigen; außerdem darüber, wie verfahren wird, wenn einer der Partner das Interesse am Wohnwagen verliert und welcher Zeitwert einer Auszahlung zugrunde gelegt werden soll.

3.13 **Es gibt auch einen Gebrauchthandel mit Camping- und Lastenanhängern.**
Dort kann man zwar preiswerter einkaufen, sollte aber schon einige Erfahrungen besitzen, um versteckte Mängel aufspüren zu können. Wer sich als Neuling zu einem solchen Handel entschließt, der nehme zum Kauf am besten einen erfahrenen Anhängerbesitzer mit.
Den Zeitpunkt der Anschaffung wählt man nach Möglichkeit kurz vor der Saison, damit man die dreimonatige Garantiezeit für Gebrauchtwaren auch voll ausnutzen kann.

3.14 **Schließlich sei auf den vom VEB IFA-Kombinat Personenkraftwagen organisierten Ausleihdienst für Camping- und Lastenanhänger hingewiesen.**
Das Leihen ist zwar auch nicht gerade kostenlos, aber immer noch wesentlich billiger, als alle Ausgaben für einen eigenen Anhänger allein zu bestreiten. Der Anhänger wird wohn- und fahrfertig übergeben. Bei einem Ausleihvorhaben muß man aber flink sein wie ein geölter Blitz, denn die Nachfrage übersteigt in der Hauptsaison das Angebot beträchtlich, vor allem für Campingwohnwagen. Ein rechtzeitiges Nachfragen beim zuständigen IFA-Vertrieb, einer seiner Fachfilialen oder im Autohaus einer größeren Stadt bewahrt vor Illusionen. Dort kann man auch die speziellen Ausleihbedingungen und Kosten erfahren.

4. Zelte für alle Zwecke

4.1 **Das Angebot an Zelten aller Größen ist so vielfältig und wechselt so oft, daß eine Beschreibung einzelner Typen nicht lohnt.**
Wir besprechen die Zelte daher nur nach Größengruppen bzw. ihrem Verwendungszweck und müssen die Information über Details dem Käufer selbst überlassen. Dazu stehen reichhaltige Prospekte des aktuellen Angebots in den Fachverkaufsstellen bereit. Einen noch besseren Überblick erhält man auf einer Campingausstellung, wie sie z. B. alljährlich zu Ostern in Berlin-Grünau, Regattastraße, gezeigt wird.

4.2 **Beim Kauf eines Zelts muß man etwas perspektivisch denken.**
Das trifft weniger für ein Hauszelt zu, in dem ein Jugendlicher mit Freund oder Freundin das Campieren in seiner ursprünglichen Form erleben will, sondern mehr für ein Steilwandzelt mit umfangreicher Ausrüstung, das sich ein unlängst getrautes Paar zulegt. Nachwuchs wird sich einstellen, und dann ist bei einem zu klein gekauften Zelt der Platz zu eng. Eine zunächst etwas üppig ausgefallene Leinwandvilla bläht zwar das Gepäck auf, beim Wohnen hat man aber durchaus willkommene Ellbogenfreiheit. Wie ein zu klein gewordenes Steilwandzelt nachträglich noch zu vergrößern ist, erklärt Tip 58.4.

4.3 **Schlafen – und darauf allein orientiert die vom Hersteller angegebene Personenzahl für ein Zelt – ist nur die eine Seite des Campinglebens.** Ebenso lange – bei andauerndem Regen erheblich länger – muß man im Zelt den weitaus bewegungsaktiveren Lebenszustand verbringen. Den dafür notwendigen Lebensraum muß jeder Käufer selbst abschätzen und mit dem Platzangebot im auserwählten Zelttyp vergleichen.

4.4 **Die Vorteile von Touristenzelten (Haus-, Wander- oder Bergzelte) sind geringes Gewicht, kleine Packmaße, gute Sicherheit gegen Sturm und der niedrige Preis.** Touristenzelte bestehen fast immer aus nur einem Raum. Seitenwände, der etwas hochgezogene Boden und das Spitzdach mit Traufe sind fest miteinander vernäht. Wegen ihrer recht einfachen Gestängekonstruktion – heute fast im-

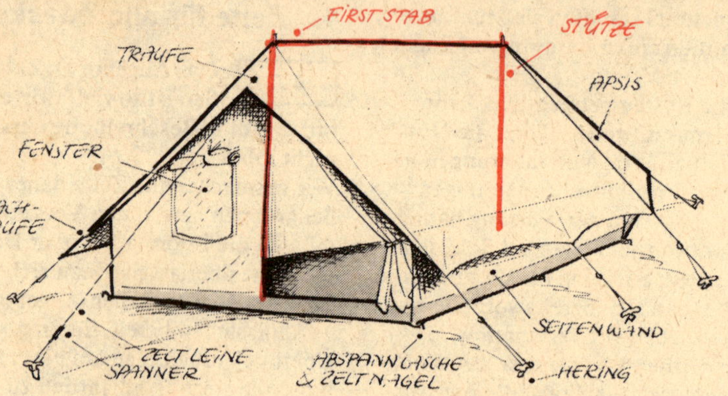

mer mit stabfreiem Eingang –, die im Extremfall nur aus einer oder zwei senkrechten Stützen besteht, sind sie sehr schnell aufzustellen. Für das Dach und die Seitenwände wird vorrangig Baumwollgewebe, bei sehr leichten Berg- oder Wanderzelten auch Synthetik verwendet. Der Zeltboden besteht aus stabiler, wasserdichter Folie oder beschichtetem Gewebe. Beim klassischen Hauszelt ist hinten ein Gepäckgiebel (die sogenannte Apsis) angesetzt.
Die meisten Ausführungen geben zwei bis drei Personen Raum, jedoch ist die Bewegungsfreiheit gering und der Komfort spärlich. Nur im Mittelbereich größerer Hauszelte kann man stehen.

4.5 **Besonders vorteilhaft ist bei einem Hauszelt ein Überdach.**

Es gibt Doppeldachzelte, bei denen das Innenzelt in das Überzelt eingehängt wird. Aber man kann sich ein Überdach auch selbst aus Folie oder hellem Zeltleinen anfertigen, das im Abstand von 10 bis 20 cm über dem eigentlichen Zeltdach auf einer zweiten Firststange aufgespannt wird. Dadurch entsteht ein zusätzlicher Nässeschutz, und das dazwischenliegende Luftpolster isoliert wirksam gegen Hitze und Kälte. Das Überzelt kann soweit vorgezogen werden, daß vor dem Zelteingang ein wettergeschütztes Plätzchen entsteht. Dieses ist vor allem zum geschützten Kochen geeignet, wird aber auch gern als Bodentisch benutzt, wenn man, bäuchlings auf der Matratze liegend, den Kopf draußen, liest, schreibt oder gemütlich klönt. Zwei befreundete Mannschaften stellen dazu gern ihre Zelte mit den Eingängen gegenüber auf. In jedem Fall ist bei einem Überzelt auf sturmsichere Abspannung zu achten.

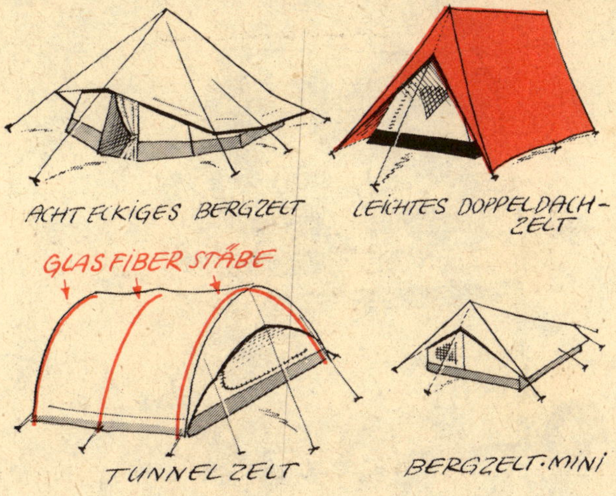

4.6 **Berg- und Wanderzelte haben mitunter recht kurios anmutende Formen und Konstruktionsdetails.**
Da gibt es sechs- und achteckige Grundrisse, außenliegendes Gestänge, spitzen- und tunnelförmige Dächer und schließmuskelartige Schlupföffnungen als Eingang. Alle diese Formen sind kein Qualitätsmerkmal, sondern von Zweckmäßigkeit diktiert. Sie dienen hauptsächlich der Gewichtsreduzierung, dem schnellen Aufstellen und der Sicherheit gegen Sturm. Die zum Schlafen nicht nutzbaren Ecken lassen sich immer als Gepäckstauraum nutzen.

4.7 **Ein universelles, kleines und bemerkenswert preisgünstiges Touristenzelt ist der Typ »Camp«.**
Es wiegt 8 kg, hat kleine Packmaße, gestattet bis zu drei erwachsenen Personen Unterkunft, widersteht wegen seiner kleinen Oberfläche und eigenwilligen Form auch stärkeren Stürmen und ist in etwa drei Minuten aufzubauen (zwei gerade Stäbe, sieben Zeltnägel, zehn Heringe).

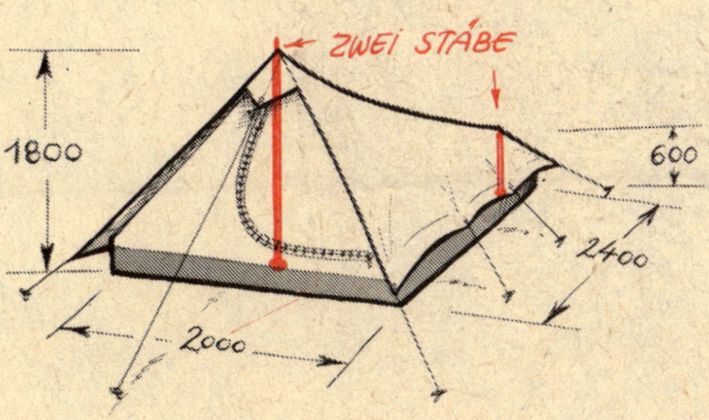

Diese Eigenschaften qualifizieren das Zelt als »Einsteigerausrüstung« für Anfänger, als Berg- und Wanderzelt, als Schnellunterkunft unterwegs oder als Beistellzelt für größere Familien mit Wohnwagen oder Steilwandzelt.

4.8 **Eine originelle Konstruktion ist das Autodachzelt (Bild S. 22).**
Es ist vor allem für Kurzzeitcamping an Wochenenden oder für Unterwegsübernachtungen bei längeren Reisen zum Urlaubsort eine zweckmäßige Bereicherung des Angebots. Der Camper schläft in luftiger Höhe, er braucht lediglich einen Stellplatz fürs Auto. Von Käfern, Fröschen und anderem Raubzeug bleibt er unbehelligt. Auf einem Profilrahmen mit Sperrholzplatte, der die Konturen des Autos nicht überragt, ist ein Spitzgiebelzelt klappbar montiert. Das ganze steht auf Gummisaugern auf dem Autodach und wird zusätzlich über Streben und die Einstiegsleiter abgestützt, die an der Anhängerkupplung angreift. Zusammengeklappt ist der Dachaufbau nur etwa 20 cm hoch, daher bleibt der Benzin-Mehrverbrauch mit etwa 0,5 l/100 km bescheiden. Die Montage der etwa 40 kg wiegenden Konstruktion dauert knapp 15 Minuten. Das Zelt läßt sich in nur drei Minuten schlaffertig aufrichten. Es bietet zwei erwachsenen Personen, höchstens einer Familie mit Kind, Raum. Dachzelte für alle Autotypen können direkt beim Hersteller, Fa. G. Müller, Straße der OdF 54, Limbach-Oberfrohna, 9103, bestellt werden.

4.9 **Steilwandzelte sind gegenüber Hauszelten erheblich komfortabler.** Sie lassen sich sehr wohnlich einrichten, haben größere Fenster mit Gardinen und, bei abgeteilten Räumen, auch ein größeres Platzangebot. Man kann im ganzen Zelt aufrecht stehen. Steilwandzelte haben aber auch Nachteile. Dazu zählen größere Masse und Packvolumen, die Anfälligkeit gegen Sturm, die erforderliche große und ebene Stellfläche, die längere Aufbauzeit und der bedeutend höhere Preis. Steilwandzelte gibt es ab 5 m^2 Grundfläche für zwei Personen bis über 25 m^2 für eine sechsköpfige Gemeinschaft. Zum eigentlichen Schlafbereich kommen der Wohnbereich und der Küchentrakt hinzu, die doppelt bis 3,5mal so groß wie der Schlafbereich sein sollten. Ein Vordach – die sogenannte Veranda – kann besonders bei schönem Wetter den Wohnbereich beträchtlich erweitern, außerdem ist man der Natur näher. Je mehr Zeit man während des Jahres im Zelt verbringt, um so größer sollte die Zeltgrundfläche gewählt werden (Richtzahl für Dauercamping: je Person etwa 3,5 bis 4 m^2, ohne Veranda). Ein günstiger Kompromiß zwischen geschlossenem Zelt und Zelt mit Veranda ist eines mit herausnehmbarer, aufstell- oder aufrollbarer Vorderwand.

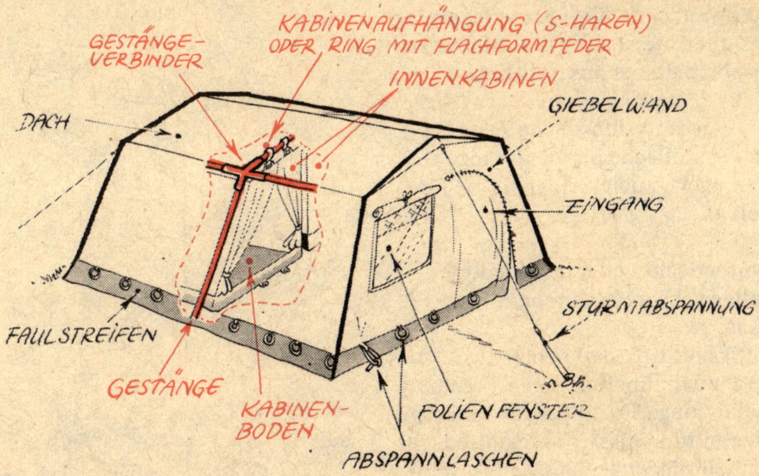

4.10 **Steilwandzelte sind bereits zweckmäßig in Schlaf-, Wohn- und Küchenbereich aufgeteilt.**
Zum Schlafbereich zählen die am Gestänge aufgehängten Innenkabinen mit wasserdichtem Boden, die für gute Wärmeisolierung sorgen. Eltern und Kinder sollten möglichst getrennte Kabinen bewohnen, auch wenn durch sie kaum ein Geräusch- oder Lichtschutz, sondern nur ein Sichtschutz gegeben ist. Kinder wissen es zu schätzen, wenn sie ihre eigene »Kabuse« bewohnen dürfen, in der sie sich unbeobachtet, trotzdem aber in elterlicher Nähe geborgen fühlen können.

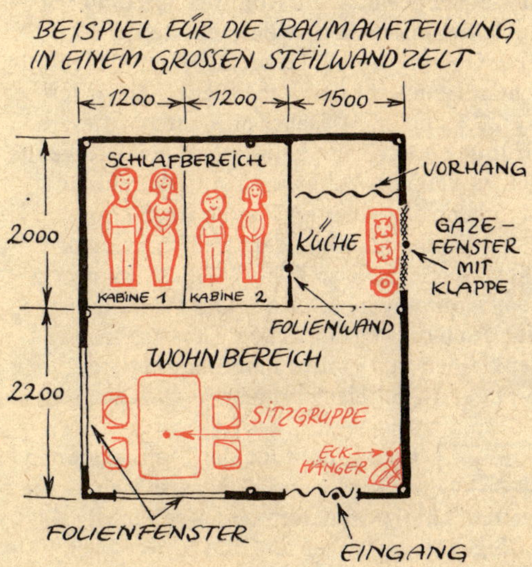

Die Küchenbox mit Kocher ist möglichst am vorgesehenen Platz unter einem Gazefenster aufzustellen oder im Vorzelt.
Der Raum mit den großen Folienfenstern bleibt für die Sitzgruppe reserviert.
Bei sehr großen Steilwandzelten ist oft ein Abstell- oder Garderobenbereich abgeteilt. Fehlt er, kann man selbst einen Vorhang ziehen.

4.11 **Bei Steilwandzelten richten sich die Konstruktion und der Materialeinsatz nach dem Verwendungszweck.**
Man unterscheidet nach vorrangiger Eignung für Kurzzeitcamping (einige Tage bis zu fünf Wochen im Jahr) und für Langzeitcamping (bis zu 26 Wochen im Jahr). Die richtige Auswahl ist entscheidend für die Lebensdauer des Zelts.

4.12 **Steilwandzelte für Langzeitcamping bieten insgesamt mehr Grundfläche je Person.**
Sie haben meist ein plastbeschichtetes, völlig wasserdichtes Dach und stabileres Gewebematerial. Weil man davon ausgehen muß, daß das Zelt auch einige Zeit unbeaufsichtigt Sturm und Regen ausgesetzt ist, gibt es Klappen an den Gazefenstern und solidere Abspannungen (kleinere Lüftungsöffnungen sollten aber auch bei längerer Abwesenheit geöffnet bleiben). Mit alldem ist natürlich nicht gemeint, daß sich nicht auch die leichter gebauten Steilwandzelte für Dauercamping verwenden ließen. Dann aber empfiehlt sich unbedingt ein stabiles Folienzelt mit eigenem Gestänge (→ 58.2).

4.13 **Steilwandzelte für Kurzzeitcamping bestehen meist aus etwas dünnerem Baumwollgewebe, seltener aus Synthetik.**
Das Dach ist aus dem gleichen, nur etwas dickerem Material. Insgesamt sind solche Zelte bei vergleichbarer Grundfläche bis zu 50 Prozent leichter und, verpackt, auch kleiner als die für Langzeitcamping.

4.14 **Synthetisches oder beschichtetes Zeltgewebe weist durchaus nicht nur Vorteile auf.**
Reiner Synthetikstoff ist zwar leichter als Baumwolle und unempfindlich gegen Verottung oder Schimmelbildung (Stockflecken), dafür ist Baumwolle aber luftdurchlässig und gibt Feuchtigkeit sehr schnell wieder ab. Das Zelt ist weitaus besser klimatisiert. Zelte mit vollbeschichtetem Dach neigen bei höherer Luftfeuchte, beim Kochen oder Heizen mit Propan bzw. Katalyt zu Schwitzwasserbildung. Daher ist eine gute Belüftung unerläßlich. Günstig ist immer eine vom Hersteller gewählte Kombination unterschiedlicher Gewebearten, zusammen mit einer guten Luftführung im Zelt.

4.15 **Zelte haben, bezogen auf die überbaute Grundfläche, das geringste Gewicht und zusammengelegt auch das weitaus geringste Volumen aller Campingunterkünfte.**
Trotzdem darf man Masse und Packmaße, besonders bei großen Steilwandzelten, nicht unterschätzen. Daher sind bei der gewünschten Größe und Ausführung auch die Transportmöglichkeiten zu berücksichtigen. Richtwerte dabei sind:

- leichte Berg- und Wanderzelte 1,5 bis 2,5 kg/Schlafplatz
- Hauszelte, einfach 2,5 bis 4,0 kg/Schlafplatz
- Doppeldachzelte 3,0 bis 6,0 kg/Schlafplatz
- Steilwandzelte ohne Veranda 5,5 bis 8,5 kg/Schlafplatz
- Steilwandzelte mit Veranda 6,5 bis 11,0 kg/Schlafplatz

4.16 **Bei Zelten aller Art rechnet man je Person mit einer Schlaffläche von mindestens 0,65 × 2 m.**
Für zwei Personen auf einer Doppelmatratze genügen auch 1,20 m, für drei Personen werden etwa 1,80 bis 2,10 m Breite gebraucht. Möchte man jedoch Campingliegen aufstellen, so sollte man schon beim Zeltkauf darauf achten, daß die Schlafflächen bzw. Innenkabinen mindestens 2,10 m tief sind.

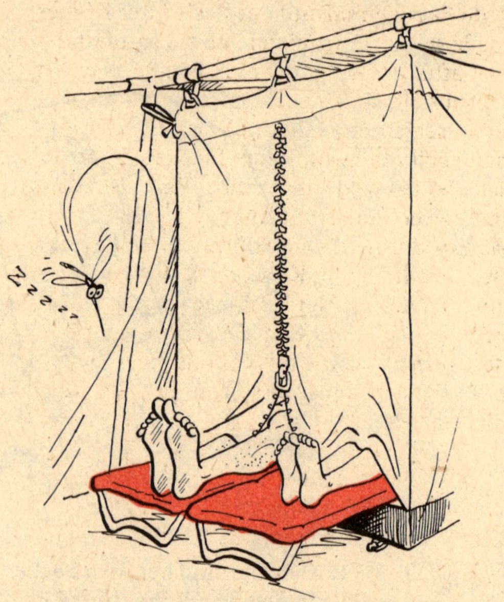

5. Campingwohnwagen und Zeltanhänger

5.1 **Bei der Wahl eines Wohnwagens sind die Familiengröße bestimmend, der gewünschte Komfort, letztendlich auch die finanziellen Möglichkeiten.**
Eine Obergrenze des Gewichts legen die technischen Kennwerte des vorhandenen Autos fest (→ 28.1 und 28.3). Daher muß oft aus diesem Grunde eine größere Familie mit einem eigentlich zu kleinen Wohnwagen vorlieb nehmen. Man kann sich aber im Vorzelt noch eine Schlafkabine für eine oder zwei Personen anhängen, oder man stellt ein kleines Zelt neben dem Wohnwagen auf. Auf diese Weise lassen sich auch die verschiedenen Zubettgehzeiten der kleinen und großen Familienmitglieder zwanglos in Einklang bringen.

5.2 **Eine Einteilung der Wohnwagen in »Längs-« und »Querschläfer« – wie es manchmal praktiziert wird – sehen wir als müßiges Unterfangen an (Bild S. 26).**

Jede Familie muß auf der Basis ihrer Körpermaße selbst ausprobieren, ob sie es auf der Schlaffläche längs oder quer gemütlicher hat. Dabei stellt sich manchmal heraus, daß ein Längsschläfermodell für eigentlich zwei Personen auch genügend Raum für drei kleine Querschläfer hat oder umgekehrt. Wir haben daher in unserer Tabelle im Anhang 1 lediglich die Abmessungen der Schlaffläche(n) angegeben. Bei gleichwertigen Ruhepositionen ist jedoch einer Lage längs der Fahrzeugachse, was die Bequemlichkeit betrifft, der Vorzug einzuräumen; der Hintenliegende müßte sonst bei einem nächtlichen Zwangsausstieg über alle anderen hinwegklettern.

5.3 **Die Isolierung eines Campingwohnwagens nimmt nicht nur bei Kälte Einfluß auf das behagliche Befinden seiner Insassen.**

Sie schützt auch vor zu großer Wärme, z. B. bei direkter Sonneneinstrahlung auf das Dach. Wer Wintercamping betreiben möchte, der sollte auf eine Isolierung nicht verzichten (→ 43.8). Beim isolierten Wohnwagen ist die Wohnzelle im allgemeinen zweischalig aufgebaut, dazwischen befindet sich eine Schicht aus Piatherm, Polystyrol, PUR-Hartschaum, Texotherm oder Luft.

5.4 **Bei Campingwohnwagen ist die Stehhöhe ein entscheidendes Kriterium.**

Sie liegt im allgemeinen zwischen 1,72 und 1,85 m, wird aber bei einigen Modellen nur stellenweise und mit trickreichen Konstruktionen erreicht (Bodentunnel beim QEK JUNIOR, Hubdach beim FRIEDEL, nur im vorderen Wohnbereich durch gewölbtes Dach beim WÜRDIG 301). Das ist aber kein negatives Qualitätskriterium, im Gegenteil: dadurch entsteht meist ein niedriger und damit aerodynamisch günstiger Anhänger. Bei einigen Wohnwagen aber können große Camper nur mit eingezogenem Kopf stehen (WÜRDIG 301, QEK JUNIOR, APOLDA LUXUS).

5.5 **Hat ein Campingwohnwagen eine 220-V-Elektroanlage mit Trenntrafo bzw. FI-Schutzschalter, so ist die Sicherheit gegen einen elektrischen Schlag bei Gerätedefekten besonders hoch.**

Eine Gefährdung ist selbst dann weitestgehend ausgeschlossen, wenn das Schutzleitersystem im einspeisenden öffentlichen Netz nicht dem DDR-Standard entsprechen sollte. Das könnte z. B. auf ausländischen Campingplätzen der Fall sein.

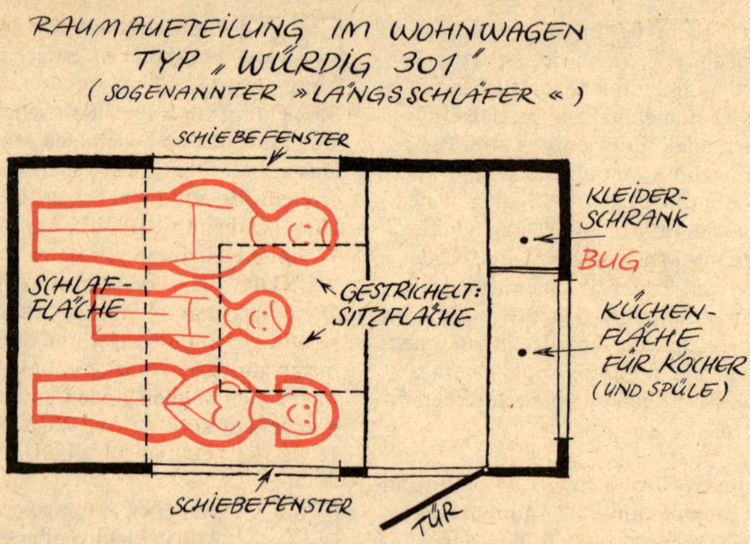

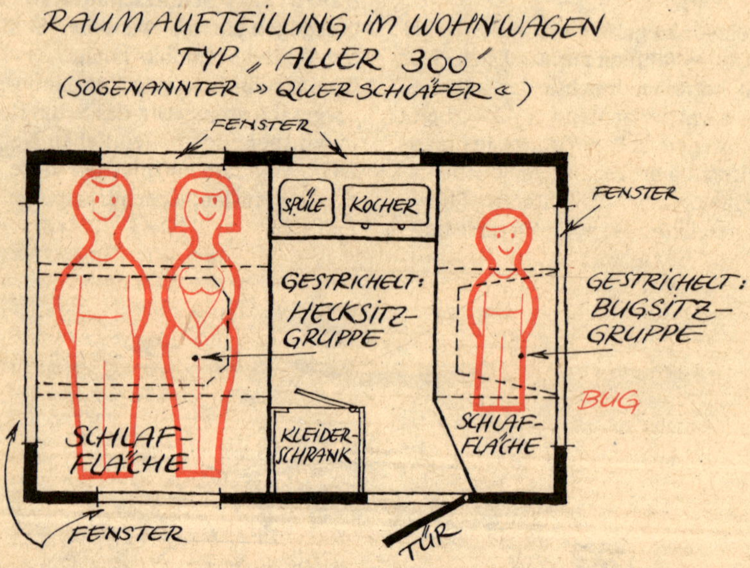

5.6 **Der WÜRDIG 301-2 – im Volksmund auch »Wanderniere« oder »Dübener Ei« genannt – ist zwar kein ausgesprochen moderner, aber ein preiswerter, gemütlicher Campingwohnwagen für eine kleine Familie.**

Er bietet zwei bis drei Schlafplätze. Sein Aufbau besteht aus Schichtpreßstoff, die Seitenwände in Sandwich-Bauweise haben Luftisolierung. Als Dachisolierung wird Piatherm und Schaumpolystyrol verwendet. An den Seiten sind aufklappbare Fenster eingebaut; das Fenster am Bug läßt sich nicht öffnen. Kleiderschrank und Küche befinden sich im Bug, eine Propananlage wird serienmäßig nicht mitgeliefert, der Raum dafür ist aber vorhanden. Als Tisch muß ein handelsüblicher Campingtisch verwendet werden. Die Tür ist geteilt.

Der Anhänger ist leicht und eignet sich auch für Kleinwagen. Spezialpendelachsen mit Stoßdämpfern und Schraubenfedern ergeben ein spurtreues Fahrverhalten, die aerodynamisch

CAMPING-ANHÄNGER »WÜRDIG 301-2«

günstige Tropfenform hält den Benzinverbrauch in Grenzen.

5.7 Den Wohnwagen QEK-JUNIOR gibt es in zwei Fahrwerksvarianten: gebremst und ungebremst mit unterschiedlichen Leer- und Nutzmassen

Die Wohnzelle und deren Einbauten bestehen aus glasfaserverstärktem Polyesterkunstharz (GUP) – unisoliert, bis auf das Dach – und geben für eigenschöpferische Verfeinerungen breiten Raum. Die Stehhöhe wird mit einem Fußbodentunnel im Arbeitsbereich erreicht, jedoch stört das hindurchgehende Zugrohr etwas. Bug- und Heckfenster sind ausstellbar. Das große Hubdach garantiert eine relativ niedrige Aufbauhöhe während der Fahrt, auch dadurch bleibt der Benzin-Mehrverbrauch in Grenzen. Der drei bis vier Personen Raum bietende Wohnwagen wird wohnfertig ausgeliefert. Das Fahrwerk ist mit Dreieckslenkern, Schraubenfedern und Stoßdämpfern ausgestattet. Der QEK-JUNIOR gehört mit zu den leichtesten Anhängern und kann auch von einem Kleinwagen gezogen werden.

QEK-JUNIOR

5.8 Seit 1986 wird der QEK-AERO produziert.

Mit ihm wurde eine vollständig neue Wohnwagenkonstruktion verwirklicht; er hat mit dem QEK-JUNIOR nicht viel gemein. Wegen seines aerodynamisch abgeflachten Bugs mußte die Tür ins hintere Drittel verlegt werden; im Heck befinden sich der Küchentrakt und der Kleiderschrank. Dagegen ist die Sitz-/Schlafgruppe im Bug angeordnet. Sehr vorteilhaft ist, daß zwei Tische hintereinander eingebaut sind, die sich einzeln in einer Scherenkonstruktion zur Schlaffläche absenken lassen. Dadurch ist es möglich, den Teil unter dem schrägen Bug bereits als Liegefläche zu nutzen und im Mittelbereich trotzdem eine kleine Sitzgruppe aufzustellen. Der Aufbau besteht außen aus beschichtetem Aluminium, innen aus Sperrholz. Dach und Seitenwände sind isoliert. Von den vier Fenstern ist das größte am Heck über der Küche ausstellbar, ebenso eine Dachluke.
In der Unterbaugruppe aus stabilem Profilstahl stört kein zentrales Zugrohr mehr wie beim QEK-JUNIOR. Das Fahrgestell ist gebremst, hat Rückfahrautomatik und Feststellbremse. Die Räder sind an Querlenkern mit Schraubenfedern aufgehängt.
Wegen seines geringen, im Windkanal optimierten Luftwiderstands kommt man mit dem QEK-AERO bereits mit einem Mittelklassewagen (z. B. Wartburg) zügig voran, und der Kraftstoff-Mehrverbrauch bleibt in Grenzen. Dieser Wohnwagen wird darum vor allem bei Langstreckenfahrern großes Interesse finden.

5.9 Das z. Z. jüngste Kind unter den Wohnwagen ist der LAUSITZ 310.

Auch er hat einen schrägen Bug, in dem eine kleine Sitzgruppe für 2 Personen untergebracht ist. Sie läßt sich schnell zu einem Schlafplatz umstellen. Im Heck dagegen befindet sich die Haupt-Sitzgruppe für 6 Personen, bzw. 2 weitere Schlafstellen. Der ganze Aufbau des Anhängers beseht aus Leichtbauelementen – Aluminium-Innen- und Außenhaut, dazwischen mit PUR ausgeschäumt –, auch die 5 cm dicke Bodenplatte. Dadurch ist die Karosserie sehr stabil und garantiert hervorragende Wärmeisolation. Das große Bug- und Heckfenster sind ausstellbar, ebenso eine Dachluke, die zusammen mit zahlreichen Belüftungsöffnungen im unteren Teil der Wohnzelle für gute Klimatisierung sorgt. Leider ist die Tür nicht – wie sonst allge-

mein üblich – geteilt. Durch Umklappen der Abdeckplatten für die Kücheneinrichtung ergeben sich zusätzliche Abstellflächen. Das Fahrgestell besteht aus einem stabilen geschweißten Profilrahmen mit V-förmiger Deichsel. Die Längslenkerachsen sind an Schraubenfedern geführt und haben Schwingungsdämpfer. Das Fahrgestell ist gebremst und hat eine Rückfahrautomatik. Der Anhänger ist zwar recht leicht und hat eine aerodynamisch günstige Form, doch sollten schon etwa 30 kW (40 PS) davorgespannt werden, wenn man zügig vorankommen will. Der »Trabbi« ist mit ihm überfordert. Der LAUSITZ 310 wird wohnfertig geliefert, wobei zwischen 2 verschiedenen Vorzeltvarianten – leichtes Reisevorzelt 3,45 × 2,10 m oder selbststehendes Dauercamping-Vorzelt 3,6 × 2,5 m – gewählt werden kann.

5.10 **Der mittelgroße Wohnwagen vom Typ ALLER 300 kommt aus Weferlingen.** Er ist seit 1984 der völlig neu gestaltete Nachfolger des jahrelang bewährten Typs LC 9-285. Der mit Polyester vollisolierte Aufbau (einschließlich Fußboden!) basiert auf einer selbsttragenden, leichten Holzrahmenkonstruktion. Im gemütlichen Innenraum besticht die zweckmäßige und reichhaltige Ausstattung in geschmackvoll abgestimmtem Design und der pflegeleichte Fußbodenbelag. Die zwei Schlafflächen geben drei erwachsenen Personen ausreichend Raum, sie lassen sich in Sekundenschnelle zu Sitzgruppen umstellen. Die Fenster im Bug, Heck und das seitliche über der Küche sind ausstellbar. Der Anhänger wird wohnfertig ausgeliefert.

Das gebremste und mit einer Rückfahrautomatik ausgerüstete Fahrwerk mit Schraubenfedern und Stoßdämpfern sichert sehr gute Fahreigenschaften.

5.11 **Beinahe schon Saloncharakter trägt der mittelgroße Wohnwagen APOLDA LUXUS.**
Die Standardausrüstung nutzt den Raum gut aus, es fallen eine Bar, Edelholzfurniere mit einer Intarsienarbeit in der Kleiderschranktür sowie der komfortable Fußbodenbelag auf. Der mit PUR-Schaumstoff vollständig isolierte Aufbau macht den Anhänger gut für das Wintercamping tauglich, eine serienmäßige Heizung

ist jedoch nicht vorgesehen. Die Wohnzelle gibt bis zu drei Personen bequemen Raum. Vorder- und Heckfenster sowie eine Dachluke zum Entlüften sind ausstellbar; die Tür ist geteilt. Der Wohnwagen wird komplett mit Polsterung und Gardinen, jedoch ohne Propananlage und Vorzelt geliefert (diese muß vom Käufer in einem vertraglich gebundenen Handwerksbetrieb bestellt werden).
Das gebremste Fahrwerk mit nahezu wartungsfreier Drehstabfederung und Stoßdämpfern garantiert gute Fahreigenschaften.

5.12 **Der mittelgroße Wohnwagen FRIEDEL spricht besonders durch seine extravagante Linienführung des Aufbaus an.**
Seine solide verarbeitete Innenausstattung verrät eine sachbetonte, kühle Gestalterhand. Der Aufbau auf einem Hartholzgerippe besteht außen aus Aluminium, innen aus Kunstleder mit einer Isolierung aus Polyesterschaum. Er bietet drei Personen Platz. Das Vorder- und das sehr große Heckfenster sind ausstellbar, die Tür ist ungeteilt. Das große Hubdach schafft bequeme Stehhöhe im wichtigsten vorderen Wohnbereich, es sichert außerdem während der Fahrt eine geringe, aerodynamisch günstige Höhe, die

im Zusammenhang mit der strömungsgünstigen Außenkontur den Benzinmehrverbrauch in erträglichen Grenzen hält.
Das Fahrwerk gibt es seit einiger Zeit in gebremster Ausführung mit Rückfahrautomatik. Es hat eine fast wartungsfreie Drehstabfederung mit Stoßdämpfern und garantiert gute Fahreigenschaften. Der FRIEDEL sollte wegen seiner recht hohen Eigenmasse nur an größere Mittelklasse-Pkw angehängt werden. Er wird wohnfertig, mit Vorzelt aber ohne Heizung verkauft.

5.13 **Seit 1985 wird der BASTEI in zwei neuen Typen gefertigt:**
der BASTEI 350 mit einer Aufbaulänge von 3,50 m und einer Bugneigung von 13° sowie der BASTEI 390 mit 3,90 m und 19° Bugneigung (letzterer vorwiegend für den Export). Dadurch entstehen vor allem unterschiedlich breite Liegeflächen im Bug (→ Anhang 1). Die Wohnzelle einschließlich Fußboden ist vollisoliert, alle Seitenwände sind zweischalig aus Sprela-

cart mit Polystyrolschaum, das Dach hat Luftzwischenraum. Bug- und Heckfenster lassen sich ausstellen, die Tür ist geteilt. Eine kleine Dachluke sorgt zusammen mit zahlreichen Lüftungsöffnungen für gleichmäßige Luftzirkulation. Die Liegeflächen geben beim BASTEI 350 einer drei- bis vierköpfigen Familie, beim größeren Typ sogar bis zu fünf Personen Platz. Große Stauräume, Fächer und der voluminöse Schrank lassen auch dann keine Gepäckprobleme entstehen. Der geräumige Flaschenkasten am Bug nimmt zwei 5-kg-Gasflaschen und weiteres Zubehör auf (z. B. noch zwei Wasserkanister à 5 Liter). Alle Typen können mit einem Gasraumheizer SOLAR 3000 serienmäßig ausgerüstet werden und eignen sich in Zusam-

menhang mit der wirksamen Isolierung gut für den Winterbetrieb.
Bei den neuen BASTEI-Typen ist der Bug geneigt und das Dach strömungsgünstiger ausgeformt. Dadurch reduziert sich gegenüber dem älteren BASTEI-1 mit eckigem Aufbau der Benzinverbrauch, und auch die Seitenwindempfindlichkeit ist geringer geworden. Das gebremste Fahrwerk mit Rückfahrautomatik ist mit Drehstabfederung ausgerüstet. Die BASTEI-Anhänger werden wohnfertig ausgeliefert, der pflegeleichte Fußbodenbelag inbegriffen. Zur Ausstattung gehört ein geräumiges Vorzelt, das den Wohnraum auf das Doppelte vergrößert.

5.14 **Seit 1986 ist der geräumige und sehr luxuriöse INTERCAMP 440, der Nachfolger des bis 1985 gebauten Typs 355, im Handel.**

Der Aufbau besteht aus doppelwandigem, wetterfestem und pflegeleichtem Polyester mit PUR-Hartschaumisolierung und bietet ausgezeichneten Schutz vor Hitze und Kälte. Es gibt den INTERCAMP in zwei Varianten. Der Typ 440 N hat 2+2 Schlafplätze, auch die beiden im Bug lassen sich schnell zu einer Sitzgruppe umbauen. Auch der Typ 440 T hat insgesamt vier Schlafplätze. Die beiden im Bug liegen aber

nach Art eines Doppelstockbettes übereinander und lassen sich durch eine Schiebetür abteilen (ideal für Familien mit Kleinkindern). Durch diese Raumaufteilung entstand noch Platz für eine Kabine mit Chemikal-Trockentoilette und Handwaschbecken.
Der Anhänger wird auf Wunsch wahlweise mit einem Gasraumheizer SOLAR 3000 oder TRUMATIC ausgestattet. Alle Fenster (auch mit Doppelscheiben – getönt – lieferbar) sind ausstellbar. Außerdem gibt es beim 440 N eine, beim 440 T sogar zwei Dachluken zur Zwangsentlüftung. Im Staukasten finden zwei 5-kg-Propanflaschen sowie Campingzubehör Raum.
Die äußere Form entstand im Windkanal. Das schafft zusammen mit dem drehstabgefederten Fahrwerk mit extrem breiter Spur (1800 mm) ausgezeichnete Fahreigenschaften, geringe Seitenwindempfindlichkeit und relativ geringen Mehrverbrauch des Zugfahrzeugs. Das Fahrwerk hat eine mechanische Auflaufbremse mit Rückfahrautomatik.

5.15 **Wer sich einen Wohnwagen zugelegt hat, der ist noch längst nicht zum Camping gerüstet.**

Da fehlen das Küchengeschirr, die Wasserversorgung, Schlafdecken und, und, und. Für manche Anhänger müssen erst Gardinen genäht werden, oder es fehlt der Kocher.
Komplettierungen und kleinere Umbauten nimmt jeder stolze Besitzer nach handwerklichem Geschick und persönlichen Vorstellungen vor. Es hat sich nämlich gezeigt, daß ein solches Gefährt erst dann wirklich praktisch ist und auch schnell mal am Wochenende genutzt werden kann, wenn es wirklich komplett eingerichtet ist und nicht erst jede Kleinigkeit vor der Reise mühselig eingeladen und verstaut zu werden braucht. Darum sollte man auch an solche Dinge wie Kleiderbügel, Wasch-, Schuhputz- und Nähzeug, Reiseapotheke und anderes denken.

5.16 **Ist alles im Wohnwagen verbleibende eingepackt und sind die Umbauten vollzogen, fahren wir auf eine Großwaage.**

Ziehen wir das Ergebnis dieser Wägung vom zulässigen Gesamtgewicht des Anhängers oder – wenn diese niedriger liegt – von der zulässigen Anhängelast des Zugfahrzeugs ab, so wissen wir für alle Zeiten, wieviel noch zugeladen werden darf.

5.17 **Der CAMPTOURIST 5-3 ist mit etwa 18,5 m² Grundfläche der größte von den drei produzierten Zeltanhängern (gegenwärtig nur Export).**

Nach Herstellerangaben bietet er sechs Personen Schlaffläche. Wirklich bequem haben es aber nur vier erwachsene Personen. Außerdem muß man daran denken, daß Camping nicht nur aus Schlafen besteht und sich alle Personen bei schlechtem Wetter auch längere Zeit im Anhänger aufhalten müssen, ohne Platzangst zu bekommen.
Der herausgeklappte Deckel bildet den Trittboden im Hauptzelt. In ihm können notfalls zwei weitere Personen auf Luftmatratzen schlafen.
Das Hauptzelt kann auch ohne Vorzelt aufgebaut werden. Dann steht man allerdings mit der Küche im Freien. Der Hersteller gibt eine Aufbauzeit von drei Miuten an, die sich in der Praxis aber nicht bestätigt. Nach dieser Zeit ist höchstens Wetterschutz zu erreichen – und auch nur dann, wenn kein starker Wind weht. Von der Ankunft bis zur kompletten, wohnfertigen Aufrüstung muß man selbst bei einem eingearbeiteten Team 30 bis 45 Minuten rechnen.

5.18 **Der CAMPTOURIST CT 5-3 wird in drei Versionen gebaut.**

Der CT 5-3 S (Standard) hat einen Schiebetisch und zwei herausklappbare Stühle, Gardinen und ein Ablagebrett sind inbegriffen, außerdem ein abschließbarer Gepäckraum unter dem Tisch. Innenkabinen oder Trennvorhänge fehlen ebenso wie eine Küche.
Der CT 5-3 N (Normal) ist zusätzlich mit Trennvorhängen und mit einer sehr einfachen

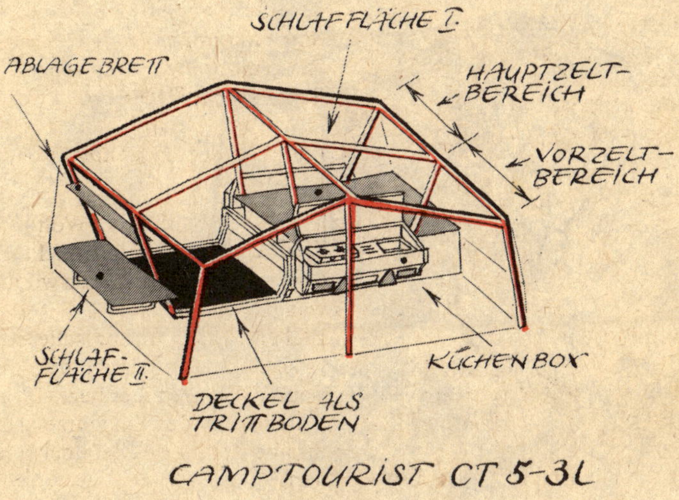

Klappküche mit Propankocher ausgestattet. Beim CT 5-3 L (Luxus) ist eine recht komfortable Küchenbox mit Propananlage und Spüle vorhanden. Das Zelt hat über allen Schlafflächen Innenkabinen, der Anhänger Nebelschlußleuchten.
Das Fahrgestell mit Querblattfeder, Pendelachsen und Stoßdämpfern ist für alle drei Varianten identisch. Es sichert im Zusammenhang mit der geringen Aufbauhöhe des zugeklappten Anhängers sehr gute Fahreigenschaften. Der CT 5-3 wird auf Wunsch mit gebremstem Fahrwerk und Rückfahrautomatik geliefert. Die Deichsel ist abnehmbar, darum ist eine sehr raumsparende Unterbringung bei hochkant gestelltem Anhänger möglich. Der gesamte Aufbau läßt sich außerdem in kurzer Zeit vom Fahrgestell demontieren.

5.19 **Seit 1985 ist der weiterentwickelte Wohnzeltanhänger CT 6-2 W in der Produktion.**

Er ist aus dem ab 1979 bewährten CT 6-2 hervorgegangen und ist der bevorzugte Typ für den Binnenhandel. Durch eine Veränderung des klappbaren Zeltgestänges liegt der Ausgang nunmehr an einer Giebelseite, dafür hat das Vorzelt ein großes, über die ganze Seitenwand reichendes Panoramafenster mit teilweiser Gazebelüftung. Zusätzlich kann ein großes Vordach angebracht werden.
Der CT 6-2 W mit einer Zeltgrundfläche von etwa 15 m^2 bietet vier erwachsenen Personen oder einer Familie mit drei Kindern auch für Langzeitcamping bequeme Unterkunft. Weitere Personen – die z. B. nur kurz zu Besuch sind – können im Vorzelt übernachten. Zelt und Vorzelt bilden bei diesem Anhänger eine Einheit und werden gemeinsam herausgeklappt.
Der Küchentrakt mit zweiflammigem Propankocher, Spüle, Besteckkasten und Geschirrfach läßt sich entweder herausschwenken (auch bei einem Unterwegs-Halt bei zugeklapptem Anhänger) oder auch getrennt auf vier Stelzbeinen aufstellen. Die Arbeitsfläche liegt dann etwas höher, und man bekommt beim Kochen nicht einen so krummen Rücken.
Der Anhänger hat zwei Innenkabinen mit Schaumstoffaufliegern, eine der Liegeflächen läßt sich zu einer Sitzgruppe für sechs Personen umrüsten. In diesem Bereich, der gleichzeitig den Boden des Anhängers bildet, ist ein Kunststoffbelag eingeklebt. Der Tisch ist herausnehmbar und läßt sich auch im Vorzelt oder im Freien aufstellen.
Große Stauräume über den Radkästen nehmen viel Gepäck auf, an das man aber im zusammengeklappten Zustand nicht herankommt. Daher sollte man dort vor allem Ausrüstungsgegenstände einladen, die auch nach Saisonende im Anhänger verbleiben. Viel zusätzliches Gepäck läßt sich im Mitteltunnel zwischen den beiden Staukästen unterbringen; es ist auch bei zusammengeklapptem Anhänger zugänglich.
Das Fahrgestell entspricht vollkommen der Ausführung, wie sie bei CT 5-3 verwendet wird. Man kann also zwischen gebremster und ungebremster Ausführung wählen.

5.20 **Das neuentwickelte Wohnzeltanhänger-Exportmodell CT 7 gibt es ebenfalls seit 1985.**
Es wird mit dem gleichen Fahrgestell – gebremst oder ungebremst – wie beim CT 5-3 gebaut und zeichnet sich durch viel Komfort aus. Infolge seines vereinfachten Klappprinzips kann es recht schnell von nur einer Person aufgebaut werden und eignet sich darum auch für Zwischendurch-Übernachtungen und Kurzzeit-Camping. Die Sitzgruppe im Mittelgang kann bei Bedarf für zwei weitere Schlafplätze genutzt werden; rechts und links davon befinden sich Innenkabinen mit Schaumstoff-Liegeflächen für jeweils zwei erwachsene Personen. Extra aufgestellt werden muß das geräumige Vorzelt, außerdem läßt sich zusätzlich ein großes Vordach – das sogenannte Sonnensegel – anbringen. Vor- und Hauptzelt zusammen überspannen eine Grundfläche von 18 m^2. Die Vorderfront des Vorzelts ist aufrollbar. Tisch, Küchentrakt sowie Größe und Lage der Gepäckstauräume entsprechen dem CT 6-2 W.
Der CT 7 hat keinen starren Deckel wie die anderen beiden Anhänger, sondern er wird mit einer beschichteten Plane abgedeckt. Darunter lassen sich weitere sperrige Campingartikel – z. B. Stühle – unterbringen.

6. Küchenausrüstung

6.1. **Vor dem Erwerb der Camping-Küchenausstattung muß eine Frage geklärt werden: Sollen alle Mahlzeiten selber gekocht werden oder beschränken wir uns aufs Frühstück und Abendessen im Zelt und suchen ansonsten Gaststätten auf?**

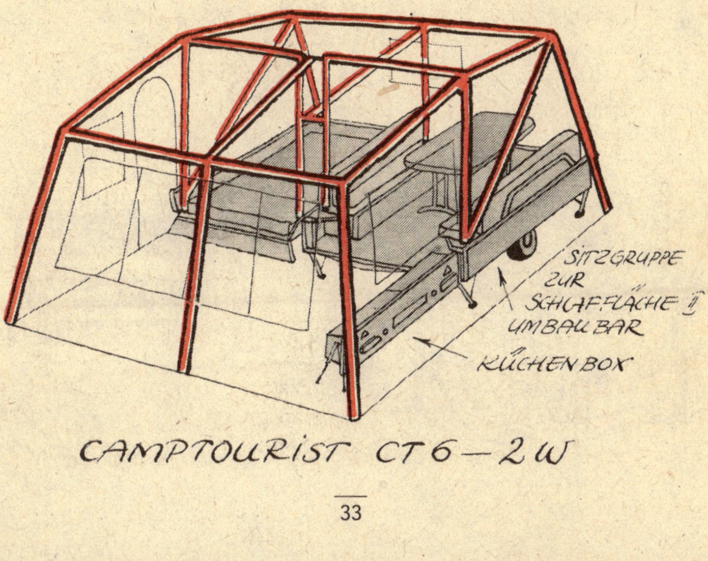

Im zweiten Fall genügen nämlich ganz wenig Küchengegenstände. Man braucht einen kleinen Kocher, einen Topf oder Wasserkessel, Frühstücksgeschirr (Tassen, Untertassen nach Personenzahl, Frühstücksteller oder -brettchen, Kanne und Bestecke). Ein Topf ist meist günstiger als ein Kessel, weil man in dem Topf bereits einen Teil des Geschirrs verstauen und auch mal Würstchen wärmen oder eine Suppe kochen kann. Die Ausstattung wird ergänzt durch diverse Vorratsdosen für Butter, Käse, Wurst, Kaffee oder Tee, Brot, Salz usw. Dann braucht man noch Brotmesser (Taschenmesser), Büchsenöffner (ausreichend und sehr funktionstüchtig ist der 10-Pfennig-Artikel ÖKONOM, Korkenzieher (!) und eventuell einen Satz Mehrzweckgläser oder -becher.

6.2 **Es ist günstig, bei solcher kleinen Ausrüstung den Kocher (ohne Brennstoff!!), sämtliches Geschirr und einen Teil der Vorräte in einem strapazierfähigen »Küchenkoffer« unterzubringen** (vornehm vermeiden wir das mehr verbreitete Wort »Freßkoffer«!).

Es gibt zwar sogenannte Picknick- oder Campingküchenkoffer zu kaufen, die sind aber für unsere Zwecke meist nicht praktisch genug eingerichtet. Wozu benötigt man z. B. auf einem Zeltplatz zwei Thermoskannen? »Vor Ort« ist es günstiger, die Essenvorräte in einem luftigen Gazebehälter oder in einer Kühlgrube zu lagern (→ 58.1).

6.3 **Wer mit mehreren Personen unterwegs ist und sich alle Mahlzeiten selbst zu kochen gedenkt, der muß selbstverständlich dafür gerüstet sein.**

Das erfordert entsprechenden Raum zur Unterbringung am Campingort. Dieser Raum ist in Campinganhängern in Form des Küchentrakts mit ausreichend Fächern bereits vorgesehen. Bei Steilwandzelten empfiehlt sich dafür ein spezieller Kochtisch (»Campingküchenbox«), der eine brandsichere Kocheraufstellung erlaubt und in dessen Untergestell sich Geschirr und Vorräte unterbringen lassen.

6.4 **Wir empfehlen als vollständige Küchenausrüstung folgende Teile:** (davon sollte – was irgend möglich – aus bruchsicherem Plast gekauft werden):

Satz Aluminiumtöpfe mit Wasserkessel und Pfanne als Deckel (teilweise auch zum »Turmkochen« verwendbar),
Eimer mit Deckel (Plast),
Gummischüssel (zum Abwaschen),
Satz Schüsseln (3 Stück),
Eßteller, halbtief (wenn nicht erhältlich, dann sind tiefe Teller universeller zu benutzen als flache),
Tassen, Frühstücksteller oder -brettchen,
Kompottschälchen,
Bestecke,
Kaffee- oder/und Teekanne,
Vorratsdosen (möglichst durchsichtig, eckig, stapelbar) für Nährmittel und Gewürze (dafür

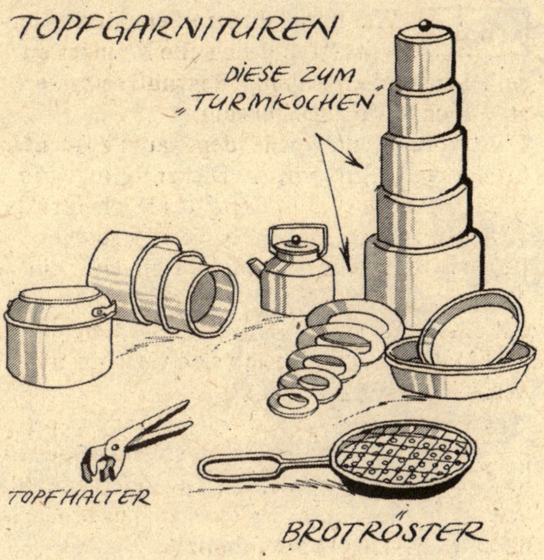

am besten kleinere Döschen, zusammen in einer passenden größeren).
Man sollte vermeiden, Salz, Nudeln, Reis, Mehl, Zucker usw. in Tüten zu belassen. Alles wird schnell feucht und muffig. Für Wurst, Käse, Butter u. a. gibt es lichtdichte Vorratsdosen in ansprechender Ausführung, die man direkt auf den Tisch bringen kann.

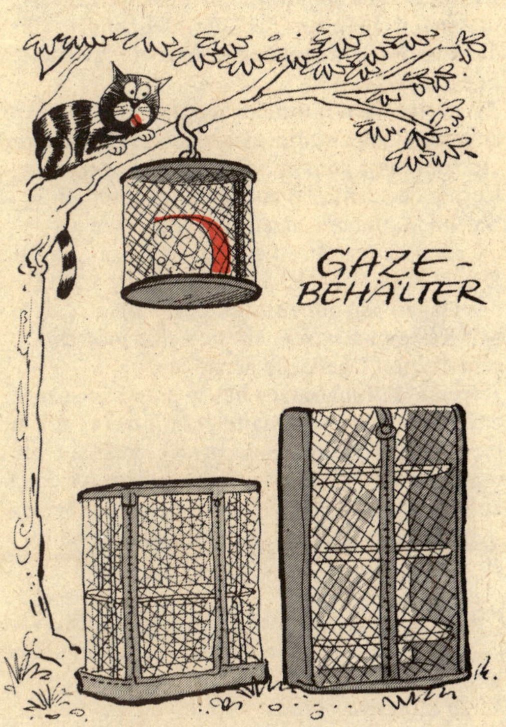

Mehrzweckgläser oder -becher, eventuell Eierbecher aus Plast, Suppenkelle, Brot- und kleines Küchenmesser, Dosen- und Kronenverschlußöffner, Korkenzieher, kleines Sieb, Kartoffelschäler, Brotröster aus Aluminium (keine Angst, dieser ist nur zwei cm flach. Er ermöglicht das Aufbacken von Toast oder Brötchen. Nur über einer Gasflamme anwendbar, sonst gibt es geschmackliche Beeinträchtigungen!),
Wasserkanister (10 l, besser noch 2×5 l, durchscheinend),
Gazeschrank für Vorräte.

6.5 **Diese Küchenausrüstung hört sich gewaltig an.**
Ordentlich und sinnvoll gestapelt und ineinandergeschachtelt kann aber das meiste auf relativ kleinem Raum transportiert werden. So ist es z. B. möglich, alle Geschirrteile und Töpfe in den Eimer einzusortieren (Versuche erbringen die optimale Stapeltechnik!) und diesen mit der umgedrehten Gummischüssel abdecken. (Beachte auch 55.1)

6.6 **Für größere Familien ist ein Schnellkochtopf beim Camping sehr günstig.**
Er dampft nicht stark, kein Fett spritzt herum und verunreinigt die Zeltleinwand, und man spart wertvollen Brennstoff. Außerdem geht's wesentlich schneller.

6.7 **Wer auch auf dem Zeltplatz oder unterwegs im Auto auf einen guten Kaffee nicht verzichten kann, dessen Blick sei auf eine spezielle kleine Espressomaschine gelenkt.**
Sie wird vor allem in Ungarn unter dem schönen Namen Kávéfözögép angeboten. Es gibt sie für den Kocher oder mit 220-V-Elektroanschluß in verschiedenen Größen für eine bis vier Tassen. Dieses kleine Wunder holt das letzte, das wirklich allerletzte an Aroma aus dem Kaffeemehl heraus. Notfalls verrichtet es auch unterwegs mit drei bis vier Spiritustabletten seinen Dienst. Beim Kauf sollte man sich gleich ein paar Ersatzdichtringe mit einpacken lassen.

7. Schlafutensilien, Luftmatratzen

7.1 **Die ersten Luftmatratzen gab es schon, als an Camping noch nicht zu denken war, nämlich anno 1737.**
In einem Almanach konnte der Zeitgenosse von damals erstaunt lesen, wie »ein mit Wind gefülltes Bette zu machen« sei: Aus Leder luftdicht genähet und »von einem Blas-Balg gefüllet« entsteht ein »zugerichtetes weiches Bette, welches zur hitzigen Sommerszeit nicht allein sehr kühle ist, sondern bei vorhabenden Reisen, als leere Säcke sich bequem zusammenpacken und beim Gebrauch geschwind wieder aufblasen lassen«. (nach »Rund um das Bett«)

7.2 **Die jedem bekannten heutigen Luftmatratzen gibt es in vielfältigen Ausführungen.**
Besonders vorteilhaft sind mehrteilige Einzelmatratzen (für einen Schläfer). Jedenfalls sollte das Kopfteil getrennt aufblasbar sein (zweiteilige Matratze).
Bei dreiteiligen Luftmatratzen kann durch Veränderung des Luftdrucks in den drei Kammern eine optimale anatomische Anpassung an den Körper des Schläfers vorgenommen werden. Solche Matratzen lassen sich außerdem als »Sessel« benutzen. Allerdings ist das nichts für Dicke; denn bei solch einer Belastung knickt das Ganze bejammernswert zusammen.
Mit Kastenmatratzen läßt sich eine insgesamt sehr ebene Liegefläche herstellen.
Normale Luftmatratzen haben eine Länge von etwa 1,90 m. Einfachmatratzen sind etwa 0,7 m breit, Doppelmatratzen bringen es auf 1,20 bis maximal 1,50 m. Werden Luftmatratzen richtig aufgeblasen (→ 33.8), so liegt man recht bequem und vor Bodenkälte geschützt (beachte aber 33.9).

7.3 **Der Garantiekarte einer Luftmatratze kann man folgende Benutzerhinweise entnehmen:**
keine intensive Sonnenbestrahlung, kein Mit-

ins-Wasser-Nehmen, nicht prall aufblasen, nicht daraufspringen, vor Fett, Öl und Lösungsmitteln schützen, kühl, trocken und dunkel (?) ohne Knicke flach gelagert oder gerollt aufbewahren. Ob es gestattet ist, sich eventuell vorsichtig darauf niederzulassen, dazu steht nichts vermerkt. Was macht eigentlich die Luftmatratze für das Campingleben so attraktiv? Ihre Verwendung als Mehrzweckartikel im Zelt, am Strand und im Wasser. Ein wenig komisch und weltfremd lesen sie sich darum schon, diese Benutzerhinweise!

7.4 **Wer die wohlgemeinten Hinweise auf der Garantiekarte zu mißachten gedenkt** – einfach, weil ihm der Spaß an der Sache mehr wert ist als eine lange Matratzenlebensdauer –, der sollte wenigstens folgende Ratschläge beherzigen:

- die Liegestelle vorher von spitzen Steinen, pieksigen Ästen und anderen Gefahren für das dünne Gummigewebe beräumen,
- Luftmatratzen, die in der Sonne liegen, niemals prall aufblasen und sie möglichst mit einem Tuch oder dem Bademantel vor direkter Sonneneinstrahlung schützen, sowie
- eine nasse Luftmatratze immer im Schatten trocknen lassen.

7.5 **In den fünfziger Jahren gelangen die Luftmatratzen schon einmal besser!**
Dazumal gekaufte Luftmatratzen – unscheinbare graue Mäuse übrigens –, denen in den Jugend- und Brausejahren des Autors wahrlich keine Tortur erspart blieb, hielten immerhin fast 20 Jahre. In wilden Schlachten auf den Wellen der Ostsee wurden sie malträtiert, sie wurden ins Paddelboot gequetscht, zu schwimmenden Inseln zusammengebunden und herumgezerrt. Sengende Sonne bleichte die letzten Farbreste heraus. Bei solcher Belastung wäre eine heutige Matratze gar bald hinüber! Eine einfache Wägung bringt das Geheimnis jener rüstigen Veteranen an den Tag: Sie wiegen 20 Prozent mehr als Luftmatratzen aus heutiger Produktion. Wie schön wäre es, würde die Industrie zwei verschiedene Matratzentypen anbieten: eine leichte, reine Schlummermatratze und eine etwas schwerere, stabilere, mit der man auch außerhalb der Nacht im Zelt etwas Spaß haben kann. Daß die entsprechenden Halbzeuge noch existieren, beweisen die robusten Luftschläuche in den Delphin-Faltbooten!

7.6 **Eine Doppel-Luftmatratze ist zwar etwas preisgünstiger als zwei einzelne, trotzdem sollte man sich ihre Anschaffung überlegen.**
Ein unruhiger Schläfer versetzt nämlich seinen Matratzenpartner bei jeder Lageänderung in Schaukelbewegungen. Außerdem ist man mit zwei Einzelmatratzen viel variabler, z. B. am Strand.

7.7 **Wenn man Luftmatratzen der II., III. oder IV. Wahl kauft, spart man Geld.**
Solche Matratzen haben lediglich Gewebe- oder Farbfehler, oder sie sind mit einem aufvulkanisierten Flecken dauerhaft repariert. Eine Funktionsminderung tritt in keinem Falle ein.

7.8 **Campingliegen oder -betten bestehen aus einem stabilen Rahmen mit bügelartigen Füßen und einem Stoffbezug.**
Sie lösen den Schläfer in jedem Falle vom Boden.

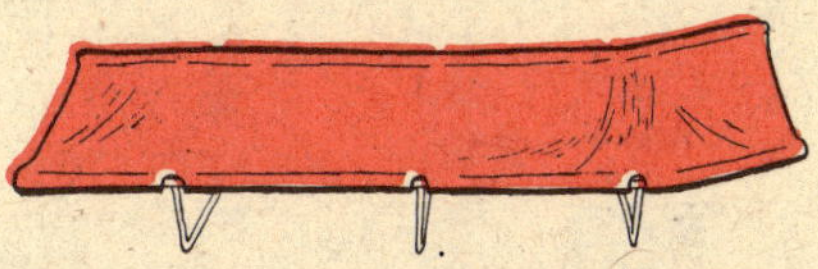

STECKLIEGE

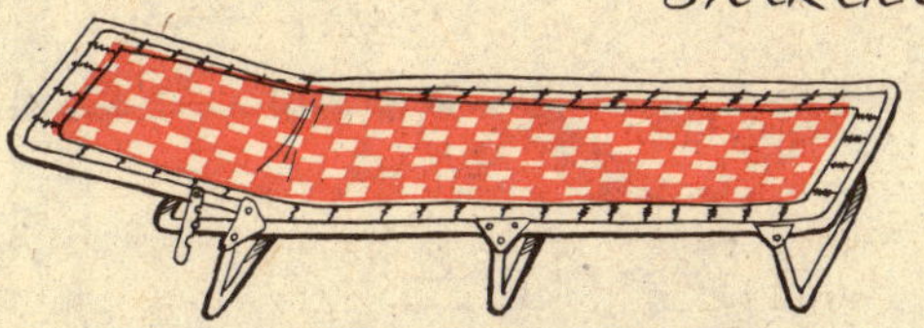

CAMPINGLIEGE MIT FEDERNDER AUFHÄNGUNG DES BEZUGES

Bei einer Steckliege werden stabile Stäbe durch die Schlaufen des Bezuges geschoben und zusammengesteckt. Das ist eine transportfreundliche, aber meist nicht sehr belastbare Konstruktion, die im allgemeinen nur für zierliche Personen und Kinder empfohlen werden kann.
Bei den robusteren Klappliegen ist der Bezug meist mit Federn am Rahmen befestigt, und das Kopfteil läßt sich in der Neigung verstellen. Allerdings sind diese Liegen auch zusammengeklappt nicht ganz klein.
Bei der Anschaffung von Campingbetten sollte man auf Stabilität (vor allem auf sorgfältige Verarbeitung des Bezuges im Bereich der Ösen für die Federn) und auf das Gewicht achten, das zwischen 3 und 8,5 kg variieren kann. Sehr stabil und leicht sind die aus der UdSSR importierten Klappliegen aus Alurohr.

7.9 **Campingliegen haben gegenüber anderen Schlafgelegenheiten Vor- und Nachteile**
Für gesunden Schlaf sind sie sehr zu empfehlen, weil sie luftdurchlässig sind und weil auch unter dem Bezug die Luft zirkulieren kann. Dadurch wird der Körperschweiß gut abgeleitet. Man kann ohne Beeinträchtigung dieser Funktion sogar noch eine Wolldecke auflegen – oder eine spezielle Auflagematte –, dann schläft es sich noch weicher und bequemer. Für unruhige Schläfer, besonders solche, die eine angewinkelte Seitenlage bevorzugen, ist eine Campingliege recht unbequem. Bei einer Luftmatratze schwebt ein solcher Schläfer schlimmstenfalls etwas über dem Rand, bei einem Campingbett sind an dieser Stelle aber harte, unnachgiebige Gestänge und kneifende Federn.
Campingliegen haben noch einen profanen Vorteil: Unter ihnen läßt sich eine ganze Menge Gepäck unterbringen!

7.10 **Die Füße einer Campingliege belasten den Zeltboden stark, drücken sich leicht ein und können ihn beschädigen.**
Um das zu vermeiden ist es günstig, unter jeden Bügel ein mit Nadelfilz beklebtes Brettchen zu schieben.

7.11 **Viele Camper schwören auf eine PUR-Schaumstoffmatte als Schlafunterlage.**
Diese sind zwar beim Transport voluminöser als Luftmatratzen, aber ebenso leicht und auch nicht teurer. Ihre Benutzer behaupten, sie lägen sehr entspannt darauf. Als Schlafmatratze soll eine solche Matte je Schlafplatz die Abmessungen 1,90×0,70 m haben und etwa 8 cm dick sein. Größere Dicke bringt selbst bei schwergewichtigen Personen keinen Vorteil, weil sich der Schaumstoff nicht stärker eindrückt. Es ist günstig, eine solche Matte mit einem strapazier- und waschfähigem Stoffüberzug mit Reißverschluß zu versehen. Schaumstoffmatten müssen täglich gelüftet werden, weil der Körperschweiß in sie hineinzieht und sich darunter Kondenswasser bildet.

7.12 **Weder eine Luftmatratze noch eine Campingliege ist für ein Kleinkind oder gar ein Baby zu empfehlen.**

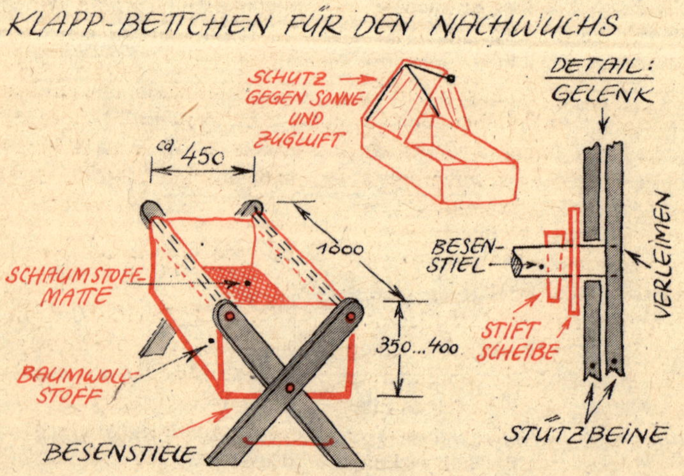

Von diesen Schlafstätten können sie allzu leicht herunterrollen und sich stark erkälten. Für diese Nachwuchscamper hält der Handel spezielle Camping-Kinderbettchen bereit; es ist auch mit einfachen Mitteln ein Selbstbau möglich.

7.13 **Die spezielle Wirkung eines Schlafsacks liegt darin, daß er die Körperwärme des Schläfers nicht herausläßt, wohl aber seine ausgedünstete Feuchtigkeit.** Die Luftpolster der wärmeisolierenden Füllstoffe erwärmen sich. Allgemein gilt: Je flauschiger ein Schlafsack beschaffen ist, je lockerer seine Füllung, um so wärmer ist er auch. Ein Schlafsack soll nicht zu eng sein, er soll dem Schläfer Bewegungsfreiheit geben, er darf aber auch nicht schlabberig-weit sein. Daher gibt es für Kinder und Jugendliche spezielle Kinder- oder Jugendschlafsäcke.

7.14 **Schlafsäcke gibt es in großer Auswahl und mit sehr verschiedenen Preisen.**
Die kostengünstigen Baumwollschlafsäcke sind schwerer und größer als die Dederonausführungen.
Füllungen aus Kunstfaser – wie heute allgemein üblich – machen den Schlafsack leicht und warm, sie sind atmungsaktiv und körperfreundlich. Solche Schlafsäcke lassen sich auch waschen (→ 59.12). Werden sie beim Camping wirklich einmal feucht, so verlieren sie Wärmeisolierung in weit geringerem Maße als Daunenschlafsäcke. Sie schimmeln und modern nicht und trocknen sehr schnell wieder aus.

7.15 **Daunenschlafsäcke sind zwar teuer, dafür aber ganz leicht und verpackt auch sehr klein.**
Sie sind mollig-warm an kalten Tagen und luftig-leicht bei Hitze. Wir denken aber auch an die sehr schwierige Reinigung und verwenden darum immer ein einknöpfbares Innenfutter. Daunenschlafsäcke dürfen keinesfalls naß werden, die Daunen klumpen sonst zusammen, halten die Wärme nicht mehr, und da sie nur sehr schwer die Feuchtigkeit wieder abgeben, kann es zu Schimmelbildung und muffigem Geruch kommen. Für Wasserwanderer können darum solche Schlafsäcke kaum empfohlen werden. Rucksacktouristen, für die sie wegen ihrer sonstigen guten Eigenschaften nahezu ideal sind, müssen ihren Daunenschlafsack wirkungsvoll vor Regen schützen (z. B. in einem Foliensack).

7.16 **Schlafsäcke werden in sehr unterschiedlicher Fasson gefertigt.**
Recht praktisch ist die Deckenform mit einem durchgehenden Reißverschluß an einer Schmal- und einer Breitseite. Der Schlafsack läßt sich vollständig öffnen und wie eine Schlafdecke verwenden. Die Schlupfform hat nur einen kurzen Reißverschluß oben in der Mitte, eine angearbeitete Kapuze erweitert sie zur Mumienform. In einem solchen Schlafsack liegt man warm und eingemummelt wie der heranwachsende Schmetterling in seiner Puppenhülle.

7.17 **Für Schlafsack- oder Deckenbezüge, auch Laken, sind helle Stoffe nicht gar so günstig.**
Musterungen und gedeckte Farben verschleiern die Spuren doch etwas diskreter, die bei drei- bis vierwöchiger Strapazierung unvermeidbar entstehen. Sicher bekommt eine allzu reinliche Hausfrau an dieser Stelle »Zustände«, aber wer kann schon beim Camping wöchentlich die Bettwäsche wechseln? Natürlich geht es auch ganz ohne Bezüge – gar mancher Tramper wird sich ohnehin fragen, wovon hier eigentlich die Rede ist. Trotzdem: ein Schlafsack ist zwar von Natur aus recht bunt, aber ein Bezug läßt sich am Saisonende doch einfacher waschen.

7.18 **Wer es gewohnt ist, seinen Kopf weich zu betten, der sollte beim Zelten ein kleines Kuschelkissen nicht vergessen.**
Das ist vor allem bei Campingliegen, Schaumstoffmatten oder Kastenluftmatratzen ohne Kopfteil anzuraten. Bei einer mehrteiligen Luftmatratze kann man dagegen das Kopfteil so weich aufblasen, daß ein Kopfkissen überflüssig ist. Etwas weniger »verweichlichte« Camper benutzen an Stelle eines Kopfkissens eine zusammengerollte Decke.

8. Campingmöbel

8.1 **Zu einer Campingausrüstung gehören so viele bequeme Campinghokker, -stühle oder -sessel, wie Personen mitfahren.**
Es empfiehlt sich nicht, die Sitzgelegenheiten im Wohnwagen oder Zeltanhänger mitzuzäh-

len; denn bei schönem Wetter will man schließlich im Freien sitzen. Über den Komfort der Sitze entscheidet der zur Verfügung stehende Gepäckraum und die Solvenz beim Kauf. Übrigens: Besuchen sich auf dem Zeltplatz die Camper untereinander, dann ist es üblich, daß jeder unaufgefordert seinen Stuhl (und bei bestimmten Anlässen auch sein Glas) mitbringt.

8.2 **Bei der Anschaffung von Campingsitzgelegenheiten sollte man nicht sparen.**

Wieviel Zeit man tatsächlich auf ihnen zubringt merkt man oft erst, wenn man eine unbequeme Ausführung erworben hat. Armlehnen und eine weiche Schaumstoffpolsterung oder in Federn aufgehängte Stoffbezüge sind sehr zu empfehlen, ebenso eine verstellbare Rückenlehne. Weil

solche Sessel je nach Fabrikat unterschiedlichen Gepäckraum beanspruchen, sollte man sorgfältig wählen, sich den Sitz auch zusammengeklappt anschauen und einmal zur Probe sitzen. Schnell abziehbare Stoffbezüge erleichtern die Pflege der beim Camping sehr beanspruchten Stoffe. Etwa nach vier bis fünf Reisen ist ein neuer Bezug fällig, den man für manche Modelle nachkaufen kann.
»Luxus-Campingsessel« mit Kunstlederbezügen sind zwar leicht sauberzuhalten, trotzdem sind sie nur bedingt zu empfehlen. Bei Hitze schwitzt man darin sehr und klebt mit der nackten Haut am Bezug fest, an feucht-kühlen Abenden fröstelt man am Rücken und dessen empfindlichem Anhängsel.

8.3 **Doppelsessel, sogenannte Campingbänke, empfehlen wir höchstens für Dauercamper, die ohnehin viel Gepäck zu transportieren haben.**

Solche Möbel sind auch zusammengelegt noch sehr sperrig und in ihrer Aufstellung nur wenig variabel.
Die bekannten Anglerhocker sind als Campingsitze völlig ungeeignet. Das Sitzen auf ihnen ähnelt eher einem Balanceakt.
Auch für eine Campingschaukel – eine etwas zierlichere Variante der normalen Hollywoodschaukel – dürften nur wenige den erforderlichen Gepäckraum übrig haben.

8.4 **Der Campingtisch sei leicht, wasserfest und in seiner Größe an die Personenzahl angepaßt.**

Bewährt haben sich Ausführungen mit Sprelacart- oder Sprelafasplatte, Alurahmen und bügelförmigen Füßen aus Alurohr. Erfahrene Camper wissen, daß nur in seltenen Fällen so ebener Untergrund gefunden wird, daß der Tisch nicht schief steht oder wackelt. Seit 1986 gibt es verschiedene Campingtische mit einzeln ausziehbaren Teleskopbeinen zu kaufen, die man dem Untergrund in jedem Falle anpassen kann und womit sich außerdem die Tischplatte höhenverstellen läßt. Aber auch bei weniger komfortablen Tischen läßt sich leicht Abhilfe schaffen (→ 58.8). Es gibt im Fachhandel auch Camping-Koffergarnituren, die sehr ansprechende Packmaße haben (z. B. 62×42×11 cm). Im Inneren sind zwei Stühle (wie im Bild 8.2, links) und zwei dazu passende Hocker untergebracht. Aufgeklappt dient der Koffer als Tisch.

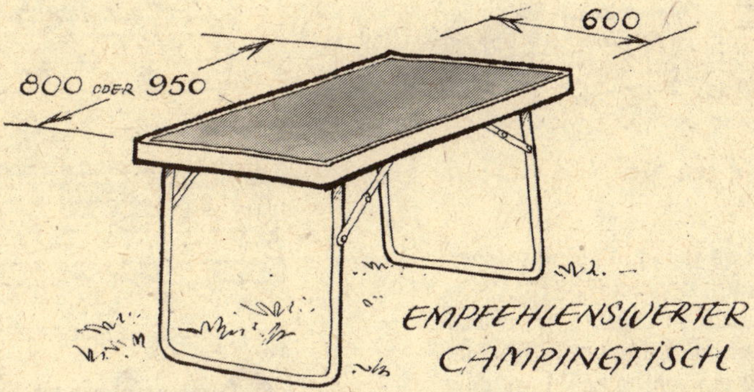

8.5 **Für Camper, die mit jedem Gramm Gepäck zu rechnen haben, sind Campingtisch und -stühle ein unvertretbarer Luxus.**

Als Sitzgelegenheiten müssen dann umgestürzte Baumstämme, Wurzelstöcke und Steine herhalten, im günstigsten Fall eine dreiteilige Luftmatratze. Auf einen Tisch können diese Naturburschen ebenfalls verzichten, bestenfalls dient ein Brett, eine ausgediente Obstkiste oder eine ausgebreitete Decke als Provisorium. Leider werden für solche Möbel auch Knüppelhölzer oder kleine Baumstämme verarbeitet, die frevelhafterweise durch »Einschlag« kleiner Bäumchen oder Äste gewonnen werden. Solch ein naturschänderisches Tun kann erheblichen Ärger verursachen!

8.6 **Bei der Unterbringung der 1000 kleinen Dinge, angefangen von der »Aalangel« bis zur »Zwirnrolle«, gibt es im Zelt immer Probleme (Bild S. 42).**

Sehr praktisch sind dafür die sogenannten Zeltecken, zusammenrollbare Stoffgebilde mit vielen Fächern und Taschen, die man in einer Ecke im Steilwand- oder Wohnwagenvorzelt am Gestänge anbinden kann. Sie sind federleicht und nehmen sowohl zusammengelegt wie auch angehängt nur sehr wenig Platz weg.

8.7 **Ein Camping-Kleiderschrank – ein raumzehrendes Drahtgestell mit Stoffbespannung und Reißverschluß** – nimmt zwar zusammengelegt nicht allzuviel Raum ein,

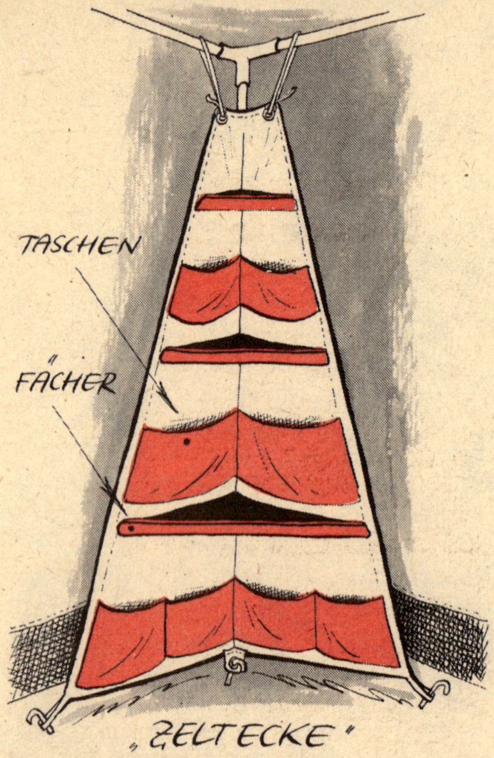

trotzdem sollten wir abwägen, ob eine solche Anschaffung überhaupt notwendig ist. Meist findet sich nämlich in einem Steilwandzelt zwischen den Schlafkabinen oder in einem ungenutzten Winkel ein schmaler Raum, den man z. B. mit einem Vorhang abteilen kann. Kaufen wir trotzdem das erwähnte Requisit, dann sollten wir darauf achten, daß sein Stoff auch dicht ist und die Sachen vor Flugstaub zu schützten vermag.
Und: öfters Lüften nicht Vergessen!

9. Kochen, Kühlen, Leuchten, Heizen

9.1 **Mit Flüssiggas (umgangssprachlich »Propan«) kann man am kostengünstigsten und saubersten kochen.**
Die geringen Brennstoffkosten von nur 0,95 M/kg kompensieren sehr schnell den höheren Preis für die Anlage. Im Durchschnitt ist 1 kg Gas ausreichend für etwa 10 bis 15 Stunden Kochen auf voller Flamme. Für Campingzwecke kommen Gasflaschen mit 2, 3 oder 5 kg Inhalt in Frage, die zusammen mit einem Druckregler mit Anschlußschlauch und dem zwei- oder dreiflammigen Kocher die Kochanlage darstellen. Erfahrungsgemäß ist eine 5-kg-Flasche für einen drei- bis vierwöchigen Urlaub einer vierköpfigen Familie selbst dann ausreichend, wenn alle Mahlzeiten gekocht werden. Will man außerdem eine Propanleuchte und/oder einen Wärmestrahler anschließen, dann sind zwei Flaschen mit je 3 kg Inhalt günstiger. Eine leere Flasche kann dann ohne Hast zum Nachfüllen abgegeben werden (beachte Kap. 31!).

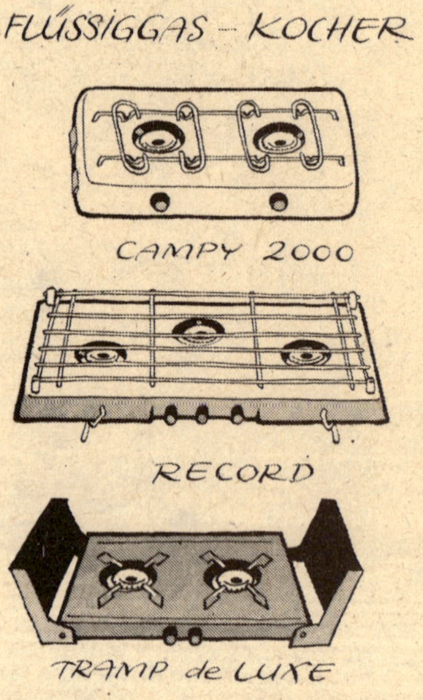

9.2 **Will man zwei Propanverbraucher an eine Flasche anschließen, so benötigt man dafür ein Verteilerventil A 10.**
Dieses wird unmittelbar hinter dem Druckregler angeschraubt. Bei drei Verbrauchern werden bereits zwei Verteilerventile in »Kettenschaltung« benötigt. Einem Campingkühlschrank ordnet man zweckmäßigerweise eine eigene Propanflasche zu; wenn dieser Flasche »die Puste ausgeht«, braucht man nicht aufs Kochen zu verzichten.

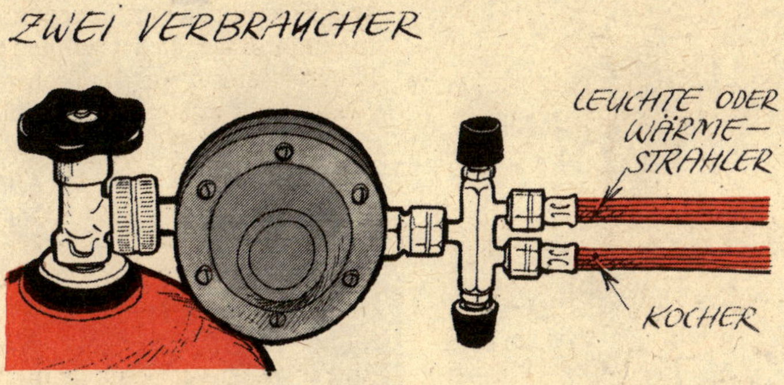

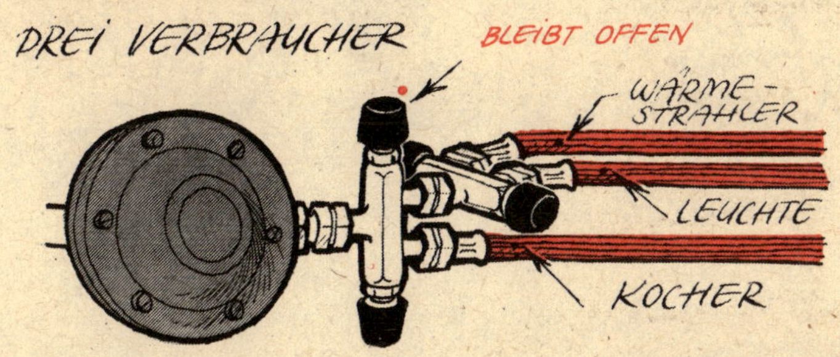

Tabelle 9.2 Flüssiggasverbraucher

	Verbrauch in g/h	Kosten in Pfg/h	Masse in kg
a) Kocher			
– CAMPY 2000 (zweiflammig)	85	8	2,5
– TRAMP DE LUXE (dreiflammig)	100	9,5	2,4
– RECORD (dreiflammig)	60	5,7	3,0
b) Heizer			
– IR-Wärmestrahler	100 bis 115	9,5 bis 11	1,1
– KATALYT 700	53	5	1,5
– KATALYT 900	68	6,5	1,5
– KATALYT 1000	76	7,2	1,5
c) Campingleuchte	49	3,8	0,84
d) Kühltruhe MICKI 20	12	1,15	18

9.3 **Der den Benzinkochern nachgesagte Vorteil, sie seien für Motorisierte besonders günstig** – »weil sie ja den Brennstoff immer dabeihätten« –, ist nur eine Teilwahrheit.
Die meisten Fahrzeuge fahren mit Zweitaktgemisch – und das sollte man diesen Kochern lieber vorenthalten. Vorteile aber haben sie doch: Sie sind klein, sehr sparsam im Verbrauch, und Benzin ist überall erhältlich. Angeheizt wird grundsätzlich mit Spiritus, damit die Düse nicht verrußt. Daher muß man immer einen zweiten kleinen Brennstoffvorrat mitführen. Außerdem Vorsicht: Benzin neigt zu explosiven Gemischen. Darum muß mit einem Benzinkocher immer achtsam und nach Bedienungsvorschrift umgegangen werden.

9.4 **Petroleumkocher haben Vor- und Nachteile.**
Erfreulich niedrig sind die Anschaffungs- und Betriebskosten. Die Kocher sind ungefährlich in der Handhabung und benötigen, zusammengepackt, wenig Raum. Allerdings: das Anheizen ist ebenso umständlich wie bei Benzinkochern. Lästig sind zwei häßliche Eigenschaften des Brennstoffs: sein aufdringlicher Geruch und seine Kriechfreudigkeit. Sind Kocher oder Petroleumflasche nicht völlig dicht, so überziehen sich der Gegenstand und seine Umgebung allmählich mit einer duftigen öligen Schicht, die manchmal sogar bis zur Zeltleinwand gelangt und diesen »Docht« erfreut zu nutzen versteht. Petroleum ist an den meisten Tankstellen in Literflaschen – teilweise auch lose – erhältlich.

BENZIN-BÜCHSENKOCHER „JUWEL"

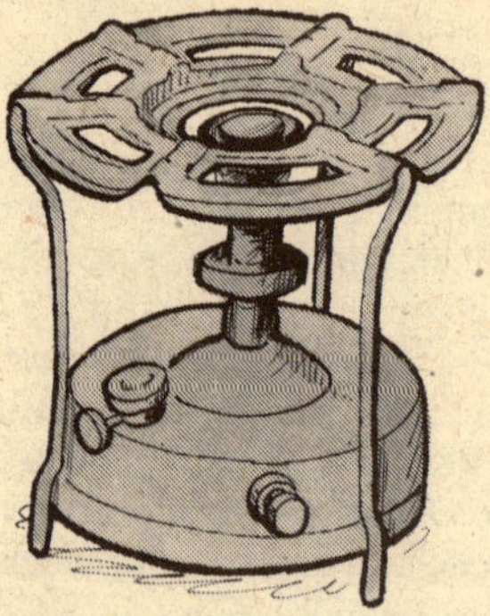
PETROLEUMKOCHER „BAT 3-1"

SPIRITUSKOCHER

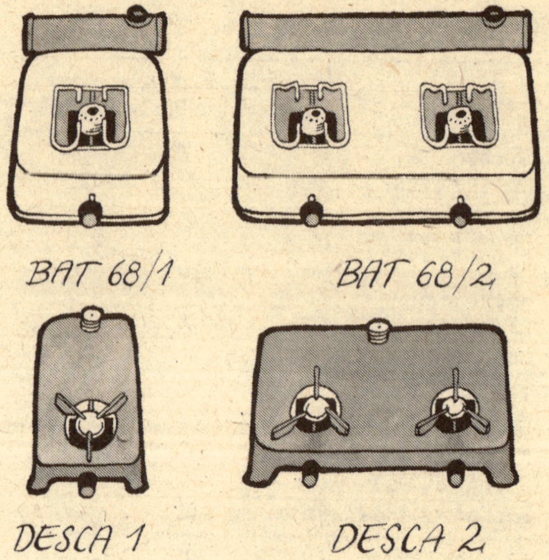

9.5 **Spirituskocher gibt es ein- und zweiflammig.**

Leider läßt sich nicht allzuviel Gutes von ihnen verkünden. Der einzige Vorteil ist eigentlich nur der geringe Anschaffungspreis, quasi die »Anzahlung« auf das Kochproblem. Die »laufenden Raten« in Form der Brennstoffkosten machen den Spirituskocher recht kostspielig. Der Kochvorgang verläuft phlegmatisch; bei Zugluft wartet der Camper hohläugig vor Hunger auf seine Mahlzeit. Schließlich kann es sogar passieren, daß die Flamme ausgeblasen wird oder der Kocher mit leerem Tank ausgeht. Während des mühseligen Neuanheizens wird die Suppe wieder kalt.

9.6 **Nur wenige Camper kochen mit Hartspiritustabletten.**

Eigentlich schade; denn der zugehörige kleine Klappkocher, den man sich mühelos auch selbst basteln kann, ist zum Aufwärmen einer Dose, zum Erhitzen von Wasser für einige Tassen heißen Getränks u. ä. sehr praktisch. Der größte

Tabelle 9.6 Kochzeit- und Kostenvergleich für 1 Liter kochendes Wasser bei verschiedenen Campingbrennstoffen

	Propan	Benzin	Petroleum	Spiritus	Hartspiritus
Zeit (in min)	7,5 ... 8,5	4 ... 5	3,5 ... 4,5	8 ... 10	15 (4 ... 5 Tabl.)
Kosten (in Pfg)	0,8 ... 1,3	2,5 ... 3	0,5 ... 0,6	9 ... 11	27 ... 34

Vorteil ist, daß der Brennstoff weder auslaufen noch sich als Gas verflüchtigen kann. Hartspiritus soll nur im Freien verwendet werden, weil sich bei ungenügender Luftzufuhr während der Verbrennung gesundheitsschädliche Dämpfe bilden können. Das Kochen auf Hartspiritus ist nicht gerade preiswert.

9.7 **Ein Elektrokocher ist auf einem Campingplatz unzweckmäßig.**

Man braucht immer ein zweites Kochgerät; denn nicht auf jedem Campingplatz gibt es Stromanschlüsse. Außerdem kann – wenn ein Stromanschluß doch möglich ist – die Benutzung elektrischer Koch- und Wärmegeräte untersagt sein.

9.8 **Einen Tauchsieder im Gepäck zu haben kann niemals schaden, vor allem nicht bei Auslandsfahrten.**

Wir wählen einen Reisetauchsieder kleinerer Leistung, mit dem sich warmes Wasser für Getränke oder eine leichte Suppe allemal zubereiten läßt, wenn einmal der Brennstoff für den Kocher alle wird.

9.9. **Schließlich wollen wir die offenen Kochfeuerstellen nicht vergessen, für die wir das Bau- und Brennmaterial in der Natur finden.**

Vor allem für Kesselgerichte sind sie bestens geeignet, und sie vermitteln außerdem einen

KLAPPKOCHER
FÜR HARTSPIRITUSTABLETTEN

EIGENBAUKOCHER
FÜR SPIRITUSTABLETTEN

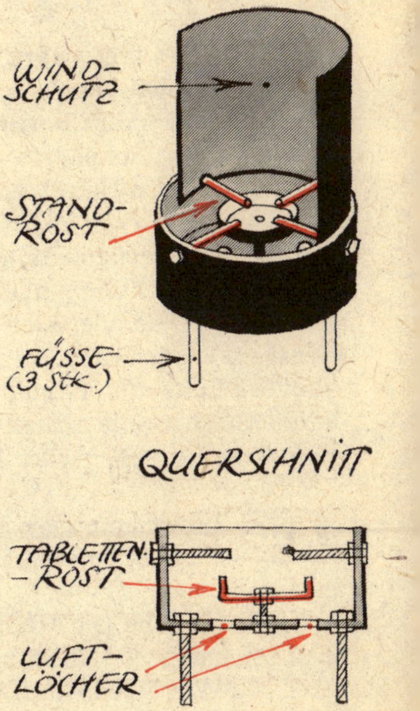

Hauch des alten Nomaden- und Hirtenlebens. Voraussetzung für das Anlegen einer offfenen Koch- und Feuerstelle ist, daß es aus Brandschutzgründen an dieser Stelle nicht verboten ist (→ 30.13–15).

9.10 **Wie wäre es übrigens mit einem »Gebläsekocher« als Anregung für experimentierfreudige Bastler?**

Er kann mit Kienäpfeln, Holzstückchen, Holzkohle und anderen Naturbrennstoffen betrieben werden und entwickelt überraschende Hitze. Ein kleiner Spielzeugmotor mit Ventilatorflügeln, der aus einer Campingleuchte, einem kleinen Batteriekasten oder auch aus der Kfz-Batterie gespeist werden kann, sorgt für die Glut anfachenden Luftstrom. Es empfiehlt sich, die Motordrehzahl regelbar zu machen, damit man den Funkenflug beherrschen kann.

9.11 **Eine Camping-Kühltruhe erlöst den Camper von vielfältigen Aufbewahrungsproblemen.**

Der handelsübliche Typ MICKI 20 hat einen Inhalt von knapp 20 l. Er ist mit Elektroanschluß 220 V/80 W oder auf Wunsch mit zusätzlichem Flüssiggasbrenner lieferbar. Dieser kann auch nachträglich, aber nur beim Hersteller, eingebaut werden. Bei Propanbetrieb im Wohnwagen ist eine technische Abnahme erforderlich (→ 31.6).

Die Temperatur der Truhe läßt sich nicht regulieren, sie liegt etwa 22° bis 16 °C unter der Um-

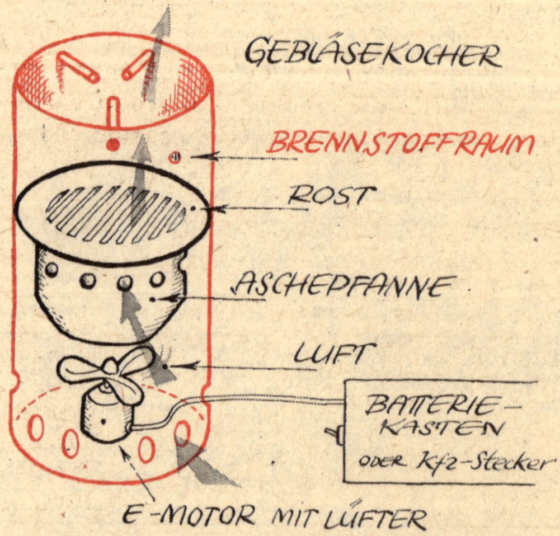

CAMPING KÜHLTRUHE „MICKI 20"

gebungstemperatur. Unter dem Verdampfer lassen sich sogar kleine Eiswürfel in einer mitgelieferten Schale erzeugen. Eine thermoelektrische Zündsicherung sorgt dafür, daß die Gaszufuhr beim unbeabsichtigten Verlöschen der Flamme automatisch abgesperrt wird.
Wichtig ist, daß die Truhe genau lotrecht steht. Deshalb ist ihr Betrieb im fahrenden Wohnwagen nicht möglich. Um einen möglichst guten Kühleffekt zu erreichen, sollte die Kühltruhe immer an einem schattigen Ort aufgestellt werden, bei einem Wohnwagen im Vorzelt. Obzwar sehr sparsam im Verbrauch, ist nach 16 bis 18 Tagen eine 5-kg-Propanflasche leer. Darum ist möglichst auf Stromanschluß zu orientieren.

9.12 Eine thermoelektrische Kühlbox (Kühl-Heiz-Box) vom Typ ACB 18 gibt es für 6 oder für 12 Volt Gleichspannung.

Die Leistungsaufnahme beträgt 36 W (3 A bei 12 V, oder 6 A bei 6 V), so daß ein Betrieb aus der Autobatterie eines stehenden Pkw nur kurzzeitig empfohlen werden kann.
Für das Kühlgut steht ein Innenraum von 18 l zur Verfügung. Infolge seiner guten Isolierung bleibt er auch nach Abschaltung der Spannung längere Zeit kühl (s. Diagramm). Die Box läßt sich im fahrenden Auto problemlos aus dem Bordnetz betreiben, auf dem Campingplatz ist jedoch dafür ein 220-V-Stromanschluß sowie ein Gleichrichtergerät erforderlich (z. B. ein Batterieladegerät, das den oben angegebenen Strom zu liefern vermag). Die Leermasse der Box beträgt 6,5 kg.

THERMOELEKTRISCHE KÜHLBOX

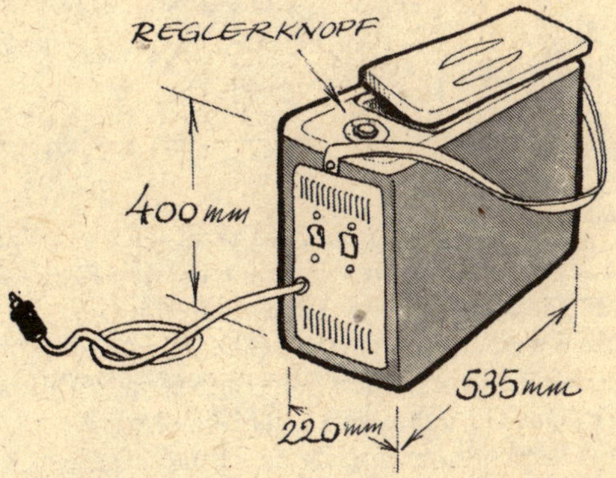

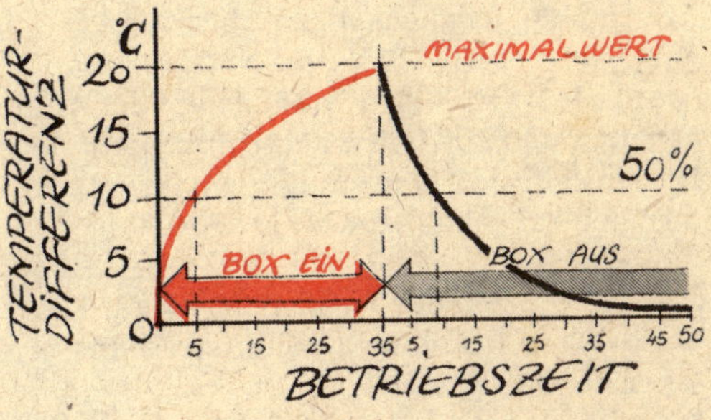

Tabelle 9.12 Ausführungen der Kühlbox ACB 18

Typ	Spannung in V	Betriebsarten	Temperaturdifferenz zur Umgebung in °C
ACB 18/R	6 oder 12	Kühlen; regelbar	maximal 20
ACB 18/RL	nur 12	Kühlen; regelbar (Lüfter mit 2 Drehzahlen zur Geräuschverminderung)	maximal 20
ACB 18/RHL	nur 12	Kühlen; regelbar Heizen	maximal 20 maximal 30

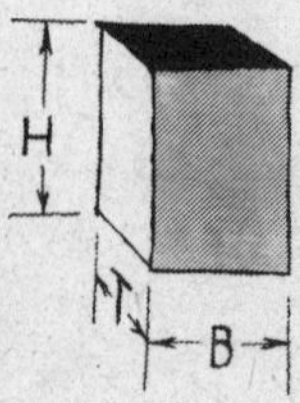

TYP	T in mm	B in mm	H in mm	KÜHLRAUM-VOLUMEN in l
KE 32	360	550	470	30
KE 32/1	360	470	550	30
KE 48	450	470	550	45

9.13 **Das Prinzip der thermoelektrischen Kühlung wird auch bei den Einbaukühlfächern vom Typ KE angewendet.**

Diese werden in mehreren Größen gebaut und eignen sich vorzüglich zum Einbau in Wohnwagen. Das Gewicht von 11 bis 14 kg (mit Netzteil) ist aber nicht immer zu vernachlässigen.
Als Anschlußmöglichkeiten stehen zur Auswahl: Netzbetrieb 220 V (mit Netzteil) und/oder 12 V/70 W Gleichspannung aus der Autobatterie (nur beim Fahren aufzubringen!).
Die einstellbare Temperaturabsenkung gegenüber der Außenluft beträgt bis zu 20 °C.

9.14 **Schließlich wollen wir die für Kurzzeitcamping bewährten Kühltaschen nicht vergessen.**

Sie werden bereits zu Hause mit Speisen und Getränken beladen, die im Tiefkühlfach des Kühlschranks vorgekühlt wurden. Dazwischen werden möglichst »frostige« Kühlakkus gesteckt (Beutel- oder Kastenform). Je seltener eine Kühltasche geöffnet wird und je kühler sie steht, um so länger hält ihre Wirkung an.

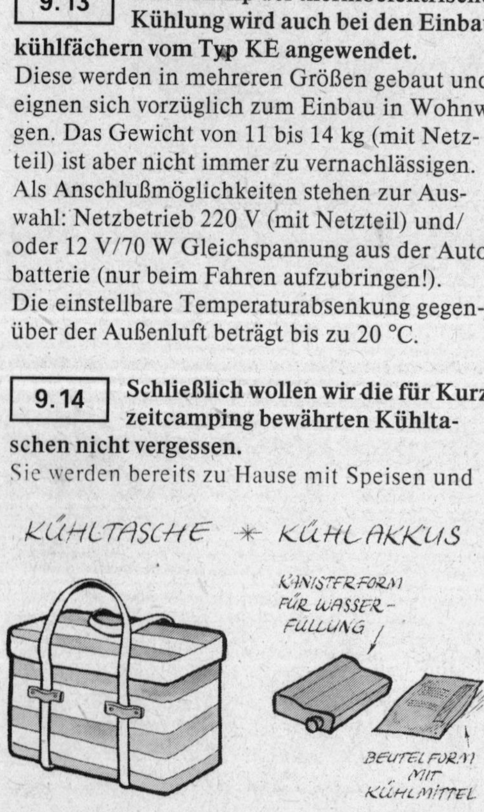

9.15 **Wem die ganze Kühlerei mit zusätzlicher Energie zu kostspielig oder zu wenig campingtypisch erscheint, der darf sich wieder auf die »klassischen« Verfahren besinnen.**

Schon eine leicht gestylte Erdgrube (→58.1) hält unsere Vorräte erstaunlich frisch. Beim Kühlen von Butter oder anderen leicht verderblichen Nahrungsmitteln hilft uns ein physikalischer Effekt, den schon unsere Urahnen ausnutzten. Mit etwas Glück kann man sich einen unglasierten Steinguttopf mit einem passenden Glas- oder Plasteinsatz beschaffen, in den das zu kühlende Gut getan wird. Notfalls funktioniert das auch mit einem großen Blumentopf, bei dem das Bodenloch mit EP 11 verschlossen wird. Zwischen Außen- und Innengefäß wird Wasser gefüllt, das durch die Poren des Tongefäßes hindurchtritt und an der Außenwand verdunstet. Infolge der Verdunstungskälte wird dem Innenraum Wärme entzogen; je heißer der Tag, um so besser funktioniert das ganze. Ein

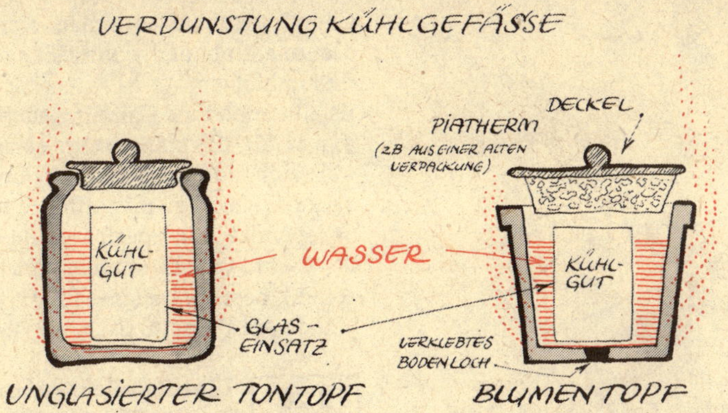

längliches Gefäß, in das gerade eine Flasche paßt, ist bei besonderen Anlässen auch ganz praktisch!

9.16 **Eine vereinfachte Variante dieser Anordnung besteht darin, daß das zu kühlende Gefäß in ein Leinen- oder Schaumstofftuch eingehüllt und das ganze in eine flache Wasserschale gestellt wird.** Infolge der Dochtwirkung steigt das Wasser nach oben, verdunstet, und die Wirkung ist die gleiche wie beim Tontopf. Wie wäre es mit einer maßgeschneiderten »Kühlmütze« aus Schaumstoff oder dünnem Filz, gerade passend für eine Seltersflasche? Auch Luftzug unterstützt den Kühlprozeß.

9.17 **Für unsere Flüssiggasanlage gibt es auch eine Campingleuchte.** Sie kann als Standleuchte auf dem Tisch oder, mit einem zusätzlichen Halter, als Wandleuchte verwendet werden und spendet etwa das Licht einer 15-W-Glühlampe. Ein Problem soll jedoch nicht verschwiegen werden: Diese Leuchte arbeitet mit einem Glühstrumpf, der beim ersten Anzünden zu einem Aschegerüst

verbrennt. Dieser hauchzarte »Spinnweb'« verträgt dann aber keine Erschütterungen mehr. Man hat selten das Glück, nach einem Transport mehr als nur Krümel vorzufinden und muß jedesmal einen neuen Glühstrumpf einsetzen. Trotz des sehr geringen Gasverbrauchs (→ 9.2, Tab.) kommen bei täglich zwei- bis dreistündigem Betrieb während des Urlaubs doch erhebliche Gasmengen zusammen, die die Mitnahme einer Reserveflasche erforderlich machen können. (Beachte 31.8!)

9.18 **Für die Zeltbeleuchtung aus dem Kfz-Bordnetz oder einem Zusatzakku sind käufliche Leuchten mit Klemmfuß und E-14-Fassung günstig,** z. B. Näh- oder Buchleuchten, kleine Nachttischlampen. An Stelle des Netzsteckers wird ein Handlampen-

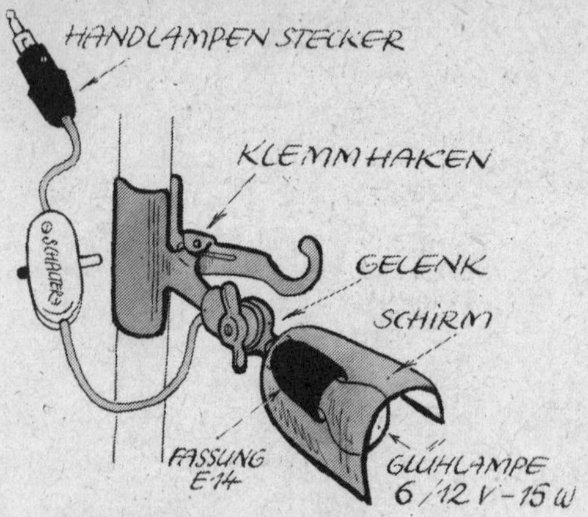

stecker angebracht, handelsübliche 6- oder 12-V-Glühlampen (etwa 5 bis 15 W) mit E-14-Sockel passen in die Fassung. Zeltleuchten für Kleinspannung lassen sich mit etwas Geschick auch selbst basteln, z. B. unter Verwendung eines Klemmhakens für das Zeltgestänge.

9.19 **Eine batteriegespeiste Taschenlampe oder Campingleuchte darf bei keinem Camper fehlen!**

Sie ist beim nächtlichen Gang über den Zeltplatz wegen der vielen Zeltleinen und Wurzeln ebenso wichtig wie zur nächtlichen Orientierung im Zelt. Für Dauerbeleuchtung sollte man aber besser auf andere Lichtquellen zurückgreifen, weil das Beleuchten mit Monozellen insgesamt ein recht teurer Spaß ist. Eine einfache Campingleuchte kann man leicht auf Fernbedienung umbauen, dann läßt sie sich am Zeltfirst anhängen.

Es gibt auch eine Campingleuchte (ARTAS, Typ 6675), die man wahlweise auf kräftigen, weitreichenden Lichtstrahl oder auf eine eingebaute 4-Watt-Leuchtstoffröhre schalten kann. Sie spendet helles, weiches und energiesparendes Licht (12…15 Stunden Betrieb mit 6 Monozellen), bestens geeignet für die abendliche Runde am Campingtisch.

9.20 **Eine Petroleumlaterne (z. B. vom Typ BATELA) ist eine romantische und sparsame Lichtquelle.**

Im Zelt oder Wohnwagen ist sie wegen des Petroleumgeruchs und des Blaks allerdings weniger geeignet; zu Uromi's Zeiten ging es allerdings damit auch! Eine solche Laterne läßt sich mit einfachen Mitteln für 6, 12 oder von einem Fachmann auch für 220 V elektrifizieren (bei 220 V: Schutzleiteranschluß gemäß Schutzklasse I).

9.21 **Offen brennende Kerzen sollte man zumindest in kleineren Zelten aus Brandschutzgründen nicht verwenden.**

Günstiger sind kleine Leuchter oder Laternchen mit schützendem Glaskörper für Haushaltskerzen oder Teelichte. In einem gut isolierten Wohnwagen oder im Bergzelt reicht ein Licht bereits aus, um den Raum spürbar zu temperieren.

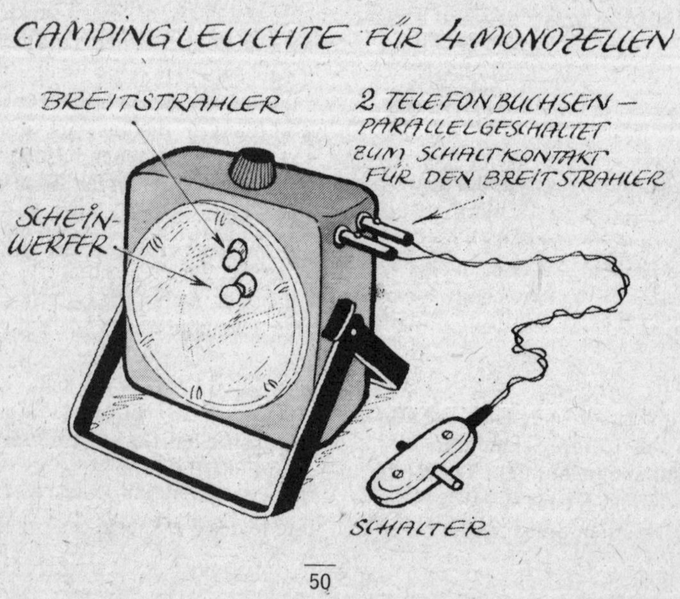

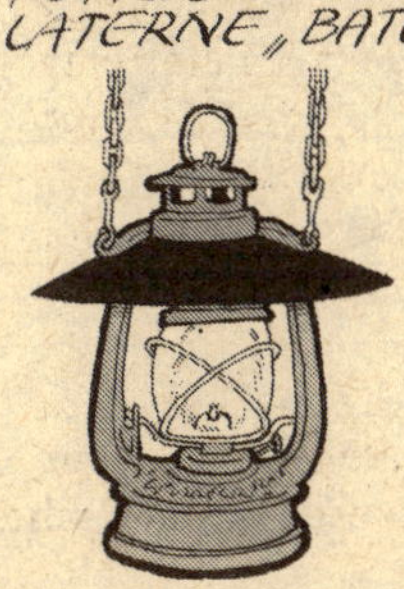

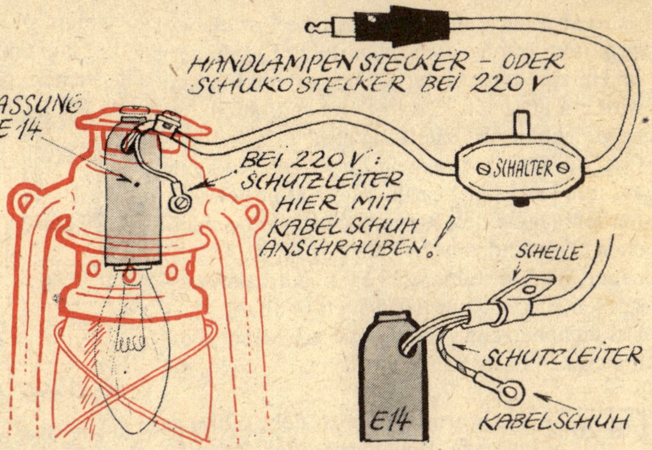

9.22 **Die eleganteste Beleuchtungsart ist auch beim Camping das elektrische Licht.**
Dazu wird in einem Wohnwagen bereits ein Anschluß an das 220-V-Energienetz vorgesehen oder/und an das 6- oder 12-V-Autobordnetz. Es ist jedoch nicht immer möglich, aus einem Elektroanschluß zu zapfen, weil – wenn ein solcher überhaupt vorhanden – man dafür je nach Stellplatz oft recht lange Anschlußleitungen (50 m und mehr!) verlegen muß. Ein Sekundäranschluß an der Steckdose eines anderen Wohnwagens ist nicht erwünscht (große Energieverluste) und gefährlich (Möglichkeit der Überlastung von Stromkreisen mit Brandgefahr). Er ist daher ohne Einverständnis des Energiebeauftragten auf dem Zeltplatz nicht zulässig. Weil auch das Auto als Energiequelle nicht immer in der Nähe ist, kann man das Beleuchtungsproblem mit einem zusätzlichen Akku im Wohnwagen lösen (→ 55.3–5).

9.23 **Das Schutzleitersystem der 220-V-Elektroinstallation im Wohnwagen, in den Anschlußleitungen und den elektrischen Anschlußgeräten muß immer in einwandfreiem Zustand sein,** wirkt es doch lebensbeschützend. Der Gesetzgeber fordert eine mindestens alljährliche Überprüfung unter Leitung eines verantwortlichen Fachmanns. Auch Reparaturen an der Elektroanlage dürfen nur vom Fachmann ausgeführt werden, bei Erweiterungen ist 55.7 zu beachten. Erleidet man trotz aller Vorsichtsmaßnahmen auf dem Campingplatz einen elektrischen Schlag, so ist in jedem Falle – auch wenn scheinbar keine Nachwirkungen aufgetreten sind – sofort ein Arzt aufzusuchen.

9.24 **An kühleren Tagen ist ein Infrarot-Wärmestrahler (Propan) im Zelt oder Wohnzeltanhänger sehr angenehm.**
Er eignet sich für Räume über 20 m^3 Volumen, also keinesfalls für Hauszelte! Auch in Schlafräumen darf er nicht betrieben werden. Nachteilig ist, daß sich die Gaszufuhr, und damit die abgegebene Wärmemenge des Strahlers, fast nicht regulieren läßt. Bei Zugluft kann es zum Erlöschen kommen, so daß er nur unter ständiger Aufsicht betrieben werden darf (beachte 31.8!).
In Wohnwagen darf ein Propan-Infrarotwärmestrahler nicht benutzt werden.

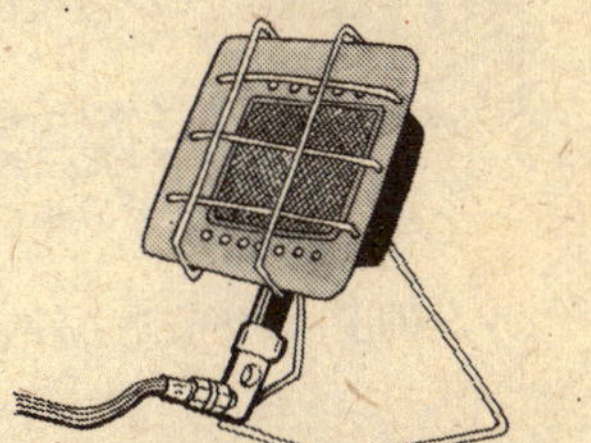

9.25 **Seit 1984 gibt es den neuen Propan-Wärmestrahler KATALYT.**
Er kostet einschließlich Druckregler zwar reichlich das Dreifache des IR-Wärmestrahlers, hat

dafür aber auch einige wesentliche Vorteile aufzuweisen. Infolge eines neuartigen Katalysators im Heizpolster arbeitet er ohne offene Flamme, wird nur etwa 350 °C warm und verbraucht bei vergleichbarer Heizleistung etwa 25 % weniger Gas. Bei Verwendung von Zusatzgeräten kann auf ihm getoastet, gegrillt oder Kaffee gekocht werden. Die in den Raum abgegebenen schädlichen Gase sind verschwindend gering. Den neuen Wärmestrahler gibt es in den Leistungsstärken 700, 900 und 1000 Watt (Anhang 4). Der zu beheizende Raum muß ein Mindestvolumen von 10 m³ haben.

KATALYTÖFEN

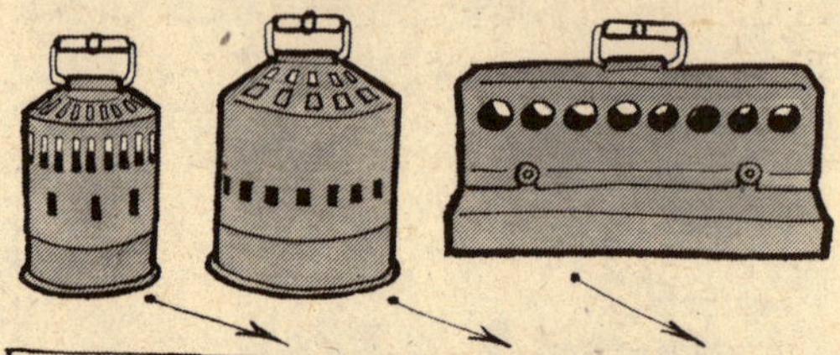

TYP	2720	2725	2730
TANKINHALT FÜR 24–30 h BETRIEB	0,6 l	1,5 l	3 l
MASSE	1,3 kg	2,2 kg	4,3 kg

9.26 **Als Wärmequelle im Zelt, Wohnwagen oder Boot eignen sich die seit über 60 Jahre bewährten Katalytöfen ganz vorzüglich.**

Sie arbeiten mit flammenloser Verbrennung, erzeugen keine schädlichen Gase und sind absolut explosionssicher. Darum brauchen auch keine besonderen brandschutztechnischen Auflagen eingehalten zu werden. Man darf sogar Brennstoff während des Betriebes nachfüllen! Unbedingt vorgeschrieben ist die ausschließliche Verwendung von Katalyt (Leichtbenzin mit der Siedegrenze 80 bis 110 °C, an speziellen Tankstellen erhältlich). Auffüllen von Vergaserkraftstoffen ist verboten. Katalytöfen sind sehr sparsam im Verbrauch und können beim Wintercamping auch zum Vorwärmen eines Pkw (Motor oder Innenraum) verwendet werden. Von dem etwas brenzlichen Geruch wärend der ersten paar Betriebsstunden brauchen wir uns nicht erschrecken zu lassen; das ist nur der Lack. Danach arbeitet der Ofen relativ geruchsarm. Bringt man an der Haube drei Stützen für einen Topf an, so steht immer heißes Wasser zur Verfügung (→ Anhang 4).

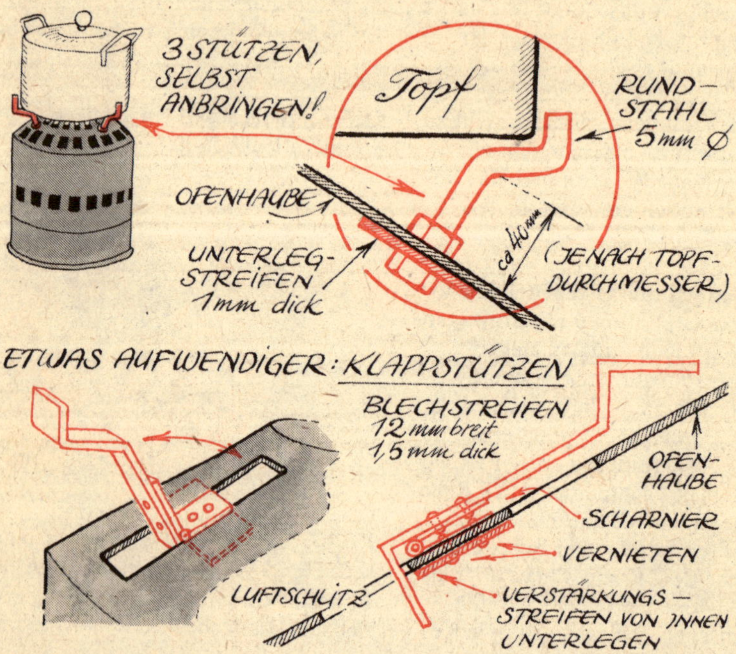

9.27 **Elektrische Wärmegeräte sind vor allem beim Wintercamping günstig.**
Einesteils brauchen die mit Gas oder Katalyt betriebenen Heizer viel Sauerstoff, also Frischluft – und durch das ständige Lüften wird ein Teil des Heizeffekts wieder zunichte gemacht –, andererseits erzeugen sie bei der Verbrennung viel Feuchtigkeit, die man unter diesen Umständen in Wohnwagen oder Zelt ganz und gar nicht gebrauchen kann. Auch bei größeren Wohnwagen ist eine Heizleistung von 1 kW (das entspricht 3600 kJ/h) schon ausreichend. Günstig ist die Kombination eines Elektroheizers mit einem elektronischen Temperaturregler, den man gesondert erwerben muß (z. B. den Typ RK 33 oder RK 34, Temperaturbereich +4 °C bis +36 °C, Anschlußleistung maximal 1 kW oder 2 kW). Dieser Regler sorgt für gleichbleibende, einstellbare Temperatur und – das ist auch auf Campingplätzen sehr wichtig – für optimale Energieersparnis!

9.28 **In komfortablen Campingwohnwagen ist ein Propan-Raumheizer vom Typ SOLAR 3000 eingebaut.**
Dieser sehr leistungsfähige Ofen (→ Anhang 4) spendet an kühlen Tagen, besonders aber beim Wintercamping, behagliche Wärme. Weil der SOLAR in Folge seines abgeschlossenen Verbrennungssystems und der elektrischen Zündsicherung sehr zuverlässig arbeitet, kann er auch bei Abwesenheit in Betrieb bleiben. Die zur Verbrennung benötigte Luft wird nicht dem Innenraum des Wohnwagens entnommen, und dorthin wird auch keine Feuchtigkeit abgegeben. Der Heizer darf während der Fahrt nicht benutzt werden.
Das Nachrüsten eines Wohnwagens mit einem SOLAR 3000 ist möglich, darf allerdings nur von einem zugelassenen Fachmann erfolgen (beachte 31.6).

10. Zweckmäßige Kleidung

10.1 **Kleidung schützt vor Kälte, gegen Wärme, Wind, Nässe von außen, gegen zu intensive Sonneneinstrahlung und gegen Verletzungen.**
Zweckmäßige Kleidung für das Camping auswählen heißt folgende Forderungen zu beachten: Die Kleidung soll die Körperwärme bewahren, dabei aber schweißdurchlässig sein und Luft an die Haut lassen. Sie soll leicht zu pflegen sein und gut aussehen. Wir bedenken bei ihrer Auswahl die tausendfache Erfahrung, daß man fast immer viel zu viel und meist die falschen Sachen mitgenommen hat. »Die Menge der Kleidung halbieren, dafür das Reisegeld verdoppeln!«, wer machte doch diesen Vorschlag zum Reisen ohne Reue?
Beim Camping ist eine sinnvolle Beschränkung auf das Notwendigste besonders wichtig. Die mitgenommenen Stücke sollen den Bedingungen des Campings entsprechen, also strapazierfähig, waschbar und bügelfrei sein und sich gut miteinander kombinieren lassen. Der Campingplatz ist nicht der Ort, an dem wir unsere alten und schäbig gewordenen »Klamotten« abtragen sollten. Ein Camper muß nicht schon auf Distanz an seinem Räuberzivil erkannt werden.

10.2 **Auf einem Campingplatz wohnen Hitze und Kälte, Regen, Feuchte und Sonnenschein dicht beieinander.**
Auch das sollten wir bei der Kleiderwahl bedenken. Keinesfalls, egal mit welchem Verkehrsmittel, mit welcher Campingbehausung wir unterwegs sind, sollten wir folgende Kleidungsstücke vergessen: Badesachen, Shorts und kurzärmelige Hemden, einen dicken Pullover, Strick- oder Sporthemden, Regenbekleidung (möglichst mit Kapuze, auch ein wasserdichter Anorak oder eine leichte Parka ist geeignet), warme Unterwäsche, Trainingsanzug (wer ihn tagsüber trägt, braucht darüberhinaus auch noch eine Nachtbekleidung, z. B. einen nicht zu dünnen Schlafanzug), Jeans, warme Wollsocken – auch in kühlen Nächten gut zu gebrauchen. Sehr praktisch sind Frottésocken, die für warme und kalte Tage gleichermaßen gut sind. Als Fußbekleidung empfehlen wir bequeme Turnschuhe, Sandalen, Mokassine oder ganz einfache Schnürsandaletten (sogenannte »Jesuslatschen«, selbst herstellbar!). Leichte Gummistiefel können bei feuchtem Untergrund (Wiesen) vorteilhaft sein, besonders für Kinder. Wer im Urlaub viel zu wandern gedenkt, braucht darüber hinaus noch einige zusätzliche Kleidungsstücke (→ 45.9 und 45.23).

10.3 **Das bedeutendste Moderequisit auf einem Campingplatz ist wohl noch immer der Trainingsanzug.**
Selbst von der »individualistischen« Jeansbekleidung wird ihm nur zögernd der Rang abge-

LISTE

wegen
Waren-
annahme
geschlossen

laufen. Vom strengen Pantalonschnitt der Hose, über diverse Hochwasservarianten bis hin zur aparten Pump- oder Sackform sind alle Schnitte vertreten (sehen Sie sich spaßhalber morgens einmal die Brötchenschlange daraufhin an!). Wird im Trainingsanzug geschlafen, so sollte er jeden Morgen gründlich gelüftet werden. Der sogenannte Campingschlafanzug ist lediglich ein dünnes Kleidungsstück mit kurzen Ärmeln und Hosenbeinen, für kalte Nächte im Zelt denkbar ungeeignet!

10.4 **Kleidungsstücke sind sehr individuelle Requisiten.**

Spezielle Auswahlkriterien sind darum nur schwer anzugeben, besonders, wenn es sich um modische, aber trotzdem noch campinggerechte Sachen handeln soll. Was jeder über die empfohlene Grundausstattung hinaus mitnehmen möchte, wird schließlich auch vom vorhandenen Gepäckraum diktiert. Latzhosen, sportliche Jacken, Hemdpullover, T-Shirts und Nikkis gehören sicher dazu. An Stelle der unverwüstlichen Jeans kann beim Ausgehen auch einmal eine Hose mit sportlichem Schnitt oder ein Rock getragen werden.
Auf einige Kleidungsstücke kann man aber fast immer verzichten. Dazu zählen Kittelschürzen, Mäntel, festliche Anzüge mit dem obligaten Schlips. Personen, die leicht ins Schwitzen geraten, sollten Dederon und andere vollsynthetische Stoffe zu Hause lassen.

10.5 **Früher konnte man an Lokalen in Ferienorten ein Schild »Ohne Krawatte kein Einlaß!« finden.**

Welche Intoleranz! Nicht der Schlips macht eine gepflegte Bekleidung aus. Selbst erlebt: Ein Jugendlicher im reichlich genieteten Jeans-Look mit buntgewürfelter Krawatte durfte passieren, ein anderer in heller Hose und offenem Sporthemd wurde am Eingang abgewiesen. Heute sind solche selbstherrlichen Eingriffe in den persönlichen Geschmack im allgemeinen überwunden. Der Camper sollte das durch ein gepflegtes Äußeres und mit einer Bekleidung würdigen, die dem jeweiligen Anlaß angemessen ist.

10.6 **Sehr praktisch sind auf dem Zeltplatz Holzpantinen.**

Es müssen ja nicht die zum Stallausmisten oder bei der Gartenarbeit verwendeten »Klotzkorken« sein. Selbst einfachste Ausführungen für wenig Geld lassen sich individuell verschönern. So spart man teures Schuhwerk, das auf dem Campingplatz sehr strapaziert wird. Für Wassersportler empfehlen wir außerdem Badelatschen: Sie allein bieten dafür Gewähr, daß wir uns

beim Klarmachen des Bootes an Scherben im Wasser nicht die Füße zerschneiden.

10.7 **Auch beim Zelten sollten wir das gleiche Kleidungsstück – vor allem die Unterbekleidung, die Strümpfe und die Schuhe – nicht tagelang tragen.**
Wir lassen sie wenigstens zwischendurch gründlich auslüften, angeschmutzte Sachen werden gewaschen (bei kleinem Gepäck findet ein Tubenwaschmittel immer noch Platz!). Diese zwischendurch eingeschobenen »kleinen Wäschen« machen es möglich, daß wir nicht allzuviel Sachen zum Wechseln mitnehmen müssen.

10.8 **Unsere Kleidung transportieren wir am besten in strapazierfähigen Koffern zum Campingort.**
Wohnwagenbesitzer haben es leichter, sie können alles in die Fächer einräumen. Ansonsten sind feucht zu reinigende Koffer aus Kunstleder, Kunststoff oder Hartpappe (VULKANFIBER) gut geeignet. Weniger günstig sind Leder- oder Stoffkoffer; sie werden schnell ramponiert und bekommen bei Feuchtigkeit leicht Stockflecken und einen muffigen Geruch. An Ort und Stelle wird zumindest die Oberbekleidung ausgepackt und auf Bügel gehängt. So kann sie lüften und knittert nicht. Den Koffer kann man zum Schutz vor Bodenfeuchte auf zwei Latten stellen und zur Aufbewahrung der Ersatzwäsche und des Kleinkrams der Zelt-Hauswirtschaft verwenden.

11. Nützliches und überflüssiges Zubehör

11.1 **Bei jedem zwar komforterhöhenden, aber im Grunde entbehrlichen Ding müssen wir seine Gepäcklast und sein Volumen bedenken.**
Günstig ist immer Zubehör, das bei hohem Nutz- oder Spieleffekt klein und leicht ist. Das beste Beispiel ist ein nur wenige Gramm leichter Wanderkompaß. Man kann mit ihm das Kartenlesen üben, ihn mit den Kindern beim Wandern gebrauchen, und wer sich beim Pilzesu-

chen schon einmal rettungslos verlaufen hat, der weiß seinen Wert besonders zu schätzen.

11.2 **Zum wichtigsten Campingzubehör, auf das kein Zelter mit ausreichend Gepäckraum verzichten sollte, gehören folgende Gegenstände:**
Campinguniversalbeil, auch als Hammer zu gebrauchen, z. T. mit Spaten, und Säge kombiniert;
Campingluftpumpe »Schildkröte« oder – ganz komfortabel – ein elektrischer Campingkompressor für 6- oder 12-V-Anschluß (→ 54.13);
Gummi- oder Holzhammer für Heringe und Windschutz;
Klappspaten;
Wäscheleine mit Klammern (→ 33.15);
Sturmleinen mit großen Heringen (ca. 40 cm);
Windschutz (→ 58.5); Einkaufsbeutel, Schuhputzbox, Nähetui, Schreibzeug;
Bürste, Handfeger und Schippe als Plastset (nicht nur für den Wohnwagen, auch fürs Zelt zum Ausfegen und Abbürsten von Staub und Blattwerk, (→ 44.1);
Sport- und Unterhaltungsspiele, die wenig Raum beanspruchen (Steckschach, Spielkarten, Würfel, Federballspiel, Wurfscheibe, Plasteball, Family-Tennis-Spiel usw.). Größere Spielgeräte, wie Boccia, Krickett, lassen sich fast auf jedem Campingplatz ausleihen; damit sollte man sich nicht belasten.

11.3 **Besonders für Dauerzelter, aber auch für Auslandscamper empfiehlt sich ein Ersatzteilpaket, das nach eigenem Ermessen eine Auswahl der folgenden Gegenstände enthalten sollte:**
Luftmatratzenstöpsel;
etwa 20 Schlüsselringe (ca. 10 mm);
Reißverschlußschieber;
zwei Rohre aus Duraluminium oder Stahl (ca. 15 mm dick, 0,6 m lang) zum Schienen abgeknickter Gestänge;
Dederonleine (ca. 3 mm dick), Draht, Isolierband;
Gummispannringe, Ersatzheringe und Zeltnägel;
Nägel, Klampen und Haken (nicht für die Bäume!);
gummierter Luftmatratzenstoff und Zeltleinwand im Fleck;
starkes Nähgarn, Sattlernadel, Lederflicken und Einschlagösen (zur Reparatur ausgerissener Befestigungen);
Teppichklebeband (zur Notreparatur von Rissen im Stoff);
Dederon-Gurtband (ca. 10 mm breit);
Große Druckknöpfe, Sicherheitsnadeln, Hosenträgerclips (vielseitig verwendbar, z. B. zum Anklammern von Zelteingängen, Vorhängen, Bandschlaufen);
Imprägnierspray;

Streichhölzer, wasserdicht verpackt;
Reservebüchsenöffner (ÖKONOM); Glühstrümpfe für Propanleuchte und Reparaturpakkung für Benzin-, Spiritus- oder Petroleumkocher;
Ersatzlampen für Wohnwagenbeleuchtung und siebenpoliger Ersatzstecker für Anhänger.
Auch auf einige Kleber sollten wir nicht verzichten, SALADUR (für Folien), EPASOL EP 11, CENUSIL, 3 D-Büroleim (→ 54.5) und PCA 20 (für Faltboothäute und PVC-Artikel).
An Kleinwerkzeugen sollten enthalten sein: stabile Schere, kleine Kombizange, Hammer, Eisensägeblatt, Holzbohrer, Schraubendreher und spitzes, stabiles Messer.
Als Notvariante, wenn es einmal irgendwo ganz schlimm durchregnet, sind 3 bis 4 m² Plastefolie zu empfehlen.
Das alles klingt nach einer gewaltigen Menge! Es läßt sich aber zu einem relativ kleinen Notpaket verschnüren, und im Ernstfall ist man sich selbst für seine Vorsorge dankbar!

11.4 Die mitunter vom Handel geübte Praxis, normale Waren mit dem Zusatz »Camping-« verkaufsfördernd auszuzeichnen, sollte uns nicht zum leichtfertigen Kauf verführen.

Einige Beispiele aus eigener Erfahrung:
- Campingkittel: im benachbarten Schaufenster wird das nämliche Produkt als »Haushaltskittelschürze, Dederon, pflegeleicht« angepriesen,
- Campingbügeleisen: kleines elektrisches Bügeleisen (wer beim Zelten bügeln muß, hat bestimmt falsche Kleidung eingepackt!),
- Campingsalat: gemischter Fisch-Fleischsalat, in Fischläden auch in den weniger campingtypischen Monaten November und März erhältlich,
- Campingharke: kleine Friedhofsharke,
- Campingtischdecke: teure, aber unpraktische Tischdecke mit Fransen.

Nur eines wird man vergeblich suchen: brauchbares Camping-Kaffeegeschirr! Oder wie wär's mit Puppentassen?

11.5 Ein Zeltteppich aus Folie ober beschichtetem Gewebe hat Vor- und Nachteile.

Wer ihn nicht generell als campinguntypisch ablehnt, der muß an Stelle des Zelts nun öfter den Teppich säubern. Er schafft zwar auf erdigem oder feuchtem Grund größere Reinlichkeit im Vorzelt, aber wenn man ihn schließlich wieder zusammenlegt, hat man mit der Reinigung der Unterseite viel zu tun. Wenn Zeltteppiche auf bewachsenem Grund verlegt werden, verbleibt nach ihrem Entfernen ein unschöner Fleck abgestorbener Vegetation, der die Platznachfolger kaum zur Freude animiert. Zeltteppiche, vor allem die »Auslegware« für das ganze Vorzelt, sind außerdem recht schwer. Wir empfehlen einen kleineren Folienfleck, etwa 1 × 1,5 m, mit Ösen oder Schlaufen an den Rändern, den wir mit Zeltnägeln vor dem Zelteingang oder der Schlafkabine feststecken und den wir leicht ausschütteln können.

11.6 Obwohl ein großer Sonnenschirm nicht zu den gängigen Campingutensilien zählt, kann man ihn doch unter gewissen Bedingungen empfehlen.

Er spendet Schatten bei Sonnenbrand, bewährt sich auch als Windschutz am Strand und erlaubt das Kochen im Freien wenn es regnet. Man denke nur an die herausschwenkbare Küche eines Zeltanhängers, wenn sie unterwegs bei einer Rast genutzt werden soll. Unerläßlich ist ein Schirm für Bulgarienreisende, damit sie sich vor der sengenden Sonne schützen können. Wer ihn vergißt oder für überflüssig hält, bezahlt ihn nach landesüblicher Taxe mehrfach als Leihschirm.

11.7 Eine nützliche Ergänzung ist eine Hängematte.

Auf fast jedem Stellplatz finden sich zwei Bäume im geeigneten Abstand zur Befestigung (Stammdurchmesser mindestens 12 bis 15 cm). In lauer Sommernacht ist die Hängematte ein idealer Schlafplatz, tagsüber vermittelt sie wiegende Entspannung, und von den Kindern wird sie gern zum Schaukeln benutzt. Soll die Matte lange halten und auch bei länger einwirkender Feuchtigkeit nicht morsch werden, muß man beim Kauf darauf achten, daß sie aus Dederongarn geknüpft ist.
Besondere Aufmerksamkeit ist der Befestigung zu widmen. Es dürfen niemals morsche oder zu dünne Leinen verwendet werden. Diese haben nämlich ein Vielfaches des Körpergewichts an Zugkraft auszuhalten, das der Ruhebedürftige in die Matte legt. Diese Seilkräfte werden geringer, wenn man die Hängematte nicht zu stramm

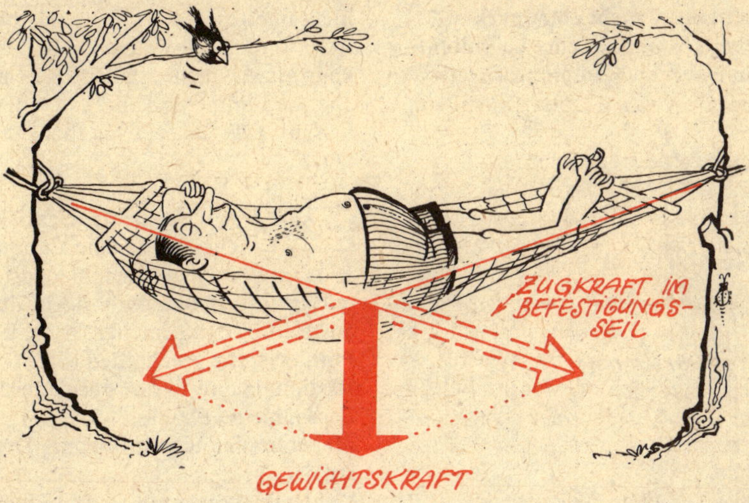

spannt, sondern leicht durchhängen läßt. Reißen Halteseile, so sind weniger die blauen Flekken unangenehm, sondern gefährliche Rückgradverletzungen können die Folge sein. Darum soll man Hängematten nie hoch anbinden.

11.8 **Für Gegenden, in denen landschaftlich reizvolle Ziele und Sehenswürdigkeiten erwandert werden können, für den Wassersport und für die Auslandsfahrt ist gutes Kartenmaterial wichtig.**

Man kauft es möglichst schon vor Reiseantritt, um alle Routen schon mal mit dem Finger »abfahren« zu können. Als günstig haben sich folgende Maßstäbe erwiesen:
Verkehrsübersichtskarten: 1:5000000;
Verkehrskarten: 1:500000 bis 1:1000000;
Wasserwanderkarten: 1:100000 bis 1:200000;
Wander- und Touristenkarten: 1:30000 bis 1:120000;
Stadtpläne: 1:10000 bis 1:25000.

11.9. **Bei Wasserwander- und Touristenkarten ist dem Spezialpapier HEKOSYN der Vorzug zu geben.**
Solche Karten sind unempfindlich gegen Feuchtigkeit, sie können sogar ins Wasser fallen ohne Schaden zu nehmen. Sie halten viel länger, bleiben sauber, und die Falze reißen kaum ein.

11.10 **Das Mitnehmen einer Wetterwarte, angefangen vom Thermometer, über ein Wetterhäuschen (tatsächlich gesehen!) bis hin zum Barometer empfehlen wir nicht.**
Solche Utensilien machen den Camper bei ohnehin schon angespannter Wetterlaune zusätzlich konfus. Wer nur mit Thermometer weiß, ob ihm das Wasser zum Bade nicht zu kalt ist, der müßte konsequenterweise auch auf die Uhr schauen, um zu wissen, ob er schon Hunger hat.

11.11 **Eine umfangreiche Urlaubsbibliothek brauchen die Bibliophagen unter den Campern meist nicht einzupacken.**
In jedem größeren Ort gibt es eine Leihbibliothek, die in der Nähe von Campingplätzen

meist urlaubsgemäß sortiert ist und uns kostenloses Lesevergnügen verschafft. Aber: Wir müssen uns die Öffnungszeiten merken, damit wir vor der Abreise noch unsere letzten Bücher abgeben können! Wer es dennoch einmal verpaßt, kann sie – natürlich mit einem netten Entschuldigungsbrief – auch per Post zurücksenden; oder ein freundlicher Zeltnachbar bringt sie zurück.

12. Zeltapotheke, Hygieneartikel

12.1 **Auf Campingplätzen besteht naturgemäß eine größere Verletzungsgefahr als in der Geborgenheit des heimischen Herdes.**
Daher ist eine gut ausgestattete Zeltapotheke unbedingt zu empfehlen. Damit sie nicht zu umfangreich wird, muß ihr Inhalt auf die typischen Verletzungen und Erkrankungen beim Zelten abgestimmt werden. Wichtig ist auch, daß die Verbandmaterialien und Arzneimittel nicht überlagert sind. Verbandstoffe können unsteril werden, Medikamente büßen ihre Wirkung ein. Ist man sich der Sache nicht mehr sicher, so nimmt man am besten den ganzen Inhalt mit zur nächsten Apotheke und läßt sich beraten.

12.2 **Auf ein kleines Schnellhilfepäckchen sollte kein Camper verzichten.**
Es kann sehr klein zusammengestellt werden und ist überall unterzubringen. Zur Mindestausstattung eines solchen Päckchens gehören:
Pflaster, fertig geschnitten (Snips), 6 cm breit;
Idealbinde und Verbandpäckchen, 8 cm;
Sepso, kleine Flasche;
Magentropfen (Cavormin oder Dreierleitropfen);
Kohletabletten gegen Durchfall;
Vaopinkühlgel gegen Insektenstiche;
Schmerztabletten (Acesal);
Halsschmerz- und Hustentabletten (Falimint).

12.3 **Ist eine Familie mit Kindern und großer Ausrüstung unterwegs, wird sich im Gepäck sicher noch Platz für einen Plastkasten finden, in dem eine erweiterte Medikamentenauswahl unterzubringen ist.**
In diesen gehört hinein:
Pflaster, geschnitten (Snips) in verschiedenen Breiten (vor allem bei Kindern im Alter von 3

bis 14 Jahren kann erheblicher Bedarf entstehen!);
Wirgoplast 5 m × $1^1/_4$ cm;
zwei Verbandpäckchen 6 cm und 8 cm;
vier ZeMu-Kompressen 8 × 10 cm, keimfrei verpackt (sowohl zum Reinigen und Abdecken von Wunden als auch als Augenkompressen);
Idealbinde, 8 cm breit;
zwei Mullbinden, 8 cm breit;
Lederfingerling, mittlere Größe;
Augenklappe;
Pinzette, spitz;
Fieberthermometer;
Schmerztabletten (Acesal);
Halsschmerztabletten (Flavamed oder Targophagin);
Hustenmittel (Bromhexin, Dragees oder Tropfen);
Nasentropfen (Tecoryl) für Kinder ab 2 Jahre, keine Nasentropfen ohne ärztliche Vorschrift bei Kindern unter 2 Jahren anwenden!;
Abführmittel (Dragees 19);
Stopfmittel (Kohletabletten);
Magenmittel (Cavormin oder Dreierleitropfen);
Beruhigungsmittel (Baldriantropfen);
Feindesinfektionsmittel (Wofasept oder Seifengelee);
Pyolosinsalbe (zur Behandlung leicht infizierter Wunden);
Nifucin Gel (flüssiger Wundschnellverband für kleinere Oberflächenwunden und Hautabschürfungen) erstarrt nach kurzer Wartezeit auf der Haut zu einem schützenden Film;
Sepso, große Flasche;
Vaopin Kühlgel (gegen Insektenstiche);
Panthenol Spray (bei Verbrennungen und Sonnenbrand);
Heliotekt-Lichtschutzsalbe (vorbeugend gegen Sonnenbrand);
Essigsaure-Tonerde-Tabletten (bei Verstauchungen zum Kühlen);
Kamillentee in Aufgußbeuteln.
Diese Ausrüstung ist auch als Grundausstattung für Auslandsfahrten geeignet. Sie ist dazu aber unbedingt nach einer vorbeugenden Beratung beim Hausarzt zu ergänzen!

12.4 Die Bordapotheke für ein Sportboot sollte folgendes enthalten:

Gothaplast, geschnitten 6 cm und 8 cm breit;
zwei Verbandpäckchen 8 cm und 10 cm breit;
zwei Mullbinden 6 cm und 8 cm breit;
Wirgoplast 2 cm × 1 m;
Heliotekt-Lichtschutzsalbe;
Panthenol Spray (bei Sonnenbrand);
Schmerztabletten (Acesal);
Kinetosin (gegen Seekrankheit; das ist auf großen Seen oder den Bodden nicht übertrieben!);
Splitterpinzette;
Sepso, kleine Flasche;
Vaopin Kühlgel (gegen Insektenstiche).
All das wird zu einem kleinen Päckchen zusammengestellt und (sehr wichtig!) in einem Folienbeutel wasserdicht verschweißt (→ 54.1).

12.5 **Von den Vorschlägen zum Inhalt der Zeltapotheke werden die persönlichen Arzneimittel nicht berührt.**

Jeder, der auf ein bestimmtes Medikament angewiesen ist, sollte sich dieses in ausreichender Menge mitnehmen. Besonders auf einer Auslandsreise kann man nicht davon ausgehen, daß man »seine Pillen« erhält, und eine kurzfristige Umstellung auf ein ähnliches, ausländisches Präparat ist nicht in jedem Falle möglich.

12.6 **In keiner Zeltapotheke sollte das Heft »Anleitung zur Ersten Hilfe bei Unfällen« fehlen!**

(Staatsverlag der DDR, herausgegeben vom Ministerium für Gesundheit, Berlin). Darin findet man die wichtigsten Soforthilfemaßnahmen bei Wunden, Knochenbrüchen und anderen Unfällen.

12.7 **Im Urlaub hat jeder die Möglichkeit, einen überhöhten individuellen Arzneimittelkonsum etwas einzuschränken.**

Man muß nicht mit Hilfe eines Schlafmittels zu bestimmter Zeit zur Ruhe kommen, weil man schließlich nicht früh im Betrieb sein muß. Die ruhige Urlaubsatmosphäre braucht nicht mit Hilfe eines Beruhigungsmittels weiter »gedämpft« zu werden. Gegen Kopfschmerz genügt oftmals schon die sauerstoffreiche Luft des Waldes. Man hat mehr Zeit für Bewegung, um eine gesunde und verdauungsfördernde Kost auszuwählen und kann auf abführende Medikamente leicht verzichten. Die an Tablettenunterstützung gewöhnten Organe fühlen sich in den Urlaub einbezogen und nehmen in vielen Fällen ihre normale Funktion wieder auf.

12.8 **Arzneimittel können die Fahrtüchtigkeit einschränken und sogar zur Fahruntüchtigkeit führen.**

Allein in der DDR gibt es über 100 solcher Produkte. Dazu zählen alle Schlaf- und Beruhigungsmittel (Hypnotika, Seditativa, Transquillizer), die Arzneimittel gegen psychische Erkrankungen (Psychopharmaka), gegen Epilepsie (Antiepileptika), gegen Allergien (Antihistaminika), gegen Bluthochdruck (Antihypertonika), aber auch viele anregende (Stimulantia) und appetitzügelnde Mittel (Anorexika). Kraftfahrer sollten sich daher jeden Griff zu solchen Präparaten genau überlegen und u. U. sogar die Fahrt unterbrechen.

Bei Einnahme eines Mittels, das mit »beeinträchtigt Fahrtauglichkeit« gekennzeichnet ist,

kann es zu Konzentrationsschwächen, verminderter Aufmerksamkeit, Ermüdung, Erregungszuständen (mit euphorischem oder aggressivem Fahrverhalten) und zu stark verlängerten Reaktionszeiten kommen. Jeder Fahrer trägt selbst die Verantwortung!

12.9 **Zur Unterbringung der Wasch- und Toilettenartikel eignet sich ein Beutel aus dünnem Dederonstoff sehr gut.**
Man kann ihn an einen Zelthaken aufhängen; so trocknet er besser aus als z. B. ein Kulturtäschchen. Im Campingwaschraum braucht man ihn nicht auf die nassen Ablagen zu stellen.

12.10 **Es ist günstig, wenn jedes Familienmitglied einen eigenen Waschbeutel hat.**
Sie lassen sich durch verschiedene Farben auseinanderhalten, oder der Name wird aufgestickt. Erfahrungsgemäß marschieren morgens sowieso alle in eine andere Richtung: an die Waschrinne, zum Strand oder gleich hinters Zelt (verwerflich!).
Für den Inhalt des Waschbeutels seien folgende Artikel empfohlen: Grundausstattung: Seife in einer Dose, Zahnbürste im Plastebehälter, Zahnpasta nach eigenem Geschmack, eventuell Mundwasser, Handwaschbürste (!), Kamm, mehrere Shampoonkissen.
Zusätzlich je nach Bedarf: Rasierutensilien (sehr praktisch ist Myldeen-Rasiersahne, dann braucht man weder Pinsel noch Wasser und kann sogar meist auf sein »After Shave« verzichten), Gesichtswasser, Wattebällchen, Haarspangen, Cremes, Stielkamm und Haarbürste.

13. Wassersportausrüstung

13.1 **Als zerlegbare Paddelboote werden der Faltboot-Einer E 65-3 und die Faltboot-Zweier RZ 85-3 und KOLIBRI III im Handel angeboten.**
Während sich der schnittige kleine E 65-3 sogar im Wildwasser wohl fühlt, gehen Zweisitzer lieber auf längere, nicht so strapaziöse Reisen. Dieser geräumige, das Zusammengehörigkeitsgefühl mehr ansprechende Bootstyp wird vor allem von Wasserwanderern bevorzugt.
Alle Boote haben eine strapazierfähige PVC-Haut, die ein stabiles, wasserfest lackiertes Holzgerüst umschließt. Es sind einfache Treiberbesegelungen mit Seitenschwertern und Steuereinrichtung dazu lieferbar. Faltbootzweier können auch mit einem Seitenbordmotor vom Typ TÜMMLER gefahren werden und entpuppen sich dann als recht flinke Gesellen (beachte aber 18.9!).

Tabelle 13.1 Wichtigste Kennwerte von zerlegbaren Paddelbooten

Merkmale	E 65-3	RZ 85-3	KOLIBRI III
Länge in m	4,5	5,5	4,5
größte Breite in m	0,65	0,85	0,76
Tiefgang in m	0,1	0,1	0,14
Tragfähigkeit in kg	100	250	180
Masse in kg	21	30	26
Verpackungsmaße in m			
Rucksack	0,7 × 0,5 × 0,24	0,8 × 0,56 × 0,25	
Stabtasche	1,7 × 0,3 × 0,2	1,7 × 0,3 × 0,25	

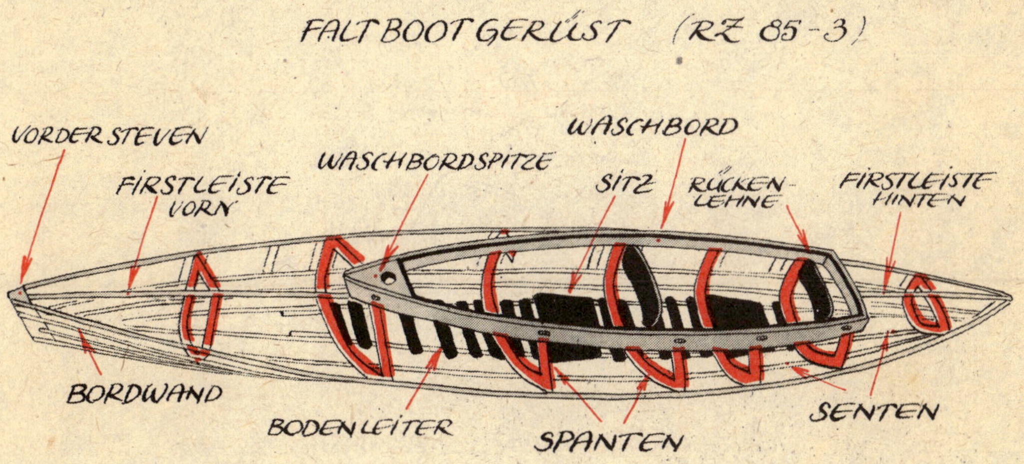

13.2 **Schlauchboote liegen sehr stabil im Wasser.** Sie lassen sich kinderleicht paddeln oder rudern und problemlos ankern (es genügt ein Stein an einer Leine). Sie eignen sich ebenso zum ungestörten Sonnenbaden wie auch zum entspannten Angeln vor dem Schilf. Aber Vorsicht mit dem Haken! Bei einem Riß im Luftschlauch ist der bedauernswerte Jünger Petri sonst seiner Beute schneller näher als ihm lieb ist. Und mit Versicherungsleistungen ist auch nicht zu rechnen! Umgedreht ins Wasser gelegt – ein stabiler Boden ist dabei Voraussetzung – bilden Schlauchboote autonome Sonnenplattformen in den wiegenden Wellen. Mit ihren kleineren Verwandten, den Badebooten, haben Kinder viel Abwechslung und Vergnügen im Wasser. Hat ein Schlauchboot mehrere Kammern, so ist es fast unsinkbar, auch wenn eine Kammer beschädigt wird und die Luft daraus entweicht.

13.3 **Schlauchboote sind sehr leicht.** Sie sind viel leichter als Faltboote vergleichbarer Tragfähigkeit und darum auch in aufgeblasenem Zustand auf einem Anhänger- oder dem Autodach gut zu transportieren. Man kann sie sogar allein ins Wasser einsetzen. Zusammengelegt benötigen vor allem die kleineren Typen ohne stabilen Holzrahmen und Spiegel wenig Platz.

13.4 **Als Fahrten- und Wanderboote sind Schlauchboote, auch Motorschlauchboote, wenig geeignet.**
Sie sind unkomfortabel und bieten kaum Wetterschutz. Dafür sind sie schon mit 6 PS (FORELLE) ziemliche Flitzer und bereiten bei sonnigem und warmem Wetter viel sportlichen Wasserspaß.

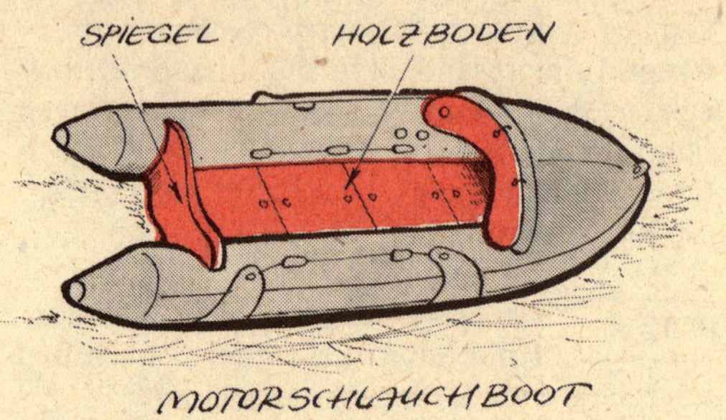

13.5 **Bade- und Ruderschlauchboote gibt es in verschiedenen Größen und Ausführungen.**
Als Motorschlauchboot eignet sich jedoch nur ein Typ mit festem Boden und Heckspiegel, z. B. das MB 36. Es ist zwar kein Wunderwerk an Eleganz, aber robust und überraschend tragfähig (max. 500 kg!). Das Boot kann mit Heckmotoren bis 13,25 kW (18 PS) gefahren werden. Bei Beladung mit zwei Personen kommt es schon mit der FORELLE – und das ist selbst ausprobiert! – ins Gleiten und erreicht dann knapp 30 Kilometer je Stunde.
Als Motorschlauchboot ist außerdem der recht gefällige Typ SPREE konzipiert! Er trägt 400 kg (4 Personen), und es darf ein Heckmotor bis zu 6,6 kW (9 PS) benutzt werden.

13.6 **Die wohl am meisten gefahrenen Sportboote in der DDR sind die Mehrzweckfaltboote der DELPHIN-Familie.**
Sie sind prinzipiell gleich aufgebaut wie die zerlegbaren Paddelboote. Diese »Trabbis« unserer

Tabelle 13.6 DELPHIN-Mehrzweckfaltboote

Merkmal	D 110/2	D 140
Länge in m	4,80	3,90
Breite, maximal, in m	1,10	1,40
Tiefgang in m	0,14	0,15
Freibord in m (Heckspiegel)	0,15	0,15
Anzahl der Sitze	4	4
Tragfähigkeit in kg	350	400
Segelfläche in m²	–	7,5
Gewicht des Bootskörpers in kg	75	83
– als Motorboot mit FORELLE[1]	100	121
– als Motorboot mit TÜMMLER	86	107
– als Segelboot	–	113
Geschwindigkeit, maximal, in km/h		
– mit FORELLE	25	15...18
– mit TÜMMLER	15	10...12
zugelassen für Motoren bis kW (PS)	7,35 (10)	7,35 (10)

1) ohne Fernbedienung und sonstiges Zubehör, aber mit Tank

Seen und Flüsse liegen sicher im Wasser und bieten einer vierköpfigen Familie nebst Gepäck auch bei größeren Wanderfahrten genügend Raum. Durch aufblasbare Luftschläuche erhält der Bootskörper eine gefällige und glatte Form und versinkt beim eventuellen Kentern oder bei Beschädigung der Haut nicht in den Fluten. Wegen ihrer relativ geringen Eigenmasse bietet sich die Gelegenheit an, diese Boote aufgerüstet auf einem Lastenträger mit Bootstransporteinrichtung (→ Anhang 3) zu verladen. Zerlegt dagegen haben sie meist noch im Wohnwagen oder im Tunnel und auf dem Deckel eines Wohnzeltanhängers Platz (beachte 21.12–14). Aufgebaut bildet der Bootskörper den Stauraum für leichtes, aber voluminöses Gepäck und Bootszubehör.

Die DELPHINE reihen sich durch ihre günstigen Eigenschaften unter die campingtauglichen Bootstypen ein.

13.7 **Der Typ D 110/2 ist der schmalere und längere von beiden DELPHINEN.**

Er wird hauptsächlich als Motorboot mit dem Heckmotor FORELLE oder dem Seitenbordmotor TÜMMLER gefahren. Zum Lieferumfang gehören die Frontscheibe, die Tritt- und Sitzroste, das Ruderblatt mit Pinne und ein Wetterschutzverdeck.

Der D 110/2 läßt sich zwar auch als Segelboot mit Seitenschwertern aufrüsten, das ist jedoch eine unbefriedigende Kompromißlösung, die wir nicht empfehlen wollen.

Schließlich kann man den D 110/2 nach Einstecken von zwei Dollen in die Bordleiste auch rudern.

13.8 **Der Typ D 140 ist vor allem als zerlegbares Sportsegelboot gedacht, eignet sich aber auch vorzüglich als Motorboot.**

Man kann ihn in beiden Varianten kaufen. Als Segelboot hat er ein Steckschwert in einem an die Kunststoffhaut angeschweißten Schwertkasten. Dieser ist bei der Auslieferung unten noch nicht aufgeschnitten und sollte bei Ausführung als Motorboot nicht abgetrennt, sondern auf dem Boden flach umgelegt werden. Vielleicht braucht man ihn später! Das Boot wird mit einer Besegelung in Hochtakelung, bestehend aus

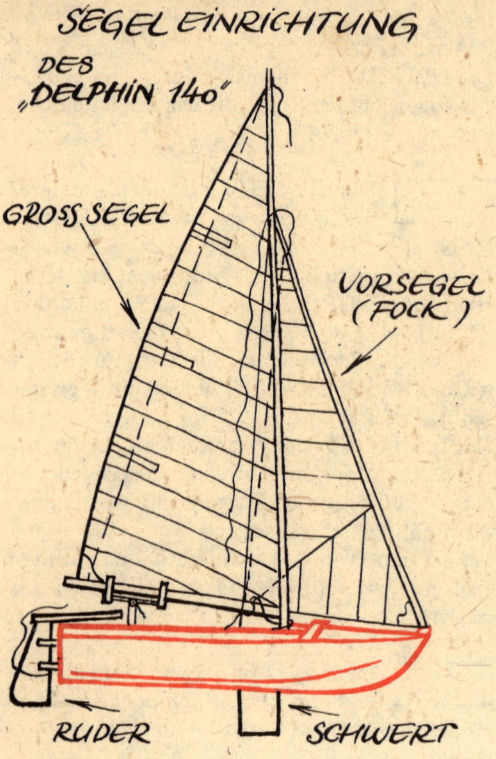

Groß- und Vorsegel, und mit Pinnensteuerung gefahren. Die Segelfläche beträgt 7,5 m², der Bootsführer braucht also einen Befähigungsnachweis (→ 18.9).
In der Motorbootvariante wird der D 140 mit Windschutzscheibe und Wetterschutzverdeck geliefert. Gegenüber dem D 110/2 ist er breiter und geräumiger, mit gleichem Motor auch etwas langsamer. Wegen seines stabilen Gerüstes und seiner geringeren Länge kann ihn der Autor für Fahrten bei rauherer See auch als Motorboot aus eigener Erfahrung empfehlen. Auch der D 140 läßt sich rudern.

13.9 **Für die Angler unter den Campern und alle, die »nur mal so« über den See rudern wollen, seien zwei handelsübliche Dingis empfohlen (Tabelle S. 68).**
Abmessungen und Gewicht beider Typen erlauben einen bequemen Transport auf dem Autodach. Lädt man sie kieloben und mit dem Bug nach vorn auf, so ergibt sich bei einem mitgeführten Wohnwagen sogar noch ein Spoilereffekt. Unter dem Boot bleibt genügend Raum zum Verstauen leichter und voluminöser Gepäckstücke (z. B. Schlafsäcke, Campingmöbel und Decken). Das Anbringen eines Motors ist bei beiden Typen nicht erlaubt.

13.10 **Jedem Bootsmotor wird eine ausführliche Anbau- und Betriebsanleitung beigegeben (Tabelle S. 68).**
Daher wollen wir sie nur in ihren wesentlichen, kaufentscheidenden Eigenschaften tabellarisch beschreiben und in 13.12 einen Vergleich der Prinzipien versuchen. Tips für den Anbau am Boot werden im Kapitel 14 und für nützliches Zubehör im Kapitel 57 gegeben.

13.11 **Der Elektromotor LIBELLE ist für Camping kaum geeignet.**
Er benötigt einen schweren Bleiakkumulator von mindestens 55 Amperestunden, der jeweils nach 3 bis 3,5 Stunden Betrieb wieder aufgeladen werden muß. Das dauert etwa 15 bis

DELPHIN 140 ALS SEGELBOOT

20 Stunden. Bei einer Leistung von 0,18 kW (≈ 1/4 PS) sind auch keine beeindruckenden Fahrgeschwindigkeiten zu erzielen (je nach Bootstyp 3 bis 6 km/h).
Für Angler mit einem Wochenendgrundstück am Wasser ist er ideal: Er arbeitet völlig geräuschlos, verschmutzt nicht das Wasser, und die Energiekosten sind kaum der Rede wert (etwa 3 Pfennige je Betriebsstunde).

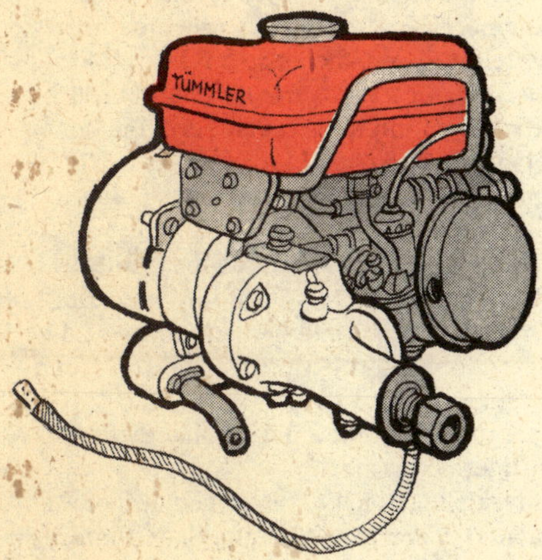

Tabelle 13.9 Dingis

Typ	Masse in kg	Länge in mm	Breite in mm	Höhe in mm	Belastbarkeit	Aufbauart
OPAL 84	28	2300	1240	410	2 Pers.	starrer Bootskörper aus glasfaserverstärktem Polyester
Faltruderboot	43	2350	1100	560	2 Pers.	Faltboot mit Synthetikhaut

Tabelle 13.10 Daten von Zweitakt-Bootsmotoren

Merkmal	FORELLE (HM 125/1)	TÜMMLER (SB 75/1)
Bauart	Heckmotor	Seitenbordmotor
Arbeitsweise	Zweitakt-Otto-Motor mit Umkehrspülung (Einzylinder), Schwunglichtmagnetzünder mit Kontaktunterbrecher, Wasserpumpe für Kühlwasser	
Leistung in kW (PS)	4,45 (6)	1,85 (2,5)
Getriebe	schaltbar, Vorwärts-Rückwärtsgang, Leerlauf	Untersetzungsgetriebe ohne Schaltung
Kraftstoffversorgung	pneumatische Benzinpumpe	Fallbenzin, absperrbar mit Kraftstoffhahn
Kraftstoff	VK-Normal (mindestens 79 OZ) mit Zweitaktöl MZ 22 (Gemisch 50:1)	
Tankinhalt in l	13	2,7
Kraftstoffverbrauch in l/h	1,7 bis 2,8	0,6 bis 1,3
erzielbare Höchstgeschwindigkeit in km/h	25	20
Startvorrichtung	Handreißleine mit Rückholautomat	
Propeller in mm Steigung		
– Standardausführung	161	133
– für schwere Boote	124	100
Masse des Motors in kg	24	11
Masse des Tanks in kg	4 (leer)	–
elektrische Anlage	Lichtspule 6 V/20 W (umrüstbar auf 40 W)	
geeignet für folgende beschriebene Bootstypen	D 110/2 D 140 MB 36	D 110/2 D 140 RZ 85-3 Kolibri III MB 36[1)]

1) mit Eigenbau-Aufsatzpaneel am Heckspiegel

13.12 **Außer der erzielbaren Geschwindigkeit, dem Gewicht, dem Preis und dem Benzinverbrauch bestehen bei den Bootsmotoren weitere, prinzipeigene Unterschiede, die man beim Kaufentscheid beachten sollte:**

- Während beim Heckmotor die Antriebskraft symmetrisch zur Längsachse des Bootes wirkt, ist ein Seitenborder immer unsymmetrisch. Der Propeller sucht das Boot nach Steuerbord aus seinem Kurs zu drehen und an Backbord anzuheben. Dafür geht ein Teil der Antriebsleistung verloren (etwa 10 bis 13 %, s. Bild auf Seite 75!).
- Die lange, seitlich herausstehende Propellerwelle des Seitenborders kann beim Anstoßen leicht verbogen werden. Diese Gefahr besteht auch bei Grundberührung; beim Heckmotor klappt der Schaft nach oben.
- Durch die aktive Ruderwirkung des schwenkbaren Propellers läßt sich ein Heckmotor leicht steuern. Es können enge Kurven gefahren werden.
- Man sitzt viel dichter am Seitenbordmotor als am Heckmotor und wird vom Lärm stark belästigt (das hat allerdings bei der FORELLE wenig Bedeutung; ihr »Sound« ist auch auf größere Entfernung nur schwer zu überhören!).
- Heckmotoren haben i. allg. einen Vorwärts- und einen Rückwärtsgang sowie eine Leerlaufstellung, brauchen also bei kurzen Stopps nicht stillgesetzt zu werden (Seitenborder dürfen nicht mit aufgetauchtem Propeller betrieben werden!).
- Beim Heckmotor ist ein separater Benzintank im Boot zu verstauen.
- Beim Seitenborder kann sich der Kühlwasserschlauch leicht von der Bordwand lösen. Wird das nicht alsbald bemerkt, besteht die Gefahr der Motorüberhitzung nebst Kolbenklemmer!
- Boote mit Heckmotor haben allgemein ein zünftigeres Aussehen.

Die unter den ersten 4 Stabstrichen aufgeführten Nachteile können bei einem Seitenbordmo-

tor weitgehend beseitigt werden, wenn ihn findige Bastler auf einer drehbaren Platte in der Mitte des Heckspiegels anbringen.

13.13 **Beim Anbringen einer FORELLE an einem Boot mit der Heckspiegelhöhe von 380 mm[1] gibt es keinerlei Probleme.**
Der TÜMMLER dagegen wird mit einem passenden Halterohr angebracht. Als Normalzubehör wird ein Rohr von 1 m Länge mitgeliefert, das für den D 110/2 gerade richtig ist. Für den D 140 muß ein Rohr von 1,2 m Länge zusätzlich erworben werden. Für Paddelboote mit einem Süllrandabstand von 0,47 bis 0,55 m ist ein gekröpftes Halterohr im Angebot, das einen bequemen Einstieg des Hintensitzenden und die bedienungsgünstige Anbringung eines Steuerrads erlaubt. Montiert man die Motorgrundplatte fest auf das Bootsdeck oder den -rand (beim DELPHIN ohne Verstärkungsmaßnahmen nicht zu empfehlen) oder auf einem waagerechten Paneel am Heckspiegel (beim Schlauchboot MB 36 unumgänglich), dann benötigt man ein gerades, nur 21 cm langes Halterohr.

13.14 **Den DELPHIN mit FORELLE kann man direkt mit der Pinne am Motor steuern.**
Das bedeutet allerdings, daß der Bootsführer in etwas verkrampfter Haltung hinten sitzen muß, eine schlechtere Übersicht hat und sich bei Alleinfahrt eine ungünstige Trimmlage für das Boot ergibt (besonders beim DELPHIN 140). Man kann das Boot aber auch mit einer Autosteuerung (Trabantlenkrad) und einer Fernbedienung für Gas, Gangschaltung und Kurzschlußknopf komplettieren. Dieses Zubehör läßt sich nach Gebrauchsanleitung einfach montieren und erlaubt dem Bootsführer, vorn hinter der Windschutzscheibe bequem wie in einem Auto zu sitzen. Die Fernbedienung gibt es mit langen und kurzen Bowdenzügen. Will man die Bedienhebel am Vordersitz neben sich haben, so benötigt man beim D 110/2 die lange, beim D 140 die kurze Ausführung.
Ein Nachteil der Fernbedienung sei aber nicht verschwiegen: Der Motor muß entweder von einer mitfahrenden zweiten Person am Anreißseil gestartet werden (Kinder und zierlich gebaute Frauen haben dazu meist nicht die nötige Kraft), oder der Freizeitkapitän muß nach dem Anwerfen »flink wie ein Affe« über Gepäck und Mitfahrer nach vorn turnen, um schnell das Gas zu regulieren. Bei eigenwilligen Motoren, die nur bei bestimmter Gashebelstellung bereit sind, ihre Pflicht zu erfüllen, kann das zur schweißtreibenden Schinderei ausarten.

13.15 **In der DDR ist das Segelbrett DELTA im Handel.**
Die komplette Surfeinrichtung besteht aus dem Brett (das ist im wesentlichen ein glasfaserverstärkter Polyesterkörper, der mit Polyurethan ausgeschäumt ist und eine Tragfähigkeit von mindestens 100 kg haben muß), aus Mast mit Gabelbaum und Segel sowie einem kleinen, aufholbarem Schwert. Das Herz der Surfeinrichtung ist das Segel, dessen Material und Ge-

[1] Standardmaß, das bei allen beschriebenen Bootstypen vorliegt!

stalt über die Segeleigenschaften und über die Lebensdauer entscheiden. Kunststoffsegel haben bei geringstem Bedarf an Pflege die größte Lebensdauer, sie nehmen bei dem gelegentlichen In-den-Bach-Fallen kaum Wasser auf und trocknen sofort wieder im Wind.

13.16 **Wer mit einem größeren Boot aufs Wasser geht, der sollte einen passenden Anker mit Leine dabeihaben.**

Für das Mehrzweckfaltboot DELPHIN genügt der käufliche 3-kg-Umsteckdraggen (besser 5 kg) oder ein selbstgebauter Leichtanker (→ 57.7). Die Länge der Ankerleine ist entscheidend dafür, bis zu welcher Wassertiefe der Anker das Boot sicher hält. Sie soll etwa sieben mal so lang sein, wie das Ankerwasser tief ist (normalerweise genügen 12 bis 15 m Ankerseil). Vorteilhaft ist die Anschaffung von Seil aus POLYPROPYLEN (»Propyl-Tau«) mit etwa 8 mm Durchmesser. Es schwimmt auf dem Wasser, und man findet seinen Anker leicht wieder, wenn er einmal über Bord fällt oder die Leine reißt.

13.17 **Wichtig für ein Boot sind mindestens zwei leichte, aber stabile Fender.**

Das gilt ganz besonders für alle Faltboote mit ihrer empfindlichen Haut. Es eignen sich die im Handel befindlichen Henkelbälle aus Plast oder mit Toroidform (Kugelfender). Besser aber

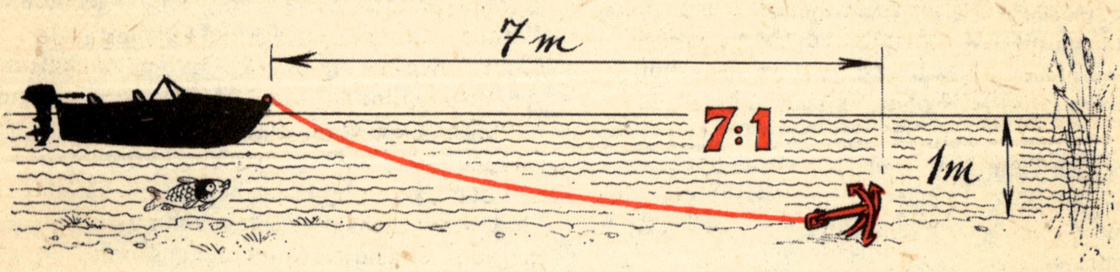

sind längliche Ausführungen, da man sie nicht genau in die richtige Höhenposition an der Bordbank zirkulieren muß. Beide Fender werden bereits in ihrer richtigen Höhe innen am Boot angebunden. Werden sie beim Anlegen gebraucht, so wirft man sie einfach über die Bordleiste.

13.18 **Ein kleiner einachsiger Bootswagen ist für Wasserwanderer mit Paddelbooten eine nützliche Sache.**
Damit läßt sich das Boot sogar nach dem »Schubkarrenprinzip« allein über Land transportieren. Während der Wasserfahrt schnallen wir ihn auf das Bootsheck. Einen Bootswagen kann man fertig kaufen oder sich aus einem ausgedienten Kinderwagenfahrgestell leicht selbst fertigen.

13.19 **Die für ein Sportboot geforderte Ausrüstung ist von Art und Größe sowie vom Fahrtbereich abhängig.**
Jeder Bootseigentümer muß sich darum an Hand der Sportbootanordnung informieren. Unabhängig von den vorgeschriebenen Gegenständen ist es aber nützlich, noch einige zusätzliche an Bord zu führen. Dazu gehören: reichlich Leinen, Signalhorn, Wanderkompaß (bei großen Gewässern), Reservekanister (bei Motorbooten), Taschenlampe, Schwamm, Kartenmaterial, Uhr, eventuell Fernglas, Einrichtung zur Sicherung des Bootes (Fahrradschloß oder Vorhängeschloß mit Kette).
An Bord sind immer – soweit gefordert – der Befähigungsnachweis des Bootsführers, die Bescheinigung der technischen Überprüfung und die Personaldokumente mitzuführen.

Vorbereitung des Campingurlaubs

Der Urlaub rückt näher, und der Camper will gerüstet sein. An was man alles denken muß: Termine sind zu beachten, das Reiseziel will sorgfältig erwählt sein. Und was es alles zu beschaffen und zu verpacken gilt!
Neuerwerbungen möchte der Camper vorher ausprobieren, denn er weiß: Wetzen hält beim Mähen nicht auf.

14. Montage und Erprobung der Ausrüstung

14.1 Aufbauanleitung für große Zelte, Boote o.ä. haben es mitunter in sich.

So lautet eine Textstelle etwa »Sie stecken das Rohr x und die Muffe y zusammen und verschrauben alles sorgfältig«. Gelesen, getan! Im übernächsten Satz kommt eine nicht unbedeutende Zusatzinformation: »Vorher müssen sie aber noch den Nippel v durch die Lasche w ziehen!«, und man fängt wieder von vorn an. Eine Meisterleistung im Verwirrspiel leistete sich vor Jahren der Verfasser einer Aufbauanleitung für ein Faltboot. Im letzten Satz der sechsseitigen Beschreibung erfuhr man etwas, was man schon ganz zu Anfang der Montage hätte wissen müssen, nämlich, in welches von fünf vorhandenen Löchern der Steven eingehängt werden muß, wenn beim abschließenden Spannen nicht die Bootshaut zerreißen oder traurige Falten werfen soll.

Die Erkenntnis: Man geht immer sicher, wenn man zunächst die Anleitung vollständig liest, dabei auf Rösselsprünge im Algorithmus achtet und sich erst danach tatendurstig an den Zusammenbau macht.

14.2 **Auf einen Probeaufbau von Zelt oder Boot an einem ruhigen Plätzchen bei schönem Wetter sollte man nicht verzichten.**

Das ist um so wichtiger, je größer und komplizierter das Objekt ist. Da gibt es immer kleine Nacharbeiten, es ist etwas zu entgraten, leichtgängiger zu machen, oder eine Schlaufe ist nach eigenen Vorstellungen zu ergänzen. Es soll auch schon vorgekommen sein, daß Teile beim Hersteller vertauscht wurden oder sogar fehlten. Man kann sich bei dem probeweisen Aufbau schon Gedanken machen, wie man die Inneneinrichtung arrangiert und was eventuell noch anzuschaffen oder zu komplettieren wäre. Schließlich gewinnt man bei einem solchen Vorversuch die notwendige Sicherheit, um das Zelt z. B. bei Dauerniesel schnell und komplikationslos aufzustellen.

14.3 **Als sehr praktisch erweist es sich, zusammengehörende Enden von steckbaren Verbindungen mit gleichartiger Farbkennzeichnung oder Ziffer zu markieren.**

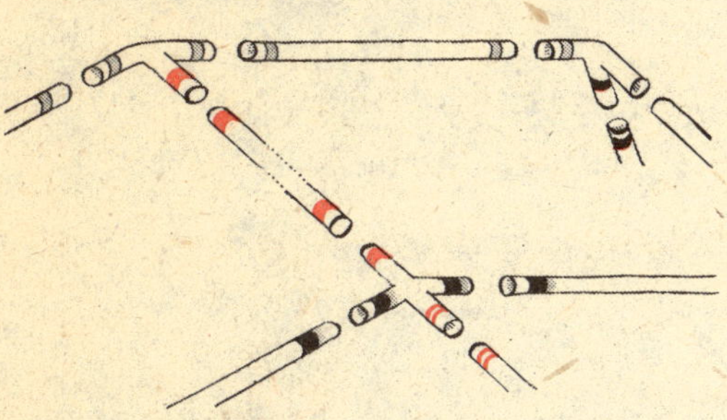

Dabei ist ein umlaufender Ring günstiger als ein punktförmiges Kennzeichen. Solche Markierungen ersparen unnötige Sucherei und Sortierarbeiten vor dem eigentlichen Zusammenbau.

14.4 **Die erste Campingreise sollte nicht gar so lange dauern und nicht in allzu weite Ferne gehen.**

Manches muß noch ergänzt werden, und man muß auch noch Erfahrungen sammeln. Wer zum ersten Mal das Wunder eines bei strömendem Regen vollkommen dichten Zelts erlebt, wer staunend zur Kenntnis nimmt, daß man auch bei Außentemperaturen unter 10 °C nicht zu frieren braucht, erst der ist restlos davon überzeugt, daß Camping tatsächlich funktioniert.

14.5 **Welche Grundsätze sind beim Aufstellen des Zelts zu beachten?**

Zunächst wird der Untergrund in ausreichender Fläche geebnet und von Kienäpfeln, größeren Steinen und pieksigen Gegenständen gesäubert. Eine geringe Schräge der Stellfläche schadet bei Hauszelten i. allg. nicht, nur sollte die Kopfseite die höhere sein. Bei Steilwandzelten besteht auf schräger Stellfläche die Gefahr, daß sich ein Wassersack bildet (→ 39.18).

14.6 **Hauszelte werden gleich in richtiger Position ausgerollt.**

Dann wird der Zeltboden glattgezogen und mit Zeltnägeln bzw. Heringen im Erdreich fixiert. Das Gestänge wird eingebracht und ausgerichtet. Erst dann werden alle Leinen so lang gespannt, daß auch die Zeltseitenwände keine Falten mehr werfen und das Ganze ordentlich aussieht. Zum besseren Aufrichten der niedrigen Seitenwände kann es von Vorteil sein, den Traufenrand durch untergestellte Stäbe etwas

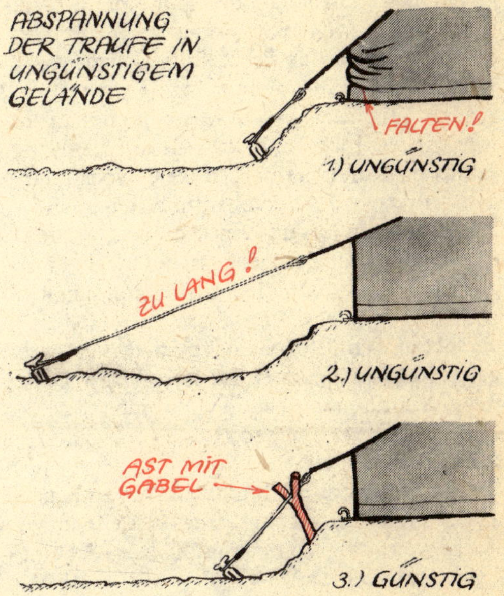

anzuheben (vor allem dann, wenn man aus Platzgründen die Leinen nur kurz spannen kann). Ein mittleres Hauszelt läßt sich bei etwas Übung von zwei Personen in 4 bis 6 Minuten aufstellen.

14.7 **Bei einem Steilwandzelt wird als erstes das Gestänge zusammengesteckt, beginnend mit der Dachkonstruktion.** Die senkrechten Stützen werden am Mittelgelenk eingeknickt, damit man das ausgebreitete Überzelt leichter darüberstülpen oder -rollen kann. Dazu ist es günstig, die Türreißverschlüsse zu öffnen, die Fensterpatten dagegen zu schließen. Danach werden die senkrechten Stützen ganz aufgestellt, alle Reißverschlüsse werden zugezogen, und das Überzelt wird ausgerichtet. Erst nachdem die Seitenwände rundherum mit Heringen am Boden verankert sind und der Faulstreifen mit Zeltnägeln befestigt ist, werden die Sturmleinen mäßig stramm gespannt. Bei einsetzendem Regen muß man sie wieder etwas lockern. Zeltwände mit Reißverschlüssen dürfen niemals starke Querspannungen aufweisen, der Schieber muß sich noch leicht bewegen lassen. Zum Abschluß werden die Schlafkabinen eingehängt. An windigen Tagen ist es vorteilhaft, die Sturmleinen schon vor dem Spannen der Seitenwände am Boden zu verankern. Damit vermeidet man, daß u. U. der ganze Rohbau bei einer Böe davonfliegt. Bei einem »stürmischen« Zeltabbau werden diese Leinen aus dem gleichen Grunde erst ganz zum Schluß eingeholt.
Der Aufbau eines Steilwandzelts bedarf je nach Typ etwas längerer Zeit. Darum sollte man bei starkem Regen – wenn es aufzuklaren scheint – lieber etwas warten.

14.8 **Bei Zeltanhängern richtet sich die Aufstelltechnik nach dem Typ.** Der Aufbau geschieht genau nach der Betriebsanleitung. Fleißiges Training hilft, das Zelt binnen kurzer Zeit wenigstens so weit aufgestellt zu haben, daß es im Notfall Wetterschutz bietet. Die meiste Arbeit macht das waagerechte Ausrichten des Anhängers (→ 55.13). Darauf sollte man aber keinesfalls verzichten, sonst wirft das Zelt Falten, sackt seitlich ab, oder es bilden sich Wassersäcke im Dach.

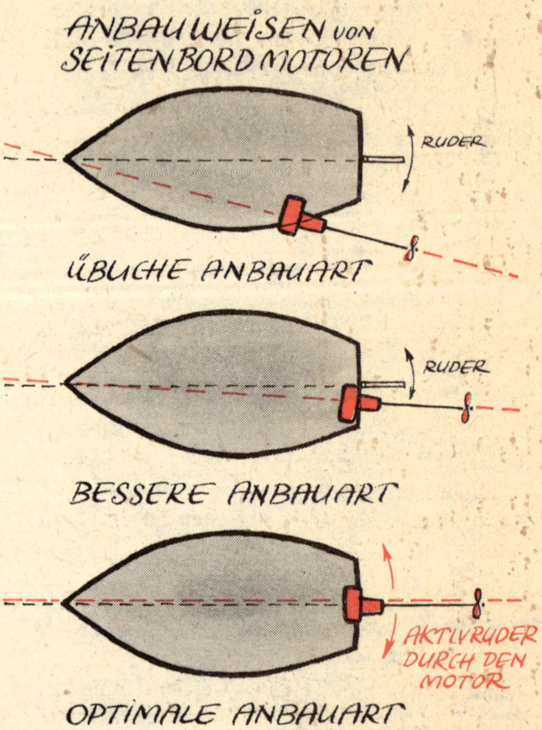

Ein Zeltanhänger kann von einem eingespielten Team in 10 bis 15 Minuten notdürftig aufgestellt sein. Bis aber alles wohnlich eingerichtet und das Zelt sicher abgespannt ist, dauert's freilich bedeutend länger!

14.9 **Ein Hering wird unter einem solchen Winkel in den Erdboden geschlagen, daß die Zeltleine unter 90 ° zu seiner Achse gespannt werden kann.**

Damit verhindern wir, daß der Hering von der Leine aus dem Boden gezogen wird. Es ist außerdem günstig, natürliche Möglichkeiten zur Befestigung der Leinen zu suchen (z.B. trockene Wurzeln).

14.10 **Der Seitenbordmotor TÜMMLER wird am Boot im hinteren Drittel montiert.**

Günstig ist eine Anbringung hinter dem Rücksitz, bei Faltboot-Zweiern auch davor mit einem gekröpften Halterohr (→ 13.13). Die Propellerwelle ist so auszurichten, daß das Boot ohne Rudereinschlag geradeaus läuft. Dazu muß sie etwas nach außen geschwenkt werden. Man läßt den Propeller nur so tief ins Wasser tauchen, daß er bei Vollgas noch keinen Strudel zieht oder Schaum schlägt (Propellernabe etwa 150 mm unter dem Wasserspiegel). Das bringt einesteils den Vorteil, daß Grundberührungen seltener werden (geringer Tiefgang), anderer-

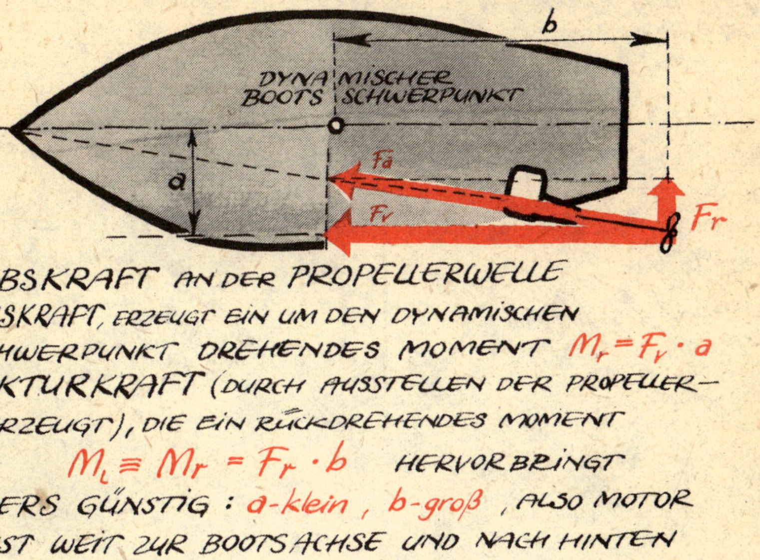

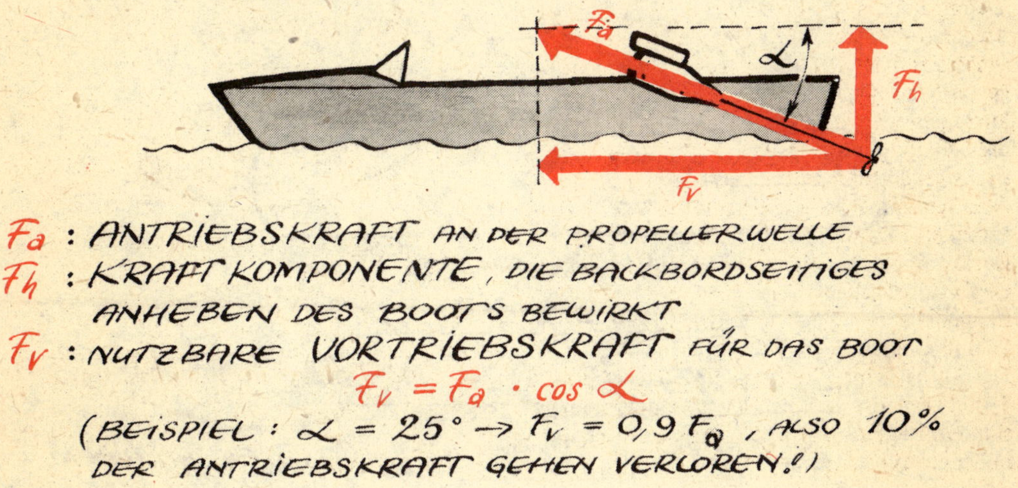

seits bleibt die Vertikalkomponente der Antriebskraft, die das Boot links anzuheben bestrebt ist, klein; der Leistungsverlust ist geringer.

14.11 **Boote mit dem Seitenbordmotor TÜMMLER erfordern immer ein Ruder mit Pinne oder mit Radsteuerung über Seile oder Bowdenzüge.**

Das Steuerrad wird am günstigsten innenbords neben dem Hintersitz angebracht, auf dem auch der Bootsführer in der Nähe des Motors sitzt. Auch eine Befestigung am gekröpften Halterohr direkt vor dem Bootsführer ist möglich. Bei Steuerung vom Vordersitz her muß der Gasbowdenzug am Tümmler verlängert werden. Da er aushängbar sein muß, erfordert das Bastelei! Zwei Vorschläge dafür macht unsere Zeich-

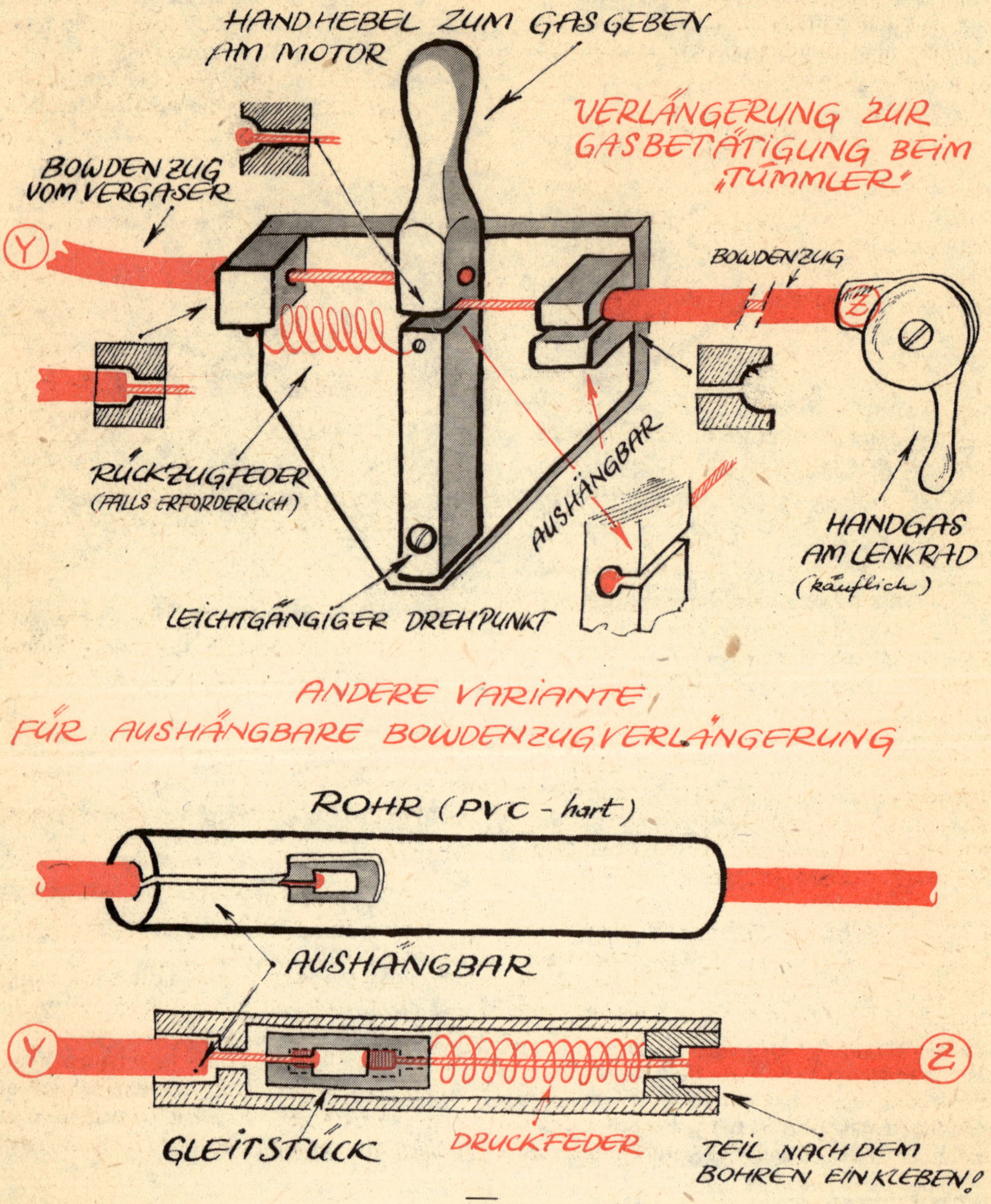

nung. Auch ein Kurzschlußknopf muß dann vorn im Boot installiert werden. Das ist besonders wichtig, weil man sonst bei Gefahr die Fahrt nicht sofort unterbrechen kann.

14.12 **Seitenborder verölen mit ihren Abgasen ständig die Bordwand.**
Daher gibt es nach einiger Zeit in der Nähe des Auspuffrohrs unschöne braune Flecken, die sich nicht mehr entfernen lassen. Abhilfe schafft ein an der Seitendeck- oder Süllrandleiste befestigter kräftiger Plastefleck, der in Auspuffnähe an der Bordwand herunterhängt und der ausgewechselt werden kann.

14.13 **Für den Heckmotor FORELLE haben wir noch zwei nützliche Tips, die nicht in der Bedienungsanleitung stehen.**
So empfiehlt es sich, auf den Boden des Kraftstofftanks zwei oder drei Filzstreifen zu kleben. Dadurch vermeidet man, daß der Tank unten zerschrammt wird und zu rosten beginnt. Er steht dann auch stabiler, rutscht nicht, und auch die Holzroste im Boot werden geschont. Der Benzinschlauch kann gekürzt werden, wenn man den Tank – wie üblich – im Bootsheck verstaut. Benzinschlauch sollte man übrigens immer ausreichend in Reserve haben. Er verhärtet schnell und läßt sich bei Sainsonbeginn manchmal kaum noch biegen.

14.14 **Es ist günstig, den Wasserkontrollaustritt eines Bootsmotors mit einem Schlauch (z.B. Benzinleitung) bis vor den Fahrersitz zu verlängern.**
Der Bootsführer hat dann das seitlich über die Bordwand plätschernde Kühlwasser immer im Blickfeld. Eine ständige Kontrolle, ob das Kühlwasser noch läuft oder ob eventuell die Einströmöffnung verstopft ist, kann für den Motor »lebensrettende« Bedeutung haben. Setzt der Kühlwasserfluß unbemerkt aus, entsteht bald ein Kolbenfresser (→ 57.8).

14.15 **Wird das Mehrzweckfaltboot DELPHIN 140 als Motorboot betrieben, so stört beim Vordersitz der Mittelsteg an Spant 4, der zur Aufnahme der Schwertkastenabdeckung dient.**
Hat man nicht die Absicht, auch zu segeln, dann kann dieser Steg bündig am Sitz abgesägt werden. Der flexible Schwertkasten, der original unten an der Bootshaut noch nicht aufgeschnitten ist, wird einfach am Boden flach umgelegt. Vielleicht braucht man ihn später doch einmal – und wenn's als Reparaturfleck wäre!

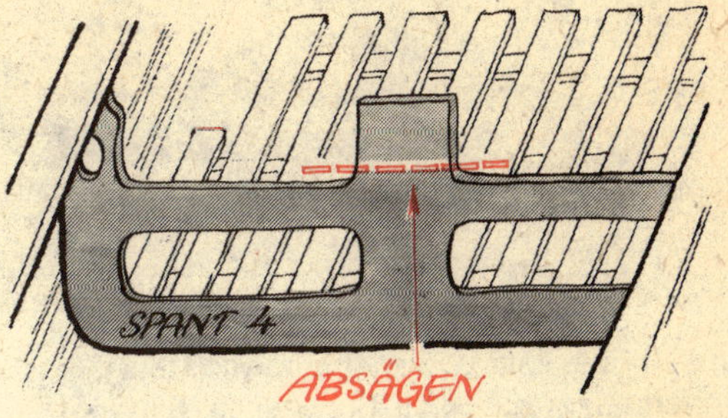

15. Inlandcamping

»Nur immer fix, sonst kriegste nix!« (Wilhelm Busch)

15.1 **Die Auswahl eines Campingplatzes in der DDR erfolgt an Hand der Campingkarte der DDR.**
Wer keine bösen Überraschungen erleben will, möge sich die jeweils letzte Auflage besorgen. Um bei der Vermittlung größere Chancen zu haben, sollte man sich niemals auf einen bestimmten Platz versteifen, sondern mehrere auf dem Campingantrag angeben. Obwohl die Campingkarte zu jedem Platz ausführliche Angaben

enthält (u.a. Lage, Ausstattung, Anreisetag, Entfernungsangaben zu Tankstellen, Bahnhöfen, Bushaltestellen, FKK, zur Bademöglichkeit und zum Wassersport), ist man manchmal nach der Ankunft doch enttäuscht, weil man gänzlich andere Vorstellungen hatte. Die Kennzeichnung »sandiger Strand« z.B. ist allein noch nicht aussagekräftig genug; soll es doch sogar 3000er Plätze geben mit einem nur wenige Meter breiten und kaum längeren Strand! Wie sagte doch GOETHE: ». . . solch ein Gewimmel möcht' ich sehn . . .«. Man sollte daher jeden Urlaub und andere sich bietende Fahrten dazu nutzen, sich einige Campingplätze anzuschaun und für die nächsten Jahre vorzumerken.

15.2 **Sehr beliebt, besonders bei Wassersportfreunden, sind die Seengebiete in Mecklenburg sowie rund um Berlin und Potsdam.**

Fast alle Campingplätze liegen unmittelbar am Wasser, und eigene Motor-, Segel- oder Paddelboote können nahezu überall mitgebracht werden. Sogar Hunde sind auf einigen Plätzen zugelassen (Campingkarte!). Nicht unbedingt alle diese Campings sind in der Hauptsaison vollständig ausgebucht. Es ist jedenfalls einen Versuch wert, telefonisch, per Brief oder persönlich bei der zuständigen Campingvermittlung oder Zeltplatzverwaltung nachzufragen.

15.3 **Innerhalb der Grenzzone ist Camping nur auf dafür vorgesehenen öffentlichen Plätzen und nur mit gültiger Campinggenehmigung erlaubt.**

Auch das Schlafen im Pkw oder Wohnwagen – z.B. auf einem Parkplatz – ist generell untersagt. Das hat besondere Bedeutung beim Zelten im Küstenbezirk. Nicht nur der Küstenstreifen zählt zur Grenzzone, sondern auch die Inseln Poel, Hiddensee, Rügen und Usedom, die Halbinseln Wustrow und Darß, sowie alle inneren Seegewässer im Bereich der Grenzzone (im wesentlichen alle Bodden und Haffs).

15.4 **Bei den Zeltplätzen im Ostseebezirk werden von den Campern die 26 Plätze an der offenen See deutlich bevorzugt.**

Sie sind darum immer schnell ausgebucht, und nicht jeder Antragsteller bekommt etwas ab. Die anderen 28 vorrangig an Bodden und Haffs gelegenen Campingplätze sind nicht ganz so stark gefragt. Das ist im Grunde nicht verständlich, denn auch sie haben einen hohen Erholungswert. Der Strand ist dort zwar nicht ganz so schön und breit wie an der offenen Küste, das Wasser nicht immer glasklar. Dafür ist es aber wärmer, und hohe Wellen gibt es bei auflandigem Wind auch. An den meisten dieser Plätze ist vielfältiger Wassersport möglich, an manchen können sogar eigene Segel- oder Motorboote mitgebracht und im Wasser oder am Strand stationiert werden. Darüber gibt die Campingkarte der DDR Auskunft. Um keine Enttäuschung zu erleben, sollte man jeweils die neueste Auflage zu Rate ziehen.

Bootsführer von Motor- und Sportsegelbooten mit einer Segelfläche ab 6 m^2 müssen im Besitz des Befähigungsnachweises für den Fahrtbereich Seewasserstraßen sein (→ 18.9). Alle Wassersportler müssen sich zusätzlich an Ort und Stelle mit den besonderen Bedingungen auf diesen Gewässern vertraut machen (Gewässergrenzen, Sperrungen usw.); ansonsten gilt die Sportbootanordnung. Das Befahren der Seegewässer ist grundsätzlich nur von Sonnenaufgang bis -untergang gestattet, wenn nicht örtlich etwas anderes festgelegt ist.

15.5 **Einige dieser Boddenplätze sind ein Geheimtip von Eingeweihten.**

Es sind die Campings, die in geringer Entfernung vom offenen Meer liegen und damit die Vorteile des Boddenplatzes mit denen eines Seeplatzes vereinen. Mit dem Kraftfahrzeug, einem ausgeliehenen oder mitgenommenen Fahrrad oder den öffentlichen Verkehrsmitteln ist man in kürzester Zeit am ersehnten Strand. Zu diesen exponierten Campingplätzen zählen:

0140 Groß Stresow; die reizvolle sonnige Hanglage an der sich breit öffnenden Stresower Bucht läßt die meisten Camper den 7-km-Ausflug bis Binz meist vergessen,
0117 Born; 7 km bis zur Darß-Westküste bei Drei Eichen,
0118 Wieck; 6 km bis Prerow,
0137 Gager; 3 km bis Lobbe,
0138 Alt Reddevitz; 5 km bis Lobbe,
0150 Neuendorf-Lütow; 11 km bis Zinnowitz,
0155 Korswandt; 5 km bis Ahlbeck.

15.6 **Wie auf anderen Zeltplätzen auch, werden auf den meisten Campingplätzen des Ostseebezirkes Kurzzeitcampingscheine ausgegeben** (→ 2.2).

In der Hauptsaison – besonders bei schönem Wetter – wäre es jedoch ein unvertretbares Risiko, »auf Verdacht« mit Sack und Pack, mit Kind und Kegel zur Ostsee zu fahren und dort auf ein Unterkommen für einige Tage zu rechnen. Besonders auf den Plätzen an der offenen See wird man wohl meist mit abschlägigem Bescheid rechnen müssen.

15.7 **Ein Wandercampingschein, der bei den zuständigen Campingvermittlungen für die Bezirke Neubrandenburg und Schwerin beantragt werden kann,** berechtigt zum Aufstellen des Zelts auf einem Campingplatz dieser Bezirke bis zu 3 Tagen.

Dann zieht der Camper auf den nächsten Platz, so oft, bis der Schein abgelaufen ist oder er keine Lust mehr hat. Wandercamping ist daher eine feine Sache besonders für Rucksacktouristen, Wasserwanderer und Urlauber, die mit einem Zweirad unterwegs sind.

15.8 **Zur Antragstellung bei zentraler Campingvermittlung oder Voranmeldung beim örtlichen Rechtsträger eines Campingplatzes wird ein einheitliches Formular mit Rückantwort »Antrag auf Campinggenehmigung« verwendet.**

Es ist an Zeitungskiosken und in Postämtern erhältlich. Auf dem Vordruck können bis zu sechs Personen mit Personalausweis (zusätzlich eine

beliebige Zahl zugehöriger Kinder bis zu 13 Jahren) den Zeltschein beantragen. Befreundete Familien oder sonstige Personen, die zusammen zelten wollen, brauchen also keine getrennten Anträge abzugeben. Es ist sogar viel günstiger, auf einem gemeinsamen Formular zu beantragen, dann aber unter Ausschöpfung aller Ersatzwünsche für Platz und Urlaubstermin. Die Vermittlung erfolgt nur für volle Wochen, beginnend mit dem in der Campingkarte angegebenen Anreisetag (bitte 17.4 und 17.5 beachten!). Seit der Vermittlungssaison 1985 ist auch die Abbuchung der Campinggebühren vom Konto des Antragstellers möglich. Kontonummer und Einverständniserklärung werden dazu an vorgesehener Stelle des Antrags vermerkt.

15.9 **Familien bzw. Alleinstehende mit drei oder mehr Kindern sowie Schwerstbeschädigte werden bevorzugt vermittelt.**
Es dürfen dann aber auf dem Campingantrag nur Familienmitglieder eingetragen werden, und zwei Ersatzplätze müssen vermerkt sein. Wenn der Antrag pünktlich zum 1. Dezember bei der Zeltplatzvermittlung eingetroffen ist, erhält der angegebene Personenkreis mit großer Sicherheit einen der beantragten Ostseeplätze. Es darf nur nicht vergessen werden, auf dem Formular die entsprechende Bestätigung einzuholen.

15.10 **Auch sonst ist es für den Erfolg günstig, wenn auf dem Campingantrag mindestens zwei Ausweichplätze und ein bis zwei Ersatztermine angegeben werden** (der Urlaubsplan des Betriebes liegt ja zur Zeit der Antragstellung noch nicht vor!). Besonders bei der rechnergestützten Vermittlung im Ostseebezirk steigen die Chancen dadurch beträchtlich, weil der seelenlose Computer nur formulierte Wünsche mit den noch vorhandenen Möglichkeiten vergleichen kann und eine individuelle Einflußnahme bei der Entscheidung vollständig ausgeschaltet ist.

15.11 **Campinggenehmigungen sind nicht auf andere Personen übertragbar.**
Sie gelten auch nur für den angegebenen Platz und Zeitraum. Ein Mißbrauch hat den Ausschluß von der Vermittlung in den nächsten zwei Jahren zur Folge. Kann man aus wichtigen Gründen die Reise zum vorgegebenen Termin nicht antreten oder sollen weitere Personen mitreisen, muß ein entsprechender Änderungsantrag bis drei Wochen vor dem Anreisetag

schriftlich an die zuständige Zeltplatzvermittlung eingereicht werden.

15.12 **Ein Rechtsanspruch auf die Vermittlung eines Zeltplatzes besteht nicht.**
Zuverlässige Kriterien sorgen aber für eine gerechte Verteilung der zur Verfügung stehenden Kapazitäten. Die Chance, eine Campingplatzgenehmigung wirklich zu erhalten, kann man aber auf vielerlei Weise günstig beeinflussen (15.4, →15.9, →15.10, →17.2, →17.4!)

15.13 **Viele Jugendliche[1] nutzen bei ihrer Camping-Feriengestaltung die Übernachtung in Jugendherbergen sowie die Reiseangebote des FDJ-Reisebüros »Jugendtourist«.**
Dazu zählen z.B. Mokick- und Fahrradreisen in Gruppen – auch mit eigenem Zelt – innerhalb der DDR oder in die ČSSR bzw. nach Polen. Zur Information über das aktuelle Angebot an Reiseprogrammen stehen die Kreiskommissionen »Jugendtourist« sowie der Jugendtourist-Service der Bezirksstellen zur Verfügung. Außerdem lohnt es sich, den Rundfunk und die Presse zu verfolgen (z.B. die »Junge Welt«, Beilage Touristik). Ein Verzeichnis der 264 Einrichtungen der Jugendtouristik erhält man u.a. bei seiner FDJ-Grundorganisation oder der Kreiskommission »Jugendtourist« zur Einsichtnahme, oder man beschafft sich die Jugendherbergskarte (→ Anhang 11/34/). Beachte auch 17.7!

15.14 **Mit ihrem Vertrag übersendet die Zentrale Jugendherbergsvermittlung auch eine Leistungsbestellkarte,** auf der der Antragsteller seine speziellen Wünsche bei der Jugendherberge direkt anmelden kann. Dazu zählen vor allem das Essen, die Meldung über die Zusammensetzung der Gruppe und Programmwünsche. Je nach den Möglichkeiten der Herberge können das sein: Begrüßungsabend, Wanderungen oder Disko- und Sportveranstaltungen.

15.15 **Seit 1985 werden für jugendliche Camper[2] Zeltplätze auch bei verschiedenen Jugendherbergen angeboten, wenn**

---

[1] Plätze in Jugendherbergen der DDR werden von der Zentralen Vermittlung »Jugendtourist« (→17.7) allen Jugendlichen, den Pionier- und FDJ-Kollektiven, dem DTSB, der GST, dem DRK, dem Kulturbund der DDR und auch anderen gesellschaftlichen Organisationen für die Arbeit mit Kindern und Jugendlichen zur Verfügung gestellt

[2] Jugendliche bis zu 25 Jahren und alle FDJ-Mitglieder über 25 Jahre

ein eigenes Zelt mitgebracht werden kann.
Diese Campingform hat mit der herkömmlichen auf normalen Zeltplätzen nichts zu tun. Daher ist auch ein gesondertes Antragsformular zu verwenden, das der Zentralen Vermittlung von »Jugendtourist«, 1026 Berlin, PSF 57, zugeschickt werden muß.
Den Campern stehen die Einrichtungen der Jugendherberge zur Verfügung (Sanitär- und Aufenthaltsräume), sie können außerdem das Programmangebot von Kultur und Sport sowie die Verpflegungsmöglichkeiten nutzen. Über das aktuelle Angebot informiert der »Jugendtourist-Service« der Generaldirektion (→ 17.8).

16. Auslandcamping

16.1 **Auslandurlauber sind »Botschafter ihres Landes«.**
Diese Sentenz ist zwar durch häufigen Gebrauch schon etwas abgegriffen, es gibt aber nichts, was den Kern der Sache besser und kürzer trifft. Fahren wir als Gast ins Ausland, so können wir uns nicht über Sitten, Gebräuche und Verordnungen hinwegsetzen, auch nicht auf dem Campingplatz. Vieles, was auf uns als Besucher fremdartig, ja sogar kurios wirken kann, entspricht im Gastland der Tradition. Der Gast darf sich also niemals zu überheblichem Gebaren oder gar zu abfälligen Bemerkungen hinreißen lassen! Vielleicht nutzen wir unseren Aufenthalt lieber dazu, uns über die Landesbräuche und die ungewohnte, zum Teil uralte Kultur zu informieren und uns an ihr zu erfreuen. Meist kann der Gast Überraschendes hinzulernen!

16.2 **Ein Kapitel für sich ist die fremde Sprache.**
Kein Mensch erwartet, daß wir sie perfekt beherrschen, nur weil wir drei Wochen auf Auslandsurlaub fahren. Trotzdem: Die wichtigsten Grußformeln und Redewendungen, einige Alltagsvokabeln, das Zahlensystem und die Aussprache der Buchstaben sollten wir vorher vielleicht doch erlernen. Besonders betrüblich wird die Sache, wenn sich einige unserer jüngeren

„GUCK MAL, ZWEI GROSSE FERKEL!"

Leute im Ausland nicht einmal in der Sprache verständlich machen können, die hierzulande an jeder Schule gelehrt wird.

16.3 **Auf den Campingplätzen der Reiseländer ČSSR, Ungarn, Rumänien und Bulgarien werden privat reisende DDR-Bürger i. allg. ohne Voranmeldung aufgenommen.**
Voraussetzung ist, daß die Kapazität des betreffenden Platzes noch nicht ausgeschöpft ist. Eine Ausnahme gibt es in Rumänien: Dort dürfen Auslandstouristen nur auf dafür vorgesehenen und mit »popasuri turistice« gekennzeichneten Plätzen campieren. Außerdem: Wer in Ungarn in der meist überfüllten Hauptsaison zelten will, macht keinen Fehler, wenn er sich vorher brieflich oder telefonisch direkt beim betreffenden Campingplatz Unterkunft sichert. Eine individuelle Auslandscampingreise will gründlich vorbereitet sein. Das beginnt mit der Auswahl des Reisezieles (erfahrene Auslandscamper befragen, Campingverzeichnisse und -karten wälzen!), des Reisetermins und der Route. Verschiedene Formalitäten sind zu erledigen (→ Kapitel 18), Vorräte zu beschaffen, und das Gepäck ist zusammenzustellen. Besonders diejenigen, die das erste Mal auf solch eine »Expedition« gehen, beflügelt dabei die frohe und bange Erwartung der kommenden, unbekannten Ereignisse.

16.4 **Die Sonnenstrände der bulgarischen Schwarzmeerküste mit dem Auto zu »erfahren«, ist ein anspruchsvolles Campingziel.**
Der kürzeste Weg – gerechnet Berlin–Burgas – über gut ausgebaute Autostraßen und -bahnen beträgt etwa 2200 km. Dabei sind bei dem üblichen Transit über die ČSSR, Ungarn und Rumänien vier Grenzen zu überschreiten. Stramme Fahrer, vor allem, wenn sie sich am Lenkrad ablösen können, schaffen diese Strecke (und sich selbst!) in drei bis vier Tagen.

16.5 **Es gibt aber eine weitaus interessantere und erholsamere Art, eine solche Reise zu gestalten.**
Man plant für Hin- und Rückfahrt jeweils eine Woche oder sogar etwas mehr und bleibt am Schwarzen Meer dafür entsprechend kürzere Zeit. Man wählt nicht die kürzeste Strecke, sondern eine interessante Route mit vielen Sehenswürdigkeiten. Um sich bei dieser großen Erlebnisdichte nicht zu übernehmen, schiebt man auch ein bis zwei Rasttage in landschaftlich

schöner Gegend oder einer größeren Stadt ein. Motorradfahrer müssen ohnehin mit längeren Fahrzeiten planen, denn das Wetter kann zu unfreiwilliger Rast zwingen.

16.6 **Wer sich auf langer Auslandsfahrt befindet, der möchte seine wertvolle Zeit nicht an Grenzübergängen vertun.**
In der Hauptsaison sollte man daher die Übergänge an den touristischen Hauptrouten meiden. Wir empfehlen aus- und einreisenden DDR-Bürgern, die weniger frequentierten Grenzübergänge Bahratal–Petrovice, Schönberg–Vojtanov und Oberwiesenthal–Boži Dar zu benutzen. Für Bulgarienreisende ist die Fahrt über Prag, Zvolen und die in der südöstlichen Tschechoslowakei gelegenen Grenzübergänge in Richtung Ungarn zu empfehlen (bei Král' oder Fil'akovo). Ungarnreisende in Richtung Budapest kommen über den Grenzübergang bei Komárno ohne Umweg schneller ans Ziel.

16.7 **Die Benzinkosten machen heute auf jeder Auslandsfahrt den »Löwenanteil« des Etats aus.**
Daher sollte man eine weite Reise auch mit lohnender Dauer planen und möglichst alle Plätze im Auto nutzen. Wenn ohne Kinder gereist wird, so können sich zwei Familien in einem Auto zusammentun. Das halbiert die Kosten; aber das Gepäck will besonders gründlich bedacht sein.

16.8 **Die Campingplätze in der ČSSR, in Ungarn und Bulgarien sind meist mit Versorgungseinrichtungen versehen.**
Es kann jedoch niemals schaden zu prüfen, ob nicht Obst und Gemüse auf einem Markt im nächstgelegenen Ort preiswerter zu bekommen sind. In Polen und Rumänien sind Verkaufsstellen auf den Campingplätzen seltener zu finden. Man ist dort entweder auf eine nahe gelegene Gaststätte oder auf eigene Vorräte angewiesen.

16.9 **Die Vorauswahl eines Campingplatzes ohne eigene Erfahrungen ist recht unsicher.**
Campingkarten und Zeltplatzverzeichnisse sind oft nicht auf dem neuesten Stand, und viele Angaben veralten von einem Jahr auf das andere. Wer völlig unbefangen auf gut Glück losfährt, muß damit rechnen, daß der erwählte Platz nicht mehr existiert, durch Reisebüroverträge gebunden ist oder wegen Überfüllung keine Besucher mehr aufnimmt. So müssen oft mehrere Plätze abgeklappert werden, bis man schließlich einigermaßen zufriedenstellend unterkommt. Das trifft vor allem für Plätze am Schwarzen Meer, für Touristenzentren in den Bergen oder in großen Städten zu. Auf Campingplätzen besteht aber oft ein Service, über den man Plätze mit freien Kapazitäten erfragen kann.
In den Zeitschriften »Der deutsche Straßenverkehr«, »Bulgarien heute« und »Ferien in Rumänien« finden sich alljährlich viele nützliche und aktuelle Reisetips.

16.10 Auf manchen ausländischen Campingplätzen – z. B. in Bulgarien – wird erst vor der Abreise kassiert.

Dann gilt es, genau zu kalkulieren und das entsprechende Geld zurückzulegen, um am Ende noch solvent zu sein. Meist werden dann auch die Ausweise von der Rezeption einbehalten. Dann gilt der Zeltschein als provisorisches Personaldokument und muß immer mitgeführt werden.

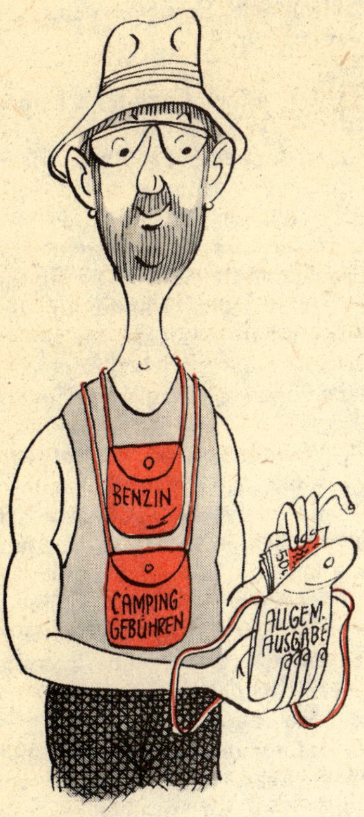

16.11 Eine Campingreise ins sozialistische Ausland kann auch beim Reisebüro der DDR gebucht werden (→ 17.10).

Das hat gegenüber einer individuell organisierten Reise viele Vorteile: Die Vorbereitung kann in aller Ruhe geschehen, viele organisatorische Fragen und Laufereien werden dem Camper abgenommen. Das Herumsuchen nach einem geeigneten Zeltplatz im Gastland entfällt. Der größte Gewinn aber ist, daß die Leistungen bereits vor der Reise und in Mark bezahlt werden. Dadurch entfällt die komplizierte und immer etwas unsichere Jongleurnummer, die maximal zur Verfügung stehenden Reisezahlungsmittel auf Benzin, Verpflegung (unter Berücksichtigung mitgenommener Vorräte), Zeltplatzkosten und Sonstiges aufzuteilen. Man kann nicht feststellen, daß eine über das Reisebüro vermittelte Reise insgesamt teurer wird.

16.12 Das Reisebüro der DDR vermittelt Campingreisen in folgende sozialistische Staaten: ČSSR, Ungarn, Bulgarien und mit besonderen Bedingungen auch in die UdSSR (→ 16.13).

Die vertraglich gebundenen Zeltplätze liegen an Seen, im Gebirge, am Schwarzen Meer und in anderen reizvollen Gegenden. Normalerweise wird auf einen bestimmten Campingplatz und zu festen Terminen vermittelt. Auf den Zeltplätzen in der ČSSR, UdSSR und in Ungarn ist keine Verpflegung vorgesehen, dafür gibt es erhöhtes Taschengeld. Für Bulgarien kann Vollpension, Halbpension oder Teilverpflegung vereinbart werden. Die Reise kann mit eigenem Kfz, mit der Bahn oder im Flugzeug angetreten werden. Ausreichend Benzingeld gibt es bei Kfz-Reisen je nach Länge der Strecke (gestaffelt in drei festen Sätzen). Sind Transitländer zu durchfahren, so wird auch noch Transitgeld für Übernachtung und Verpflegung gezahlt.

16.13 Reisen in die UdSSR mit Voll- oder Teilcamping sind nur über das Reisebüro der DDR zu erhalten.

Diese Reise muß im eigenen Pkw – ohne oder mit Anhänger, auch Campinganhänger – angetreten werden; Bahn- oder Flugreisen sind nicht möglich. Fahrtroute und Leistungen können im Rahmen der verfügbaren Kapazitäten gebucht werden. Für die bestellten Leistungen (Verpflegung, Unterkünfte und organisierte Ausflüge am Ort) erhält der Autotourist vom Reisebüro Wertgutscheine (Vouchers), die nach dem Grenzübertritt bei einer Intourist-Filiale in entsprechende Talons umgetauscht werden müssen. Die Fahrtroute (Streckenführung und Tagesetappen), die Orte und Zeitpunkte der Übernachtungen sowie deren Art (eigene Campingeinrichtung, Leihzelt, Bungalow, Motel oder Hotel) werden bereits bei der Buchung in der DDR festgelegt und können nach Bestätigung der Reise durch Intourist nicht mehr verändert werden. Für die UdSSR kann i. allg. nur das komplette Leistungsangebot mit voller Unterkunft und Beköstigung in Anspruch genommen werden. Reine Campingreisen sind kaum möglich (wenig Intercampingplätze, am Schwarzen Meer größtenteils nur Mietobjekte), und beziehen sich dann nur auf die Übernachtung. Reisezahlungsmittel für Benzin, Verpflegung und Sonstiges kann der Tourist in diesem Falle selbst bei der Staatsbank der DDR in beliebiger Höhe erwerben.

16.14 **Jeder Autofahrer muß sich in der UdSSR strikt an die vereinbarte internationale Route halten.**
Das Besichtigen von bis zu 50 km davon abseits liegenden Sehenswürdigkeiten ist aber möglich.

16.15 **Für Bulgarien hält das Reisebüro der DDR eine besonders attraktive Reiseform für Campingfreunde bereit: das Voucher Open-System[1].** Die in jeder Zweigstelle zu erwerbenden Vouchers (35,– M/Tag für Erwachsene; 18,– M/Tag für Kinder von vier bis sechs Jahren; –,50 M/Tag für Kinder unter vier Jahren, ohne Leistungen) berechtigen zur Übernachtung auf einem bulgarischen Campingplatz beliebiger Kategorie, an beliebigem Ort und zu beliebigen Terminen während der ganzen Saison in der eigenen Campingeinrichtung – wenn freie Kapazität vorhanden ist. Man ist also weder an eine genaue Reisezeit, noch an einen bestimmten Ort gebunden, man kann diesen bei Nichtgefallen sogar wechseln! Zusätzlich erhält der Tourist für die Voucher Essentalons (6 Lewa) mit freier Wahl der Speiselokale. Ferner bekommt man Taschengeld, und für Hin- und Rückreise mit Kfz wird außerdem Benzingeld und Transitgeld gezahlt.
Eines ist wichtig: Nach der Einreise in Bulgarien müssen die Vouchers an der Grenze oder bei speziellen Umtauschstellen (z. B. in manchen Hotels) in entsprechende Übernachtungs- und Verpflegungsgutscheine umgetauscht werden. Mit den Vouchers kann man an Ort und Stelle nichts bezahlen! Man sollte sich darum schon beim Erwerb der Vouchers in der DDR nach diesen Umtauschstellen erkundigen.

[1] Voucher Open: svw. Reisebürogutscheine für freie Verwendung

17. Terminplanung

17.1 **Die Dauer des Urlaubs ist entscheidend dafür, wie sich Leib und Seele erholen können.**
Eine Urlaubscampingreise sollte möglichst drei, besser sogar vier Wochen dauern. Der Körper »schaltet« erst nach einer Woche auf die Entspannungsphase um. Hinzu kommen u. U. noch Anpassungsprobleme an verändertes Klima, die sogar zu Kopfschmerz, Schlafstörungen und allgemeiner Unruhe in den ersten Tagen führen können.

17.2 **Wer seinen Campingurlaub in den Winter verlegt, der gönnt seinem Körper einen doppelten Erholungseffekt.**
Die psychische Entspannung in anderer Umgebung und bei anderer Tätigkeit, das »Abschalten« also, ist wie beim Sommerurlaub gewährleistet. Hinzu kommt, daß der Organismus in der staubfreieren, kalten Winterluft mehr durch Bewegung gefordert wird. Gesunde Ermüdung und erquickender langer Schlaf fördern die Regenerierung der erschlafften Körperfunktionen.

17.3 **Wenn irgend möglich sollte man seine Urlaubstermine nicht so festlegen, daß man gleich am Tag nach der Heimreise wieder in seinen Betrieb stürzen muß.**
In einem solchen Falle empfindet man den Wechsel zwischen entspannter Campingatmosphäre und der vollen Arbeitsanforderung doppelt belastend, und der mühsam erworbene Erholungseffekt klingt schnell wieder ab. Zwei, drei Tage, noch zu Hause verbracht – geeignet auch zum Ordnen und Sichten der Campingutensilien, die Wäsche muß in die Maschine, die Dias und Filme zur Entwicklungsanstalt –, sind ein viel vernünftigerer Urlaubsausklang.

17.4 **Die Camping-Hauptsaison liegt in der Zeit der Schul-Sommerferien.**
Exakt rechnet man sie in der DDR vom 1. Juli bis zum 24. August. In dieser Zeit sind Campinggenehmigungen auf drei Wochen beschränkt. Davor und danach (Vorsaison von 1. Mai bis 30. Juni, Nachsaison vom 25. August bis 30. September bzw. bis zur Schließung des Platzes) können beliebig viele Wochen beantragt werden. Auf allen Plätzen des In- und Auslandes herrschen in der Hauptsaison Enge, Gedränge, Warterei und andere Lästigkeiten. Wer

irgend kann, sollte darum die meist sonnige Vorsaisson oder die wetterbeständige Nachsaison nutzen, eine Zeit, in der mit guter Sicherheit auch die attraktivsten Campingplätze freie Kapazitäten haben.

17.5 Der Antrag zur Vermittlung eines Campingplatzes in der DDR kann von »Einzel- und Familienzeltlern« (auch von befreundeten Personen) ab 1. Dezember für das folgende Jahr gestellt werden. Die besonders stark gefragten Zeltgenehmigungen für den Ostseebezirk werden dabei nach verläßlichen Auswahlkriterien von einem Computer ermittelt. Für diesen Bezirk sollte man nicht lange zögern und seinen Antrag zu einem Zeitpunkt absenden, daß er etwa in der ersten Dezemberwoche beim Campingzentrum Ostsee eintrifft. Eine vorzeitige Versendung hat keinen Sinn, da alle bis zum ersten Rechnerlauf eintreffenden Anträge gesammelt und dann gleichwertig behandelt werden. Im Gegenteil, wesentlich zu früh eintreffende Anträge werden unbearbeitet zurückgesandt.

17.6 Die Anträge für Wintercampingplätze werden i. allg. bereits ab der Sommersaison bearbeitet.
Eine Ausnahme bildet die Campingplatzvermittlung des Bezirkes Erfurt, die mit der Bearbeitung am 1. Oktober beginnt. Zur Antragstellung werden die üblichen Vordrucke verwendet (→ 15.8). Da Wintercamping noch nicht allzu stark verbreitet ist, lohnt sich eine Anfrage bei der Zeltplatzvermittlung, beim Rechtsträger des Platzes oder beim Campingplatz selbst auch noch kurz vor einer geplanten Anreise. Ein plötzliches Auftauchen ohne jegliche Voranmeldung sollte man aber auch beim Wintercamping unterlassen, zumal die eventuell nutzlos gefahrenen Kilometer im Winter doppelt zählen!

17.7 Anträge auf Jugendherbergsplätze werden an das Reisebüro der FDJ »Jugendtourist – Zentrale Vermittlung, – PSF 27, Berlin, 1026« übersandt. Seit dem 1. Juli 1987 werden diese Anträge mit der EDV bearbeitet. Dazu ist es notwendig, ein spezielles Formular »Antrag auf Übernachtungsplätze in Einrichtungen der Jugendtouristik« zu verwenden, das an Zeitungskiosken, in den Jugendtourist-Kreiskommissionen oder -Bezirksstellen erhältlich ist. Für den Antragsteller ergeben sich gegenüber dem alten Bestellverfahren folgende Vorteile:

- Ist der Jugendliche zeitlich nicht eng gebunden, so kann er auch einen Reisezeitraum (z. B. vom 1. 8. bis 31. 8. 88) angeben und zusätzlich die Zahl der Übernachtungen; die Chancen steigen!
- Normalerweise wird auf dem Formular die

Nummer der gewünschten Jugendherberge eingetragen, man kann aber statt dessen auch eine Landschaft (z. B. den Harz) oder einen bestimmten Bezirk angeben. Der Rechner überprüft dann die Unterbringungsmöglichkeiten bei allen in Frage kommenden Jugendherbergen.

– Können die gewünschten Plätze wegen voller Belegung von Jugendtourist nicht bestätigt werden, so prüft der Rechner nach 4 Wochen noch einmal die Möglichkeiten (nicht in Anspruch genommene Reservierungen, zurückgegebene Reisen u. ä.), und der Antragsteller erhält unter Umständen ein neues Angebot.

Die Anträge werden frühestens 6 Monate vor dem gewünschten Anreisemonat bearbeitet, eine noch frühere Absendung ist also nutzlos! Der von Jugendtourist daraufhin angebotene Platz bleibt dem Antragsteller 4 Wochen – bis zum angegebenen Termin – reserviert. Hat er sich bis dahin nicht entschieden, so erlischt der Anspruch (Achtung: nicht zu lange zögern; die Zeit der Briefbeförderung zählt mit!). Vermittelt wird individuell an Jugendliche ab 14 Jahren. Wenn sie das 16. Lebensjahr jedoch noch nicht erreicht haben, so muß dem Antrag die schriftliche Erklärung eines Erziehungsberechtigten beigefügt sein, daß dieser mit der Reise einverstanden ist.

17.8 **Die nicht genutzten Kapazitäten aller Jugendherbergen der DDR kann man bei »Jugendtourist-Service, Friedrichstr. 79 a, Berlin, 1080 (Tel. 2 29 16 10)« erfragen und darüber dort Verträge abschließen.**
Die freien Plätze sind dort ab 15. eines Monats für den übernächsten Monat bekannt (z. B. am 15. Juni für den Monat August). Es gibt auch einen Jugendtourist-Service in jeder Bezirksstadt der DDR. Dort können freie Plätze in Jugendherbergen – allerdings nur im gleichen Bezirk – vom 8. bis 17. jedes Monats für den Folgemonat erfragt und sofort gebucht werden. Die Adressen und Telefonnummern des bezirklichen Jugendtourist-Service kann man bei den Jugendtourist-Kreiskommissionen oder den FDJ-Kreisleitungen erfahren. Schließlich kann man direkt bei der auserwählten Jugendherberge ab 20. des Vormonats nachfragen (z. B. ab 20. Juli für August). Ein Telefonanruf genügt. Freie Plätze in Jugendherbergen werden auch über Presse und Funk bekanntgegeben. (Beachte auch 27.7!)

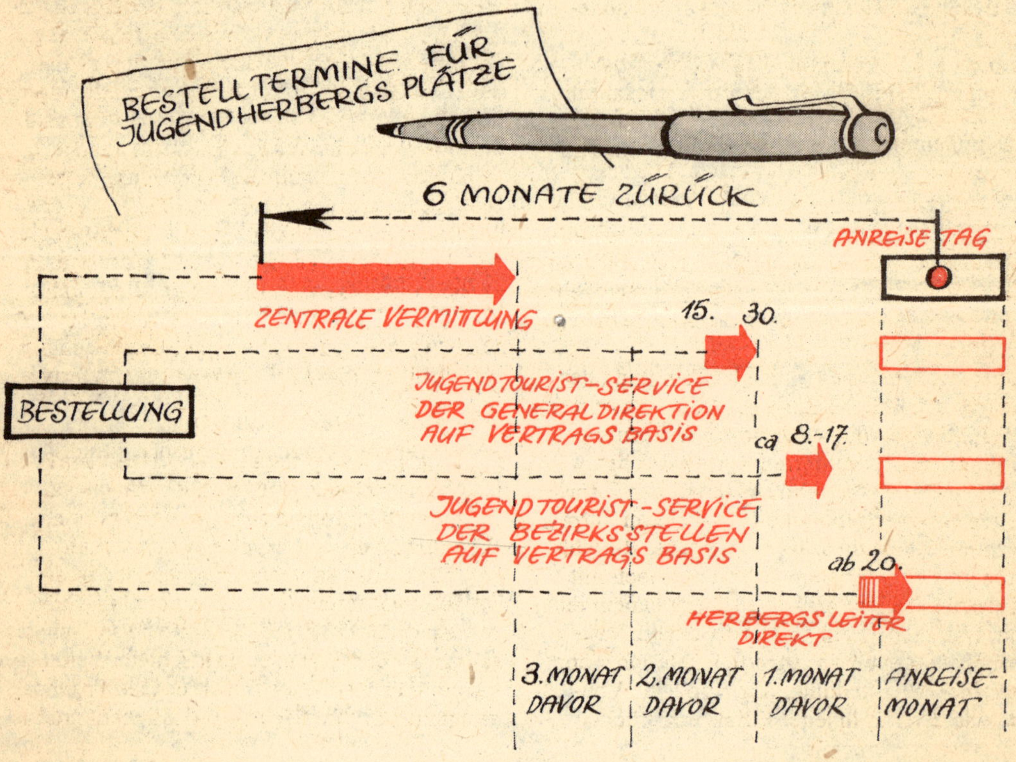

17.9 **Können vereinbarte Plätze in Jugendherbergen nicht genutzt werden, müssen sie spätestens bis zum 35. Tag vor der geplanten Anreise bei der Zentralen Vermittlung von Jugendtourist schriftlich abbestellt werden.**
Es zählt der Posteingang bei Jugendtourist, darum Beförderungszeit des Briefs mitkalkulieren! Wird zu spät oder nicht abbestellt, so wird Schadenersatz von dem saumseligen Vertragspartner erhoben.

17.10 **Wer eine Campingreise ins sozialistische Ausland beim Reisebüro der DDR buchen möchte, der sollte sich rechtzeitig in einer Zweigstelle eine Vormerkkarte beschaffen.**
Dabei kann man sich gleich beraten und über das wahrscheinliche Reiseangebot des kommenden Jahres informieren lassen. Die Vormerkkarte mit den formulierten Reisewünschen wird schon im November/Dezember bei den Zweigstellen entgegengenommen. Wer diesen Termin versäumt, der kann später – wenn die Reisetermine und -orte feststehen – oft nur noch mit Übriggebliebenem oder Zurückgegebenem rechnen. Will man das in 16.15 vorgestellte Voucher-Open-System in Anspruch nehmen, dann ist keine Vorbestellung notwendig. Die Vouchers sind sofort in jeder Filiale erhältlich.

17.11 **Die Leistungen des Reisebüros und die Pflichten der Kunden werden vertraglich vereinbart.**
Ein Rücktritt von diesem (schriftlichen) Vertrag ist auch nur schriftlich möglich. Die Rücktrittsfrist für Auslandscampingreisen beträgt i. allg. 24 Tage. Bei Rücktritt vor Ablauf dieser Frist sind dem Reisebüro Aufwandsentschädigungen zu zahlen, nach Ablauf der Rücktrittsfrist sind außerdem Gründe für den Rücktritt anzugeben, und es muß mit Schadenersatzzahlungen gerechnet werden. Am besten, man läßt sich das Informationsblatt »Teilnahmebedingungen für Reiseleistungen« bei der Reisebürozweigstelle aushändigen. Daraus erfährt man alle Details, die auf der Basis des Zivilgesetzbuches der DDR, §§ 204…210 und der Leistungsbedingungen des Reisebüros (→ Anhang 10/21/) festgelegt sind.

17.12 **Das Sprichwort »Rechtzeitiges Erscheinen sichert gute Plätze« hat auch bei Campingreisen seine Berechtigung.**
Wie aber ist das am Anreisetag zu machen? Normalerweise hat jeder Campingplatz in der DDR seinen festen An- und Abreisetag (Campingkarte der DDR!). Viele Zelter reisen schon sehr früh am Morgen, bei schlechtem Wetter sogar ein oder zwei Tage früher ab. Das Angebot an lukrativen Stellflächen ist dann recht groß.

Das darf aber die Anreisenden aus der Ferne nicht dazu verleiten, die ganze Nacht hindurch, vielleicht sogar nach dem letzten, anstrengenden Arbeitstag, zu fahren, um frühmorgens am Anreisetag total »abgeschlafft« auf dem ersehnten Platz anzukommen. Besser ist eine Zwischenübernachtung bei Bekannten oder im Hotel einer kleinen Stadt, von wo aus man die letzten Kilometer früh spielend schafft. Bei nicht allzu langer Anfahrt – wenn man sie in erfahrungsgemäß vier bis fünf Stunden bewältigen kann – sollte nach fertigem Packen und rechtzeitigem Schlafengehen auch eine sehr frühe Abfahrt möglich sein (z. B. um 4.00 Uhr). Man kommt dann wegen des noch schwachen Verkehrs zügig voran und ist noch rechtzeitig da, um bei den besten Plätzen »mitmischen« zu können.

18. Dokumente, Bescheinigungen, Geldumtausch

18.1 **Der Personalausweis muß sich zum Grenzübertritt in einwandfreiem Zustand befinden.**

Er darf nicht abgelaufen sein oder während der Reise ablaufen, und das Aussehen des Inhabers muß mit dem Paßbild noch übereinstimmen. Es wurden schon Leute beobachtet, die sich am Grenzort hektisch den Bart schabten. Sollten auch Sie im Zweifel sein, ob die schon etwas desolaten Seiten mehrmaliges Herumblättern noch überstehen, so tauschen Sie Ihren Ausweis vorher lieber noch rechtzeitig am Heimatort um. Sie riskieren sonst, daß Ihre Reise an der Staatsgrenze ihr Ende findet. Außerdem muß man auch bei einer Auslandsreise den Ausweis für Arbeit und Sozialversicherung bei sich führen (→ 38.21)

18.2 **Für eine Privatreise in die Sowjetunion, nach Ungarn, Rumänien und Bulgarien benötigen Sie kein Visum (auch nicht, wenn lediglich durchgereist wird).**

Spätestens 4 Wochen vor dem geplanten Reisebeginn beantragen Sie bei Ihrer zuständigen Paß- und Meldestelle eine Reiseanlage zum Personalausweis, wobei Sie u. a. das Reiseziel, die Transitländer und den Zeitpunkt der Reise angeben müssen. Für die UdSSR muß dazu eine von den zuständigen Organen des Reiselandes bestätigte Einladung des Gastgebers vorliegen. Die Reiseanlage berechtigt Sie auch zum Geldumtausch für die Transitländer und das Zielland. Die sinnvolle Aufteilung der Reisetage sollte man sich dazu schon vorher auf Grund der geplanten Reiseroute genau überlegen.

18.3 **Für eine Reise in die ČSSR wird keine Reiseanlage zum Personalausweis benötigt.**

Zum Grenzübergang genügt der Personalausweis. Reisezahlungsmittel erhalten Sie ebenfalls bei den Kreditinstituten unter Vorlage des Personalausweises. Dazu sind die Zahl der Reisetage und die mitreisenden Personen anzugeben. Wird die Reise kürzer, als zunächst geplant, so muß das für die überzähligen Tage empfangene Geld wieder zurückgetauscht werden.

18.4 **Bei Auslandsreisen, die über das Reisebüro der DDR organisiert werden, beschafft dieses auch die erforderlichen Reiseanlagen zum Personalausweis.**

Der Tourist bezahlt alle vereinbarten Leistungen und das Taschengeld beim Reisebüro der DDR. Eventuelle Benzin- und Transitgelder kann der Kunde ebenfalls beim Reisebüro bezahlen oder auf der Grundlage einer übergebe-

nen Valutaumtauschbescheinigung bei der Staatsbank der DDR erwerben. Ein Kauf von zusätzlichen Reisezahlungsmitteln bei der Staatsbank der DDR ist dann nicht mehr möglich (außer für die UdSSR).

18.5 **Wenn Kinder unter 14 Jahren nicht mit ihren Eltern ins Ausland reisen** – bei denen sie im Personalausweis eingetragen sind –, sondern mit anderen Personen, so benötigen sie dafür einen Kinderausweis.
Dieser muß rechtzeitig, mindestens 6 Wochen vor Reiseantritt, bei der zuständigen Paß- und Meldestelle der VP beantragt werden. Jugendliche ab 14 Jahren benötigen in jedem Falle einen eigenen Personalausweis, unabhängig, mit wem sie reisen.

18.6 **Für die meisten sozialistischen Reiseländer sind feste Geld-Höchstumtauschsätze je Reisetag und Person festgelegt.** Auskunft erteilen die zum Umtausch berechtigten Kreditinstitute, z. B. die Deutsche Notenbank, bei denen wir auch alle devisenrechtlichen Fragen besprechen können. Weil diese Sätze auch für Kinder beliebigen Alters gelten, kann eine mit mehreren Kindern ins Ausland reisende Familie auch besonders viel umtauschen. Das wirkt sich vor allem bei den anteiligen Benzinkosten einer Reise im eigenen Auto und bei den für Kinder ermäßigten Campinggebühren vorteilhaft aus.

18.7 **Es empfiehlt sich, die Höchstumtauschsätze für alle geplanten Reisetage und Personen auch dann voll in Anspruch zu nehmen, wenn man zunächst glaubt, so viel Geld nicht ausgeben zu können.**
Die Umtauschgebühren betragen 2 Prozent und werden nur einmal erhoben. Das bedeutet, daß alle ungenutzten Zahlungsmittel (außer Münzen) nach der Reise zum geltenden Kurs gebührenfrei zurückgetauscht werden können. Bei Ausnutzung der vollen Umtauschmöglichkeiten verringert man das Risiko, bei irgendwelchen Zwischenfällen im Ausland plötzlich ohne ausreichende Mittel dazustehen.

18.8 **Auf der Auslandsreise nicht verbrauchte Zahlungsmittel der aus-**

ländischen Währung darf man keinesfalls für eine spätere Reise aufheben.
Damit würde man gegen die Devisenbestimmungen verstoßen und bei dem nächsten Grenzübertritt garantiert Ärger bekommen. Nicht benötigte Zahlungsmittel sind darum bis spätestens 14 Tage nach der Rückkehr beim Kreditistitut zurückzutauschen. Ausgenommen ist davon eine angemessene Menge Hartgeld.

18.9 **Alle Kapitäne von Sportmotorbooten (auch unter 3,5 PS!) und von Segelbooten ab 6 m^2 Segelfläche** müssen vor ihrer ersten Ausfahrt einen Befähigungsnachweis für den vorgesehenen Fahrtbereich (Binnengewässer bzw. Seewasserstraßen) erwerben.
Die Lehrgänge einschließlich Prüfung können sich über mehrere Wochen hinziehen. Informationen holt man sich bei einer Geschäftsstelle des ADMV, des BDS (Bund Deutscher Segler der DDR), des DAV (Deutscher Anglerverband der DDR) oder der GST. Auch die Wasserschutzpolizei oder größere Wassersportgeschäfte können Auskunft geben. Der Befähigungsnachweis für Sportsegelboote kann nur beim BDS oder bei der GST erworben werden, für Sportmotorboote bis einschließlich 12 PS auch beim Deutschen Kanu-Sportverband der DDR.

18.10 **Wer ein Sportsegel- oder Motorboot ohne Herstellerbescheinigung erworben hat,** daß dieses Boot den Bestimmungen der Sportbootanordnung und den geltenden Standards entspricht, muß es technisch überprüfen lassen.
Diese Überprüfung, die von einer technischen Kommission der unter 18.9 genannten Verbände vorgenommen wird, erstreckt sich auf die Betriebssicherheit, die Bauvorschriften und die vorgeschriebene Ausrüstung des Sportbootes. Sie gilt – ebenso, wie eine Herstellerbescheinigung – 5 Jahre. Wer auch Nachtfahrten unternehmen möchte, muß das Boot bereits mit den vorgeschriebenen Lichtern bei der technischen Überprüfung vorstellen, es wird aber auch ohne Nachtfahrgenehmigung zugelassen.

19. Versicherungen

19.1 **Bei der Staatlichen Versicherung der DDR kann man sich zwar nicht gegen miserables Urlaubswetter versichern lassen,** aber sie hält viele andere Versicherungsformen für Camping und Reisen bereit.
Sich versichern bedeutet, Risikofaktoren zu erkennen und den daraus u. U. entstehenden Schaden finanziell abzufangen. Niemand sage: »Die Versicherung selbst ist ein Risiko«. Versicherungen sind sinnvoll und richtig, ganz besonders bei Auslandsreisen, um nicht eventuell eine schöne Fahrt vorzeitig abbrechen zu müssen oder in der Sorge zu beenden: Wie soll ich zu Hause das nur alles bezahlen? Versicherungsbeiträge sind erschwinglich.

19.2 **Für jeden Campingfreund ist der Abschluß einer Campingversicherung zu empfehlen.**
Sie bietet einen weitreichenden Versicherungsschutz für die mitgeführten Sachen. Sie springt ein, wenn die Ausrüstung oder Teile derselben durch Brand, Explosion oder Elementarereignisse wie Sturm, Hagel, Blitzschlag, Überschwemmung, Felssturz, Erdrutsch o. ä. vernichtet oder beschädigt werden. Der Schutz erstreckt sich auch auf mut- oder böswillige Beschädigung durch Dritte. Zelte und Luftmatratzen sind auch gegen Diebstahl geschützt, auf bewachten Zeltplätzen sogar alle mitgeführten Sachen (außer Bargeld, Schmuck, Urkunden und Fahrkarten). Das darf uns aber nicht zur Sorglosigkeit verleiten, denn dann endet der Versicherungsschutz. So darf man z. B. keine

Campingartikel (Tisch, Stühle, Grill) bei Abwesenheit im Freien herumstehen lassen. Außerdem muß der Wohnwagen oder Lastenanhänger verschlossen, beim Zelt muß der Reißverschluß zugezogen sein.

19.3 Eine Campingversicherung läßt sich besonders einfach abschließen. Wird die Zeltgenehmigung von einer zentralen Vermittlung zugestellt, so wird auch auf die Möglichkeit dieses Abschlusses hingewiesen, und eine Zahlkarte liegt bei. Der Versicherungsbeitrag (→ Anhang 9) kann mit dieser Zahlkarte überwiesen werden. Einzahlungsabschnitt in Verbindung mit Campinggenehmigung gelten als Versicherungsnachweis. Eine Campingversicherung kann aber auch bei einem Vertreter oder einer Dienststelle der Staatlichen Versicherung abgeschlossen werden. Man muß darauf achten, daß die Versicherungssumme der mitgeführten Ausrüstung entspricht, sonst erleidet man im Schadenfall wegen »Unterversicherung« einen finanziellen Nachteil: Der Schaden wird nur in dem Verhältnis ersetzt, wie sich die Versicherungssumme zum tatsächlichen Wert der Ausrüstung verhält.

19.4 Tramper und Rucksacktouristen können bei der Staatlichen Versicherung der DDR eine Unfallversicherung abschließen (»Tramper-Versicherungsausweis«). Diese Versicherung wird bei Unfällen wirksam, die ein Tramper beim Mitfahren in fremden Autos erleidet und die einen bleibenden Körperschaden oder den Tod nach sich ziehen. Der Ausweis kostet 6 Mark, gilt das ganze Jahr im In- und Ausland, aber nur bei Kfz, die in der DDR zugelassen sind. Keinesfalls hat sich der Tramper mit solch einem Ausweis die Berechtigung »erkauft«, von irgend jemand mitgenommen werden zu müssen.

19.5 Sportboote (einschl. Segelbretter) sind bei einer bestehenden Campingversicherung nicht mitgeschützt. Dafür ist eine Sportboot-Kaskoversicherung erforderlich, die bei Schäden durch Unfall, mut- oder böswillige Handlungen Dritter, Brand, Explosion, bestimmte Elementarereignisse, Diebstahl und beim Transport hilfsbedürftiger Personen aufkommt. Schließt man sie nur für die Saison ab, so gewährt die Staatliche Versicherung eine Ermäßigung auf den Jahresbeitrag. In dieser Kaskoversicherung ist auch der Haftpflichtschutz für solche Schäden inbegriffen, die an einem fremden Boot im Falle eines Zusammenstoßes auf dem Wasser entstehen. Dieser Schutz ist aber bis zur Höhe der für das eigene Boot vereinbarten Versicherungssumme begrenzt. Dabei kann sich die Haftungssumme u. U. noch um die Schadensumme am eigenen Boot verringern. Wird weitergehender Haftpflichtschutz gewünscht – insbesondere auch für anderen Personen zugefügte Körperschäden, so ist eine Sportboot-Haftpflichtversicherung abzuschließen. Gegen Schäden durch Brand, Blitzschlag und Explosion sind Ruder-, Paddel- und Faltboote bereits durch eine bestehende Haushaltsversicherung geschützt (auch im Winterlager).

19.6 **Vor jeder Auslandsfahrt mit eigenem Kfz hat man die Pflicht, einen Zusatzbeitrag zur Kfz-Haftpflichtversicherung zu leisten.**
Bei Nichtzahlung dieses Beitrags (→ Anhang 7) werden in einem Schadenfall bis zu 25 Prozent der an den Geschädigten gezahlten Summe, mindestens aber 300,– M, von dem Versicherungsnehmer zurückgefordert. Außerdem wird der vermeintlich »eingesparte« Beitrag nacherhoben. Der Zusatzbeitrag ist beim zuständigen Versicherungsvertreter oder bei einer Dienststelle der Staatlichen Versicherung der DDR zu leisten. Wer die Zahlung zu Hause vergißt, kann sie an der Grenzübergangsstelle während der Öffnungszeiten der Wechselstelle der Staatsbank nachholen. Dann gibt es meist längere Wartezeiten. Ein zusätzlicher Haftpflichtbeitrag für Anhänger aller Art ist nicht erforderlich.

19.7 **Auch wer glaubt, im Inland auf eine Kaskoversicherung für Kfz und Anhänger verzichten zu können, bei einer Auslandsfahrt sollte er sie unbedingt abschließen.**
Zunächst müssen wir daran denken, daß bei einer kilometerträchtigen Fahrt im fremden Land mit teilweise ungewohnten Fahrgewohnheiten auf den vollen Straßen des Saisonverkehrs und der ungewöhnlichen Verkehrsdichte in bestimmten Städten (Budapest und Prag) die Wahrscheinlichkeit für einen Schaden wächst. Andererseits schützt uns die Kasko-Auslandsversicherung nicht nur in herkömmlicher Weise bei Beschädigung oder Verlust durch Unfall, Elementarereignisse, Diebstahl, Brand, Explosion, mut- oder böswillige Beschädigung durch Dritte oder durch Transport hilfsbedürftiger Personen, sondern sie kann uns auch erhebliche Finanzprobleme bei einem Unfall fern der Heimat ersparen, wenn die schmale Reisekasse eine Notinstandsetzung nicht mehr trägt (→ 34.12). Schließlich sind im Pkw und Anhänger auch noch die Gegenstände des persönlichen Reisebedarfs aller Insassen bis 3000 Mark mitversichert (außer Geld, Wertpapiere, Urkunden und Schmuck), gegen Diebstahl jedoch nur im verschlossenen Fahrzeug. Besteht bereits eine Kasko-Inlandversicherung, so ist nur ein relativ geringer Zusatzbeitrag zu zahlen. Besteht eine solche nicht, so sind die Versicherungskosten etwas höher, (→ Anhang 8). Die Kasko-Auslandsversicherung kann mit oder ohne Selbstbeteiligung an Unfallschäden abgeschlossen werden; wir empfehlen einen Abschluß ohne Selbstbeteiligung. Übrigens ist jeder Fahrzeugschaden sofort der Versicherung des besuchten Landes zu melden, es sei denn, der Schaden trat ohne Beteiligung anderer ein und ist nur geringfügig. Alle Diebstahlschäden sind unverzüglich bei der Polizei des Gastlandes anzuzeigen.

19.8 **Campinganhänger sind im Sinne des Versicherungsschutzes Zwitter.**
Für Reisegepäck besteht nur in einem verschlossenen Fahrzeug Schutz durch eine Kaskoversicherung. Wird jedoch aus einem Zeltanhänger heraus das Zelt aufgebaut oder an dem Wohnwagen ein Vorzelt angebracht, dann verlieren diese Anhänger den Charakter eines »Fahrzeugs«. Beim Zelten wiederum ist aber der Diebstahl von Dingen des persönlichen Bedarfs sowohl bei einer Kasko-, als auch bei einer bestehenden Haushaltsversicherung vom Schutz ausgeschlossen. Darum empfiehlt sich zusätzlich zur Kaskoversicherung des Campinganhängers noch der Abschluß einer Campingversicherung für die mitgeführte Ausrüstung.

20. Speiseplan, Vorräte

»Die Sorge, wie man Nahrung findet,
ist häufig nicht so unbegründet.« (Wilhelm Busch)

20.1 **Vor jeder längeren Campingreise mit Selbstverpflegung sollte ein orientierender Speiseplan aufgestellt werden.**
Dazu passend mitgenommene Konserven werden schließlich nicht schlecht und lassen sich – wenn man doch mehr aus frischen Zutaten zubereitet, als zunächst geplant – auch noch zu Hause verwenden. Wählt man campingtypische Gerichte aus, die wenig Arbeit machen (→ 42.11), so spart man doppelt Zeit: durch kurze Zubereitungszeiten und dadurch, daß umständliches Einkaufen entfällt.

20.2 **Eine vorausschauende Konserven-Vorratswirtschaft ist im Hinblick auf die bevorstehende Campingreise sehr zweckmäßig.**
Für das Ausland sind Konserven unerläßlich, weil man einerseits im fremden Lande recht hilflos vor den Dosenetiketten mit unverständlicher Beschriftung steht (ein Bekannter kaufte in der ČSSR 12 Dosen anscheinend besonders preiswerter Würstchen »Parky«; der Inhalt entpuppte sich allerdings als Kartoffelsuppe mit kleinen Wurststückchen), und andererseits die ausländische Küche ungewohnt ist oder weil die Reisefinanzen nicht ausreichen. Am besten, man sammelt bewährte Büchsengerichte schon ab Winter.

20.3 **Viele Campingfreunde kochen ihr Sonntagsessen für den Urlaub zu Hause vor und nehmen es eingeweckt mit.**
Dafür eignen sich z. B. Goulasch, Rouladen, Klopse, Frikassee oder Sauerbraten. Als Konservenglas sind die herkömmlichen Industriegläser mit Schraubverschluß hervorragend geeignet, wenn die Dichteinlage im Deckel noch unbeschädigt ist. Kühle Lagerung kann nicht schaden!

20.4 **Dauerwurst – z. B. Salami, Schlack- und Zervelatwurst – kann beim Camping auf vielfältige Weise verarbeitet werden.**
Außer als Stullenbelag kommt sie gewürfelt und angebraten in der Soljanka, im Eintopf aus Hülsenfrüchten (Tempo-Erbsen, -Bohnen, -Linsen) oder im Makkaroniauflauf zu schmackhafter

Geltung. Auf langen Wanderungen bringt ein herzhafter Biß in eine Dauerwurst schnell neue Kräfte. Besonders schmackhaft wird sie, wenn man sie schon einige Wochen vor dem Urlaub kauft und zum Ausreifen an einen kühlen, trokkenen Ort hängt.

20.5 **Cornflakes sollten in keiner Campingküche fehlen.**

In einen Teller Milch oder Fruchtnektar eingestreut, ist in Sekundenschnelle ein knuspriges, gut sättigendes und erfrischendes Frühstück bereitet, das sowohl Kindern als auch kalorienbewußten Erwachsenen willkommen ist.

20.6 **Beim Camping wird angebrochene Kaffeesahne ohne Kühlung schnell sauer.**

Das pulverförmige Cafesan ist zwar ein »ideales Kaffeeweißmittel«, wie der gestylte Begriff auf der Packung zu vermelden weiß, es kann Kaffeesahne oder Kondensmilch im Geschmack jedoch nicht voll ersetzen. Außerdem ist auch dieses Instantpulver zum alsbaldigen Verbrauch bestimmt. Wer Kaffee süß mag, der besorge sich gezuckerte Kondensmilch in Büchsen; die wird niemals sauer.

20.7 **Mancher möchte zum Camping seine gewohnte Biersorte mitnehmen.**

Dazu muß man wissen, daß sich einfaches Helles nur 8 Tage, Pilsener-Spezial dagegen 3 Monate hält, ohne sauer zu werden. Es muß aber eine Lagertemperatur unter 20 °C eingehalten werden (Kühlgrube). Nach eigenen Erfahrungen schadet es aber dem »Spezial« nichts, wenn es z. B. auf einer langen Fahrt im Kofferraum auch einmal wesentlich wärmer wird. Die Lagerzeit von normalem Pilsner beträgt übrigens 10, die von Pilsator 18 Tage.

20.8 **Einen Vorrat an H-Milch-Tetraedern sollten Camper mit Kindern immer dabei haben.**

H-Milch hält sich auch ohne Kühlung während des ganzen Urlaubs und befreit von dem allmorgendlichen Zwang des Schlangestehens nach frischer Milch. Zeigt eine Packung einmal »dicke Backen«, gehört sie möglichst schnell in die Mülltonne. Platzt sie nämlich infolge des Gärprozesses, so bedeutet das eine ungeheure Schweinerei im Zelt, und ein penetrant käsiger Geruch läßt tagelang keine rechte Freude mehr aufkommen. Schlechtgewordene H-Milch darf

man nicht mehr verwenden – z. B. im Gurkensalat. Sie verdirbt nicht nur den ganzen Geschmack, sondern kann auch Gesundheitsstörungen hervorrufen.

20.9 **Werden Kleinkinder oder sogar Säuglinge mit zum Camping genommen, so sollte man einen ausreichenden Vorrat der gewohnten Säuglingsnahrung mitnehmen.**
Nicht immer wird am fremden Ort die richtige Kost beschaffbar sein, und ein kleines Kind zusätzlich zu den ungewohnten Lebensumständen beim Camping auf eine andere Nahrung umzustellen sollte man vermeiden (beachte 42.8!).

20.10 **Rechtzeitig vor Reiseantritt kontrollieren wir unseren Gasvorrat.**
Das Leergewicht der Flasche – komplett mit Verschlußkappe – ist auf dem Tragegriff eingeprägt. Ziehen wir es vom tatsächlichen, auf einer Waage ermittelten Gesamtgewicht ab, so erhalten wir die noch enthaltene Gasmenge. Ist noch etwa 1 kg vorhanden, so reicht das bei vier Personen für ein Wochenendcamping zum Kochen aus. Im Zweifelsfalle ist es aber günstiger, die Flasche nachfüllen zu lassen.

21. Packen und Laden

Zum Verkehrssünder des Jahres wurde in Bulgarien ein Autofahrer gekürt, der 4 m lange Bretter auf dem Dach seines Pkw transportiert hatte, allerdings quer zur Fahrtrichtung.
(nach einer Zeitungsmeldung)

21.1 **Viele erleben das faszinierende Wunder alljährlich neu, daß trotz eines unübersehbaren Gepäckberges das Auto nicht zusammenbricht und ohne sichtbare Schäden am Ziel ankommt.**
Man darf trotzdem nicht »den Teufel am Schwanz ziehen«; denn überladene Fahrzeuge steuern und bremsen sich schwer, und die Bruchgefahr steigt. Sie sind darum eine böse Gefahrenquelle im Straßenverkehr. Kommt es zu einem Unfall, der durch grobe Verstöße gegen Bestimmungen der Straßenverkehrsordnung über den Transport von Gütern verursacht wurde (Überladung oder nicht vorschriftsmäßige Beladung), dann kürzt die Staatliche Versicherung die Entschädigung aus der Kaskoversicherung. Noch viel schlimmer aber können die Folgen einer Überladung für Gesundheit und Leben der Insassen und anderer Verkehrsteilnehmer sein. Eine einfache Addition der eingeladenen Kilo lohnt sich also in jedem Falle! Vorausgesetzt, man zieht die richtigen Schlüsse und lädt erforderlichenfalls Kaffeemaschine, Klavier und Kinderschaukel wieder aus.

21.2 **Will man wissen, wieviel Kilogramm man real laden darf, dann muß man sämtliche nachträglichen An- und Einbauten beim Kfz von der zulässigen Nutzmasse (→ Anhang 6) abziehen.**
Dazu zählen u. a. Schonbezüge, Radio und Konsole, Zusatzwerkzeug, Fußbodenbeläge, Kofferraumauskleidungen und Zusatzscheinwerfer. Vor allem das Dachgatter, die Motorrad-Gepäckträger und die Anhängerkupplung als recht massives Zubehör werden dabei oft vergessen.

21.3 **Wenn wir nicht alle Sitzplätze im Auto ausnutzen, so können wir je freibleibendem Sitzplatz an dieser Stelle bis zu 75 kg Gepäck einladen.**
Die Belegung des Fahrgastraums mit Gepäck ist besonders günstig, weil das die Achslastverteilung weniger stört als starke Beladung des Kofferraums. 75 Kilogramm sind aber eine ganze Menge, die sich auf einem Sitz meist nicht unterbringen läßt. So empfiehlt es sich bei viel Gepäck, z. B. den Beifahrersitz auszubauen – das macht das Auto außerdem leichter – und an dessen Stelle einen Gepäckturm aufzuschichten. Es versteht sich von selbst, daß auch diese Ladung gegen Verrutschen gesichert werden muß und Sicht und Bewegungsfreiheit des Fahrers nicht behindern darf.

21.4 **Eine grobe Veränderung der vorgeschriebenen Achslastverteilung ist i. allg. nicht zu befürchten,** wenn man die zulässige Höchstmasse für den Kofferraum strikt beachtet und das restliche Gepäck sinnvoll auf die freibleibenden Sitzplätze im Auto verteilt. Der einzig sichere Weg zur Ermittlung der tatsächlichen Achslasten führt auf eine Fahrzeugwaage, auf deren Plattform Vorder- und Hinterachse nacheinander gefahren und einzeln gewogen werden. Durch Umverteilung des Gepäcks können die höchstzulässigen Achslasten eingehalten werden (Anhang 6). Bei einer festen

Campingausrüstung, die man immer wieder mitnimmt, ist diese aufwendige Wägung nur einmal erforderlich, wenn man das Gepäck stets nach dem gleichen Schema lädt.

21.5 **Beim Mitführen eines Anhängers empfiehlt es sich, den Kofferraum im Heck eines Autos mit Frontmotor nicht allzuschwer zu beladen.**
Auf das Autoheck drückt außerdem die Stützlast! Beachtet man das nicht, so kann es bei Bodenwellen zu Nickschwingungen des Anhängers, zu starkem Durchfedern des Hecks, sogar zum Ausheben der Vorderräder kommen. Das Auto ist dann kurzzeitig nicht mehr lenkbar. Bei Pkw mit Heckmotor sollte der Kofferraum allerdings voll genutzt werden (unter Beachtung der Vorderachslast).

21.6 **Beim Unterbringen der kleinen Gegenstände denkt man oft nicht daran, daß auch sie zur Ladung zählen, die transportsicher verstaut werden muß.**
So gehören vor allem keine schwereren oder spitzen Gegenstände (Radiorecorder, Handtaschen, Schirme oder Werkzeuge) auf die Heckablage des Autos. Auch Spraydosen haben dort nichts zu suchen; bei Temperaturen über 50°C besteht die Gefahr des Platzens! Bei einer Notbremsung fliegen schwere Gegenstände nach vorn, können die Insassen verletzen oder zumindest den Fahrer zusätzlich entnerven.
An dieser Stelle sei noch einmal die jahrzehntealte, aber wahre Story von der aus Bulgarien mitgebrachten Schildkröte präsentiert: Das leichtsinnige Tier kroch bei seinen Spaziergängen im Auto schließlich unter das Bremspedal, blockierte dieses und verursachte einen Auffahrunfall.

21.7 **Dachgepäckträger, Luftleiteinrichtungen, Fahrradständer, Rückspiegel und Spiegelbrücken, Skihalter, Anhängerzugvorrichtungen, Stabilisatoren, Vorlegekeile und andere Ausrüstungsteile für Kfz** müssen in einer »genehmigten Bauart« ausgeführt sein (→ Anhang 10/15/, § 3).
Daher verbietet sich i. allg. der Eigenbau solchen Zubehörs, und wir müssen auf käufliche, typgeprüfte Ausführungen zurückgreifen.

21.8 **Ein Dachgepäckträger beim Auto erlaubt uns ein größeres Gepäckvolumen zu transportieren.**
Er hat aber auch bedeutende Nachteile: Er erhöht den Benzinverbrauch (besonders bei höheren Fahrgeschwindigkeiten beträchtlich), macht das Auto langsamer, bei höheren Geschwindigkeiten sinkt das Beschleunigungsvermögen. Er verschlechtert die Schwerpunktlage des Pkw, die Gepäckstücke sind Wind und Wetter ausgesetzt. Wollen wir diese Nachteile etwas mildern, so

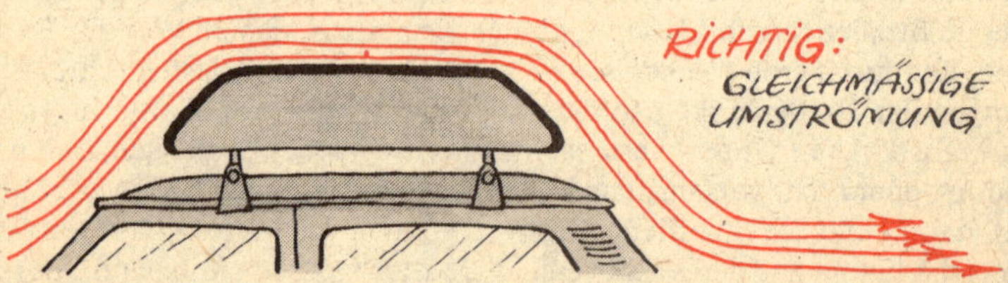

beachten wir folgende Regeln:

- nur leichtes Gepäck auf das Dach laden, möglichst flach und glatt packen (»windschlüpfrig«), keine herausragenden Gepäckstücke!
- mit einer überschlagenen Plane oder Folie für Wetterschutz und gute Luftumströmung sorgen,
- Vorderseite des Gepäcks so formen, daß sich eine Stromlinienform ergibt oder davor eine Luftleiteinrichtung aufsetzen,
- einen unbeladenen Dachgepäckträger nicht unnötig spazierenfahren; denn er kann selbst leer einen Mehrverbrauch bis zu 1 l/100 km verursachen.

21.9 **Beim Beladen eines Dachgatters ist zu beachten, daß die zulässige Dachlast des Pkw nicht überschritten wird (→ Anhang 6).**
Außerdem zählt dieses Gepäck bei der zulässigen Nutzlast natürlich mit! Auf sichere Befestigung des Trägers an der Regenrinne ist ebenso zu achten wie auf die Sicherung des Gepäcks auf dem Gatter. Dazu bewähren sich z. B. »Gepäckspinnen« aus Gummischnüren mit Haken. Während einer Fahrtpause schadet es nichts, die Befestigungen sorgsam zu prüfen.

21.10 **Fahrräder machen uns beim Camping beweglicher.**
Abgesehen vom sportlichen und gesundheitlichen Wert des Radelns sind Fahrräder nützlich bei der Erkundung der Umgebung. Beim frühmorgendlichen Brötchenholen scheuchen wir nicht alle Nachbarn von den Matratzen, wie das die Kraftfahrzeugbenutzer tun. Man kann Fahrrad-Dachständer in mehreren Ausführungen im Fachhandel erwerben, aber zwei Fahrräder lassen sich auch liegend auf einem normalen Dachgatter oder auf dem Anhängerdeckel stabil und aerodynamisch günstig transportieren. Dazu schraubt man vom unteren Fahrrad eine Pedale ab und stellt die Lenker quer. Schaumstoffzwischenlagen verhindern Scheuerstellen im Lack.

21.11 **Ein auf der Heckklappe eines Autos montierter Gepäckträger oder -koffer hat auf den ersten Blick seinen Reiz.**
Er behindert die Umströmung des Pkw kaum und erhöht somit den Verbrauch nur unwesentlich. Trotzdem kann man ihn nicht uneingeschränkt empfehlen. Zunächst eignet er sich nur für leichteres Gepäck – mehr halten die Klappenscharniere auf Dauer nicht aus –, andererseits wird die freie Sicht nach hinten versperrt, so daß ein zweiter Außenspiegel notwendig ist. Schließlich behindert ein solcher Aufsatz den freien Zugang zum Kofferraum oder Motor. Bei Autos mit Heckmotor ist zu bedenken, daß die ohnehin ungünstige Achslastverteilung noch weiter verschlechtert wird.

21.12 **Beim Beladen eines Anhängers darf weder seine zulässige Gesamtmasse noch die zulässige Anhängelast des Zugfahrzeugs überschritten werden (→ 28.1; Bild S. 100).**
Außerdem ist die vorgeschriebene Stützlast an der Anhängekugel durch geeignete Gepäckverteilung im Anhänger einzuhalten (→ 21.13). Auch bei der Beladung des Autos ist die zulässige Gesamtmasse nicht zu überschreiten und die Achslastverteilung zu beachten (→ 21.4). Das ist vor allem dann für das Fahrverhalten des Gespanns sehr wichtig (Windempfindlichkeit, Lenkfähigkeit, Durchschlagen der Hinterradfederung, Bruchgefahr), wenn die Beladung den Grenzen des Erlaubten sehr nahe kommt.

21.13 **In jedem Anhänger muß unter Beachtung der zulässigen Nutzmasse die Ladung so verteilt werden, daß die Stützmasse** (Stützlast[1]) an der Kugel der Anhänger-

---

[1] In diesem Zusammenhang sei erwähnt, daß »Stützmasse = 50 kg« und »statische Stützkraft = 500 N« (Newton) genau den gleichen Sachverhalt beschreiben.

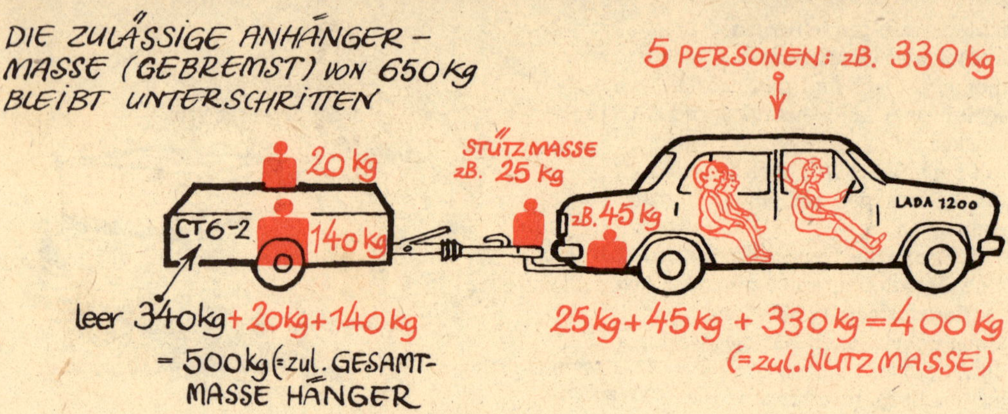

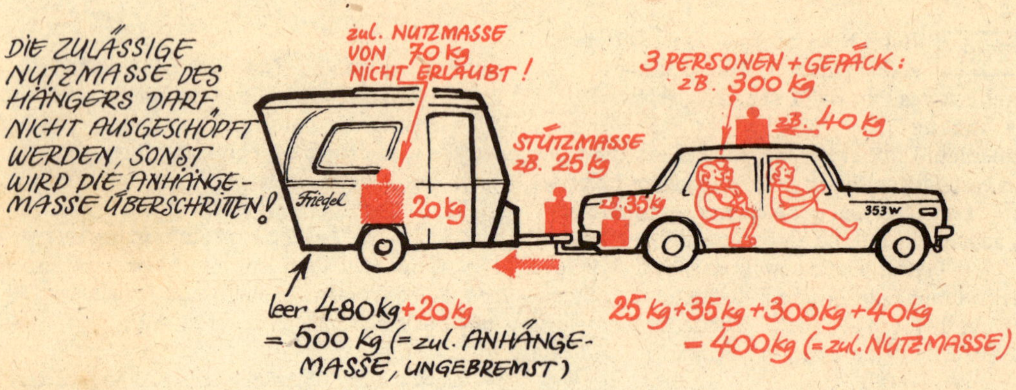

kupplung zwischen 5 Prozent der Gesamtmasse des Anhängers und maximal 50 kg liegt.
Ist das Auto konstruktionsbedingt hecklastig (Heckmotor) oder federt es bei Beladung mit dem Heck stark durch (z. B. Dacia), so wählt man am besten den kleinstzulässigen Wert. Das ist bei viel Gepäck ohnehin günstiger, weil sich die zulässige Zuladung des Pkw immer um den Betrag der Stützmasse reduziert.
Wie kann die Stützmasse ermittelt werden? Im Fachhandel gibt es Deichselwaagen zu kaufen, die sehr einfach zu handhaben sind. Diese Ausgabe kann man sich sparen, wenn man eine Personenwaage benutzt. Bei der Wägung sollte sich die Anhängerkupplung etwa in gleicher Höhe befinden wie beim fahrfertigen Gespann; ansonsten wird besonders bei hohem Anhängerschwerpunkt das Wiegeergebnis verfälscht. Durch Unterlegen von Hölzern unter die Waage kann die Deichsel austariert werden. Legt man sie dagegen auf die Waage (Abb.), so muß das Wiegeergebnis korrigiert werden.

21.14 **Die zulässige Deckellast darf bei einem Zeltanhänger erhöht werden, wenn man einen speziellen Gepäckträger anbringt.**
So beträgt die zulässige Deckellast beim Camptourist CT 5-3 bzw. CT 6-2 normalerweise 20 kg. Nach Herstellerangaben dürfen aber bis zu 50 kg geladen werden, wenn man den Gepäckträger an den Deckelschrägen befestigt.

21.15 **Bei Winterfahrten mit einem Anhänger muß man bei der Gepäckverteilung besonders auf ausreichende Belastung der Antriebsachse achten.**
Sichere Straßenhaftung wird erreicht, wenn man dabei bis an die Grenze der zulässigen Achslast geht. Hat man dafür nicht genügend Nutzlast zur Verfügung, so ist es immer noch besser, sich mit Ballast zu behelfen. Dafür eignen sich Sandsäcke, deren Inhalt außerdem beim Anfahren an vereister Steigung weiterhelfen kann.

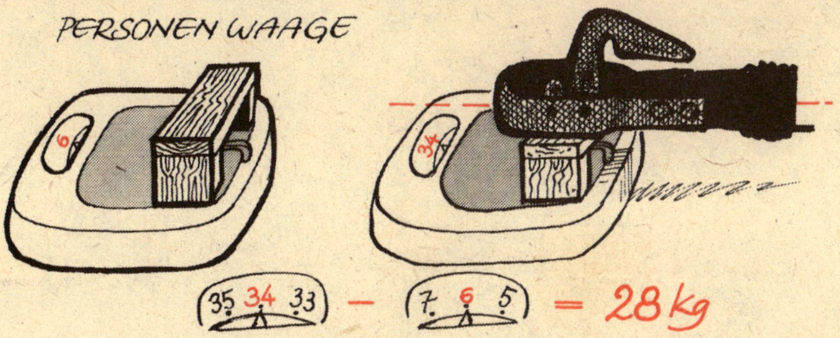
PERSONEN WAAGE
6
34
35 34 33 – 7 6 5 = 28 kg

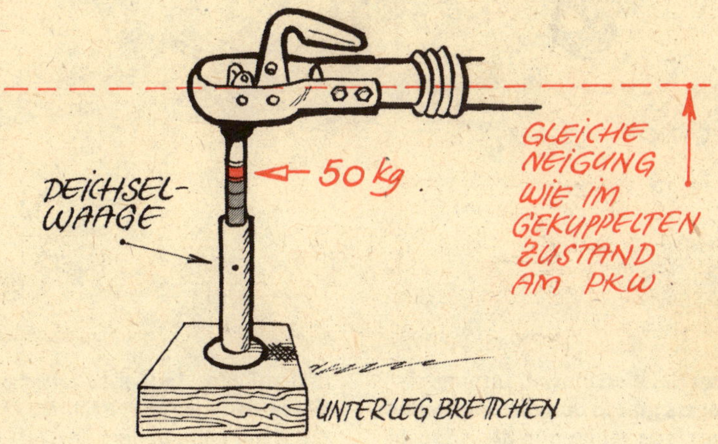
50 kg
DEICHSEL-
WAAGE
GLEICHE
NEIGUNG
WIE IM
GEKUPPELTEN
ZUSTAND
AM PKW
UNTERLEG BRETTCHEN

SERIENMÄSSIGES
GEPÄCKGATTER
20 kg

SPEZIELLER
GEPÄCKTRÄGER
50 kg

21.16 **Beim Beladen eines Campinganhängers gibt es einiges zu beachten.** Schwere Gegenstände gehören in die Nähe der Achse, z.B. in die Stauräume über den Radkästen oder zwischen die Sitze. Der Tisch soll abgesenkt werden. Auf die Polsterung der Sitze legt man am besten nichts; allzuleicht kommt das Gepäck ins Rutschen. Auch alle anderen Gegenstände müssen so fest verstaut werden, daß sie bei einer Notbremsung auf dem Platz liegenbleiben. Vor dem erstmaligen Verstauen der Schlafdecken im neuen Wohnwagen sollte man in den Stauräumen nach scharfen Kanten suchen.

21.17 **Während des Beladens eines nicht angekuppelten Campinganhängers sollten die Kurbelstützen ausgestellt sein.** Sonst besteht die Gefahr, daß der Hänger kippt.

21.18 **Ein Lastenanhänger bringt beim Camping vielerlei Nutzen.** Einesteils braucht man nicht so streng mit den Kilos und dem Gepäckvolumen zu rechnen, andererseits hat man auf dem Zeltplatz ein zusätzliches Gepäckfach, da man einen Anhänger i. allg. am Zelt belassen kann. Lastenanhänger mit verschließbarem Deckel bieten unterwegs und auf dem Zeltplatz Sicherheit gegen Langfinger. Sperrige und leichtere Gegenstände lassen sich auch auf dem Deckel unterbringen. Dazu ist ein Gepäckgatter günstig; die höchstzulässige Deckellast muß beachtet werden. Gepäck auf dem Deckel verschlechtert aber das Fahrverhalten des Anhängers, besonders in Kurven, weil sich sein Schwerpunkt nach oben verlagert (beachte auch 28.17!). Anhänger mit Hochplane und Spriegel haben ein größeres, vor Witterungsunbilden beschütztes Gepäckvolumen, dafür sind sie aber nicht einbruchsicher. Einen Anhänger kauft man passend zum Zugfahrzeug. Die zulässige Gesamtmasse soll etwa gleich der Anhängerlast des Zugfahrzeugs sein oder kleiner. Ist der Anhänger nämlich zu groß ausgefallen, dann kann man wegen der größeren Eigenmasse oft weniger Last transportieren als in einem kleineren. Weniger bei Campingreisen, aber beim Transport sperriger Güter ist eine herausnehmbare Heckwand günstig.
Es gibt bei Lastenanhängern auch Ausführungen, bei denen sich der Kasten abnehmen läßt oder sich die Seitenwände einklappen lassen. Solche Anhänger lassen sich – in einer Garage hochkant gestellt – sehr raumsparend unterbringen. Handelsübliche Typen finden sich im Anhang 3.

21.19 **Das Ladevolumen eines Lastenanhängers kann man bedeutend vergrößern (Bild S. 104).**
Dazu stellt man zunächst die großflächigen Ausrüstungsgegenstände (Liegen, Klappstühle, Campingtisch) rundum von innen gegen die Kastenwände, so daß sie deren Oberkante überragen. Schweres Gepäck gehört in dem so vergrößerten Laderaum nach unten, sperrigeres und leichteres obenauf (Schlafsäcke, Decken u.ä.). Den Abschluß bildet eine maßgeschneiderte Plane oder Folie.

21.20 **Die Gepäckbeförderung auf Motorrädern – besonders auf Kleinkrafträdern – ist nach Masse und Volumen begrenzt.**
Die höchstzulässige Nutzmasse liegt etwa zwischen 150 und 190 kg und ist den Fahrzeugpapieren zu entnehmen. Weil Fahrer- und Beifahrergewicht dazuzählen, ist es günstiger, lange Fahrten ohne Sozius zu unternehmen. Dann kann man hinten viel mehr aufladen, ohne daß die Maschine hecklastig wird, beim Anfahren »Männchen macht« und sich ihr Lenkverhalten verschlechtert. Das Gepäck muß immer so geladen werden, daß keine Stücke über die Lenkerenden bzw. Spiegel herausragen. Auch hohe Auftürmungen, die den Schwerpunkt nach oben verlagern, sind zu vermeiden. Der Fahrer darf in keiner Weise behindert sein, und auch der Beifahrer muß noch bequem sitzen können.
Gepäck ist sicher zu befestigen. Gurte müssen nach den ersten Kilometern nachgezogen werden, weil sie sich beim Gerüttel der Fahrt anfangs wieder lockern. Zur Gepäckbefestigung sind starke Gummischnüre (aus einem Expander) besser geeignet als die oft rutschenden Lederriemen.
Gegen Straßenstaub und Feuchtigkeit schützen wir das Gepäck am besten in Plastesäcken.

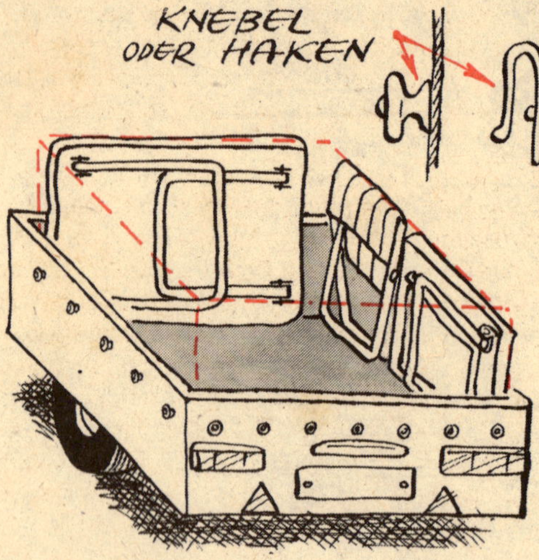

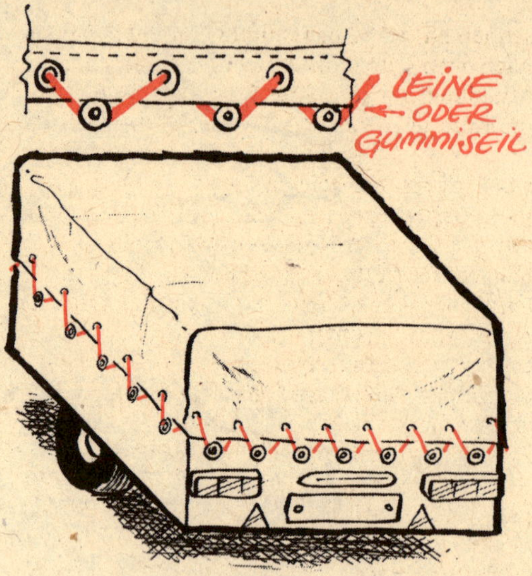

21.21 **Auf Seitengepäckträger am Motorrad muß man sicher nicht hinweisen.**
Sie sind festes Requisit nicht nur bei zeltenden Motorradfahrern. Wichtig ist, daß eine möglichst stabile Ausführung erworben und sie sorgfältig an der Maschine befestigt wird. Seitengepäckträger dürfen – auch wenn die zulässige Nutzmasse noch nicht erreicht ist – niemals so schwer beladen werden, daß sie das Vorderrad entlasten und die Maschine in ihrer Lenkbarkeit einschränken. Ein Pendeln des Vorderrads während der Fahrt deutet auf diese Gefahr hin. Es ist dann besser, einen Teil des Gepäcks vor dem Fahrer auf dem Tank aufzuschnallen (→ 23.7).
Völlig symmetrische Lastverteilung auf beide Seitengepäckträger ist nicht notwendig, die Maschine bleibt auch bei etwas unsymmetrischer Beladung verkehrssicher.

21.22 **Nicht allein die zulässige Nutzmasse eines Motorrads zieht beim Beladen der Gepäckträger eine obere Grenze.** Auch ihre vom Hersteller angegebene Tragfähigkeit darf nicht überschritten werden. Das sollte man bereits beim Kauf beachten.

21.23 **Auf Fahrrädern kann die Ausrüstung auf zwei Gepäckträgern – vorn und hinten – und in Seitentaschen untergebracht werden.** So vermeidet man auch Hecklastigkeit. Eine schmale Lenkertasche nimmt kleine Gegenstände auf, die man schnell zur Hand haben möchte. Bei Herrenrädern kann ein schmaler Gepäckbeutel auch noch an die Querstange gebunden werden. Der Rücken eines Radfahrers soll möglichst frei von Gepäck bleiben, höchstens ein ganz kleines Rucksäcklein sei empfohlen.

21.24 **Rucksackpacken will gekonnt sein!** Dabei gilt nicht die allgemeine Laderegel »Schwerpunkt möglichst tief«, vor allem nicht bei einem schwerbeladenen Rückentragegestell. Generell sollen schwere Gegenstände nach unten und möglichst dicht an den Körper kommen. Es kann nichts schaden, wenn man einen weichen, großen Gegenstand zum Abpolstern innen an der dem Rücken zugekehrten Seite verstaut. Ausrüstungsteile, die man

schnell zur Hand haben muß, kommen ganz nach oben oder in die aufgenähten Taschen. Mit einem gut gepackten Rucksack muß man mühelos gerade stehen können. Muß man sich – um nicht die Balance zu verlieren – dagegen ständig vornüber neigen, so wird das Wandern bald zur kräftezehrenden Tortur. Aus diesem Grunde sollte der Rucksack auch nicht einseitig hängen. Herumbaumelnde Gegenstände sind auf Dauer sehr störend und vergeuden unnütze Kraft. Alles, was nicht in den Rucksack hineinpaßt, wird außen festgezurrt. Rollt man den Schlafsack z.B. zu einer länglichen Wurst, so kann man ihn oben bogenförmig über den Rucksack schnallen. Dazu empfiehlt es sich, wenn nicht schon vorhanden, am Rucksack oder Tragegestell noch einige stabile Laschen oder Ringe anzubringen.
Ist der Rucksack nicht wasserdicht, und das ist trotz Imprägnierung manchmal an den Verschnürungen und Klappen der Fall, so sollte er mit einem Überzug aus imprägnierter Zeltleinwand oder Plastfolie geschützt werden.
Von dem genannten Packschema gibt es eine Ausnahme: Rucksäcke für Skiwanderungen werden mit tiefliegendem Schwerpunkt gepackt. Sonst verliert man bei der gebeugten Haltung beim Langlauf und bei Abfahrten schnell das Gleichgewicht und liegt samt Rucksack kopfüber im Schnee.
Das Gesamtgewicht des Rucksacks sollte beim Wandern in durchschnittlichem Gelände bei Männern 40 Prozent, bei Frauen und männlichen Jugendlichen 25 Prozent und bei weiblichen Jugendlichen 15 Prozent des Körpergewichts nicht übersteigen. Als Höchstgrenze gilt bei Männern 35 kg und bei Frauen etwa 25 kg.

21.25 **Der Transport eines Faltbootes zum Campingort ist auf verschiedene Weise möglich.**
Viele Camper nehmen ihr Boot verpackt auf der Bahn mit (→ 26.5–7) oder fahren auf dem Wasserweg zum Zeltplatz. Wird ein Wohnwagen oder ein geräumiger Anhänger mitgeführt, so sind in diesem die sperrigen Teile eines zerlegten Faltbootes am besten aufgehoben (zulässige Nutzmasse beachten!). Bei dieser Transportvariante stört das zeitraubende Auf- und Abrüsten des Bootes am Campingort.

21.26 **Der Transport eines oder sogar von zwei aufgerüsteten Paddelbooten auf dem Autodach ist prinzipiell möglich (zulässige Dachlast beachten!).**
Es stört jedoch der relativ große Überhang von Bug und Heck. Um ein Wippen und Verrutschen des Bootes zu unterbinden, sollte es mit mindestens 5 mm starken Dederonleinen A-förmig zu den Stoßstangenhalterungen stramm abgespannt werden. Ein Mehrzweckfaltboot DELPHIN kann man nicht auf das Autodach laden; die Dachlast würde überschritten. Dagegen sind Schlauchboote dafür i. allg. leicht genug und

auch nicht allzu lang. Man sollte sie wegen des geringeren Luftwiderstands aber möglichst mit dem Bug nach vorn und dem Kiel nach oben transportieren.

21.27 Eine gute Lösung für den Transport einer Campingausrüstung mit Boot ist die Anschaffung eines geeigneten Anhängers (→ Anhang 3).

Verschiedene Lastenanhänger lassen sich mit Hilfe einer käuflichen Zusatzeinrichtung zum »Bootstrailer« umrüsten; auch zwei spezielle Bootsanhänger sind im Handel. Alle sperrigen und leichteren Ausrüstungsgegenstände können im Boot verladen werden, die schweren Sachen und der Kleinkram kommen ins Auto. Ist man mehrere Tage auf Fahrt, z.B. beim Auslandscamping, so können unterwegs zwei Familienmitglieder im Boot schlafen, die anderen im Auto. Das Zelt bleibt im Sack und kann nicht naß werden.

21.28 Ein aufgerüstetes Mehrzweckfaltboot DELPHIN 110 oder 140 auf dem Deckel eines Zeltanhängers mitzunehmen, hat auf den ersten Blick etwas Verlockendes.

Es paßt sich strömungsgünstig dem Gespann an und ist schnell ins Wasser zu bringen. Auch die zulässige Nutzmasse der gebremsten CAMPTOURIST-Ausführungen würde einen solchen Transport zulassen. Trotzdem ist Achtung geboten, weil die Deckellast des Anhängers weit überschritten wird. Da hilft es auch nichts, wenn einem einfälllt, daß im Deckel des CT6-2 immerhin zwei Personen liegen können, was ja mindestens 150 kg ausmacht! Dabei handelt es sich um eine statische Last, die im Stand des Anhängers angreift. Während einer Fahrt aber, mit schwankendem Boot auf dem Deckel, treten zusätzliche Bewegungskräfte auf, die nur schwer zu kalkulieren sind. Abstützungen zum Fahrgestell des Anhängers würden sich erforderlich machen. So etwas zählt aber als Umbau, der nur in besonderen Fällen möglich, auf jeden Fall aber genehmigungs- und abnahmepflichtig ist (→ Anhang 10/14/).
Ein einfacherer Weg ist, das Boot zu zerlegen und – in den Bootstaschen verpackt – auf Anhängertunnel und -deckel zu verteilen.

Reise zum Campingort

Der Camper fährt endlich zum lang ersehnten Ziel. Auf Reiseeindrücke und Erlebnisse unterwegs will er nicht verzichten. Schließlich wußte es schon Goethe: »Man reist ja nicht um anzukommen, sondern um zu reisen!«

22. Autotouristik

22.1 Im folgenden Kapitel geht es um das Autofahren unter Urlaubsbedingungen.
Wir wollen den Fahrern keine Tips zur Fahrkunst oder dazu vermitteln, wie sie ihr Auto ständig verkehrssicher halten können. Dafür gibt es genügend andere Veröffentlichungen (→ Anhang 11/14/ und /15/). Die folgenden Tips sollen helfen, Unfälle und Pannen zu vermeiden, und sie können dazu beitragen, daß alle Insassen nach genußvoller Fahrt ungestreßt am Ziel ihrer Wünsche ankommen. Weitere Hinweise für Autofahrer finden sich in den Kapiteln 21, 28, 35 und 36.

22.2 Beim Planen der Abfahrtszeit für eine Autoreise sind mehrere Gesichtspunkte zu berücksichtigen.
Generell gilt, daß man die Fahrt nur ausgeruht und gesund antreten soll. Also fährt man nicht etwa nach Feierabend des letzten, ereignisreichen Arbeitstages ab.
In der Saison herrscht morgens auf den Hauptstrecken starker Verkehr, weil viele Urlauber, die sich das ganze Jahr auf diesen Tag gefreut haben, nun schnell am Ziel sein wollen. An Wochentagen kommt auf Landstraßen und in Städten die Spitze des Frühverkehrs hinzu. Es ist darum günstig, entweder sehr früh zu starten, oder in aller Ruhe auszuschlafen und erst relativ spät loszufahren (→ 17.12).
Am ersten Tag der Schulferien ist der Trubel auf allen Urlaubsstrecken besonders groß. Wenn irgend möglich, sollte man diesen Tag für Reisen aller Art meiden.
Bei der Zeitplanung sollten wir auch an die körperliche und geistige Leistungsfähigkeit denken, die im Laufe des Tages schwankt. Bei den meisten Menschen liegt die Leistungsspitze etwa zwischen 8 und 11 Uhr, das Tief stellt sich zwischen 15 und 16 Uhr ein. Ist man dann noch nicht am Ziel, wäre zumindest eine längere Pause fällig.

22.3 Es sei daran erinnert, daß Kinder bis zu 7 Jahre nicht und ab 8 Jahre auf dem Beifahrersitz nur dann befördert werden dürfen »wenn geeignete, ausreichende, sowie dem Alter und Verhalten der Kinder angemessene Sicherheitsmaßnahmen getroffen sind« (StVO, § 28.2).
Das bedeutet, daß der Sicherheitsgurt in seiner Länge und den Befestigungspunkten den Körpermaßen des Kindes angepaßt sein muß. Wird das nicht beachtet, dann besteht die Gefahr, daß bei einem Verkehrsunfall das Kind am Hals gewürgt wird oder unter dem Gurt herausrutscht. Es ist unverantwortlicher Leichtsinn, wenn eine zwar selbst angeschnallte Mutti auf dem Vordersitz ihr Kleines auf dem Schoß hält. Sie möge sich vorstellen, was im Falle einer Notbremsung oder bei einem Auffahrunfall passieren kann!

22.4 Kleine Kinder gehören zusammen mit einem Erwachsenen auf den Rücksitz des Autos.
Die Kindersicherungen an den Türen sind einzuschalten. Hinten kann man eine mollige Liegefläche aus Woll- oder Campingdecken herrichten, auf der das Kind in Grenzen herumtollen und auch schlummern kann. Sicherer, aber viel langweiliger ist ein Kindersitz.
Etwas Spielzeug, ein Bilderbuch, besonders aber das vertraute Kuscheltier sollten nicht fehlen. Beschäftigung mit dem Kind während der Fahrt – z.B. Ratespiele: welche Autofarbe kommt uns gleich entgegen? – lassen die Zeit schneller verfliegen. Für die Schönheiten der vorbeisausenden Landschaft haben kleine Kinder nur selten einen Blick.
Säuglinge soll man nie während der Fahrt füttern. Dafür ist es zu unruhig – und sie könnten sich verschlucken.

Kinder läßt man niemals längere Zeit allein im Auto. Bei einer Überhitzung des Innenraums können Kleinkinder sich nicht allein helfen, und es droht ein Hitzschlag.
Der ungebändigte, auf die Bedienteile des Autos gerichtete Tatendrang heranwachsender Kinder hat schon zu manchem Unglück geführt. Auch das wilde Herumwürgen an der Lenkung im Stand – wie man es leider sehr oft beobachten kann – bekommt den Lenkungsteilen bestimmt nicht gut.

22.5 **Autofahren bedeutet weniger körperliche, dafür aber harte geistige Arbeit.**
Die sich laufend verändernde Verkehrssituation stellt höchste Anforderungen an Konzentration, Reaktionsvermögen und Beobachtungsgabe des Fahrers. Viele Reize fluten über Auge, Ohr, Tast- und Gleichgewichtssinn auf ihn ein, müssen vom Gehirn koordiniert und in fahrerische Reaktionen umgesetzt werden. Nicht alle Reize dringen dabei vollständig ins Bewußtsein, sondern die Handlungen des Fahrers laufen teilweise automatisch ab (Fahrroutine). Das ist aber frühestens nach etwa 10 000 Fahrkilometern – das entspricht einer Fahrpraxis von etwa einem Jahr – der Fall. Das »in Fleisch und Blut« übergegangene Reagieren erfordert außerdem ständiges Fahrtraining. Bei Gelegenheitsfahrern verschwindet diese Fähigkeit immer wieder. Sie sollten die ersten Kilometer jeder Fahrt darum besonders vorsichtig angehen.

22.6 **In kritischen Verkehrssituationen und bei dichtem Verkehr wird ein Fahrer von äußeren Reizen regelrecht überflutet.**
Gereiztheit bis zur Aggressivität können je nach Temperament die Folge sein. Jedem Fahrer muß es ein Warnsignal sein, wenn er beginnt, sich über den »traumtänzerischen Idioten« im vorausfahrenden Pkw zu ärgern. Dann ist es Zeit für eine Pause oder wenigstens etwas verlangsamte Fahrt. Kein Kraftfahrer darf dem inneren Drang nachgeben, sich in seiner Gemütsverfassung aufzuschaukeln und es »dieser Transuse zu zeigen, wie man ordentlich Auto fährt!«
Als Beifahrer sollte man bei schwierigen Verkehrssituationen tiefschürfende Gespräche mit dem Fahrer und sonstige Ablenkungsmanöver vermeiden.

22.7 **Genauso schädlich wie eine Reizüberflutung kann sich ein Mangel an äußeren Verkehrsreizen auswirken.**
Auf langweiligen Strecken mit geringer Verkehrsdichte wird der Fahrer nur wenig gefordert, die Aufmerksamkeit läßt nach, und besonders nachts kommt er schnell ins Dösen. Wenn ein Kraftfahrer plötzlich feststellt, daß er bei scheinbar hellwachen Sinnen nichts mehr über die letzgefahrene Strecke weiß, wenn er grundlos zusammenschreckt oder wenn Phantasiebilder herangaukeln, dann ist es allerhöchste Zeit etwas zu tun. Frische, kühle Luft, Radiomusik,

ein Gespräch oder auch eine kurze Rast mit aktiver Bewegung bringen die Lebensgeister wieder in Schwung und nehmen einer solchen Fahrt die Gefahr. Auch ein kurzer Schlaf von nur 15 bis 20 Minuten kann bereits Erquickung bringen.

22.8 **Auf längeren Fahrten braucht man einen aufmerksamen Beifahrer.**

Er übernimmt das Kartenlesen, ermittelt Entfernungen, sucht geeignete Stellen für eine Rast und dirigiert den Fahrer durch unbekannte Städte. Das setzt voraus, daß der Beifahrer nicht erst zur Karte greift, wenn die Entscheidungssituation bereits herangereift ist. Nichts wirkt entnervender auf den Piloten, als wenn er immer einige hundert Meter nach einer Abzweigung erfährt: »Ich glaube, da hinten hätten wir rumgemußt!«. Auch während eintöniger Fahrt auf verkehrsarmen Straßen kommt dem Beifahrer erhöhte Bedeutung zu. Selbst wenn sich auf den Rücksitzen bereits alles in süßem Schlummer

wiegt: Der Copilot muß wach bleiben und mit aufpassen. Eine kleine Plauderei mit dem Fahrer hält diesen munter und gibt beruhigende Gewißheit, daß dieser nicht nur körperlich, sondern auch geistig anwesend ist.

22.9 **Während der Urlaubsfahrt sollte spätestens nach je zwei Stunden Fahrt eine kurze Rast von 15 bis 20 Minuten eingelegt werden.**

Das ist für den Fahrer wichtig, aber auch für mitfahrende Kinder. Diese bewegen sich dann schon von ganz allein. Darum beim Halt an einer Verkehrsstraße ein waches Auge behalten! Auch die Erwachsenen sollten die Zeit für ein paar Lockerungsübungen nutzen: einfache Gymnastik, wie man sie vom Frühsport her kennt. Wer sich scheut, vor den Augen der anderen Rastenden »herumzuhampeln«, der kann auch eine kurze Strecke durch den Wald rennen. Nervenaufreibende Zwangsaufenthalte in Staus, an Bahnübergängen oder in der Warteschlange an einer Tankstelle sind kein Ersatz für eine Erholungspause!

22.10 **Für ermüdungsfreies Fahren ist die Sitzposition des Fahrers entscheidend.**

Der Sitz sollte in Längsrichtung so eingestellt sein, daß bei mäßig angewinkelten Beinen die

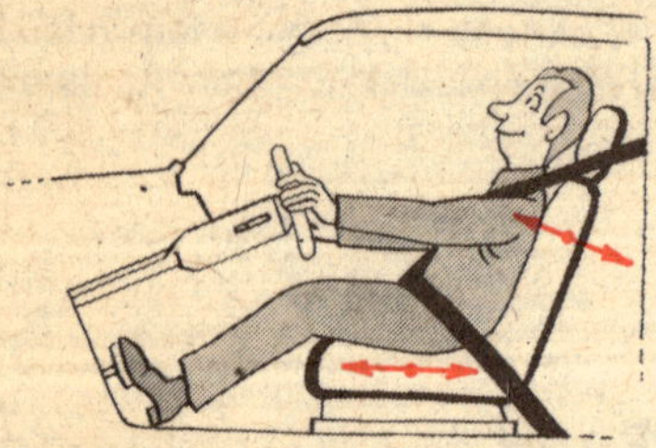

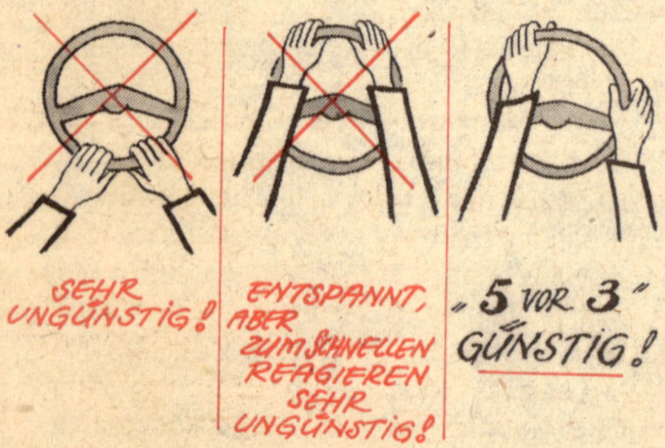

Pedale bequem erreicht werden können, ohne daß man dabei mit den Oberschenkeln oder Knien unten am Lenkradkranz anstößt. Eine einmal gewählte Position sollte immer beibehalten werden, da man sich darauf »einfährt« und in Notsituationen schneller reagieren kann. Dagegen kann die Neigung der Rückenlehne während der Fahrt auch mal geändert werden, um der Wirbelsäule und den Armen eine andere Lage zu gönnen. Die meisten Fahrer sitzen zu dicht am Lenkrad. Ist man es erst einmal gewohnt, dann fährt man mit ausgestreckten Armen sehr sicher und entspannt. Um ein Nachgreifen bei stärkeren Lenkbewegungen zu vermeiden ist es günstig, den Lenkradkranz mit den Händen bei »5 Minuten vor 3« zu fassen.

22.11 **Bei Kolonnenverkehr sollten wir uns bemühen, im Verkehrsstrom mitzuschwimmen.**

Ständiges hektisches Überholen, vor allem das verbotene Lückenspringen mit Hineindrängeln in den Sicherheitsabstand anderer Fahrzeuge, stört – wie betontes Bummeln übrigens auch – den gleichmäßigen Geschwindigkeitsfluß auf der Straße und schadet schließlich allen. Wer aus einer Kolonne zum Rasten ausscheren will, der sollte diese Absicht durch deutliches Fahrverhalten den nachfolgenden Fahrzeugen kundtun (weit rechts in der Spur halten, Antippen der Bremse, rechtzeitiges Blinken).
Bei Verkehrsstaus sollten sich alle Fahrzeuge weit rechts halten, der Motor muß abgestellt werden. Keinesfalls darf man versuchen, sich auf der linken, teilweise noch freien Spur weiter nach vorn zu mogeln; sie ist Einsatzfahrzeugen (VP, Rettungswagen der SMH usw.) freizuhalten.

22.12 **Vielen Menschen, vor allem Kindern, wird im Auto häufig schlecht.**

Selbst wenn der Fahrstil entsprechend milde gestaltet wird, der Fahrer Kurven und Bodenwellen behutsam angeht, kann er nicht immer vermeiden, daß schließlich bei irgend jemand das Frühstück wieder hervordrängt. Dann ist es zum Anhalten oft zu spät oder nicht der rechte Ort. Es hat sich in solchen Fällen bewährt, einen Vorrat gereinigter und oben aufgeschnittener Milchtüten aus Plaste griffbereit zu haben (schon beim Einpacken sollten sie probehalber aufgepustet werden). Einige bereitgelegte Zellstofftücher oder ein feuchter Waschlappen be-

währen sich, nachdem alles vorüber ist.
Ganz schlimm betroffenen Personen verschreibt der Arzt ein sicher wirkendes Medikament, das einige Zeit vor der Fahrt genau nach Vorschrift einzunehmen ist. Das Mittel dämpft nicht nur den Magen, sondern auch alle anderen physischen und psychischen Aktivitäten. Für den Fahrer ist daher ein solches Medikament absolut tabu.

22.13 **Für die Unterwegs-Verpflegung für Autoreisende gelten sinngemäß die Tips für die Bahnfahrt (→ 26.2).**
Man braucht wegen des weniger eingeschränkten Gepäcks aber nicht nur auf belegte Brote zu orientieren. Bei Ganztagsfahrten sollte man auf eine längere Mittagsrast mit warmem Essen nicht verzichten. Dazu bieten sich unterwegs viele Raststätten an. Am schnellsten geht es erfahrungsgemäß in kleineren Dorfgaststätten, besonders, wenn sie etwas abseits von der Hauptstraße liegen. Mit einem Campinganhänger am Haken kann man natürlich an einem stillen Fleck – z.B. an einem See – Rast machen, ein Schnellgericht bereiten oder Mitgenommenes aufwärmen, anschließend ein Sonnenbad nehmen oder sich in den kühlen Fluten etwas erfrischen. So wird bereits die Fahrt Bestandteil der aktiven Urlaubsgestaltung und vor allem für Kinder weniger eintönig.
Das alles funktioniert übrigens an schönen Tagen auch bei einer Mittagsrast mit Solo-Pkw, wenn man den Kocher und etwas Geschirr griffbereit verstaut hat.

22.14 **Wer eine längere Fahrt ins Ausland plant, der sollte sein Auto gewissenhaft vorbereiten.**
Von absoluter Verkehrstüchtigkeit darf es keine Abstriche geben. Eine rechtzeitige gründliche Werkstattdurchsicht ist anzuraten, nicht erst in letzter Minute; denn es können sich noch größere Instandsetzungsarbeiten erforderlich machen. Die wichtigsten Zubehörteile werden eingepackt (Zündkerzen, Kerzenstecker, 2 m Zündkabel, Zündspule, Kondensator, Benzinpumpenmembran, Keilriemen, Schlauchbänder, Sicherungen und Ersatzlampen, Reserveschlauch, Ventileinsätze, Zylinderkopfdichtung (!), Schraubensortiment, Blinkgeber, Bremsflüssigkeit, bei Viertaktern Zündverteiler mit Läufer, Handwaschpaste »2 × 1« und Reparaturhandbuch), und das Bordwerkzeug wird erweitert. In manchen Werkstätten kann man sich für bestimmte Autotypen ein Ersatzteilpaket ausleihen; nur die entnommenen Teile müssen später bezahlt werden. Vorsichtige Fahrer haben sogar Gelenkwellen, Radlager und Reservekohlen für Lichtmaschine und Starter dabei. Wo aber will man da eine Grenze finden!

22.15 **Bei einer Auslandsfahrt mit Kfz sollte man bereits vor der Abreise einen genauen Streckenplan für Hin- und Rückfahrt ausarbeiten.**
Das ist ein Zettel mit den zu durchfahrenen Hauptorten, Grenzübergängen und Abzweigungen, einschließlich der Entfernungsangaben. Soweit möglich sollten die vorgesehenen Tankstellen und Transitcampingplätze vermerkt werden. Es entsteht ein doppelter Vorteil: Einesteils kann man den Plan bereits zu Hause zur Basis der Zeit- und Fahrkostenplanung benutzen, andererseits ist er zur Orientierung während der Fahrt sehr nützlich. Außerdem ist bekanntlich Vorfreude die schönste Freude.

22.16 **Wegweiser haben ihre eigenen Gesetze!**
Das gewünschte Ziel – vor allem, wenn es sich um eine mittelgroße Ortschaft handelt – wird nur selten ausgewiesen. Man spart sich unnötiges Herumirren, wenn man auf dem Streckenplan bei größeren Städten mit erwartungsgemäß schwieriger Durchfahrt auch den nächsten Ort und eine fernere Großstadt vermerkt, zu der die Route führt, auf der man die Stadt zu verlassen gedenkt. Eine gute Hilfe sind auch die auf den Autokarten angegebenen Straßennummern, die an sehr vielen Stellen der Straße und auf Wegweisern immer zu finden sind.

22.17 **Beim grenzüberschreitenden Verkehr darf das Benzin im fest eingebauten Tank des Pkw mitgeführt werden.**
Es ist also niemandem verwehrt – je nach Benzinpreis in den einzelnen Ländern –, entweder mit randvollem oder mit fast leerem Tank über die Grenze zu fahren. Ein Reservekanister bis zu 20 l Inhalt darf i. allg. auch mitgenommen werden, jedoch gibt es dabei Ausnahmen (z.B. keine Ausfuhr aus der ČSSR und Einfuhr nur bei Reisen über zwei Tage, weder Ein- noch Ausfuhr in Ungarn). Keinesfalls wird aber geduldet, wenn Autoreisende die unterschiedliche Preisbildung für Benzin in den verschiedenen

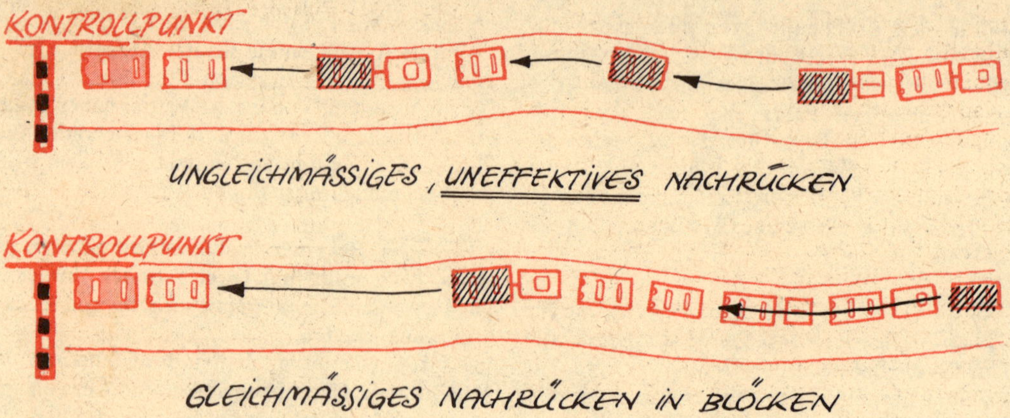

Ländern durch eine mitgeführte Batterie voller Kanister überlisten wollen.

22.18 **An einem Grenzübergang ordnet man sich mit dem Kfz in der vorgesehenen Fahrspur als letzter ein (Beschilderung beachten!).**
Ausweise und sonstige Reisedokumente hält man griffbereit (Reiseanlagen, Zollerklärung, Umtauschbescheinigung, Reisebürounterlagen usw.). Bei sehr langen Warteschlangen rollt das Auto immer nur ein paar Meter. Besser als laufendes Neustarten ist es dann für den Akku, die Atmosphäre und die Muskulatur, das Auto das kurze Stück zu schieben. Es ist auch Unsinn, immer sofort und lediglich um Autolänge nachzurücken. Eine größere Lücke – z.B. von fünf Autolängen, reduziert die Anzahl der Anfahrmanöver für alle Nachfolgenden auf 20 Prozent. Das Auto verläßt man im eigentlichen Kontrollbereich nur dann, wenn man von Zoll- oder Grenzorganen dazu aufgefordert wird. Fotografieren im Bereich der Grenze ist verboten.

22.19 **Normalerweise werden zunächst die Paß-, danach die Zollformalitäten erledigt.**
Bei der Paßkontrolle setzen wir die Sonnenbrille ab, damit der Kontrollierende unser Konterfei auch erkennen kann. Bei der Zollkon-

trolle bleibt es meist bei der Frage nach den mitgeführten Gegenständen, die man wahrheitsgemäß und vollständig beantworten muß. Das ist auch die letzte ehrliche Chance, Auskunft einzuholen, wenn man sich nicht völlig sicher ist, ob ein mitgeführter Gegenstand zur Aus- bzw. Einfuhr zugelassen bzw. ob er zollpflichtig ist. Richtiger ist natürlich, man klärt solche Probleme schon vorher. Ergeben sich aber bereits aus der Beantwortung der erwähnten Frage für die Zollorgane Unklarheiten oder Widersprüche, dann muß man damit rechnen, höflich, aber sehr bestimmt auf einen kleinen Parkplatz dirigiert zu werden und eine Generalinspektion des Fahrzeugs und des Gepäcks erleiden zu müssen. Im allgemeinen aber wird – wenn alles klar ist – lediglich ein Blick ins Innere des Pkw geworfen, oder der Zollbeamte bittet uns, den Kofferraum, den Anhänger, eventuell auch ein Gepäckstück zu öffnen. Paß- und Zollkontrolle laufen an jeder Grenze zweimal ab, einmal im Ausreise-, das andere Mal im Einreiseland.

22.20 Die vermutliche Wartezeit an einem Grenzübergang ist schwer zu kalkulieren.

Je nach Jahreszeit, Wochentag, Uhrzeit und sonstigen Bedingungen kann man entweder »glatt durchfahren«, oder man muß bis zu mehreren Stunden warten. Die längsten Wartezeiten ergeben sich unmittelbar nach Beginn der Schulferien und an Wochenenden. An den Grenzübergangsstellen der Europastraßen dauert es länger als an denen von Nebenstrecken. Man muß sich aber vorher darüber informieren (z.B. an Hand der Autokarte), ob der Nebenübergang für den internationalen Autoverkehr geöffnet ist.

22.21 Im Ausland sollte man die zulässigen Höchstgeschwindigkeiten ebenso präzise beachten, wie das in der DDR gefordert wird.

Zum einen dient man damit der eigenen Sicherheit; zum anderen sind, weil den Auslandstouristen naturgemäß keine Stempel gegeben werden können, die Bußgelder erschreckend hoch. Fahrern mit besonders steifem Gasfuß kann es in einigen Ländern passieren, daß ihr Fahrzeug zeitweilig stillgelegt und abgeschleppt wird.

22.22 Wer die ČSSR mit dem Kfz bereist, muß etwas von den dortigen Eisenbahnübergängen wissen.

Tabelle 22.21 Zulässige Höchstgeschwindigkeiten in km/h
(Stand: September 1984)

		Ortschaft	Landstraße	Autobahn
ČSSR	Pkw	60[1)]	90	110
	Pkw-Anhänger	60[1)]	90	110
	Motorrad	60[1)]	80	80
VR Polen	Pkw	50	90	90
	Pkw-Anhänger	50	70	70
	Motorrad	50	90	90
SR Rumänien	Pkw	60	90[2)]	90[2)]
	Pkw-Anhänger	40	60	60
	Motorrad	40	50	50
Ungarische VR	Pkw	60	80	100[3)]
	Pkw-Anhänger	60	70	80
	Motorrad	50	80	100
VR Bulgarien	Pkw	60	80[4)]	120[5)]
	Pkw-Anhänger	60	80[4)]	120[5)]
	Motorrad	50	70	100
UdSSR	Pkw	60	90	90
	Pkw-Anhänger	60	90	90
	Motorrad	60	70	70

1) für die Zeit zwischen 23.00 und 5.00 Uhr gelten die Geschwindigkeiten der Landstraße, wenn durch Verkehrszeichen nicht andere Geschwindigkeiten festgelegt sind

2) Pkw mit einem Hubraum über 1 800 cm^3 90 km/h
Pkw mit einem Hubraum zwischen 1 100 und 1 800 cm^3 80 km/h
Pkw mit einem Hubraum unter 1 100 cm^3 70 km/h

3) Mindestgeschwindigkeit 60 km/h

4) wenn Führerschein weniger als 2 Jahre alt: 70 km/h

5) wenn Führerschein weniger als 2 Jahre alt: 100 km/h

In der DDR ist die Höchstgeschwindigkeit an Eisenbahnübergängen auf 50 km/h beschränkt, in der ČSSR kann man gar nicht so schnell darüberfahren ohne zu riskieren, daß das Mobil in die Einzelteile zerfällt. Fast ist zu vermuten, daß die Holper und Wellen mit SCHWEJKscher List absichtlich gepflegt werden, um die Kraftfahrer zu langsamer Fahrt zu zwingen. Wenn das rote Warnlicht aufleuchtet so weiß man, daß anzuhalten ist. Wehe aber dem Reisenden, der in der ČSSR vielleicht noch schnell »darüberhuschen« will, weil weit und breit kein Zug in Sicht! Einige Schranken schließen mit der Brisanz von Hackmessern, und eine Kerbe im Autodach oder Helm sind dabei noch die geringsten Risiken.

23. Zweiradreisen

23.1 **Der Urlaub ist sicher für jeden ein Höhepunkt des Jahres, auf den er sich lange freut.**

Um dieses schöne Erlebnis nicht zu schmälern oder gar dramatisch enden zu lassen, hier ein Appell besonders an die etwa 3 Millionen Motorradfahrer: Gerade im starken Urlaubsverkehr mit vollbeladenen Maschinen ist ein angemessenes und umsichtiges Fahrverhalten lebenswichtig. Lieber öfter etwas verhaltener, als einmal zu forsch! Das Risiko eines tödlichen Unfalls ist auf einem Motorrad 20mal größer als in einem Pkw. Zwar ist die Zahl der Verkehrsunfälle seit 1977 rückläufig, aber der Anteil an getöteten oder verletzten Motorradfahrern zwischen 14 und 18 Jahren hat laufend zugenommen. Wirkliche Könner mißt man nicht an crossverdächtigen Kavalierstarts, nicht an rasanter Geschwindigkeit, nicht an gewagten Überholmanövern oder an sonstigem Imponiergehabe, sondern daran, wie rücksichtsvoll sie sich gegenüber anderen Verkehrsteilnehmern verhalten, wie sie Gefahrensituationen zu meistern verstehen und an ihrer jederzeit beherrschten Fahrweise.

23.2 **Motorradtouristen, die längere Zeit mit dem Zelt Urlaub machen wollen, können von der empfohlenen Grundausstattung für Tramper ausgehen (→ 25.2).**

Dazu ist ergänzende Bekleidung nötig: regendichter Motorradanzug, Nierenschutz, Schutzhelm und Brille, langschäftige Stiefel und warme, lange Socken, Mund-Halstuch, Motorradhandschuhe, dicke Unterwäsche mit langer Unterhose. Außerdem sollten mitgenommen werden: Zeltplane als Sonnen- und Regenschutz, elektrische Lampe mit Handlampenstekker (→ 9.18), Wolldecke und, wenn noch Platz ist, an Stelle der Biwakmatte eine Luftmatratze und ein 2- oder 5-l-Wasserkanister.

23.3 **Vor einer längeren Motorradtour kontrollieren wir die Maschine gründlich auf einwandfreien technischen und verkehrssicheren Zustand sowie auf Vollständigkeit des vorgeschriebenen Zubehörs.**

Das Werkzeugsortiment sollten wir etwas erweitern, und auch ein paar Ersatzteile können nichts schaden. Wir empfehlen folgendes: zwei Zündkerzen, Kerzenstecker, Unterbrecherkontakt, zwei Kettenschlösser, Ventileinsätze, Reserveschlauch (bei unterschiedlich großen Rä-

dern je einen), Bowdenzüge, mehrere Speichen, Reserveglas für Rückspiegel, Isolierband, Dederonseil (6 mm dick, etwa 5 m lang), Luftdruckprüfer, etwa 1 m Benzinschlauch (auch zum Umfüllen!), Schraubensortiment, Reparaturhandbuch, Handwaschpaste »2 × 1« und Putzlappen.

23.4 **Bei mehrtägigen Motorradreisen sind die täglich zu bewältigenden Kilometer kaum planbar.**
Man kann zwar bei größeren Maschinen mit einer Durchschnittsgeschwindigkeit von 55 bis 65 km/h (bei Kleinkrafträdern mit etwa 40 km/h) rechnen – auf Autobahnen sogar mit 90 km/h (55 km/h) –, aber das Wetter macht den Zweiradfahrern oft einen Strich durch ihre Kalkulation. Bei strömendem Regen kann es

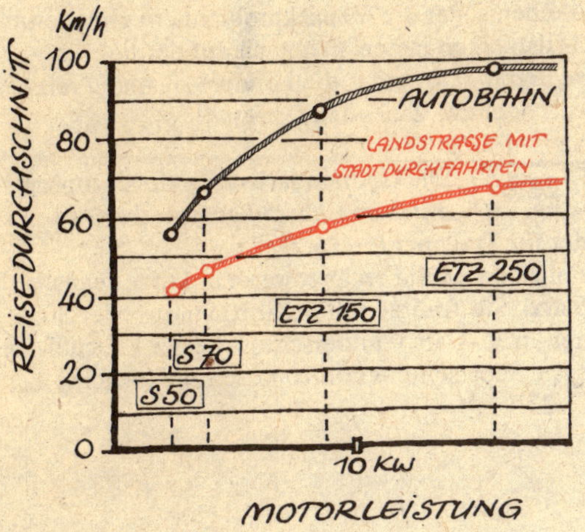

Zwangsaufenthalte von mehreren Tagen geben. Unter günstigen Bedingungen läßt sich bei Zeltübernachtung ohne Streß mit einer großen Maschine eine tägliche Strecke von 300 bis 400 km bewältigen, mit einem Kleinkraftrad 200 bis 250 km. Ist man sich seines Übernachtungsplatzes schon sicher, z. B. in einer vorbestellten Jugendherberge, so schafft man wohl auch 50 km mehr.

23.5 **Bei Motorrädern sind Gruppenfahrten besonders günstig.**
Das Gepäck läßt sich besser verteilen, seltener benötigte Ersatzteile und zusätzliches Werkzeug brauchen nur einmal eingepackt zu werden. Gruppenfahrten drosseln aber auch mehr oder weniger das Durchschnittstempo, da man sich nach dem unerfahrensten Fahrer und der schwächsten Maschine richten muß. Daher empfiehlt es sich, nicht mit Kleinkrafträdern und großen Maschinen gemeinsam auf Fahrt zu gehen. Das führt dazu, daß die kleinen Maschinen ständig mit Vollgas gejagt werden und die großen kaum über den dritten Gang hinauskommen. Will man trotzdem zusammen Urlaub machen, so sollte man getrennt fahren, aber gemeinsam rasten. Die geringere Geschwindigkeit der Kleinkrafträder gleicht man entweder durch eine Zeitvorgabe aus, oder die »Brummer« fahren voraus und machen schon Quartier.

23.6 **Motorradfahrer im Konvoi müssen sich im Verkehr besonders diszipliniert verhalten.**
Ein Nebeneinanderfahren ist ebenso unerlaubt wie häufiger Positionswechsel der Kräder in der Kolonne. Es ist ausreichender Sicherheitsabstand einzuhalten. Das Einschalten des Abblendlichts am Tage ist seit dem 1. 7. 1987 zwingend vorgeschrieben, es trägt zum »Gesehenwerden« und damit zur Sicherheit des Zweiradfahrers bei. Fährt ein Teil der Gruppe an einer Ampel noch bei Grün/Gelb über die Kreuzung, so trennt er sich damit automatisch von den nachfolgenden Maschinen. Es ist darum in Städten besser, getrennt zu fahren und sich erst wieder am Ortsausgangsschild zu sammeln.

23.7. **Bei Krafträdern ist ein Tankrucksack eine feine Sache.** Er verbessert die Lastverteilung auf der Maschine und ist auch während der Fahrt zugänglich. Darum kommen alle Gegenstände hinein, die man schnell bei der Hand haben muß: Marschverpflegung, Ausweise, Geld, Karten, Handwaschpaste und Handtuch, Fotoapparat, Ersatzfilme, Sonnenbrille, Handschuhe, Regenplane und Luftdruckprüfer. Einen mit Riemen aufzuschnallenden Tankrucksack mit Reißverschluß kann man sich aus gummiertem Stoff oder imprägnierter Zeltleinwand passend zur Maschine selbst schneidern. Ein bis zwei flache Obertaschen nehmen die kleinen Dinge auf. Am Boden wird weicher Flanellstoff aufgenäht (z. B. Staubtücher), damit der Lack des Tanks nicht zerkratzt wird.

23.8 **Radfahren ist sportlich, gesund, umweltfreundlich und sparsam.**
Man kann Landschaften durchradeln, die man mit einem Kfz nie erreicht, und bekommt mit Land und Leuten Kontakt. Es gibt passionierte Ritter der Pedale, die im Urlaub alljährlich über 1000 km unter den Reifen hindurchschieben. Ganze Länder betrachten das Fahrrad als ihr Hauptverkehrsmittel (Vietnam, China, Niederlande u. a.), und überall auf der Welt steigt wieder die Anzahl der Radler. Der Urvater des Fahrrads ist das von dem Freiherrn v. DRAIS im Jahre 1817 konstruierte Laufrad mit Holzspeichenrädern – die Draisine. In der heute üblichen Bauart gibt es Fahrräder schon seit 1879. Viele Zelter erreichen auf ihren Drahteseln den Urlaubsort und erkunden später dessen Umgebung per Rad. Reist man auf diese Weise mit der ganzen Familie oder unter Freunden, so bleiben sogar die Gepäckprobleme in Grenzen. Teilstrecken lassen sich auch auf der Bahn bewältigen, z. B. wenn die Landschaft wenig reizvoll oder das Ziel allzu fern ist.

23.9 **Die Grundausrüstung für Camping mit dem Fahrrad entspricht etwa der für Tramper (→ 25.2).**
Folgendes sollte ergänzt werden: kurze Jeans, Schal, Stoffmütze mit Schirm, Staub- oder Sonnenbrille, statt Wanderschuhe besser knöchelhohe Sportschuhe und Handschuhe (beachte 21.23!).

23.10 **Tourenfahrräder sind für lange Fahrten geeigneter als Klappräder.**
Bei letzteren braucht man mehr Energie für die Fortbewegung, weil die viel kleineren Räder einen höheren Rollwiderstand haben. Wichtig für ermüdungsfreies Fahren ist, daß das Rad den Körpermaßen des Radlers angepaßt wird. Der Sattel wird in einer Höhe eingestellt, daß man bei ausgestreckten Beinen noch mit den Zehenspitzen den Boden erreicht. Die Lenkergriffe sollen in gleicher Höhe wie der Sattel oder noch etwas höher stehen, jedoch kann individuell auch eine andere Position entspannender sein.

23.11 **Beruhigt kann nur der auf eine längere Tour gehen, dessen Fahrrad sich in technisch einwandfreiem Zustand befindet.**
Alle zur Verkehrssicherheit beitragenden Einrichtungen (zwei unabhängig voneinander wirkende Bremsen, Klingel, Beleuchtung, Rückstrahler am hinteren Schutzblech und an den Pedalen) müssen funktionieren. Auch ein Rückspiegel sollte vorhanden sein. Es empfiehlt sich, zusätzliches Werkzeug und einige Ersatzteile mitzunehmen, um nicht schließlich den Drahtesel schieben oder gar tragen zu müssen. Wir empfehlen – für zwei oder drei Fahrräder gerechnet – folgende Teile: zwei Ersatzschläuche, Flickzeug, mehrere Kettenschlösser, Ersatzlampen, Bremsklötze, Bowdenzüge für Bremsen und Schaltung, mehrere Speichen, Ventileinsätze, Dederonschnur, Isolierband, Schraubensortiment für Fahrräder, Spezialschlüssel für Fahrradmuttern und Speichen, Kombizange, Luftpumpe, kleine Flachfeile und Dorn (etwa 2,5 mm für Kettenreparatur) und Fahrradschloß.

23.12 **Wenn die ganze Familie mit dem Fahrrad auf Reisen geht, dann sollten die Kinder gut vorbereitet werden.**
Man macht sie mit den wichtigsten Verkehrsregeln praktisch vertraut, allem voran mit dem Abbiegen. Aber auch die Vorfahrtregeln, die Signale und allgemein die Benutzung der Straße (Einbahnstraßen, Radwege, Fahrspuren usw.) sind sehr wichtig. Wir erklären den Kindern geduldig, wie gefährlich es ist, freihändig oder nebeneinander zu fahren, sich an andere Fahrzeuge anzuhängen oder in deren Windschatten zu radeln. Auch das Befahren schlechter Wege muß geübt werden – wie man Löchern, Wurzeln und herabhängenden Zweigen ausweichen kann – das Lenken mit nur einer Hand, das Überrollen von Gleisen und Längsrinnen ... und immer wieder das korrekte Linksabbiegen und Überqueren von Kreuzungen.

23.13. **Mit dem Fahrrad sollte man sich keine größere tägliche Strecke als 60 bis 80, allerhöchstens 100 km vornehmen,**

anfangs weniger, später kann man sich steigern.
Die Fahrgeschwindigkeit soll 12 bis 18 km/h betragen. Ist man mit Kindern unterwegs, muß man deren Kräftehaushalt berücksichtigen und steuern; sie neigen dazu, sich anfangs mehr als notwendig zu verausgaben. Ausdauer kann man schon einmal vor der großen Fahrt testen.
Alle Beteiligten einer Radtour fahren hintereinander, ganz rechts auf der Straße. Wenn vorhanden, müssen Radwege benutzt werden. Der im Straßenverkehr erfahrenste Erwachsene fährt ganz vorn, ein anderer am Ende der Kolonne. Die Gruppe bleibt immer zusammen. Bei Gebirgsfahrten, aber auch bei Gegenwind zahlt sich eine Gangschaltung aus. Man spart Kräfte und ist insgesamt schneller.

23.14 **Beim Radfahren vermeidet man, wenn es irgend geht, die Hauptverkehrsstraßen.**
Besser ist es, Wald-, Feld-, Radwege oder Nebenstraßen zu bevorzugen. Bei einer Panne muß man unbedingt von der Straße herunter. An belebten Kreuzungen oder beim Linksabbiegen im dichten Verkehr ist es keine Schande, das Fahrrad an der Hand zu leiten.

23.15 **Beim grenzüberschreitenden Verkehr kann der Radler auch die Fußgängergrenzstellen benutzen.**
Nur über Autobahngrenzstellen darf er nicht fahren, weil Autobahnen ohnehin für Radfahrer gesperrt sind. Bei Eisenbahnreisen liefern wir unser Fahrrad rechtzeitig mit einem Internationalen Gepäckschein auf, damit es am Zielbahnhof angelangt ist, bevor auch wir dort ankommen.
Das Fahrrad auf Gepäcktransportschein im Packwagen des grenzüberschreitenden Zuges mitzunehmen kann nur dann empfohlen werden, wenn es unter Zollverschluß läuft und der Zielbahnhof ein Zollamt hat.

24. Wasserwandern

24.1 **Eskimos waren die ersten Kanuten.**
Ihre offenen Fellboote, leicht und wendig, dienten vorrangig dem Nahrungserwerb. Heute sitzen Freizeitkapitäne in ganz ähnlichen Konstruktionen, sind damit im Urlaub auf Seen und Flüssen unterwegs, wechseln zwar den Übernachtungsort, aber campieren doch im Zelt oder auf ihrem etwas größeren Boot. Um diese Fragen geht es im folgenden Abschnitt, weitere Hinweise finden sich in den Kapiteln 13, 26, 27, 48, 57 und 60.

24.2 **Wasserwandern mit Paddelbooten, egal, ob im Einer, im Zweier, im Faltboot oder im Plasteboot, hat seinen besonderen Reiz.**
Man erlebt die Natur unmittelbar, durch keinen Motorenlärm gestört, und man sitzt so nahe am nassen Element, daß man sich mit ihm eng verbunden fühlt. Selbst in die schmalsten und flachsten Wasserläufe kommt man hinein. Rinnsale, in denen sich Motorbootfahrer bereits die Scherstifte zertrümmert und die Bootshäute zerschrammt hätten, sind für Paddler kein Hindernis. Selbst dann nicht, wenn sie mit Wehren und Stegen nur so gespickt sind. Der Wasserwanderer gelangt selbst über den stellenweise fast unbefahrbaren Rhin und den Wallensteingraben von Potsdam über die mecklenburgischen Seen und Schwerin bis zum fernen Wismar. Dabei ist der Wasserwanderatlas ein unentbehrlicher Helfer (→ Anhang 11/23/).
Eine erlebnisreiche Urlaubsform also, aktiv-erholsam für Leib und Seele! Die Ausrüstung ist nicht teuer und sogar von noch Wenigverdienenden aufzubringen. Auch auf die Ausleihe einer kompletten Ausrüstung sei hingewiesen. Sie ist in manchen Orten möglich, man muß sich nur rechtzeitig vor Saisonbeginn darum kümmern. Am besten, man fragt in einem größeren Sportgeschäft nach.

24.3 **Wasserwanderreisen kann man individuell planen.**
Man kann sich auch einer organisierten Fahrt anschließen, bei der man in einer Gemeinschaft Gleichgesinnter gut aufgehoben ist und sich auch anderweitig sportlich betätigen kann. Bei solch einer Gruppenfahrt ist meist für Quartier bzw. Zeltscheine gesorgt, und auch die Verpflegung ist gesichert. Wer dem Kanusportverband der DDR angehört, der kennt solche Urlaubsgestaltung, wer nicht, der kann sich beim Kreisvorstand des DTSB Rat holen. Auch das Generalsekretariat des Kanusportverbands der DDR, Storkower Straße 118, Berlin, 1055 erteilt bereitwillig Auskunft.

24.4 **Wasserwanderer, die eine Tour von mehreren Tagen oder sogar über die ganze Urlaubszeit planen, besorgen sich am besten einen Wanderzeltschein (→ 15.7).**
Oder sie vertrauen auf ihr Glück, daß sie überall, wo es schön ist, einen Kurzzeitcampingschein (→ 2.2) direkt auf dem Platz erhalten. Auch die Übernachtung außerhalb von Campingplätzen ist unter bestimmten Bedingungen möglich (→ Kapitel 27), aber nicht in Grenz- und Naturschutzgebieten. Man sollte diese Übernachtungsform jedoch als Ausnahme von der Regel ansehen.

24.5 **Einen ganzen Wasserurlaub ist der Spreewald wert.**
Konditionierte Paddler können ihn auch von den Berliner Gewässern aus erreichen. Selbst in drei langen Wochen wird es einem kaum gelingen, alle Spreearme, Umfluter und Fließe zwischen Cottbus und Lübben abzupaddeln. Wegen der vielen Wehre und Kleinschleusen, die z. T. selbst bedient werden müssen, ist ein Bootswagen unbedingt zu empfehlen. Schäden an Schleusen oder anderen Wasseranlagen sind bei den Flußmeistereien in Lübben oder Burg/Spreewald zu melden.

24.6 **Eine Fahrt über die Oder ist z. B. für Wasserwanderer zu empfehlen,** die von den Berliner Gewässern aus zu ihren Campingplätzen an den Mecklenburger Seen gelangen und das Boot nicht zerlegen wollen.
Die Fahrt über Oder-Spree-Kanal, Oder, Oder-

Havel-Kanal und Havel ist aber schier endlos[1] lang, stellenweise wegen der Kanalstrecken trist und durch die vielen Schleusen auch recht mühselig. Trotzdem kann man alljährlich wieder Camper mit Pioniergeist in Mecklenburg antreffen, die die Strapazen dieser langen Wasserreise nicht gescheut haben. Teilweise reisen sogar Dresdener über die Elbe an. Die restlichen Familienangehörigen aber erreichen den Campingort meist mit anderen Verkehrsmitteln.

24.7 **Für den Sportbootverkehr auf der Oder bestehen nach der Grenzordnung (→ Anhang 10/8/) besondere Bestimmungen.**

Sie darf von km 542,4 bis km 704,1 und von km 0,00 bis km 17,1 (Westoder) in der Zeit vom 1. April bis 31. Oktober jeden Jahres von Sonnenauf- bis -untergang in ihrer ganzen Breite von Sportbooten befahren werden. Am Heck oder Bug ist die Staatsflagge der DDR zu füh-

---

[1] Müggelsee bis Müritz: etwa 370 km; 19 Schleusen u. Schiffshebewerk Niederfinow (oder zusätzlich 9 Schleusen, wenn der Finowkanal befahren wird)

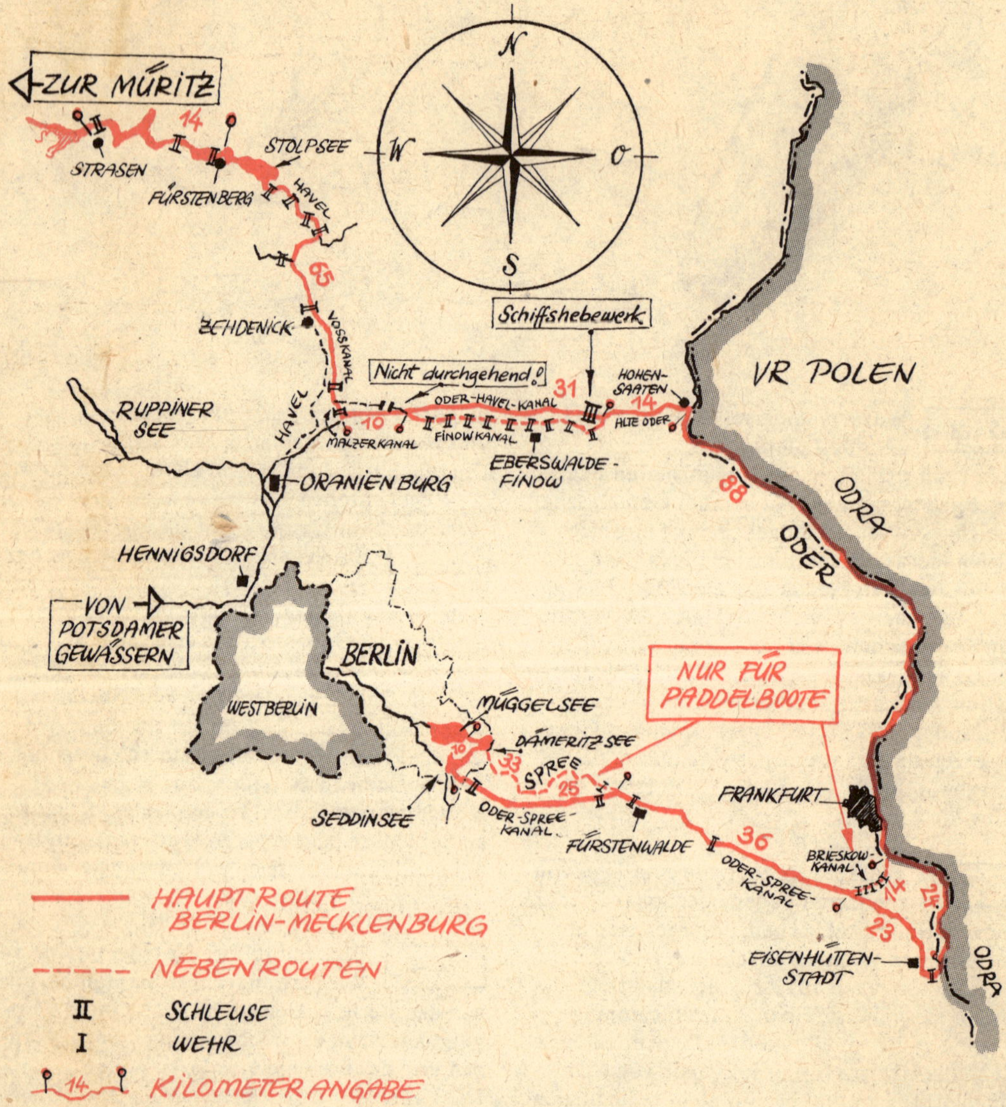

ren. Am Ufer der VR Polen darf nicht angelegt werden. Ist das unumgänglich – z. B. bei einer Havarie – oder müssen die Insassen polnisches Territorium betreten, so sind davon unverzüglich die zuständigen Grenz- bzw. Kontrollorgane der VR Polen zu informieren. Am Ufer der DDR ist das Anlegen und Stilliegen im Bereich der Grenzgewässer nur an den dafür vorgesehenen Liegeplätzen gestattet. Diese sind (am linken Ufer):
Ratzdorf (km 543,2), Eisenhüttenstadt (km 553,8), Brieskower See (km 576,7), Ziegenwerder (km 582,2), Lebus (km 593,0), Kietz (km 612,1), Hafen Kienitz (km 632,0), Schwedter Querfahrt (km 697,0).

24.8 **Wasserwandern heißt, ein bißchen improvisieren zu können.**
Freilich, wer in einem DELPHIN unterwegs ist, in dem sich nicht gerade eine vierköpfige Mannschaft wuselt, der kann schon etwas großzügiger mit dem Gepäck umgehen. Paddler aber müssen sich an Stelle eines Tisches auch mit einem Baumstumpf bescheiden können, anstatt der bequemen Sessel tun es die Sitzkissen des Bootes auch. Und notfalls mundet eine aus dem Topf gelöffelte Suppe ebenso, als wenn sie kulturvoll aus einem Teller geschlürft wird.

24.9 **Was braucht der Wasserwanderer auf seiner Fahrt?**
Kurz, er benötigt gerade eben so viel, daß er nie friert, sich ernähren und geschützt schlafen kann, ein bißchen für die Körperhygiene und etwas fürs Boot, Papiere und Kartenmaterial. Ein Mehr bringt meist schon Stauprobleme, manches ist auch nässegefährdet (Fotoapparat!). Besonders Pfiffige sitzen auf dem gefalteten Schlafsack, die Luftmatratze als Rolle unter den Knien, die »Futterkiste« vorn aufs Verdeck geschnallt, um auch während der Fahrt keinen Schwächeanfall zu erleiden. So wird Raum geschaffen für das Bier, den Grill und vor allem für den Stereorecorder! Der geforderte Freibord von 15 cm ist längst unterschritten. Wer denkt schon daran, daß er mal kentern kann?

24.10 **Stellen wir die Mindestausstattung einer Paddel-Zweier-Crew einmal zusammen:**
a) fürs Boot: Spritzdecken; Steuereinrichtung; Ersatzpaddel; Festmacherleine; Werkzeug; Strippe; Sitzkissen; Schwamm und Fitflasche; Vorhängeschloß mit Kette; Bootswagen.
b) zusätzlich bei Tagestouren: wasserfester Beutel (Folie, verklebt) mit Personalausweisen, Portemonnaie; Verbandpäckchen (Motorradtyp

oder nach 12.2 zusammengestellt); Proviant (bereits verzehrfertig oder in einer Form, für die ein Taschenmesser ausreicht); Kaffee; Tee (ungesüßt) oder Fruchtsaft in einer Thermosflasche; Liegedecke; Ersatzkleidung, wasserfest verpackt (falls man kentert); Wasserwanderkarte (möglichst HEKOSYN-Papier); Badelatschen; Regenschirm (ein bißchen unsportlich, aber auf einer Tagestour mangels anderer »Bedeckungen« oft sehr brauchbar!); helle Stoffmütze mit Schirm als Sonnenschutz (!!); Badehose und Handtuch.

c) Zusätzlich bei Mehrtagesreisen: kleines Zelt mit Apsis; zwei Luftmatratzen, besser Biwakmatten (→ 25.5); zwei Schlafsäcke oder Doppelschlafsack; Benzin- oder Spirituskocher mit Brennstoff (Hartspiritus tut's auch); Kochtopf und Pfanne; zwei Tassen[1]; zwei Bestecke; Konserven; Tütensuppen und Grundnahrungsmittel für die ersten Tage[2]; Toilettenbeutel (→ 12.9); Mückenschutz; Gasfeuerzeug (brennt auch noch nach »Wasserbekanntschaft«); Wasserkanister (2 bis 5 l); Gummistiefel; Trainingsanzug; Pullover; Turnschuhe; dicke Wollsocken; Badesachen zum Wechseln; Campingleuchte.

Und das alles muß in das kleine Boot! Da bleibt für Luxusartikel kaum noch Raum.

24.11 Des Paddelns noch Ungeübte sollten sich in den ersten Tagen der Fahrt nicht zuviel vornehmen.

Sonst hängen ihnen am Abend die Arme wie »schlaffe Würste« am Körper. Die anhaltende und ungewohnte Beanspruchung der Arm- und Brustmuskulatur will trainiert sein!

Für die erste Tour wählen wir eine Route, bei der die Rückfahrt mit der Wasserströmung erfolgt. Im Wasserwanderatlas ist die Fließrichtung der Gewässer durch Pfeile markiert.

24.12 Auch die Paddeltechnik will geübt sein.

Man greift das Paddel wie auf unserer Zeichnung, die Knie sind im Boot leicht angewinkelt, der Oberkörper vorgebeugt. Bei der Paddelbewegung wird das Paddel bei gestrecktem Arm ins Wasser gesetzt, der andere, in Nasenhöhe gehaltene Arm ist gebeugt. Dann wird das Paddel un-

[1] »Zünftige« trinken daraus abends auch mal ihren Sekt; denn aus der Flasche wäre es doch stillos!

[2] Am besten, alles wird selbst zu einem kleinen »Küchenkoffer« zusammengestellt, mit Plastegefäßen! Ein käuflicher Campingkoffer ist fürs Wasserwandern zu unzweckmäßig zusammengestellt und verschenkt zu viel Raum.

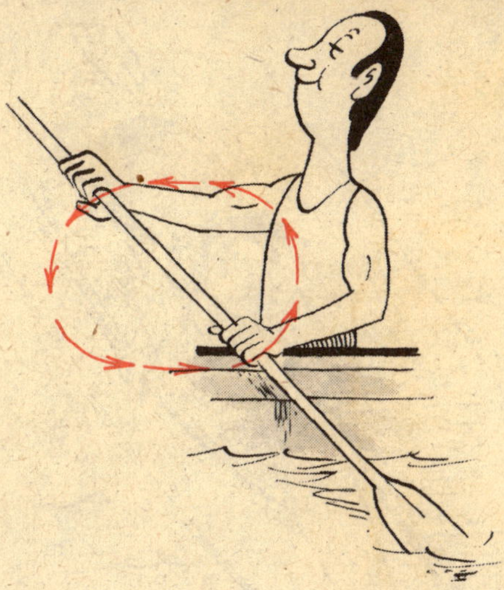

ter Beugen des gestreckten Armes durch das Wasser gezogen, wobei diese Bewegung durch Strecken des anderen Arms unterstützt wird. Jede der beiden das Paddel greifenden Hände beschreibt also eine Ellipse im »Gegentakt«. Kurven fährt man, indem auf der kurvenäußeren Seite entweder stärker »durchgezogen« oder überhaupt nur auf dieser Seite gepaddelt wird. Die Paddelbewegung übt man zunächst auf einem unbefahrenen und stillen Gewässerabschnitt. Zwei Gummiringe (Wasserabweiser), rechts und links auf den Paddelschaft geschoben, verhindern, daß Wasser vom Blatt über die Arme und Beine und ins Boot läuft.

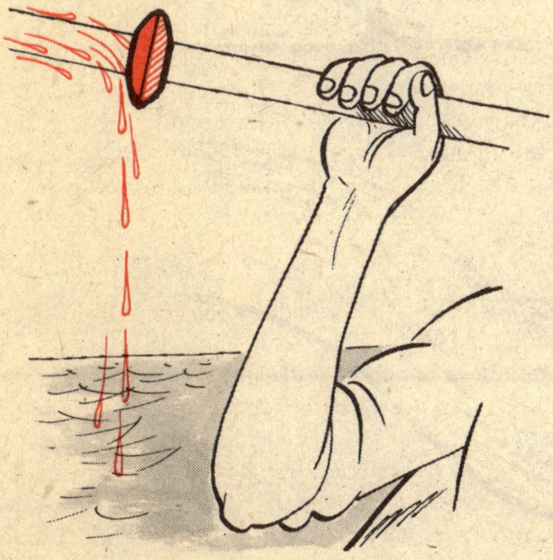

24.13 Das Paddelboot wird von zwei Personen ins Wasser gesetzt, am Bug und am Heft gefaßt.
Der Bug zeigt dabei gegen die Strömung bzw. zum offenen Wasser. Beim Einsteigen von einem Steg aus oder aus dem flachen Wasser muß man vorsichtig zu Werke gehen, damit einerseits das Boot nicht kentert, andererseits Gerüst oder Haut nicht beschädigt werden. Darum immer auf die Bodenleiter treten und das Boot mit einer Hand zum Körper ziehen. Ist kein Steg vorhanden, steigen wir immer von der flachen Uferseite ins Boot.

24.14 Das Boot wird beladen, wenn es im Wasser liegt.
Etwas weichere Gepäckteile kann man sich auf den Sitz legen, aber das hat Vor- und Nachteile. Sitzt man zu hoch, so beeinflußt der hohe Schwerpunkt die Kippstabilität des Bootes, sitzt man dagegen zu tief, so paddelt es sich schwerer. Ein vorteilhaftes Mittelmaß sollte darum jeder selbst erproben.

24.15 Paddler halten sich möglichst in der Nähe des Ufers, in engen Gewässern und Kanälen grundsätzlich rechts.
Weiter draußen tummeln sich in Seen und auf breiten Flußstrecken die Sportmotor- und -segelboote, und die Berufsschiffahrt zieht ihre vorgeschriebene Bahn in der Fahrrinne. Beim gegenseitigen Überholen, Kreuzen der Kurse und beim Ausweichen gelten die Regeln der

RICHTIG
BEDENKE!
EIN BEIN AM STEG
UND EINS IM BOOT,
KOMMST DU OFT
IN GROSSE NOT!

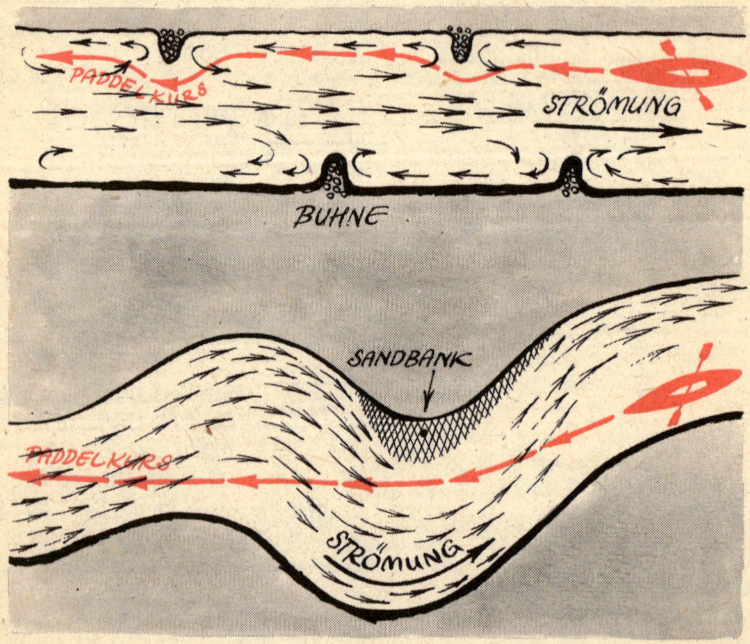
PADDELKURS
STRÖMUNG
BUHNE
SANDBANK
PADDELKURS
STRÖMUNG

Sportbootanordnung, die auch der Paddler genau kennen und befolgen muß. Die Berufsschiffahrt hat grundsätzlich Vortritt!

24.16 **Wer mit seinen Kräften haushalten will, der wählt auf breiten Flußstrekken bergwärts immer die Seite mit der geringeren Strömung.**
In Flußbiegungen ist das i. allg. die kurveninnere Seite, bei der man auch die Kurve kürzer und weniger steil durchfährt. Vorsicht aber wegen der dort häufigen Untiefen infolge von Sandablagerungen. Zwischen den Buhnen großer Flüsse kann sich die Strömungsrichtung in Ufernähe sogar umkehren. Das hilft bei richtigem Kurs Kräfte sparen.

24.17 **Wehre und Wasserfälle mit einem Kanu zu überfahren ist in Abenteuerfilmen nicht ohne Effekt.** Der Neuling in diesem Sport sollte aber selbst ganz flache Wehre zunächst lieber umtragen, sonst endet die Angelegenheit mit einem Kopfstand oder als »Unterseeboot«. Können dagegen gehen auch im Boot über nicht allzu hohe Wehre, wenn der Wasserstand ausreichend ist. Unbekannte Wehre sind vor dem Befahren unbedingt auf Hindernisse zu überprüfen, damit nicht die Bootshaut aufgeschlitzt wird.

24.18 **In der DDR wird zu unterschiedlichen Zeiten geschleust, bei stark befahrenen Gewässern öfter.**
Verpaßt man die Schleusenzeiten oder den abendlichen »Toresschluß« einmal, so entsteht zumindest bei Paddlern kein unlösbares Problem. Ist keine Bootsschleppe da, so finden sich immer Stellen zum Aus- und Wiedereinsetzen des Bootes, so daß man die Schleuse umtragen kann. Auch mit einem DELPHIN kommt man über die Bootsschleppe; Umtragen dürfte die Freizeitkapitäne jedoch überfordern.

24.19 **Sportboote fahren in der Reihenfolge in die Schleuse ein, in der sie angekommen sind.**
Vorher müssen sie am vorgesehenen Liegeplatz warten, bis die Schleuseneinfahrt freigegeben wird. Oft gibt auch das Schleusenpersonal Anweisungen, wie man sich in der Schleusenkammer zu stapeln hat. Die Berufsschiffahrt hat auch in der Schleuse Vorrang. In der Schleuse ist der Motor abzustellen, jedoch wird i. allg. nicht gefordert, daß man ein Motorboot in die Kammer hinein- und auch wieder herauspaddelt. Segel müssen aber vor der Einfahrt geborgen werden. In der Schleuse bleibt man im Boot, auch die Kinder sollten keine Spaziergänge unternehmen!

24.20 **Der schlimmste Fehler, den man in einer Schleusenkammer begehen kann, ist, das Boot festzumachen.**
Wenn man dann beim Fluten oder Lenzen der Kammer in der Aufregung nicht schnell genug reagiert, wird das Boot entweder ersäuft oder erhängt. Einige Schleusenwärter versichern ehrenwörtlich, das so etwas schon öfter passiert sei. Am sichersten legt man sich in der Schleuse fest, indem man eine Leine als lose Schleife um eine senkrechte Stange an der Kammerwand legt.

24.21 **Am Tagesziel angekommen, wird das Paddelboot vollständig entleert.**
Dann wird es aus dem Wasser gesetzt und umgedreht auf zwei Rundhölzern oder Böcken gelagert. So entweicht das angesammelte Wasser aus dem Boot, Fremdkörper und Sand fallen heraus, und es kann austrocknen. Auch Ungeziefer oder schutzsuchende Tiere können sich dann nicht hineinstehlen. Viel Hallo und Gekreisch gab es z. B. einmal auf einem Mecklenburger Campingplatz, als zwei junge Damen beim morgendlichen Auslaufen eine harmlose Ringelnatter zwischen den Senten entdeckten.

24.22 **Im DELPHIN 110/2 können zwei erwachsene Personen hintereinander, im DELPHIN 140 nebeneinander schlafen.**
Ein Mehr ist Illusion! Das Schlafen bei der Schaukelei eines schwimmenden Kahns ist gewöhnungsbedürftig. Besonders am Anfang schläft man sehr unruhig. Man mildert diesen Effekt, wenn man sich zur Nacht unter Berücksichtigung der Windrichtung (ablandiger Wind) eine stille (Schilf-) Bucht sucht.

24.23 **Beim DELPHIN 140 muß man ein erfinderischer Improvisator sein, um eine einigermaßen gerade und bequeme Liegefläche zu bereiten.**
Man kann z. B. die Trittroste hochlegen, wenn man darunter zur Abstützung das Gepäck verstaut (besonders bei Leichtgewichten zu empfehlen). Da aber zwischen Spant 1 und dem Heckspiegel meist viel Zubehör liegt – besonders der hohe Tank der FORELLE –, ist es besser, die Trittroste tief zu legen. Dazu nimmt man den hinteren Sitz ganz heraus und klappt den Vordersitz hinten herunter. In diesem Falle muß aber bei größeren Personen vor dem Vordersitz (zwischen Spant 4 und 5) mit Gepäckstücken die Höhe ausgeglichen werden, sonst hängt der Kopf sehr ungünstig nach unten. Alles in allem bekommt man aber auf diese Weise eine bequeme, am Kopfteil etwas ansteigende Liegefläche zustande. Beim DELPHIN 110/2 geht alles viel einfacher: Der Kleinere der Bootsmannschaft rutscht in die Spitze, der größere hat's hinten ganz gemütlich.

24.24 **Auf den masurischen Seen hat der Autor einmal einen zwar sehr skurrilen, aber ungemein romantischen und praktischen »Campingkatamaran« beobachtet.** Zwei Faltbootzweier waren durch eine stabile Plattform miteinander verbunden. Darauf stand ein kleines Bergzelt mit Tischchen und Sonnenschirm davor. Das Ganze wurde von einem kleinen Außenbordmotor bewegt und konnte sogar vom Tisch aus gesteuert werden. Wer aber so etwas ähnliches nachzubauen gedenkt, der sollte sich vorher intensiv mit den Bauvorschriften für Sportboote befassen und lieber nachfragen, ob es überhaupt eine Chance gibt, mit solch einem Fahrzeug die technische Überprüfung zu bestehen.

25. Rucksacktouristik

25.1 **Bei vielen jungen Menschen ist die erste selbständige Campingreise mit dem Trampen verbunden.** Wegen des typischen Kennzeichens solcher Camper – dem prallgefüllten Rucksack mit der Zeltausrüstung – werden sie auch als Rucksacktouristen bezeichnet. Weite Strecken werden zu Fuß, mit öffentlichen Verkehrsmitteln oder per Anhalter zurückgelegt; Tramper aus der DDR trifft man sogar im südlichsten Zipfel von Bulgarien. Sei es, daß das Trampen als Reisemethode zum ge-

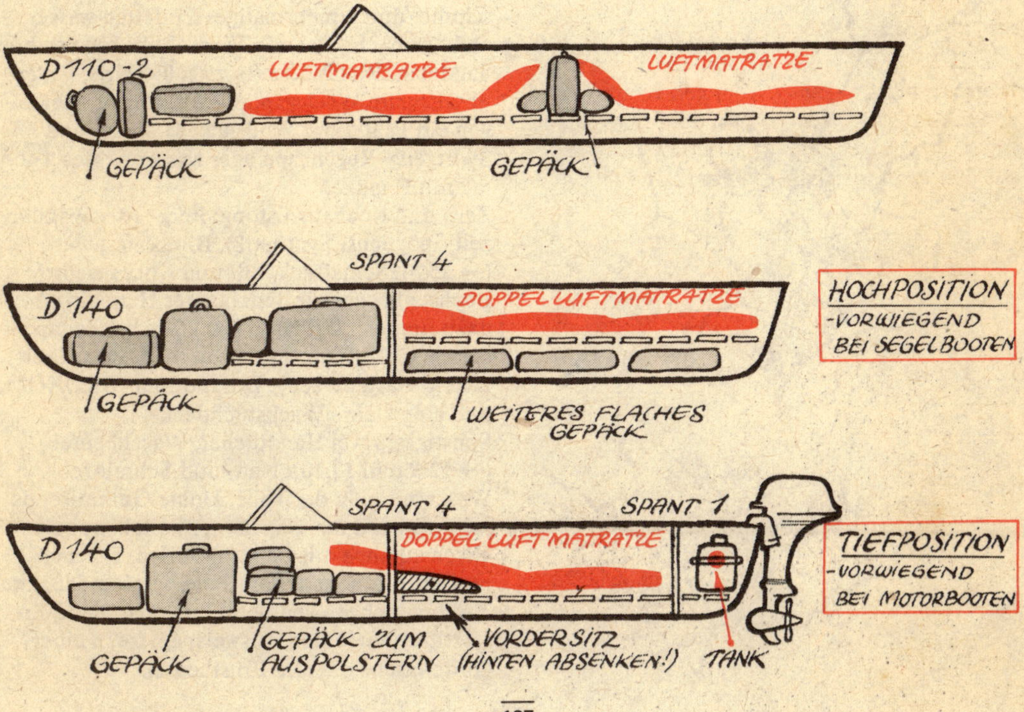

planten Zielort, daß es als Urlaubstour mit Übernachtung in verschiedenen vorbestellten Quartieren oder einfach nur als Tour »ins Blaue hinein« verstanden wird, immer ist es die abenteuerlichste, erlebnisreichste und meist auch preiswerteste Art zu reisen. Allerdings ist es nicht die unbeschwerteste und auch nicht die komfortabelste. Überall finden sich aber

Gleichgesinnte und neue Freunde. Später werden die erlittenen Strapazen von den schönen Erinnerungen bald überwachsen.

25.2 Rucksacktouristik erlaubt nur spartanisches Gepäck.

Einesteils muß man für jede Übernachtungsform und für jedes Wetter gerüstet sein, andererseits belastet jedes zusätzliche Kilo den zügigen Wanderschritt. Als Mindestausrüstung für eine Ferienwandertour mit Zelt sei empfohlen an

Kleidung: Pullover, Hemd, Jeans, feste Wanderschuhe (durch mehrmaliges Einfetten wasserdicht gemacht), leichte Turnschuhe oder stabile Sandalen, Wollmütze (!), zwei T-Shirts, Unterwäsche zum Wechseln, drei Paar Strümpfe (davon ein Paar dicke Wollsocken), Bade- und Sportzeug, Regencape oder wasserdichter Anorak mit Kapuze;

Zelt- und Kochausrüstung: Berg- oder Wanderzelt (möglichst Synthetik), Biwakmatte (→ 25.5), Schlafsack, Eß- und Kochgeschirr, Büchsenkocher für Benzin oder Hartspiritus, dazu Brennstoff, Plaste-Trinkflasche, Zeltapotheke (12.2), Nahrungsmittel für kleine Mahlzeiten, Gasfeuerzeug, Dosenöffner (ÖKONOM) und eine kleine Wachstuchdecke.

Sonstiges: Zwei Handtücher, Waschbeutel (→ 12.9 und 12.10), Näh- und Schreibzeug, Waschmittel in der Tube, kleine Gummischüssel, Armbanduhr, Nagelfeile, Toilettenpapier, Taschenlampe mit Ersatzbatterien, Taschenmesser, Kartenmaterial (→ 11.8), Kompaß, zwei Taschentücher, eventuell Fotoapparat und Ersatzfilme, Geld und Ausweispapiere in einer Gürteltasche oder im Brustbeutel.

25.3 **Jeder trägt seine Sachen im Wanderrucksack oder auf dem Tragegestell selbst.**
Gemeinsam benutzte Dinge (Zelt, Kochausrüstung usw.) werden gleichmäßig auf alle verteilt (Rucksackpacken: → 21.24). Breite Schultergurte sind günstiger als schmale, sie drücken auf Dauer weniger. Gurte lassen sich im Schulterbereich auch mit Schaumstoffstreifen in Stoffschläuchen abpolstern. Das ist für Dauerwanderer sehr zu empfehlen. Sehr vorteilhaft ist ein Rucksack mit Tragegestell, das sich auch als Hocker aufstellen läßt.

25.4 **Beim Trampen in der kühleren Vor- und Nachsaison muß man wärmere Kleidung mitnehmen.**
Wegen der allgemein stärkeren Bodennässe sind zum Wandern auch leichte Gummistiefel geeignet (mindestens eine Nummer größer kaufen). Darin trägt man zwei Paar lange Socken übereinander: am Fuß dicke Wolle oder Baumwolle, darüber Dederon. Günstig sind außerdem Einlegesohlen oder Füßlinge aus dünnem Filz, die man sich passend selbst nähen kann. Auch beim Übernachten im Zelt sollte für zusätzliche Wärme- und Feuchtigkeitsisolierung gesorgt werden, z. B. mit einer Schicht trockenen Laubs oder Strohs unter dem Zeltboden. Notfalls hilft schon eine untergelegte Plastefolie, die seitlich etwas unter dem Zeltboden herausragt.

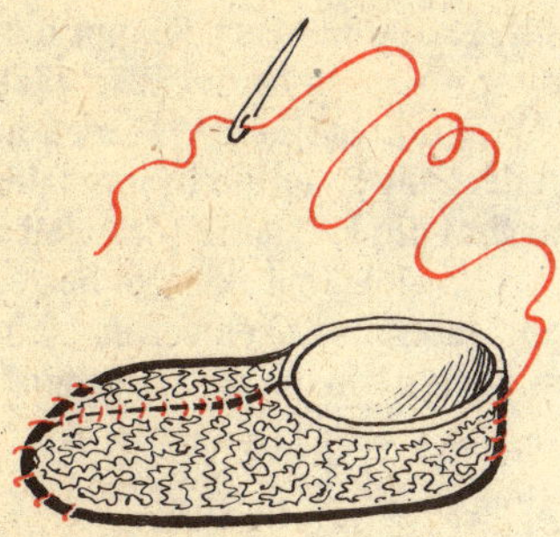

FÜSSLING AUS FILZ

25.5 **Als Schlafunterlage im Wander- oder Bergzelt bevorzugen Tramper eine sogenannte Biwakmatte.**
Diese dünne, mitunter stoffbezogene PUR-Schaumstoffmatte wiegt viel weniger als eine Luftmatratze. Sie kann sehr klein zusammengerollt und auf den Rucksack geschnallt werden. Manche Tramper verwenden eine Matte, die lediglich bis zu den Knien reicht. An dieser Stelle sollte man aber nicht sparen, auch dann nicht, wenn man die Füße mit dicken Wollsocken warmhalten kann (wichtigste Schlafregel: kühler Kopf und warme Füße!). Wir empfehlen eine Biwakmatte mit den Abmessungen unserer Zeichnung. Kann man sich aluminisierten Stoff oder reißfeste metallisierte Folie beschaffen, so ist dieses Material als Bezug für die Oberseite besonders günstig. Die Körperwärme des Schläfers wird daran reflektiert und kann nicht in den Erdboden abströmen. Wichtig: Zusammen mit einer Biwakmatte muß immer ein Schlafsack benutzt werden!

25.6 **Tramper bemühen sich meist, größere Strecken per Anhalter vorwärtszukommen.**
Das stößt vor allem im Ausland seit einiger Zeit auf große Schwierigkeiten, weil zu Fuß ständig mehr, mit dem Auto dagegen immer weniger Urlauber unterwegs sind. Viele Tramper erschweren sich aber ihre Situation zusätzlich selbst. Gehen wir davon aus, daß es die Autofahrer sind, die den Anhaltern einen Dienst erweisen, so nimmt es nicht wunder, daß viele von ihnen auf Äußerlichkeiten bei ihrem Fahrgast achten. So bleiben verwahrlost anmutende Gestalten, die mit den trägen Bewegungen einer Aufziehpuppe zum Anhalten animieren, oft lange Zeit am Wegesrand stehen.

25.7 **Jeder Anhalter muß sich an die Verkehrsvorschriften halten.**
Darum ist es meist völlig zwecklos und teilweise sogar strafbar, einen Pkw auf der Autobahn, an deren Anschlußstellen, im Halteverbot, in Kurven, an unübersichtlichen oder stark befahrenen Stellen oder im Bereich von Bahnübergängen anhalten zu wollen. Tramper müssen außerdem beachten, daß gemäß dem Transitabkommen zwischen der DDR und der BRD durchreisende BRD-Bürger bzw. Westberliner keine Personen mitnehmen und auch nicht dazu aufgefordert werden dürfen.

25.8 **Weibliche Tramper sollten bedenken, daß sich mitunter hinter der freundlichen Bereitwilligkeit des Fahrers zur Mitnahme auch unlautere Absichten verbergen können.**
Ist eine junge Dame erst einmal im Auto, dann kann sie sich meist nicht mehr wirksam zur Wehr setzen. Obwohl auch das keine vollständige Garantie gegen Belästigungen bietet, sollten Anhalterinnen das Mitfahren auf die Stunden des Tageslichts beschränken und möglichst zu zweit sein. Es kann auch nicht schaden, schon vor dem Einsteigen einen unauffälligen Blick auf das polizeiliche Kennzeichen mit der Zulassungsnummer zu werfen.

25.9 **Es gibt einen hinterhältigen Trick, einen einsamen Autofahrer zum Anhalten zu bewegen.**
Ein attraktives, aber verlassen wirkendes weibliches Geschöpfchen lockt ihn mit eifrigem Winken an den Straßenrand, was i. allg. nicht schwerfällt. Erst wenn das geklappt hat, springt ihr Begleiter – turmhoch mit Rucksäcken beladen – freudig hinter einem Gebüsch hervor. Klar, daß der Fahrer dann sauer reagiert! Nicht etwa, weil ihm die Petersilie verhagelt ist, sondern weil er so viel Gepäck beim besten Willen nicht mehr unterzubringen vermag. Und das kann ihm doch niemand übelnehmen?!

26. Bahntransporte

26.1 Wie man mit der Bahn innerhalb der DDR reisen kann, das brauchen wir niemandem zu erklären.
Das Gedrängel in den Zügen zur Hauptreisezeit ist hinlänglich bekannt. Darum sei an eine rechtzeitige Platzkartenreservierung gedacht. Für Kinder sind Bahnreisen i. allg. weniger anstrengend als lange Fahrten im Auto. Davon profitieren auch die Eltern. Das Kind kann im Zug seinen Bewegungstrieb befriedigen, Bekanntschaften werden geschlossen, und immer gibt es Neues zu sehen. Wer mit Kindern reist, sollte ein Nichtraucherabteil belegen. Bei ganz kleinen Kindern können auch die gekennzeichneten, sogenannten »Vorzugsplätze« eingenommen werden, zumal diese nicht in die Platzkartenreservierungen einbezogen sind.

26.2 Bei langen Bahnfahrten sollten wir uns nicht allein auf die Mitropa verlassen, sondern eigenen Reiseproviant einpacken.
Günstig sind vor allem vitamin- und kalorienreiche, aber fettarme Speisen (fertig belegte Stullen, Obst, Tomaten, Gurken, gekochte Eier, zum Frischhalten in Haushaltsfolie eingewickelt). Den Brei fürs Kleinkind kann man am Mitropa-Buffet aufwärmen lassen. Zwischendurchknabbereien wie Kekse oder Süßigkeiten dürfen nicht zur Ersatzmahlzeit avancieren, vor allem nicht bei Kindern.
Besonders an heißen Tagen müssen reichlich Getränke eingepackt werden. Süße und kohlensäurehaltige Brausen eignen sich dafür weniger, sie löschen den Durst kaum, sondern verleiten dazu, immer mehr und mehr zu trinken. Besser sind leicht gesüßter Tee oder Fruchtsäfte.

26.3 Auch Urlaubscamper schicken ihre »große Ausrüstung« rechtzeitig mit der Bahn voraus.
Auf der ohnehin schon anstrengenden Bahnfahrt braucht man sich dann nur mit dem Handgepäck herumzuquälen. Am Bahnhof des Ferienortes wartet meist schon ein Rollwägelchen mit Hottehühpferd auf die Ankunft des Ferienzuges. Für wenig Geld wird dem Camper das Gepäck an Ort und Stelle bis auf den Zeltplatz gefahren. Vor der Abreise bestellt man rechtzeitig den Rücktransport zum Bahnhof.

26.4 Wenn man seinen Urlaub als Zweiradreisender, Rucksacktourist oder Wasserwanderer verbringen will, so kann man das Gepäck zum Startort der Tour mit der Eisenbahn als »Reisegepäck zum Expreßguttarif« voraus- und auch wieder zurückschicken.
Man sollte es aber so rechtzeitig vor Reiseantritt absenden, daß es mit Sicherheit keine Probleme geben wird (bei der Gepäckabfertigung fragen!).

26.5 Zerlegte und in Taschen oder Rucksäcken verpackte Faltboote können unter Vorlage der Personenfahrkarte bei der Gepäckabfertigung aufgegeben werden.
Einen mitgeführten Bootswagen schnallen wir zweckmäßigerweise der Stabtasche auf. Die Kosten nach Reisegepäcktarif werden nach Gewicht und Bahnkilometern berechnet. Für jedes einzelne Gepäckstück gilt aber eine Höchstgrenze von 25 kg.
Verpackte Faltboote können auch direkt am Gepäckwagen des Zuges auf Fahrradkarte abgegeben werden (sogenanntes »Radkartenbootsgepäck«), allerdings nur bei Zügen, die gemäß Kursbuch nicht ausgeschlossen sind. Es darf aber nur ein Gepäckstück sein, dessen Länge auf 3 m begrenzt ist. Eventuell muß man also mehrere Päckchen zu einem großen Paket fest zusammenschnüren, z. B. auch auf einem Bootswagen. Obenauf kann man sogar noch ein verpacktes Zelt schnallen. Für Radkartenbootsgepäck bis 30 kg ist eine Radkarte zu lösen, über 30 kg müssen es zwei Karten sein. Beim

Umsteigen muß man jedoch selbst in den anderen Gepäckwagen umladen. Die großen Vorteile: Das Boot kommt zusammen mit dem Urlauber am Bestimmungsbahnhof an, und die Transportkosten richten sich nur nach der jeweiligen Entfernungszone.

26.6 **Boote bis maximal 25 kg Gewicht können auch als Expreßgut versandt werden.**

Mit Ausnahme verpackter Faltboote zählen sie jedoch zu den sperrigen Gütern, für die das Doppelte des tatsächlichen Gewichts bei der Berechnung des Beförderungspreises zugrunde gelegt wird. Eine Überschreitung der 25-kg-Grenze ist nur zwischen bestimmten, im Tarif genannten Bahnhöfen möglich, daher muß man sich vorher am Expreßgutschalter erkundigen.

26.7 **Auch größere Boote – mehrsitzige Kanadier, Kanus, Motor- und Segelboote – können als »Stückgut« oder »Wagenladung« bei der Deutschen Reichsbahn versandt werden.**

Das setzt jedoch bei großen und schweren Booten eine Verladeeinrichtung (z. B. einen Kran) am Aufgabe- und am Bestimmungsbahnhof voraus. Am einfachsten ist es, wenn man dazu einen öffentlichen Hafen mit Bahnanschluß nutzen kann. Bei einem solchen Bootstransport sollte man sich unter Angabe des Bootsgewichts und seiner Abmessungen vorher bei der Bahn genau informieren. Und: Es ist z. T. mit recht langen Transportzeiten zu rechnen.

26.8 **Für die Mitnahme von brennbaren Flüssigkeiten und Gasen in Druckbehältern gelten in öffentlichen Verkehrsmitteln seit 1979 neue Bestimmungen (→ Anhang 10/19/).**

So dürfen Benzin, Petroleum und Spiritus in einer Höchstmenge von 5 l im Handgepäck mitgenommen werden (Ausnahme: in Flugzeugen). Nicht erlaubt ist die Aufgabe als Reisegepäck und das Aufbewahren brennbarer Flüssigkeiten in Gepäckschließfächern. Benzin und Petroleum müssen in Kraftstoffkanistern abgefüllt sein; Spiritus darf auch in handelsüblichen Kleinpackungen (1-l-Flaschen) transportiert werden. Diese müssen sich allerdings in einem tragbaren Behältnis befinden (Tasche, Rucksack, Koffer).

Propanflaschen mit einem Inhalt bis zu 5 kg dürfen als Handgepäck mitgeführt (Ausnahme: U-Bahnen und Flugzeuge) oder als Reisegepäck aufgegeben werden (außer bei Flugreisen). Die Propangasflaschen müssen ordnungsgemäß verschlossen sein (Verschlußmutter und Ventilschutzkappe). Sie sind stehend zu befördern, gegen Umkippen zu sichern und dürfen nicht in der Nähe von Türen abgestellt werden.

Verpackt transportierte Propangasflaschen müs-

sen sich in einem vollständig roten Behälter befinden. Undichte Flaschen sind sofort ins Freie zu bringen. Im fahrenden Zug bleibt dann nur die Möglichkeit, sie aus einem geöffneten Fenster zu halten und entgegen der Fahrtrichtung abblasen zu lassen.
Brennbare Flüssigkeiten und Druckgase dürfen auch beim Transport in öffentlichen Verkehrsmitteln nicht in der Nähe von Heizkörpern abgestellt werden. Verboten ist der Umgang mit offenem Feuer und Licht in unmittelbarer Nähe. Darum darf mit solchem Gepäck auch nur ein Nichtraucherabteil benutzt werden. Personen unter 14 Jahren dürfen es nicht mit sich führen. Alle gefährlichen Güter sind so zu verstauen, daß sie beim plötzlichen Bremsen oder in Kurven nicht umkippen, herabfallen, verrutschen oder auslaufen können.

26.9 **Wer seinen Urlaub in Ungarn verbringen möchte und sich vor einer langen Autofahrt scheut** – trotzdem aber seinen fahrbaren Untersatz dort nicht missen möchte–, dem sei die Benutzung des Autoreisezuges »Metropol« empfohlen.
Dieser verkehrt in der Sommersaison täglich zwischen Dresden und Budapest und befördert Autos sowie Lasten- und Zeltanhänger, allerdings keine Campingwohnwagen (maximale Länge einschl. Deichsel: 2,9 m). Die Gebühren richten sich bei Autos nach der Länge des Fahrzeugs. Bei einer Zweite-Klasse-Fahrt mit Mittelklasse-Pkw und Anhänger entstehen bei drei Personen insgesamt etwa die gleichen Kosten, wie sie sonst für das verbrauchte Benzin zu zahlen wären.

26.10 **Die Bestellung der Plätze im Autoreisezug wird bei ausgewählten Bahnhöfen in größeren Städten der DDR und bei einigen Reisebürofilialen entgegengenommen.**
Sie kann auch auf einem Formularvordruck direkt an die Platzreservierung Autoreisezug, Dresden-Neustadt, 8010, gerichtet werden. Detaillierte Informationen über Abfahrt- und Verladezeiten sowie Platzreservierungsstellen kann man bei den Auskunftsstellen der Bahn oder in den Reisebürozweigstellen erhalten. Vor der Bestellung müssen die Fahrausweise und Bettkarten für die Hin- bzw. Hin- und Rückfahrt erworben werden. Das ist von der Fahrkartenausgabe auf dem Bestellformular zu bestätigen. Jede erwachsene Person kann ein Kind bis zu 5 Jahren unentgeltlich mitnehmen, wenn es keinen eigenen Platz beansprucht. Für alle anderen Kinder bis zu 10 Jahren ist eine Kinderfahrkarte zu lösen.

26.11 **Bei der Anlieferung der zu transportierenden Fahrzeuge ist die auf dem Auto-Gepäckschein angegebene Verladezeit unbedingt einzuhalten.**
Sie endet ungefähr zwei Stunden vor Abfahrt des Zuges. Beim Verladen werden die Fahrzeuge auch zollamtlich abgefertigt. Das Gepäck mit Ausnahme der Dinge des persönlichen Bedarfs kann in den Fahrzeugen verbleiben, auch eine gefüllte Propangasflasche. Diese ist stehend, rutsch- und kippsicher zu verstauen. Ein Feuerlöscher muß aber in diesem Falle im Auto sein. Eine zusätzliche Transportversicherung ist beim Autozugverkehr nicht nötig.
Auf dem Waggon wird das Auto durch Anziehen der Handbremse und eingeschalteten ersten Gang gegen Verrollen gesichert. Die Autoantenne darf nicht herausragen. Der Zündschlüssel ist abzuziehen, alle Türen sind zu verschließen.

26.12 **Der Eisenbahnverkehr über Ländergrenzen hinweg wird innerhalb der sozialistischen Staaten über Transport- und Tarifabkommen geregelt (SMPS-Verkehr).**
Innerhalb dieser Abkommen werden Reisende und ihr Gepäck nur zwischen bestimmten Bahnhöfen befördert. Man kann also keine Internationale Fahrkarte zu allen Auslandsbahnhöfen schon in der DDR lösen, sondern man muß damit rechnen, daß man vom Auskunftsbahnhof bis zum Zielort eine zusätzliche Fahrkarte erwerben und in der jeweiligen Landeswährung bezahlen muß. Um Reisedevisen zu sparen, kann es manchmal auch günstig sein, schon in der DDR einen Fahrausweis bis zum nächsten, hinter dem eigentlichen »Zielbahnhof« liegenden internationalen »Tarifbahnhof« zu lösen. Wenn wir zwischendurch während des Aufenthalts im Gastland eine Strecke mit der Bahn fahren möchten, dann ist es viel teurer, sich diese Fahrkarte bereits in der DDR zu kaufen; wir besorgen sie uns an Ort und Stelle. Alle speziellen Fragen können dem gültigen Kursbuch für den internationalen Verkehr entnommen oder bei den Auskunftsstellen der Eisenbahnen oder der Reisebüros erfragt werden.

26.13 **Die Geltungsdauer einer Fahrkarte für den internationalen Bahnverkehr beträgt** – gerechnet vom Ausgabetag[1] in der DDR – für eine einfache Fahrt 2 Monate und für eine Rückfahrt bzw. Hin- und Rückfahrt 4 Monate.
Innerhalb dieser Geltungsdauer ist eine beliebig lange, auch mehrfache Unterbrechung der Fahrt zulässig, wenn das nicht durch andere Bestimmungen (z. B. Paß- oder Visabestimmungen) verboten ist. Platz- oder Bettkarten verlieren dabei jedoch ihre Gültigkeit, und es werden dafür auch keine Kosten zurückerstattet. Fahrkarten müssen vor Antritt der Reise gekauft werden; ein Nachlösen im Zug ist nicht möglich (außer Bettkarten, falls noch vorhanden – beim Schlafwagenschaffner).

26.14 **Es empfiehlt sich, auch im internationalen Bahnverkehr – besonders in der Hauptsaison – die gewünschten Sitz-, Liege- oder Bettplatzreservierungen rechtzeitig zu beantragen.**
Dazu wird eine vorgedruckte Bestell-/Antwortpostkarte zu einer dafür vorgesehenen Ausgabestelle für Platzreservierungen bei der Eisenbahn oder einem dafür autorisierten Reisebüro abgegeben (Verzeichnis im internationalen Kursbuch). Die Platzbestellung setzt das Vorhandensein oder den gleichzeitigen Kauf der entsprechenden Fahrkarten voraus.

26.15 **Für die Rückfahrt in die DDR stehen unseren Platzreservierungsstellen nur eine begrenzte Zahl von Plätzen und nur für bestimmte Züge zur Verfügung** (Informationen darüber: Internationales Kursbuch unter »Reservierungen für den Verkehr Ausland–DDR«). Platzreservierungen für die Rückfahrt aus dem Ausland sind außerdem noch wie folgt möglich:
a) Weiß der Reisende schon sehr früh (mindestens 8 Wochen vorher) den genauen Termin der Rückreise, so kann er sich bei jedem Reisebüro oder bei größeren Fahrkartenausgaben eine sogenannte »Internationale Bestell-/Antwortkarte« ausfertigen lassen. Nach einiger Zeit erhält der Besteller von der Deutschen Reichsbahn eine Platzreservierung (oder eine Absage) übersandt.
b) Der Reisende reserviert sofort nach Ankunft im Gastland seine Rückreiseplätze. Falls er Bett- oder Liegeplätze wünscht, kann er sich bereits vor der Hinreise sogenannte »Open-Bett-/Liegekarten« besorgen, allerdings entsteht daraus keine Reservierungsverpflichtung.

26.16 **Viele Züge im Internationalen Reiseverkehr sind platzkartenpflichtig (Fahrpläne beachten).**
Dann darf man sich nicht auf einen eventuell frei bleibenden Platz verlassen. Auch wenn man einen solchen belegen kann, ist mit Nachlösegebühren zu rechnen, die in der jeweiligen Landeswährung bezahlt werden müssen. Das kann unsere Reisekasse beträchtlich belasten.

26.17 **Im internationalen Eisenbahnverkehr darf der Reisende sein Handgepäck unentgeltlich im Zug mitnehmen.**
Das sind max. 35 kg bei Erwachsenen, 15 kg bei Kindern bis zu 10 Jahren. Schwerere, vor allem auch größere Gepäckstücke, die nicht über oder unter dem eigenen Sitzplatz unterzubringen sind, können – transportsicher verpackt – als Reisegepäck aufgegeben werden. Dabei darf das Gewicht jedes einzelnen Stückes zwischen 5 und 75 kg liegen. Bei Hand- und bei Reisegepäck sind die entsprechenden Zollvorschriften zu beachten (erlaubte Aus- und Einfuhrgegen-

[1] Für die Reiseländer Bulgarien, ČSSR, Rumänien und Ungarn werden Fahrkarten bereits bis zu 2 Monate vor dem ersten Geltungstag verkauft. Dadurch kann man sich eine bessere »Startposition« bei der Platzkartenbestellung sichern, vor allem dann, wenn man die Geltungsdauer so legt, daß man erst an einem der letzten Geltungstage reist.

stände nach Menge und Wert). Darüber muß man sich rechtzeitig informieren; für »Irrtümer« gibt es keine Entschuldigung! Sehr empfehlenswert ist eine binnenzollamtliche Abfertigung auf dem Versandbahnhof (falls ein solcher in Wohnnähe ist, z. B. Berlin-Hauptbahnhof), da kann man im Zweifelsfall noch Auskünfte einholen.

26.18 **Im sozialistischen Ausland passiert es oft, daß ein kleinerer Bahnhof das Campinggepäck nicht als Reisegepäck oder Expreßgut annimmt.**

Dann brauchen keine Bedenken dagegen zu bestehen, das Gepäck als Stückgut in die DDR zurückzusenden, auch wenn mit recht langen Beförderungszeiten zu rechnen ist. Im Gegenteil, das ist sogar günstiger. Allerdings sollte man einen der Landessprache Kundigen dabeihaben, der einem bei der Ausfertigung des Frachtbriefes hilft. Außerdem sollten wir unbedingt darauf bestehen – das ist rechtlich zulässig und für unsere Reisekasse weniger strapaziös –, daß wir bei der Auflieferung nur den Frachtanteil der Bahn im Versandland bezahlen. Den Frachtanteil dazwischenliegender Transitländer und den für die DDR bezahlen wir erst bei der Abholung am Heimatort.

27. Übernachten zwischendurch

27.1 **Das Zelten außerhalb der dafür vorgesehenen Campingplätze wird »wildes Camping« genannt.**

In der DDR gibt es dafür – außer in Grenz- und Naturschutzgebieten, wo es generell verboten ist – keine direkten gesetzlichen Einschränkungen. Indirekt ergeben sich jedoch aus dem Landeskulturgesetz und den Forderungen der Hygiene trotzdem Vorbehalte. Unter folgender Voraussetzung ist das Zelten außerhalb von Campingplätzen möglich: Der Camper muß die Genehmigung zum Aufstellen seiner Campingeinrichtung beim zuständigen Rechtsträger des betreffenden Terrains einholen.

Beim Zelten in einem umfriedeten Privatgrundstück ist wohl ohnehin klar, daß man den Besitzer fragen muß; auf eine andere Idee käme wohl niemand. Aber auch wenn man sein Zelt im Wald, auf Wiesen, am Feldrain oder an einem See aufstellt, muß eine Erlaubnis dazu eingeholt werden. Das kann je nach Eigentumsform beim Rat der Gemeinde oder Stadt (auch beim ABV), beim Revierförster, einem LPG-Vorstand oder auch einer Fischereigenossenschaft bzw. dem Anglerverband sein.

Wir wissen, daß diese Verfahrensweise von vie-

len Campern ignoriert wird. Vor allem Wassersportler, wenn sie, von der Dunkelheit überrascht, ihr Boot aus Sicherheitsgründen aus dem Wasser nehmen, stempeln die erwähnte Pflicht als »reine Theorie« ab. Trotzdem kann sich keiner auf das Sprichwort »Wo kein Kläger, da kein Richter« verlassen. Oft genug steht unvermutet der »Kläger« neben dem Zelt und droht mit dem »Richter«, wenn man nicht superplötzlich seine Sachen zusammenräumt und wieder verschwindet.

27.2 Gegen ein Paar Stunden Schlaf im Wohnwagen oder Auto auf einem öffentlichen Parkplatz wird kaum jemand etwas einzuwenden haben.
Voraussetzung ist, es geschieht in aller Stille, und man entwickelt nicht »fröhliches Campingleben« mit lustig-lärmender Sitzrunde, Grillparty und lauter Kofferradiomusik. Im übrigen hängt das Verhalten bei einer solchen Notübernachtung auch etwas von den örtlichen Bedingungen ab. Auf bewachten Parkplätzen holen wir die Erlaubnis des Parkwächters ein. Im sozialistischen Ausland ist eine Autoübernachtung auf Parkplätzen nur in der ČSSR (maximal eine Nacht, wenn keine Parkzeit begrenzt ist) und in Rumänien gestattet.

27.3 In den meisten sozialistischen Ländern wird das Campieren in Zelten oder Wohnwagen außerhalb der offiziellen Campingplätze nicht geduldet.
Nur in Polen und Ungarn darf man seine Campingeinrichtung mit Einverständnis des Eigentümers auch auf einem Privatgrundstück aufstellen. »Wildes Zelten« ohne entsprechende Erlaubnis ist aus Gründen der Hygiene und des Umweltschutzes verboten. Wird man erwischt, und in einigen Ländern haben die Ordnungshüter dafür eine besonders gute Spürnase, so muß man seine Sachen wieder zusammenpacken und auf den nächsten Zeltplatz umziehen. Außerdem hat man mit einer Ordnungsstrafe zu rechnen, die höher liegen kann als die ordentlichen Campinggebühren.

27.4 In Polen gibt es außer den öffentlichen Campingplätzen auch noch sogenannte Biwakplätze (Pole biwakowe).
Sie liegen in landschaftlich reizvoller Umgebung, z. T. auch an Verkehrsstraßen und sind in der Campingkarte von Polen verzeichnet. Biwakplätze entbehren meistens jeglichen Komforts, dafür ist der Aufenthalt fast immer kostenlos. Am Tage laden den Autotouristen außerdem viele gepflegte »Parkings« entlang der Hauptstraßen zur Rast ein.

27.5 Bei einer Übernachtung außerhalb öffentlicher Campingplätze müssen wir die Bedingungen des Naturschutzes besonders beachten.
Wir wählen am besten eine Lichtung, eine Wiese an einem Flüßchen, einen Sandstreifen am See oder einen Feldrain. Keinesfalls dürfen wir bewirtschaftete Ackerflächen schädigen oder Feld- und Waldwege versperren. Wir vergraben auch nicht unseren Müll, sondern wir nehmen ihn am nächsten Morgen mit und deponieren ihn in einem Abfallbehälter. Nur eine Ausnahme davon gibt es: Unsere körperlichen

»Abfälle« gehören unter die Erde; ein Spaten sollte darum unseren diesbezüglichen Weg in die Büsche begleiten.

27.6 **Generell sollte eine Übernachtung außerhalb eines Zeltplatzes – egal ob im In- oder Ausland – als Notlösung betrachtet werden und eine Ausnahme sein.**
Das gilt vor allem für die Zwischenaufenthalte bei tagelangen Auslandsfahrten. Prinzipiell ist eine Übernachtung auf einem Campingplatz immer möglich, wenn man die Fahrt etwas plant. Man weiß dann, wo und wann der nächste Platz erscheint. Die »üble Praxis, die manche schöne Theorie verdirbt«, sieht dagegen oft anders aus: Kommt man sehr spät an, so nimmt der auserwählte Platz wegen Überfüllung niemanden mehr auf, ist es dagegen noch früh am Tage, so möchte man noch etwas vorwärtskommen, . . . und dann findet sich kein Campingplatz mehr. Trotz alledem: Der Zeltplatz ist immer die bessere Lösung, auch wenn die Tagesetappe einmal etwas kürzer ausfällt. Dort ist man sicher untergebracht und findet hygienische Einrichtungen vor. Wie erfrischend, wenn man nach Hunderten von Kilometern auf staubiger Landstraße kühl duschen, in einem nahegelegenen Restaurant warm essen und den nächsten Reisetag mit einer kulturvollen Morgentoilette beginnen kann. Kommt man wirklich einmal früher als geplant an, so kann man am Rest des Tages die Umgebung erkunden und reizvolle Sehenswürdigkeiten erschließen. Von diesen gibt es im Ausland genug! Wie peinlich, wenn man nach der Rückkehr aus fernen Ländern nach den Reiseeindrücken befragt wird und nur zu antworten weiß: »Nischt weiter, sind bloß durchjerauscht!«

27.7 **Jugendliche, die »per pedes« oder Zweirad im Urlaub unterwegs sind, sollten auch an die Möglichkeit einer Zwischenübernachtung in einer Jugendherberge denken.**
Das ist zwar in der Saison ohne Vorbestellung eine äußerst unsichere Sache, aber Anklopfen kostet nichts. Für diejenigen, die ein kleines Wanderzelt im Gepäck haben, steigen die Chancen beträchtlich; denn viele Jugendherbergen gestatten im Rahmen ihrer Kapazität dessen Aufstellung am Haus. Dann kann man auch die Einrichtungen der Herberge ganz oder teilweise mitbenutzen.

27.8 **Wer in seinem Zeltanhänger zwischendurch auf der Reise übernachten will, der ist in keiner sehr glücklichen Lage.**
Einesteils ist der Aufwand für das Aufstellen und Wiederzusammenbauen bei nur einer Übernachtung doch unverhältnismäßig groß, andererseits verzögert sich die Abreise am nächsten Morgen oft um einige Stunden, weil das Zelt erst abtrocknen muß (auch vom Morgentau). Regnet es schließlich weiter, so weiß man überhaupt nicht mehr so recht, wie es weitergehen soll. Besser ist, man führt ein kleines Beizelt mit sich. Ein Teil der Mannschaft schläft im Auto, der Rest im Zelt.

28. Anhängerbetrieb

»Erst begann der Wohnwagen zu schlingern, dann überschlug er sich. Ich raste durch den Straßengraben in einen Geflügelhof. Dann verlor ich die Gewalt über das Gespann.«
(Aus einem Verkehrsunfallprotokoll)

28.1 **Jeder Anhänger muß zum Zugfahrzeug passen.**
Wichtigstes Kriterium ist die Gesamtmasse des Anhängers einschließlich Nutzmasse, die die zulässige und im Kfz-Brief des Zugfahrzeugs angegebene Anhängelast nicht überschreiten darf. Ihre Größe ist für gebremste und ungebremste Anhänger unterschiedlich. Je kleiner die Leermasse des Anhängers und je geringer die Differenz zwischen seiner Gesamtmasse und der zulässigen Anhängelast ist, um so mehr Gepäck kann man einladen. So viel, bis entweder die zulässige Gesamtmasse des Anhängers oder die zulässige Anhängelast des Zugfahrzeugs erreicht ist. Es gilt immer der kleinere Wert! Bei einem Wohnwagen kann auch die Leermasse so groß sein wie die zulässige Anhängelast des Zugfahrzeugs; dann darf man aber nichts mehr in den Wohnwagen laden.

28.2 **Die zulässige Anhängelast eines Pkw gibt keinerlei Aufschluß über sein Fahrverhalten mit Anhänger.**
Sie wird nämlich vom Hersteller so festgelegt, daß Bremssystem und Karosserie nicht überfordert werden und das Auto auch bei Gespannbetrieb voll lenkfähig bleibt. Kein Pkw ist für Anhängerbetrieb konstruiert; die Antriebsenergie

für den Anhänger muß er von seiner eigenen »abzwacken«. Dadurch werden die Beschleunigungswerte schlechter, die erreichbare Höchstgeschwindigkeit geringer. Eine grobe Faustregel für Wohnwagengespanne gibt an, daß das Zugfahrzeug mindestens 44 kW (60 PS) haben sollte, damit man auch mit einem unserer größeren und schwereren Wohnwagen zügig im Verkehrsstrom mithalten kann. Weil es aber auch leichtere und kleinere gibt, müssen wir uns nach einem allgemeingültigen Kriterium umsehen.

28.3 **Zur Beurteilung des Beschleunigungsverhaltens eines Anhängergespanns ist sein Masse-Leistungs-Verhältnis K eine wichtige Größe.**

Der ungünstigste Wert ergibt sich bei voller Ausnutzung der erlaubten Zuladung bei Auto und Anhänger. Man rechnet dann wie folgt:

$$K = \frac{\text{zulässige Gesamtmasse des Pkw + Anhängelast in kg}}{\text{maximale Motorleistung in kW}}$$

Liegt der so ermittelte Wert unter 35 bis höchstens 40 kg/kW, dann kann man sicher sein, daß das Gespann zügig im Verkehr mithalten kann und man auch eine lange Fahrt nicht zu scheuen braucht. Ist K dagegen größer als 40 kg/kW, dann wird das Gespann um so »müder«, je größer dieser Wert ist. Dann muß man bei Gegenwind und schon bei geringen Steigungen herunterschalten, muß lange Strecken in den unteren Gängen fahren, kommt langsam voran und hat mit einem Benzin-Mehrverbrauch bis zu 6 l/100 km zu rechnen. Bei kürzeren Campingreisen innerhalb der DDR braucht uns das vielleich nicht sehr zu bekümmern. Bei längeren Auslandsfahrten werden jedoch die Benzinkosten, das Schneckentempo und der eingeschränkte Fahrspaß recht lästig. Bei geringerer Zuladung verringert sich das Masse-Leistungsverhältnis in gleichem Maße, und das Gespann wird lebendiger.

28.4 **Bei einem Wohnwagengespann ist nicht allein das Masse-Leistungs-Verhältnis für das Fahrverhalten entscheidend.**

Bereits ab Geschwindigkeiten von etwa 60 km/h nimmt der Luftwiderstand stark zu (mit der zweiten Potenz der Geschwindigkeit!), er »bremst« das Gespann und treibt den Benzinverbrauch bei »steifem Gasfuß« in schwindelhafte Höhen. Ob die zulässigen 80 km/h mit Anhänger in der Ebene überhaupt erreicht werden können, hängt hauptsächlich von zwei Kriterien ab: von der maximalen Motorleistung und der aerodynamisch günstigen Ausformung des Wohnwagenaufbaus. Eine Verbesserung der Luftströmung im Dachbereich kann man mit einer käuflichen Luftleiteinrichtung auf dem Autodach erreichen. Bei Lasten- und Zeltanhängern spielt der Luftwiderstand eine untergeordnete Rolle; sie »verstecken« sich hinter der Pkw-Karosserie.

28.5 **Wer einen Anhänger am Pkw ziehen möchte, der benötigt zunächst eine typgeprüfte, zum Pkw passende Anhängerzugvorrichtung (AHZV).**
Man kann sie in einer IFA-Fachfiliale erwerben, auch in manchen Pkw-Fachwerkstätten oder autorisierten Karosseriefirmen ist sie vorhanden und wird dort gleich montiert. Der Selbstanbau einer gekauften AHZV nach der beiliegenden Montageanweisung sollten nur die vornehmen, die in Karosseriearbeiten die notwendige Erfahrung haben. Bei Wohnwagenbetrieb sind außerdem zwei typgeprüfte Zusatzspiegel erforderlich, die man im Fachhandel kaufen kann.

28.6 **Die elektrische Installation der Anhängersteckdose können Sachkundige selbst bewältigen, oder man betraut einen Autoelektriker damit.** Zwei Dinge gilt es besonders zu beachten: Bei der technischen Abnahme (→ 28.7) wird eine Kontrolleuchte im Armaturenbrett gefordert, welche das Mitblinken der Anhängerblinkleuchten signalisiert. Daher ist ein spezielles Kontrollrelais einzubauen, das im Fachhandel unter der Bezeichnung AB 6 oder AB 12 erhältlich ist. Außerdem sollte Klemme 2 der Anhängersteckdose ständig Bordspannung führen. Das ist beim Camping nicht nur dann vorteilhaft, wenn ein Campinganhänger mitgeführt wird (→ 35.10).

28.7 **Nach Anbau der AHZV einschließlich der ordnungsgemäß beschalteten Anhängersteckdose ist eine technische Abnahme notwendig.**
Sie kann beim Volkspolizeikreisamt vom VP-Sachverständigen oder von beauftragten gesellschaftlichen Einrichtungen (z. B. einem Verkehrssicherheitsaktiv) vorgenommen werden. Dazu ist das Fahrzeug ohne Anhänger vorzuführen und die Kaufbescheinigung für die AHZV, der Kfz-Zulassungsschein sowie der Kfz-Brief sind vorzulegen. Nach vollzogener Abnahme wird der Pkw durch Eintragung der AHZV in die Fahrzeugpapiere als Zugfahrzeug zugelassen.

26.8 **Wie ist die rechtliche Lage, wenn man eine AHZV an einem neuen**

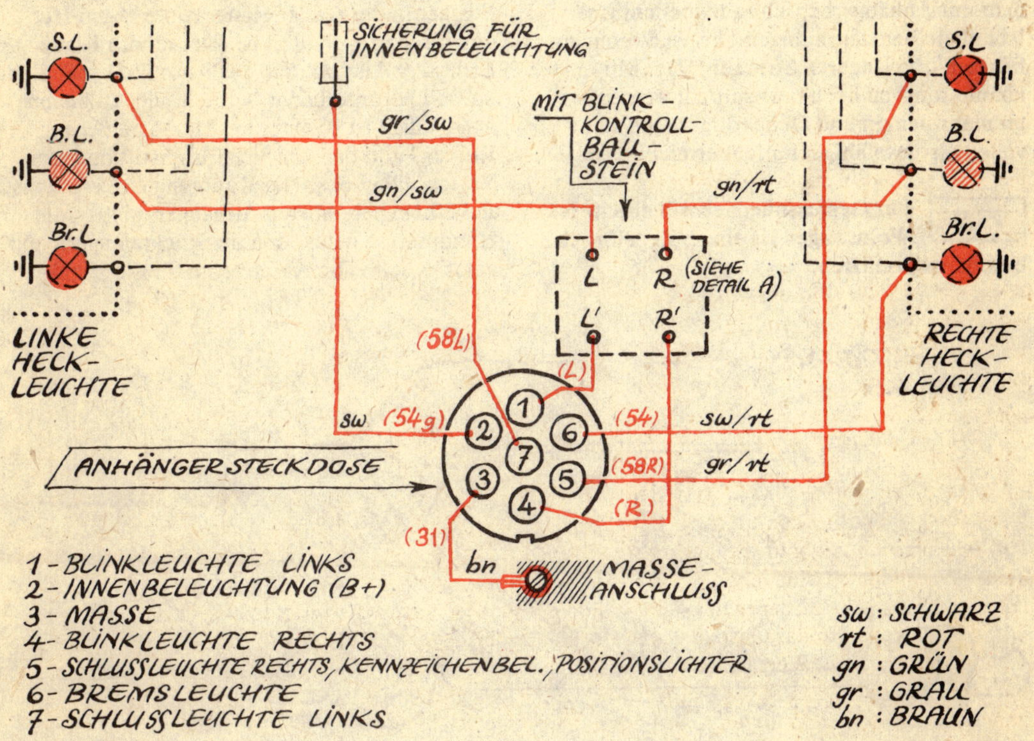

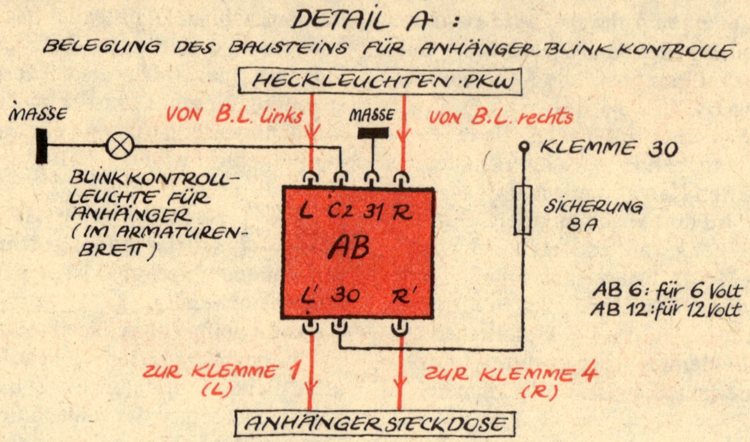

Pkw anbringt, für den die Garantiefrist noch nicht abgelaufen ist?
Die Garantie bleibt erhalten, auch wenn man einen Anhänger zieht. Lediglich bei Fahrzeugschäden, die auf erhöhte Beanspruchung durch den Anhänger zurückzuführen sind, kann man keinen Garantieanspruch geltend machen (z. B. abnormaler Bremsenverschleiß, bestimmte Kupplungs-, Getriebe- oder Motorschäden). Während der empfohlenen Einfahrzeit sollte man mit Anhängerbetrieb sehr vorsichtig sein (vor allem bei kleinhubigen Pkw, schweren Anhängern und längeren Strecken). Der Motor könnte sonst zu hoch beansprucht werden, später mehr Benzin und Öl benötigen und seine volle Leistungsfähigkeit nicht erreichen.

28.9 **Für Gespannbetrieb mit einem Wohnwagen ist eine Spiegelbrücke besonders praktisch.**

Sie läßt sich schnell montieren und wieder abnehmen, ohne daß sich die Einstellung der Spiegel verändert. Die käufliche Ausführung kann problemlos an verschiedene Autotypen angepaßt werden.

28.10 **Nach jedem Ankoppeln des Anhängers an das Zugfahrzeug ist die Verkehrssicherheit zu prüfen.**

Dazu gehört die Kontrolle aller Lichter, ob der Stecker in der Anhängersteckdose gegen Herausrutschen geschützt ist (Deckel mit Klaue heruntergeklappt), daß das Anschlußkabel nicht zu weit herunterhängt, schleift oder zu knapp abgefangen ist (Gefahr des Herausreißens in Kurven) und daß der Sicherungsstift oder der Verschlußhebel an der Kupplung eingerastet ist. Bei einem gebremsten Anhänger müssen die Handbremse gelöst und die Rückfahrsperre eingerastet sein. Die Abreißleine für die Hand-

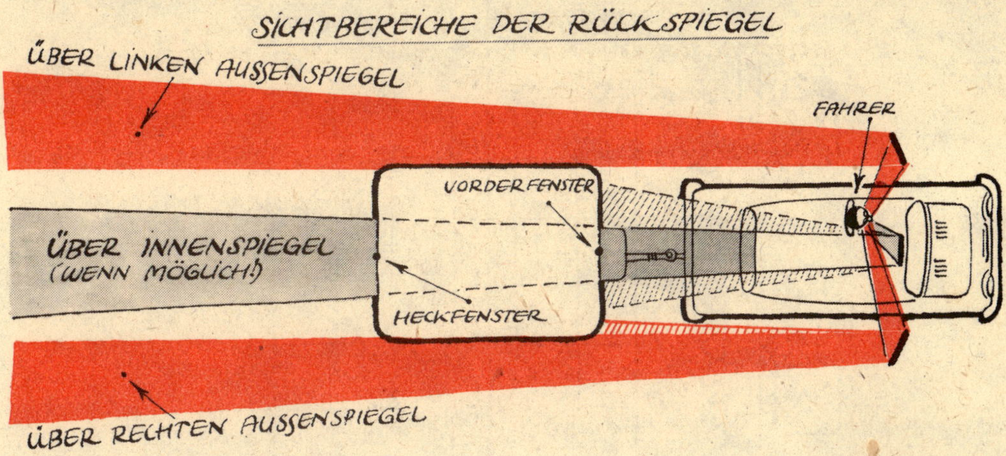

bremse – soweit vorhanden – muß an einer stabilen Stelle des Fahrzeughecks eingehängt sein. Sie sorgt dafür, daß der Anhänger abgebremst wird, falls er sich einmal von der Zugvorrichtung losreißen solle. Am besten eignet sich eine an der Traverse der Zugvorrichtung angeschweißte Öse zum Einhängen des Sicherheitsseils. Keinesfalls darf es um die Kugelstütze geschlungen werden; bei Bruch derselben kann dann die Reißleine ihre Aufgabe nicht erfüllen. Bei Campinganhängern müssen die Kurbelstützen vollständig hochgedreht, und das Bugrad muß hochgeklappt sein. Alle Fenster sollen verriegelt und die Lüftungsöffnungen (einschließlich Dachluken und Hubdächer) geschlossen sein (Straßenstaub!). Die Gardinen an Vorder- und Rückfenster werden zur Seite gezogen und befestigt (Durchblick nach hinten!). Schließlich werden die Spiegel so eingestellt, daß man am Anhänger gut vorbeischauen kann, seine hinteren Kanten aber noch sieht. In regelmäßigen Abständen, mindestens aber vor jeder Fahrt, ist der Reifendruck zu prüfen, und bei einem gebremsten Anhänger ist eine Bremsprobe vorzunehmen. Das Ansprechen der Bremse prüft man durch vorsichtiges Rückwärtsfahren: die Räder des Anhängers müssen blockieren. Während der Fahrt zeigen die meisten Anhänger das Funktionieren ihrer Bremsen mit einem deutlichen Ruck bei stärkeren Bremsvorgängen an.

28.11 **Nur selten hat man das große Glück, daß das Auto-Reserverad am Anhänger paßt.**

Das bedeutet, daß man bei einer Reifenpanne des Anhängers im wahrsten Sinne »auf dem Schlauch« steht, wenn der Anhänger kein eigenes Reserverad hat. Daher ist dringend anzuraten, stets einen Ersatzschlauch passender Größe im Gepäck zu führen. Auch bei schlauchloser Bereifung, denn nicht immer hilft der Reparaturpilz!

28.12 **Nach der StVO, § 28, Tz. 3c ist die Personenbeförderung auf nicht dafür zugelassenen einachsigen Anhängern verboten.**

Das gilt natürlich auch für Campingwohnwagen. Kaffeekochen oder ein Nickerchen im Anhänger während der Fahrt müssen also entfallen. Auch wenn man kranke Personen zu befördern hat, darf es keine Ausnahme geben.

28.13 **Die Fahrbesonderheiten mit Anhängern, besonders aber mit Wohnwagen, führen zu zwei wesentlichen Erscheinungen, mit denen der Gespannfahrer zu rechnen hat:**

ein erhöhter Benzinverbrauch und längere Reisezeiten. Allgemeingültige Aussagen zum Mehrverbrauch lassen sich kaum machen. Je nach Anhängertyp, Beladung und Fahrbedingungen kann man mit 20 bis 50 Prozent rechnen, aber nur dann, wenn man die sehr unwirtschaftlichen höheren Geschwindigkeiten meidet. Um trotzdem bei längeren Auslandsfahrten kalkulierfähig zu sein, empfehlen wir, schon bei Inlandsreisen den Benzinverbrauch bei Gespannfahrten sorgfältig zu notieren. Beim Reisedurchschnitt kann man mit einem Wohnwagen kaum mehr als 50 km/h ansetzen, so daß man selbst bei Fahrerablösung ohne Strapazen

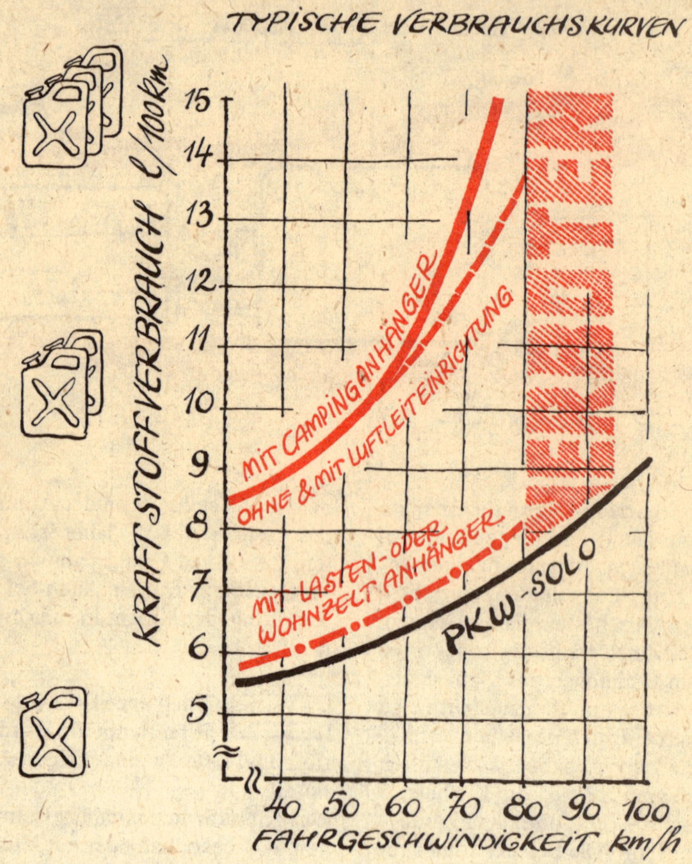

höchstens 400 bis 500 km am Tage vorwärtskommt. Pausen sind dabei inbegriffen, die aber machen bei Wohnwagentouristik auch Spaß!

28.14 **Weil ein Campingwohnwagen das Autodach überragt und somit das aerodynamische Verhalten empfindlich stört, ist eine käufliche Luftleiteinrichtung (LLE, »Dachspoiler«) zu empfehlen.**
Sie verbessert die Luftumströmung des Gespanns, der Bremseffekt des Fahrwinds wird geringer, und es lassen sich auf größeren Strecken bedeutende Kraftstoffmengen einsparen. Man achte darauf, daß die LLE sicher auf dem Autodach verankert wird (etwa im letzten Drittel); die Windlasten bei höheren Geschwindigkeiten sind beträchtlich! Der günstigste Anstellwinkel

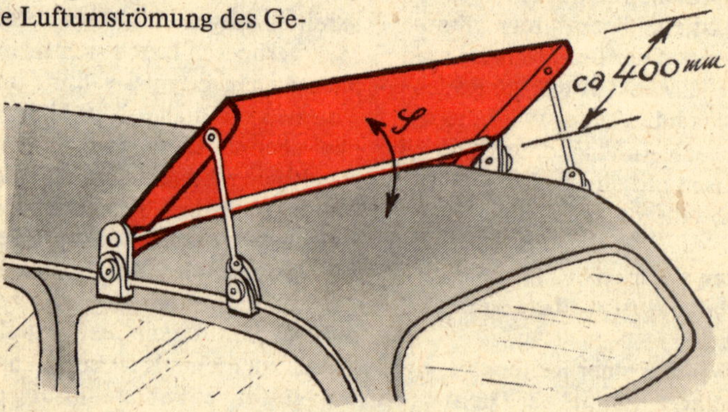

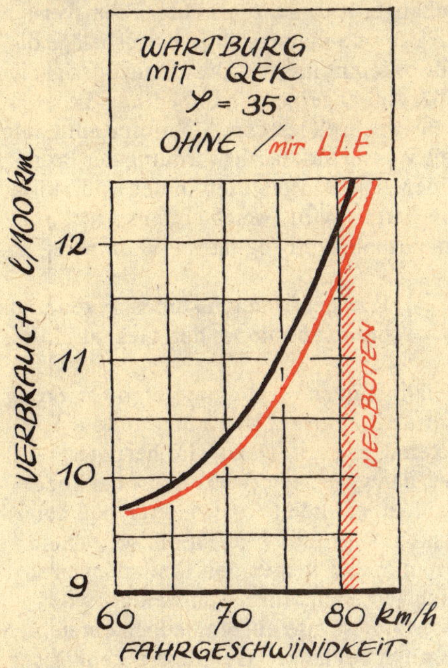

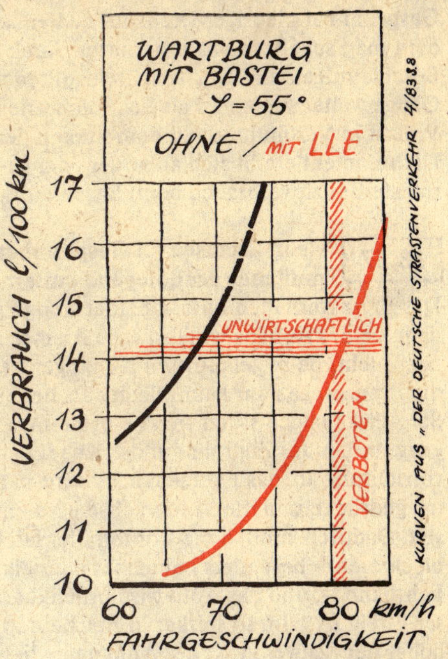

gegenüber dem Autodach liegt etwa zwischen 35° und 55° – je nach Gespannkombination –, er ist etwas kritisch. Wir empfehlen, ihn durch Beschleunigungstests, z. B. von 60 auf 80 km/h, zu ermitteln. Der Winkel ist dann optimal, wenn unter sonst gleichen Meßbedingungen mit dem Gespann die kürzeste Beschleunigungszeit benötigt wird.

28.15 **Mit Anhängern ist in der DDR grundsätzlich eine Höchstgeschwindigkeit von 80 km/h zulässig** – auch auf Autobahnen –, wenn nicht zusätzliche Geschwindigkeitsbeschränkungen für Straße oder Anhänger gelten.
Ein rundes Geschwindigkeitsschild muß am Heck des Hängers nur geführt werden, wenn im Kfz-Brief eine Geschwindigkeitsbeschränkung eingetragen ist.

28.16 **Wer Last am »Haken« hat, der sollte fleißig schalten!**
Hohe Leistung und ein großes Drehmoment entwickelt der Automotor nämlich nur bei höheren Drehzahlen. An welcher Stelle der Drehzahlskala das höchste Drehmoment liegt, zeigt die Drehmoment-Kennlinie (i. allg. bei etwa ⅔ der Höchstdrehzahl). Der günstigste Fahrbereich liegt zwischen diesem Wert und der Höchstdrehzahl des Motors. Um diesen immer »vor Augen« zu haben, empfiehlt sich der Einbau eines Drehzahlmessers. Sinkt die Drehzahl am Berg oder bei Gegenwind stärker ab, dann darf man den Motor nicht mit durchgetretenem

Gaspedal bei niedriger Drehzahl quälen, sondern man schaltet alsbald herunter. Auch beim Beschleunigen und Hochschalten sollten wir die Gänge weiter ausfahren als bei Solobetrieb. Bei Vollast in Verbindung mit dem maximalen Drehmoment ergibt sich außerdem der geringste Benzinverbrauch beim Beschleunigen.

28.17 **Beim Bremsen im Gespannbetrieb muß man grundlegend umlernen.**
Das Bremsverhalten unterscheidet sich je nachdem, ob der Anhänger selbst eine Bremse hat oder nicht. Beim gebremsten Anhänger werden die Bremswege zwar kaum länger als bei einem Solo-Pkw, jedoch stützt sich beim Bremsvorgang immer das Zugrohr auf der Kugel der Zugvorrichtung ab, das Fahrzeugheck wird nach unten gedrückt, und die Vorderachse wird entlastet. Dadurch können die Vorderräder leicht blockieren – besonders bei nasser oder glatter Fahrbahn –, und das Auto wird unlenkbar. Dieser Effekt tritt um so stärker in Erscheinung, je höher der Schwerpunkt des Anhängers liegt und je schwerer er ist. Auch aus diesem Grunde soll im Anhänger schweres Gepäck immer möglichst weit unten geladen werden.
Beim ungebremsten Anhänger tritt eine Entlastung der Vorderräder des Pkw beim Bremsvorgang in weit geringerem Maße und auch nur dann auf, wenn der Anhängerschwerpunkt oberhalb der Zugrohrachse liegt. Weil aber nur die Räder des Zugfahrzeugs gebremst werden, muß man mit wesentlich verlängerten Bremswegen rechnen, die um so größer werden, je schwerer der Anhänger ist. Es tritt erhöhter Bremsverschleiß auf, und man muß die Bremsbeläge öfter kontrollieren (lassen). Die Bremsflüssigkeit sollte bei Anhängerbetrieb unbedingt alle 2 Jahre gewechselt werden. Sie nimmt im Laufe der Zeit Wasser auf, bei Erwärmung der Bremsen bilden sich Dampfblasen in der Hydraulik, und die Bremse wird »weich« oder spricht nur nach mehrmaligem Pedaltreten (»Pumpen«) an.

28.18 **Was gehört noch zum sicheren und bremsenschonenden Gespannfahren?**
Am Gefälle nutzen wir die bremsende Wirkung des Viertaktmotors bei Leerlaufgas und eingeschaltetem Gang aus. Dazu wird heruntergeschaltet; denn die Bremswirkung ist bei hoher Drehzahl am größten (Vorsicht aber, daß der Motor nicht übertourt wird!). Bei Zweitaktern sollte man in den Bergen den Freilauf sperren und auch – die allerdings weit weniger wirksame – Motorbremse nutzen, jedoch empfehlen wir das nicht bei langen Gefällestrecken. Der bei Leerlaufgas hochtourig drehende Motor wird schlecht geschmiert, und ein Kolbenklemmer könnte die böse Folge sein. Besonders in Kurven muß die Betriebsbremse sehr gefühlvoll eingesetzt werden. Bilden Auto und Anhänger nämlich keine gerade Linie, so kann der Anhänger beim Bremsen durch seine Trägheitskraft am Zugfahrzeug vorbeischieben, das Gespann zum Schleudern bringen oder querstellen. Vor allem dem Neuling sind behutsames Tempo und gefühlvolles Bremsen zu raten.

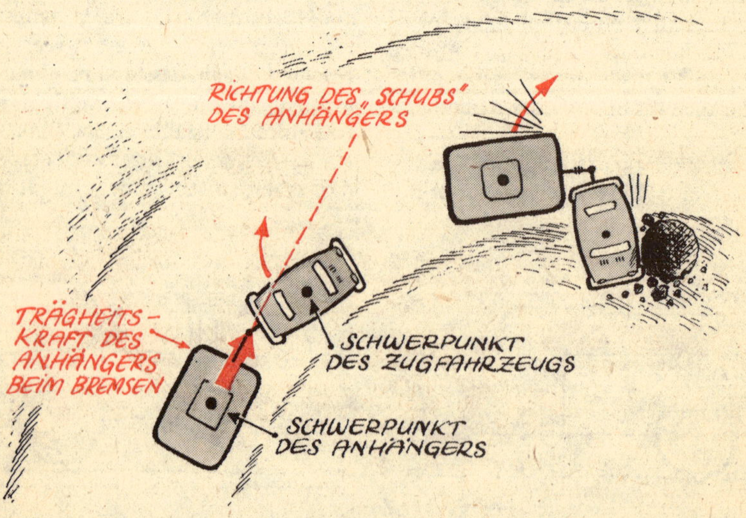

28.19 **Bei langem Bergauffahren oder starkem Gegenwind mit einem Wohnwagengespann sollte man die Temperaturanzeige ständig im Blick behalten.**
Das gilt besonders bei einem ungünstigen Masse-Leistung-Verhältnis des Gespanns (→ 28.3). Nähert sich der Zeiger des Temperaturwächters dem rot markierten Bereich, so hilft Herunterschalten und etwas hochtourigeres und langsameres Fahren. Schlimmstenfalls sollte man sich auch nicht vor einem kurzen Halt scheuen. Dabei muß aber der Motor zur Vermeidung eines Wärmestaus noch etwas weiterlaufen. Auch wenn es an heißen Tagen eine Zumutung ist: Kurzes, aber allmähliches Zuschalten der Wagenheizung entlastet einen überhitzten Kühlwasserkreislauf!

28.20 **Bei Kurvenfahrt reagiert ein Gespann anders als ein Solofahrzeug.**
Infolge des Beharrungsvermögens zur Geradeausfahrt zieht der Anhänger das Heck des Zugfahrzeugs in der Kurve nach außen. Die durchfahrene Kurve wird enger, als es dem Lenkeinschlag entspricht. Ein Gespann zeigt also i. allg. Übersteuerungsverhalten. Dieses verstärkt sich noch bei einem Auto mit Heckmotor und ist dann nur durch stärkere Beladung des Kofferraums im Fahrzeugbug in begrenztem Maße auszugleichen.
Kommt man mit dem Gespann in einer Kurve in Schwierigkeiten, so verschlimmern Bremsungen meist die Situation. Durch vorsichtiges Gasgeben und Gegenlenken muß man versuchen, der Lage Herr zu werden. Viel besser ist es allerdings, man läßt es gar nicht erst so weit kommen und geht Kurven mit gemäßigtem Tempo an.

28.21 **Bei Gespannbetrieb verlängern sich die Überholwege bedeutend.**
Dabei wirken mehrere Faktoren gemeinsam: die größere Gesamtlänge des überholenden Gespanns, die geringeren Beschleunigungswerte und die teilweise unzureichende Höchstgeschwindigkeit. Besondere Vorsicht muß man vor Kurven, Kreuzungen und Einmündungen, beim Überholen sehr langer oder schneller fahrender Fahrzeuge und beim Gegenverkehr walten lassen, selbst wenn er erst ganz in der Ferne auftaucht. Die Geschwindigkeit eines entgegenkommenden Fahrzeugs kann man nur selten richtig einschätzen. Eine endlos erscheinende, kriechende Fahrzeugkolonne überholen wir mit einem Gespann nie! Statt dessen ein sicherer Trick: Rasten! Inzwischen ist sie davongefahren.

28.22 **Bei Fahrt mit einem Wohnwagen ist auf böigen Seitenwind zu achten.**
Die große Seitenfläche des Anhängers gibt dem Wind guten Angriff, der Anhänger kann schleudern, das Gespann kommt aus der Spur, es kann sogar umstürzen. An stürmischen Tagen sollte man an Waldschneisen, an einzelnen Bauwerken und großen Bäumen sowie auf Brükken sehr langsam fahren und in sofortiger Reaktionsbereitschaft sein.

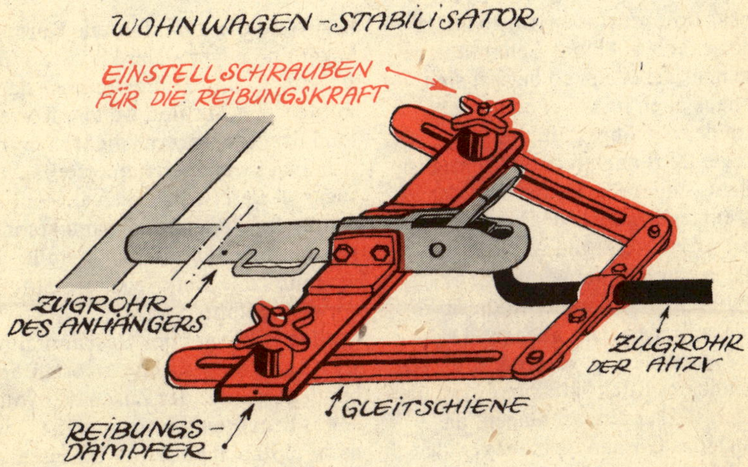

28.23 **Eine sehr böse Situation entsteht, wenn ein Anhänger ins Pendeln gerät (»Schwänzeltanz«).**

Er folgt dem Zugwagen in Schlangenlinien, wobei sich diese Bewegung bei falscher Reaktion des Fahrers soweit aufschaukeln kann, bis er die Kontrolle über sein Gespann vollständig verliert. Keinesfalls darf gebremst werden. Richtig ist vorsichtiges Gasgeben, so daß der Anhänger wieder in spurtreue Geradeausfahrt gezwungen wird. Gegenlenken erfordert viel Erfahrung und kann die Lage verschlimmern.

Bestimmte Gespannpaarungen sind für das Pendeln besonders anfällig, jedoch tritt es meist nur bei einer bestimmten Geschwindigkeit oder bei antriebsloser Bergabfahrt auf. Hat man das einmal erkannt, so gilt es, diesen gefährlichen Geschwindigkeitsbereich möglichst zu meiden.

Anhängerpendeln kann ein Stabilisator wirksam unterbinden. Auch das sonstige Fahrverhalten wird durch ihn verbessert. Einziger Nachteil: Das Ankuppeln des Anhängers wird langwieriger. Der Stabilisator dämpft die horizontalen Drehbewegungen der Anhängerkupplung in der Kugel mechanisch (durch Reibung) oder hydraulisch (durch Stoßdämpfer). Im Fachhandel kann der verbesserte Typ CS 1800/51 erworben werden, der sich an allen Anhängerzugvorrichtungen mit 50 oder 51 mm Zugrohrdurchmesser problemlos selbst montieren läßt (Bild S. 145).

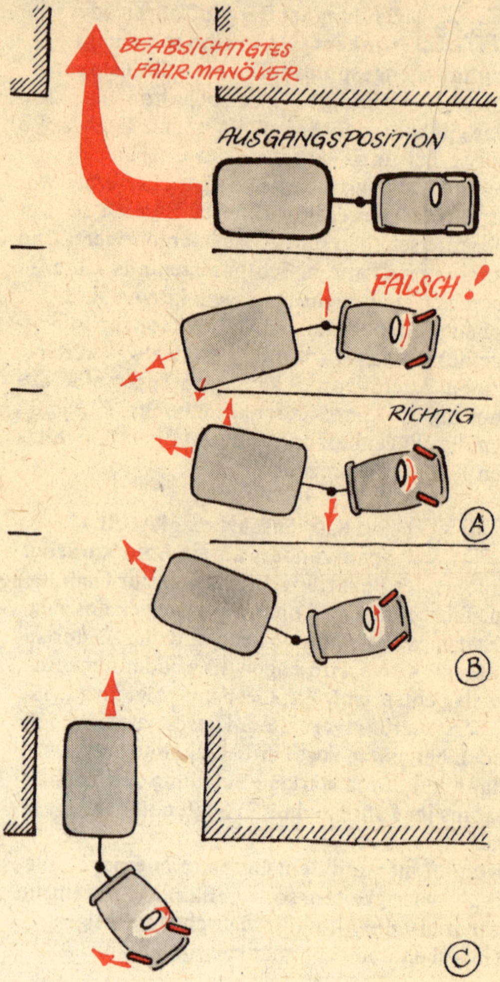

28.24 **Das Rückwärtsfahren mit einem Anhänger will geübt sein.**

Stößt man mit einem Gespann zurück, so folgt der Anhänger zwar den physikalischen Gesetzen, nicht aber den bei Solobetrieb antrainierten Lenkeinschlägen. Hat man z. B. die Absicht, nach links zurückzustoßen, und schlägt aus der Geradeausfahrt auch das Lenkrad in gewohnter Weise nach links ein, so bewegt sich zwar das Autoheck nach links, jedoch knickt das Gespann an der Anhängerkupplung ein, und der Anhänger fährt nach rechts! Richtig ist, zunächst bei behutsamer Rückwärtsfahrt das Lenkrad etwas entgegengesetzt der beabsichtigten Fahrtrichtung einzuschlagen und erst dann, wenn der Anhänger sich in die vorgesehene Richtung gedreht hat, das Lenkrad in diese Richtung zurückzudrehen. Das alles muß sehr gefühlvoll unter laufenden Lenkkorrekturen geschehen. Am Ende der Rückwärtskurve sind die Vorderräder noch stärker einzuschlagen; dadurch richtet sich das Gespann wieder gerade aus. Wird die durchfahrene Kurve aber einmal enger und enger – der kleinste Winkel zwischen Anhänger- und Fahrzeugachse darf etwa 135° werden –, dann sind weitere Korrekturen während des Rücksetzens nicht mehr möglich. Der Anhänger würde sich querstellen, und es könnte sogar zu Beschädigungen am Fahrzeugheck und an der Anhängervorderwand kommen. In einem solchen Fall von mißglücktem Rückfahrmanöver muß zunächst wieder ein Stück geradeaus vorwärts gefahren werden.

Wollen Anfänger des Gespannfahrens ihre ersten Rückstoßversuche nicht unter den Augen hämisch grinsender Zuschauer vollführen oder – was bedeutend schlimmer ist – wollen sie nicht plötzlich auf einer Hauptverkehrsstraße

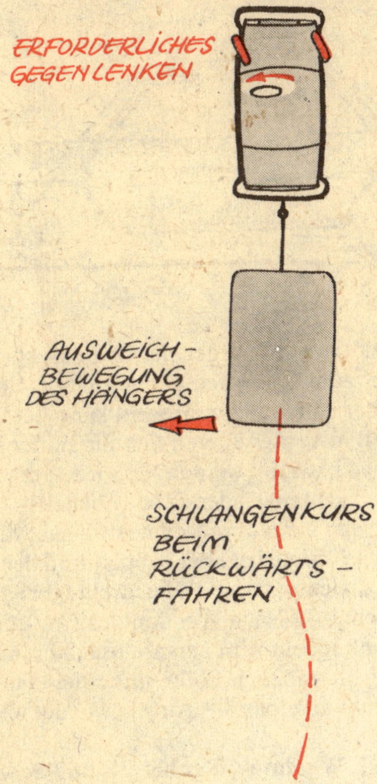

querstehend den Verkehr blockieren, dann sind ihnen ein paar Übungen auf einer stillen Fläche ohne Hindernisse anzuraten.

28.25 **Am schwierigsten ist eine längere Rückwärtsfahrt geradeaus, z. B. wenn man mit dem Gespann in eine Sackgasse geraten ist.**
Selbst bei gestandenen Gespannfahrern artet sie oft zu einer raumgreifenden Schlängeltour aus. Beim geraden Zurückstoßen ist immer dann eine leichte Lenkkorrektur notwendig, wenn der Anhänger seitlich auszuweichen beginnt. Das Lenkrad muß dann in die Richtung gedreht werden, in die das Heck des Anhängers drängt. Wenn es die Situation zuläßt, sollte man an Stelle der Mühen einer längeren Rückwärtsfahrt lieber das Zugfahrzeug abkuppeln, wenden, den Anhänger mit Muskelkraft umdrehen und nach dem Wiederankuppeln die Fahrt vorwärts fortsetzen.

28.26 **Große Schwierigkeiten können sich beim Rückwärtsfahren mit einem Wohnwagen einstellen.**
Der Fahrer ist bei seinem Manöver nur auf die rückwärtige Sicht über die Autospiegel angewiesen, er muß außerdem die obere Kante des Anhängeraufbaus im Auge behalten. Eine Hinterkante ist dabei immer verdeckt. Wird es beim

Rückwärtsfahren eng, so wird der Fahrer nicht ohne einen sachkundigen Einweiser mit lauter Stimme auskommen können, der sich hinter dem Gespann aufstellt. Beim Rangieren im engen Campingwald ist auf Bodensenken und Wurzelstöcke zu achten. Ein Rad des Anhängers kann hindurch- oder darüberrollen, der Aufbau neigt sich und kann gegen einen Baum schlagen. Außerdem muß der Fahrer auch den Bug seines Autos im Auge behalten. Hektik und Nervosität sind bei solchen Fahrmanövern fehl am Platze. Besser ist, man steigt aus und erkundet den sichersten Zufahrtsweg. Kein Fahrer muß seinen sportlichen Ehrgeiz darin suchen, den Wohnwagen mit Motorkraft an Ort und Stelle zu bugsieren. Bei sehr engen Zufahrtswegen, dichtem Baumbestand und lockerem oder unebenem Untergrund ist »Handschiebebetrieb« der einzig richtige Ausweg. Tatkräftige Helfer wird man wohl in jedem Falle finden.

28.27 **Vor jedem Rückwärtsfahren mit einem gebremsten Anhänger ohne Rückfahrautomatik ist die Rückfahrsperre zu lösen (siehe oben).**

Vergißt man das, so knickt bei gewaltsamem Zurückstoßen das Gespann an der Anhängerkupplung nach oben aus, das Anhängerheck senkt sich und kann – ebenso wie die Kurbelstützen – beschädigt werden. Im Extremfall kann sogar die Anhängerkupplung Schaden nehmen, oder die Zugvorrichtung wird aus ihrer Verankerung im Pkw herausgerissen.

28.28 **Bei Gespannfahrt in die Berge sollte man Vorlegekeile nicht vergessen.**

Sie sichern das abgestellte Fahrzeug am Berg, wenn die Handbremse allein nicht mehr ausreicht. Im Winter kann eine angezogene Handbremse außerdem festfrieren. Steht das Gespann an einer Steigung, dann ist es oft leichter, zunächst die Vorderräder stark einzuschlagen und quer zum Berg anzufahren[1]. Um nicht sofort wieder anhalten zu müssen, kann der vorgelegte Keil mit einer kurzen Schnur an der Heckstoßstange befestigt werden. Er wird dann mitgezogen, bis man wieder in der Ebene ist. Kommt man bergauf mit dem Anhänger nicht fort, so wird zunächst abgekuppelt und der Anhänger vorsichtig von Hand gedreht (gegen Abrollen sichern!). Nach Wenden des Pkw und Wiederankuppeln wird bergab losgefahren. Wenn irgend möglich, sollte mit einem Gespann nicht an einer Steigung gewendet werden.

28.29 **Wer im Winter bei Eis und Schnee mit einem Anhänger unterwegs ist, der muß besonders vorsichtig fahren und sich laufend den Straßen- und Witterungsverhältnissen anpassen.**

Die Hinweise zum Gespannfahren behalten volle Gültigkeit, nur muß alles in noch weiter gemäßigtem Tempo ablaufen. Daher verlängert sich die Fahrzeit gegenüber Sommerbetrieb um mindestens 30 bis 40 Prozent. Das Wintergepäck ergänzen wir durch Schneeketten (→ 28.32), ein Säckchen Sand, Schaufel, zwei Vorlegekeile, Seil, Handfeger oder kleinen Besen. Zwei Kokosmatten, sonst als Fußmatten im Fahrgastraum untergebracht, können bei einem steckengebliebenen Gespann unter die Antriebsräder geschoben werden und so das Freikommen erleichtern.

28.30 **Bei durchrutschenden Rädern ist eine vorübergehende Gepäckumlagerung zur stärkeren Belastung der Antriebsachse oft die einzige Möglichkeit, um wieder freizukommen.**

---

1) bei Autos mit Frontantrieb nicht zu empfehlen. Die Gelenkwellen werden dabei zu stark belastet und könnten brechen.

Das Auf-die-Stoßstange-Stellen einer Person sollte man ebenso bleibenlassen wie das Rückwärtsherauffahren mit frontgetriebenen Autos bei langen, kurvenreichen Steigungen. Bei Hinterradantrieb kann, wenn nur ein Rad durchdreht, mäßiges Anziehen der Handbremse manchmal Erfolg bringen. Auch gefühlvolles »Schaukeln« durch abwechselndes Gasgeben mit Ein- und Auskuppeln im Rhythmus der Schaukelbewegung kann das Gespann aus einer Querrinne befreien.

28.31 **Wer mit einem Wohnwagen zum Wintercamping fährt, muß auf den wetterbedingten Extremfall vorbereitet sein.**
Das Fahren erfordert noch mehr Feingefühl als im Sommer. Besondere Vorsicht ist beim Bremsen und bei Lenkkorrekturen geboten – vor allem bergab und in Kurven. Die zulässige Höchstgeschwindigkeit von 80 km/h kann man auf glatten und verschneiten Strecken vergessen. Anhänger, die auch im Sommer ein stabiles Fahrverhalten zeigen, bereiten beim Winterbetrieb weit weniger Probleme als solche, die schon bei trockener Fahrbahn schnell ausbrechen oder zum »Schwänzeltanz« neigen.

28.32 **Ohne Radial-Winterreifen (M+S) geht bei winterlichem Gespannbetrieb oft nichts mehr.**
Das ist vor allem dann der Fall, wenn wir von der noch gut befahrbaren Hauptstraße in die verschneiten Berge und auf den Campingplatz gelangen. Noch besser als Winterreifen (zumindest auf den angetriebenen Rädern) sind im verschneiten Gelände Sommerreifen mit Schneeketten geeignet (Vollketten, keine »Riemchen«). Will man sich das mühevolle Aufziehen der Schneeketten ersparen, dann sei besonders den Fahrern von Autos mit Frontantrieb folgendes empfohlen: Normalfahrt mit M+S-Reifen, soweit man eben damit kommt. Dann montiert man auf die Antriebsachse zwei zusätzlich mitgeführte Räder mit Sommerbereifung und bereits aufgezogenen Schneeketten. Nur eines dieser beiden Räder muß man zusätzlich verstauen, das andere wird an Stelle des Reserverades untergebracht. Auf Anhängern sind Winterreifen nicht unbedingt erforderlich, sie verbessern jedoch die Spurtreue. Das gilt besonders für gebremste Anhänger, bei denen sich dadurch auch die Bremswirkung besser auf die Straße bringen läßt.

28.33 **Wenn man mit einem Wohnwagengespann auf einem Wintercampingplatz eine kurze, verschneite Steigung nicht schafft, so kann eine Technik zum Ziel führen, wie sie auch Fahrer von schweren Lkw mit Anhänger manchmal anwenden.**
Sie lassen an der Steigung die Räder mit mäßiger Geschwindigkeit einfach so lange durchdrehen, bis Eis und Schnee weggefräst oder von der Reibungswärme aufgetaut sind und die Räder auf festem Grund wieder greifen. Das geht natürlich nur sehr langsam vorwärts und ist für Pkw lediglich bei kurzen Strecken zu empfehlen. Das Verfahren ist bei kräftiger Belastung der Antriebsachse besonders effektiv, hat aber keinen Sinn, wenn sich die Räder einwühlen können. Es muß unter dem Schnee also fester Untergrund vorhanden sein.

Campingalltag, Campingpraxis

Es ist so weit! Der Camper ordnet sich auf dem Zeltplatz unter seinesgleichen ein. Er will seinen Aufenthalt ohne Störungen und möglichst erholsam und angenehm verbringen.

29. Ankunft und Stellplatzwahl

29.1 **Wer als Anfänger des Campens die Überschrift »Stellplatzwahl« liest,** der ist leicht geneigt zu glauben, daß es auf den Campingplätzen von malerischen Nischen, geebneten Sandflächen und grasbewachsenen Lichtungen nur so wimmelt und daß diese nur einfach belegt zu werden brauchen.
Das ist nur in der Vor- und Nachsaison der Fall. Ein Zeltschein garantiert lediglich das Unterkommen auf dem eingetragenen Platz, nicht aber eine bestimmte Stellfläche! Wer erst spät am Abend des Anreisetages ankommt, der findet meist einen nahezu vollständig belegten Zeltplatz vor und muß sehen, welches Eckchen noch übrig ist.

29.2 **Der Stellplatz für Zelt oder Wohnwagen wird entweder vom Campingplatzleiter oder Zeltwart zugewiesen und ist dann verbindlich, oder es wird gestattet, ihn sich selbst auszuwählen.**
Es soll am festgelegten Anreisetag in einer vorgegebenen Zeitspanne angereist werden (i. allg. zwischen 10.00 und 17.00 Uhr). Ankunft an einem späteren Tage ist möglich, keinesfalls darf man sich aber schon früher einfinden. Wer, durch eine Panne oder sonstige Widrigkeiten aufgehalten, verspätet auf dem Campingplatz ankommt, wird die Rezeption geschlossen vorfinden. Ist kein Verantwortlicher, z. B. ein Mitglied des Zeltbeirats, mehr zu erreichen, dann darf der verspätete Pechvogel sein Zelt an einer zumutbaren Stelle aufbauen, muß sich aber am nächsten Morgen beim Zeltplatzleiter melden.

29.3 **Der Aufenthalt auf einem Campingplatz ist nur mit einer gültigen Zeltgenehmigung gestattet.**
Noch am Anreisetag, spätestens aber am nächsten Vormittag muß man sich polizeilich anmelden. Das erfolgt i. allg. in der Rezeption, auf sehr kleinen oder abgeschiedenen Campingplätzen z. T. auch bei der Meldestelle beim Rat der Gemeinde.

29.4 **Wer ohne Campinggenehmigung auf einem Zeltplatz angetroffen wird, kann von ihm wieder verwiesen werden.**
Das ist außerdem bei gröberen Ordnungswidrigkeiten möglich, bei brandschutzwidrigem, erheblich oder wiederholt ruhestörendem, naturschänderischem, unhygienischem oder anderweitig gemeinschaftswidrigem Verhalten.

29.5 **Die Stellplatzwahl ist in den Augen der Mitzelter eine sehr diffizile Sache!**
Verfolgen wir auszugsweise, wie die Nachbarschaft in einem speziellen Fall reagierte (Neuendorf-Lütow, 1983):
»Eh, mei Gudster, so geht des awor nisch! Da hat noch nie eener geschdann, du verbaust mir dn Ausgugg, rick doch e Häppchen rieber, da, bei de Milldonn!« . . .
»Also hier können Sie nicht zelten, mein Herr! Dieser Platz ist für meinen Schwager reserviert, der reist übernächste Woche hier an und baut schon seit Jahren an dieser Stelle auf.« . . .
»Kiek ma, so'n Zelt am Wassa is ooch scheen! 'ne Nachttüschlampe hatta ooch, un da, de villen Konserven! Möönsch, is der abba vafressen!« . . .
»Hier vorne sich hinzuschdelln, so'n Woohnsinn! Bei Schdurm haut's den doch egal wech!« . . .
»Am Hang, und dann kein Wassergraben! Na hoffentlich kann er schwimmen.« . . .
»Nie wieder mit dem Eingang direkt am Weg! Alles glotzt her und macht komische Bemerkungen.«
Dieser zusammenfassende Satz stammte von meiner erbosten Frau, – und sie allein behielt recht!

29.6 **Die Reservierung eines Stellplatzes für einen guten Freund, »der in den nächsten Tagen anreist«, ist nur dann zulässig, wenn sie mit dem Campingplatzleiter abgesprochen ist.**

Bei der meist großen Platzknappheit wird das in der Hauptsaison nur in Ausnahmefällen möglich sein.

29.7 **Wenn eine scheinbar sehr vorteilhafte Stellfläche trotz strammer Belegung des Zeltplatzes noch frei ist, so ist Vorsicht geboten.**

Der unschuldigste Grund ist noch der, daß dieser Platz soeben frei geworden ist. Die Dinge können sich aber auch entwickeln, z. B. wenn diese Stelle in einer Regenwasserrinne liegt, unter einem Vogelschlafbaum, einem gewaltigen trockenen Ast oder in der Nähe eines Zelts mit einem besonders hartnäckigen Schnarcher. Eingeweihte z. B. wußten, daß ein bestimmtes, ansonsten ideales Terrain auf dem alten Campingplatz Mirow (C 42) regelmäßig an bestimmten Augusttagen von Myriaden Flugameisen heimgesucht wurde, die Ahnungslose zum fluchtartigen Wechsel des Areals trieben.

Augen und Ohren auf schützt vor unliebsamen Überraschungen!

29.8 **Hat man die Wahl zwischen mehreren, ansonsten gleichwertigen Stellplätzen,** so sollte die Entfernung zur Toilette (Kinder!), der Waschgelegenheit, Einkaufsstätte bzw. zum Stromanschluß entscheiden.
Bei Toiletten und Mülltonnen sind allerdings nicht immer die kürzesten Entfernungen auch die besten. (Hauptwindrichtung beachten!) Schließlich solle man zu ergründen suchen, ob nicht der Zufahrtsweg durch nachfolgende Zeltler verbaut werden könnte. Das kann besonders bei verstecker Lage im Gebüsch geschehen. Der Verursacher muß dabei nicht einmal gedankenlos oder gar böswillig handeln. Er sieht ja nicht, daß »da drinnen« noch jemand steckt!

29.9 **Sonnige Sandplätze sind für Wärmebedürftige zu empfehlen.** Bei anhaltender Hitze allerdings wird es im Zelt oder Wohnwagen niemals richtig kühl, es sei denn, es weht ein leichter Wind, den man bei Öffnen mehrerer Fenster zum Durchlüften quer durch die Behausung leiten kann. Nach Regen trocknet das Zelt auf einem solchen Platz schnell wieder ab, Wasser versickert problemlos. Heringe halten im Sand aber schlechter (→ 33.3), was besonders bei Sturm Probleme bringen kann. Wohnwagen schmutzen im Sand nicht so stark ein, sind aber z. T. sehr schwierig auf einen solchen Platz zu manövrieren.

29.10 **Wer sein Zelt unter großen schattenspendenden Bäumen aufstellt, hat es nach Regenwetter immer etwas feucht.** »Unter Bäumen regnet es zweimal!« Ideal ist ein Platz unter Bäumen mit einer großen Lichtung davor. Bevor man unter einem Baum aufbaut, sollte man unbedingt einen Blick in den Gipfel und einen zweiten auf den Boden darunter werfen. Morsche Äste können nämlich lebensgefährlich, Sammel- oder Schlafplätze von Vögeln dagegen sehr lästig werden. Im Waldboden halten Heringe recht gut, aber im dichten Wald ist Sturm ohnehin kaum ein Problem. Durch herabfallenden Schmutz werden die Campingeinrichtungen unter Bäumen meist stärker verunreinigt. Dagegen hilft am besten ein über das ganze Zelt gespanntes Dach aus stabiler Folie, dessen Bau im Tip 58.2 ausführlich beschrieben wird.

29.11 **Sehr dicht am Wasser ist es immer etwas feucht.**
Besonders im Frühjahr oder spät in der Saison ziehen vom See Nebel herauf. An sehr flachen Ufern ist bei steigendem Wasserstand auch mit Versumpfung oder sogar Überschwemmung zu rechnen. Das ist bei Änderung der Windrichtung über großen Wasserflächen oder anhaltendem Regen nicht einmal selten der Fall.

29.12 **Baut man sein Zelt auf einer Wiese auf, so lebt man meist in »sauberen« Verhältnissen.**
Bei Regen hat man allerdings immer nasse Schuhe. Für solche Fälle empfehlen sich Gummistiefel. An stark begangenen Stellen (unterm Campingtisch, am Eingang und in der Kochecke) entsteht bald unappetitliches, matschiges Heu. Es ist daher günstig, wenn an solchen Stellen eine stabile Folie gelegt wird, die man mit Zeltnägeln befestigen kann. Die Sitzecke sollte man öfter umstellen.

29.13 **Zum Aufstellen eines Campinganhängers ist auf dem Zeltplatz eine Stelle zu suchen, auf der zumindest die beiden Räder auf gleicher Höhe stehen.**
Wir denken auch daran, daß das Vorzelt einen möglichst ebenen Boden braucht. Bei gebremsten Anhängern wird die Handbremse angezogen. Die Kurbelstützen dürfen nur so weit ausgestellt werden, daß sie fest auf dem Boden stehen (bei weichem oder sandigem Grund Brettchen unterlegen, auch unter das Bugrad!). Der Wohnwagen muß noch fest auf seinen Rädern stehen; keinesfalls dürfen sie bereits in der Luft schweben oder die Federn stark entlastet sein. Für solche Belastung sind die Kurbelstützen meist nicht bemessen und knicken ab. Dem waagerechten Ausrichten des Anhängers muß man große Aufmerksamkeit widmen (→ 55.13). Nach einigen Tagen sollten das Bugrad und die Kurbelstützen etwas nachgestellt werden.

29.14 **Zelt oder Wohnwagen sollte man so aufstellen, daß der Eingang entgegen der Hauptwindrichtung liegt, also etwa nach Ost bis Südost zeigt.**
Im dichten Wald oder in geschützter Hanglage spielt das aber eine untergeordnete Rolle.

29.15 **Am Ufer einer weit ausgedehnten Wasserfläche hat man es besonders**

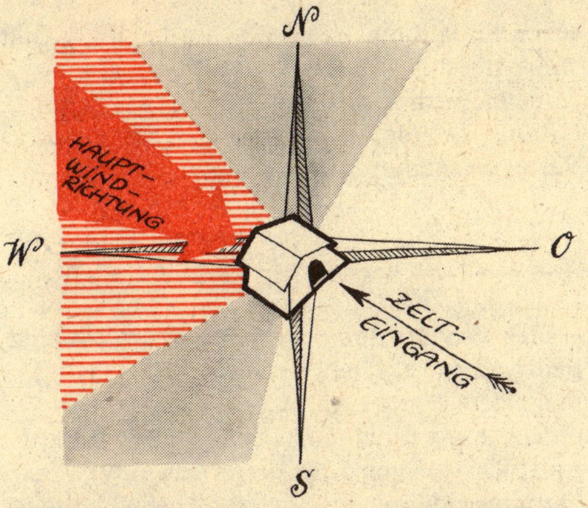

bei West- oder Nordwestlage fast ständig mit lästigem Wind oder sogar Sturm zu tun.
An Steilufern potenziert sich seine Wirkung, und es entsteht zusätzlich ein Sog. Das kann sehr leicht dazu führen, daß man mit seinem Zelt »das Segeln erlernt«. Generell ist von einer Steilküsten-Abbruchkante mit der Campingeinrichtung mindestens 10 Meter Abstand zu halten.

29.16 **Weil wir den Zeltaufbau vorher schon fleißig geübt haben, darf es auf dem Campingplatz eigentlich keine Probleme mehr geben.**
Günstig ist, wenn jedes Familienmitglied seine Aufgaben bereits kennt. Die Arbeitsteilung könnte bei »großer Ausrüstung« etwa wie folgt aussehen: gemeinsames Aufstellen des Zelts von (mindestens) zwei Erwachsenen. Inzwischen laden die Kinder das restliche Gepäck aus, stellen die Campingmöbel auf, füllen die Luftmatratzen und holen im Kanister Wasser. Steht das Zelt, so teilen sich die Aktivitäten. Während der Vater die Innenausstattung einräumt und die »Technik« installiert, kümmert sich die Mutter um die Küche und verstaut die Kleidung (bei progressiven Familien kann es auch umgekehrt sein). Die Kinder haben zu diesem Zeitpunkt meist schon die Nase voll und erkunden die Umgebung. Auch das kann nützlich sein, wenn man diesen natürlichen Drang in sinnvolle Bahnen zu kanalisieren versteht (wo sind Waschrinne, Toiletten, Einkaufsmöglichkeiten?). Für das alsbald fällige Einzugsessen haben die »Erkunder« meist einen sehr guten Riecher und finden sich dazu pünktlich ein.

29.17 **Bei kleiner Ausrüstung und bei Wohnwagen geht natürlich alles viel schneller.**
Da kann man sich den Aufbau des Vorzelts auch bis zum nächsten Morgen aufsparen, wenn man die Belastungen der Anreise schon hinter sich hat, und auch das Einräumen macht viel weniger Arbeit.

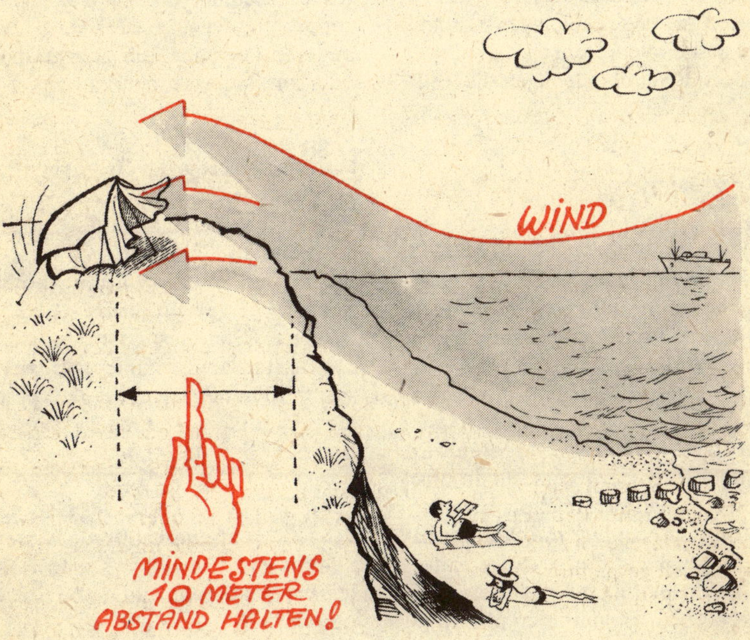

29.18 **Die Zeltkontrollmarke ist an gut sichtbarer Stelle am Zelt oder Wohnwagen anzubringen.**
Bewährt hat sich bei einem Zelt eine aufgenähte Tasche mit Klarsichtfolie. Die Marke pendelt dann nicht wild im Wind herum, verdreht sich nicht und fällt nicht herunter. Bei Wohnwagen kann sie auch von innen am Front- oder Heckfenster in den Falz des Gummiköders gesteckt werden.

29.19 **Eine unbeschwerte Anreise ist immer von Vorteil!** Trotzdem muß der Wunsch eines Zelters Verständnis erwecken, der nach schweißtreibendem Anmarsch mit zwei riesigen Koffern in der heißesten Mittagsglut auch noch seinen Schreibtisch herbeisehnte ... In dessen Schublade lagen die Zeltscheine!

30. Campingordnung und Brandschutz

30.1 **Wir wollen in diesem Kapitel nicht alle beim Camping geltenden oder mitgeltenden Gesetze und Verordnungen abarbeiten.**
Das würde ein bißchen zu trocken werden. Was nützt es, wenn alle paar Zeilen daran erinnert wird, in welcher Verordnung was verboten wird. Kaum ein Camper wird die Gesetzestexte studieren, bevor er sich auf die Strümpfe macht. Die Verpflichtung, sich an Ort und Stelle sachkundig zu machen, obliegt ihm sowieso. Entscheidend ist, daß man die Grundidee einer Verordnung erfaßt hat. Handelt man in kritischen Situationen dann nicht formal und denkt ein wenig mit, so wird man bestimmt gegen keine elementaren Regeln verstoßen. Für ganz Gründliche sind die wichtigsten Gesetze und Verordnungen im Anhang 10 aufgeführt.

30.2 **Eine umfassende Campingordnung für die ganze DDR gibt es nicht.**
Es werden Verhaltensregeln auf Grund der geltenden Gesetze und der speziellen territorialen Bedingungen von den Rechtsträgern der Campingplätze erarbeitet und sind dann als Campingordnung für einen Zeltplatz oder für eine ganze Gruppe von Zeltplätzen verbindlich (z. B. Campingordnung des Bezirkes Rostock). Sie ist öffentlich bekanntzugeben, z. B. durch Aushang auf dem Campingplatz. Wer glaubt, sich über die Bestimmungen der Campingordnung hinwegsetzen zu können oder wer andere Regeln des Zusammenlebens gröblich mißachtet, kann mit Ordnungsstrafen belegt und/oder des Platzes verwiesen werden.

30.3 **Der Hauptverantwortliche für Ordnung und Sicherheit auf dem Zeltplatz ist der Campingplatzleiter.**
Er wird – ebenso, wie die Mitarbeiter des Wasserrettungsdienstes – von den örtlichen Organen eingesetzt und ist diesen gegenüber rechenschaftspflichtig. Diese Personen haben darum im Rahmen der geltenden Verordnungen Weisungsbefugnis gegenüber allen Campern und anderen Personen, die sich auf dem Zeltplatz oder am Badestrand aufhalten.

30.4 **Auf vielen Zeltplätzen wird aus dem Kreis der Urlauber ein Campingbeirat gebildet.**
Er steht der Zeltplatzleitung mit Rat und Tat zur Seite und kümmert sich vor allem um die kulturellen und sportlichen Aktivitäten. Schach-, Kegel-, Volleyball- und Tischtennisturniere, Kinderfeste, Grillparties, thematische Diskussionsabende und organisierte Wanderungen werden den Campern auf diese Weise geboten. Jeder ist aufgerufen mitzutun: im Beirat und bei Sport und Spiel!

30.5 **Vom Leiter des Campingplatzes können außerdem geeignete Personen für eine freiwillige Kontrolltätigkeit zu allen Fragen der Ordnung und Sicherheit gewonnen werden.**

Diese erfüllen ihre Aufgaben ähnlich wie die freiwilligen Helfer der Volkspolizei. Solche mit Armbinde oder einem Ausweis ausgestatteten Personen sind u. a. berechtigt, sich Zeltscheine, Park- und Angelkarten vorzeigen zu lassen. Auf Zeltplätzen, auf denen die freiwillige Mitarbeit der Zeltler gut organisiert ist, findet sich kaum Raum für Ruhestörer, Langfinger und Ordnungsmuffel!

30.6 **Zelte mit einer Grundfläche über 10 m² sollen einen Abstand von mindestens 2 m voneinander haben.**
Es ist also nicht nur unfein, sich irgendwo dazwischenzudrängeln, sondern außerdem aus Brandschutzgründen verwerflich. Dürfen die Kraftfahrzeuge mit auf den Zeltplatz genommen werden, so müssen sie im Abstand von mindestens 3 m von Zelt oder Wohnwagen abgestellt werden.

30.7 **Auf Campingplätzen am Wasser dürfen wir keine Trampelpfade im Schilf anlegen oder darin eine Stelle fürs Boot ohne Erlaubnis »freiroden«.**
Auch Stege dürfen nur nach vorheriger Rücksprache mit dem Zeltplatzleiter gebaut werden, jedoch nicht an einer Badestelle.

30.8 **Großbrände sind zum Glück auf Campingplätzen sehr selten.**
Nicht zuletzt deshalb, weil es strenge Brandschutzregeln gibt, genügend Löschgeräte bereitstehen und immer gleich viele beherzte Helfer zur Stelle sind, wenn irgendwo ein Feuer entsteht. Jeder kann sich aber ausmalen, was geschieht, wenn einmal ein Entstehungsbrand nicht rechtzeitig gelöscht werden kann. Das Feuer findet überall reichlich Nahrung, Zelte lodern wie Fackeln auf, Gasflaschen explodieren und schleudern Stahl und glühende Flammenzungen in das Chaos.
Jeder, der leichtfertig mit Feuer auf dem Zeltplatz umgeht, soll sich diese schaurige Vision ausmalen und sich peinlich befragen, ob er solche Schuld zu tragen vermag? Damit es niemals dazu kommt!

30.9 **Daß Erwachsene die auf dem Zeltplatz stationierten Feuerlöschge-**

räte – Eimer, Äxte, Schaufeln, Spaten, Feuerpatschen, Handspritzen und Wasserfässer nicht für Zeltarbeiten entfremden dürfen, müßte wohl jedem Camper klar sein.
Aber auch die Kinder sind dahingehend dringend zu ermahnen; sie können die Gefahr nicht einschätzen, die sie durch ein Entfernen dieser Geräte heraufbeschwören. Die Löschgerätetafeln dürfen auch nicht verstellt oder der freie Zugang behindert werden, z. B. durch Zelte oder Autos.

30.10 **Auf Campingplätzen gilt wie überall: keine Zündmittel in Kinderhand oder achtlos herumliegen lassen!**
Auch verantwortungsbewußten Kindern, die sich am heimischen Herd schon manchmal ihr Süppchen selbst kochen, sollte man auf dem Zeltplatz die selbständige Benutzung des Kochers nicht gestatten. Die Gefahren sind ungleich größer.

30.11 **Grundsätzlich gilt, daß alle Kochgeräte auf einer unbrennbaren Unterlage stehen müssen.**
Das gilt auch für Kocher ohne offene Flamme (Elektrokocher). Ebenso dürfen die beim Kochen verwendeten Windschutze nicht aus brennbarem Material bestehen.

30.12 **Mit brennbaren Flüssigkeiten hantieren wir niemals bei offener Flamme.**
Wir schütten also keinen Spiritus in die Grillglut oder füllen Brennstoff bei in Betrieb befindlichen oder noch stark erhitzten Kochern, Leucht- oder Heizgeräten nach. Eine Ausnahme bilden Katalytöfen, bei denen während des Betriebes nachgefüllt werden darf.

30.13 **Offene Feuerstellen müssen, sofern auf Grund örtlicher Bedingungen keine strengeren Festlegungen bestehen,** zu angrenzenden Gebäuden, brennbaren Außenwandflächen, zu Zelten und Lagerstätten für brennbare Stoffe folgende Mindestabstände haben: Kochfeuer und Kohlegrills 3 m, Lagerfeuer 10 m. Zu land- und forstwirtschaftlichen Nutzflächen mit leicht entzündlichem Bewuchs ist ein Mindestabstand von 20 m einzuhalten, zu Waldesdickichten und leicht brennbaren Gras- und Heideflächen sogar 50 m. Brennmaterial muß vom offenen Feuer mindestens 1 m entfernt gelagert werden.

30.14 **In Wäldern und Heiden dürfen Kochfeuer, Grills und Lagerfeuer nur entzündet werden,** wenn sie durch einen mindestens 1 m breiten Wundstreifen (umgegraben, von jeglichem Brennbaren befreit) gesichert sind.
Auf Campingplätzen werden dafür meist bestimmte Stellen festgelegt. Das Feuer ist ständig zu beaufsichtigen und muß am Schluß gründlich abgelöscht werden. Das kann mit Wasser

oder Sand geschehen, aber dann ist auf glühende oder schwelende Reste zu achten. Das Feuer ist so zu führen, daß durch Funkenflug und Glut keine Brände entstehen können. Windrichtung beachten und Löschmittel bereitstellen (z. B. Eimer mit Wasser)! Kochstellen legen wir in einer etwa 30 cm tiefen Grube an.

30.15 **An einigen Stellen ist es generell verboten, ein Koch- oder Lagerfeuer zu entzünden.**

Das betrifft Naturschutzgebiete, Flächen mit leicht entzündlichem oder schwelfähigem Bewuchs (Moore, Torfböden) sowie Wälder und Heiden (außer bei den unter 30.14 genannten Bedingungen). In Wäldern mit hoher und sehr hoher Waldbrandgefahr (Gefahrenklasse A oder A_1) muß in jedem Falle die Erlaubnis des Revierförsters eingeholt werden. Feueranmachen ist natürlich auch dann verboten, wenn spezielle örtliche Festlegungen bestehen, die durch Aushang oder Schilder gekennzeichnet sind.

30.16 **Vor dem Entzünden eines Lagerfeuers muß man sich die Genehmigung dazu einholen, die aber nicht auf jedem Zeltplatz erteilt werden kann.**

So besteht z. B. an der offenen Küste und an Schiffahrtswegen ein Verbot, weil durch große Feuer nachts Schiffe in die Irre geleitet werden könnten. Wir fragen am besten den Campingplatzleiter, der uns einen geeigneten Platz für das Lagerfeuer zuweist.

Und noch ein Vorschlag: Richtige Stimmung kommt am Feuer erst dann auf, wenn Kartoffeln in der Asche bruzzeln oder ein Fisch am Stock, wenn eine Klampfe in der Dämmerung aufklingt und ein gemeinsames Lied angestimmt wird. Eine lautstarke Kassettenheule kann kaum zur Lagerfeuerromantik beitragen.

30.17 **Das Rauchen ist in Wäldern, Heiden, Mooren und Torfgebieten verboten.**

Ausnahmen bestehen, wenn eine gekennzeichnete Raucherinsel eingerichtet ist, auf befestigten, öffentlichen Straßen oder wenn eine dichte Schneedecke alles Entzündliche einhüllt.

Beim Wegwerfen der Kippen müssen wir auch sehr vorsichtig sein, wenn wir außerhalb des Waldes rauchen. Abgesehen davon, daß uns das sorgfältige Ausdrücken sicher in keinem Falle viel Mühe bereitet, ist leichtfertiges Wegwerfen

auf brenn- oder schwelfähigem Grund, in der Nähe brennbarer Stoffe oder das Hinauswerfen noch glimmender Reste aus einem Auto, dem Eisenbahnabteil oder einem anderen öffentlichen Verkehrsmittel sehr gefährlich und darum verboten.

Auch vor dem Hantieren mit brennbaren Flüssigkeiten löschen wir unsere Zigarette.

30.18 **Waldbrandstufen werden auf Grund der aktuellen Wetterlage (Luftfeuchte, Windverhältnisse, Niederschläge u. a.) festgelegt.**

Sie sind i. allg. örtlich begrenzt und werden durch Hinweisschilder bzw. in Presse und Funk bekanntgegeben. Bei den große Gefahr signalisierenden Stufen III und IV werden je nach den örtlichen Bedingungen die Wälder, Waldwege, z. T. auch die angrenzenden Wege und Parkplätze in der Nutzung eingeschränkt oder sogar gesperrt. Bei diesen Warnstufen müssen alle Pkw und Kräder unverzüglich von Camingplätzen im Wald entfernt werden.

30.19 **Kerzen müssen beim Camping immer auf unbrennbarem Untergrund abgestellt werden.**

Damit sie nicht umkippen können, ist ein stabiler Kerzenhalter zu empfehlen. Wer sich besonders brandschutzbewußt verhält, benutzt ein geschlossenes Laternchen oder eine Ausführung mit Schutzglas. Das ist auch günstiger bei Zugluft und gibt angenehmeres Licht. Die beliebten »Flaschenkerzen« sind beim Camping wegen ihrer mangelhaften Standsicherheit nicht ratsam. Es sei denn, man benutzt eine Flasche mit breitem Boden.

31. Umgang mit Flüssiggas

31.1 **Flüssiggas (umgangssprachlich »Propan«) ist ein Gasgemisch, hauptsächlich aus Propan und Butan.** Es läßt sich zum Transport und zur Lagerung unter geringem Druck verflüssigen und kann nach der Entspannung im gasförmigen Zustand verbrannt werden. Dabei werden große Energiemengen freigesetzt (der volumenbezogene Heizwert ist etwa sechsmal größer als der von Stadtgas!). Damit ist Flüssiggas ein idealer Energiespeicher für Campingzwecke, der noch dazu ungiftig ist. Vorsicht ist aber trotzdem geboten, weil Flüssiggas unverbrannt zu Boden sinkt und dort ein hochexplosives Gas-Luft-Gemisch bilden kann.

31.2 **Für Campingzwecke sind einfache transportable Camping-Flüssiggasanlagen im Handel.**
Sie bestehen aus einer Gasflasche (→ 31.6), dem Anschlußteil mit Regler (Durchfluß maximal 0,5 kg/h, Druck 3 kPa, das entspricht 300 mm WS) und propanfestem Hochdruckschlauch (maximal 2 m lang), eventuell Verteilerventil A 10 und den Verbrauchsgeräten (zwei- oder dreiflammiger Campingkocher, Infrarot-Wärmestrahler bzw. Katalyt-Propanheizer, Propan-Campingleuchte und Propan-Kühlschrank). Camping-Flüssiggasanlagen dürfen nur beim Camping verwendet werden; in Wohnräumen ist ihre Benutzung verboten.

31.3 **Zum Füllen der Propanflasche ist eine Bezugsberechtigung erforderlich.**
Sie wird von einer Flüssiggas-Vertriebsstelle nach Kontrolle der Anlage im Zusammenhang mit einer Einweisung des Nutzers ausgegeben. Nach Vorlage dieser Bezugsberechtigung wird die Flasche von jeder Vertriebsstelle in der DDR befüllt bzw. von einer Annahmestelle dazu entgegengenommen. Das setzt jedoch voraus, daß die Flasche regelmäßig alle 10 Jahre von einer Prüfstelle auf Dichtheit kontrolliert wird. Aufschluß über das Verfallsdatum gibt die Prägemarke im Tragegriff. Auskunft darüber,

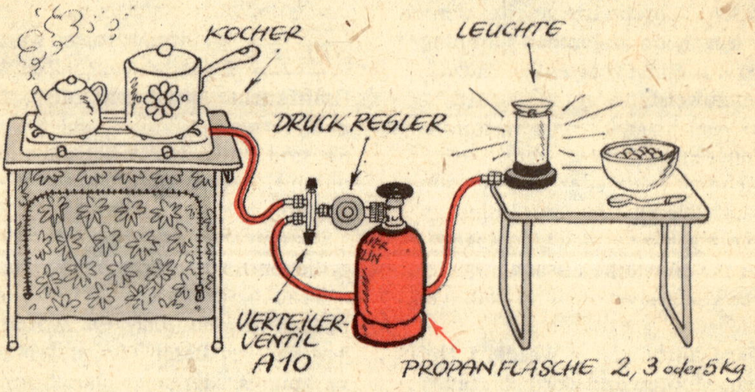

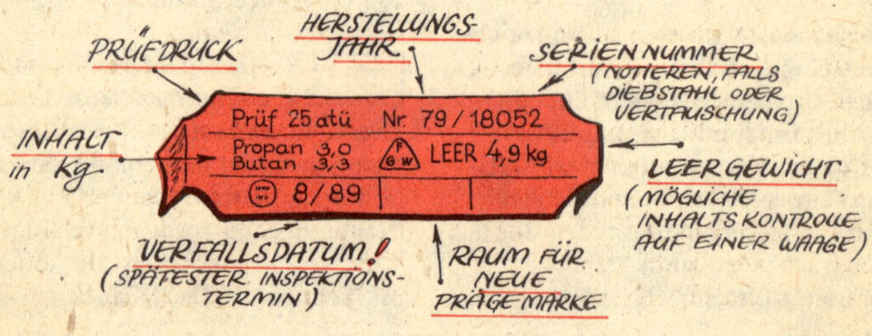

wo diese Inspektion erfolgen kann, erhält man bei seiner Vertriebs- oder Annahmestelle. Es wird außerdem gefordert, daß die Flasche haltbar und an gut sichtbarer Stelle mit Name und Wohnsitz des Eigentümers beschriftet ist (beachte 40.6).

31.4 Gefüllte und leere Propanflaschen dürfen nur mit geschlossenem Ventil, aufgeschraubter Schutzmutter und aufgesteckter Verschlußkappe transportiert werden.
Befindet sich die Flasche im Innenraum eines Pkw, so sollte mindestens ein Fenster etwas heruntergekurbelt sein, und man darf nicht im Auto rauchen. Auf Fahr- und Motorrädern ist die Flasche beim Transport so anzuschnallen, daß sie auf keinen Fall herunterrutschen kann. Flüssiggasflaschen dürfen auch liegend transportiert werden, sie sind dann aber gegen Herumkullern zu sichern. Dabei muß man auch an die erheblichen Trägheitskräfte beim Bremsen denken. Auch die Mitnahme von Propanflaschen in öffentlichen Verkehrsmitteln ist unter bestimmten Bedingungen möglich (→ 26.8 und 26.11).

31.5 Für die Aufstellung einer transportablen Camping-Flüssiggasanlage genügt bereits der Erwerb einer Bezugsberechtigung (außer im Campinganhänger → 31.6).
Beim Betrieb sind wichtige Sicherheitsbestimmungen zu beachten, für deren Einhaltung der Nutzer verantwortlich ist. Dazu zählen:
a) Die Standsicherheit von Flasche und Verbrauchsgerät muß gewährleistet sein (das gilt auch in besonderem Maße für den Wärmestrahler). Gas darf nur aus senkrecht stehender Flasche entnommen werden. Kocher sind möglichst auf speziellen Camping-Kochtischen zu betreiben. Diese sorgen für Wärmeschutz und sind so konstruiert, daß sich in Mulden kein Gas ansammeln kann.
b) Es darf keine Wärmestrahlung von einem Verbrauchsgerät oder von einer sonstigen Wärmequelle auf die Flasche gelangen (Mindestabstand 1,5 m).
c) Alle Schraubanschlüsse sind vor der Inbetriebnahme sorgfältig festzuziehen (Linksgewinde!). Die Überwurfmutter am Regleranschluß der Flasche wird nur von Hand angezogen, alle anderen Muttern an den Schläuchen gefühlvoll mit einem Maulschlüssel. An der unter Druck stehenden Anlage (Flaschenventil geöffnet) sind alle Schraubverbindungen durch Abpinseln mit 50%iger Fitlösung auf Dichtheit zu prüfen (niemals mit einer offenen Flamme ableuchten!).
d) Anlagen dürfen nur aus den vom Hersteller zugelassenen und typgeprüften Teilen zusammengestellt werden; »artfremdes« Zubehör ist ebenso unzulässig wie eigenmächtiges Verändern der Anlage.
e) Alle Schlauchanschlüsse am Regler und an den Verbrauchsgeräten müssen mit Schellen oder Schlauchbändern gegen Abrutschen gesichert sein.
f) Flüssiggasanlagen (außer Hochdruckanlagen mit dem Verbraucher direkt auf der Flasche, die aber in der DDR nicht erhältlich sind) dürfen niemals ohne passenden Druckregler in Betrieb genommen werden.

31.6 In Campinganhängern ist die Flüssiggasanlage normalerweise fest eingebaut.
Es sind zwei Flaschen bis höchstens 14 kg Inhalt zulässig, wenn sie in einem besonderen Flaschenkasten außerhalb der Wohnzelle untergebracht sind (üblich sind 3- oder 5-kg-Flaschen). Ist die Verbrauchsflasche dagegen im Wohnwagen aufgestellt (z. B. QEK-JUNIOR oder WÜRDIG 301), dann darf sie höchstens eine Füllmenge von 5 kg haben, und eine zusätzliche volle Vorratsflasche muß außerhalb des Wohnwagens gelagert werden. Erweiterungen, Veränderungen und Überprüfungen an der festinstallierten Propananlage eines Wohnwagens darf nur ein zugelassener Fachmann vornehmen. Nach jeweils 5 Jahren muß man seine Flüssiggasanlage überprüfen lassen, was auf der vom Hersteller mitgegebenen Abnahmebescheinigung vermerkt wird.

31.7 Camping-Flüssiggasanlagen, egal mit welchem Verbrauchsgerät (außer Kühlschrank oder Gasraumheizer SOLAR) dürfen nur unter ständiger Aufsicht betrieben werden.
Bemerkt man den etwas fauligen Geruch unverbrannten Gases, ist sofort das Flaschenventil zu schließen, und alle ins Freie führenden Fenster und Türen sind weit zu öffnen. Keine sofortigen erneuten Anzündversuche, auch nicht, wenn die Flamme nur vom Wind oder von übergelaufener Speise gelöscht wurde! Offenes Feuer ist zu vermeiden. Zigaretten sind sofort zu entfer-

nen. Vor der Wiederinbetriebnahme muß man sich von der Ursache des Verlöschens genau informieren, eine u. U. undichte Stelle ist zu suchen und zu beseitigen (→ 31.5c). Undichte Flaschen sind sofort ins Freie zu schaffen.

31.8 **Beim Betrieb von Flüssiggasverbrauchern ist der Sicherheitsabstand zu brennbaren Gegenständen zu beachten.**

Er beträgt beim Wärmestrahler vom Gehäuse aus 0,5 m, von der Heizfläche aus 1 m. Außerdem soll die Heizfläche schräg nach oben in den Raum gerichtet sein, und der Anschlußschlauch oder die Propanflasche dürfen nicht angestrahlt werden. Bei der Campingleuchte ist ein Abstand von 0,4 m nach allen Seiten hin einzuhalten.

31.9 **Brennt eine Propangasflamme gelb, mit weichem Flammenbild und gelben Spitzen oder mit sehr langen Flammen über dem Brennerkopf, dann ist die Verbrennung unvollkommen.**

Es kann sich das sehr giftige und geruchlose Kohlenmonoxidgas bilden. Solche Anlagen sind sofort außer Betrieb zu nehmen und einem Fachmann zur Einregulierung zu übergeben. Bei Störungen der Gaszufuhr ist eigenmächtiges Herumhantieren an der Anlage unbedingt zu unterlassen! Ein Fachmann findet den Fehler schnell und beseitigt ihn gefahrlos (Vertriebsstelle befragen!).

31.10 **Bei Temperaturen unter 0 °C vergasen Propan-Butan-Gemische nur noch unvollständig.**

Das liegt daran, daß Butan einen Verdampfungspunkt von −0,5 °C, Propan dagegen einen von −44,5 °C hat. Ideal wäre daher für Wintercamping eine Flaschenfüllung mit reinem Propan, das aber wird man sich wohl kaum aussuchen können. Jedenfalls sollte man darauf vorbereitet sein, daß man bei tieferen Temperaturen nicht die gesamte Gasfüllung entnehmen kann (→ 55.16). Ist bei großer Kälte keine Gasentnahme mehr möglich, so genügt es, das Flaschenventil zu schließen und die Flasche zum Aufwärmen mit ins Wohnwageninnere zu nehmen. Danach geht es wieder eine Weile.
Um zu erkennen, ob eine Flasche noch nicht leer ist, braucht man sie nur zu schütteln: Man hört das restliche Flüssiggas darin herumgluck-sen.

31.11 **Zum Außerbetriebsetzen einer Flüssiggasanlage ist zuerst das Flaschenventil zu schließen.**
Dadurch kann das restliche Gas aus dem Schlauch noch ausbrennen, und er wird drucklos. Erst dann wird das Verbraucherventil geschlossen. Bei allen Ventilen genügt gefühlvolles Zudrehen; kraftvolles Zuschrauben kann den Ventilsitz beschädigen. Zum Öffnen des Flaschenventils genügt eine halbe Linksdrehung.

31.12 **Propanflaschen bekommen beim rauhen Umgang leicht Kratzer.**
Dagegen hilft ein Stoffsack mit Gummizug am oberen Rand, den man der Flasche beim Transport überzieht. Außerdem lohnt ein gelegentlicher Blick auf den Flaschenboden, an dem sich leicht Rost ansetzt. Lackschäden aller Art sollte man möglichst bald mit signalrotem Reparaturlack ausbessern.

31.13 **Auf Booten gelten für den Betrieb von Flüssiggasanlagen Sonderbestimmungen.**
Sie sind in der Sportbootanordnung, Anlage 4, Tz 5. niedergelegt. Auf offenen Booten z. B. dem Mehrzweck-Faltboot DELPHIN, auf Ruder- und Paddelbooten kann eine nicht fest eingebaute Propananlage mitgeführt werden. Diese darf man jedoch nur an Land benutzen.

32. Ungeschriebene Campingregeln

»Bitte, wo ist Block D?« »Dieser Weg ist die Grenze, hier ist Block C, da drüben D!« »Danke, das Alphabet beherrsche ich selbst!« (Jugendzeltplatz Glowe 1984)

32.1 **Auf einem Campingplatz leben die Menschen eng beieinander.**
Da sind gutes Benehmen, Rücksichtnahme, Hilfsbereitschaft und Freundlichkeit besonders gefragt. Nicht alles läßt sich mit Gesetzen reglementieren, aber es gibt auch ungeschriebene Normen des Verhaltens, die jeder Camper beachten sollte. Und das gilt für groß und klein. Am wenigsten fällt man in der Gemeinschaft auf, wenn man sich bei seinem eigenen Tun oder bei fremdem Mißgeschick die Fragen vorlegt »Wie würde mir selbst dieses Verhalten bei anderen gefallen?« und »Was würde ich selbst in dieser Situation von den Mitzeltern erwarten?« Aus den Antworten kann man seine eigenen Handlungsaktivitäten ableiten.

32.2 **Kommt man auf dem Campingplatz an, so begrüßt man seine Nachbarn der nächsten Wochen.**
Die kurze oder auch längere Verabschiedung vor der Abreise ist meist viel selbstverständlicher, weil man sich inzwischen kennengelernt hat. Ein freundliches Wort zwischendurch zu den Nachbarn, ein »Guten Morgen« oder »Guten Appetit« ist angebracht, jedoch sollte man sich davor hüten, bei einem Gang über den Zeltplatz zur Mittags- oder Abendstunde allen Speisenden guten Appetit zu wünschen. Das wird für die Betroffenen auf die Dauer lästig; auch in einem Restaurant geht man schließlich nicht an den Tischen vorbei, ein »Wohl bekomm's« nach allen Seiten austeilend!

32.3 **Zum vorbildlichen Verhalten auf einem Zeltplatz gehört, daß man kein übertrieben großes Terrain für sich beansprucht.**
Es gibt da wahre »Könner«, die mittels Strippe und Windschutz ihren Stellplatz unglaublich ausweiten und dadurch diesen Raum der allgemeinen Nutzung entziehen. Aufforderungen wie »Sie versperren mir ja die ganze Aussicht, wenn Sie hier aufbauen« muß man nicht beachten, wenn der Platz knapp ist. In der Vor- und Nachsaison dagegen ist meist viel Raum, dann rückt man sich selbstverständlich nicht unnötig dicht auf den Leib.

32.4 **Camper helfen sich untereinander, auch ohne eine entsprechende Bitte.**
Wenn wir bemerken, daß ein Neuling Schwierigkeiten beim Aufstellen seines Zelts hat, daß jemand bei strömendem Regen helfende Hände braucht, daß sich ein Wohnwagen oder Auto im Sand eingewühlt hat oder eingewinkt werden muß: Wir helfen ohne viele Worte. Wie angenehm, wenn sich in einer Gruppe von Zeltlern jeden Morgen ein anderer nach Brötchen und Milch anstellt und die anderen mitversorgt. Was wäre, wenn das persönliche Eigentum ohne die Wachsamkeit der »1000 Augen des Zeltplatzes« auskommen müßte?

32.5 **»... seht nie, niemals (auch nicht rein »zufällig«) in ein anderes Zelt hinein!«**

So steht es im Großen Campingbuch von EDLER/ROEDINGER aus dem Jahre 1961, und genau so gilt es auch noch heute!
Es geht dabei nicht nur um den neugierigen »Blick zum Nachbarn«, sondern auch um jene Wißbegierigen, die sich über Besonderheiten informieren wollen, um einen neuen Typ von Zelt oder Wohnwagen herumschleichen und durch die Scheiben »linsen«, um etwas von den Ausstattungsmerkmalen zu erhaschen. Wie peinlich kann ein solcher Blick für Beobachter und Einwohner werden! Da ist es schon besser, man »klopft« an und bittet um Information. Kaum einer wird erleben, daß der stolze Besitzer diese nicht bereitwillig gibt.

32.6 **Das gutnachbarliche Zusammenleben wird naturgemäß getrübt, wenn sich die Parteien im Haus nicht verstehen.**

Es kann nicht klappen, wenn die einen mitleidig auf die »ärmlichen Zigeuner in ihrem morschen Jutesack« herabschauen, die »auf dem blanken, kalten Erdboden schlafen müssen und sich wahrscheinlich nie richtig waschen« und wenn sich die so Klassifizierten wiederum schwarz ärgern über die »Pinkels in der Nobelkutsche«, besonders über ihn, »den Dicken, der in seinem Liegestuhl förmlich festgelötet ist und sich von diesem nur zu lösen vermag, wenn das viele Bier wieder hinausdrängt«.
Wenn auch volles Verständnis für das Tun der Mitcamper nicht immer aufgebracht werden kann, so sollte man doch soviel Toleranz zeigen, fremde Eigenheiten wie die eigenen einzustufen (nämlich als »persönliche Note«) oder wenigstens soviel Takt haben, um darüber unauffällig hinwegzusehen.

32.7 **Die sanitären Einrichtungen des Campingplatzes werden von vielen Menschen gemeinsam benutzt.**

Schon daraus erwächst die Verpflichtung, alles peinlich sauberzuhalten. Das gilt für die Waschgelegenheiten ebenso wie für die Toiletten. Kleine Kinder, die trotz aller Mühe noch nicht richtig auf den Abort hinaufkommen, oder deren »Treffsicherheit« noch nicht ausreichend entwikkelt ist, müssen wir bei ihrem Toilettengang beaufsichtigen. Ein wahrhaft sinnvoller Beitrag zur Sauberkeit der Toiletten wurde bei jenen Campingplätzen verwirklicht, auf denen neben den üblichen Ausführungen auch ein paar »Sitzgelegenheiten« geschaffen wurden, welche in Höhe und Durchmesser der Anatomie unserer Nachwuchscamper besser angepaßt sind.
Viele Camper waschen sich früh am Strand. Für die Nachfolgenden ist es jedoch kein Vergnügen,

an der öffentlichen Badestelle in die Seifenlauge, Shampoonbrühe oder den Zahnpastaschaum des Vorgängers zu steigen.

32.8 **Es ist sicher eine zumutbare Aufforderung an jeden verantwortungsbewußten Camper,** erkennbare Scherben auf den Wegen und andere, Verletzungsgefahr in sich bergende Gegenstände aufzuheben und fortzuräumen.
Diesen Unrat nur in die Büsche zu werfen genügt nicht, denn dort kann bald ein neuer Stellplatz entstehen, oder spielende Kinder können sich schlimm verletzen.
Natürlich kann das eine Erziehung der leichtsinnigen Verursacher solcher Gefahrenquellen nicht ersetzen, aber eine Einstellung wie: »Soll ich anderen den Dreck nachräumen?« hilft nicht weiter. Schließlich kann jeder das Opfer mit aufgeschnittenem Fuß oder Schlimmerem sein.

32.9 **Zur Sauberkeit gehört auch die Ordnung im oder am Zelt.**
Herumgestreute Utensilien, Abfälle und leere Dosen oder Flaschen sind weder eine Zierde des Zeltplatzes noch erfüllt der schlampige Camper damit die Forderungen der Hygiene. Unordnung macht außerdem den Langfingern das Gewerbe leichter. Wer erst nach Tagen bemerkt, daß ihm etwas fehlt, der wird mit seiner Meldung bei der VP kaum auf ungetrübtes Verständnis stoßen und muß sich eventuell peinliche Fragen stellen lassen.

32.10 **Es ist eine grobe Unsitte, Heringe nicht vollständig in den Boden zu klopfen.**
Zumindest an begangenen Stellen sollten wir darauf achten, daß ihre Köpfe vollständig im Erdreich verschwinden. Tritt nämlich jemand mit bloßen Füßen auf einen herausstehenden Hering

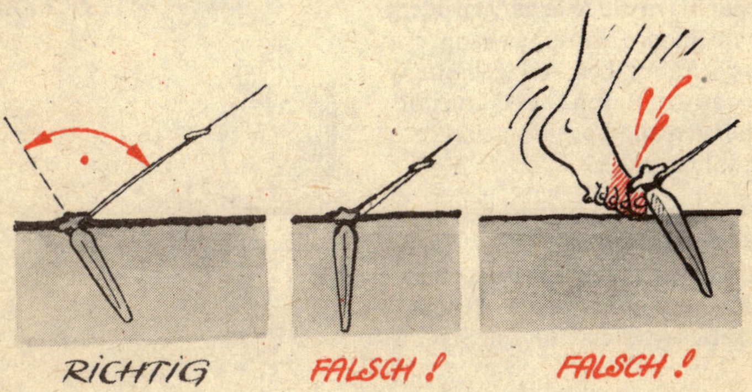

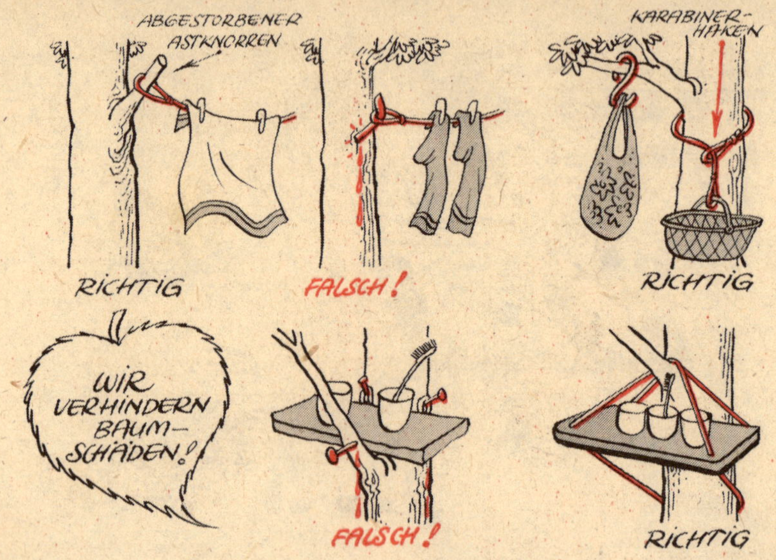

oder läuft unglücklich mit einem Zeh dagegen, so kann er sich eine sehr schmerzhafte und nicht ungefährliche Verletzung einhandeln. Das vollständige Einschlagen bedeutet keine zusätzliche Mühe beim Abbau; der Hering läßt sich an der Zeltleine leicht herausziehen. Es gibt auch ganz Pfiffige, die Mostkappen über die Heringsköpfe stülpen.

32.11 **Niemals schlagen wir Nägel, Haken oder Klampe in Bäume oder schlingen Drähte um Äste oder Stämme.**
Sie wachsen nach und nach ebenso in die Rinde ein wie stramm herumgeschlungene und vergessene Leinen. Die Generationen von Campern machen auf diese Weise mit ihren ganz »individuellen Aufhängevorrichtungen« die Bäume allmählich kaputt oder erzeugen Mißbildungen oder Krüppelwuchs. Viel besser als Nägel sind vorgefertigte, eventuell sogar mit Plastschlauch überzogene Haken verschiedener Größe, die man an beliebiger Stelle in die Äste hängen oder mit einer Schnur am Stamm befestigen kann. Auch vorgefertigte Schnurhaken, Ablagebretter mit 4 Schraubösen an den Ecken oder Gurte mit Ringen für Zahnbürsten und Becher sind sehr praktisch und umweltfreundlich.

32.12 **Die Leinen einer Hängematte beschädigen die Rinde.**
Es ist daher gut, zwischen Seil und Stamm einen Plaste-, Leder- oder Stofffleck zu legen oder das Seil wenigstens zwei- bis dreimal um den Stamm zu schlingen.

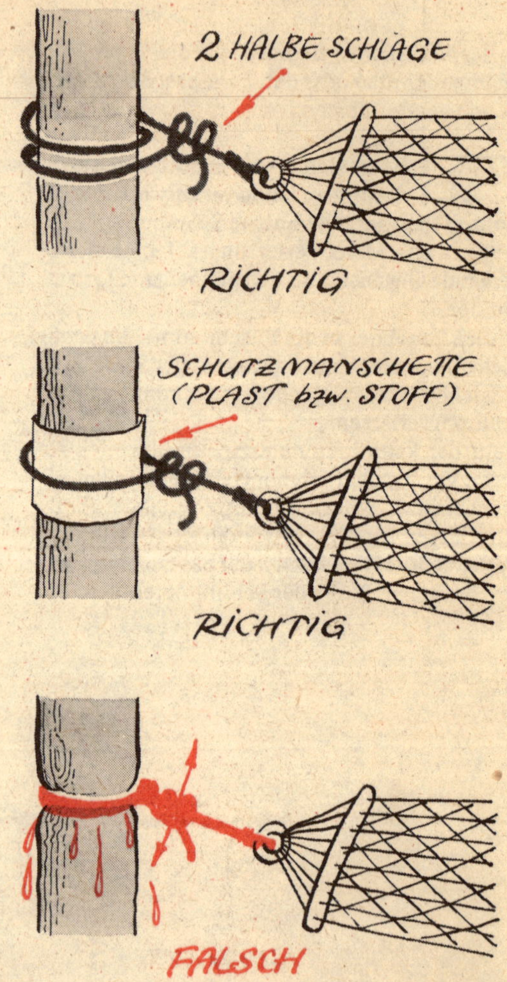

32.13 **Störende Äste schlagen wir nicht ab, sondern wir binden sie für die Dauer unseres Aufenthaltes hoch.**
Wurzeln dürfen wir nicht durchhacken und Strauchwerk nicht entfernen, um »Baufreiheit« für unsere Campingbehausung zu schaffen. Vorratsgruben und Sickerlöcher legen wir ohne Beschädigung des Wurzelwerks an und vor allem so geschützt, daß niemand ahnungslos hineintreten kann.

32.14 **Beim Spannen von Leinen aller Art dürfen wir keine Gehwege zwischen den Zelten versperren.**
Notfalls müssen wir sehr steil abspannen und eine dann zu tief liegende Traufe mit einem Stock stützen. Wir müssen aber auch an nächtliche Irrgeister auf dem Zeltplatz denken, die mit Zeltleinen zwar zu rechnen haben, mit tiefhängenden, strangulierenden Wäscheleinen oder »Terrainabgrenzungen« aber nicht.

32.15 **Wer am Tage über eine Zeltleine stolpert, sollte das nicht mit einem hemdsärmeligen Fluch quittieren, sondern am besten mit einem freundlichen »Pardon«.**
Das schadet auch nichts, wenn der Betreffende nicht weiß, ob sich überhaupt jemand im Zelt

befindet. Nachts bleiben wir möglichst überhaupt auf den großen Wegen, da stört man niemand und kommt auch nicht in den Verdacht unlauterer Absichten.

32.16 **Es gehört zum rücksichtsvollen Verhalten, daß man zwischen den Zelten keine Ball- oder Wurfspiele betreibt.** Auch zwischen den Windschutzen und Strand-

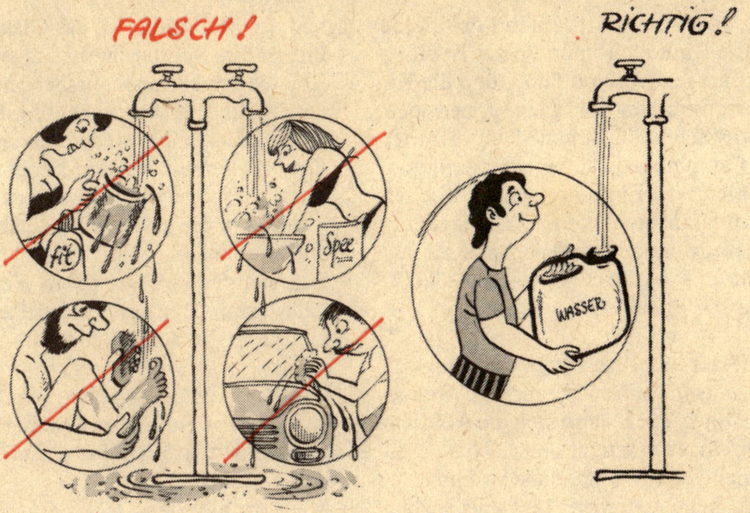

körben am Ufer ist dafür nicht der richtige Platz. Wem zum 'zigsten Male ein Ball gegen die Zeltwand oder ins entspannte Gesicht geplatscht ist, wer wiederholt einen Wurfpfeil aus dem empfindlichen Campingwohnwagen gezogen hat, dem darf man eine unbeherrschte Bemerkung nicht übelnehmen. Auf jedem Zeltplatz und an jedem Strand gibt es genügend Freiraum für solche Spiele: entweder die vorgesehenen Spielplätze oder breite Zufahrtswege, auf denen man niemand belästigt.

32.17 **Freistehende Wasserzapfstellen oder Pumpen ohne Abfluß sind nur zur Wasserentnahme in Kanistern oder anderen Behältern gedacht.**

Benutzt man sie, was leider allzu häufig geschieht, in zweckentfremdender Weise, so bildet sich darum herum bald ein unappetitlicher, unhygienischer Sumpf, der einen günstigen Nährboden für Krankheitserreger bildet. Es können sich Maden ansammeln, und eine Infektionsgefahr ist nicht mehr fern. Ganz kritisch sind die Verhältnisse bei Handpumpen, bei denen immer damit zu rechnen ist, daß ein Teil des verunreinigten Wassers wieder in den Brunnen zurückfließt.

32.18 **Wenn Kinder an der Wasserpumpe spielen, dann haben die Eltern einige Zeit Muße!**

Das Wasser plätschert, die Kleinen kreischen

vor Freude, und immer wieder fährt das kleine Schifflein die Rinne hinunter. Später ist plötzlich die Pumpe randvoll mit Sand, und die Kinder sind verschwunden. Kann man ihnen solches Tun wirklich übelnehmen? Kinder dürfen auf einem Campingplatz vieles, aber einiges dürfen sie nicht: die Einrichtungen der Sicherheit, die Sanitäranlagen und fremdes Eigentum als ihr Spielzeug betrachten. Hier setzen Aufsichtspflicht und vor allem geduldige Aufklärung seitens der Eltern ein.

32.19 **Nächtliche »zünftige Campingsausen« stören immer eine Menge Ruhebedürftiger, auch wenn sich die fröhliche Runde zu bremsen versucht.**
Die übertönenden Umweltgeräusche sind nachts weitgehend erstorben, Leib und Seele der meisten Camper sind nicht mehr aktiv, und sie wollen ruhen. Da wirkt Kofferradiomusik oder spontan auflodemdes »homerisches Gelächter« wie ein Stachel im Gehirn. Bitte, liebe späte Zechgenossen, bitte bedenkt das alles. Fern am Strand ist noch ein einsames Plätzchen frei!

32.20 **Die Unbekümmertheit einiger – zum Glück nur weniger – Zeitgenossen ist bemerkenswert!** Da sitzen nicht einmal so ganz junge Leute am Küstenstreifen und feiern die längste Nacht des Jahres. Die Stimmung wird immer wüster, und die geleerten Flaschen fliegen im hohen Bogen ins Wasser, zerschellen an Steinen genau an der Stelle, wo ahnungslose Erwachsene und unschuldige kleine Kinder tagtäglich baden.
Wer einmal in ohnmächtigem Zorn miterlebt hat, wie ein unglückseliger Camper mit bis auf die Knochen zerschnittener Fußsohle ins Krankenhaus transportiert wurde, wer selbst davon betroffen war, der wird zeitlebens ein unnachgiebiger Ankläger dieser Scherbenstreuer sein! Wir glauben zwar nicht, daß wir solche Menschen auf diesem Wege zum Umdenken bewegen können, vielleicht erreichen wir mit unseren Zeilen aber wenigstens jene, die heute noch stumm zuschauen, wenn von unbeherrschten Angetrunkenen oder übermütigen Kindern – die noch nicht wissen, was sie damit anrichten – solche »Tretminen« gelegt werden.
Von anderen werden Flaschen, Gläser und scharfkantige Blechdosen achtlos ins Gebüsch geworfen oder bestenfalls auf einen Haufen neben der Mülltonne, wo das Glas zerklirrt und ungezählte Splitter in die Umgebung streut. Vorsichtigere Camper graben ihren Glasmüll ein. Wind, Wetter und ahnungslose Zeltnachfolger bringen ihn wieder hervor.
Ein für allemal: Intakte Flaschen und Gläser, die nicht selbst wieder zurückgegeben werden, gehören in die aufgestellten Sammelbehälter oder – wenn solche nicht vorhanden sind – vorsichtig aufgeschichtet neben die Mülltonnen. Alles zerbrochene oder scharfkantige Material kommt in die Tonnen hinein!

32.21 **Manchmal herrscht bei einer Gruppe von Campern auch noch nach 22 Uhr großes Hallo, und es ertönt störende Musik.**
Meistens hilft dann schon eine freundschaftliche Ermahnung eines Nachbarn mit dem Hinweis auf die fortgeschrittene Stunde. Wenn ein im Schlaf Gestörter dagegen gleich allzu forsch und böse auf seine (berechtigte) Nachtruhe pocht, dann fordert er manchmal eher Widerborstigkeit heraus oder muß sich beleidigt entgegnen lassen: »Ist ja schon gut! Kann man das nicht auch in Ruhe sagen, wir sind doch verständige Leute!«
Wer dagegen höfliche Aufforderungen mit höhnischem Gelächter quittieren sollte und in den Wind schlägt, wer unbelehrbar ist und die Nachtruhe gröblich verletzt oder anderweitig gegen Ordnung und Sicherheit verstößt, muß sich nicht wundern, wenn davon am nächsten Tag der Zeltplatzleiter informiert wird, der seine Maßnahmen ergreift. In ganz schlimmen Fällen – falls es zu Beschädigungen von Campingausrüstung oder Einrichtungen des Platzes bzw. zu Tätlichkeiten kommen sollte, ist es richtig, sofort die Volkspolizei oder den diensthabenden Ordnungsgruppenleiter zu informieren.

32.22 **Personen, die in verantwortungsvoller Weise Ordnung schaffen wollen, sind durch § 214, Absatz 2 des StGB geschützt.**
Wer solche Bürger – unabhängig davon, ob sie in amtlicher Eigenschaft oder aus persönlicher Couragiertheit handeln – tätlich bedroht oder auch nur »Prügel anbietet«, der hat mit einer angemessenen Bestrafung zu rechnen und muß entstandenen Schaden ersetzen. Allerdings wäre es unbedacht, sich als einzelner gegen eine Gruppe aufgebrachter Betrunkener zu stellen. Das kann böse enden, und auch eine spätere

Bestrafung eines Täters ist keine heilkräftige Salbe für eine eingeschlagene Nase. Man tut darum nach Abschätzung der Lage gut daran, sich amtlicher oder freiwilliger Helfer und Zeugen zu versichern.

33. Wohnen im Grünen

33.1 **Campingplätze sind teilweise sehr groß und unübersichtlich.**
Weil sich Wohnwagen, Zelte und ihre Gruppierungen alle sehr ähneln, besteht die Gefahr, daß sich spielende Kinder darauf ebenso schnell verirren können wie bekannterweise am Strand. Spielen sie »Bärentöter« und »Indianer« im Wald, so wollen sie von fremden Stämmen (sprich Erwachsenen) nicht unbedingt überrascht werden. Sie entfernen sich vom heimischen Zelt oft weiter, als sie zunächst bemerken. Es ist daher richtig, schon am ersten Tage mit den Kleinen die Umgebung zu erkunden und sie auf markante Punkte der Landschaft hinzuweisen. Jedes, auch das kleinste Kind, muß den Campingort und die Blocknummer wissen. Wenn die Eltern ihren Kindern beim Herumtollen »lange Leine« geben, so müssen sie unbedingt einschätzen, inwieweit sie sich auf sie verlassen können; denn jegliche Verantwortung bleibt den Erwachsenen.

33.2 **Auf dem Campingplatz ist man Individualist!**
Allerdings kann man oft einen Individualisten mit Trainings- oder Jeansanzug und mit Stoppelbart nicht mehr vom anderen unterscheiden. Zugegeben, das alles ist sehr praktisch, aber etwas Abwechslung sollte es doch geben. Auch unter den vereinfachten Verhältnissen des Campings muß man nicht die gleichen Sachen Tag für Tag und manchmal auch noch nachts tragen.

33.3 **Im Sand halten Heringe aus Holz besser als solche aus Metall.**
Wir fertigen sie uns selbst aus Rundholz an, z. B. aus Besenstielen, notfalls auch aus Ästen. Am oberen Ende schlagen wir eine kurze Muffe aus Alu- oder Plasterohr auf, damit das Holz beim Einklopfen nicht splittert oder ausfranst. Eine Holzschraube mit Rundkopf, schräg eingedreht, gibt der Zeltleine Halt. Sehr haltefähig sind speziell angefertigte »Sandanker«, die sich auch zum Bootefestmachen gut eignen.

33.4 **Auf lockerem oder sandigem Grund drücken sich die Zeltstützen nach und nach tief in den Boden.**
Abhilfe schaffen leere Konservendosen, die man verkehrt herum unter den Streben in den Boden drückt. Bei Zeltgestängen, die sich auf

dem Zeltboden abstützen, verlassen wir uns nicht allein auf die aufgesetzten Verstärkungsflecke, denn die Enden der Stangen sind oft scharf. Besser ist, wir legen vorbereitete Plastescheiben mit kleinen Zapfen oder Muffen unter. Die oft als Notbehelf empfohlenen Kronenverschlüsse wollen wir lieber nicht verwenden; sie könnten die Luftmatratze beschädigen!

33.5 **Zur besseren Wärmeisolierung und zum Schutz gegen Durchfeuchten sollen Zelt-Innenkabinen überall einen Mindestabstand von 10 cm zur Zeltwand haben.** Sie sollen zwar glatt, aber nicht straff wie ein Trommelfell aufgehängt werden, damit ein unruhiger Schläfer sie bei seiner Traumgymnastik nicht herunterreißt. Jeden Morgen sollen die Kabinen zum Lüften offen bleiben.

33.6 **Hat ein Zelt keine Schlafkabinen,** so sollte man sich mit den Schlafstätten etwas entfernt von der Zeltleinwand halten. Diese wird in den Morgenstunden oft kühl und feucht. Eine warme Decke (Regan oder Wolpryla) – zur Not hilft auch der Bademantel – sollte immer griffbereit sein.

33.7 **Luftmatratzen sollten nie mit dem Mund aufgeblasen werden.** Ihnen schadet die Feuchte der Atemluft. Richtig ist die Verwendung einer sogenannten Schildkröte oder eines komfortablen Campingkompressors für 6 oder 12 Volt. Neuerdings ist auch eine fußkraftbetriebene Campingluftpumpe zum Füllen und Absaugen im Handel, leider ist dieses eigentlich nur Hilfsfunktion ausführende Requisit etwas voluminös ausgefallen.

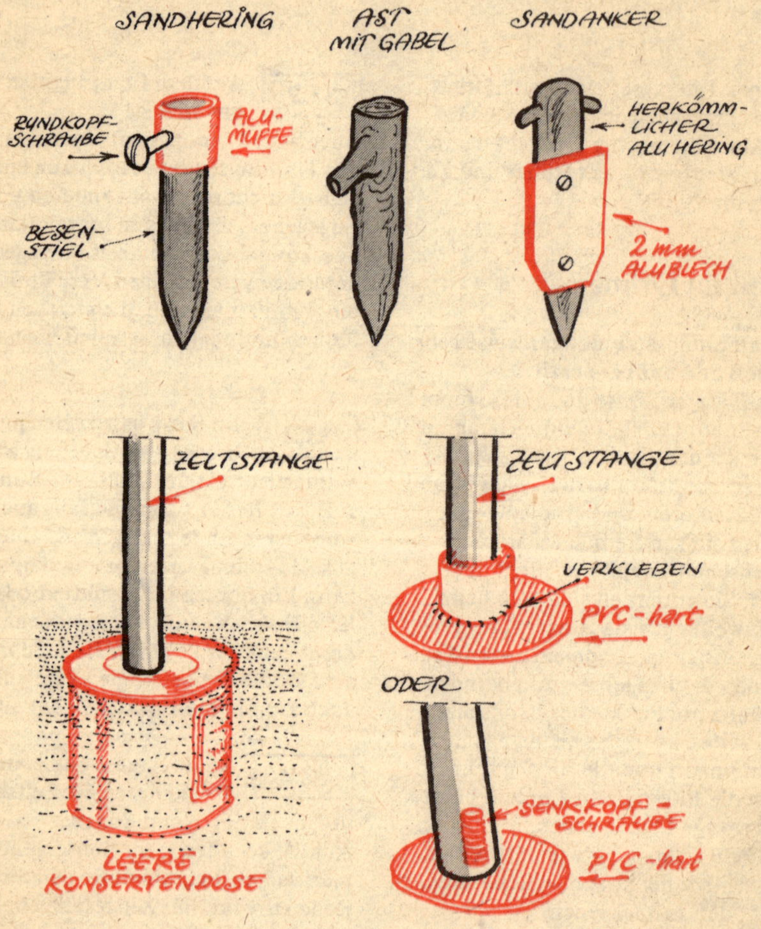

33.8 **Luftmatratzen werden von Anfängern meist viel zu stramm aufgepumpt.**
Will man nicht wie auf einem Brett schlafen, dann genügt so viel Luft, daß sich beim Sitzen das Hinterteil breitflächig durchdrückt.

33.9 **Eine Luftmatratze sollte immer nur zusammen mit einem Schlafsack benutzt werden.**
Ihre Innengummierung verhindert nämlich, daß die vom Körper nachts ausgeschiedene Flüssigkeit aufgesaugt werden kann. Das Unterlegen einer Wolldecke allein genügt nicht, weil sich diese mit Schweiß vollsaugt und dann in kühlen Nächten zum Frösteln Anlaß gibt. Bei einem Schlafsack dagegen kann die Luft ventilieren, weil sich der Schläfer i. allg. häufig dreht und wendet. So kann aufgenommene Feuchtigkeit wieder verdunsten. Weil sich auch unter Luftmatratzen Kondenswasser ansammeln kann, sollen sie öfter gelüftet und gewendet werden. Das gilt vor allem für Kastenmatratzen, die vollflächig auf dem Boden aufliegen und keine Luftbewegung zulassen.

33.10 **Auch Schlafsäcke müssen jeden Morgen gelüftet werden.**
Dazu zieht man sie vollständig auf oder stülpt wenigstens das Innere nach außen, bevor man sie auf die Leine hängt.

33.11 **Fensterklappen an Zelten werden immer nach innen aufgerollt.**
Schmutz und Wasser kann sich dann weniger in

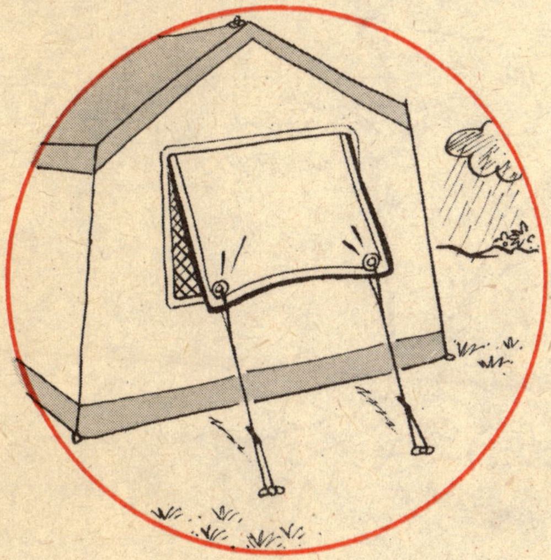

den Falten festsetzen und den Stoff verunreinigen. Bei Dauerniesel kann man die Klappe vor einem Gazefenster mit zwei Leinen schräg nach unten abspannen. Dann sprüht es nicht durch, und die Entlüftung ist trotzdem gewährleistet.

33.12 **In einem Zelt oder Wohnwagen und in seiner Umgebung sollte stets peinliche Ordnung herrschen (Bild S. 172).**
Das gilt in um so stärkeren Maße, wie Personen auf dem kleinen Raum zusammenwohnen. Bemerkenswert ist vor allem das als »planmäßige Unordnung« bezeichnete Chaos, das oft in kleinen Hauszelten anzutreffen ist. Unordnung ist eine Quelle von Zank und Streit und verdirbt die gute Urlaubslaune. Auch auf kleinstem Raum kann man Ordnung halten, wenn jedes Ding seinen angestammten Platz erhält. Man kann sich zusätzliche Hilfsmittel zum Ordnunghalten schaffen, z. B. Haken, eine Art Hängematte im Zeltfirst, Zeltecken (→ 8.6). Abfallberge neben einem Zelt sind keine Empfehlung für dessen Bewohner; sie locken außerdem Schädlinge an.

33.13 **Legt man in einem Hauszelt am Tage Luftmatratzen und Schlafsäcke übereinander, obenauf eine Decke, so hat man eine wunderbar weiche Couch.**
Man kann darauf bei schlechtem Wetter sitzen oder sich anderweitig die Zeit vertreiben. Zwei übereinandergestellte Koffer oder eine ausrangierte Obsthorde sind dazu der passende »Tisch«.

33.14 **Das Feueranzünden bereitet vor allem bei Feuchtigkeit oft Probleme.**
Gasfeuerzeuge funktionieren eigentlich immer, auch wenn sie einmal naß geworden sind. Streichhölzer bleiben jedenfalls zündfähig, wenn man sie über Nacht in der Hosentasche deponiert. Zum Entflammen von Propangas ist ein piezoelektrischer Anzünder nicht zu empfehlen, er verträgt keine Feuchtigkeit. Dafür eignet sich am besten ein ganz einfacher Gasanzünder mit Feuerstein.

33.15 **Als Wäscheleine ist beim Camping eine handelsübliche plasteummantelte Schnur günstig, die sich leicht reinigen läßt.**
Wird diese Leine gleich durch die Federn der Plaste-Wäscheklammern gefädelt, so ist das

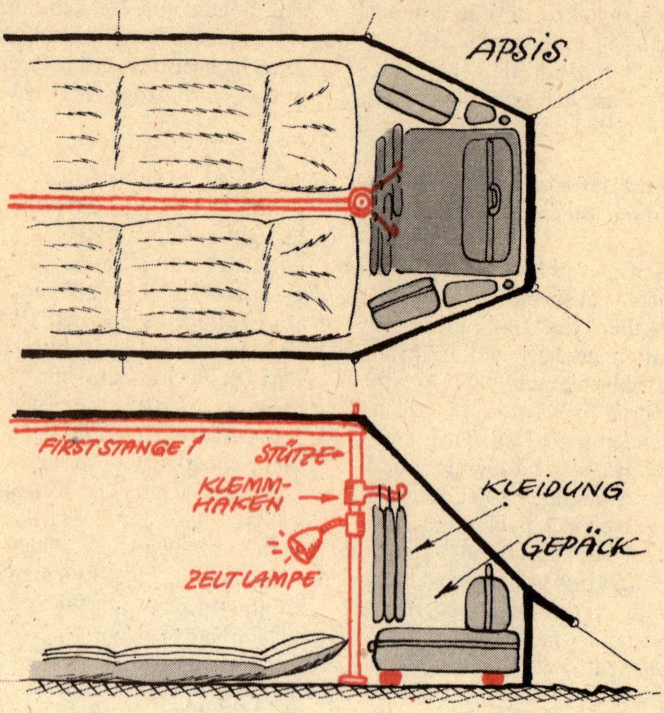
APSIS
FIRSTSTANGE
STÜTZE
KLEMM-
HAKEN
ZELTLAMPE
KLEIDUNG
GEPÄCK

„HAT ROBINSON AUCH DAMIT FEUER GEMACHT?“

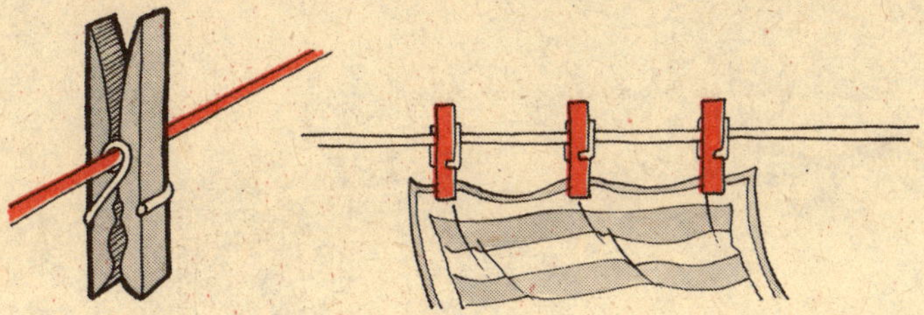

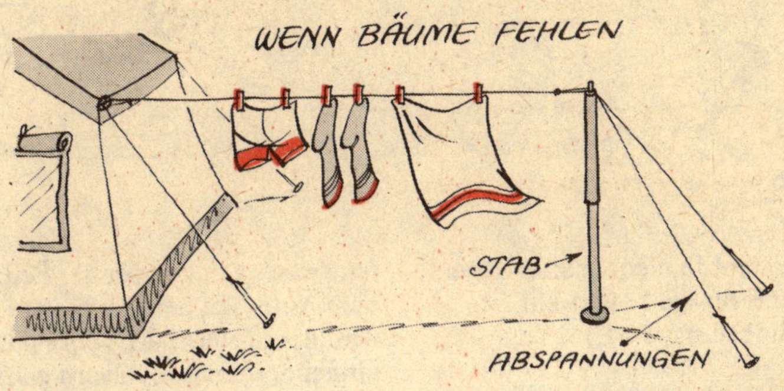

Aufhängen kleinerer Wäschestücke sehr praktisch gelöst. Es fallen keine Klammern herunter und gehen verloren; im aufgewickelten Zustand ist alles beisammen. Die Wäsche muß zum Anklammern nicht über die Leine geschlagen werden und trocknet gleichmäßig schnell.

33.16 **Auf Zeltplätzen des Ostseebezirks mit Sonderpostamt unterhält die Deutsche Post seit 1970 einen Service mit Postfächern.**
Woher aber kennen wir unsere Postfachnummer, um sie unseren Bekannten und Verwandten vor der Abreise nennen zu können? Ganz einfach: Es sind die letzten 3 Ziffern unserer Personalausweisnummer, die auf dem Brief außer der Zeltplatzanschrift und dem Adressaten angegeben werden müssen.

34. Böse Zwischenfälle

»Fortwährend hinter den angenehmen Erwartungen schleichen die unangenehmen Möglichkeiten« (Wilhelm Busch)

34.1 **Entsteht auf einem Campingplatz ein Brand, so ist in jedem Falle sofort die Feuerwehr zu alarmieren** (oder von einer anderen Person alarmieren zu lassen), bevor mit der Evakuierung und den eigenen Löschversuchen begonnen wird.
Beim Löschen müssen wir i. allg. mit den auf dem Campingplatz vorhandenen Löschmitteln und -geräten auskommen. Das sind vorwiegend Wasser, Sand, Erde, Decken, die Geräte an den Löschgerätetafeln und eventuell Autofeuerlöscher. Zur Sicherheit informieren wir uns schon bei der Ankunft darüber, wo sich der nächstgelegene Standort von Feuerlöschgeräten befindet.

34.2 **Niemals in ein lichterloh brennendes Zelt oder einen Wohnwagen hineinlaufen, um seine Habseligkeiten in Sicherheit zu bringen!**
Von außen mit Wasser ablöschen. Auch benachbarte Zelte möglichst naß machen! Autos wegfahren! Alle Evakuierungs- und Sicherheitsmaßnahmen zunächst auf der Seite einleiten, in die der Wind weht, alle Löscharbeiten in Brandausdehnungsrichtung vornehmen! In der Nähe befindliche Zweige, vor allem brennende, mit Äxten abschlagen oder abbrechen! Weitere Helfer schaufeln einen Wundstreifen, damit sich der Brand nicht über trockenen Bodenbewuchs und Unterholz ausbreiten kann! Umgebung

möglichst feucht halten! Je mehr Wasserträger, um so besser! Zufahrt für die Feuerwehr frei machen! (beachte unbedingt 34.1!)

34.3 **Eine sich im Feuer befindende, aber selbst nicht brennende Propanflasche, wenn sie sich noch nicht zu stark erhitzt hat, ist ins Freie zu schaffen.**
Bei bereits stark erhitzten Flaschen besteht Explosionsgefahr! Solche Flaschen nicht mit einem starken Löschstrahl einseitig abkühlen, sonst entstehen starke Spannungen im Flaschenkörper! Richtig ist ein Übersprühen mit einem fein verteilten Strahl. Vorher sollte die Flasche – wenn möglich – mit einer feuchten Decke oder etwas Ähnlichem überworfen werden.

34.4 **Ist eine Propananlage in Brand geraten, so ist – falls gefahrlos noch möglich – das Flaschenventil zu schließen.**
Geht das nicht mehr, dann hilft eine übergeworfene nasse Decke oder der Feuerlöscher aus dem Auto. Bei hervorschießender Stichflamme wird der Löschstrahl, vom Flammenaustritt beginnend, schräg nach vorn geführt, so daß er die Flamme quasi »abschneidet«.

34.5 **Brennender Spiritus ist auch mit Wasser löschbar, weil er sich darin löst und somit verdünnt wird.**
Niemals aber brennendes Benzin oder Petroleum mit Wasser zu löschen versuchen! Es schwimmt oben und verteilt sich brennend noch weiter. Mit den Mitteln des Campingplatzes ist es richtig, einen solchen Brand mit Erde, Decken o. ä. zu ersticken. Übrigens sind normale Autofeuerlöscher (Halonlöscher) für Spiritus ungeeignet.

34.6 **In einer Pfanne brennendes Fett ist in einem Zelt oder Wohnwagen eine große Gefahr!**

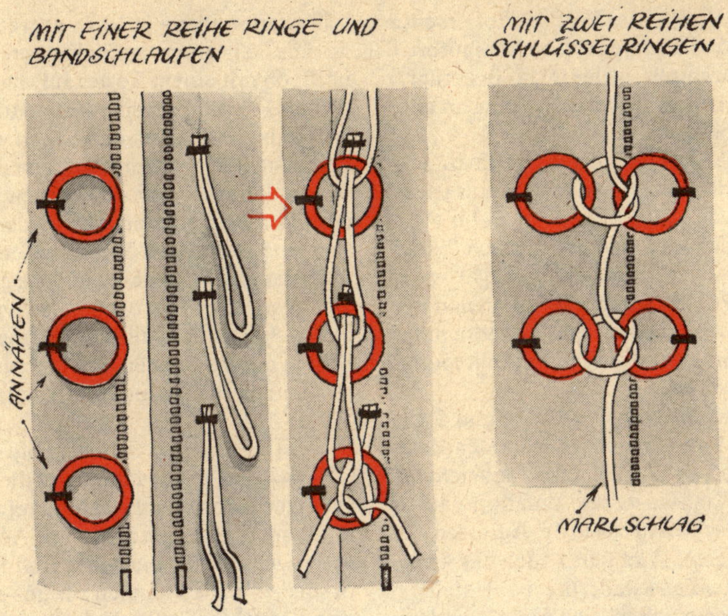

Wir dürfen keinesfalls mit Wasser zu löschen versuchen; denn Fett schwimmt oben und brennt weiter. Richtig ist, die Pfanne mit einem Topfdeckel abzudecken oder ein stabiles Tuch darüberzuwerfen, damit das Feuer sofort erstickt. Notfalls hilft auch Sand, dann aber ist unser schönes Schnitzel futsch!

34.7 **Läßt sich ein Zeltreißverschluß überhaupt nicht mehr schließen, so ist das kein Grund zur Verzweiflung.** Wir erinnern uns des klassischen Schlaufenverschlusses und an die Schlüsselringe in unserer Ersatzteilkiste. Unsere Abbildung bietet zwei Varianten an, mit denen wir uns helfen können. Sicherheitsnadeln zum Zustecken des Eingangs sind weniger zu empfehlen. Das ist langwierig, außerdem zerpieksen sie den Stoff und halten bei Nässe sowieso die Spannungen in der Leinwand nicht aus.

34.8 **Kleine Kinder sind zwar auf Campingplätzen weniger durch Haushaltsreiniger gefährdet, man muß sie aber davor warnen, »gefundene«, halbleere Flaschen auszutrinken.** Immer wieder ist ihnen die Gefahr zu verdeutlichen, die von solchem Tun ausgeht. Wurde doch einmal etwas Unrechtes getrunken, so sind der Betroffene und das Behältnis sofort dem Arzt vorzustellen – auch bei Beschwerdefreiheit! Übrigens gilt die Aufschrift »Wenig gesundheitsschädigend« auf irgend einem Mittel immer nur für die vorgesehene Anwendung. Auch das Trinken aus Wasserzapfstellen sollte bei Kindern unterbunden werden. Man kann ein solches Verbot aber nur dann wirksam durchsetzen, wenn man ausreichend erfrischende Getränke bereithält. Das bedeutet allerdings nicht, daß diese den Kindern zur »Selbstbedienung« überlassen werden. Kinder trinken meist zuviel, so daß der Flüssigkeitskonsum kontrolliert und eventuell rationiert werden sollte.

34.9 **Nimmt man Elektrogeräte mit ins Ausland, so stellt sich mitunter heraus, daß der DDR-Schukostecker nicht in die dort übliche Steckdose paßt (z. B. ČSSR).** Da hilft eine kurze Adapterschnur, die sich mit Hilfe eines landesüblichen Steckers und einer DDR-Schuko-Kupplungssteckdose anfertigen läßt (auf korrekte Schutzleiter-Beschaltung ist unbedingt zu achten!).

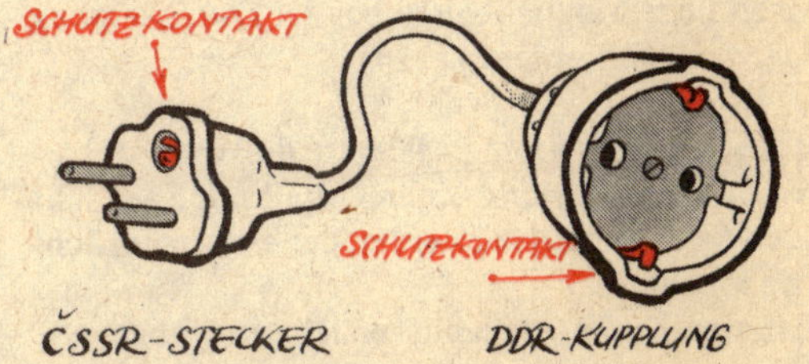

34.10 **Bei Verlust der Personaldokumente im Ausland wenden wir uns sofort an die Konsularabteilung der DDR-Botschaft im Gastland, in der ČSSR und in Polen an eine Polizeidienststelle.**
Dort werden die erforderlichen Ersatzdokumente für eine Rückreise in die DDR ausgefertigt. Es kann nicht schaden, wenn man für einen solchen Fall zwei Paßbilder mit sich führt.

34.11 **Jeder Verkehrsunfall im Ausland, bei dem andere Verkehrsteilnehmer beteiligt sind, muß der dortigen Verkehrspolizei gemeldet werden.**
Diese untersucht den Vorgang an Ort und Stelle und nimmt ein Protokoll auf. In jedem Falle sollte man sich die polizeilichen Kennzeichen der beteiligten Kraftfahrzeuge, Unfallort und -zeit, Zeugenanschriften sowie die Adressen der Beteiligten notieren. Wichtig ist auch die Anschrift der Polizeidienststelle, die den Unfall untersucht. Wenn möglich, sind Fotos vom Unfallort und den beschädigten Fahzeugen und Gegenständen zu machen.
Bei Schäden am eigenen Auto bzw. mitgeführten Sachen muß außerdem der Verkehrsunfall bei der nächsten Versicherungsdienststelle des Aufenthaltslandes gemeldet werden. Oft wird ein Vertreter dieser Dienststelle den Umfang des Schadens besichtigen wollen. Auch leichtere Verletzungen, deren Ausmaß sich nicht sofort abschätzen läßt (auch wenn's irgendwo nur ein bißchen wehtut!), sind dort anzugeben, um eventuelle spätere Schadensersatzforderungen durchsetzen zu können.
Jeder im Ausland mit dem eigenen Fahrzeug verursachte Schaden ist nach der Rückkehr in die DDR sofort der zuständigen Kreisdirektion der staatlichen Versicherung anzuzeigen. Auslandsschäden am eigenen Fahrzeug kann ein DDR-Bürger gegenüber dem Verursacher zwar selbst geltend machen – z. B. über das Internationale Rechtsanwaltsbüro –, er sollte sich aber zunächst an die Staatliche Versicherung der DDR wenden, die ihn berät und im Rahmen ihrer Möglichkeiten bei der Durchsetzung der Schadenforderung hilft.

34.12 **Es kann passieren, daß man im Ausland einen Unfall mit Sachschaden an seinem Kfz erleidet, der es fahruntüchtig macht.**
Ist eine Kasko-Auslandsversicherung abgeschlossen worden (→ 19.7), so wenden wir uns an eine Versicherungsfiliale des Gastlandes. Sie prüft, ob mit einem Kostenaufwand bis (umgerechnet) 1900 Mark eine Notreparatur möglich ist. Ist das der Fall, dann können wir unser Fahrzeug in einer Werkstatt instand setzen lassen, und die Kosten dafür werden in der Landeswährung übernommen. Würden diese Kosten aber 1900 Mark überschreiten, so wird je nach dem Ausmaß des Schadens geprüft, ob eine Instandsetzung ökonomisch noch vertretbar ist. Ist das der Fall, so wird unser Kfz auf Kosten der Staatlichen Versicherung der DDR per Bahn in die Heimat transportiert.

34.13 **Auch bei Schäden, die nicht unter »Kasko« fallen und die man nicht auf eigene Kosten im Ausland reparieren lassen kann** (z.B. ernstere Motor-, Achs- oder Getriebeschäden), ist nicht alle Hoffnung verloren. In solchen Fällen wenden wir uns ebenfalls an eine Versicherungsfiliale des Landes, die uns Hilfe wie bei einem Versicherungsschaden gewähren wird. Wir müssen uns aber verpflichten, nach Rückkehr in die DDR die Kosten für Notinstandsetzung oder Rückführung des Fahrzeugs in DDR-Mark an die Staatliche Versicherung zurückzuzahlen sowie eine Bearbeitungsgebühr zu entrichten.

34.14 **Sind am Kfz, dem Gepäck oder der Campingeinrichtung Versicherungsschäden** durch Brand, Explosion, mut oder böswillige Handlungen Dritter, Diebstahl oder Raub eingetreten, so ist in der DDR dieser Schaden bei der nächsten VP-Dienststelle bzw. dem Campingplatzleiter zu melden.
Bei Schadenfällen im Ausland läßt man ein Protokoll[1] aufnehmen und sich den Schaden bestätigen. Wenn möglich, sollte man sich die Adresse eines DDR-Bürgers notieren, der Zeuge dieses Ereignisses war. Am besten ist, man läßt die Zeugenaussage gleich an Ort und Stelle zu Papier bringen und sich unterschrieben aushändigen.
Alle Schadenfälle sind außerdem umgehend der Staatlichen Versicherung der DDR zu melden, Auslandsschäden sofort nach der Rückkehr.

---

[1] Offizielle Schadenaufnahme im Ausland u.a. bei: Polizei, Zeltplatzleitern, Versicherungen (Anschrift notieren!)

35. Auto und Zeltplatz

35.1 **Schon der Zustand der Zufahrtswege zum Campingplatz kann Probleme bringen, die sich bei Anhängerbetrieb noch vergrößern (→ 28.26).**
So sollte man bei den im Ostseebezirk auf Zufahrtswegen oft verlegten Befestigungen aus Betonschwellen oder -platten seinen Ehrgeiz nicht darin sehen, auf ihnen wie der »Schienenzepp« entlangzubrausen. Vielmehr ist sehr gemäßigtes Tempo anzuraten. Erstens ist mit Gegenverkehr zu rechnen, dem man schon beim entfernten Auftauchen in der nächstgelegenen Ausweichbucht Platz schaffen sollte, zweitens kann es bei den oftmals hochliegenden Kanten zu einer Beschädigung der Reifenseitenflächen kommen, wenn man es einmal verpaßt und abrutscht. Auch die oft sehr breiten und ungleichmäßigen Plattenstöße zwingen zu verhaltener Fahrweise. Bei Ausweichmanövern sollte man rücksichtsvoll dem schwerer zu beherrschenden Fahrzeug (z.B. einem Gespann) den Vortritt lassen.

35.2 **Auf grasbewachsenen Zufahrtswegen, auch Wiesen, kann es bei großer Nässe ähnliche Probleme geben wie bei Schnee oder Glatteis.**
Die Fahrweise ist darum ganz ähnlich. Sie muß starkes Beschleunigen und hartes Bremsen ebenso vermeiden wie allzu forsche Lenkkorrekturen. Festgefahren, helfen Decken, die altbekannte »Schaukeltherapie« mit Gas- und Kupplungspedal oder die Schiebekraft mehrerer Helfer.

35.3 **Ausgedehnte Wasserpfützen auf Wegen, die man nicht umfahren kann, sollte man sehr behutsam »durchwaten«.**
Niemals weiß man, wie tief sie sind. Wir denken dabei an jene englische Autofahrerin, deren »Sport« darin bestand, die Passanten beim rasanten Durchfahren von Wasserpfützen zu duschen, . . . bis sie eines Tages mit ihrem Wagen in einer vollgelaufenen Baugrube versank. Führen bereits Fahrzeugspuren durch einen solchen Fahrbahnsee hindurch, dann ist damit zu rechnen, daß man auch problemlos hindurchkommt. Im Zweifelsfall kann man vorher mit einem Stock loten. Ahnungslose Schiebehelfer im Falle des Steckenbleibens sollte man so am Fahrzeug positionieren, daß sie nicht gerade vom Schlammstrahl der Antriebsräder verunziert werden.

35.4 **Sandwege sind im zweiten Gang bei mittlerem Gas und mit Anlauf zu durchfahren.**

Nur bei Safari-Rallyes fliegt dabei der Sand! Möglichst soll nicht geschaltet werden; im Notfall jedoch so schnell, daß das Fahrzeug nicht stehenbleibt. Steckt man trotzdem fest, dann führt weiteres Durchdrehenlassen der Räder lediglich dazu, daß man sich hoffnungslos einwühlt. Sitzt dann erst der Boden des Autos oder die Antriebsachse im Sand auf, dann wird das Freischaufeln zur schweißtreibenden Schinderei. Am besten geht es noch, wenn möglichst viele Helfer schieben. Vor den Antriebsrädern ist aber vorher Platz zu schaffen. Untergelegtes Reisig, Zweige oder auch eine Decke lassen die Räder besser greifen.

35.5 **Wenn es erlaubt ist, die Kraftfahrzeuge am Zelt zu stationieren, bringt das Vor- und Nachteile mit sich.**

Wären manche Besitzer einsichtiger, dann könnten die Vorteile überwiegen. So kann man z.B. das Auto als Gepäckraum oder als Energiequelle für Licht und Kofferradio nutzen. Außerdem ist es immer unter Aufsicht und somit vor mutwilliger Beschädigung und Diebstahl besser behütet. Zwar sorgen die Autos auch dafür, daß die Zelte nicht gar so eng zusammenrücken, aber sie nehmen auch viel Platz weg und verderben das Bild des Campingplatzes. Auf Transitcampingplätzen ist das Abstellen des Autos am Zelt fast eine Notwendigkeit und daher i. allg. gestattet.

35.6 **Anstatt ihr Auto in Eckchen unterzubringen, die zum Zeltaufbau sowieso kaum geeignet sind, blockieren einige Egoisten passable Stellflächen.**

Sie behindern sich teilweise sogar gegenseitig bei der Ausfahrt. Manche sichern sich, indem sie das Auto 5 bis 6m vom Zelt entfernt parken, ein unbotmäßiges Terrain (»dazwischen darf ja aus Brandschutzgründen kein anderes Zelt mehr aufgebaut werden!«). Autos werden auf dem Zeltplatz gewaschen (i. allg. untersagt), Probeläufe werden veranstaltet, sogar Ölwechsel vorgenommen. Motorräder und Mopeds jagen lautstark über die Wege; denn sie haben ja eine »imponierende« Beschleunigung, und eine vom Hinterrad emporgeschleuderte Sandwolke, die einer mittagsmahlenden Familie in die Suppe weht, ist schon eine eindrucksvolle Demonstration!

35.7 **Besonderer Wertschätzung erfreuen sich die allmorgendlichen »Brötchenfahrer«.**
Sie werfen etwa ab 1/2 6 Uhr ihre Apparate an, weil sie den 500-m-Fußmarsch bis zum nächsten Bäcker nicht bewältigen können. An Stelle erfrischender Ozonluft zieht stinkender Öldunst durch die Zelte, das Morgenlied der Vögel erstirbt im Dröhnen der Motoren, und die schlaftrunkenen Camper »stehen senkrecht« auf ihren Matratzen. Es ist wahrhaftig keine Hirngespinst, das ein phantasiebegabter Autor seinen staunenden Lesern um des Effektes willen aufbürden möchte: Einer dieser »Harfenspieler auf Zeltlernerven« hielt doch tatsächlich vor seiner Abfahrt regelmäßig am Toilettenhäuschen und verrichtete in aller Seelenruhe sein Morgengeschäft. Den Motor ließ er inzwischen warmlaufen! Es bleibt uns nur die Vermutung, daß dieser Ignorant dabei das Papier mit Campingordnung und Landeskulturgesetz als Arschwisch benutzt hat. Ein infamer Camper hat ihm schließlich eine Kesselpfeife aufs Auspuffrohr gesteckt.

35.8 **Inhaber von Autodachzelten können mit ihrem Pkw auch einen solchen Zeltplatz benutzen, auf dem normalerweise keine Autos abgestellt werden dürfen.**
Dann ist aber das Auto samt Dachzelt wie ein Zelt auf einem festen Stellplatz zu behandeln: beides muß während der gesamten Campingdauer an Ort und Stelle verbleiben. Autoausflüge in die Umgebung und Einkaufsfahrten müssen entfallen.

35.9 **Das häufig beobachtete Abdecken der Pkw-Räder mit Karton, Plastetüten usw. auf Parkplätzen – um sie vor direkter Sonneneinstrahlung zu schützen – bringt keinerlei praktischen Nutzen.**
Wie Langzeitversuche gezeigt haben, werden die Reifen durch diese Maßnahme nicht weniger schnell brüchig. Der Alterungsprozeß des Gummis findet auch ohne Sonneneinstrahlung, lediglich durch die Ozoneinwirkung statt. Auch ein Ansteigen des Innendrucks bis zum Platzen der Reifen ist nicht zu befürchten; bei Fahrten im Sonnenschein werden sie noch viel wärmer!

35.10 **Einen sehr praktischen Adapter für die Anhängersteckdose am Auto können wir uns sehr einfach selbst herstellen.**
Voraussetzung ist, daß ihr Kontakt 2 mit ständig anliegendem Pluspol der Bordspannung beschaltet ist (s. Abb. zu 28.6). Man kann daran beliebige Niederspannungsverbraucher (z. B. eine Handlampe, den Campingkompressor) oder die gesamte Zelt- oder Wohnwagenelektrik über ein Kabel anschließen. In der Garage zu Hause kann man über diesen Anschluß auch die Batterie nachladen. Zapft man aus diesem

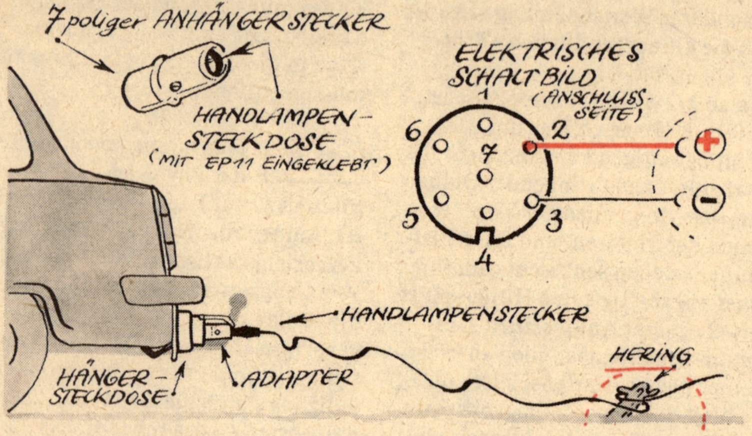

Adapter, dann sollte das Kabel »aus Gründen der Vergeßlichkeit« abgefangen werden, damit man bei einer gelegentlichen Autoausfahrt nicht etwa die gesamte Elektroanlage am Faden hinterherzieht.

36. Der Camper und das Tier

36.1 **Campingplätze, auf die Hunde mitgenommen werden dürfen, weist die Campingkarte der DDR aus.**
Natürlich müssen wir auf diesen Plätzen unsere Vierbeiner so beaufsichtigen, daß sie nicht streunen können und keine anderen Zeltler belästigen. Man kann einem Hund zwar nicht das gelegentliche Bellen abgewöhnen, aber ausgesprochene Dauerkläffer sollte man im Urlaub anderswo unterbringen. Auf den Campingplätzen des Ostseebezirks besteht generelles Tierverbot.

36.2 **Hunde sind Rudeltiere und leiden daher unter einer Trennung von den vertrauten Menschen.**
Darum ist mit Rücksicht auf das Tier eine Mitnahme auf dafür vorgesehene Zeltplätze nicht generell abzulehnen. Etwas anders ist es bei

Katzen, die stark an ihr gewohntes Territorium, i. allg. aber etwas weniger eng an ihren Pfleger gebunden sind. Man sollte versuchen, sie während des Urlaubs von einem Bekannten versorgen zu lassen oder in einem Tierheim unterzubringen. Obwohl man hin und wieder auch Katzen auf Campingplätzen sieht, ist ihre Mitnahme nicht ohne Risiko. Katzenhalter wissen um die Eigenheiten ihres Tieres: im weiten Umkreis herumzuwandern und vor fremden Behausungen, Nahrungsmitteln und Kleinlebewesen (Vögeln!) keinen Halt zu machen. Das kann auf einem Zeltplatz schlimmen Ärger geben; denn nur wenige Katzen lassen sich an die Leine legen oder wirksam im Zelt einsperren. Wir denken auch daran, daß streunende und wildernde Katzen vom Förster abgeschossen werden müssen. Dieser kann nicht unterscheiden, ob es sich um den »lieben Kater Schnoki« aus Zelt 142 handelt oder um ein verwildertes Tier. Und wer möchte seinen Liebling schon solcher Gefahr aussetzen?

36.3 **Hunde und Katzen, die mit in den Urlaub genommen werden, sollten gegen Staupe bzw. Katzenseuche (Panleukopenie) und gegen Tollwut geimpft sein.**

Ein Kontakt mit tollwutinfiziertem Wild ist nicht immer auszuschließen! Auslandsfahrten mit Tieren sind nicht zu empfehlen. Ist das unumgänglich, so muß man sich zunächst darüber informieren, ob und unter welchen Bedingungen eine Tiereinfuhr in das Reise- bzw. die Transitländer möglich ist. Jedenfalls benötigt man für das Tier ein Veterinärzeugnis, das vom Kreistierarzt oder einem anderen beauftragten Tierarzt ausgestellt wird (frühestens 5 Tage vor Grenzübertritt). Dieses Zeugnis, mit dem Vermerk »zur Wiedereinfuhr zugelassen«, ermöglicht auch die Rückführung des Tieres innerhalb der nächsten 4 Wochen in die DDR ohne zusätzliche Untersuchungen im Ausland.

36.4 **Bereist man mit einem Hund ein Tollwutsperrgebiet, so ist besondere Vorsicht geboten.**

Wir informieren uns sofort über die geltenden Vorschriften. Keinesfalls ist dem Tier freier Auslauf zu gewähren (Leinenzwang). Auch der Kontakt mit anderen Hunden ist strikt zu unterbinden. Die Tollwut ist eine bei Tieren unheilbare Viruskrankheit. Infizierte Hunde sind mürrisch, reizbar, sie scheuen helles Licht, fressen kaum oder auch ungenießbare Gegenstände, sie bellen teilweise jaulend. Im Endstadium der Krankheit treten Lähmungen des Fanges (Maul) und der Hinterläufe auf. Schon beim geringsten Verdacht ist das Tier einem Tierarzt vorzustellen, für die Menschen droht schwerste Gefahr (→ 38.20)!

36.5 **Wenn wir einen Hund oder ein anderes Haustier im Auto mitnehmen, so darf es den Fahrzeuglenker in keiner Weise behindern oder ablenken.**

Das Tier gehört auf einen festen Platz auf dem Fahrzeugboden, dem Rücksitz oder bei Kombis auf der Ladefläche. Es gehört nicht auf die Heckablage, wo es die Fahrersicht behindert und bei plötzlichen Bremsungen nach vorn geschleudert werden kann, und keinesfalls in den dunklen, schlecht belüfteten Kofferraum. Das Tier muß so erzogen werden, daß es sich im Auto während der Fahrt ruhig verhält. Das gelingt, wenn es von kleinauf mitfährt. Wir denken auch an die natürlichen Gewohnheiten eines Hundes und legen regelmäßige Pausen ein, um dem Tier Auslauf zu gewähren. Keinesfalls dürfen wir Tiere in einem in praller Sonne geparkten Auto zurücklassen, womöglich noch bei geschlossenen Fenstern! Das Fahrzeug kann sich auf Temperaturen über 60 °C aufheizen, und für das Tier besteht die Gefahr eines Hitzschlags. Auch im Winter darf ein Tier nicht allein im Auto bleiben. Hunde können sich z.B. bei höheren Kältegraden im Auto nicht durch Bewegung erwärmen. Man legt Hunde im geparkten Auto außerdem nicht an die Leine. Geraten sie aus irgendeinem Grund in Panik, so können sie sich in dem engen Raum erwürgen.

36.6 **Tiere, die im Auto zum Erbrechen neigen oder sehr unruhig sind, können mit einem Medikament behandelt werden, das der Tierarzt verschreibt.**

Es wird dem Vierbeiner etwa 1/2 Stunde vor Fahrtantritt verabreicht. Hunden und Katzen schadet es außerdem nichts, wenn sie erst nach Ende der Fahrt gefüttert werden.

36.7 **An der Ostsee dürfen Hunde nicht mit an den Strand genommen werden, und an den öffentlichen Badestellen der Binnenseen dürfen sie nicht baden.**

Diese Gebote der Hygiene müssen Hundebesitzer strikt beachten. Das fällt sicher nicht beson-

ders schwer; denn Hunde sollen ohnehin nur etwa zweimal im Jahr gebadet werden.

36.8 **Sollten Sie Schwierigkeiten mit den Reinlichkeitsgewohnheiten Ihres Hundes auf dem Zeltplatz bekommen, so empfehlen wir die Erfindung, die ein spanischer Tierarzt gemacht hat.**
Der Grundauaufbau dieser »patentierten Hundetoilette« ähnelt einem Baumstamm, an dem der Hund durch besondere Reizstoffe zum Beinchenheben angeregt wird. Seine Exkremente werden in einem eingebauten Behältnis aufgefangen. Die sicher sehr entscheidende Zusammensetzung des »Anregungsmittels«, sowie Konstruktionsdetails, erfahren Sie beim Erfinder, bei Don IGUALADA in der Nähe von Barcelona (nach ND v. 21. 1. 1983).

36.9 **»Schsch, weg, du Schwan, du kannst nur den ganzen Strand vollsch . . .!«**
Empört attackiert eine Urlauberin mit einem Stöckchen den prächtigen Vogel, der sich keiner Schuld bewußt ist. Doch Vorsicht bei Schwänen! Vor allem wenn sie Junge haben können die Schwaneneltern sehr aggressiv reagieren und mit Schnäbeln und Flügelkanten kleineren Kindern recht gefährlich werden. Wassersportler müssen wissen, daß Schwäne ihr Brutrevier engagiert und wehrhaft verteidigen. Der Autor erinnert sich z.B. an einen Schwanenpascha in der Hafenbucht von Wolgast, der aus dem »Landeanflug« heraus die Insassen einfahrender Sportboote angriff. Nur ein schneller Griff zum Gashebel konnte noch helfen; was aber hätten Paddler dem entgegenzusetzen gehabt?

36.10 **Begegnen wir auf unseren Wanderungen freilebenden oder verwilderten Tieren, so müssen wir sie in Ruhe lassen.**
Im Normalfall flüchten sie ohnehin. Sind wilde Tiere dagegen unnormal zutraulich oder aggressiv, zeigen sie ein anderweitig abnormales Verhalten oder Aussehen (z.B. heftiger Speichelfluß, schleppender Gang, struppiges Fell), so besteht der Verdacht auf Tollwut. Jeder Biß von

einem Wild- oder Haustier muß darum sofort einem Arzt vorgestellt werden (→ 38.20). Tollwuterreger können alle Tiere übertragen, besonders häufig erkranken Fuchs, Hund, Katze, Rind, Marder und Reh.
Tollwutinfektionen können auch ohne sichtbare Wunde entstehen. Darum darf man verdächtige oder verendete Tiere niemals anfassen. Vor allem die Kinder sind immer wieder zu warnen! Auffällige oder verendet aufgefundene Tiere sind sofort Mitarbeitern der Forstwirtschaft, der Volkspolizei oder des Veterinärwesens zu melden.

36.11 **Kreuzottern sind in der DDR selten geworden und stehen wie alle einheimischen Kriechtiere unter Naturschutz.**
In einigen Regionen, z.B. den Küstengebieten, in der Mecklenburger Seenplatte und den Südbezirken kommen sie aber noch verstärkt vor. Man schützt sich gegen diese sich vorrangig an trockenen, sonnigen Plätzen aufhaltenden giftigen Reptilien am besten dadurch, daß man in

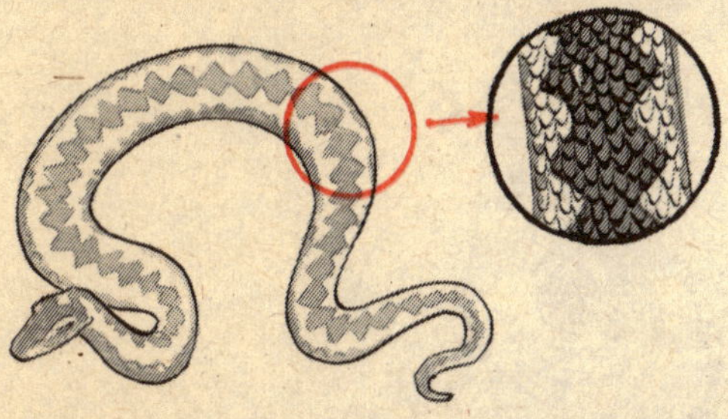

Kreuzottergebieten nicht barfuß und nicht in leichten Sandalen herumläuft. Kreuzottern kann man von den harmlosen Ringelnattern durch ihr ausgeprägtes Zickzackband auf dem Rücken unterscheiden. Zum Angriff, der nur dann erfolgt, wenn die Schlange getreten oder gereizt wird, stellt sie ihren Vorderleib auf. (Bei Kreuzotterbiß: → 38.19!)

36.12 **Manchmal findet man auf Wanderungen aus dem Nest gefallene oder bei Bodenbrütern noch im Nest hockende Vogelkinder.**
Diese Tierchen darf man sich zwar aus respektvoller Entfernung ansehen, anfassen oder aufscheuchen darf man sie jedoch nicht. Kann der Jungvogel bereits sitzen, hüpfen oder flattern, dann gelingt es den Vogeleltern meist, ihn wieder auf einen Zweig oder ins Nest zu locken. Halbnackte und somit hilflose Vögelchen sind wohl dagegen meist dem Tode geweiht. Zwar gelingt sehr geduldigen Menschen manchmal eine Aufzucht, um den Vogel – flügge geworden – wieder in die Freiheit zu entlassen, es wird jedoch nur in Ausnahmefällen möglich sein, die für die betreffende Vogelart geeignete Atzung auf einem Campingplatz zu bestimmen und vor allem laufend zu beschaffen. (Beachte auch → 46.9!)

37. Insektenplage

»Eine Biene im Nasenloch ist kein Gegenstand der Ruhe«
(Manfred Kyber, »Gesammelte Tiergeschichten«)

37.1 **Alle saugenden und mit einem Rüssel stechenden Insekten können Überträger z.T. gefährlicher Krankheiten sein.**
Sie können sich schon an anderer Stelle bei einem Stich infiziert haben. Insektenbekämpfung und Behandlung der Einstichstelle bei Entzündung sind darum nicht nur des Juckens wegen wichtig. Auf größeren Zeltplätzen (auch an der Ostsee) und in Naherholungsgebieten werden darum Mücken, Fliegen, Bremsen und andere Plagegeister durch Bestäuben bekämpft. Es empfiehlt sich, bei solchen Aktionen die Kraftfahrzeuge vom Campingplatz zu entfernen, weil manche Spritzmittel Lackschäden verursachen.

37.2 **Einreibemittel wie FLIBOL, MÜKKIN, MOSKITO oder auch Antimückenspray wirken gegen Mücken und Bremsen relativ sicher, leider meist nur kürzere Zeit.**
Einen entsprechenden Vorrat sollte jeder Camper mit sich führen (etwa eine Flasche je Person für drei Wochen). In der Gebrauchsanweisung steht zwar »die Mücke sticht nicht, auch wenn sie sich setzt«, aber manche Mücken sind nicht sehr belesen. Die meisten jedoch schnuppern nur, ziehen angeekelt den Rüssel kraus und schwirren wieder ab. Die angegebenen Mittel sind zwar für den Menschen bei richtiger Anwendung nicht giftig, auf Schleimhäute, in die Augen und auf Lebensmittel sollten sie trotzdem nicht gelangen.

37.3 **Mücken können in solchen Massen auftreten, daß der Schwarm wie eine Rauchsäule über einem Baum schwebt.** Das sind allerdings die Männchen, die uns nichts tun. Weiter unten im Gebüsch lauern inzwischen die blutrünstigen Weibchen auf ihr Opfer. Der Autor erinnert sich an einen Ausflug zur eindrucksvollen Wanderdüne bei Łeba an der polnischen Ostsee, die an ihrer höchsten Stelle eine Mächtigkeit von 45 m hat und auf ihrem Wege ganze Wälder verschüttet. Die Touristen, die sie zunächst im gemäßigten Urlauberschritt erwanderten, verfielen gar bald in flüchtigen Galopp. Millionen von Mücken entstiegen dem am Wege liegenden Sumpf und stürzten sich wie »Kamikazeflieger« auf ihre Opfer. Die dortigen Anwohner gebrauchen eine recht originelle Abwehrmethode: Sie führen eine durchlöcherte Blechdose mit glühenden und rauchenden Kienäpfeln mit sich, die sie wie ein Weihrauchfaß an einem Faden schwenken; die Mükken entschwirren entsetzt.

37.4 **Bedauernswerte Camper, die im Urlaub ein solches Mückenparadies vorfinden und keine entsprechenden Einreibemittel bei sich haben, müssen zu natürlichen Methoden der Abwehr greifen.**
So hat es sich z.B. bewährt, in der Grillpfanne eine Kienäpfelglut zu entfachen und sie den ganzen Abend räuchern zu lassen. Brennmaterial liegt im nahen Wald genügend herum. Die Mücken bleiben in respektvoller Entfernung vom Rauch. Bei wechselnden Winden ist das zwar keine sehr verlockende Methode, aber bestimmt noch das kleinere Übel.

37.5 **Ob Vitamin B wirklich gegen Mükken hilft, ist noch umstritten.**
Die einen schwören auf dieses Geheimrezept, andere dagegen, vor allem Ärzte, halten es für blanken Nonsens und glauben nur dann an eine Wirkung, wenn man die Dragees nicht einnimmt, sondern mit ihnen nach den Mücken wirft und sie tödlich trifft. Wissenschaftliche Tests jedenfalls sprechen Vitamin B bei normaler Dosierung einen Anti-Mücken-Effekt ab.

37.6 **Auf der Basis giftiger Ausdünstungen wirkende Insektenvertilger, z.B. MUTOX-Streifen, funktionieren im Zelt nicht.**
Sie erzeugen eine geringe Gaskonzentration ihres Wirkstoffes in der Raumluft, die aber im luftigen Zelt weggeblasen wird. Da sie nicht in Schlafräumen angewendet werden sollen, eignen sie sich auch nicht für Wohnwagen.

37.7 **Bei einem Wohnwagen kann man das Eindringen von Fliegen durch die offene Tür mit einem Vorhang aus Bändern verhindern.**
Das sieht außerdem nicht nur exotisch aus, sondern erschwert auch das Eindringen neugieriger Blicke.

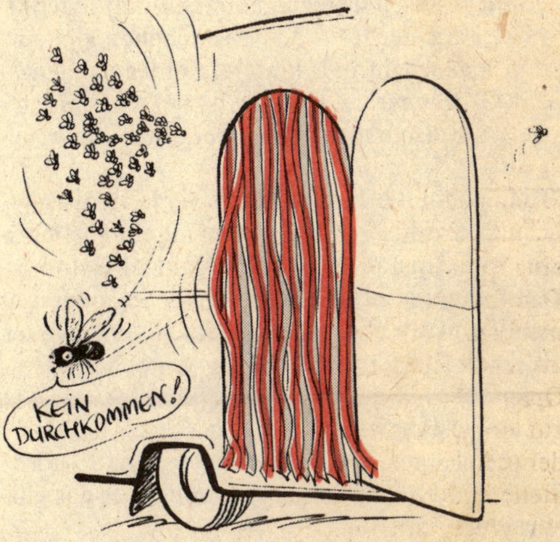

37.8 **Bienen, Wespen und ihre großen Verwandten – die Hornissen – stechen nur, wenn sie ihren Bau verteidigen wollen oder in Bedrängnis geraten.**
Es ist daher beim Anfliegen solcher Insekten grundfalsch, wild und ängstlich um sich zu schlagen. Die Gefahr lauert aus einer ganz anderen Richtung: Da besonders Wespen gern Nahrungsmittel anknabbern und Süßes naschen, können sie leicht mit einem Bissen in den Mund gelangen oder sogar verschluckt werden. Ein Stich in Mundhöhle oder Rachen kann durch drohende Erstickungsgefahr tödlich sein. Daher ist sofortige ärztliche Hilfe anzuraten (außerdem sofort den Mund mit kaltem Wasser mehrfach spülen!). Besonders Kinder kann man nicht oft genug belehren, daß sie im Freien jeden Bissen genau ansehen sollen, bevor er in den Mund wandert. Alle angebrochenen Trinkflaschen sind sofort wieder zu verschließen.

37.9 **Es ist zwar ein Märchen, daß zwei Hornissenstiche einen erwachsenen Menschen und drei sogar ein Pferd töten können,** aber viele Menschen reagieren überempfindlich auf Bienen-, Wespen- oder Hornissenstiche.
Riesige Quaddeln, Schwellungen im Gesicht, Schüttelfrost, sogar Atemnot und Kreislaufschock sind Zeichen dafür, daß sofort ein Arzt zur Verabreichung eines Gegenmittels aufgesucht werden muß. Sticht eine Biene, so reißt aus ihrem Körper die Giftdrüse heraus und bleibt am Stachel zurück. Wenn man ihn herauszieht, darf man daher nicht auf den noch teilweise gefüllten Giftapparat drücken. Wespen und Hornissen dagegen können ihren Stachel wieder aus der Haut des Gestochenen ziehen und sogar mehrmals hintereinander stechen. Die Giftmenge und -stärke ist bei den beiden – trotz unterschiedlicher Körpergröße – etwa gleich.
Kratzen an der Einstichstelle vergrößert Schmerz und Juckreiz. Besser ist ein vorsichtiges Einreiben mit VAOPIN-Kühlgel, Salmiakgeist, einer angeschnittenen Zwiebel, oder man kühlt einfach unter fließendem kaltem Wasser. Werden Kinder in den Finger gestochen – so empfahl es irgendwann ein Ulkbold –, dann ist es am besten, wenn sie diesen Finger in den Mund stecken und feste dran saugen. So hört zwar nicht der Schmerz auf, wohl aber das entnervende Gebrüll!

37.10 **»Wespenfallen« sind enghalsige Flaschen, die zu etwa einem Drittel mit Fruchtsaft oder Zuckerwasser gefüllt werden.**
Sie haben nur dann einen Sinn, wenn man sie bei einer größeren Wespeninvasion etwas entfernt vom Aufenthalts- oder Eßplatz aufstellt. Ansonsten locken sie eventuell mehr Nachschub an, als durch sie vernichtet werden kann. Für Tierfreunde ist der langsame, klebrige Tod ohnehin kein erfreulicher Anblick, für Kinder kein Beispiel von Achtung der Kreatur!

37.11 **Es geht das Gerücht, daß Hummeln nicht stechen können.**
Flugunfähig sollen sie ja im Prinzip auch sein, mit ihren für den dicken Leib viel zu winzigen Flügeln. Nur aufgrund mangelhafter aviatischer Kenntnisse fliegen die Hummeln trotz dieser Mißproportion. Mit dem Stechen ist es ganz ähnlich, denn verschiedene Arten tun es nämlich doch, wenn auch nur in äußerster Bedrängnis. Eine Furcht vor diesen »Brummseln« ist darum wohl unbegründet, und wir lassen sie in Ruhe weiter ihre Blüten bestäuben. Außerdem stehen alle Hummelarten unter Naturschutz!

37.12 **Zecken – volkstümlich auch Holzböcke genannt – lassen sich in feuchten Waldgebieten von Bäumen und Sträuchern auf ihre Opfer fallen.**

Auslösendes Signal dafür sind Körperwärme und Erschütterungen, die ein vorbeimarschierender Warmblüter ausstrahlt. Die Zecken klammern sich mit Widerhaken an ihrem Kopf in der Haut ihres Opfers fest und saugen tagelang Blut, wobei ihr Leib bis auf das zwanzigfache seines Ausgangsvolumens anschwellen kann. Schmarotzende Zecken werden oft nicht bemerkt, da sie ihr Saugegeschäft fast schmerzlos für den Wirt betreiben. Man erkennt sie aber als grützbeutelähnliches, graubraunes Säckchen von Stecknadelkopf- bis Erbsengröße auf der Haut. Da auch der Holzbock ein Überträger gefährlicher Krankheiten sein kann, muß er möglichst rasch entfernt werden. Einfaches Ausreißen oder Herausdrehen führen nicht zum Erfolg; der Kopf bleibt in der Haut und führt zu Entzündungen. Meist läßt die Zecke von selbst los, wenn man sie mit Öl betropft (Luftmangel). Am besten hilft Betupfen mit Benzin.
Auch Hunde werden von Zecken stark befallen. Man findet sie beim gründlichen Absuchen des Fells, oft sitzen sie in der Nähe der Ohren und Augen.

37.13 **Die Spinne ist des Menschen Freund, aber nur wenige Menschen sind Freunde von Spinnen!**
Sie sind ganz harmlos, wenn man sie in Frieden ihre Netze knüpfen und ihre Beute jagen läßt. Zugegeben, im Zelt können sie ihre Aufgabe im Getriebe der Natur nur sehr mangelhaft erfüllen, darum sollten wir sie behutsam exmittieren.
Wer eine »garstige Spinne« angewidert zerquetscht, der hat nichts gekonnt! Vielleicht überzeugt ihn davon folgende Tatsache: Die auf einem Hektar Waldfläche lebenden Spinnen vernichten jährlich etwa 100 kg Insekten!

38. Erkrankungen, Unfälle, Erste Hilfe

38.1 **Jede Soforthilfe bei Unfällen und plötzlichen Erkrankungen, die von Laien oder ausgebildeten Gesundheitshelfern geleistet wird, ist allein eine Nothilfe, die das alsbaldige Eingreifen eines Arztes niemals ersetzen kann!**
Richtige Erste Hilfe kann aber darüber entscheiden, ob ein Mensch gerettet werden kann. Ist ein Helfer seiner Sache nicht sicher, darf er nicht kopflos handeln und wahllos am Unfallopfer herumlaborieren. Auf einem Zeltplatz oder am Strand finden sich immer sachkundige Unfallhelfer. Größere Wunden, Bißverletzungen durch Tiere aller Art, Knochenbrüche, Stromunfälle, Herz- und Atemstillstand, größere Verbrennungen, Vergiftungen, Erfrierungen, Hitzschlag und Sonnenstich erfordern in jedem Falle schnelle ärztliche Hilfe. Auch fiebrige Erkrankungen und Durchfall sowie starker Sonnenbrand sind dem Arzt vorzustellen.

38.2 **Einen leichten Sonnenbrand – gerötete Haut, wenn einem »das Hemd zu eng« wird – behandeln wir mit PANTHENOL Spray.**
Außerdem helfen schon die alten Hausmittel: Gurkenscheiben, auf die Haut gelegt, Kompressen mit Buttermilch oder Quark. Das Baden bei leichtem Sonnenbrand ist bei allmählicher Abkühlung des Körpers unbedenklich und unterstützt sogar den Heilungsprozeß.
Schwere Sonnenbrände mit wassergefüllten Blasen, Hautablösungen mit begleitendem Fieber und Schüttelfrost zählen zu den Verbrennungen höheren Grades und gehören in die Hand eines Arztes.

38.3 **Hitzschlag ist die Folge eines Wärmestaus im Körper, es besteht akute Lebensgefahr!**
Er entsteht, wenn man an heißen und schwülen Tagen zu dick oder zu wenig luftig angezogen ist und sich dabei starker körperlicher Belastung aussetzt, oder wenn die Körpertemperatur durch zu intensive Sonnenbestrahlung gesteigert wird. Angstgefühl, Schwindel, Durst, Übelkeit bis zum Erbrechen künden den Hitzschlag an. Die Haut des Betroffenen ist kühl und trokken, Atmung und Puls sind flach, der Pulsschlag aber schnell. Es können hohes Fieber bis zu 42 °C, Krämpfe und Bewußtlosigkeit auftreten. In jedem Falle ist für möglichst rasche Abkühlung des Körpers zu sorgen. Dazu ist der Betroffene vollständig zu entkleiden, kühl, schattig und luftig zu lagern, und der Körper ist mit kaltem Wasser zu besprühen oder abzureiben. Auch der Kopf ist zu kühlen, Patienten bei Bewußtsein werden kalte Getränke gereicht. Dann wird der Körper mit feuchten Tüchern abgedeckt. Sofort Arzt verständigen!

38.4 **Ein Sonnenstich entsteht als Folge zu intensiver Sonneneinstrahlung auf den ungeschützten Kopf.**

Es kommt zu Schwellungen der Hirnhäute, was sich beim Betroffenen durch Benommenheit und Schwindelgefühl, durch Ohrensausen, teilweise sehr hohes Fieber, starken Kopfschmerz und Übelkeit bis zum Erbrechen bemerkbar macht. Puls und Atemrhythmus sind beschleunigt, das Gesicht hochrot. Oft tritt kurzzeitig Bewußtlosigkeit ein. Der Patient ist sofort in

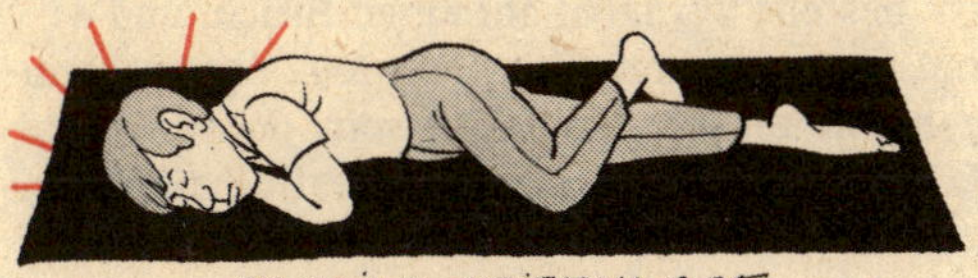

kühler und schattiger Umgebung flach mit hochgelegtem Kopf zu lagern. Die Kleidung wird geöffnet, und Stirn, Nacken und Schädeldach werden mit feuchten Kompressen vorsichtig gekühlt (keine starke und plötzliche Abkühlung!). Es darf ein kühler Trunk gereicht werden, jedoch ist Bewußtlosen niemals Flüssigkeit einzuflößen (Erstickungsgefahr!). Bewußtlose sind in die stabile Seitenlage zu bringen. Nach der Soforthilfe ist ein Arzt zu rufen.

38.5 **Geringfügige Verletzungen, bei denen ein kleiner Fremdkörper in der Wunde steckt, können wir selbst behandeln.**

Wir ziehen ihn (Dorn, Splitter) heraus, desinfizieren die Umgebung mit SEPSO und legen ein Schnellpflaster auf. Gelingt das problemlose Herausziehen des Fremdkörpers nicht, so sollte ein Arzt dies tun. Größere Wunden, z.B. Pfählungen, wie sie beim Fall auf einen spitzen Ast entstehen, gehören in die Hand des Arztes. Solange muß der Fremdkörper in der Wunde verbleiben, weil er eine stärkere Blutung verhindert; er ist u.U. über der Wunde abzusägen. Beim Transport zum Arzt soll der Verletzte möglichst wenig bewegt werden.

38.6 **Offene große Wunden werden lediglich steril abgedeckt und verbunden.**

Keine Salben, Puder u.a. in die Wunde schmieren! Man darf auch nicht in der Wunde nach Fremdkörpern suchen, sie nicht aussaugen oder auswischen. Kleinere Wunden können mit abgekochtem Wasser gereinigt werden; die Umgebung, nicht die Verletzung selbst, ist mit SEPSO-Tinktur abzutupfen. Alle größeren, vor allem klaffenden, verunreinigten oder stark blutenden Wunden sind nach ihrer Versorgung einem Arzt vorzustellen. Er entscheidet über die Art der Behandlung und die anzuwendenden Medikamente. (Beachte 38.7 und 38.9!)

38.7 **Eine offene Wunde bedeutet Lebensgefahr, wenn sie stoßweise blutet, d.h. wenn eine Arterie verletzt ist.**

Blutungen versucht man immer erst durch Hochlagern des betreffenden Körperteils und mit einem Druckverband zum Stehen zu bringen. Dazu wird ein Verbandpäckchen, eventuell zusätzlich eine noch zusammengerollte Mullbinde, auf die Wunde gelegt und mit einem Verband fest, aber nicht abschnürend aufgedrückt. Erst wenn das die Blutung nicht stoppt, muß das verletzte Glied etwa handbreit über der Wunde in Richtung Herz mit einem Gürtel, einer starken Binde oder einem verdrillten Tuch abgebunden werden (keinesfalls mit dünnen Schnüren!). Es ist ein Zettel mit der genauen Uhrzeit des Abbindens anzuheften, dann ist der Verletzte auf schnellstem Wege einem Arzt vorzustellen. Bei längerer Transportzeit ist die Abbindung alle halbe Stunde kurzzeitig vorsichtig zu lockern, damit das verletzte Glied durchblu-

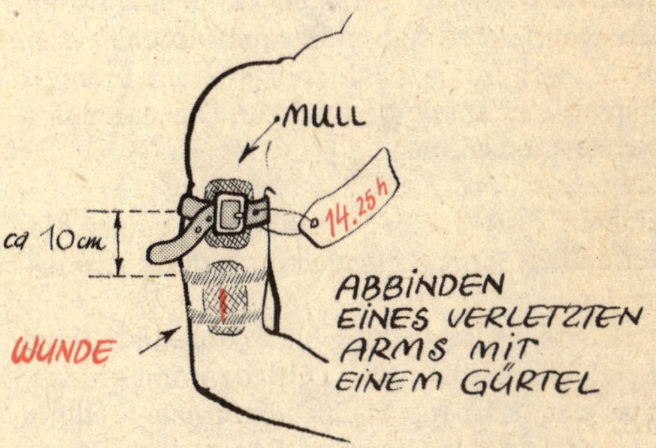

tet wird. Kann eine Abbindung nicht vorgenommen werden – z.B. bei Wunden an Leib oder Kopf – so muß, wenn ein Druckverband nicht hilft, in jedem Falle die Ader gesucht und mit dem Finger abgedrückt werden, notfalls, und um keine Zeit zu verlieren, direkt in der Wunde.

38.8 **Bei infizierten Wunden ist alsbald ein Arzt zu Rate zu ziehen.**

Wir erkennen sie an Rötung der Umgebung, einem roten Strich in Richtung Herz (»Blutvergiftung«), Eiterung bzw. pochendem oder ziehendem Schmerz in der Wunde. Bis zur ärztlichen Versorgung ist der betroffene Körperteil ruhig zu halten, und er kann mit feuchten Kompressen (abgekochtes Wasser, verdünnter Alkohol) gekühlt werden. Ein Baden der Wunde in Wasser, dem einige Körnchen Kaliumpermanganat zugesetzt wurden, wirkt keimtötend und reinigend.

38.9 **Eine große Gefahr geht bei offenen Wunden von einer möglichen Infektion mit dem Wundstarrkrampferreger (Tetanusbazillus) aus.**

Da er im Erdreich verstärkt vorkommt, sind die häufigen Fuß- und Beinverletzungen auf Campingplätzen und am Strand besonders gefährlich. Jeder Mensch sollte darum die gesetzlich vorgeschriebene Tetanusschutzimpfung (drei Impfungen) im ersten Jahr erhalten haben. Diese muß im Abstand von 10 Jahren wieder aufgefrischt werden. Die Zeit von einer Tetanusinfektion bis zum Ausbruch der Krankheit beträgt i.allg. 5 bis 20 Tage. Einmal ausgebrochen endet die Krankheit ohne Therapie qualvoll und tödlich. Eine fehlende oder zu lange zurückliegende Immunisierung wird darum bei jeder dem Arzt vorgestellten Verletzung sofort nachgeholt, weil selbst »Bagatellwunden« (z.B. Hautabschürfungen oder eingetretene Fremdkörper) eine Infektion mit Wundstarrkrampf hervorrufen können.

38.10 **Bei einer Verrenkung springen die Knochenenden im Gelenk auseinander.**

Die Ursache liegt häufig bei Sport und rauhem Spiel, und das betroffene Glied nimmt gegenüber dem Körper z.T. eine abnormale Stellung ein. Es sind keine eigenen Einrenkversuche zu unternehmen, sondern das Gelenk muß wie ein Knochenbruch geschient werden. Der Verletzte ist sehr schonend und schnell zum Arzt zu transportieren. Nach fachgerechtem Einrenken ist das Gelenk nach einigen Tagen Schonung i.allg. wieder voll funktionsfähig. Bei Schultergelenkverrenkungen wird der Arm in eine Trageschlinge gelegt und mit dem anderen Arm unterstützt.

38.11 **Bei Verstauchung eines Gelenks werden die Gelenkkapsel und die Bänder überdehnt und können sogar reißen.**

Sehr häufig sind Verstauchungen des Fußgelenks, wie sie z.B. beim Umknicken des Fußes entstehen. Es kommt zu starkem Bewegungsschmerz, zu Schwellungen, teilweise zu Blutergüssen. Als Hilfe wird ein strammer Verband angelegt, das Gelenk wird hochgelagert und mit kaltem Wasser gekühlt. Es soll nicht unnötig bewegt werden. Bei starken, nicht abklingenden Schmerzen, oder wenn die Schwellung bis zum nächsten Tag nicht weitgehend zurückgegangen ist, besteht Verdacht auf einen Bruch, und es muß ein Arzt konsultiert werden. Verstauchungen können sehr langwierig sein, daher soll das Gelenk bis zur völligen Schmerzfreiheit bandagiert bleiben.

38.12 **Ein Knochenbruch ist von außen nicht immer als solcher zu erkennen.**

Das trifft besonders dann zu, wenn Knochen nur angebrochen sind oder wenn sie nicht zum aktiven Bewegungsskelett gehören (Rippen, Schulterblätter, Beckenknochen). Was zunächst wie eine Prellung, Verstauchung oder Verrenkung aussieht, kann sich bei einer Röntgenuntersuchung durchaus als Knochenbruch herausstellen. Schmerzen, Schwellungen, Bewegungsbeeinträchtigungen und Fehlstellungen können darauf hindeuten. Auch wenn nur der Verdacht besteht, muß der Betroffene unnötige Bewegungen vermeiden. Keinesfalls darf versucht werden, die Knochen wieder »in die richtige Lage« zueinander zu bringen. Gliedmaßen müssen für

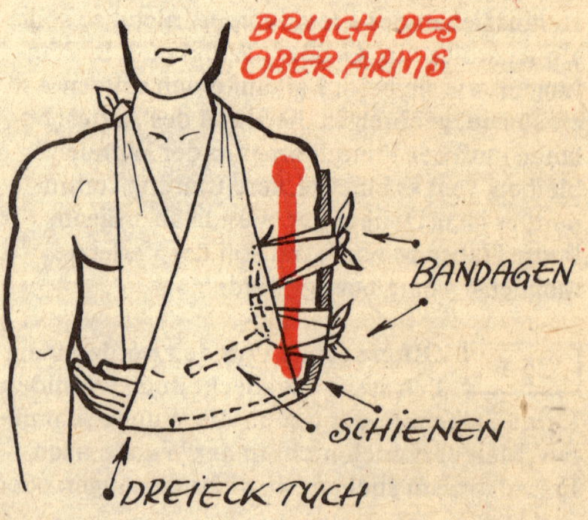

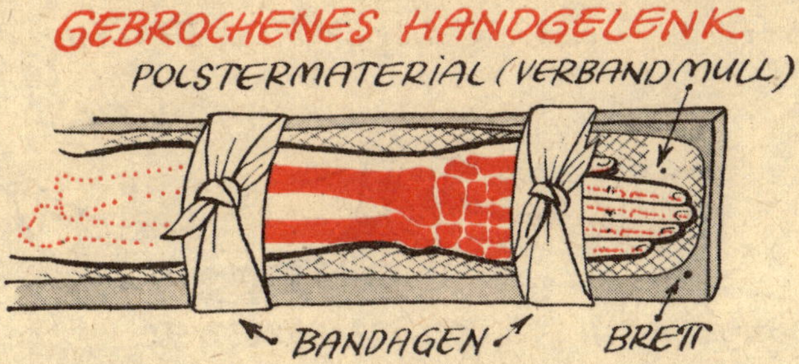

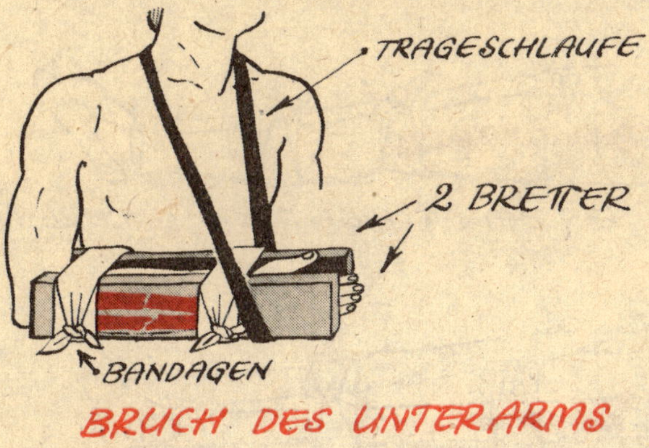

den Transport des Verletzten zum Arzt geschient werden. Dazu können auch Bretter, Latten, Äste, Skistöcke und Skier verwendet werden. Sie werden gut abgepolstert und an das verletzte Glied unter Einbeziehung der benachbarten Gelenke angelegt und an mehreren Stellen nicht allzu fest angebunden. Bei Beinbrüchen kann das gesunde Bein mit eingebunden oder sogar als »Schiene« verwendet werden. Spießt das Ende eines Knochens aus einer Wunde, so wird diese Stelle vor dem Schienen lediglich keimfrei abgedeckt und verbunden. Kann der Verletzte nicht selbst laufen, so wird er auf einer improvisierten Trage oder einem Brett zum Arzt transportiert.

38.13 **Bei Blutung aus einem Ohr nach einem Sturz oder einer Kopfquetschung besteht der Verdacht eines Schädelbruchs.**
Der Verletzte ist ruhig zu lagern und sofort einem Arzt zuzuführen.

38.14 **Bei Verdacht einer Wirbelsäulenverletzung, z.B. nach einem Kopfsprung in flaches Wasser oder einem unglücklichen Sturz von einem Baum, ist behutsame Vorsicht geboten.**
Der Verletzte klagt über starke Rücken- oder Nackenschmerzen, bzw. er kann bestimmte Gliedmaßen nicht bewegen. Mehrere geübte

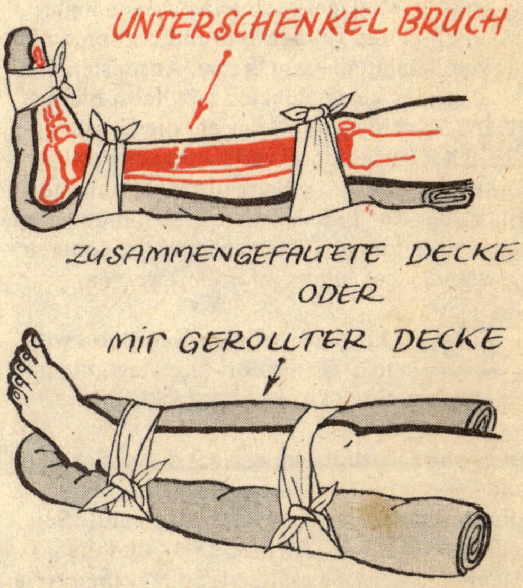

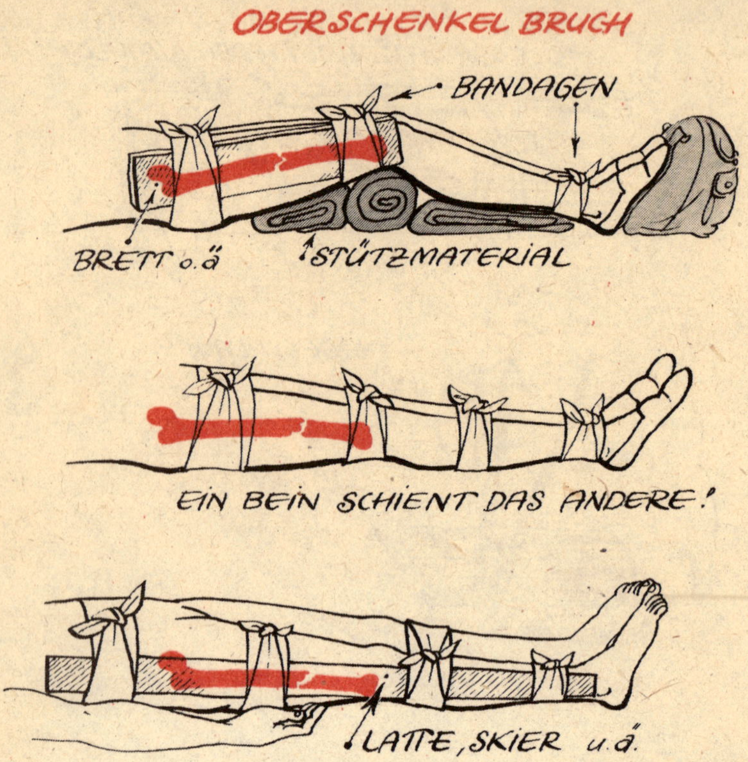

Gesundheitshelfer heben den Verletzten unter Abstützung des Kopfes ganz gleichmäßig an, eine weitere Person schiebt eine flache, breite und feste Unterlage – z.B. eine ausgehängte Tür – unter den Körper. Bewußtlose werden in die stabile Seitenlage gebracht. Ansonsten darf die Lage des Verunglückten möglichst nicht verändert werden, sonst besteht die Gefahr zusätzlicher Rückenmarkverletzungen. Es wird sofort ein Arzt bzw. die Schnelle Medizinische Hilfe über Ruf 115 alarmiert. Dabei muß bereits telefonisch über die Sachlage und die näheren Umstände des Unfalls informiert werden.

38.15 **Ein vom Ertrinken Geretteter wird am Strand sofort hingelegt und mit einer wärmenden Decke abgedeckt (Bild S. 193).**
Ist er ohne Bewußtsein, besteht durch Schlamm und Wasser in den Atemwegen akute Erstickungsgefahr. Er wird darum in die stabile Seitenlage gebracht (s. Abb. zu 38.4), und die Atemwege werden gesäubert. Sofort einen Arzt verständigen! Bei Atemstillstand wird der Gerettete auf den Rücken gelegt, und ein Helfer muß sofort mit der Mund-zu-Mund- oder Mund-zu-Nase-Beatmung beginnen. Bei Herzstillstand übernimmt ein zweiter Helfer die Herzdruckmassage. Beides wird so lange fortgesetzt, bis der Gerettete wieder selbständig atmet, sonst so lange, bis der Arzt eingetroffen ist. Bei einsetzender Atmung und fühlbarem Puls wird wieder die stabile Seitenlage gewählt.

38.16 **Bei Vergiftungen durch vermeintlich bekömmliche Speisen,** erkennbar an Magen- oder Gliederkrämpfen, Übelkeit, stinkendem Durchfall, Kopfschmerz, z.T. auch Fieber, ist sofort ärztliche Hilfe nötig.
Bis dahin muß versucht werden, den Betroffenen zum Erbrechen zu bringen. Dazu eignen sich Salzwassertrünke (Salzwasser nicht bei Kindern unter 6 Jahren!) oder einfach »Finger in den Hals«. Das alles hat aber nur dann einen Sinn, wenn sich das Gift noch im Magen befindet, also bis zu drei Stunden nach Verzehr der

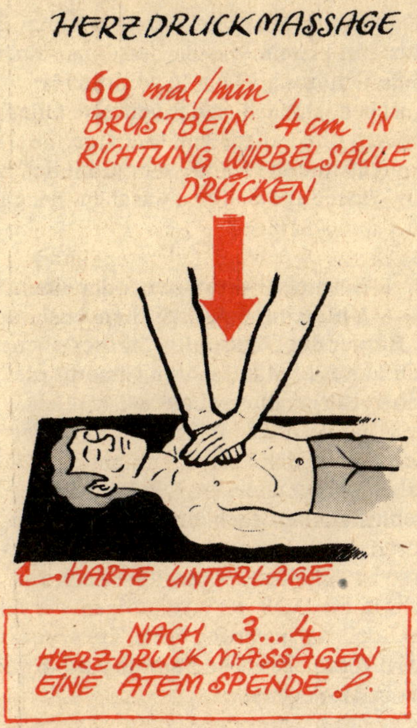

Speise. Keinesfalls Milch zu trinken geben! Das Erbrochene und Reste der verdächtigen Speise sind zum Arzt zwecks leichterer Diagnosefindung mitzunehmen. Sonst sind ihm, wenn möglich, Hinweise zur Art der Vergiftung zu geben (z.B. Pilze, verdorbene Konserven, überlagertes Fleisch). Bei Kindern ist auch an die Möglichkeit zu denken, daß sie von giftigen Waldfrüchten genascht haben.

38.17 **Bei Verbrennungen sind Schwere und Ausdehnung entscheidend.**
Ist mehr als ein Drittel der Hautoberfläche betroffen, so besteht akute Lebensgefahr. Verbrennungen ersten Grades mit Rötung der Haut werden sofort unter fließendes kaltes Wasser gebracht und dort mindestens 10 Minuten belassen. Der Schmerz klingt dabei meist schnell ab. Bei Verbrennungen zweiten und dritten Grades, mit Blasenbildung, Hautablösung, Verschorfungen und Verschmorungen der Haut werden die betroffenen Partien lediglich mit sterilem Verbandmaterial, Mull, Verbandtüchern, im Notfall auch mit einem frischen Laken abgedeckt. Keinesfalls dürfen Salben, Puder oder Öle auf die Verletzung gebracht werden. Der Arzt ist sofort zu verständigen. Dem Verletzten reicht man zur Vorbeugung eines Schocks Salztrünke (1 Teelöffel Kochsalz auf 1 Liter Wasser oder Tee).

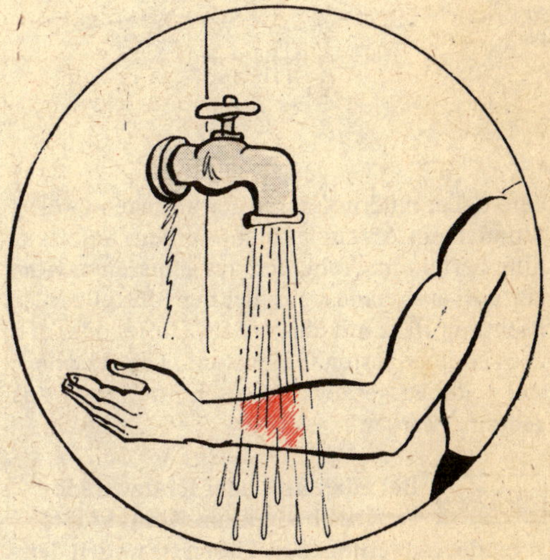

BEI VERBRENNUNGEN ERSTEN GRADES

38.18 **Bei Augenverletzungen dürfen eingedrungene Fremdkörper nicht entfernt werden.**
Es sind beide Augen – auch das unverletzte – steril abzudecken und mit einem Tuch um den Kopf zu schützen. Sofort ist ein Augenarzt aufzusuchen! Bei kleineren, nur zwischen Lid und Augapfel liegenden Fremdkörpern können diese bei sonst unverletztem Auge vorsichtig mit einem Taschentuchzipfel entfernt werden. Keinesfalls reiben, das macht das Druckgefühl im Auge nur noch schlimmer! Meist spült Tränenflüssigkeit kleine Fremdkörper von selbst heraus.

38.19 **Einen Kreuzotterbiß erkennt man an den zwei dicht nebeneinanderliegenden punktförmigen Einstichen an der Bißstelle, die leicht gerötet sein kann.** Ein Kreuzotterbiß kann für Kinder und Erwachsene mit schwacher körperlicher Konstitution tödlich en-

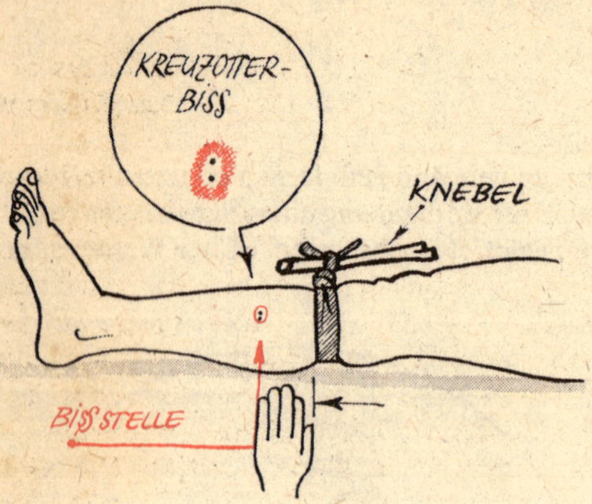

den, daher muß innerhalb der nächsten zwei Stunden ein Arzt aufgesucht werden. Soforthilfe besteht im Abbinden des gebissenen Körperteils, etwa handbreit über der Bißstelle in Richtung Herz mit einem Seil, Gürtel oder einem anderen festen Gegenstand. Die Wunde soll weder ausgesaugt, ausgeschnitten noch ausgebrannt werden.

38.20 **Bei allen Biß- oder Kratzwunden bzw. nach direktem Kontakt mit verendet aufgefundenen Tieren ist wegen der möglichen Infektion mit Tollwuterregern sofort ein Arzt aufzusuchen.**
Unbehandelte Tollwutansteckung endet immer tödlich! Als Soforthilfe sind Biß- und Kratzwunden sofort mit klarem Wasser, besser mit einer starken Seifenlösung 10 bis 15 Minuten lang auszuwaschen. Danach ist das verletzte Glied zu verbinden und stillzulegen (Schiene!). Bei Handkontakt sind die Hände sehr gründlich mit warmem Wasser und Seife zu waschen. Beachte auch 36.4 und 36.10!

38.21 **Bei einer Erkrankung oder einem Unfall im sozialistischen Ausland werden Bürger der DDR i. allg. ärztlich ebenso betreut und mit Medikamenten versorgt wie die eigenen Bürger dieses Landes.**
Dazu sind der Ausweis für Arbeit und Sozialversicherung und das Reisedokument bzw. der Personalausweis vorzulegen. Die Behandlung ist kostenlos. Sollten doch einmal Arztkosten oder Kosten für verordnete Medikamente entstehen, so ist der Nachweis darüber nach der Rückkehr in die DDR der zuständigen Verwaltung der Sozialversicherung beim Kreisvorstand des FDGB vorzulegen. Die Summe wird in voller Höhe in Mark erstattet.

38.22 **Wenn bei einem Auslandsurlaub ein Unfall oder eine Krankheit eintritt, so daß zeitweilig keine Erholung mehr möglich ist,** so kann ein Arzt des Gastlandes eine befristete Arbeitsunfähigkeit bescheinigen, auf der jedoch die Art der Krankheit vermerkt sein muß.
Diese wird nach der Rückkehr von der Reise sofort dem Beschäftigungsbetrieb vorgelegt und von diesem für die Zahlung von Krankengeld und Lohnausgleich anerkannt. Es wird nicht verlangt, daß der Auslandsurlaub in diesem Fall abgebrochen wird; er kann anschließend bis zu seinem planmäßigen Ende fortgesetzt werden. Die vom Auslandsarzt beglaubigte Zeit der Arbeitsunfähigkeit kann später als Urlaub nachgeholt werden.

38.23 **Intime Gesundheitsstörungen behandelt man auch auf dem Campingplatz mit der nötigen Diskretion.**
Falsch verhielt sich jedenfalls eine junge Frau, die sich für ihren leidenden Gatten bei einem anderen Zelter Kohletabletten ausgeborgt hatte und diesen am nächsten Tage lautstark, so daß es über den ganzen Platz schallte, von dem Erfolg unterrichtete: »Schon viel besser, von flüssig zu breiförmig!«

Nehmen wir diesen »Ausrutscher« zum Anlaß, daran zu erinnern, daß jede Durchfallerkrankung bei einem Arzt, bei der Sanitätsstelle des Zeltplatzes oder beim Campingplatzleiter zu melden ist. Und: an Durchfall Erkrankten reichlich zu trinken geben!

39. Wetter und Unwetter

»Auf Rügen gibt der Ostwind sichere Kunde von gutem Wetter. West- und Südwinde zeigen dagegen das Herannahen von Sturm und Regen an.« (Ernst Währmann: Rügen A ... Z)

39.1 **Wohl keine Urlaubsform ist vom Wetter so abhängig wie das Camping,** jedoch bei keiner anderen lassen sich auch kurze Aufheiterungen so intensiv nutzen. Bei lang anhaltendem Schlechtwetter mit Regen, Kälte und Wind ist naturgemäß auch ein Campingurlaub schlichtweg »geplatzt«, aber das kommt nur selten vor. Weil man nicht, wie z.B.ein FDGB-Urlauber, ständig unter laufendem Umkleiden zwischen Strand, Zimmer und Verpflegungsstelle herumzuspringen braucht, ist man auf dem Campingplatz bei jedem Loch in den Wolken vor dem Zelt oder am Strand. An wie vielen Tagen eines Urlaubs wechseln Schauer oder Niesel mit Sonnenschein! Der Camper wechselt mit ein paar Sprüngen zwischen Zelt und Strand mit, weil er an keine festen Zeiten gebunden ist.

39.2 **Bei schönem Wetter braucht man einem Camper nicht zu sagen, was er zu tun hat.**
Wir beschäftigen uns darum hauptsächlich mit dem weniger erfreulichen Wettergeschehen. Ist das Zelt dicht und der Platz darin nicht zu knapp, dann gibt es auch bei Regen mannigfache Möglichkeiten der Beschäftigung. Spiele vertreiben kurzweilig die Zeit, Basteleien helfen über deprimierte Laune hinweg. Aber es muß ja nicht gleich Dauerregen sein! Bei bedecktem Himmel braucht es nicht einmal warm zu sein, um Ausflüge und Wanderungen unternehmen zu können. Man darf sich nur nicht dem Zwang einer starren Planung unterjochen:
»Heute geht's auf den Gipfel, ganz gleich, ob es Schusterjungen regnet oder ob die Sonne glühende Pfeile schießt!«

39.3 **Wer gleich die Flinte ins Korn, richtiger »das Gepäck in den Campingbeutel« schmeißt,** wenn es 2 Tage durchgenieselt hat und der Wetterbericht keine durchgreifende Besserung verspricht, der ist ein kleinmütiger Mensch.
Er ist selbst schuld, wenn er dann den größten Teil seines Urlaubs zu Hause bei Sonnenschein abhockt. Gerade in den Bergen oder an der offenen See gibt es immer zwischendurch Aufklarungen, die der komplexe Großwetterbericht nicht zu erfassen vermag. Wie oft hat der Autor schon bei übelstem Hundewetter eine Reise begonnen – ohne amtlich zugesicherte Chance einer Besserung –, und dann gab es am Urlaubsort Sonne, Sonne, Sonne, während die Daheimgebliebenen die »örtlichen Schauer« aus dem Keller schöpften. Für ihn gibt es seither eine Urlaubsregel: Die Hinreise zum Campingort wird ohne Rücksicht aufs Wetter planmäßig angetreten, abgereist wird höchstens 1 bis 2 Tage früher, wenn sich ein Warten auf Wetterbesserung nicht mehr lohnt!

39.4 **Auf die Wetterzeichen der Natur wollen wir uns in diesem Buch nicht einlassen.**
Es sind zu viele, teilweise sind sie widersprüchlich oder umstritten. Es lassen sich aus Wolken-, Tier- und Pflanzenbeobachtungen zwar einige Regeln aufstellen, aber da muß man vieles im Zusammenhang zu deuten wissen. Mit zwei Volksweisheiten wollen wir uns aber doch kurz befassen. Es ist nicht richtig, daß bei abnehmendem Mond i.allg. schlechteres Wetter herrscht als in der übrigen Zeit des Monats. Das haben langfristige Wetterbeobachtungen sicher gezeigt. Der clevere Camper tut also gut daran, gerade in der Zeit des abnehmenden Mondes seinen Urlaub zu planen. Er hofft dabei, daß möglichst viele Zeitgenossen an diese faule Wetterregel glauben und er darum einen weniger vollen Zeltplatz vorfindet. Dagegen hat der Siebenschläfer doch eine gewisse Berechtigung. Es stimmt zwar nicht in absoluter Strenge, daß das am 27. Juni herrschende Wetter symptomatisch für die folgenden 7 Wochen ist, Tatsache ist allerdings, daß in der zweiten Junihälfte oftmals in der großen atlantischen Wetterküche die Suppe für die nächsten Wochen zusammengerührt wird. Nur: Leider steht dann der Urlaubstermin fast immer fest!

39.5 **Ostsee- und Boddenurlauber können einen speziellen Küsten- und Seewetterbericht über den Rundfunk beziehen.**
Das ist vor allem den Wassersportlern anzuraten, bevor sie sich bei trügerischem Wetter tatendurstig auf eine längere Tour begeben. Im Programm Stimme der DDR werden über Langwellen 177 kHz zu den Zeiten 5.50; 11.50; 17.50 und 23.50 h Seewettervorhersagen für die nächsten 12 Stunden – vor allem über Wind, Seegang und Sicht – abgestrahlt. Dabei werden die Boddengewässer Ost speziell genannt; für die nördlichen Rügischen Bodden gilt in Näherung der Wetterbericht für die mittlere Ostsee. Orkanwarnungen werden sofort in das laufende Programm dieses Senders eingeblendet. Auch die Radio-DDR-Ferienwelle (→41.8) sendet täglich um 6.12 h ausführliche Küstenwetterberichte. Wettergespräche mit der Wetterdienststelle Warnemünde bringen dem leichtgläubigen Camper Hoffnung oder Verzicht.

39.6 **Jeder Camper sollte über die im Rundfunk der DDR gesendeten Wetterwarnungen Bescheid wissen.**
Sie werden über das Programm von Radio DDR1 im Rahmen der Wetterberichte[1] ausgestrahlt, bei Dringlichkeit auch außerhalb dieser Zeiten und über alle Rundfunk- und Fernsehprogramme. Bei gefahrdrohenden Wettersituationen für Wirtschaft und öffentliches Leben wird die »Wetterwarnung Katastrophenschutz« ausgelöst. Das betrifft starken und böigen Wind, ergiebigen Regen, im Winter auch starken Schneefall und Schneeverwehungen, Glatteis, längeren strengen Frost unter −10 °C und anhaltenden Regen mit Tauwetter bei dichter Schneedecke (Überschwemmungsgefahr). Nehmen diese Erscheinungen extreme Formen an, so daß mit erheblichen Störungen der Wirtschaft, des Nachrichten- und Verkehrswesens sowie des sonstigen öffentlichen Lebens gerechnet werden muß, dann wird die »Unwetterwarnung Katastrophenschutz« gegeben. Beide Warnstufen gelten für Höhenlagen bis 400 m, für höhere Lagen werden die geographischen Bedingungen mitberücksichtigt (in den Bergen bedeuten schließlich Wind und tiefer Schnee noch kein extremes Wetter!). In den Warnungen sind Aussagen über Art und Intensität des Wetters, über das betroffene Gebiet und über den voraussichtlichen Zeitraum enthalten.

39.7 **Eine für Camper sehr unangenehme Wettererscheinung ist der Sturm.**
Es hat Fälle gegeben, daß ganze Zeltplätze »zusammengeblasen« worden sind, Wohnwagen stürzten um. Schon durch bedachte Stellplatzwahl kann man solchen allerdings sehr seltenen Katastrophen vorbeugen. Mitten im dichten Wald ist kaum ähnliches zu befürchten. Befindet sich dagegen in West bis Nordwest (Hauptwetterrichtung) vor der Campingeinrichtung eine ausgedehnte freie Fläche, z.B. eine größere Wiese oder ein Gewässer, dann können Sturm und böiger Wind ihre ganze Kraft entfalten.

39.8 **Wer auf Sturm vorbereitet ist, kann das Schlimmste verhindern.**
Das gilt besonders für Dauerzelter, die ihre Behausungen sorgfältig sichern müssen, wenn sie tagelang nicht anwesend sind. Ein Zuviel an Sturmabsegelungen ist viel besser als leichtfertige Sparsamkeit! Wer bekenkt, daß ein großes Steilwandzelt bis zu 18 m^2 Windangriffsfläche bietet – das ist mehr als die Segelfläche eines mittleren Jollenkreuzers –, der kann sich die verheerende Kraft des Sturmes sicher leicht veranschaulichen. Nur: Beim Segelboot kann man im Notfall das Segel einholen!

39.9 **Ist Sturm angesagt oder zieht ein Gewitter herauf, das fast immer von starken Sturmböen begleitet ist, so sind sofortige Sicherungsmaßnahmen angezeigt.**
Geht man planvoll und sorgsam vor, so hält selbst ein großes Steilwandzelt stärksten Stürmen oder Böen stand. Zunächst ist es wichtig, daß alle serienmäßig am Zelt befindlichen Sturmleinen stramm angezogen sind und die haltenden Heringe auch feste Verankerungen im Erdreich finden. Bei großen Zelten sollten diese Heringe mindestens 30 bis 40 cm lang sein.

39.10 **Bei heftigen Stürmen ist ein Spannen weiterer starker Sturmleinen unumgänglich.**
Sie können mit kräftigen Heringen im Boden, besser aber an Bäumen verankert werden. Man spannt sie, wie alle anderen Leinen auch, unter einem Winkel von etwa 45°, damit sie einesteils die waagerechten Windkräfte abfangen, ande-

[1] zu den Nachrichten um 5.00 / 7.00 / 10.00 / 13.00 / 16.00 / 19.00 / 22.00 und 24.00 Uhr

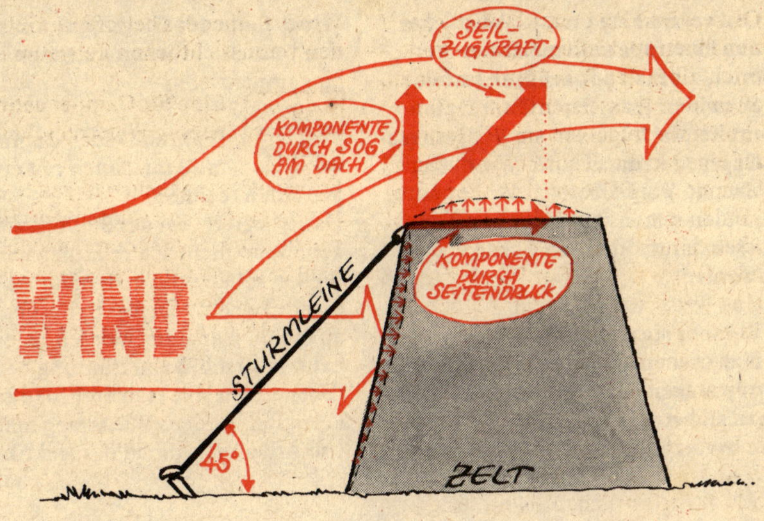

rerseits das Zelt am Boden festhalten, falls der Wind daruntergreift. Zur Abschirmung des Windes kann das Auto vors Zelt gefahren werden, was besonders bei fehlenden Bäumen günstig ist. In diesem Falle lassen sich Sturmleinen auch an den Stoßstangentraversen oder an der Anhängerkugel befestigen.

39.11 **Drückt der Wind eine Zeltwand stark nach innen, besteht die Gefahr, daß das Zeltgestänge einknickt oder bricht.**

Dann kann man es von innen mit nicht genutzten Streben (z.B. von den Ausstellklappen der Fenster) abstützen. Diese sollten schon bereitliegen und nicht erst mühselig hervorgekramt werden müssen.

39.12 **Auf feste Verankerung der Zeltwände am Boden ist bei Sturm sorgsam zu achten.**

Gefährlich wird es, wenn eine Zeltwand stark zu flattern anfängt. Die Zeltnägel und Heringe können aus dem Boden reißen, der Wind setzt sich unter das Zelt und hebt es an. Wird man des Flatterns durch Nachspannen nicht Herr, so drückt man die Leinwand mit einer zusätzlichen Stange in der Mitte zwischen zwei Gestängestreben etwa hinaus und schafft dadurch zusätzliche Stabilität.

39.13 **Gut verspannte große Überdächer aus Plastfolie sind meist weniger sturmgefährdet, als man zunächst erwartet.**
Wegen der Sogwirkung zwischen ihrer Unterseite und dem Zeltdach bleiben sie i. allg. in stabiler Lage. Dagegen kann sich der Wind leicht unter frei stehende Vordächer von Wohnwagen oder Zeltveranden setzen und sie heraufklappen. Sie müssen darum an ihren Ecken stabil abgespannt werden.

39.14 **Bei sehr starkem Sturm ist es nicht übertrieben, quer zur Windrichung stehende Wohnwagen ebenfalls mit zwei kräftigen Leinen zu sichern.**
Die Insassen bevorzugen die dem Wind zugekehrte Seite der Sitzgruppe, um das Kippmoment durch ein entsprechendes Gegenmoment zu kompensieren.

39.15 **Während eines Campingurlaubs muß man auch mit ergiebigen Regenfällen rechnen.**
Das ist bereits bei der Stellplatzwahl zu bedenken, wenn nicht später Sturzbäche durchs Zelt fließen sollen oder man nicht eines Morgens in einem See erwachen will. Besonders, wenn man an einem Hang, in einer Rinne oder Mulde aufbaut, muß die Wasserführung bedacht und gegebenenfalls mit kleinen Erdaufschüttungen korrigiert werden. Wie unangenehm, wenn solche Arbeiten – die in der Hektik ohnehin nur

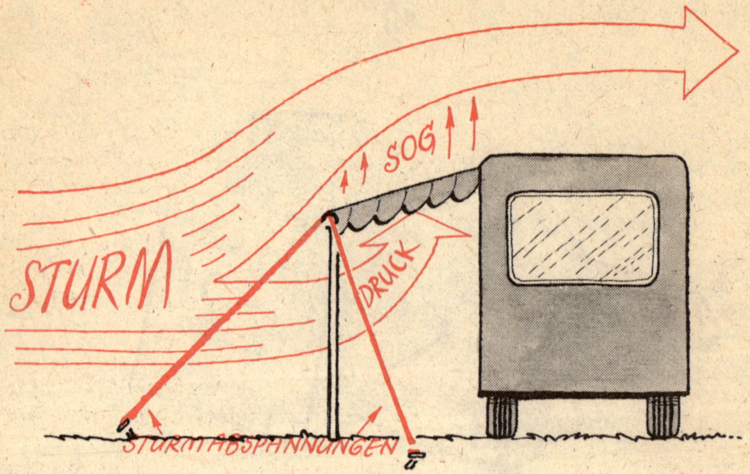

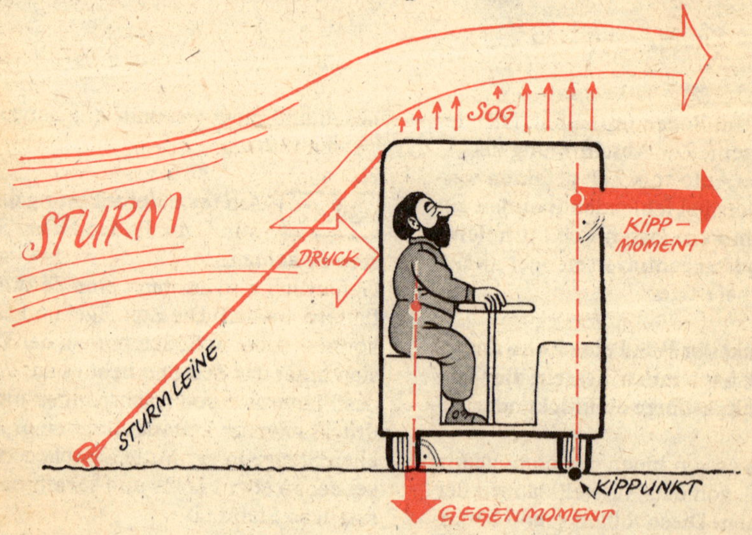

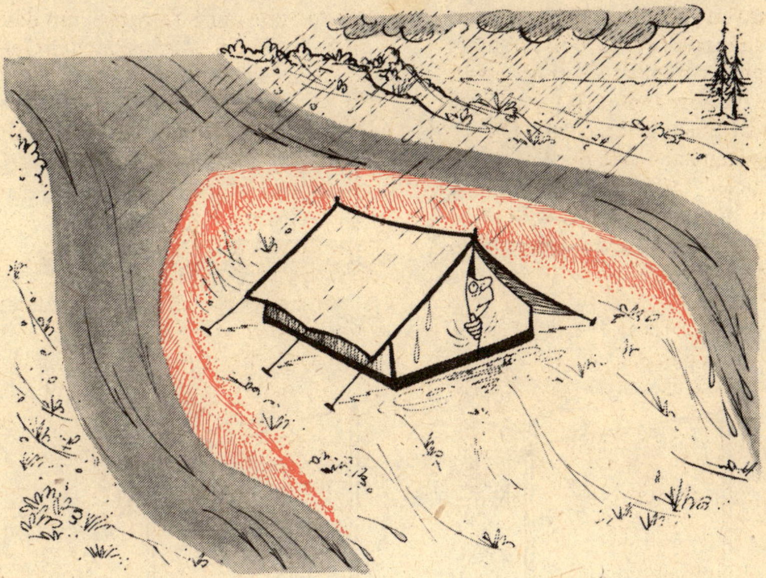

zweifelhaften Erfolg bringen – erst bei strömendem Regen erledigt werden. So betrüblich diese Feststellung auch ist: Man hat mit der grinsenden Schadenfreude der Anrainer zu rechnen!

39.16 **Ein sogenannter Wassergraben kann in den meisten Fällen auch nicht viel verbessern.**

Bei leichtem Regen ist er ohnehin unwirksam, bei sehr starkem läuft er über (außer im Sand, aber da sickert's auch ohne Graben schnell ab). Weil von tiefen Gräben die Kapillarwurzeln der Bäume zerstört werden, ist der Autor grundsätzlich gegen solche Drainagen im Wald. Es genügt, wenn der Boden um den Faulstreifen leicht angehäufelt wird. Läuft wirklich mal ein bißchen Wasser unter dem Zelt herein, so wird uns das nicht gleich jämmerlich ertränken. Es sickert schnell wieder ab. Glaubt ein Zelter, auf einen Graben wirklich nicht verzichten zu können, so ist es wenigstens seine Pflicht, vor der Abreise das Terrain wieder sorgfältig zu ebnen.

39.17 **Wer nach vollem Öffnen aller Himmelsschleusen wahrnimmt, daß es ihm unter dem Zeltdach aufs Haupt regnet, der hat meist nicht auf frühe Warnzeichen einer erschöpften Zeltimprägnierung geachtet.**

Schon bei Dauerniesel weisen größere Naßflekken in der Leinwand frühzeitig darauf hin, daß eine Nachimprägnierung fällig wird. Tropft es schon bei leichtem Regen nach einiger Zeit irgendwo durch, so ist damit zu rechnen, daß das Zelt im Ernstfall nur noch den Schutz eines zerlöcherten Siebes zu bieten vermag. Dagegen ist leichtes Durchsprühen zu Beginn eines Regengusses kein Zeichen von Undichtheit; das Baumwollgewebe muß erst quellen, damit sich seine Poren schließen.

39.18 **Auf sogenannte Wassersäcke im Zeltdach muß besonders geachtet werden (Bild S. 200).**

Liegt kein genereller Konstruktionsfehler am Zelt vor, z. B. eine zu flache Dachneigung bei einem Eigenbau, so entstehen Wassersäcke immer dann, wenn das Zelt auf schrägem Untergrund aufgebaut wurde oder wenn seine Leinen zu lose sind. Hat er sich erst einmal gebildet, so bekommt man den Wassersack, solange es weiterregnet, kaum wieder heraus. Wir sollten ihn auch nicht durch das Hochdrücken des Zeltdaches von innen entleeren, denn es kann anschließend durchtropfen. Besser, wir spannen alsbald die Leinen nach.
Beachtet oder bemerkt man einen Wassersack nicht (Dauerzelter bei Abwesenheit!), so kann er bei Dauerregen solche Ausmaße annehmen, daß das ganze Zelt unter seiner Last zusammenbricht. Bildet sich ein Wassersack immer wieder an der gleichen Stelle, so hilft nur eine zusätzliche Dachstrebe.

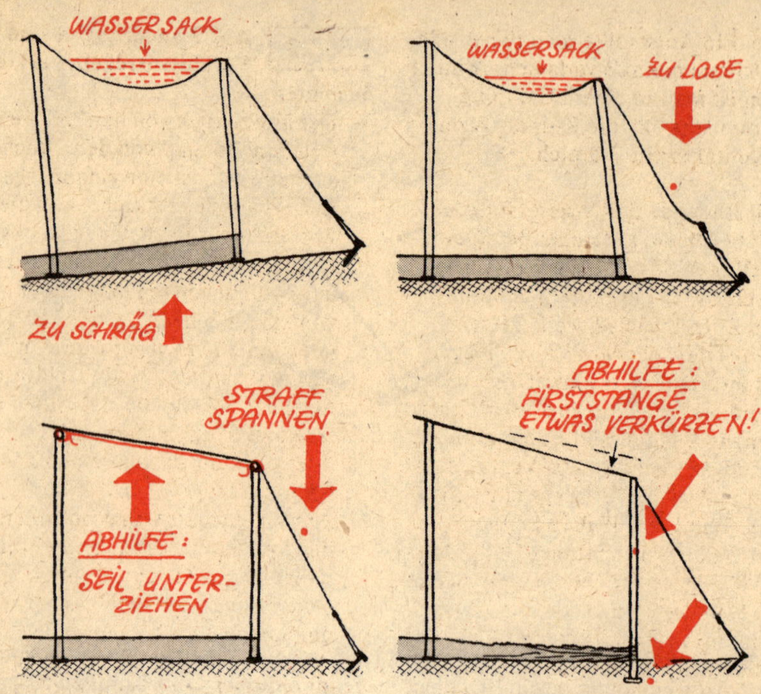

39.19 **Ein Gewitter kommt dann in gefährliche Nähe,** wenn der zeitliche Abstand zwischen Blitz und zugehörigem Donner unter 3 Sekunden liegt.

39.20 **Ein völlig freistehendes oder unter einzelnen Bäumen aufgebautes Zelt sollte man bei Gewitter verlassen.**
Es ist zwar wenig einladend, bibbernd und triefnaß im Freien zu stehen, aber ein Zelt bietet nur dann einen gewissen Blitzschutz, wenn es nicht zu klein ist und sein metallisches Gerippe guten Kontakt zum Erdreich hat (z. B. ein größeres Steilwandzelt). In diesem Falle ist der sicherste Platz etwa in der Zeltmitte, mit geschlossenen Füßen hingehockt auf einer trockenen Luftmatratze (keinesfalls auf Campingstuhl oder -liege mit Metallgestell!).
Autos schützen ihre Insassen sicher bei Blitzeinschlag, auch der Trabbi mit seiner Duro-

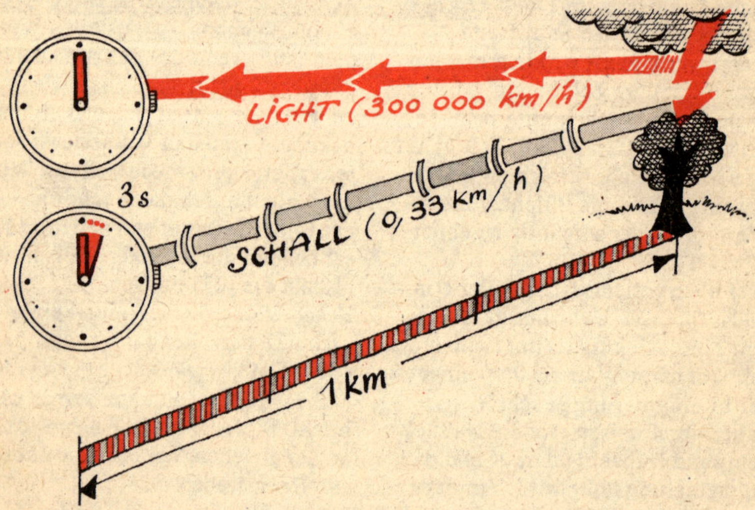

plastkarosserie. Ein Auto sollte man daher während eines Gewitters niemals verlassen. Ähnlich gut aufgehoben ist man in einem Campingwohnwagen, vorausgesetzt, die Kurbelstützen haben guten Kontakt zum Erdreich.

39.21 **Für Badende und Wassersportler gilt bei einem aufziehenden Gewitter die eherne Regel:** So schnell wie möglich aus dem Wasser! Einerseits besteht Gefahr durch direkten Blitzeinschlag, weil z. B. ein Boot deutlich aus dem ebenen Wasserspiegel herausragt, andererseits ist das immer verunreinigte Wasser ein ausgezeichneter Elektrizitätsleiter, von dem ein Badender förmlich umhüllt ist. Schlägt der Blitz irgendwo ins Wasser, so wird der Schwimmer zum Teil des Pfades für den Blitzstrom. Wind und Wellen können schließlich solche Stärke annehmen, daß Mann und Boot in Gefahr geraten. Selbst wenn ein gekenterter DELPHIN noch schwimmt, aus eigener Kraft kann ihn die Besatzung meist nicht im Wasser umdrehen, geschweige bei hohem Wellengang wieder ausschöpfen, wie das bei einem Paddelboot manchmal noch möglich ist.

39.22 **Auf Wanderungen sind folgende Verhaltensregeln bei Gewitter zu beachten:**
- Der alte Spruch von den „Eichen, denen zu weichen“ sei und von den „Buchen, die man suchen“ soll, ist eine gefährliche Weisheit! Er fußt auf der Tatsache, daß die Bäume im Erdreich teils flach, teils tief wurzeln, was bei niedrigem Grundwasserstand bedeutungslos ist. Sprüche nützen denjenigen wenig, die von einem zersplitternden Ast zerschmettert oder von einem abspringenden Blitzstrahl verbrannt worden sind. Richtig aber muß es heißen: „Bei einzeln stehenden Bäumen sollst du das Feld räumen!“ (ein begnadeter Poet könnte vielleicht einen noch stärkeren Reim finden).
- Am sichersten ist man im Innern von Gebäuden, auch wenn diese keinen Blitzableiter haben. Auch im dichten Wald ist man geschützt, man darf sich nur nicht an Bäume anlehnen.
- An erhöhter Stelle riskiert man immer vom Blitz getroffen zu werden. Günstig ist der Aufenthalt in Schluchten und Hohlwegen.

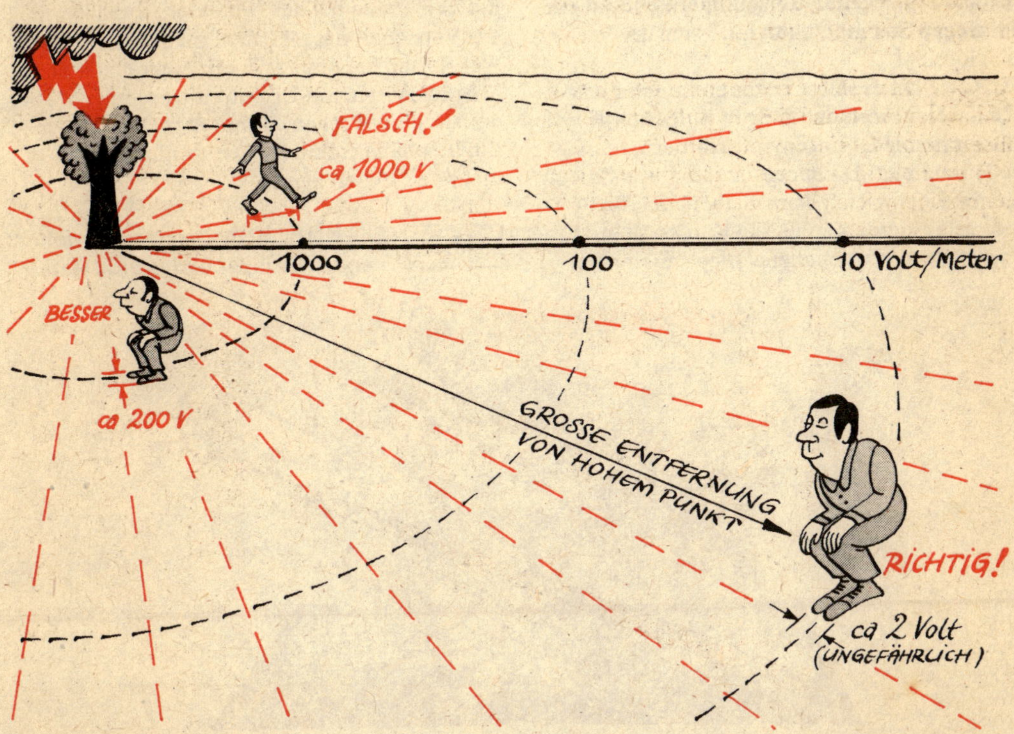

– Lange Stäbe, besonders aus Metall oder mit Metallbeschlägen, sind aus der Hand zu legen. Sogar in eine Angelrute soll schon der Blitz eingeschlagen haben.

39.23 **Auch eine nicht unmittelbar vom Blitz getroffene Person kann durch die sogenannte Schrittspannung gefährdet werden (Bild S. 201).**
Bei einem Einschlag verteilt sich der bis zu 100000 Ampere betragende Blitzstrom im Erdreich. Dabei ruft er einen Spannungsabfall hervor, der allerdings mit wachsendem Abstand von der Einschlagstelle immer kleiner wird. Dieser Spannungsabfall kann in der Nähe der Einschlagstelle über 1000 Volt je Meter auf dem Erdboden betragen und noch bis zu 100 m davon eine Gefahr darstellen. Daher ist der oft gegebene Rat, sich bei Gewitter der Länge nach auf den Boden zu legen, stockgefährlich! Man verhält sich dagegen richtig, wenn man sich mit geschlossenen Füßen am Boden hinhockt, um für den Blitz ein möglichst unauffälliges Ziel abzugeben und zwischen beiden Füßen einen nur geringen Spannungsabfall zu haben.

39.24 **Wenn es in den heißeren, südlich gelegenen Reiseländern einmal ein Wärmegewitter gibt, dann muß sich die Sache auch lohnen!**
Der Autor hat es selbst erlebt und noch mehrfach davon gehört, daß z. B. in Bulgarien Hagelschauer herniedergingen, mit Körnern, massig wie Hühnereier! Dann muß sofort etwas für den eigenen Kopf, gleich danach aber auch fürs Auto getan werden, wenn die Karosserie nicht anschließend wie gepunztes Blech aussehen soll. Körper und Schultern schützen eine Jacke oder Decke; dann wird alles übers Auto geworfen, dessen man in der Eile habhaft werden kann und was weich ist: Luftmatratzen, Schlafdecken und Kleidungsstücke. Bei der Anschließend glühendheiß herunterprasselnden Sonne wird alles schnell wieder trocken.

40. Langfinger

40.1 **Böse Buben mit „klebrigen Fingern“ gibt es überall.**
Wo aber viele Menschen auf engem Raum zusammenleben, wo nicht massive Wände und starke Riegel das Eigentum schützen, sondern nur dünne Stoffbahnen oder ein schwächliches Schloß, wo selbst wertvolle Dinge nur flüchtig beobachtet im Freien herumstehen, da ist die Versuchung für unlautere Zeitgenossen groß. Ein „en passant“ mitgenommenes Stück muß bei einem außenstehenden Augenzeugen nicht einmal einen Verdacht auslösen; wer kennt schon immer alle Camper der Nachbarschaft? Ein Abschluß von Versicherungen kann zwar beruhigen, aber einen Diebstahl nicht verhindern. Man bekommt den Schaden zwar ersetzt – doch die geminderte Urlaubsfreude und die Laufereien bei der Neubeschaffung kann das Versicherungsgeld auch nicht ausgleichen. Auf Reisen hat man z. T. nur eingeschränkte Möglichkeiten, um Eigentum zu schützen, aber einiges gibt es schon, womit man den Dieben ihr Geschäft erschweren, wenn nicht gar unmöglich machen kann.

40.2 **Die vielen, dicht beieinanderwohnenden Camper bilden eine starke**

Bastion gegen Diebesgesindel und Sachbeschädiger.
Tausende Argusaugen wachen über das persönliche Gut des Nachbarn und das der Allgemeinheit gehörende. Daher sind Diebstähle auf Zeltplätzen viel seltener, als manche Außenstehenden zu glauben bereit sind. Wenn aber doch jemand etwas Verdächtiges bemerkt, sollte er sich immer daran erinnern, daß vielleicht ein andermal seine eigenen Sachen ebenso lüstern betrachtet werden und plötzlich verschwunden sein können. Jeder braucht auf einem Campingplatz den Nachbarn und dessen Aufmerksamkeit, und jeder sollte zur Tat schreiten, wenn es sich erforderlich macht.
Wir erinnern in diesem Zusammenhang daran, daß ein auf frischer Tat Ertappter – wenn Fluchtgefahr besteht oder seine Personalien nicht sofort festgestellt werden können – von jedem Bürger vorläufig festgenommen und den verantwortlichen Organen übergeben werden kann (Strafprozeßordnung, § 125).

40.3 **Bargeld, Schmuck, Fahrkarten und Urkunden haben selbst auf bewachten Zeltplätzen keinen Versicherungsschutz.**
Daher sollten Wertsachen bei der Rezeption zur Aufbewahrung hinterlegt werden. Fundsachen übergeben wir der Deutschen Volkspolizei, bei der wir auch eigene Verluste melden müssen.

40.4 **Als wichtigste allgemeine Verhaltensregel gilt, daß die im Zusammenhang mit Camping und Reise abgeschlossenen Versicherungen nicht zur Leichtfertigkeit verführen dürfen.**
Alle Versicherungsbedingungen gehen von der Voraussetzung aus, das alles getan wird, um Schäden abzuwenden, bzw. bei unvermeidbaren Schäden (z. B. bei Unwetter) die Folgen möglichst klein zu halten. Wer Langfinger durch sorgloses Verhalten ermuntert oder begünstigt, wird seine Verluste kaum erstattet bekommen.

40.5 **Im Sinne des Versicherungsschutzes gilt ein Zelt als verschlossen, wenn sein Reißverschluß zugezogen ist.**
Zwar wird auch kein Vorhängeschloß ein unbefugtes Eindringen in eine Leinwandvilla unmöglich machen, aber jeder Langfinger wird es sich überlegen, wenn er seine unredlichen Bemühungen nicht ausreichend unauffällig betreiben kann. Ist man längere Zeit abwesend, so kann es nicht schaden, wenn man die Nachbarn bittet, öfter mal nach dem Rechten zu sehen.
Eine Campingversicherung springt nicht ein, wenn außerhalb der Campingeinrichtung achtlos stehengelassene Sachen – auch Campingmöbel gehören dazu – entwendet werden.

40.6 **Flüchtigen Bekanntschaften oder gar Fremden gibt man im Urlaub niemals seine Wohnanschrift zur Kenntnis.**
Bei einer bewußten Mitteilung sind die meisten Urlauber i. allg. sowieso zurückhaltender, aber ein unlauterer Mensch kann sein Wissen um

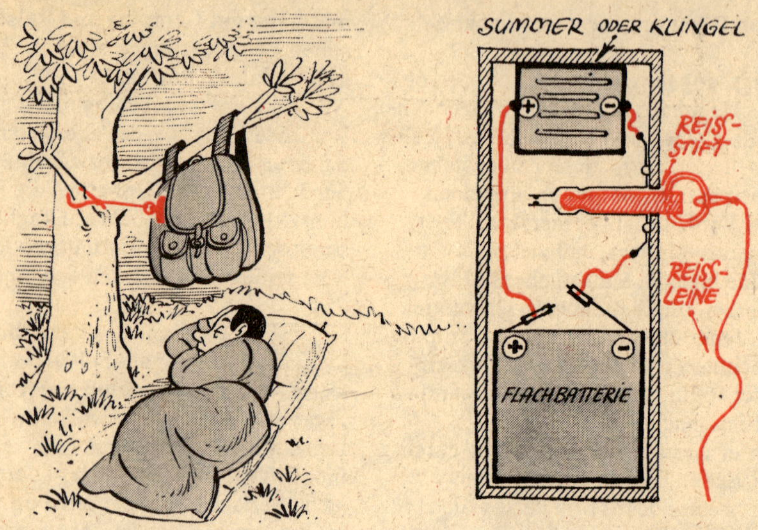

eine unbewachte Wohnung auch auf andere Weise erlangen. Dazu genügt ein Blick auf die Adresse am Kofferanhänger oder auf einer Propangasflasche.
Es reicht aus, wenn man zur Kennzeichnung des Reisegepäcks außer dem Namen und dem Wohnort lediglich die Personenkennzahl vermerkt. Verlorengegangene Sachen lassen sich auch so wiederfinden.

40.7 **Eine einfache, sehr vielseitig verwendbare Alarmanlage zeigt unsere Zeichnung.**
Sie eignet sich zur Sicherung von Reisegepäck aller Art und von Gegenständen außerhalb des Zelts bei Diebstahlversuchen. Der Grundgedanke ist, daß mit Hilfe einer möglichst unauffälligen Schnur (z. B. Angelsehne) aus einem Alarmgeber ein Plaststift herausgerissen wird, wodurch sich ein Kontakt schließt und der Alarm ausgelöst wird. Zur Sicherung von Gepäck ordnet man den Geber im Koffer, Rucksack oder Motorradkoffer an und bindet die Schnur am Handgelenk, am Gepäcknetz des Zuges oder am Motorrad fest. Im Falle eines Diebstahls „läuft" der entnervende Alarm zusammen mit dem Dieb davon. Zum nächtlichen Schutz von Gegenständen außerhalb des Zeltes verfährt man umgekehrt: Der Alarmgeber bleibt im Zelt und weckt die Schläfer, falls Fahrrad, Campingmöbel oder Boot „abgetragen" werden sollen. Als Summer kann man das recht stimmkräftige PIEZOPHON des VEB Keramische Werke Hermsdorf verwenden oder eine kleine elektrische Klingel (Bastler- oder Modellbaubedarf!). Eine Flachbatterie genügt zur Stromversorgung.

40.8 **Bei Alarmanlagen sollte man allerdings keine übertriebenen Reaktionen projektieren.**
Das hat z. B. der Renter Bogomir MILJKOVIĆ aus Serbien getan. Wird seine Anlage ausgelöst, so zündet sie einen Kanonenschlag, der von Sirenengeheul und schrillem Geklingel begleitet wird. Eigentlich fehlen nur noch Tränengas, Bluthunde und Selbstschüsse, um den bejammernswerten Einbrecher völlig entnervt in die Flucht zu treiben (nach „Volksstimme" vom 17. Oktober 1980).

40.9 **Im Ausland sollte man sein Auto immer auf einem bewachten Parkplatz abstellen, auch wenn die scheinbar unnötige Ausgabe etwas schmerzt.**
Ein Diebstahl im Ausland bereitet weit mehr Ungelegenheiten als im eigenen Lande. Außerdem ist eine Alarmanlage, die beim unbefugten Öffnen der Türen die Hupe einschaltet (Abb. a) oder ein zusätzlicher geheimer Kurzschlußschalter für den Unterbrecherkontakt (Abb. b) keinesfalls von Schaden. Man kann auch einfach die Zündkabel samt Kerzenstecker abziehen oder den Finger aus dem Verteiler entfernen. Welcher Dieb rechnet schon mit solchen Schikanen?

a)

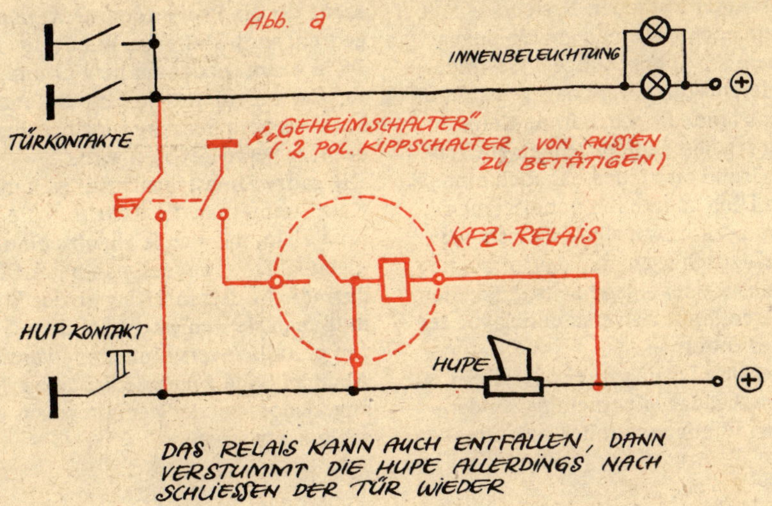

b)

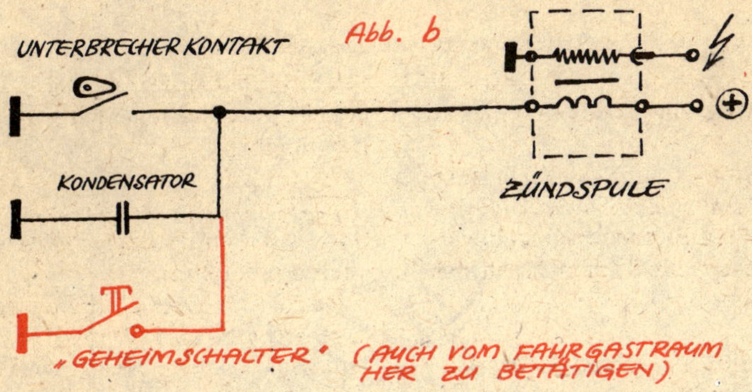

40.10 **Stellt man während der Reise seinen Pkw mit Anhänger irgendwo ab, dann sollte man den Anhänger sichern.**
Dazu eignet sich z. B. eine Stahlkette mit Vorhängeschloß, die Auto und Anhänger diebstahlsicher miteinander verbindet oder das Öffnen der Anhängerkupplung unterbindet. Bei manchen Kupplungen findet sich ein seitliches Loch. Hängt man dort den Bügel eines Vorhängeschlosses ein, so läßt sich die Kupplung nicht mehr entriegeln. Keinesfalls darf man aber ein solches Loch selbst bohren, es besteht Bruchgefahr!
Während der Fahrt soll der Anhänger nicht angeschlossen bleiben. Es gibt Situationen, die ein sehr schnelles Abkuppeln erfordern (z. B. bei einem Brand oder einem Verkehrsunfall mit Blockierung der Fahrbahn).

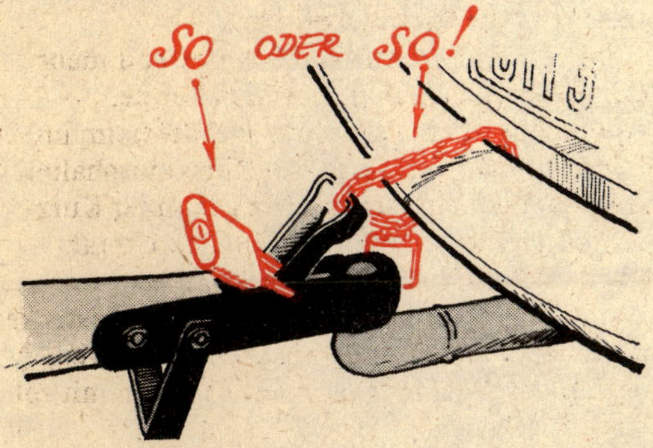

40.11 **Sportboote müssen gegen unbefugte Benutzung und Diebstahl gesichert werden.**
Das gilt uneingeschränkt auch am Campingplatz, selbst wenn es da Probleme geben sollte. Wenn man keine Steganlage vorfindet, an der das Boot mittels Fahrradschloß oder Kette und Vorhängeschloß festgemacht werden kann,

dann ist meist guter Rat teuer. Bestenfalls läßt sich eine Kette noch um einen großen unverrückbaren Stein am Ufer schlingen. Gesunde Bäume und deren Wurzelwerk dagegen sind für unseren Zweck tabu, die scheuernde Kette könnte die Borke beschädigen. Einen einfachen Pfahl in den Grund zu treiben hat auch nicht viel Sinn, ein Dieb könnte ihn herausziehen und samt dem Boot verschwinden lassen. Den Pfahl so tief einzuschlagen, daß das unmöglich wird, macht uns wieder eigene Schwierigkeiten, denn wir müssen ihn selbstverständlich vor der Abreise wieder entfernen.
Eine recht elegante Lösung ist ein Stahlrohr mit einer Erdschraube, das mit einem passenden aufsteckbaren „Windeisen" (oder dem Drehkreuz für die Pkw-Radmuttern) in den Grund gedreht wird. Ohne das Windeisen läßt sich der Pfahl kaum wieder aus dem Grund entfernen. Er sitzt außerdem sehr fest, und man kann auch bei stärkerem Seegang ganz beruhigt sein, daß er nicht herausgerissen wird.
Die ganze Diebstahlsicherei ist natürlich für die Katz', wenn man die Kette durch ein Teil am Boot zieht, das sich leicht abschrauben oder absägen läßt. Verwendet man beim DELPHIN dazu die Mutter mit Ring an der Bugspitze, so muß man sie wenigstens auf dem Gewindebolzen gründlich versplinten und vernieten.
Auch an Land gelagerte Paddelboote müssen angeschlossen oder wenigstens zusammengeschlossen werden.

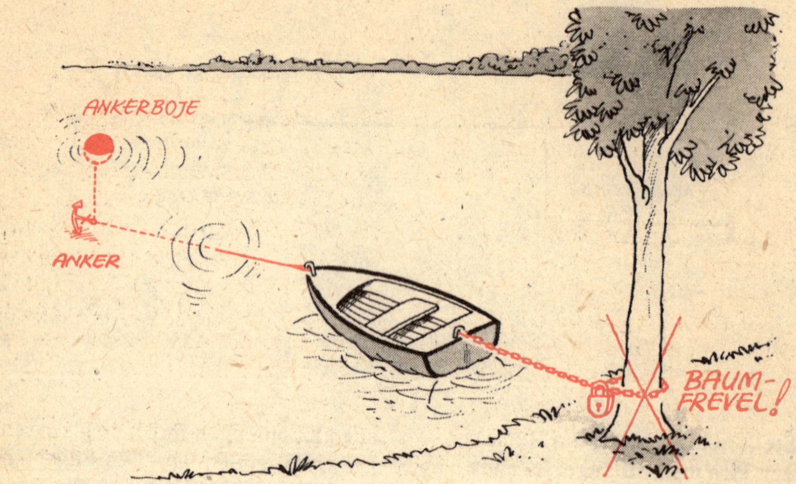

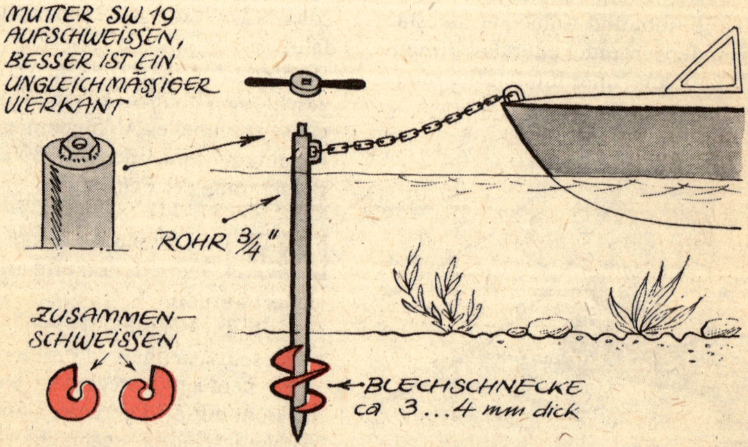

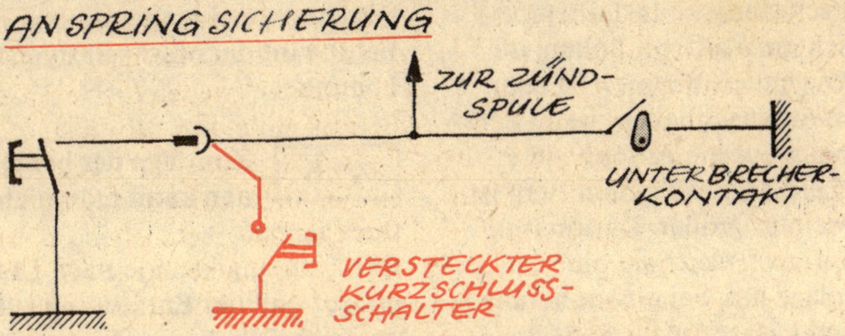

40.12 **Wer seinen Motor im Boot beläßt, sollte ihn ebenfalls daran anschließen.**

Dafür sind an den Schraubknebeln der FORELLE bereits Bohrungen vorgesehen, durch die man eine speziell zurechtgebogene Stahlspange stecken kann. Benzintank und Werkzeug nimmt man am besten aus dem Boot, ebenso dürfen auch keine Boots- oder Personalpapiere darin zurückbleiben. Es schadet auch nichts, wenn man den Motor auf geeignete Weise am Anspringen hindert. Man kann dazu das Zündkabel entfernen oder einen geheimen Kurzschlußschalter einbauen. Sehr vergeßlichen Wassersportlern kann er allerdings vor der Ausfahrt zu schweißtreibenden Anreißversuchen ohne Ende verhelfen.

41. Radio und Fernsehen

„Doch ewig stört uns das Gelärme,
das Grunzen, Plärren und Gegirre
der musikalischen Geschirre" (Wilhelm Busch)

41.1 **Rundfunk und Fernsehen sind aus unserem täglichen Leben nicht fortzudenken.**

Während auf dem Campingplatz ein Radio für Information und Unterhaltung noch zu empfehlen ist, kann man sich über die Notwendigkeit eines Fernsehempfängers bereits streiten. Hinzu kommen Antennenprobleme; nicht immer ist ein Fernsehsender in der Nähe, und eine Antenne für Fernempfang ist kaum aufzustellen. Da im Wald der Empfang ohnehin schlechter ist, erhält man oft nur ein Bild mit Grieß und Schnee, mit spastischen Zuckungen und verrauschtem Ton. Reine Freude am Fernsehempfang kommt daher selten auf.

41.2 **Fernsehempfang mit den Gehäuseantennen des Fernsehers ist nur im Nahbereich des Senders möglich.**

Dieser hängt stark von den örtlichen Empfangsbedingungen und der Senderstärke ab und dürfte im günstigsten Fall bei VHF (1. Programm) 20 bis 30 km betragen, bei UHF (II. Programm) noch etwas weniger.

41.3 **Antennen auf Campingwohnwagen zählen im Sinne des Gesetzes zu den »ortsveränderlichen Empfangs- Antennenanlagen, die vorübergehend ortsfest errichtet sind«.**

Es gilt auch für sie die TGL 200-7051, die für Antennen oberhalb der Dachhaut eine Blitzschutzanlage fordert. Das kann im einfachsten Fall ein vorschriftsmäßiger Erder sein, der mit dem Antennenmast elektrisch leitend verbunden ist. Diese Einrichtung ist aber auf einem

Campingplatz nur schwierig zu installieren. Selbst in einem dichten Wald mit hohen, die Antenne weit überragenden Bäumen ist aber ein Einschlag nicht auszuschließen, wenn der Blitz von einem Baum auf die Antenne überspringt. Im freien Feld oder auf einem Berg ist die Gefahr nocht weitaus größer. Darum muß eine Wohnwagenantenne, wenn sie nicht die geforderte Erdungsanlage hat, bei einem herannahenden Gewitter samt Mast umgelegt werden. Daran müssen auch Dauercamper denken, wenn sie ihren Wohnwagen tagelang auf dem Campingplatz unbeaufsichtigt stehenlassen.

41.4 **Eine Fernsehantennenanlage für einen Wohnwagen können wir selbst errichten.**

Sollen das I. und das II. Programm empfangen werden, so benötigen wir auch je eine VHF- und eine UHF-Antenne. Beide sollen, um einen möglichst stabilen Empfang zu erzielen, das Wohnwagendach überragen (Mindestmaße nach Abb. einhalten!) und drehbar sein. Das ist wichtig, damit man sie nach der Ankunft auf günstigsten Empfang ausrichten kann. Mit einem Doppelmast – einem dünneren, längeren Innenrohr und einem dickeren, etwas kürzeren Außenrohr – lassen sich beide Antennen sogar getrennt voneinander drehen. Während der Fahrt wird der Mast selbstverständlich abgenommen.

41.5 **Zum Typ der beiden Fernsehantennen kann man nichts Allgemeingültiges sagen.**

Der Empfang kann je nach Lage des Campingplatzes und der Entfernung zum Sender sehr unterschiedlich sein. Einen günstigen Kompromiß zwischen noch nicht zu üppigen Abmessungen und ausreichenden Empfangsleistungen erreicht man mit einer VHF-Antenne vom Typ 3528 für den Bereich III (Kanal 5 bis 12) und einer UHF-Antenne vom Typ 3741 (SCA 11 B) für den Bereich IV (Kanal 21 bis 41). Eine Antenne für den Bereich I (Kanal 2 bis 4) empfehlen wir für einen Wohnwagen nicht, sie ist zu groß und ohnehin nur für den Sender Cottbus (Kanal 4) erforderlich.
Wie die elektrische Installation der Anlage auszuführen ist, richtet sich danach, ob der anzuschließende Fernsehempfänger einen 75-Ω-Einbuchsenantenneneingang hat (Abb. a) oder getrennte Antenneneingänge für VHF und UHF (Abb. b). Bei 75-Ω-Koaxial-Antenneneingängen werden Empfängersymmetrierglieder vom Typ 85.080 (ESY 5) nach Variante b verwendet. Das

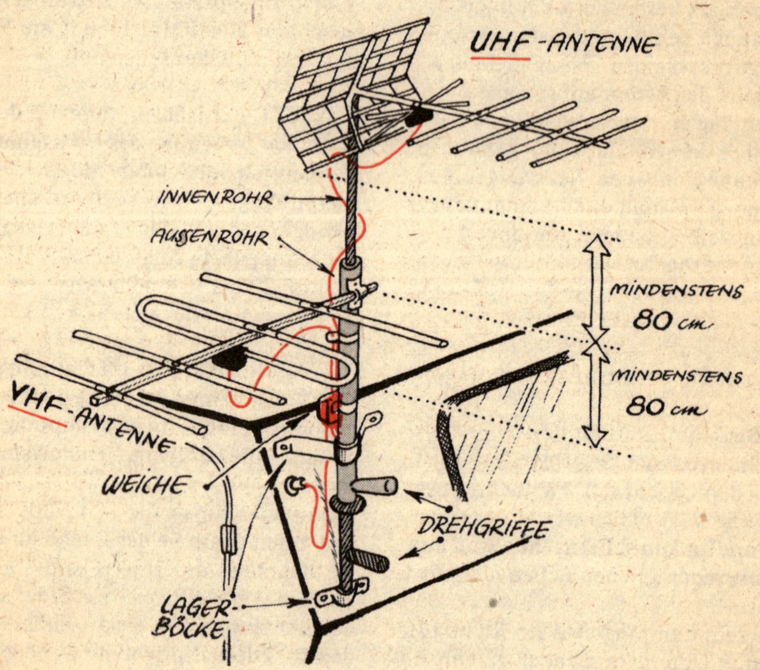

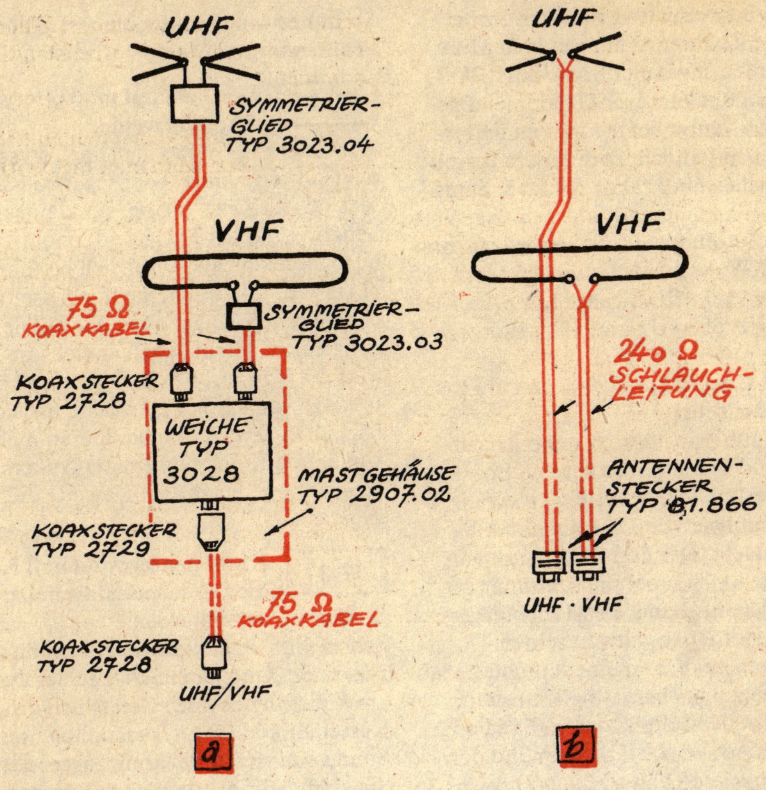

erforderliche Material ist im Fachhandel erhältlich.

41.6 **Beim Fernsehempfang, vor allem für das II. Programm, findet man nicht immer auf Anhieb den günstigsten Antennenstandort.**

Ein Umstellen des Empfängers mit Einbauantenne, der angeschlossenen Zimmerantenne oder ein Verschieben des ganzen Wohnwagens um nur wenige Meter kann mitunter erheblich besseren Empfang bringen. Bei Wohnwagen mit metallischer Außenhaut verspricht i. allg. nur eine Außenantenne ausreichenden Empfang.

41.7 **Bei Kofferradios und Radiorecordern sind die Bedingungen günstiger.**

Auf Mittel- und Langwellen ist mit der eingebauten Ferritantenne auch Fernempfang möglich, auf UKW gibt es in der DDR genügend Sender, so daß immer einer oder mehrere empfangen werden können. Im Ausland liegen die Verhältnisse etwas anders. Zu den DDR-Mittelwellensendern sind oft die Entfernungen schon zu groß. Landeseigene UKW-Sender sind i. allg. nicht zu empfangen, weil sie in einem anderen Frequenzbereich strahlen. Das letzte Mittel, heimatliche Klänge zu erhaschen, ist dann nur noch die Kurzwelle, die sehr weit reicht. Mit Hilfe eines längeren isolierten Drahtes, den man über einen Ast wirft und dessen Ende man mit der Teleskopantenne des Empfängers verbindet, ist z. T. erhebliche Empfangsverbesserung zu erreichen (bei Gewitter einziehen!).

41.8 **Für die Urlauber in den drei Nordbezirken bietet die Radio-DDR-Ferienwelle seit vielen Jahren ein beliebtes Rundfunkprogramm.**

Von Anfang Mai bis Ende September strahlt sie ihre Informations- und Unterhaltungssendungen mit viel Musik und Hinweisen zu Verkehr, Ausflugzielen, Veranstaltungen und Wetter aus. Seit 1986 gibt es sogar einen »heißen Draht« zur Verkehrspolizei: aktuelle Verkehrsinformationen – z. B. über Staus, Umleitungen und andere Störungen auf den Verkehrsstraßen der Bezirke Rostock, Schwerin und Neubrandenburg – erreichen die Zuhörer in nur wenigen Minuten. Grüße werden schriftlich von Radio DDR, Sender Rostock, Rostock 1, 2500 oder telefonisch über 37 061 entgegengenommen und im Programm übermittelt. Die Ferienwelle ist von Montag bis Freitag von 5.00 . . . 20.00 h, Samstags von 6.00 . . . 14.00 h und Sonntags von 6.00 . . . 17.00 h auf folgenden Sendefrequenzen zu empfangen: UKW: 88,5 MHz und 88,6 MHz (Kanal 5) sowie 91.0 MHz (Kanal 13). Mittelwellen: 1602 kHz, 558 kHz und 729 kHz.

41.9 **Auf Campingplätzen leidet ein Recorder sehr!**

Feinster Flugstaub dringt durch seine Ritzen ins Laufwerk und in die Kassetten ein. Er bildet mit den Schmier- und Gleitmitteln eine zähe Paste, die das Laufwerk und die Kassetten bald schwergängig macht. Der Ton fängt an zu jaulen, die Kassetten klemmen, und mitunter verheddelt sich sogar das Band. Es ist nicht übertrieben, den Kassettenrecorder zu seinem Schutz bei Nichtgebrauch in einem dichten Plastebeutel zu verstauen, ebenso die Kassetten. Das gilt vor allem bei Zeltplätzen im Sand oder im Wald, besonders, wenn stärkerer Wind den Staub durch alle Ritzen bläst.
Einen Kassettenrecorder bei Wind mit an den Strand zu nehmen, gleicht fast seiner mutwilligen Zerstörung!

41.10 **Der Tonkopf muß öfter als sonst gereinigt werden.**

Wir merken es daran, daß der Ton sehr dumpf oder stotterig klingt oder sogar vollständig aussetzt. Es ist zweckmäßig, ein kleines Fläschen benzinvergälltes 90%iges Ethanol (Apotheke!) – oder Brennspiritus – bei sich zu führen. Geputzt wird mit einem kleinen fusselfreien Läppchen um den Zeigefinger, das mit dem Reinigungsmittel leicht angefeuchtet wird. Damit wird die Vorderseite des Ton- und Löschkopfs so lange vorsichtig abgewischt, bis sich am Läppchen keine braunen Spuren mehr zeigen. Um an die Köpfe besser heranzukommen, drükken wir ohne eingelegte Kassette die Wiedergabetaste.

41.11 **Kassettenrecorder und Kofferradios sollen niemals in der prallen Sonne betrieben werden.**

Schon die Hitze in einem auf sonnigem Platz geparkten Auto kann Schäden am Gehäuse und am »Innenleben« des Geräts hervorrufen. Auch Kassetten können sich verziehen, wenn sie der Sonne oder starker Wärme ausgesetzt werden. Sie sind dann niemals wieder zu ordentlicher Funktion zu bewegen.

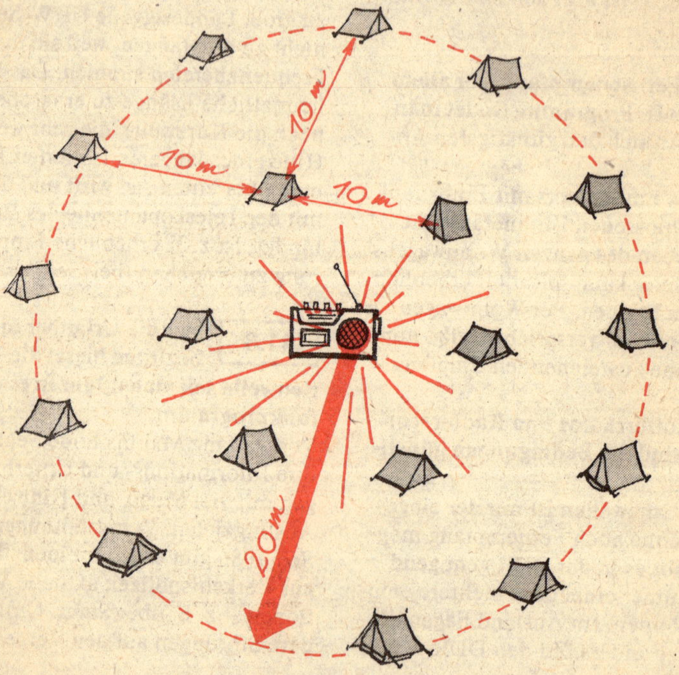

41.12 **Ein mittellaut eingestelltes Kofferradio ist bei geringen Umweltgeräuschen in einem Umkreis von mindestens 20 m zu hören, in der Nacht noch viel weiter!**
Das bedeutet, daß bei einem durchschnittlichen Zeltabstand von 10 m – in der Hauptsaison auf den meisten Campings lediglich eine erstrebenswerte Idealvorstellung – die Bewohner von 18 Zelten belästigt werden. Verhalten sich mehrere Radio- oder Recorderbesitzer undiszipliniert (und das ist an vielen Abenden leider der Fall), so ist das Geräuschchaos aus Musik- und Sprachfetzen perfekt. Am Strand, wo die Urlauber teilweise dicht an dicht lagern, ist die Situation noch viel kritischer.

41.13 **Eine Reduzierung zu üppiger Lautstärken bei Radios und Recordern wäre auf der Basis unseres Landeskulturgesetztes durchzusetzen (→ Anhang 10/6/).**
Es ist aber viel wirksamer, wenn die Einsicht die Hand zum Lautstärkeknopf führt. Das ist vor allem dort wichtig, wo viele Menschen auf engem Raum beisammen sind und sich in der Ruhe der Natur erholen möchten: auf dem Zeltplatz, am Strand und in stillen Parks. Leider gibt es noch zu viele, die ihr eigenes, übertriebenes Lautstärkebedürfnis Unbeteiligten aufzwingen wollen, teileweise sogar ohne Rücksicht darauf, daß ihr kleines Gerät bereits überfordert ist und dagegen mit Schnarren und Krächzen protestiert. Warum, um alles in der Welt, warum muß ein Fußballfan so laut die Reportage abhören! Die Stadionatmosphäre kann er ohnehin nicht einfangen und es ist ganz und gar ungewiß, ob sich die Nachbarn für diesen Ausgang des Spiels vom 1. FC Miniskus-Kickers gegen VFL Bolzingen interessieren! Fast jeder am Strand hört lautstark seinen Lieblingssender, fast jeder einen anderen. Nur der Unschuldige mittendrin, der hört sie ungewollt fast alle auf einmal!

41.14 **Am harmlosesten sind noch die »Wandertroubadoure«!**
Ihre Heule mit der Klangfülle einer verstopften Triola umgegürtet, ziehen sie in zügigem Schrittmaß vorbei, ... und es ist ausgestanden. Eine Erbauung für Auge und Ohr sind sie trotzdem nicht, das müßten sie selber merken.

41.15 **Es ist eigentlich ganz einfach, eine Belästigung Unbeteiligter auszuschließen, ohne die eigenen Lautstärkebedürfnisse unzumutbar einschränken zu müssen.**
Sehen wir einmal vom Tragen der heute so modernen Minikopfhörer in Verbindung mit einem »Walkman« oder von einem »Konzert« im Boot auf einer weiten, einsamen Wasserfläche ab, so ist der einfachste Trick der, das physikalische Gesetz der Lautstärkeabnahme mit wachsender Entfernung von der Schallquelle auszunutzen. Vervierfacht man die Entfernung zur Schallquelle, dann sinkt die empfundene Lautstärke auf mehr als die Hälfte (exakt um 12 dB). Umgekehrt gilt sinngemäß das gleiche. Ist uns also das Radio in 2 m Abstand zu leise, dann gehen wir eben auf 50 ... 60 cm heran, und

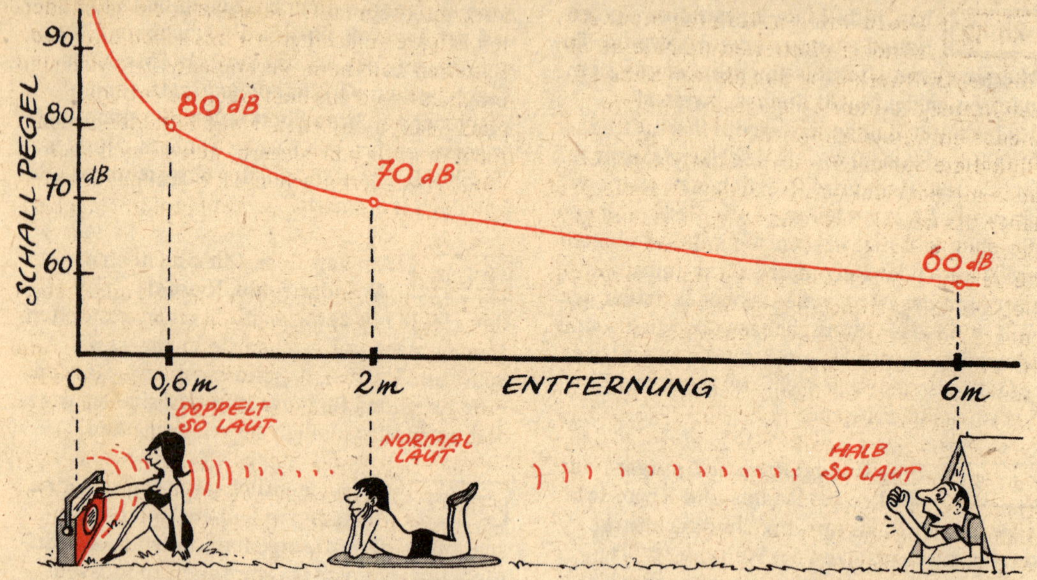

schon klingt es doppelt so laut. Verdoppeln wir dagegen die Lautstärke mit Hilfe des Einstellknopfes, dann verdoppeln wir sie auch für alle Nachbarn! Außerdem verzerrt bei kleineren Geräten dann der Ton stärker und wir müssen einen drei- bis vierfach höheren Batterieverbrauch[1] in Kauf nehmen. Da ökonomisch fundierte Einsichten meist sehr stabil ausgeprägt sind, ist das schon eine Überlegung wert.

[1] Für die doppelt so große Lautstärkeempfindung ist ein um 10 dB höherer Schalldruckpegel erforderlich, was einer Verzehnfachung der elektrischen Ausgangleistung des Geräts entspricht.

41.16 **Besonders lästig wirkt sich ein in einem Wohnwagen oder Pkw bei geöffnetem Fenster betriebenes Radio aus,** das zur Beschallung der im Grünen Sitzenden auf höchste Lautstärke gebracht wurde.

Der Innenraum wirkt wie ein Resonanzkasten, und das Fenster bündelt den Schall und strahlt ihn zungenförmig weit in die Umgegend. Sitzen die Zuhörer etwas seitlich, so müssen sie es selbst nicht einmal zu laut empfinden.

41.17 **Die in unseren Koffergeräten verwendeten Batterien sind kleine chemische Kraftwerke, die ihre aktiven Substanzen in eine bestimmte elektrische Energiemenge umwandeln können.**

Sind diese Substanzen verbraucht, dann ist es auch mit dem elektrischen Strom zu Ende. Wie lange das dauert, das haben wir selbst zum großen Teil in der Hand. Große Lautstärken verkürzen die Lebensdauer der Batterien empfindlich (→ 41.15). Kassettenwiedergabe braucht mehr Strom als Rundfunkempfang, weil der Antriebsmotor laufen muß.

Bei Kassettenaufzeichnung sind die Batterien bald erschöpft, weil zur Löschung des Bandes viel zusätzliche Energie gebraucht wird. Daher sollten wir unsere Aufnahmen lieber schon zu Hause bei Netzbetrieb machen.

Batterien, die am Ende sind, künden sich bei Rundfunkempfang durch »Blubbern«, »Pumpen« und Senderspringen an, bei Kassettenwiedergabe durch Jaulen. Zum Test, ob die Batterien bald verbraucht sind, stellen wir das Gerät kurzzeitig sehr laut. Treten dann die geschilderten Effekte auf, sollten wir uns schon um neue Batterien kümmern. Verbrauchte Batterien sind möglichst bald aus dem Gerät zu entfernen, auch Leakproof-Zellen. Neue Batterien sollen nicht unnötig lange lagern, weil sie sich auch dabei etwas verbrauchen. Ist es einmal unumgänglich, dann sollen sie kühl und trocken liegen.

41.18 **Steht unser Kfz am Zelt oder haben wir einen separaten Akku (→ 35.10 und 55.5), dann können wir bei 12 V immer und bei 6 V unter bestimmten Bedingungen unser Radio, den Recorder oder Kofferfernseher daran betreiben.**

Dann gibt es keine Batterieprobleme mehr. Der Trick ist ein Gleichspannungsanschluß am Gerät, der manchmal schon eingebaut ist, sich aber ansonsten leicht nachrüsten läßt. Außerdem brauchen wir einen Gleichspannungsadapter zur Anpassung der Akkuspannung an die erforderliche Betriebsspannung des Geräts.

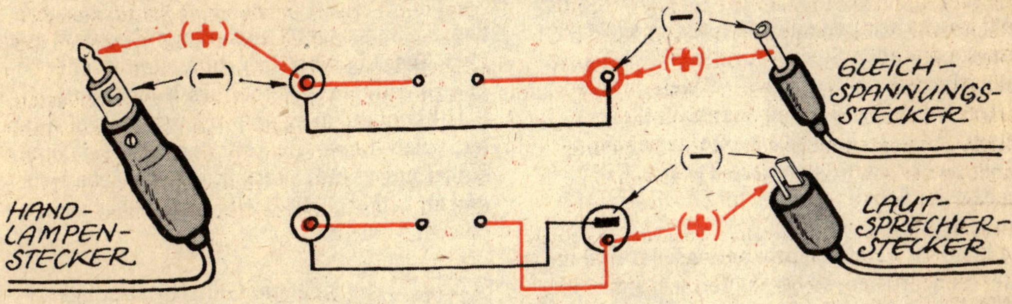

GERÄT MIT:

	4,5 V 3 ZELLEN ODER FLACHBATTERIE	6 V 4 ZELLEN	7,5 V 5 ZELLEN	9 V 6 ZELLEN ODER ENERGIEBLOCK	12 V 8 ZELLEN
6 V AKKU	a –▷|– 2 –▷|– b	a – 0 – b	a – 0 – b 1)	2)	2)
12 V AKKU	a –▷|– 10 –▷|– b	a –▷|– 8 –▷|– b	a –▷|– 6 –▷|– b	a –▷|– 4 –▷|– b	a – 0 – b

–▷|– n, + : HALBLEITERDIODE, FÜR GERÄTE BIS 10 W: TYP SY 320

n: ANZAHL DER DIODEN

1) NUR BEI KOFFERRADIOS, MIT LAUTSTÄRKEEINBUSSE

2) ANSCHLUSS MIT ADAPTER NICHT MÖGLICH!

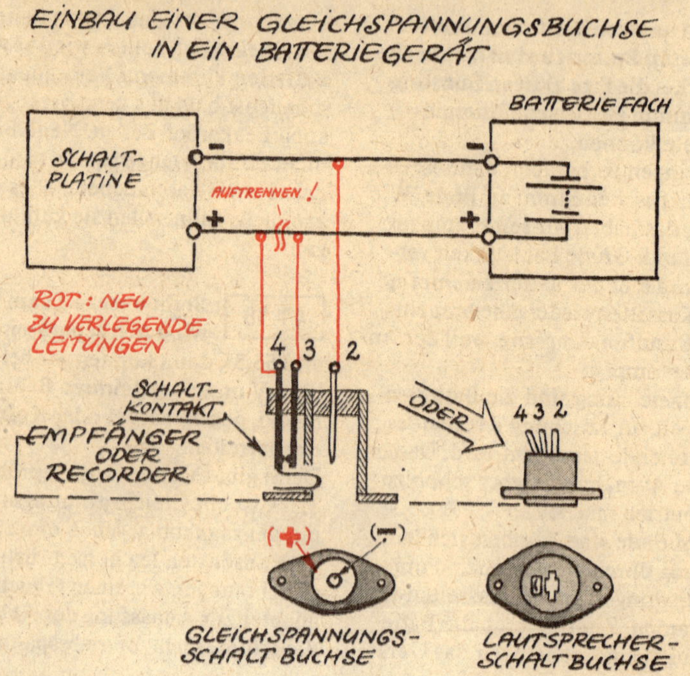

Wir beschaffen uns einen Handlampenstecker, einen passenden Stecker für die Gleichspannungsbuchse am Gerät, einige Meter zweiadrige Litzenleitung (z. B. Lampenanschlußleitung) und u. U. eine bestimmte Anzahl von SI-Gleichrichterdioden nach Tabelle. Einzelheiten der Schaltung entnehmen wir der Abbildung.
Müssen wir den Gleichspannungsanschluß am Gerät nachrüsten, so beschaffen wir uns eine Gleichspannungs-Schaltbuchse (notfalls geht auch eine normale Lautsprecher-Schaltbuchse, dann aber dürfen keine Stecker vertauscht werden, wenn das Gerät auch einen Zweitlautsprecher-Ausgang hat!). Es geht auch mit einer beliebigen anderen zweipoligen Buchse ohne Schaltkontakt, dann aber müssen wir bei Adapterbetrieb immer die Batterien aus dem Gerät entnehmen. Und: Vorsicht bei den Schaltarbeiten, an keiner Stelle darf + und − Pol vertauscht werden!

41.19 **Es gibt zum Gleichspannungsanschluß noch eine andere sehr einfache und elegant Lösung.**
Sie kann gewählt werden, wenn der Platz im

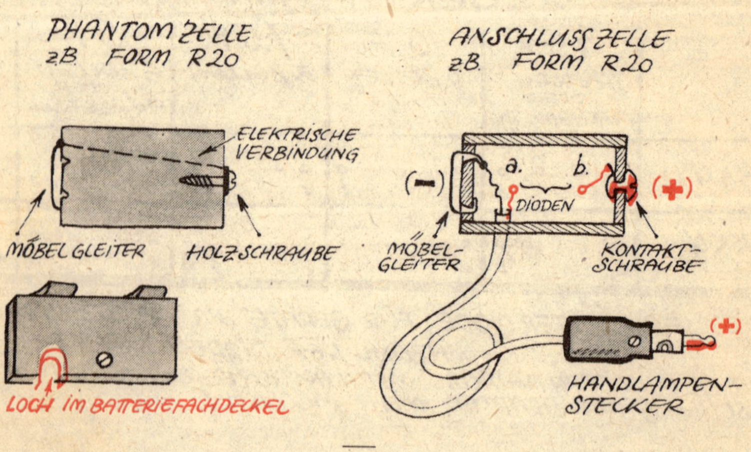

Gerät zum Einbau einer Gleichspannungsbuchse zu knapp ist oder man aus anderen Gründen keine Veränderung am Gerät selbst vornehmen will. Dazu baut man sich aus Holz oder Plaste einige »Phantomzellen« mit der äußeren Form, wie auch die im Gerät verwendeten Batterien haben (Abb. a) und eine »Anschlußzelle« mit Kabel (Abb. b). Die Anschlußzelle muß hohl sein, denn sie nimmt die Dioden auf. Je nach angewendeter »Stapeltechnik« im Batteriefach lassen sich auch mehrere Phantomzellen miteinander oder mit der Anschlußzelle zusammenfassen. Bei einer größeren Zahl notwendiger Dioden können diese unter Beachtung der Polarität auch auf die Phantomzellen verteilt werden; sie liegen dann trotzdem alle in Reihe. Dann geht's in der Anschlußzelle nicht so eng zu, und auch die entstehende Verlustwärme an den Dioden wird besser abgeführt. Am Gerät besteht die ganze Änderung darin, daß man im Batteriefachdeckel ein kleines Loch für das Anschlußkabel bohren muß.

42. Campingküchenfragen

»Ohne mich rühmen zu wollen, kann ich sagen, daß mein Suppenkessel . . . immer mit derselben Suppe auf dem Feuer gestanden hat, ohne je sauer zu werden. Jeden Tag kam etwas Neues hinein, eine Handvoll Bohnen, eine Mütze Dörrzwiebeln, ein paar Fische, Pilze, Blaubeeren, Kohl, Gurken, Äpfel oder eine Handvoll Salz« (Ehm Welk, aus »Mutafo«)

42.1 **»Das bißchen Kochen und Abwasch«, glauben viele Ehemänner zu wissen, »ist ja wohl noch nebenbei zu erledigen.«**
Beim Camping können sie es immerhin einmal vorsichtig versuchen, ohne sich auf ihr gestreßtes Berufsleben herausreden zu müssen. Dann ist sicher auch die Campinghausfrau eher dazu bereit, aufs Essengehen zu verzichten. Die Motivation aller Familienmitglieder auf die Campingküche ist in mehrfacher Hinsicht von Vorteil: Das »Fegefeuer« für den Geldbeutel infolge häufigen Gaststättenessens schrumpft zu einem nur kleinen Schadenbrand, besonders bei größeren Familien. Die Zeit läßt sich besser einteilen, häufiges Ankleiden entfällt (ein Bikini oder eine Badehose mit übergestreiftem Hemd ist selbst in der Zeltgaststätte unpassend!). Man braucht nicht auf ein Gericht zu warten, das vielleicht ohnehin nicht allen schmeckt.

42.2 **Alle Lebensmittel, die zum allmählichen Verbrauch bestimmt sind** (Butter, Margarine, Marmelade, Dauerwurst,

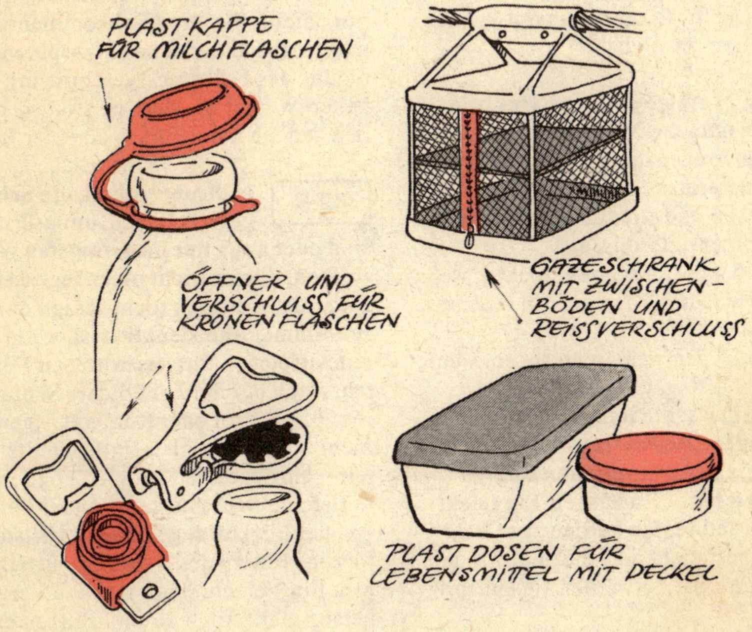

Käse u. a.) werden in sauberen, dicht schließenden Plaste- oder Glasgefäßen kühl und trocken gelagert (Kühlgrube).
Angebrochene Flaschen sind immer mit Verschlüssen zu versehen (z. B. mit einem käuflichen Schnappverschluß oder einer Plastekappe). Es droht nämlich außer Verunreinigung des Inhalts, daß Insekten ihre Eier und Maden darin ablegen. Der erfahrenen Hausfrau muß man diese Ratschläge kaum geben, sie gelten aber im gleichen Maße für Camper, die mit kleiner Ausrüstung unterwegs sind.

42.3 **Es gibt einige einfache Tips, wie man manche Nahrungsmittel auch unter den Bedingungen des Campings länger haltbar machen kann.**
Salz bleibt trocken und streufähig, wenn man ein paar Reiskörner untermischt.
Schnittkäse wird nicht so schnell trocken, wenn man ihn in ein feuchtes Tuch oder in feuchtes Papier einwickelt.
Butter hält sich länger, wenn man sie ein wenig salzt.
Gemahlener Kaffee sollte immer in einer luftdicht schließenden Dose aufbewahrt werden, wenn er sein Aroma nicht verlieren soll.
Frische Brötchen für den nächsten Tag steckt man in eine Plastetüte. Sie werden zwar bald »gummiartig«, bestreicht man sie aber vor dem Aufbacken mit Wasser, so werden sie knusprig »wie neu«!

42.4 **Beim Camping muß das Geschirr besonders sorgfältig abgewaschen werden.**
Man bedenke, daß es meist wärmer ist, als in der Küche zu Hause. Bakterien finden ideale Lebensbedingungen, und viele Insekten lauern nur darauf, für ihre Nachkommenschaft eine nahrhafte Kinderstube aufzuspüren. Eine Reinigung des Frühstücksgeschirrs mit Sand im kalten Wasser des Sees ist zwar schon mal möglich, jedoch nicht gerade an einer Badestelle.

42.5 **Nahrungsmittel, die Schimmel angesetzt haben, unnatürlich verfärbt sind oder auch nur im geringsten verdächtig riechen, dürfen nicht mehr gegessen werden.**
Damit ist natürlich nicht gesagt, daß der Verzehr immer unbedenklich ist, wenn diese äußeren Anzeichen fortgeschrittenen Verderbs fehlen. Auch bei nur äußerlicher Schimmelbildung – z. B. auf Brot oder Kompott – genügt es nicht, wenn man die befallenen Stellen entfernt. Unsichtbare Kolonien können auch schon in tieferen Schichten entstanden sein, oder die von der Pilzkultur gebildeten Giftstoffe sind weit ins Innere des Nahrungsmittels eingedrungen. Ein Verzehr kann schwere Vergiftungen hervorrufen. Auch durch Erhitzen einer schim-

melbefallenen Speise können diese Gifte nicht unschädlich gemacht werden.

42.6 **Die Unsitte des sogenannten »Anbratens« von Fleisch – um es länger haltbar zu machen – ist eine sehr gefährliche.**
Dabei werden im Innern des Stücks stellenweise nur geringe Temperaturen erreicht, und die Bakterien vermehren sich eher noch eifriger, als daß sie abgetötet werden (um z. B. eine Salmonellenkultur zu zerstören, muß eine Temperatur über 70° C mindestens 10 Minuten herrschen!). Fleischvergiftungen sind besonders gefährlich, daher sollte frisches Fleisch immer unmittelbar nach den Einkauf verarbeitet und alsbald verzehrt werden. Das gilt auch für tiefgefrorene Ware nach ihrem Auftauen.
Ganz besonders leichtverderblich sind alle rohen Hackfleischwaren. Man bedenke, daß diese beim Zerkleinern überall mit Luft und den darin befindlichen schädlichen Keimen in Berührung gekommen sind und sich der Verwesungsprozeß nicht nur von außen, sondern auch von innen heraus ausbreiten kann.

42.7 **Auf Campingplätzen sind Speisereste wegen der i. allg. größeren Wärme schnellerem Verderb ausgesetzt.**
Ein Wideraufkochen nach längerem Stehenlassen tötet zwar die Bakterien ab, nicht aber werden die inzwischen von ihnen produzierten Gifte unschädlich gemacht. Bei kürzerer Aufbewahrungszeit – z. B. vom Mittag bis zum Abend – sind Plastegefäße am besten geeignet, die man kühl lagert. Reste von Pilz- und Fischgerichten sollten man aber unbedingt fortwerfen. Der Inhalt von Konservendosen ist möglichst gleich nach dem Öffnen umzufüllen, weil sich unter Sauerstoffzutritt am Dosenmetall schädliche Oxide bilden können.

42.8 **Bei Kleinkinderfertignahrung darf man keine Reste aufbewahren und bei der nächsten Mahlzeit verabreichen.**
Es können lebensbedrohliche Verdauungsstörungen auftreten! Wenn keine ausreichende Kühlung möglich ist, soll man auch die Milchmahlzeiten einzeln zubereiten.
Dazu eignen sich am besten die Trockenmilchpräparate. Ansonsten bleiben wir auch beim Camping bei der gewohnten Kost des Kleinkinds. Wichtig ist sauberes Arbeiten, um Infektionen des Verdauungssystems zu vermeiden.

42.9 **Trinkwasser ist ein Nahrungsmittel, darum soll mit ihm sparsam umgegangen werden.**
Es wird auf dem Campingplatz in einwandfreier Beschaffenheit zur Verfügung gestellt und laufend hygienisch überwacht. Auch wenn nicht ausdrücklich darauf hingewiesen wird, ist es trotzdem kein Fehler, das Wasser vor dem Trinken oder zur Zubereitung kalter Speisen abzukochen. Wasserzapfstellen, die nur Brauchwasser spenden, sind durch ein Schild »kein Trinkwasser« kenntlich gemacht. Schöpfen wir einmal Wasser aus einem Gebirgsbach, so soll es vor dem Trinken ebenfalls abgekocht werden.

42.10 **Mit einem schmackhaften Frühstück wird der Tag fröhlich begonnen.**
Dabei sollen Brotaufstriche wie Marmelade, Nußmus, Kräuterquark oder Streichkäse dominieren, dazu hin und wieder ein weichgekochtes Ei. Auch ein Müsli aus Haferflocken oder Weizenkeimen mit Saisonobst, Konfitüre, Honig oder Fruchtnektar wird gern gegessen. Es sättigt gut und hat dabei trotzdem nur wenige der bei vielen so verpönten »Kilojoule«.
Nicht alle Menschen haben morgens schon Appetit auf Fleisch, Wurst, Ölsardinen, Kuchen oder Vollfettkäse. Es müssen auch nicht immer Brötchen sein. Vielleicht probieren wir wieder einmal das lange haltbare Knäckebrot! Wann gab es das letzte Mal Pumpernickel oder Vollkornbrot? Auch die Trinkgewohnheiten können wir etwas umstellen. An Stelle der »Dröhnung« (Kaffee) trinken die Großen vielleicht zusammen mit den Kindern Kakao, heiße Milch, Kräutertee, Juice, Wildfrucht- oder Tomatensaft.

42.11 **Da wir kein Kochbuch schreiben wollen, beschränken wir uns an dieser Stelle mit einer Auflistung campingtypischer Hauptgerichte.**
Die Zubereitung mit all ihren Feinheiten überlassen wir dem amtierenden Küchenchef. Hier die durchaus ergänzungsfähige Auswahl:
- Goulasch (Dose) mit Tütenknödeln, Makkaroni oder Kartoffeln,
- Eierfrikassee aus hartgekochten Eiern, jungen Erbsen und Kapern,
- Makkaroniauflauf mit gebratenen Bockwurst- oder Schinkenwürfeln und Ei, in der

Pfanne zubereitet, darauf Reibekäse und Ketchup,
- grüne Bohnen oder junge Erbsen (Dose) mit brauner Butter und Ei,
- panierter und gebackener Blumenkohl, »pur« oder mit Kartoffeln,
- große Klopse (Dose), in Scheiben geschnitten, paniert und gebacken, mit Kartoffeln und Gemüse,
- Milchreis, Grießflammeri oder Hefeklöße mit brauner Butter, Zucker und Zimt oder mit Kompott,
- Hühnerfrikassee (Huhn aus der Dose) mit Kochbeutelreis,
- Makkaroni, Spaghetti mit brauner Butter oder Tomatensoße,
- Schnitzel, Rumpsteak, Leber mit Gemüse und Kartoffeln,
- Linsen-, Erbsen-, Bohneneintopf (»Tempo«-Packung) mit Rauchfleisch, Schinken oder gebratenen Dauerwurstwürfeln,
- Tempobohnen, in Tomatensoße gekocht,
- Blut- oder Leberwurst, gebraten, mit Sauerkraut und Kartoffeln,
- Apfeleierkuchen, Quarkkeulchen, Kartoffelpuffer mit Kompott,
- Fischfilet oder Bratfisch mit Petersilienkartoffeln,
- Kohlrouladen (Konserve) mit Reis oder Kartoffeln,
- Soljanka (als Basis Donau- oder Jägersalat, in Brühe gekocht) mit Wurst, Schinkenstückchen oder Bratenresten, dazu Eierkuchen,
- Kartoffelsalat mit kaltem Schnitzel oder Würstchen (auch als Reise- oder Wanderproviant),
- verschiedene Grillgerichte (→ 52.11) oder Kesselsuppen (→ 42.15 und 16).

42.12 **Wenn schließlich Vati mit dem Kochen an der Reihe ist,** dann kann er vielleicht aus dem im Jahre 1984 erschienen bulgarischen »Kochbuch für Männer« bedeutenden Nutzen ziehen. Es bietet einfache Gerichte mit einer maximalen Zubereitungszeit von 20 Minuten an. So bleibt noch genügend Zeit, im Falle des Mißlingens die Zeltgaststätte aufzusuchen (nach ND vom 28. 2. 1984).

42.13 **Für die gesunde Ernährung ist es ohne Bedeutung, ob mittags oder abends warm gegessen wird.**
Das kann man beim Camping ausnutzen, wenn es einen wegen des schönen Wetters nicht an den Kochtopf oder in die Gaststätte drängt oder wenn man auf einer längeren Wandertour ist. Hauptsache ist, daß der Körper alle wichtigen Nährstoffe und Vitamine erhält. Die warme Abendmahlzeit sollte allerdings nicht so schwer sein oder so spät gegessen werden, daß man sich schließlich ruhelos auf der Matratze herumwälzt.

42.14 **Für Hirten und Fischer war von jeher der Kessel ein notwendiges Requisit geselliger Speisenzubereitung.** So entstanden in langer Tradition rustikale, schmack-

hafte und doch einfach zuzubereitende Kesselsuppen, die auch heute noch das Campingleben zu bereichern vermögen. Wir beschreiben zwei ungarische Gerichte, für die auch beim Camping die Zutaten leicht beschaffbar sind und die sich im Bogrács (Kessel) über dem Grill oder einem offenen Holzfeuer – natürlich auch in einem großen Topf auf dem Kocher – leicht zubereiten lassen.

42.15 **Das ungarische Gulasch (von Gulyás, Rinderhirte) ist eine Suppe!** (Was wir gemeinhin unter Gulasch verstehen, bezeichnet der Ungar als Pörkölt). Wir benötigen für 4 Personen 500 bis 800 g mageres Rindfleisch (nur Rindfleisch!), einige Innereien (Herz, Leber, Nieren), 50 g Schweineschmalz, eine große Zwiebel, ein Ei, Gewürzpaprika, edelsüß und etwa 1 kg Kartoffeln. Zuerst wird im Kessel die feingehackte Zwiebel im Schmalz hellbraun geröstet. Der Paprika ist darüberzustreuen. Er darf aber nicht anbrennen, daher sofort mit etwas Wasser ablöschen! Dann wird das kleingewürfelte Fleisch dazugegeben und angeschmort. Die geschälten Kartoffeln werden in kleine Stücke geschnitten und auch in den Kessel getan. Soviel Wasser auffüllen, daß sich eine sämige Suppe ergibt. Sie muß so lange weiterkochen, bis Fleisch und Kartoffeln vollständig gar sind. Ein Glas herben Weißweins macht das Gericht besonders pikant. Schließlich wird mit Salz und weiterem Gewürzpaprika (kein Pfeffer, kein Kümmel!) abgeschmeckt, fertig!
Obwohl sie eigentlich nicht ins echte Gulasch hineingehören, können doch ein paar gewürfelte Tomaten und geschnittene Paprikaschoten mitgeschmort werden, oder es werden am Schluß vorgekochte Nudeln zugegeben.

42.16 **Besonders für Angler wird unser zweites Rezept, eine ungarische Halászlé (Fischsuppe), willkommen sein.**
Es können einige kleine Fische mitverarbeitet werden (300 bis 400 g), wir müssen aber auch einen Karpfen von etwa 1 kg gefangen haben (oder zwei kleinere). Auf den Boden des Bogrács wird eine Schicht gereinigter und ausgenommener kleiner Fische und der Karpfenkopf gelegt (Kenner lassen auch bei den kleinen die Köpfe mit den Augen dran; die schauen später beim Servieren so treuherzig aus der roten Brühe!). Darauf folgen abwechselnd Schichten von Zwiebelscheiben und Karpfenstücken (etwa zwei Finger breit geschnitten). Die letzte Schicht ist Karpfen. Es wird so viel Wasser aufgegossen, daß alles gerade bedeckt ist. Beginnt der Kesselinhalt zu kochen, dann wird gesalzen und ein Eßlöffel edelsüßer Gewürzpaprika dar-

übergestreut. Die köstliche Suppe ist nach einer halben Stunde weiteren Kochens fertig.

42.17 **Obwohl sich Beutelsuppen teilweise zu erstaunlichem Wohlgeschmack gemausert haben, sind sie auf Dauer doch nicht jedermanns Sache.**
Sie können aber je nach Art mit vielfältigen Zutaten und Überbleibseln veredelt werden. Dazu zählen Ei, Käsewürfel, geröstete Brotstückchen, glasierte Zwiebelringe, Butter, Teigwaren, Kartoffelstückchen, vorgekochter Reis, Feinfrostgemüse oder Gemüsereste, Trockenpilze, Sauerkraut, angebratene Wurst oder Bratenreste, Gewürze. Es ist lediglich darauf zu achten, daß die Bestandteile geschmacklich miteinander harmonieren und zum Charakter der Suppe passen. Alles soll etwa die gleiche Garzeit haben, oder kürzergarende Einlagen werden später zugegeben. So läßt sich aus einer profanen Tomatentütensuppe z. B. eine edle Soljanka zaubern, und das in einem einzigen Topf!

42.18 **An kühlen Abenden ist ein heißes Getränk immer willkommen.**
Dabei sei es jedem selbst überlassen, ob er es alkoholfrei oder etwas „verschärft" ansetzen will. Glühwein – Rotwein mit Stangenzimt, Nelken und viel Zucker – erhält durch einen Zusatz von Zitronen- und Apfelsinenscheiben, durch Apfelsaft oder einen kräftigen Absud von Schwarztee einen besonders angenehmen Geschmack. Ein guter Schuß Himbeergeist verleiht dem „Spaßmacher" ein exotisches Aroma, er verstärkt aber auch bedeutend die Wirkung. Alkoholhaltige Getränke dürfen keinesfalls über 60 bis 70 °C erhitzt werden, sonst „verduftet" der euphorisierende Bestandteil sehr schnell!

42.19 **Damit unsere jüngeren Zeltkumpanen nicht mit runden, lüsternen Augen zuschauen müssen,** wie sich bei den Erwachsenen allmählich die Nasen färben, brauen wir auch für sie ein leckeres Mixgetränk: Lindenblütentee wird mit etwa einem Liter Wasser, einer Scheibe Ingwer, einigen Stückchen Stangenzimt, einer Nelke und etwa $1^1/_2$ Eßlöffeln Zucker 5 Minuten lang gekocht, danach abgeseiht. Dann wird eine Flasche roter Johannisbeermost dazugegossen. Nach nochmaligem Erhitzen bis knapp unter die Siedegrenze ist das Getränk fertig. In jedes Glas gehört eine Zitronenscheibe. Dieser „Heidepunsch" eignet sich ebenfalls für kühle Abende und schmeckt nicht nur Kindern.

42.20 **Wollen wir im Urlaub nicht einmal das russische Nationalgetränk „Kwass" zubereiten?**
Dieses schmackhafte, durststillende und die Lebensgeister erweckende Getränk hält sich, kühl gelagert, mehrere Tage. Und so wird's gemacht: 300 g Mischbrot wird kleingeschnitten, getrocknet (es läßt sich auch anrösten) und mit $2^1/_2$ l kochendem Wasser übergossen. Nach 3 bis 4 Stunden wird die Flüssigkeit abgeseiht und mit etwa 15 g Bäckerhefe, 100 g Zucker und einem Eßlöffel Mehl verrührt. Dann deckt man das Gefäß (Plast oder Glas) mit dem Ansatz luftig ab und stellt es zum Gären an einen warmen Ort. Nach 2 bis 3 Tagen kann der Kwass getrunken werden. Er erhält eine besondere Geschmacksnote, wenn man ihm vor der Gärung etwa 5 bis 10 g zerstoßenen Kümmel beimengt.

42.21 **Auf manchen Zeltplätzen schmeckt der mit gezapftem Trinkwasser gekochte Kaffee erbärmlich.**
Da hilft nur eines: wir verwenden Tafelwasser! Etwas teurer, aber in jedem Falle guuut!

42.22 **Bei den Verkaufseinrichtungen auf den Zeltplätzen gibt es oft Probleme mit der Flaschenrücknahme.**
„Keine Leergutannahme aus technischen Gründen", „Flaschenannahme nur beim Kauf von Getränken", „Keine großen Bierflaschen!" sind Schilder, die dem flaschenbepackten Camper häufig entgegengrinsen. Es gibt jedoch für diese Verkaufsstellen die gleiche Verpflichtung des Handels wie überall: Die ständig oder zeitweilig im Sortiment befindlichen Pfandflaschen (nicht nur der geführten Getränkesorten, sondern auch die gleichen Flaschentyps) müssen während der gesamten Geschäftszeit angenommen werden. Zwar ist es für einen kleinen Kiosk sicherlich schwierig, bei Unregelmäßigkeiten im Leergutumschlag die Flaschenberge zu lagern, für die Zelter ist es aber keineswegs leichter! Und wegwerfen oder bei der Heimreise mitnehmen kann keine überzeugende Alternative sein!

43. Besonderheiten auf verschneiter Wiese

43.1 **Die Zahl der Camper, die es auch im Winter einmal bei Eis, Schnee und Kälte versuchen wollen, wächst ständig.**
Der besondere Erholungseffekt eines solchen Urlaubs wird durch die Ruhe auf dem winterlichen Platz und durch die sportliche Betätigung in frischer, klarer Winterluft gefördert. Auch das lange Schlangestehen an einer Kaufhalle entfällt.
Die Wintercamper sind fast immer eine eingeschworene Gemeinschaft, die genau weiß, warum sie eben zu dieser Zeit Ferien macht, die sich gegenseitig hilft und für ständige Abwechslung und Kurzweil auf dem Platz sorgt. Da gibt es Sport und Spiel im Schnee, vereint wird das Grill angeheizt, und die gemeinsame Silvesterparty bildet den unvergeßlichen Höhepunkt für alle Beteiligten. Grundvoraussetzung ist allerdings nicht nur ein Winter nach dem Kalender, sondern auch ein meteorologischer. Tauwetter und Matsch können allen den Spaß verderben. Zum Glück liegen die inzwischen acht Wintercampingplätze in relativ schneesicherer Lage im Süden der DDR.

43.2 **Wintercamping ist z. Z. in der DDR auf folgenden Campingplätzen möglich:**
Intercampingplatz 5237 Weißensee (L/3),
5301 Hohenfelden (L/6),
5906 Ruhla (L/7),
5501 Hainrode (L/12).
Die Anträge für diese vier Plätze werden an die zentrale Campingvermittlung Erfurt übersandt.
Weiterhin stehen
der Intercampingplatz 6309 Großbreitenbach (O/4),
6313 Manebach (O/5),
der Jugendcampingplatz 6051 Erlau (O/7) sowie
4242 Altenberg (R/2)
zur Verfügung. Für diese Plätze wird der Antrag an den betreffenden Rat der Gemeinde übersandt. Achtung, Termine beachten → 17.6!

43.3 **Wintercampingplätze sind mit Zusatzeinrichtungen ausgestattet, die einen angenehmen Aufenthalt zu dieser Jahreszeit erst ermöglichen.**
Elektroanschluß mit ausreichendem Anschlußwert zum Heizen, beheizte Wasch-, Dusch-, Toiletten- und Trockenräume, fließend Warmwasser gehören ebenso dazu wie z. T. Gemeinschaftsküchen, Clubräume, Sauna und Gaststätte.

43.4 **Zum Wintercamping eignen sich am besten vollisolierte Campingwohnwagen, aber auch Berg- und Hauszelte.**
Steilwandzelte und Zeltanhänger eignen sich nicht; die zu erwartende Schneelast würde sie zerdrücken (→ 55.15!). Bei kleinen Zelten ist ein Überzelt zur besseren Wärmeisolierung günstig. Es wird in nur geringem Abstand über das Zelt gespannt (nicht direkt aufliegend!) und kann seitlich bis in den Schnee hineinragen.

43.5 **Bei einem Berg- oder Hauszelt schaufelt man sich an windgeschützter Stelle eine rechteckige Kuhle in den Schnee und türmt seitlich hohe Wälle auf.**

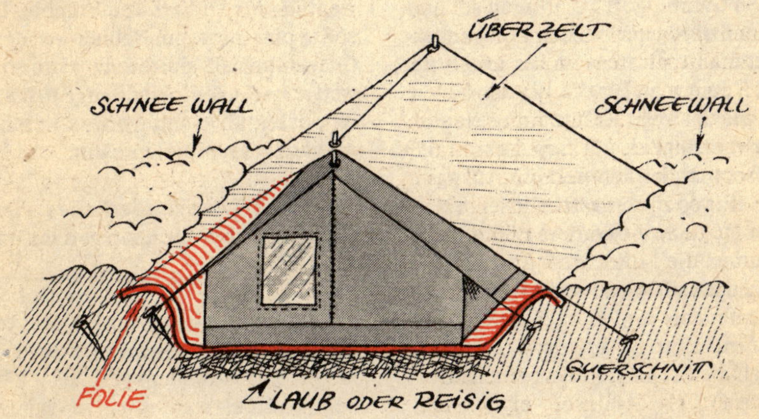

An Tauwetter müssen wir dabei nicht unbedingt denken; bei längerer Dauer zwingt uns der entstehende Matsch ohnehin zum Aufbruch. Ein Zeltaufbau unter Bäumen kann problematisch werden, z. B. wenn sie bei Wind ihre Schneelast auf den bedauernswerten Camper abladen. Wenn es ohne Naturfrevel möglich ist, sollte unter dem Zeltboden eine Isolierschicht aus Tannenzweigen oder wenigstens Reisig ausgelegt werden. Notfalls tut es auch eine große Plastfolie. Reicht sie bis auf die Schneewälle herauf, so gibt es bei Tauwetter keine nassen Überraschungen! Tannenreisig gehört zum Abtreten der Füße auch vor den Zelteingang!

43.6 **Ein kleines Zelt läßt sich im Winter bereits mit einem Windlicht temperieren.**

Allerdings ist ein Katalytofen leistungsfähiger (→ 9.26 und Anhang 4). Er kann auch nachts über in Betrieb bleiben. Als Schlafsack empfiehlt sich unbedingt eine warme und dicke Ausführung, wenn möglich Mumienform. Einige mollige Decken aus Wolle oder Wolpryla sollten nicht fehlen. Dabei kann es zur Wärmeisolierung günstig sein, eine oder zwei Decken unter die Luftmatratze zu legen. Als Unterlage im Winter ist eine Biwakmatte keinesfalls ausreichend, zumindest sollte es eine Luftmatratze sein, noch besser ist eine Campingliege. Warme Unterwäsche, dicke Pullover und lange Wollsokken haben wir im Gepäck.

43.7 **Über die optimale Größe eines wintertauglichen Wohnwagens gehen die Meinungen auseinander.**

Einesteils wird ins Feld geführt, daß ein kleiner Wohnwagen unter winterlichen Bedingungen leichter an den Campingort zu bringen sei und daß er sich auch einfacher heizen ließe, andererseits merkt man spätestens an Ort und Stelle, wieviel mehr Raum man für die Wintersachen braucht und wieviel mehr Zeit man insgesamt im Anhänger verbringt als zur Sommerzeit. Die Tage sind wesentlich kürzer, und ein Ausweichen in die Natur oder wenigstens ins Vorzelt ist auch nicht möglich. Außerdem bleibt in großen Innenräumen die Luftfeuchtigkeit i. allg. niedriger, und die Luft wird nicht so „dick", weil sich Atemfeuchte und Körperschweiß in ein größeres Luftvolumen verteilen. Das ist auch beim Schlafen sehr wichtig, vor allem bei vielen Personen!

43.8 **Bei einem nicht oder ungenügend isolierten Wohnwagen kann es im Winter Probleme geben.**

Es wird nicht nur eine insgesamt größere Heizleistung benötigt, sondern es bildet sich auch viel Kondenswasser an den kalten Wänden. Darum sind vor allem bei solchen Wohnwagen alle die Heizmethoden ungeeignet, bei denen sich durch die Oxidation des Brennstoffs noch zusätzliche Luftfeuchte bildet. Dazu zählen der Infrarotstrahler für Propan, der Katalyt-Propanheizer und alle Katalytöfen. Gasraumheizer mit abgeschlossenem Brennsystem (SOLAR 3000), sowie alle Elektroheizgeräte erzeugen keine zusätzliche Feuchtigkeit im Raum.

43.9 **Beim Wintercamping sind die Wohnwagenfenster besondere Schwachpunkte.**

Ihre nur mangelhafte Wärmeisolierung erhöht die Heizkosten und führt zu verstärkter Schwitzwasserbildung an der Fensterinnenseite. Erfahrene Wintercamper schneiden sich darum Tafeln aus Schaumpolystyrol in geeigneter Größe zurecht und decken damit von außen die Fenster ab. Das empfiehlt sich auf jeden Fall an der Wetterseite. Zur Befestigung genügen 2 bis 3 Gummischnüre, für die spezielle Befestigungspunkte rund um das Fenster geschaffen werden (z. B. Haken für Anhängerplanen).

43.10 **Weil nicht jeder Wohnwagen in unmittelbarer Nähe einer Steckdose stehen kann, empfiehlt sich ein 30 bis 40 m langes, durchgehendes (!) Anschlußkabel im Gepäck (dreipolig, Schuko).**

Kabel mit Gummimantel sind bei Kälte besser geeignet als solche mit Plastisolierung. Diese werden schnell hart und brüchig. Das Kabel sollte man nicht im Schnee verlegen, sondern über Baumäste führen. Es kann sonst bei Tauwetter und nachfolgendem Frost so fest einfrieren, daß man es ohne ernste Beschädigungen nicht wieder einholen kann.

43.11 **Die erforderliche Heizenergie für den Wohnwagen im Winter wird oft überschätzt.**

Bei mäßiger Kälte und guter Isolierung kann ein dauernd betriebener Heizer von 250 bis 500 Watt schon ausreichend sein. Trotzdem sind Heizleistungen von 2 bis 3 kW anzustreben. Dadurch werden kurze Anheizzeiten bei

ausgekühltem Anhänger erreicht, und es kann außerdem mehr Frischluft in die Wohnzelle gelassen werden (Dachluke und ein Fenster einen Spalt breit öffnen!). Elektrische Heizer mit großer Leistung sollten sich unbedingt auf eine niedrigere Heizstufe umschalten lassen oder mit einem Regler versehen sein (→ 9.27). Elektrischer Heizung ist gegenüber Gasheizung der Vorzug einzuräumen, denn eine 5-kg-Gasflasche reicht i. allg. nicht länger als 2 bis 3 Tage und kann bei großer Kälte meist auch nicht völlig entleert werden (beachte 31.10 und 55.16!).

43.12 **Um Campingwohnwagen werden oft Schutzwälle aus Schnee aufgeschüttet.**
Diese dürfen aber nicht bis an die Karosserie heranreichen, damit die Luftzirkulation unter dem Boden des Anhängers erhalten bleibt. Keinesfalls dürfen Belüftungsöffnungen verdeckt werden.

43.13 **Beim Wohnen in einem Campinganhänger im Winter können noch folgende Tips nützlich sein:**
a) Die Luftfeuchte wollen wir nicht unnötig erhöhen. Daher trocknen wir unsere Sachen außerhalb der Wohnzelle, z. B. im Schneezelt oder, noch besser, im gemeinschaftlichen Trockenraum.
b) Eine zusätzliche Isolierung hinter den Sitzlehnen kann einer Nierenbeckenentzündung vorbeugen. Man verwendet passende Schaumpolystyrolplatten oder einen Lattenrost, bei dem

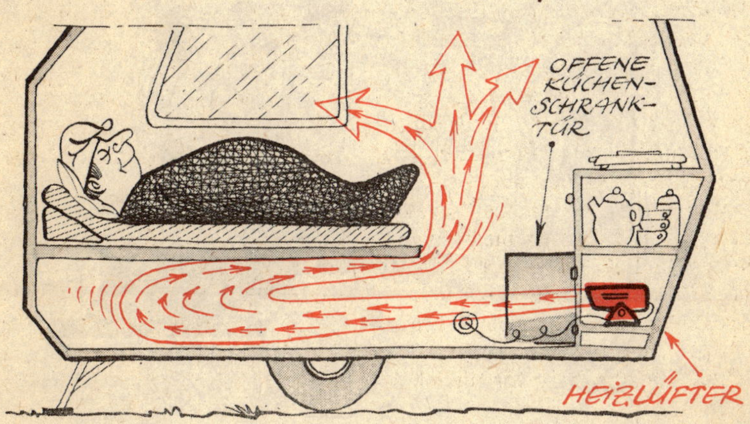

erwärmte Luft hindurchstreichen kann.
c) Bei leicht bewegter Luft erwärmt sich der Innenraum gleichmäßiger. Wenn sein Rauschen nicht stört, ist daher ein Heizlüfter vorteilhaft. Nachts kann er so aufgestellt werden, daß er die Schlaffläche von unten her mit einem milden Luftstrom trifft (Vorsicht!, so unterbringen, daß kein Wärmestau entsteht oder eine herabrutschende Schlafdecke zu einem Brand führen könnte).
d) Trittbänkchen aus Metall vor der Wohnwagentür sind im Winter sehr glatt. Besser, man verwendet Holzroste mit breiten Ritzen, durch die der Schnee beim Abtreten der Schuhe hindurchfallen kann.
e) Nahrungsmittel, die keinen Frost vertragen, müssen im Inneren des Wohnwagens verbleiben (Obst, Kartoffeln, Getränke in Flaschen, Wasserkanister).

44. Vor und nach der Abreise

44.1 **Schon einige Tage vor Urlaubsende reinigen wir an einem trockenen Tag unser Zelt gründlich von innen und außen.**
Das sollte man bei einem längeren Aufenthalt außerdem mindestens alle 10 bis 14 Tage tun.
Um den Staub vom Dach zu bekommen, ist leichter Wind ein willkommener Helfer, aber nur, wenn man dabei auch an die Nachbarn denkt. Zur Reinigung von Steilwandzelten binden wir eine nicht zu weiche Polsterbürste an einen langen Stab. Damit erreichen wir auch alle Stellen auf dem Dach. Leichtes Klopfen von innen gegen das Gewebe lockert den Schmutz. Ausbürsten schadet der Imprägnierung nicht; der Feuchtigkeitsschutz verbessert sich sogar, wenn man die Bürste immer in Richtung des Wasserablaufs führt.

44.2 **Fenster und Faulstreifen am Zelt werden vor der Abreise zunächst trocken abgekehrt, dann mit Fitwasser oder einer milden Seifenlauge gesäubert.**
Zum Abtrocknen bindet oder hängt man den Faulstreifen etwas hoch. Zeltböden sind auch bei trockenem Wetter unten immer feucht und verschmutzt. Sie werden am besten während des Zusammenrollens des zusammengelegten Zelts abgekehrt und feucht abgewischt (trocknen lassen, bevor weitergerollt wird!). Auch die Zeltnägel und Heringe werden vom gröbsten Schmutz befreit; denn Aluminium wird von Erde angegriffen und zerfällt allmählich zu Pulver. (Beachte auch 59.21!)

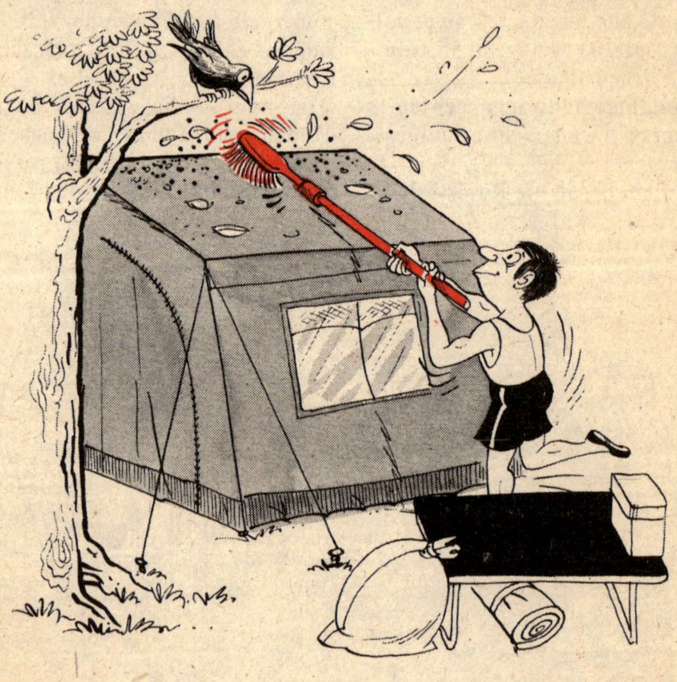

44.3 **Was wir von unseren Campingutensilien an Ort und Stelle gründlich säubern und was absolut (!) trocken verpackt werden kann, brauchen wir zu Hause nicht noch einmal auszupacken.**

Schwieriger wird es nach der Abreise an einem Regentag oder auch nur bei feuchtem Wetter. In den Stoffen – Zeltleinwand, Decken, Sesselbezügen – können sich bei Feuchtigkeit schon nach einem Tag Stockflecken, verbunden mit muffigem Geruch, bilden. Daher müssen feucht eingepackte Sachen zu Hause sofort ausgepackt und gründlich getrocknet werden. Das Entfernen von Stockflecken ist mühselig (→ 59.5).

44.4 **Nach Zusammenlegen der Zelte sollen Gummiteile (Spannringe, gummierte Zeltböden) mit Folienteilen, besonders den Fenstern, nicht in Berührung sein.**

Infolge Wanderung des Weichmachers kommt es zu Verfärbungen in der Folie, die sich niemals wieder entfernen lassen. Aus dem gleichen Grund legen wir auch keine Luftmatratzen direkt auf den mit Kunstleder bezogenen Deckel eines Zeltanhängers. Bei großer Hitze kann das Matratzenmuster regelrecht auf den Deckel kopiert werden.

44.5 **Jeder Camper kennt das Problem, eine Luftmatratze vollständig zu entleeren.**

Hat man reichlich Zeit, so zieht man einfach die Stöpsel heraus und läßt die Matratze, ausgebreitet auf flacher, ebener Unterlage, langsam zusammensinken. Nach 1 bis 2 Stunden hat sie ihr inneres Sein restlos ausgehaucht. Schichtet man mehrere aufeinander, so geht es etwas schneller. Dieser Ratschlag nützt denen wenig, die es eilig haben. Es hat dann wenig Sinn, die Matratze zu knicken und zu quetschen; die Restluft sammelt sich in den Ecken an und will nicht heraus. Da ist es schon besser, in Richtung des Ventils stramm zu rollen. Eine Campingluftpumpe, die sich auf »saugen« umstellen läßt, oder ein umgebauter Campingkompressor (→ 54.13) lassen das Entleeren zu einem Kinderspiel werden.

44.6 **Bei der Abreise ist unser Gepäck infolge der verbrauchten Vorräte meist etwas entlastet.**

Wir können daran denken, etwas mitzunehmen, was zu Hause nicht ganz so leicht zu beschaffen ist. Da wäre z. B. ein Säckchen mit feinem Seesand für unseren „Hansi" im Bauer. Solcher

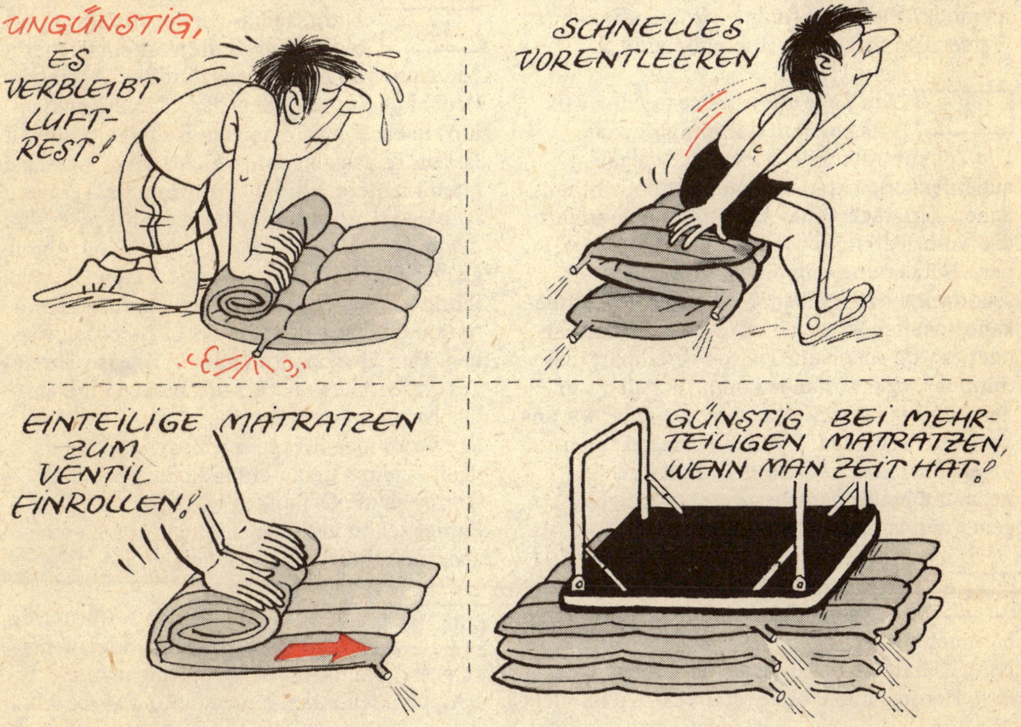

Sand ist durch seinen Anteil zermahlener Muschelschalen sehr kalkhaltig und darum als Vogelsand gut geeignet. Oder wie wäre es mit Feuersteinen für unseren Steingarten? Eignet sich nicht diese trockene Wurzel dort als dekorativer, bepflanzbarer Vorgarten- oder Balkonschmuck? Vielleicht finden wir irgendwo am Wasser Ton für unsere Hobbytöpferei!

44.7 **Am Tage der Abreise melden wir uns auf dem Campingplatz ab.**
Die Zeltkontrollmarke wird zurückgegeben, außerdem erleichtert es dem eventuell vorhandenen Parkwächter die Arbeit, wenn er erfährt, daß unser Parkfleck wieder frei ist. Ausgeliehene Bücher und Campingartikel haben wir schon vorher abgegeben. Mit lieben Urlaubsbekanntschaften werden die Adressen getauscht, oder es wird schon ein Treffen vereinbart (das mitunter sogar zustande kommt!). Auch von den unmittelbaren Zeltnachbarn sollten wir uns kurz verabschieden. Die Kinder sagen ihren Spielkameraden Lebewohl und versprechen hoch und heilig, ganz bestimmt vielleicht irgendwann bald zu schreiben.

44.8 **Wer sehr früh am Morgen abreist, der möge Rücksicht auf seine Nachbarn nehmen!**
Beim Zeltabbau bedarf es keines großen »Hallos«, Heringe und Gestängeteile muß man nicht mit hellem Klingen auf einen Haufen werfen. Nach Rücksprache mit dem Zeltplatzleiter ist es vielleicht auch möglich, das Auto schon am Vorabend ans Zelt zu fahren und teilweise zu beladen.

44.9 **Unmittelbar vor der Abfahrt kontrollieren wir die Verkehrssicherheit von Auto und Anhänger gründlich.** Aggressive Feuchtigkeit (besonders der salzhaltigen Seeluft) hat schon so manchen Kontakt oxidieren lassen. Es schadet daher nichts, bei eingeschalteten Lichtern einmal kräftig am Stecker des Anhängers zu rütteln. Unsichere Steckverbinder, eventuell sogar mit verbogenen oder breitgequetschten Kontaktstiften, können lebensgefährliche Verkehrssituationen heraufbeschwören und müssen darum sofort gewechselt werden. Den Stecker kann man übrigens während des Aufenthalts durch Aufschieben einer großen Mostkappe schützen.
Mit Campinganhängern sollen – besonders nach einem Kurzaufenthalt oder wenn das Heimweh die Gedanken beflügelt – nervöse Fahrer schon mit ausgestellten Stützen oder ausgefahrenem Bugrad abgefahren sein.

44.10 **Vor dem endgültigen Aufbruch ein letzter Blick in die Runde:** nichts vergessen, alle Gräben und Gruben zugeschippt, alle Leinen eingeholt und keine Abfälle

zurückgelassen? Der Stellplatz wird in jedem Falle leer und sauber hinterlassen, bestenfalls bleibt unser Feldblumenstrauß als Gruß für die Nachfolger am Ort unserer Urlaubsfreuden zurück.

44.11 **Dauerzelter haben mitunter die Unsitte, nach Abschluß der Saison auf ihrem „angestammten Platz" zur Terrainsicherung Gestelle, Trittroste und sonstigen Rümpel zurückzulassen.**
Ein solches Areal ist kein gepachtetes Grundstück, über das der Dauerzelter außerhalb der Zeit seiner gültigen Campinggenehmigung verfügen darf. Darum muß er seinen Platz ebenso leer und aufgeräumt verlassen, wie das jeder andere Zelter auch tun muß. Ob er ihn im nächsten Jahr wieder belegen darf, hängt davon ab, ob er einen Dauerzeltschein bekommt und ob der Platzleiter damit einverstanden ist.

44.12 **Vor der Abreise von einem Wintercampingplatz fegen wir den Schnee vom Anhänger.**
Das ist nicht nur wegen der nicht unerheblichen Zusatzlast und der damit verbundenen Schwerpunktverlagerung am Anhänger wichtig, sondern wir denken auch daran, was passiert, wenn die vom Fahrtwind herabgewehte Schneelawine ein nachfolgendes Fahrzeug trifft.

44.13 **Wohnwagen, Autos und sonstige Anhänger werden erst zu Hause gewaschen.**
Auf dem Zeltplatz ist das sowieso meist nicht erlaubt. Außerdem schmutzen sie auf der Heimfahrt wieder ein. Im Gegenteil, so fliegt lockerer Staub durch den Fahrtwind davon.

Gestalteter Campingurlaub

Der Camper hat sich einen aktiven Urlaub vorgenommen. Nach einigen Tagen ist der Alltagstrubel vergessen, und es wird mit der Erkundung des Umfelds begonnen. Es ist ausreichend Zeit, die etwas vernachlässigten Hobbies zu pflegen. Außerdem, wer allzu inaktiv seinen »Streß« abzuruhen gedenkt, merkt es bald: Faulheit hat eine anhängliche Schwester: die gähnende Langeweile!

45. Ausflüge, Exkursionen, Wanderungen

45.1 **Im Urlaub können wir endlich all das tun, was wir uns eigentlich schon lange vorgenommen haben:**
ein Museum oder eine Ausstellung besuchen, einen Berg besteigen, den lauschigen See bei Abendsonne fotografieren, in ausgedehnten Tagesmärschen die Schönheiten der Landschaft und ihre Tiere und Pflanzen entdecken, eine Seefahrt unternehmen oder einfach nur so »für uns hin« am Strand entlangspazieren.

45.2 **Wandern sollte man zwar nicht nur im Urlaub, aber dann bietet es sich besonders an, und man kann sich nicht mit Zeitmangel oder fehlendem Wanderziel herausreden.**
Es wirkt der heutzutage bei vielen Menschen anzutreffenden Bewegungsarmut entgegen, stärkt – sinnvoll dosiert – Herz, Lunge, Muskeln und Kreislauf, hilft Fettpölsterchen abzubauen, wirkt nervenentspannend und härtet den Körper ab. Außerdem macht Wandern Spaß, erweitert den Horizont und fördert den Zusammenhalt der Familie.
Zum »Angewöhnen« sollte man zunächst kürzere Strecken (maximal 5 km), dafür aber öfter wandern, später steigert man allmählich Dauer und Schwierigkeitsgrad. Nur bei kürzeren Ausflügen sollte man »einfach ins Blaue hinein« laufen. Längere Wanderungen sind unbedingt mit Ziel, Route und Dauer zu planen. Wenn möglich, geht man hin und zurück verschiedene Wege. Und: Kinder planen gern mit!

45.3 **Die folgenden Entfernungen und Tempi sollten von Gelegenheitswanderern nicht wesentlich überschritten werden:**

Alter	Strecke[1]	Tempo[1]	Pausen (10 bis 15 min) nach Wanderzeit von je
6 bis 8 Jahre	5 bis 8 km	2 bis 3 km/h	30 min
9 bis 11 Jahre	8 bis 12 km	3 km/h	45 min
12 bis 14 Jahre	12 bis 15 km	3 bis 4 km/h	1 h
15 bis 18 Jahre	15 bis 25 km	4 km/h	2 h
über 18 Jahre[2]	20 bis 40 km	4,5 km/h	2 h

[1] Richtwerte, auch vom Gesundheitszustand und der Kondition abhängig

[2] bei Erwachsenen nimmt die Belastbarkeit ab etwa dem 45. Lebensjahr wieder ab, sie können ihre »Form« aber i. allg. richtig abschätzen.

45.4 **Bei der Zeitplanung für unsere Wanderungen gehen wir von der Tabelle 45.3 aus.**
Bei Bergtouren muß aber je 300 m Höhenunterschied noch ein Zuschlag von einer Stunde auf die ermittelte Zeit einschließlich der Pausen gemacht werden. Außerdem ist bei sehr langen Wanderungen eine »große Rast« von 1,5 bis 2 Stunden einzuplanen, die um die Mittagszeit herum etwa bei 2/3 der Gesamtstrecke liegen sollte.

45.5 **Bei jeder längeren Wanderung, egal ob im Sommer auf die Berge, ob im Winter zu Fuß oder auf Skiern, hinterlassen wir im Quartier eine Nachricht.**
Das ist am besten ein Zettel mit Namen der Beteiligten, Route und Ziel sowie der voraussichtlichen Rückkunftszeit. Dieses Stück Papier kann bei Verirrungen, extremen Wetterumschlägen oder Notsituationen ein Lebensretter werden!

45.6 **Eine Kette ist nur so stark wie ihr schwächstes Glied.**
Darum richten wir uns bei Familienausflügen immer nach dem am wenigsten Belastbaren. Erstaunlicherweise scheinen das am Anfang der Tour nur selten die kleinen Kinder zu sein. Oft laufen und springen sie über Stock und Stein und legen insgesamt bald den doppelten Weg der bedachtsamer daherschreitenden Eltern zurück. Aber Vorsicht! Die Ermüdung setzt spontan ein, und dann muß der geplagte Vati oft auch noch seinen Sprößling auf den Schultern nach Hause schleppen. Kinder verkraften eine längere Wanderung besser, wenn an für sie interessanten Stellen eine kleine Rast eingeschoben, ein Spielchen gemacht, ein Lied gesungen, ein Rätsel gelöst, ein Tier beobachtet oder auch nur etwas geplaudert wird.

45.7 **Die auf Wanderwegweisern angegebenen Stunden zum Ziel sind Orientierungswerte.**
Im allgemeinen kann man den Weg in der angegebenen Zeit bewältigen, die Angabe sollte aber nicht als Limit verstanden werden. Es ist keine Schande, wenn man – besonders mit kleinen Kindern – etwas länger braucht. Der Ehrgeiz, die vermerkte Zeit unterbieten zu wollen, bleibt den besonders zähen und trainierten Wanderern vorbehalten.

45.8 **»Der Wanderanzug sei widerstandsfähig und farbecht.**
Der Männerrock habe hinreichend viele große Taschen. Das Hemd sei möglichst nicht weiß und ohne steifen hohen Kragen, trotzdem sauber. Unterhosen sind unnötig, wenn man oft badet oder waschbare Hosen trägt. – Frauen rüsten sich aus mit fußfreiem Rock, langen Wollstrümpfen, mit dehnbarem Band am Leibchen befestigt« (Tips aus einem Wanderbuch von 1912).

45.9 **Wanderer sind den Unbilden des Wetters voll ausgesetzt.**
Sie können – wenn es ganz schlimm kommt – nicht immer eine Zuflucht finden. Darum ist richtige Wanderbekleidung von elementarer Bedeutung für Wohlbefinden und Gesunderhaltung. Vor allem in den Bergen ist immer mit plötzlichen Wetteränderungen zu rechnen. Trotzdem kann man keine Wandergarderobe »an sich« empfehlen, weil die Bekleidung von vielen Faktoren, wie Länge der Tour, Klima-

zone, den zu überwindenden Höhenunterschieden und der allgemeinen Wetterlage abhängt. Als bedenkenswerte Grundregel gilt, daß man Teile der Kleidung – wenn notwendig – jederzeit ablegen kann (ein ausgezogener Pullover läßt sich z. B. mit den Ärmeln um die Taille binden), daß man aber nichts zusätzlich anziehen kann, wenn es im Marschgepäck fehlt. Am besten entsprechen Textilien aus Wolle oder Baumwolle dem Zweck.
Wir wählen zum Wandern saugfähige Unterwäsche, Sporthemd, Pullover ohne dicken Kragen oder Pully und wasserdichte Oberbekleidung (Anorak oder Parka mit Kapuze, als Regenschutz ist auch ein zusammenlegbarer Plastumhang geeignet). Besser als scheuernde Jeans sind eine Kniebundhose und lange wollene Strümpfe. Wer auf den Bergen mit an den Knien im »Bermuda-Look« abgeschnittenen Jeans herumklettern will, der möge bedenken, daß er in Lagen über 2000 m selbst im Hochsommer teilweise mit Temperaturen unter 0 °C und mit Schnee zu rechnen hat!
Vor allem bei Bergtouren brauchen wir festes, über die Knöchel reichendes Schuhwerk mit flacher, strukturierter Sohle. Bei Wanderungen in der Ebene sind bei trockenem Wetter leichte Sportschuhe günstiger, keinesfalls aber gehen wir in Sandalen oder Gummistiefeln los. Die Schuhe sollen zwar eingelaufen sein und bequem sitzen, sie müssen aber trotzdem fest am Fuß anliegen, sonst riskiert man Blasen. Schon vorbeugend kann Aufkleben von Pflastern an den Fersen nützlich sein. Gestopfte Strümpfe sollte man nicht anziehen, sie erzeugen leicht schmerzhafte Scheuerstellen oder Blasen.

45.10 **Beim Wandern sollte man immer einige zusätzliche Bekleidungsstücke im Gepäck haben.**
So ist man sicher sehr glücklich, wenn man nach dem Durchwaten eines Rinnsals die qualmenden Socken ausziehen kann, weil man rechtzeitig Strümpfe zum Wechseln eingepackt hat. Ersatzunterwäsche kann nach einer schweißtreibenden Bergbesteigung eine wahre Wohltat sein, vor allem, wenn uns nach Ende der Kraxelei noch der stundenlange Rückweg zum Zelt erwartet. Wollmütze, -fäustlinge und ein Schal sollten im Gepäck nicht fehlen, eventuell auch nicht ein kleiner Taschenschirm (im Hochgebirge würde ein solcher allerdings eher Heiterkeit auslösen). Eine leichte Stoffmütze mit Schirm kann uns bei erbarmungslos brennender Sonne sogar vor einem Sonnenstich bewahren.

45.11 **Was gehört sonst noch in den Rucksack des Wandersmannes?**

Ein Wanderkompaß und Kartenmaterial, Ausweis, Geld, Sonnenschutzcreme und -brille (vor allem bei Hochgebirgswanderungen), Taschenlampe und Trillerpfeife (für Notsignale, → 45.25), Verbandmaterial (Binden, Schnellpflaster, Sicherheitsnadeln, Dreiecktuch), eventuell Fernglas und Fotoapparat oder Filmkamera. Zur Verpflegung eignen sich heißer oder eiskalter Tee in einer Thermosflasche (ungesüßt, mit Zitrone oder etwas Honig). Kohlensäurehaltige oder sehr süße Getränke sind wenig geeignet! Es werden am besten fertig belegte Brote mitgenommen, Kekse, auch kalte Schnitzel, Geflügel, Bouletten mit Brötchen oder Kartoffelsalat, Obst und Gemüse (Gurken, Tomaten, Radieschen usw.).

Der Proviant wird so im Rucksack verstaut, daß er nicht zerdrückt werden kann, z. B. in Plast- oder Alubüchsen. Was von Natur aus druckfest ist, kann auch in Haushaltsfolie eingewickelt werden. Diese ist leichter und hält lange frisch. Zur Reaktivierung schwindender Kräfte eignen sich Traubenzucker oder Blockschokolade.

45.12 **Wer wandern will, geh' stetigen Schritts!**

Eine gleichmäßige Folge weicher, federnder, nicht zu langer Schritte ist kräftesparender als häufiger Tempowechsel (richtig: knapp zwei Schritte je Sekunde mit etwa 65 bis 70 cm Länge). Es wird mit der ganzen Sohle aufgetreten. Profilierte Wanderer sind am Berg kaum langsamer als in der Ebene, sie haben auch am Ende der Wanderung noch soviel Kraftreserven, um zügig voranzukommen. Ein fröhliches Wanderlied auf den Lippen vermittelt uns in zwangloser Weise den richtigen Takt zu unserem Schrittmaß. Wurzeln, Steinen und Bodenrinnen weicht man möglichst aus.

45.13 **Beim Wandern trägt jeder sein Gepäck selbst.**

Nur dem starken Vater darf man eventuell etwas mehr Last auflegen. Ideal ist ein wasserdichter Rucksack. Bei kleineren Wanderungen kann auch ein Campingbeutel oder sogar der von Motorradfahrern bekannte Gepäckgürtel ausreichend sein. In jedem Falle sollen die Hände frei von Gepäck bleiben (Rucksackpaken: → 21.24).

45.14 **Im Hochgebirge ist es für Anfänger kein Fehler, eine bergerfahrene Person bei sich zu haben.**

Keinesfalls aber geht man mutterseelenallein. Kinder sollten nur auf kürzere Bergtouren von maximal 2 bis 3 Stunden mitgenommen werden. In jedem Falle muß man für die ungünstigste Wettervariante gerüstet sein; denn ein Unterstellen oder ein Abbrechen der Tour ist nicht möglich. Als Neuling beginnt man nicht gleich mit dem höchsten und schwierigsten Berg. Oft vermitteln Gebirgsdurchquerungen in mittlerer Höhe auf einem bewährten, gut ausgebauten

und deutlich markierten Wanderweg mehr Eindrücke von der Berglandschaft als ein erstürmter Gipfel bei Dunst und Nebel. Als Beispiel für eine solche Route sei die MAGISTRALE in der Hohen Tatra angeführt, die außer anspruchsvoller Kraxelei auf einigen Abschnitten auch relativ müheloses Vorwärtskommen erlaubt und Tagestouren verschiedenen Schwierigkeitsgrades und unterschiedlicher Länge zuläßt.
Es ist kein Zeichen von Schwäche, wenn man den Gipfel eines Berges wegen schlechten Wetters oder vorzeitiger Ermüdung nicht schafft; rechtzeitiges Studium eines Reiseführers und der Wetterlage kann solches Ärgernis vermeiden helfen. Jedenfalls müssen wir immer auch an den Rückweg denken, der bei steiler und steiniger Route oft mehr in den Waden zu spüren ist als der Aufstieg. Und: bei einer Bergtour bricht man sehr frühzeitig auf. Wenn die Sonne im Süden steht, sollen etwa 2/3 der Gesamtstrecke geschafft sein!

45.15 Bei einer Tour in die hohen Berge muß man auf kompromißlose Wanderdisziplin achten.
Nicht nur unerfahrene Kinder oder übermütige Jugendliche beginnen oft eine halsbrecherische Kletterei in den Felsen abseits der markierten Wege. Solch ein leichtsinniges Tun ohne entsprechende Erfahrung und Ausrüstung kann tödlich enden, mit sportlichem Wandern hat das nichts zu tun! Ähnliches gilt für Winterwanderungen in schneeverwehter Landschaft. Außerhalb der markierten Wege ist schon mancher im tiefen Schnee oder im eiskalten Wasser eines zugewehten Baches verschwunden. Gefährliche Unterkühlung, Knochenbrüche und Schlimmeres können die traurigen Folgen solchen Leichtsinns sein. Auch Verbotsschilder oder Warntafeln (z. B. vor Lawinen) stehen nicht ohne Grund in der Landschaft herum!

45.16 Wenn auf einen Berg eine Seilbahn führt, so ist es ein günstiger Kompromiß, eine Tour zu fahren, die andere zu laufen.
Hinaufzufahren ist i. allg. vorteilhafter, weil die Karten meist in der Talstation verkauft werden. Während der Saison muß man auf die Abfahrt oft stundenlang warten und kann die Zeit besser planen.

45.17 Auch bei extremer Kälte ist sportliche Betätigung möglich.
Beim Wandern, Skilaufen und anderer, möglichst den ganzen Körper umfassender Belastung kommt der Organismus schon auf seine richtige Temperatur. Abhärtung mit geringer Anfälligkeit für Infekte ist der Lohn. Auch Schweiß schadet nichts, solange man in Bewegung bleibt und nicht auskühlt. Die infolge verstärkter Atmung in die Lungen strömende Kaltluft kann bei einem gesunden, normal belastbaren Menschen keinen Schaden anrichten. Füße, Hände, Gelenke und Ohren müssen aber immer warm gehalten werden.
Kinder unter 14 Jahren darf man bei Temperaturen unter −10 °C aber nicht auf längere Wanderung mitnehmen, für Jugendliche zwischen 14 und 16 Jahren liegt diese Grenze bei −15 °C.

45.18 Für den gelegentlichen Skisportler ist unter den Gelände- und Witterungsbedingungen unserer Mittelgebirge ein Laufski (auch Wander- oder Loipeski genannt) mit entsprechender Bindung am besten geeignet.
Aktive Wintersportler brauchen wir in diesem Buch nicht zu berücksichtigen, sie kennen das notwendige Gerät selbst. Jeder kann sehr schnell den Laufski beherrschen lernen. Er belastet auch bei längeren Skiwanderungen nur wenig, ist bei lockerem Schnee g'führig, und sogar leichte Abfahrten können mit ihm bezwungen werden (vor allem, wenn man sich außer der üb-

lichen Wanderskibindung mit Bügel zusätzlich eine Hackenbindung montiert, siehe Abb.). Man braucht bei Laufskiern nicht solche »schweren Klötze« von Skistiefeln an den Füßen zu tragen. Laufski gibt es in allen Größen, für die ganze Familie. Sie werden für drei Zielgruppen angeboten: mit dem Kennzeichen »L« für Freizeitsportler (Anfänger und Gelegenheitsfahrer), »A« für aktive Sportler und »B« für Leistungssportler. Da Laufskier mit unterschiedlichem Schichtaufbau, Material und verschiedener Struktur der Laufsohle im Handel sind, muß man sich in einem Fachgeschäft vor dem Kauf beraten lassen. Das gilt auch für die richtige Länge der Skier und Stöcke, für die Bindungen und die passenden Schuhe.

45.19 Zwischen den Winterurlauben liegen Pausen von mindestens einem Jahr.
Darum will die sportliche Betätigung körperlich etwas vorbereitet sein. Schon zu Hause können wir unsere Fitneß durch mehrmals tägliche Kniebeugen, Seilsprünge, Hochstrecksprünge, Hüftschwünge und Beingrätschen verbessern. Die ersten Tage im Schnee bringen unsere eingerosteten Fertigkeiten auf Skiern zurück. Wir üben den Fischgrätschritt am Hang, das Umsetzen, Gleiten ohne Stöcke und den Schneepflug. Für Anfänger ist es wenig vorteilhaft, sich am »Idiotenhügel« beim Eigenunterricht blaue Flecke zu holen und unnötig falsche Fahrtechnik anzueignen. Besser ist es, einen kurzen Skilehrgang zu belegen.

45.20 Vor einer Skiwanderung sollte man auf einer kürzeren Strecke seine Kondition testen.
Teilnehmen darf schließlich nur der, der sich gesund und kräftig genug fühlt. Für Anfänger eignet sich besonders gut ein Rundkurs, auf dem sie die Wanderung bei Bedarf verkürzen können. Die maximale Streckenlänge sollte dabei insgesamt 15 bis 20 km nicht überschreiten (für Kinder von 6 bis 8 Jahren höchstens 5 km, für 9- bis 10jährige etwa 10 km). Diese Richtwerte können je nach Schwierigkeitsgrad der Strecke und den Wetterverhältnissen variieren. Der Wanderung in einer Gruppe ist immer der Vorzug zu geben. Die Route wird so gelegt, daß der längste und schwierigste Teil vor der Mittagsrast geschafft ist, die man in einer Baude oder Schihütte einlegen kann.

45.21 Bei Skiwanderungen sind einige Regeln zu beachten.
Auf der Loipe hat der abfahrende Läufer immer den Vorrang vor dem aufsteigenden. Das müssen auch Fußgänger beachten, die sich, ebenso wie aufsteigende Skiläufer, ganz am Rande des Weges zu halten haben. Auf mehrspurigen Loipen wird rechts gefahren. Bei Abfahrten ist immer genügend Abstand zum Vordermann zu halten. Bei Stürzen muß man sofort die Spur frei machen – notfalls »auf allen Vieren« –; denn der Nachfolger hat außer der »Backenbremse« kaum eine Möglichkeit, in einer ausgefahrenen Spur das Tempo zu vermindern oder auszuweichen. Überholende Skiläufer nehmen die Stöcke eng an den Körper und warnen den zu Überholenden durch Rufe (in der ČSSR mit dem Wort »Pozor«, sprich »posor«, Achtung). Auf Abfahrtspisten kann links und rechts überholt werden, aber immer mit genügend Sicherheitsabstand. Rodelbahnen und reine Fußwege dürfen Skiwanderer nicht benutzen. Abfahrtshänge, Schlepplifte, öffentliche Straßen sind auf dem kürzesten Wege unter Rücksichtnahme auf andere Sportler und den Fahrzeugverkehr zu überqueren. Man sollte nie die markierte Loipe verlassen und sich eigene Wege durch Wald und Flur bahnen. Das ist auch wegen Verirrungsgefahr wichtig. Keinesfalls betreten wir sogenannte »Schneebrücken«, besonders nicht an Wasserläufen. Schilder, die auf drohende Gefahren hinweisen, sind unbedingt zu beachten! Es ist selbstverständliche Pflicht, in Not geratenen oder verunglückten Personen zu helfen. Im Wanderrucksack des Skiwanderers befinden sich zusätzlich warme Socken zum Wechseln, eine Trillerpfeife für Notsignale, Ersatzbügel für die Skibindung sowie wenigstens zwei Sorten Skiwachs (Klister und Paraffin) nebst Korken.

45.22 Wanderungen durch die winterliche Landschaft können wir auch ohne Skier unternehmen.
Wenn sehr kleine Kinder dabei sind, ist es ohnehin besser, sie auf einem Rodelschlitten hinterherzuziehen. Die Länge und Dauer der Wanderung sollte diesen Bedingungen angepaßt sein, und das Kind auf dem Schlitten wird sorgsam vor Auskühlung geschützt. Ab und zu sollte es auch ein Stückchen selbst laufen.

45.23 Bei Fußwanderungen im Winter bewähren sich filzgefütterte Schnee-

stiefel mit grober Profilsohle und einem Schaft aus Dederongewebe oder Kunststofftuch besonders gut.
Die Füße bleiben selbst unter extremen Bedingungen trocken und warm. Beim Kauf sollte man darauf achten, daß der Schaft oben einen Bund oder Gummizug hat. Besser als ein schwerer Anorak oder eine Parka sind ein ganz leichtes Skihemd und darunter ein oder mehrere Pullover. So kann man sich durch Ablegen einzelner Kleidungsstücke besser temperieren. Kleidung aus Wolle oder Baumwolle ist atmungsaktiver und gegenüber Dederongewebe zu bevorzugen. Auf eine Wollmütze, die über die Ohren heruntergeschlagen werden kann, auf lange Unterhosen und dicke, lange Socken sollten wir nicht verzichten. Diese Kleidungstips gelten auch für Skiwanderer.

45.24 **Beim Winterspaß am Rodelhang muß es nicht unbedingt der kleine käufliche Plastrodel sein, der sich zwar leicht transportieren läßt, der aber rauhem Betrieb meist nicht lange widersteht.**
Der ausgediente Schlauch einer Lkw- oder Trekkerbereifung – wie ihn die Kinder beim Baden benutzen – kann im Schnee als schneller »Rutscher« viel Spaß bereiten (lenkbar ist er allerdings kaum, darum auf freie Bahn achten!). Auch die Literatur hält Hinweise für ähnliche oder komfortablere Wintersportgeräte bereit. So wird in /31/ (Anhang 11) der Bau eines einfachen Schaumstoffschlittens beschrieben, /30/ enthält u. a. den Bauplan für einen Skibob.

45.25 **Hat man sich auf einer Wanderung einmal rettungslos verirrt, so darf man auch in einsamer Gegend nicht in Panik geraten.**
Mit Karte und Kompaß finden wir sicher bald einen Ausweg; entlang einer Telefonleitung erreicht man bestimmt eine Ansiedlung. Bei der großen Bevölkerungsdichte der DDR brauchen wir nicht zu befürchten, daß wir in der Wildnis elendiglich verkümmern und verderben müssen. Notfalls läuft man so lange geradeaus, bis man auf Menschen oder einen Ort trifft. Hat man sich dabei allzusehr vom Ausgangsort des Ausflugs entfernt, so kann man mit den öffentlichen Verkehrsmitteln oder als »Anhalter« zurückkehren.
Kritischer ist die Lage, wenn man sich in den Bergen ausweglos verirrt oder in eine Notlage gerät, aus der man sich nicht mit eigenen Kräften befreien kann. Dann kann das internationale alpine Notsignal gegeben werden (in der nichtalpinen DDR auch im Mittelgebirge oder im Flachland). Es besteht aus Serien von 6 akustischen oder optischen Signalen je Minute, denen eine Pause von einer Minute folgt. Solche Signale können Rufe, Pfiffe, Licht- oder Feuerzeichen, Schwenken der Arme oder von Kleidungsstücken u. ä. sein. Jeder, der ein alpines Notsignal bemerkt, muß Antwort geben, Hilfe leisten bzw. Hilfsmaßnahmen einleiten. Das Antwortsignal zur Verständigung des Hilfsbedürftigen ist ebenso aufgebaut wie das Notsignal, jedoch werden nur 3 Zeichen je Minute gegeben.

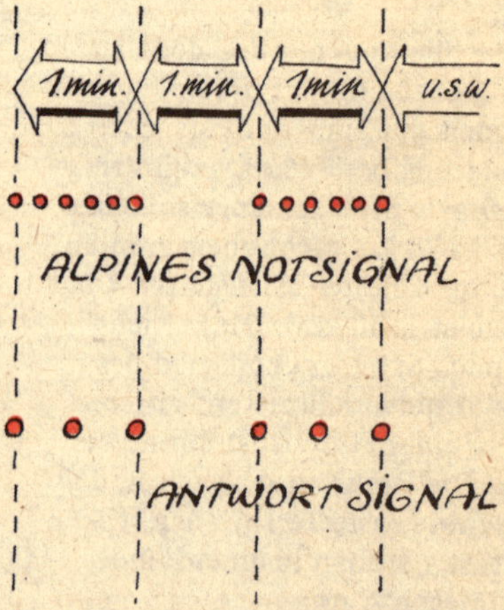

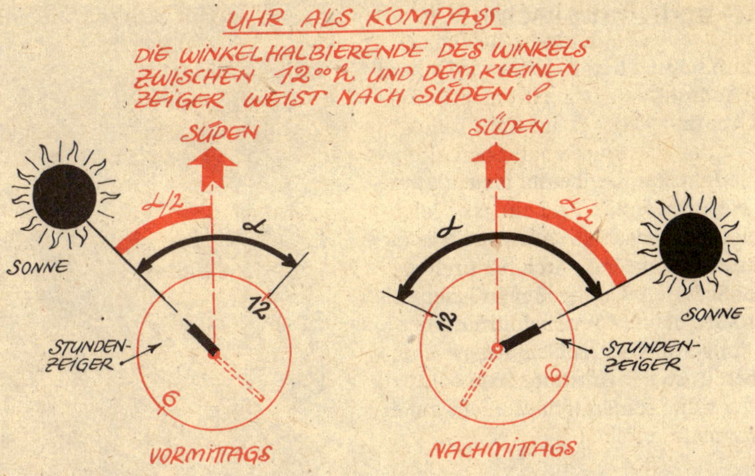

45.26 **Um bei Verirrungen den Weg auch ohne Kompaß wiederfinden zu können, ist eine Orientierung an der Natur nützlich.**

Scheint die Sonne, so gibt uns schon der Sonnenstand im Zusammenhang mit unserer Uhr Auskunft. Bekanntlich steht die Sonne mittags 12.00 Uhr im Süden, je Stunde davor oder danach entsteht eine Abweichung von jeweils 15° östlich bzw. westlich. Wie man die Himmelsrichtung mit einer Zeigeruhr recht genau bestimmen kann, zeigt unsere Abbildung. Bei trübem Wetter können wir uns etwas an den Bäumen orientieren. Die grünbemooste Seite des Stamms mit der gröberen und rissigeren Rinde zeigt i. allg. nach Nordwesten. An Baumstümpfen erkennt man, daß die Jahresringe an der Nordwestseite enger zusammengedrängt sind.

45.27 **Bei indifferentem Wetter plant die Familie gern den Besuch eines Museums oder einer Ausstellung.**

Das ist nicht nur für die Kinder interessant und lehrreich, sondern jeder kann seine Kenntnisse erweitern. Es müssen auch nicht immer die bekannten Großobjekte, wie z. B. das Meerskundliche Museum in Stralsund, sein. Zwar muß man diese äußerst vielseitige und lehrreiche maritime Schau einfach gesehen haben, aber das Erlebnis ist nicht ganz ungetrübt: In der Saison ist mit Wartezeiten von z. T. über einer Stunde zu rechnen, danach wuselt man sich in einem schier undurchdringlichen Menschenstrom an den interessantesten Ausstellungsstücken vorbei. Darum kann man auch die »unbedeutenderen«, besser die unbekannteren Museen für einen Urlaubsbesuch empfehlen. Es wäre müßig, an dieser Stelle eine auch nur annähernd repräsentative Auswahl treffen zu wollen. Hinweise dazu – und andere nützliche Wander- und Ausflugstips – findet man z. B. in der Broschürenreihe Tourist Wanderatlas (VEB Tourist Verlag, Berlin/Leipzig). Die Hefte dieser Reihe gibt es für wenig Geld, sie beschreiben jeweils ein ausgewähltes Touristenzentrum der DDR und sind mit übersichtlichem Kartenmaterial ausgestattet.

45.28 **Für Kinder und Erwachsene wird eine Fahrt mit einer der wenigen Schmalspurbahnen der DDR zu einem unvergeßlichen Erlebnis.**

Auf Rügen bietet sich dafür der RASENDE ROLAND zwischen Göhren und Putbus an. Nachdem das Zügle mit imponierendem Gehabe den Berg hinaufgeschnauft ist, kann man z. B. am Jagdschloß Granitz aussteigen und auf dessen frei schwebender Turmtreppe das Gruseln lernen.

Von Kühlungsborn aus fährt der MOLLI bis nach Bad Doberan, wo er in einträchtiger Verkehrsgemeinschaft mit den Autos auf der Hauptstraße entlangdampft. Von Wernigerode nach Nordhausen führt uns die kurvenreiche Strecke der HARZQUERBAHN durch eine Märchenlandschaft quer über Berg und Tal (für Camper auf den Plätzen im Harz besonders lukrativ). Die angeblich steilste Bergbahn der Welt kann man in Oberweißbach (nahe Zeltplatz 0/4) bewundern und auch benutzen.

46. Natur- und Umweltschutz

»Pappa, komm schnell her, Belinda wird von einem Frosch bedroht!«
(Zeltplatz Caputh, 1984)

46.1 **Jeder Campingfreund ist auch ein Naturfreund.**
Er behandelt die Landschaft, und alles, was darin kreucht und fleucht, mit Achtung und bewahrt sie vor Schaden. Das muß man jedenfalls von ihm fordern; denn schließlich nimmt der Camper in der Natur Gastrecht in Anspruch. Wer nicht bereit ist, die Umwelt konsequent zu bewahren, der sollte seinen Urlaub nicht auf einem Campingplatz verleben.

46.2 **Naturschutzgebiete sind Landschaften mit besonderem wissenschaftlichen oder kulturellen Interesse, oder es leben seltene oder vom Aussterben bedrohte Tiere oder Pflanzen darin.**
In einem Naturschutzgebiet darf man nicht zelten. Es ist auch nicht erlaubt, Pflanzen zu entnehmen oder zu beschädigen, Tiere zu erschrekken, zu fangen oder gar zu töten, auch keine Kleinlebewesen. Das Gebiet darf in keiner Weise verändert werden, man geht nur auf den angelegten Wegen spazieren, benutzt keine Trampelpfade und legt keine neuen an. Es ist streng verboten, Feuer zu machen oder die Landschaft zu verunreinigen.

46.3 **In der DDR gibt es fast 450, z. T. weit ausgedehnte Naturschutzgebiete.**
Sie nehmen beinahe ein Prozent des Staatsterritoriums ein und haben teilweise internationale Bedeutung. Das größte Naturschutzgebiet dieser Art befindet sich am Ostufer der Müritz und umfaßt etwa 5000 ha. Es ist mit der seltenen Wacholderheide bestanden, in der die skandinavischen klimaharten Fjällrinder angesiedelt wurden.

46.4 **Eine Besonderheit sind die Naturdenkmale.**
Als diese gekennzeichnete Bäume, steinzeitliche Gräber, alte Gebäude, auch kleine Gebiete bis zu 3 ha stellen Zeugen der Erd- und Landschaftsgeschichte dar und haben heimatkundliche oder wissenschaftliche Bedeutung. Sie dürfen nicht beschädigt oder in anderer Weise verändert werden. Wanderer und Ausflügler erfreuen sich an einer prächtigen Buche mit weit ausladender Krone, an der Fichte mit dem bizarren Wurzelgeflecht, an einer verwitterten Felsengrotte oder an den Resten einer mittelalterlichen Mühle. Für die Erziehung unserer Kinder zur Heimat- und Naturverbundenheit sind Ausflüge zu Naturdenkmalen von besonderem Wert.

46.5 **Wegen ihrer landschaftlichen Besonderheiten und ihrer Schönheit zeichnen sich Landschaftsschutzgebiete aus.**
Sie sind hervorragende Touristenziele oder eignen sich besonders gut für die Erholung im Urlaub oder an Wochenenden. Wanderer finden abwechslungsreiche Routen und interessante Ausblicke, Erholungsuchende auch Camping-, Rast- und Parkplätze. Es gibt oft Badestellen und Spielplätze. Landschaftsschutz und Touristenbetreuung bilden in diesen Gebieten eine Einheit, die von den Besuchern respektiert und mit vorbildlichem umweltfreundlichen Verhalten honoriert werden muß. Da Landschaftsschutzgebiete meist starkt besucht sind, ist jeder zur besonderen Rücksichtnahme verpflichtet. Er muß jegliche Verunreinigung der Natur sowie Lärm vermeiden und Tiere und Pflanzen schützen.

46.6 **Viele Pflanzen und Tiere sind auch außerhalb der Naturschutzgebiete geschützt.**

Grundlage dafür ist die Artenschutzbestimmung (→ Anhang 10/4/). Es ist zwar nicht möglich, in diesem Rahmen die über 130 geschützten Pflanzen und alle geschützten Tiere aufzuzählen, aber das Wichtigste für den Camper werden wir nennen. Wer jedoch einen vollständigen Überblick anstrebt, der muß sich im angegebenen Gesetzblatt informieren.
Keiner begeht einen Fehler, wenn er im Zweifelsfall eine Pflanze stehenläßt und Tiere nicht aufschreckt, fängt oder sogar tötet. Das gilt für ausgewachsene Tiere ebenso wie für den Nachwuchs (Gelege, Brut, Raupen, Puppen usw.). Auch die Wohnstätten von Tieren darf man nicht verwüsten oder so verändern, daß ihr Fortbestand gefährdet ist. Eine grobe Unsitte ist z. B. das Herumstochern in einem Ameisenhaufen. Die geschützten Waldameisen räumen den Forst auf! Wenn wir dabei wirklich einmal in den Zeh gekniffen werden, so nehmen wir diese »Antirheumaspritze« gelassen entgegen.

46.7 **Grundsätzlich brechen wir Pflanzen und Blüten in der freien Natur nicht ab, reißen sie nicht aus und treten sie nicht nieder.**

Wir brechen auch keine Zweige von den Bäumen (z. B. wenn sie beim Zeltaufbau oder beim Begehen der Wege stören), beschädigen nicht ihre Rinde – auch nicht durch eingeschlagene Nägel oder scheuernde Schaukelstricke – und nicht ihr Blatt- und Wurzelwerk. Sicher wird niemand etwas dagegen haben, wenn wir zur Dekoration unseres Zelts einen Strauß von Feldblumen und Gräsern pflücken. Allerdings dürfen es nicht gerade Stranddisteln, Federgräser, Eisenhut, Seidelbast, Schlüsselblumen, Adonisröschen, Akelei, Wacholder, einheimische Orchideen (z. B. Frauenschuh) oder andere geschützte Pflanzen sein.

46.8 **Für Tiere gilt sinngemäß das gleiche wie für Pflanzen.**

Es sollte uns sogar noch leichter fallen, sie in Ruhe zu lassen, denn sie laufen davon oder wissen sich teilweise recht wirksam zu wehren. Man kann mit ihnen keinen Campingtisch schmücken. Außerdem ist der Umgang mit wildlebenden Tieren nicht ganz ungefährlich (→ 36.10 und 36.11). Keinesfalls töten wir ein Tier, es sei denn, es handelt sich um einen ausgesprochenen Schädling (z. B. Kartoffel- oder Borkenkäfer, Nonne, Kohlweißling). Aber auch dann dürfen wir das Tier nicht unnütz quälen!

46.9 **Die Artenschutzbestimmung ordnet Pflanzen und Tiere in vier Schutzkategorien ein:**

a) geschützte vom Aussterben bedrohte Arten,
b) geschützte bestandsgefährdete Arten,
c) geschützte seltene Arten und
d) geschützte kulturell und volkswirtschaftlich wertvolle Arten.

Das hat insofern für den Bürger Bedeutung, als die Strenge des Schutzes in den einzelnen Kate-

gorien unterschiedlich ist. So dürfen Tiere nach den Schutzkategorien a) bis c) für private Zwecke grundsätzlich nicht gefangen und gehalten werden, und aus toten Tieren darf man keine Sammlungen anlegen. Ihre Brut- und Aufenthaltsgebiete sind strikt zu meiden, und es darf dort auch nicht fotografiert oder gefilmt werden. Verletzt aufgefundene Säugetiere oder Vögel der Schutzkategorie a) sind in schonenden Gewahrsam zu nehmen, und der Rat des Bezirkes, Abt. Forstwirtschaft, ist zu unterrichten. Zu diesen Tieren zählen Wildkatze, Fischotter, Mausohr und Kleine Hufeisennase (Fledermausarten) und die Vögel Schwarzstorch, Schrei-, See- und Fischadler, Korn- und Wiesenweihe, Wanderfalke, Birk-, Auer- und Haselhuhn, Kranich, Großtrappe, Alpenstrandläufer und Zwergseeschwalbe, Uhu, Stein- und Sperlingskauz, Blauracke, Wiedehopf und Seggenrohrsänger. Auch tot aufgefundene Säugetiere und Vögel sowie deren Eier sind der genannten Stelle zu melden, wenn sie der Schutzkategorie a) oder b) angehören.

46.10 **Die gesamte Skala der geschützten Tiere reicht vom kleinsten Insekt bis zum Säugetier.**

So sind alle nichtjagdbaren, frei lebenden Vögel mit Ausnahme von Haus- und Feldsperling und der Verwilderten Haustaube geschützt. Alle Kriechtiere und Lurche gehören inzwischen zu den geschützten Tieren, alle Tagfalter mit Ausnahme von Baumweißling und Echten Weißlingen, alle Bärenspinner, Ordensbänder und Schwärmerarten (Ausnahme: Kiefernschwärmer), alle Arten von Hummeln, Libellen und Waldameisen, viele Käfer (Bock-, Lauf-, Hirsch- und Blatthornkäfer u. a.) und die Weinbergschnecke. Bei den Kleinsäugern sind es alle Spitz- und Feldmäuse, Haselmaus, Garten- und Siebenschläfer, Mauswiesel und alle einheimischen Igel.

46.11 **Auch auf den Gewässern benehmen wir uns umweltbewußt.**

Öl, Benzin oder andere für die Wasserqualität oder für Fische und sonstige Wasserbewohner giftige Flüssigkeiten und Feststoffe halten wir vom Wasser fern. Aber auch Flaschen oder andere schwimmenden Gegenstände können Schaden verursachen: denken wir an verstopfte Wehre und Rohrstrecken und auch daran, daß ein Boot mit hoher Geschwindigkeit auf einen schwimmenden harten Gegenstand auflaufen kann. Es ist von einem verantwortungsbewußten Wassersportler sicher nicht zuviel verlangt, daß er treibende Gefahren – seien es Flaschen, Hölzer, sogar Baumstämme – aufsammelt bzw. ans Ufer abschleppt.

46.12 **Zum Umweltschutz gehört auch das Vermeiden von Lärm.**

Dies gilt ganz besonders auf dem Zeltplatz, am Strand, im Wald, aber auch auf dem Wasser. Zum Lärm zählt alles, was Unbeteiligte über das Gehör aufnehmen und was sie stört. Eine Besonderheit dabei ist, daß die Störwirkung nicht allein von der Lautstärke der Lärmquelle abhängt, sondern auch – und das vergessen viele – von der Einstellung des Belästigten zum Lärm, von seiner psychischen Situation also. Auch Musik, die man ungewollt »ertragen« muß, wird als Lärm empfunden. Dagegen wirken natürliche Geräusche wie Vogelgezwitscher, Blätterrauschen oder Wellenbrandung i. allg. selbst dann nicht lästig, wenn sie große Lautstärken erreichen. Wenn man sich also bemüht, mit seinem »individuellen Krach« die natürlichen Schallquellen nicht zu übertönen, so hat man gut getan und wird nicht auffallen.

46.13 **Wir denken beim Lärm aber nicht nur an die Menschen, sondern auch an die Tiere.**

Eine Gruppe unbefangen lärmender Besucher eines Naturschutzgebiets kann eine Vogelmutter so erschrecken, daß sie ihr Gelege für immer verläßt; ein Motorboot, das in der Dämmerung dicht am Schilf vorbeiprescht, kann Tausende von Tieren einer Wasservogelkolonie emporjagen und sie an ihrem angestammten Schlafplatz verunsichern.

47. Film- und Fotohobby

47.1 **In diesem Kapitel wollen wir uns vor allem um eine geschickte Motivauswahl kümmern.**

Einige praktische Tips sollen uns wirkungsvolle Urlaubsbilder und -filme garantieren. Grundvoraussetzung ist, daß wir unsere Kamera technisch beherrschen, wissen, wie wir Blende, Belichtungszeit und Entfernung richtig einzustellen haben und wie diese drei Einstellungen miteinander zusammenhängen. Das kann man jeder Kamera-Bedienungsanleitung entnehmen.

47.2 **Auf welchem Material die Urlaubserinnerungen verewigt werden, ob als Papierbild, Film oder Diapositiv, ist jedem selbst überlassen.**
Wer seine Schöpfungen vorführen will (Schmalfilm oder Dia), hat immer dankbares Publikum. Papierbilder ermüden den Betrachter schnell, wenn es sich nicht um ausgesprochen künstlerische Fotografien handelt. Eine Urlaubsdiaserie sollte nicht mehr als 100 Dias umfassen, ein Film nicht länger sein als etwa eine halbe Stunde. Wir bemühen uns, unsere Aufnahmen lebendig, lebensecht und mit ansprechender Bildkomposition zu gestalten. Bilder wie »Papa, links, neben Schiller und Goethe«, »Marco reitet die Nixe im Brunnen« oder »Krauses auf den Resten einer römischen Siedlung« gibt es bereits genug. Spätestens nach dem dritten Anschauen öden sie uns an; Unbeteiligte bereits beim erstenmal! Man sollte, ja man darf die Familie nicht aus den Aufnahmen verbannen, aber warum, um alles in der Welt, warum fotografieren einige Amateure die Menschen nicht bei ihren natürlichen Beschäftigungen? Das Urlaubs- und Campingleben ist so bunt, die Situationen wechseln so oft, daß sich die lebendigen Motive nicht als Salzsäule vor der zur Staffage herabgewürdigten Landschaft aufbauen müssen, – mit gequält-verlegen breitgezogenem Mund wie auf einem Zahnpasta-Werbeplakat.

47.3 **Bei Kleinbildkameras gilt die 50-mm-Brennweite als Normalobjektiv.**
Bei Schmalfilmkameras ist das die 12,5-mm-Brennweite, die aber einen vergleichsweise kleineren Bildausschnitt liefert. Ernsthafte Amateure schaffen sich zusätzlich einige Objektive mit anderer Brennweite an (Teleobjektiv: längere Brennweite, kleinerer Bildausschnitt, größerer Abbildungsmaßstab; Weitwinkelobjektiv: mit umgekehrter Charakteristik).
Das Weitwinkelobjektiv ermöglicht es uns, auch bei beengten Raumverhältnissen – z. B. in engen Straßen – bildfüllende Architekturaufnahmen zu machen. Dieses Objektiv gibt dem Bild außerdem Tiefe und Räumlichkeit. Es entstehen kaum Probleme mit der Schärfentiefe: auch bei stärker geöffneter Blende läßt sich Vorder- und Hintergrund gleichzeitig scharf abbilden. Weitwinkelobjektive verzerren allerdings senkrechte Linien um so stärker, je kürzer die Brennweite ist.
Teleobjektive »holen« zwar ferne Objekte stärker »heran«, jedoch verliert das Bild an Raumwirkung. Es wird, wenn man ohne Stativ fotografiert, leicht verwackelt.
Wir empfehlen zunächst die Anschaffung eines zusätzlichen Weitwinkelobjektivs mit einer Brennweite von 25 bis 35 mm für die Kleinbildkamera. Aber auch ein Teleobjektiv kann sehr nützlich sein, weniger zum »Heranholen der Ferne« – denn meist kann man ja näher an das Objekt herangehen –, als vielmehr für unauffällige Schnappschüsse. Außerdem verlieren viele Menschen ihren Hang zur unnatürlichen Pose in gleichem Maße, wie sich der Abstand vom Fotografen vergrößert. Noch nicht zu voluminös und bei Belichtungszeiten unter 1/60 s noch »aus der Hand« zu benutzen sind Brennweiten von etwa 100 bis 135 mm.

47.4 **Eine Variooptik (»Gummilinse«, Zoom-Optik, Transfokator), wird besonders bei Filmkameras verwendet.**
Sie vereinigt in sich Objektive verschiedener Brennweiten in stufenlosem Übergang. Bei motorischem Antrieb werden die durch Brennweitenveränderung vorgetäuschten Kamerafahrten zwar besonders gleichmäßig, aber auch eintönig (→ 47.13).

47.5 **Bei der Motivgestaltung vergessen wir nicht, daß ein Bild seine Tiefenstaffelung und Wirksamkeit aus Handlungsebene, Vorder- und Hintergrund schöpft.**
Besonders ein gekonnt ausgewählter Vordergrund wirkt immer belebend: ein paar Zweige, eine Pflanze, Wurzel, etwas Treibholz, der »Durchblick« durch einen Torbogen, ein Fenster, durch gespreizte Beine oder einen eingestemmten Arm. Die Handlungsebene, das bildbestimmende Element also, muß scharf sein, dagegen lassen sich auch mit bewußt unscharf gehaltenem Vorder- und Hintergrund gute Bildwirkungen erzielen.

47.6 **Während man beim Filmen die Szenen lieber etwas länger abdrehen sollte** – man kann sie später beim Schnitt auf das Wesentliche kürzen –, ist beim Foto der richtige Zeitpunkt zum »Abdrücken« von entscheidender Bedeutung.
Besonders bei Aufnahmen von Sport und Spiel, bei Kinder- und Tierfotos ist der richtige Auslösezeitpunkt die beste Garantie für einen gelun-

genen Schnappschuß. Entweder man wappnet sich mit Geduld, die aber mit einem guten Reaktionsvermögen gepaart sein muß, oder man schießt lieber vom gleichen Motiv ein paar Bilder.

47.7 **»Das Motiv ist nichts, Licht ist alles!«.**

Dieser freilich etwas überpointierte, von dem Fotografen Leonard MISONNE stammende Ausspruch gibt dem Hobbyfotografen aber einen beherzigenswerten Hinweis: Zeit, die man auf das Hervortreten der Sonne aus den Wolken verwartet, ist beim Fotografieren und Filmen niemals vertan! Erst Sonnenlicht gibt unseren Bildern Plastik und Kontrast. Damit ist natürlich nicht gesagt, daß nicht auch »Schlechtwetteraufnahmen« – z. B. bei Regen oder Dunst – oder Aufnahmen bei künstlichem Licht ihre Reize haben. Bei unseren Aufnahmen wählen wir möglichst Seitenlicht, bei dem sich die Schatten plastisch abzeichnen. Das gleiche Motiv, bei Morgen-, Mittags- oder Abendsonne aufgenommen, kann durchaus verschiedene Stimmungen dokumentieren. Bei früher Morgen- und bei Abendsonne gibt es bei Farbaufnahmen meistens Farbstich, der aber, sparsam eingestreut, nicht unangenehm zu wirken braucht.

47.8 **Auch vor Gegenlichtaufnahmen sollten wir uns nicht scheuen.**

In eine Diaserie an passender Stelle eingebaut oder im Film montiert, sorgen sie für das »Ahhh« und »Ohhh« bei den Zuschauern. »Verstecken« wir die Sonnenscheibe durch geschickte Standortwahl hinter einem Ast, einem Dach o. ä., so erhalten wir besonders kontrastreiche und effektvolle Bilder. Durch starkes Abblenden oder Verkürzen der Belichtungszeit können wir solche Aufnahmen bis zur Mondscheinstimmung verfremden. Bei Gegenlichtaufnahmen dürfen wir dem Belichtungsmesser nicht vollständig vertrauen. Damit auch die dunkleren Bildpartien etwas Zeichnung erhalten, müssen wir die angezeigte Belichtungszeit verlängern (Faustregel: verdoppeln). Gleiches gilt bei Aufnahmen von Schneelandschaften. Mehrere Aufnahmen des gleichen Motivs mit unterschiedlicher Blenden- oder Belichtungseinstellung bringen bestimmt auch ein Bild mit der Lichtstimmung, die man bei seiner Aufnahme beabsichtigt hat.

47.9 **Sehr wirkungsvolle Bilder erzielt man mit einem ungewöhnlichen Kamerastandpunkt.**

Wird die Kamera, wie üblich, in Augenhöhe gehalten, so »sieht« sie das Motiv aus der gleichen Perspektive wie ein Mensch. Wie aber sieht es der Frosch im Gras, wie der Vogel hoch in der Luft? Scheuen wir uns nicht davor, uns mit der Kamera einmal auf den Bauch zu legen oder auf einem Baum zu klettern! Ein tiefer Kamerastandpunkt gibt dem Aufnahmeobjekt eine überragende Bedeutung in seinem Umfeld.

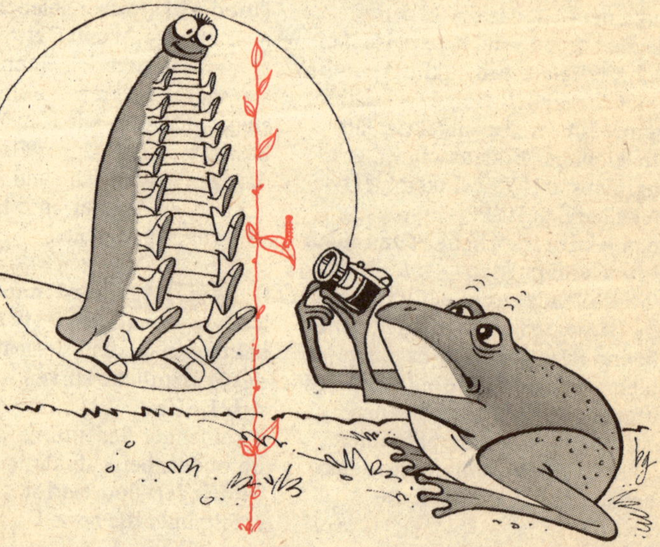

Während der Hintergrund zurücktritt, betont der Vordergrund das Bild stark; ihm ist darum besondere Aufmerksamkeit zu schenken. Ein hoher Kamerastandpunkt dagegen führt den Blick in die Tiefe, er orientiert auf das Allgemeine, ordnet das Aufnahmeobjekt seiner Umgebung unter. In Verbindung mit einer Nah- oder Halbnaheinstellung kann der hohe Kamerastandpunkt aber auch einen sonst kaum möglichen Einblick in persönliche Sphären geben: die Personen im Bild scheinen sich unbeobachtet zu fühlen.

47.10 **Auch die Veränderung der Belichtungszeit kann beim gleichen Motiv unterschiedliche Bildwirkung hervorrufen.** Sehr kurze Zeiten lassen superscharfe Bilder entstehen, Bewegungen erstarren. Ein Wasserfall kristallisiert zu einem Tröpfchenregen; das Wasser wirkt wie zu Eis erstarrt. Bei Sportaufnahmen werden Bewegungsstudien möglich: der in der Luft scheinbar stillstehende Ball direkt vor dem verzerrten Gesicht des erschreckten Fängers. Lange Belichtungszeiten bei unbewegter Kamera machen Bewegungen unscharf, verfließend – ein oft erwünschter Effekt. Zieht man die Kamera jedoch in Bewegungsrichtung des Aufnahmeobjekts mit – bei einem Läufer, Motorrad oder schnellem Boot –, so wird nur der Hintergrund unscharf und vermittelt einen überzeugenden Eindruck von der Geschwindigkeit der Bewegung.

47.11 **Wer etwas ganz Besonderes mit nach Hause nehmen möchte, der möge einmal nachts auf Fotopirsch gehen.** Das bunte Lichtermeer der Großstadt, des Campingplatzes mit seinem glühenden Grill, der silberne Glanz der Landschaft im bleichen Mondlicht, die romantische Straßenlaterne im tiefverschneiten Weiler sind unsere reizvollen Motive. Da die meisten Belichtungsmesser nachts nichts mehr anzeigen, verlassen wir uns auf Erfahrungswerte und sind auch bereit, ein wenig mit der Belichtungszeit zu experimentieren. Sie liegt zwischen einigen Sekunden und 10 Minuten. Je nach Licht und Filmempfindlichkeit, ist aber i. allg. nicht allzu kritisch. In jedem Falle arbeiten wir mit Stativ und Drahtauslöser. Durch das Bild wandernde Personen stören bei diesen langen Belichtungszeiten nicht, bewegte Lichtquellen (z. B. Autoscheinwerfer) hinterlassen jedoch ungewöhnliche Lichtbänder. Stark im Wind schwankende Zweige o. ä. sollten wir im Vordergrund vermeiden, sie bilden sich als unscharfer Schatten ab. Auch das abendliche Dämmerlicht kann ausgenutzt werden, wenn auf der Aufnahme wenig oder kein Himmel zu sehen ist. Es verkürzt die erforderliche Belichtungszeit ebenso wie die zusätzliche Aufhellung dunkler Vordergrundpartien mit einem Elektronenblitz. Dagegen ist das häufig zu beobachtende nächtliche »Anblitzen« von Landschaften oder Sportszenen aus den obersten Rängen eines Stadions schon fast als naiv zu bezeichnen.

Auf größere Entfernung verliert jeder Elektronenblitz seine Wirkung. Auskunft darüber gibt seine Leitzahl: Blende x Entfernung.

47.12 **Bei Schmalfilmaufnahmen werden vom Anfänger meist einige vermeidbare Fehler gemacht.**

So sollte man wegen des begrenzten Auflösungsvermögens des 8- und Super-8-mm-Formats mit der Einstellung in der Totalen sehr sparsam umgehen. Es ist zwar eine durchaus verständliche Regung, einen »Überblick über den Handlungsort« geben zu wollen, aber man darf ihr nicht nachgeben. Fast immer kommt nur unscharfer Matsch heraus! Schmalfilme leben von Halbnah-, Nah- und Großeinstellungen! Außerdem wird meist viel zuviel, zu schnell und zu unruhig geschwenkt. »Panoramaschwenks« führen bei der Filmwiedergabe meist zu einem zuckelnden Rundumgezitter ohne jeden Informationswert. Schwenks sollten möglichst nur zur Verfolgung von Bewegungsobjekten angewendet werden: die Kamera wird bei feststehendem Bildausschnitt gestartet, verfolgt eine Person, einen Zug oder ein Boot eine Weile, zum Schluß wird der Schwenk gestoppt; das Objekt verschwindet aus dem Blickfeld.

47.13 **Ähnliches gilt für die »Gummilinsenfahrt«.**

Wer bei jeder Einstellung den Zoom betätigt, wird seine späteren Zuschauer schnell ermüden. Es ist immer günstig, bei Verwendung der Variooptik ein Stativ zu benutzen, damit man die Großeinstellungen bei langer Brennweite und die »Fahrt« selbst nicht verwackelt. Gegenüber einer echten Kamerafahrt wirkt die »Gummilinsenfahrt« immer etwas starr, weil sich die Bildperspektive dabei nicht verändert. Diesen Effekt kann man mildern, indem man während der Brennweitenänderung gleichzeitig mit der Kamera auch etwas schwenkt. Bei einem bewegten Objekt wählen wir dazu einen seitlichen Standpunkt. Variooptiken werden immer in der Stellung der längsten Brennweite auf das Aufnahmeobjekt scharf gestellt, dann stimmt die Schärfe bei allen anderen Brennweiten automatisch.

47.14 **Filmszenen leben von der Bewegung.**

Eine sich drehende Windmühle, ein Kind auf der Schaukel, ein vorbeifahrendes Auto oder vom Wind bewegte Zweige sind nicht nur belebende Staffage einer Filmszene, sondern kön-

nen durchaus aus ihrer Statistenrolle heraustreten und bei geschickt gewähltem Kamerablickwinkel in der Nah- und Halbnaheinstellung verblüffende Bewegungswirkungen erzeugen. Nehmen wir als Beispiel eine Schaukel. Nur zur Übersicht über die Szene wählen wir zunächst eine »normale« Halbnaheinstellung. Dann aber gehen wir mit kurzer Brennweite so dicht heran, daß die schaukelnde Person bis fast vor das Objektiv schwingt. So erwächst die Schaukelbewegung in raumgreifender Tiefe. Oder die Kamera wird vom Schaukelnden geführt und zeigt das Umfeld aus seiner Sicht. Auch dabei wieder zwei Varianten: entweder die Kamera wird in fester Position zum Körper gehalten, und Wiese, Bäume und Horizont kippen rhythmisch im Bild mit, oder die Linse konzentriert sich auf einen festen Punkt in der Landschaft, und der spätere Betrachter des Films erfreut sich an der wechselnden Perspektive. Diese Technik läßt sich beliebig auf Schlitten-, Ski-, Bootsfahrten oder andere Bewegungsvorgänge übertragen und bringt Leben in unseren Film. Wichtig ist nur eines: Wird die Kamera auf dem Bewegungsobjekt mitgeführt, dann muß man vor allem wenn diese Bewegung nicht erschütterungsfrei sein kann, eine möglichst kurze Brennweite wählen.

47.15 **Ebenso, wie man aus der Menge der Urlaubsdias zur Vorführung eine sinnvolle Auswahl trifft, ebenso gehört es zu einem Film, daß er zunächst geschnitten wird.**
Wer seine »Filme« so vorführt, wie sie aus der Entwicklungsmaschine gepurzelt sind, sogar die Übergänge beim Filmwechsel mit Streulicht, Blank- und Schwarzfilm darin beläßt, der disqualifiziert sein Hobby vor sich selbst und der geplagten Zuschauermenge und muß sich eventuell sogar Unmutsäußerungen gefallen lassen. Beim Filmschnitt hilft Entschlußkraft: Unscharfes, Verrissenes, Fehlbelichtetes und Inhaltsleeres wird hinausgeworfen! Oft ist es danach günstig, das verbliebene, brauchbare Material in einer zeitlich und szenisch veränderten Abfolge zu montieren.

47.16 **Es ist günstig, schon bei der Filmaufnahme zu jedem Handlungsgeschehen zusätzlich ein paar kurze Detailszenen in Großeinstellung zu drehen.**
Dazu genügen je Einstellung 2 bis 5 Sekunden. Diese Szenen werden in den Film als Zwischenschnitte eingeklebt; sie erläutern dem Zuschauer das Umfeld des Aufnahmeobjekts besser als eine Totale oder ein Schwenk. Diese Szenen verdeutlichen auch Handlungen und Bewegungen und geben dem Film Lebendigkeit. Großaufnahmen kann man übrigens teilweise später noch nachdrehen, ebenso wie den Filmtitel, auf den man keinesfalls verzichten sollte. Eine geglückte Schlußeinstellung gibt allen Zuschauern das Gefühl, daß hier ein in liebevoller Akribie zusammengestellter Film vorgeführt wurde.

47.17 **Bei einer Auslandsreise sollten wir auf Film oder Foto nicht verzichten.**
Unwiederbringliche Reiseeindrücke werden im Bild festgehalten und lassen unsere schöne Reise noch nach Jahren wieder gegenwärtig werden. Reizvolle Landschaften, fremdartige Bauwerke und Kulturdenkmale, vor allem aber die Menschen in ihrer Umwelt und bei ihren typischen Tätigkeiten sind unsere bevorzugten Fotomotive. Wir beachten aber auch, daß Fotografieren und Filmen nicht überall gestattet sind (Grenzübergänge, militärische Objekte, größere Industrieanlagen) und daß manche Menschen im fernen Land nicht fotografiert werden wollen. Dann erzwingen wir keinesfalls ein Bild oder machen es heimlich, sondern wir achten diese Scheu und packen unsere Kamera unbenutzt weg.

47.18 **Einen ungeschützten Fotoapparat bei Wind mit an den Strand zu nehmen gleicht beinahe vorsätzlicher Sachbeschädigung!**
Der feine Seesand dringt sogar durch die Ritzen der Fototasche, zerschrammt die vergütete Linse und den Film und blockiert Verschluß und Einstellmechanismen. Wir schützen den Fotoapparat durch einen absolut dichten Plastbeutel, den wir fest verknoten. Das alles gilt auch für nicht wasserdichte Armbanduhren.

48. Wassersport mit Campingbooten

48.1 **In diesem Kapitel beziehen wir uns vorrangig auf die in Kapitel 13 beschriebenen Boote, die sich gut transportieren lassen und somit campingtauglich sind.**
Keinesfalls wollen wir das Wissen ersetzen, das auf den Lehrgängen zum Befähigungsnachweis für Sportboote (→ 18.9) erworben werden muß. Uns geht es vorrangig um Tips und Erfahrungen bei praktischen Situationen speziell mit diesen Freizeitschiffchen.
Wassersportler, die keinen Befähigungsnachweis brauchen – Paddler, Ruderer, Segler bei einer Segelfläche unter 6 m^2 (also auch Brettsegler) –, seien darauf hingewiesen, daß auch sie die Bestimmungen der gültigen Sportbootanordnung kennen und immer beachten müssen. Sie müssen sich außerdem, wie alle anderen Wassersportler auch, an Ort und Stelle über die Besonderheiten der befahrenen Gewässer informieren (→ 15.4)

48.2 **Wer den Kurs des Bootes bestimmt – auch von einem Paddel- oder Ruderboot – der ist der Bootsführer!**
Er ist an Bord für die Sicherheit verantwortlich, was er bestimmt, das wird auch gemacht! Er sorgt dafür, daß die Ausrüstung vollständig und das Boot in betriebssicherem Zustand ist und daß es nach den geltenden Fahrregeln geführt wird. Der Bootsführer muß nicht unbedingt selbst steuern, er kann auch eine andere geeignete Person unter seiner unmittelbaren Aufsicht damit beauftragen. Der Bootsführer darf auf keinerlei Weise in seiner Entscheidungskraft eingeschränkt sein (Medikamente, Übermüdung) oder gar unter Alkohol stehen.

48.3 **Sportboote sind i. allg. zwar nicht ausgesprochene Schönwetterboote, aber auch nicht für allzu rauhe See gebaut.**
Darum dürfen sie nur bis zu Wind- und Seegangsstärken das Wasser befahren, die keine Gefahren für Mannschaft und Boot bringen können. Nach unseren Erfahrungen dürfte für den DELPHIN dann die Grenze erreicht sein, wenn vereinzelte Wellen kleine Schaumkrönchen zeigen (Windstärken nach Beauford: 3 bis 4). Bei Paddel- und Schlauchbooten ist diese Grenze schon früher erreicht.
Aber man kann sich täuschen! Wenn man sich in der Nähe des Ufers mit ablandigem Wind oder in einer geschützten Bucht befindet, so scheint alles friedlich zu sein. Fährt man dann etwas hinaus oder biegt um den nächsten Haken, so ist man plötzlich in hohen Wellen. Bei einem bißchen »Herumschippern« am Ufer ist das nicht weiter schlimm; man kann umkehren. Die großen Favoriten unter den Gewässern – z. B. die großen Mecklenburger Seen und die großen Bodden – sollten Neulinge aber zunächst überhaupt nicht und »Könner« erst dann befahren, wenn eine stabile Großwetterlage ohne Sturm angesagt ist.

48.4 **Andere Länder, andere Sitten (und Sicherheitsbestimmungen!).**
Hat doch der Amerikaner Bill DUNLOP mit einem Boot von nur 2,7 m Länge im Jahre 1982 den Atlantik überquert und konnte er nach 78tägiger Segeltour im englischen Hafen Falmouth gesund einlaufen. Für ihn wäre unser fast 4 m langer DELPHIN 140 schon eine Luxusjacht gewesen! Ähnliche Versuche mit einem Faß oder einem ausgedienten Heizkessel sind allerdings nicht so glimpflich verlaufen (nach ND vom 3. Oktober 1980 und 31. August 1982).

48.5 **Bei stärkerem Wind und Wellengang ist das Festmachen eines leichten Bootes im Wasser – wenn man keine geschützte Bucht oder eine Steganlage vorfindet – immer ein Problem.**
Es ist dann noch am besten, vorausgesetzt, es ist auf der Wasserfläche genügend Raum, das Boot nur vorn am Pfahl festzumachen, damit es sich mit dem Bug immer gegen die Wellen drehen kann. Trotzdem sollte man es zusätzlich mit dem Anker an loser Leine sichern, denn ein Pfahl kann aus dem Grund gerissen werden, die Leine sich durchscheuern. Wer einmal ein von den Wellen ans steinige Ufer geschmettertes Faltboot bergen mußte – ein Häuflein Kleinholz mit zerschlitzter und zerriebener Haut –, der wird in Zukunft sorgsamer vorgehen. Bei sehr starkem Seegang oder wenn man das Boot nicht im unmittelbaren Blickfeld hat – also auch nachts – ist es in jedem Falle besser und sicherer, man holt es an Land. Auf manchen Zeltplätzen an Bodden und Haffs (Grenzgewässer!) wird das zwischen Sonnenuntergang und -aufgang ohnehin gefordert.

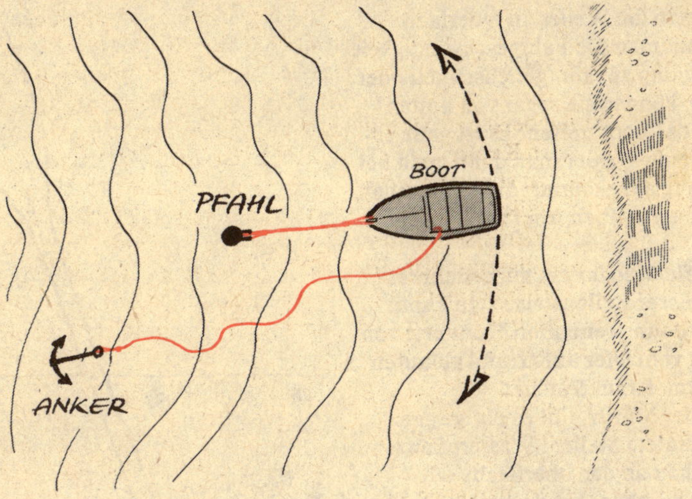

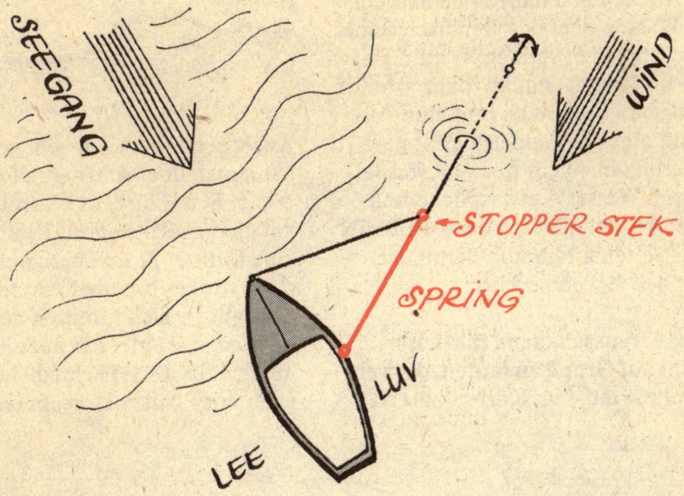

48.6 **Seegang und Wind müssen nicht immer aus der gleichen Richtung kommen.**
Das ankernde Boot wird dann von den Wellen seitlich getroffen, was vor allem den leichten Faltbootkonstruktionen mit niedrigem Freibord zu schaffen machen kann. Um es in eine günstigere Lage zu den Wellen zu bringen, kann man auf der Luvseite eine Ankerspring legen. Durch Anholen oder Fieren der Spring läßt sich die Lage des Bootes von Bord aus leicht korrigieren.

48.7 **Sind Kinder im Boot, die noch nicht schwimmen können, so sind geeignete Schutzmaßnahmen zu treffen.**
Dazu gehört das Fahren in Ufernähe ebenso, wie dem Kind eine Schwimmweste, einen Schwimmkragen oder -ring anzulegen. Dafür sind aber die schwächlichen Ausführungen aus geschweißter Plastfolie nicht geeignet. Keinesfalls sollte man Nichtschwimmer im Boot festbinden; das könnte beim Kentern tödlich sein!

48.8 **Es wird oft der Rat erteilt, daß man den Kurs des Bootes so einrichten sollte, daß die Wellen möglichst direkt oder schräg von vorn auf das Boot treffen.**
Das gilt aber vor allem für langsamfahrende Boote (z. B. Paddel- oder Ruderboote). Wenn die Wellen noch nicht zu hoch sind, kann es bei schnelleren und vor allem kurzen Booten (z. B. dem DELPHIN 140 als Motorboot) viel günsti-

ger sein, wenn man die Wellen in Querfahrt »ausreitet«. Wenn man die Fahrgeschwindigkeit der Wellenbewegung anpaßt (gleichschnell oder etwas schneller), können sie sogar von hinten oder schräg auf das Boot treffen. Es ist ganz erstaunlich, wie wenig Wasser man dann auch bei stärkerem Seegang abbekommt; die Mannschaft und das Boot innen bleiben trocken!

48.9 **Wie flach sogar ein ausgedehntes Gewässer stellenweise sein kann, glaubt man erst dann, wenn man Hunderte von Metern entfernt vom Ufer auf Grund gelaufen ist oder im dichten Kraut festsitzt.**

Sogar inmitten der Müritz gibt es einige ganz flache und verkrautete Stellen. Wasserpflanzen kann man oft schon an der Oberfläche oder dicht unter Wasser sehen. Sie deuten immer auf Untiefen hin. Auch ohne Pflanzen bemerkt derjenige flaches Wasser, dem das Geräusch seines Motors etwas mitzuteilen vermag. Wird der etwas langsamer und klingt gequält, dann wird es höchste Zeit für sein Stillsetzen und eine Peilung. Dabei hilft eine am Paddelstock angebrachte Markierung in 40 cm Abstand von seinem Ende. Soviel Wasser – etwas Sicherheit eingerechnet – braucht nämlich der DELPHIN mit Heck- oder Seitenbordmotor, damit der Propeller nicht den Grund berührt.

48.10 **Wer vorausschauend fährt, um nicht auf Grund zu laufen, der verfolgt die Tiefenlinie auf dem Kartenmaterial.**

Auch wenn diese nur sehr grob abgestuft sind, kann man doch am Verlauf der »flachsten« Linie (z. B. der für 2 m Wassertiefe) Rückschlüsse auf das Wasser unterm Kiel ziehen. Bildet so eine Linie z. B. im Uferbereich eine »Zunge«, dann wird es innerhalb dieser sicher sehr flach. Schließt sie sich inmitten des Wassers zu einem »Auge«, so deutet das auf einen unterseeischen »Berg« hin. In befischten Gebieten hat man auch mit Pfählen zu rechnen, die nur knapp un-

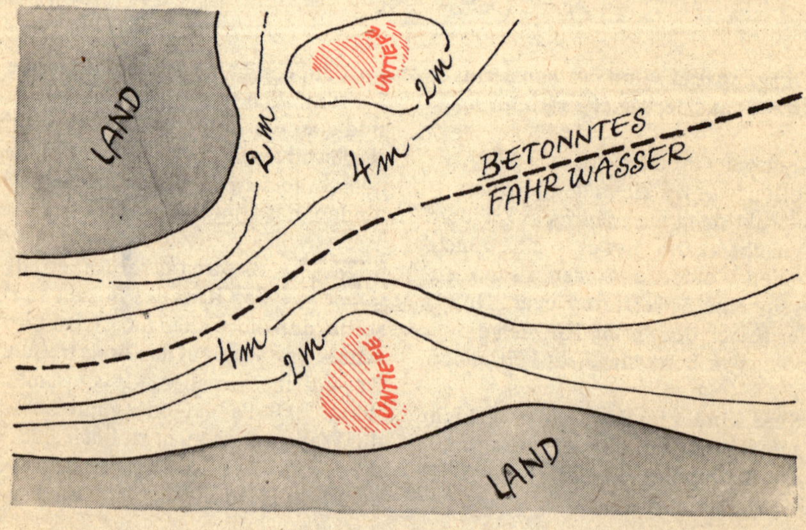

ter die Wasserlinie reichen, an Steilküsten auch mit großen Steinen.

48.11 **Will der Motor einmal überhaupt nicht mehr oder überrascht uns beim Segeln stärkerer Wind und Wellengang, dann kann man sich, wenn keine Gefahrensituation besteht, auch ans Ufer treiben lassen.** Einen DELPHIN bringt dann sogar leichter Wind recht zügig vorwärts, besonders, wenn man zur Unterstützung eine zusätzliche Windangriffsfläche schafft (z. B. eine aufgestellte Luftmatraze). Bei mäßigem Wind genügt die Frontscheibe allein, der Kahn stellt sich sogar selbsttätig an den Wind! Beim Treibenlassen hat man allerdings keine Wahl der Fahrtrichtung und landet mitunter an einem unwegsamen Ufer.

48.12 **Das Schilf oder andere Wassergräser soll man weder mit Paddel- noch mit sonstigen Sportbooten durchfahren.** Es schützt das Ufer gegen Wellenschlag, wird im Winter teilweise als Rohstoff für Matten oder Schilfdächer geerntet und bietet zahlreichem Wassergeflügel sicheren Unterschlupf. Darum sollte man auch nicht mit Motorgetöse dicht am Schilf vorbeifahren. Häufig finden sich im Schilf aber kleine sandige Buchten, in die man hineinpaddeln kann. Sie sind zu einer Rast oder zum Übernachten wie geschaffen (→ 27.1).

48.13 **Einige Bemerkungen zur Fahrgeschwindigkeit von Motorbooten.** Sie hängt hauptsächlich von Bootsform und Belastung ab, von der Motorleistung viel weniger, als man gemeinhin glaubt. Für eine nur 25 Prozent höhere Fahrgeschwindigkeit kann beim gleichen Boot bereits die doppelte Antriebsleistung notwendig werden. Noch bemerkenswerter ist der umgekehrte Fall als Rechenexempel der Fahrökonomie: Bei nur 20 Prozent verringerter Bootsgeschwindigkeit wird dem Motor

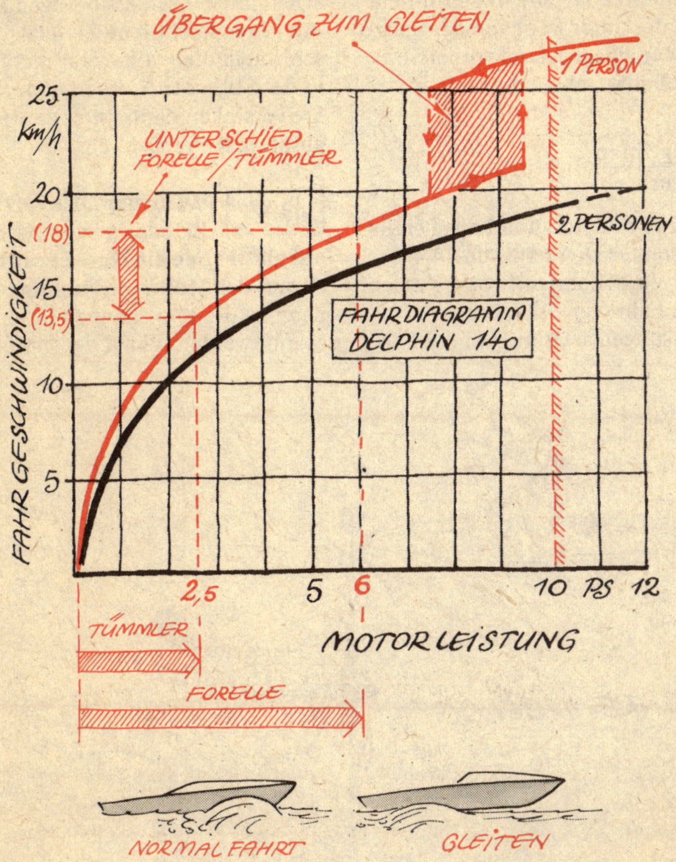

nur die halbe Leistung abgefordert, und das muß sich bedeutend auf seinen Verbrauch, sein Geräusch und seine Lebensdauer auswirken. Das ist das Grundgesetz des Wassertransports: Große Lasten können langsam mit sehr geringem Energieaufwand bewegt werden! Zeit hat man schließlich im Urlaub, und der Neuling hat es bald heraus: Die Eindrücke des Wasserwanderns werden von der Verweilzeit geprägt, von der langsam vorbeiziehenden Landschaftskulisse, viel weniger von den durcheilten Kilometern!

48.14 **Die Geschwindigkeit eines fahrenden Bootes können wir mit dem Relingslog hinreichend genau bestimmen.**
Dazu müssen wir die Länge unseres Schiffleins kennen, und im Wasser muß sich ein feststehender Gegenstand befinden (z. B. ein Pfahl oder ein größeres schwimmendes Blatt). Außerdem ist eine Uhr mit Sekundenzeiger günstig (ansonsten ist beim Zählen »ein-und-zwan-zig« gerade eine Sekunde vergangen). Wir ermitteln die Zeit, während der unser Boot von der Spitze bis zum Heck an dem Gegenstand vorbeifährt, und errechnen dieFahrgeschwindigkeit v in km/h:

$$v = 3{,}6 \cdot \frac{\text{Bootslänge in m}}{\text{Zeit in s}}$$

Beim DELPHIN 140 mit etwa 4 m Länge ergibt sich z. B. ein konstanter Dividend von 14,4 (4 · 3,6). Bei einer Vorbeifahrtzeit von 2 s macht das Boot also eine Fahrt von 7,2 km/h.
Für genauere Messungen setzt man in der Formel an Stelle der Bootslänge die Zahl 1000 ein und ermittelt die Fahrzeit zwischen 2 aufeinanderfolgenden Kilometerschildern am Ufer.

48.15 **Es gibt einen einfachen und sehr preiswerten Trick zur Lärmbekämpfung bei Motorbooten: OHROPAX, die Schachtel mit 6 Paar zu M 1,65!**
Der Motorenlärm wird wesentlich leiser empfunden (leider nicht auch von anderen Geplagten außerhalb des Bootes), sein Geräuschspektrum klingt angenehmer. Die Umweltgeräusche werden zwar auch leiser gehört, aber das ist unwesentlich, denn das Motorgeräusch verdeckt sie nicht so stark. Die Unterhaltung im Boot funktioniert mit Ohropax sogar besser als ohne! An die »Pfropfen im Ohr« gewöhnt man sich recht schnell, manche meinen zwar, nur etwa in dem Maße, wie an eine Reißzwecke im Gesäß, aber das ist sicher übertrieben. Ohropax ist übrigens ein Mittel, daß man nicht nur bootfahrenden Campern empfehlen kann. Auch Menschen mit Einschlafstörungen können sich damit gegen nächtliche Zeltplatzgeräusche abschirmen, die i. allg. zwar nicht sehr laut sind, in der Stille der Natur aber doch stören können. Sie versinken dann unter die Hörschwelle, und absolute Ruhe zieht ein.

48.16 **Wenn der DELPHIN bei geringer Beladung in gewissen Abständen auf glatter See die Nase etwas hebt und kurz darauf der Motor ein »uuuang« von sich gibt,** dann ist die Bootshaut zu lose und muß nachgespannt werden. Fängt der Motor dagegen an

gleichmäßig zu »röhren«, dann hat sich Kraut oder Schilf am Unterwasserteil verfangen oder um die Schraube gewickelt. Bei einem Heckmotor hilft es meist schon, kurz den Rückwärtsgang einzulegen, um dieses fahrtbremsende Zeug wieder loszuwerden.

48.17 Bootsmotoren können ihre Tücken haben, besonders wenn man ihre Wartung vernachlässigt.

Was Wunder?, braucht man sie doch »nur« in der Saison, und danach wird das Notwendige oftmals »vergessen«. Schnürchenpiraten werden solche vergeßlichen Zeitgenossen manchmal verächtlich von anderen Wassersportlern genannt, denn zum Anwerfen des vernachlässigten und streikenden Motors mit Hilfe des Anzugseils werden Energiemengen verschwitzt, die dazu ausreichen, das Boot auch ohne Motor einige Stunden voranzubringen. Nie, niemals darf man sich mit einem unzuverlässigen Motor auf ein großes Gewässer, wie z. B. die Müritz oder einen Bodden, wagen, vielleicht noch dazu, wenn das Wetter unsicher ist!

48.18 Für den Fall, daß der Motor unwiderruflich stehenbleibt oder man auf andere Weise in Seenot gerät, sollte jeder Wassersportler die wichtigsten Notsignale kennen.

Auf den i. allg. stark befahrenen Binnengewässern genügen kreisende Bewegungen mit dem ausgestreckten Arm, am Tage wird ein Hemd oder ein anderer auffälliger Gegenstand ge-

schwenkt, nachts eine Lampe. Auf den einsameren Seegewässern können dagegen auch andere Signale erforderlich sein, dazu zählen

a) anhaltende Töne mit dem Signalhorn oder
b) ein Sichtsignal, bestehend aus einer viereckigen Flagge und darüber oder darunter ein Ball (bzw. etwas, das so ähnlich aussieht; notfalls helfen ein Hemd und ein Kugelfender).

Es ist selbstverständlich, daß man – ebenso, wie mit den Hilferufen beim Baden – mit Notsignalen keinen Unsinn treiben darf und sie nur in begründeten Fällen von akuter Gefahr abgibt oder wenn man aus eigenen Kräften nicht mehr das Ufer zu erreichen vermag.

48.19 **Wer bemerkt, daß andere Wassersportler in Seenot sind, muß unverzüglich Hilfe leisten.**

Das ist keine Sache, auf die man sich nur einläßt, wenn man gerade Lust dazu verspürt, sondern eine Pflicht. Sie ergibt sich aus dem StGB (§ 119) für jedermann, der andere in Not bemerkt, und muß geleistet werden, wenn man selbst dazu in der Lage ist. Daß Hilfe nur im Rahmen der eigenen Möglichkeiten und Fähigkeiten gewährt werden kann, ist leicht einzusehen. Kein Paddler wird z. B. vollständige Hilfe vor Ort leisten können, wenn eine Jacht mit sechsköpfiger Besatzung zu kentern droht, aber wenn er beispielsweise »nur« ein Kind an Bord nimmt, so hat er sehr viel getan!
Kein Gesundheitshelfer darf sich auf Dinge einlassen, die Sache eines Arztes sind. Hilfe besteht aber auch in einer sofortigen Weiterleitung einer Gefahrenmeldung an die zuständigen Stellen, im Zweifelsfalle immer an die Volkspolizei (Ruf 110) oder die Feuerwehr (Ruf 112) und in der Mobilisierung weiterer Helfer.

48.20 **Bei längeren und weiteren Ausfahrten und auf großen Gewässern sollte man sich beim DELPHIN 140 nicht allein auf das Segel verlassen.**

Ein kleiner »Heimholer«, z. B. ein TÜMMLER, läßt sich leicht zusätzlich verstauen. Obwohl der D 140 offiziell zu den Paddelbooten rechnet – darauf deutet schon sein geringer Freibord von 15 cm am Heckspiegel hin –, ohne richtige Dollen und Riemen, nur mit Stechpaddeln, ist er über längere Entfernungen äußerst mühevoll zu bewegen.

48.21 **Auf Fischereigewässern kann man häufig mitten im Wasser ein kleines Fähnchen bemerken, neben dem meist ein oder zwei Bälle schwimmen.**

In einiger Entfernung sieht man weitere dieser Markierungen. Dazwischen spannen die Fischer ihre Schnüre und Netze. Die Fähnchen sind immer an der Seite zu umfahren, an der keine Boje liegt. Beachtet man das nicht, so macht man sich im höchsten Maße unbeliebt, weil Propeller oder Schwert das Fischereigerät zerreißen können. Hat man es aber doch einmal verpaßt – z. B. bei einer nächtlichen Ausfahrt –, und es gibt einen Ruck im Boot, dann

ist sofort der Motor stillzusetzen, bevor sich der Propeller als Garnhaspel betätigt. Beim Segeln ist das Schwert sofort aufzuholen.
Bei Reusenstangen ist die Sache ebenfalls klar: die letzte Stange, oft durch einen angebundenen Lappen, ein Netz oder ein Reisigbüschel markiert, begrenzt die Fangzone.

48.22 **Eines der unvergeßlichsten Erlebnisse für jeden Wassersportler ist wohl eine Ausfahrt während einer lauen, windstillen Sommernacht.**
Die schimmernden Zelte werden immer kleiner und verglühen am zurückweichenden Ufer zu winzigen Lichtpunkten, während die bleiche Sichel unseres nächtlichen Begleiters einen silbrigen Streif in die kräuselnden Fluten gießt. Ein aufgeschreckter Wasservogel fährt lärmend ins Ried, und die nachfolgende, beinahe schon wieder »hörbare« Stille wird nur vom Schlapsen der Paddel und dem Gegluckse des Kielwassers unterbrochen. Jedoch ist eine Nachtfahrt nicht ohne Gefahren: Reusenpfähle tauchen überraschend aus der Finsternis auf. Da schwimmt ein Balken im Wasser, auf den ein allzu forscher Sportfreund aufbrummen kann. Auch Flachwasserstellen oder treibende Wasserpflanzen sind nicht mehr auf einen Blick auszumachen, und das kann bei einem Motorboot zumindest den Scherstift kosten. Sein Wechsel ist in der Dunkelheit eine besonders widrige Angelegenheit.

48.23 **In große Verwirrung kann man am Ende der Nachtfahrt geraten, wenn man wieder am vertrauten Gestade anlegen will.**

Dann narrt die Dunkelheit unseren Orientierungssinn. Wo ist nur die helle Sandschurre geblieben, die kleine Bucht im Schilf mit dem Pfahl fürs Boot? Aber man kann solches Herumirren vermeiden. Schon bei der Abfahrt merken wir uns die Ufersilhouette, prägen uns markante Punkte ein, wie beispielsweise einen herausragenden Baum mit bizarrem Gipfel, der sich gegen den Nachthimmel deutlich abhebt. Zur Nachtfahrt sollte eine starke Handlampe immer im Boot sein. Fernab einer Schiffahrtsroute ist es auch möglich, eine farbige Laterne am Ufer aufzustellen. Werden 2 davon hintereinander in verschiedenen Höhen postiert, so kann man vom Wasser aus sogar erkennen, von welcher Seite aus man sich der Landungsstelle nähert. So trifft man haargenau!
Wasserwanderern empfehlen wir dringend, noch vor Hereinbrechen der Dämmerung am Ufer des auserwählten Zeltplatzes anzulegen. Es kann Verzögerungen geben, und der Aufbau des Zelts in der Dunkelheit ist selten ein Vergnügen. Oft ist am nächsten Morgen die Überraschung groß, wenn man die Mülltonnen oder Toiletten direkt neben dem Zelt zu spät erkennt.

49. Aus dem See direkt in die Pfanne

49.1 **Daß dem Angelsport nachgesagt wird, er vermag hervorragende menschliche Tugenden wie Geduld, Sportsgeist und Liebe zur Kreatur herauszubilden, ist hinreichend bekannt.**

Wir wollen an dieser Stelle keine Anleitung für passionierte Sportfischer schreiben, sondern den Gelegenheitsanglern unter den Campern lediglich einige nützliche Hinweise geben. Diese können Kenntnisse darüber nicht ersetzen, welcher Wurm für welchen Fisch gut, wo die richtige Angelstelle im See zu finden ist und wie man das zweckmäßigste Angelgerät am perfektesten bedient. Dieses Wissen muß sich der Weidmann des nassen Elements schon auf andere Weise erwerben.

49.2 **Jeder Gelegenheitsangler muß im Besitz einer Angelberechtigung sein (Tages- oder Wochenkarte).**

Wer nicht schon Mitglied des Deutschen Anglerverbands der DDR (DAV) ist, dessen erster Anlaufpunkt auf dem Campingplatz ist der Zeltplatzleiter bzw. die Rezeption. Wenn dort nicht bereits eine Angelkarte erhältlich, so kann man doch zumindest Auskunft geben, wo diese

zu beschaffen sei. Diese Karte berechtigt zum Angeln in allen DAV-Gewässern. Für die von Fischereigenossenschaften bewirtschafteten Gewässer ist eine gesonderte Berechtigung erforderlich.
Übrigens: Auch Kinder, die »nur mal so stippen«, brauchen eine Angelkarte!

49.3 **Das Nachtangeln ist nur mit einer besonderen Genehmigung erlaubt.**
Der Inhaber eines Tages- oder Wochenangelscheins erhält diese nicht. Auch das Angeln auf Raubfische und Salmoniden (Forellen und Lachse) setzt in allen Gewässern einen besonderen Befähigungsnachweis voraus, der beim DAV erbracht werden muß. Schließlich sind auch noch territoriale Bedingungen zu beachten, z. B. kann ein Gewässer bestimmte Zeit für den Angelsport gesperrt sein.

49.4 **Um die Schiffahrt nicht zu behindern, ist das Angeln in Fahrwasserrinnen, vor Hafeneinfahrten und Anlegestellen sowie auf Reeden verboten.**
Das Schleppen eines Angelköders oder Netzes hinter einem fahrenden Sportboot zeugt von wenig Sportsgeist. Es ist, ebenso wie andere Formen der Raubfischerei, streng untersagt.

49.5 **Teures und aufwendiges Angelgerät allein nützt dem Anfänger wenig.**
Er muß damit auch umgehen können und die vielen kleinen Kniffe des erfahrenen Sportanglers kennen, wenn er Bemerkenswertes fangen will. Es hat schon Fälle gegeben, daß ein perfekt ausgerüsteter Schauangler von einer einfachen Haselnußrute beschämt worden ist. Wer noch nie geangelt hat oder das nur gelegentlich im Urlaub tut, für den genügen anfangs eine käufliche Fertigangel, etwas Zubehör und das wichtigste Gerät, um einen gefangenen Fisch sicher und ohne Quälerei landen und aufbewahren zu können. Das sind i. allg. verschieden große Angelhaken, Posen, Wickelblei und Bleioliven, Sehne 0,15 bis 0,35 mm, Setzkescher von 1 m Durchmesser, Wurmdose und Fischbehälter. Erst wer das Grund- und Stippangeln sicher beherrscht, der sollte sich an die »gehobenen Disziplinen« des Spinn- und Flugangelns heranwagen.

49.6 **Für den nichtorganisierten Angler sind die Vorschriften des Fischereigesetzes und die Gewässerordnung des DAV ebenso bindend wie für Verbandsmitglieder.**
Daher muß jeder Angler zumindest die Mindestmaße der gefangenen Fische kennen, damit diese überhaupt in die Pfanne oder an den Grillspieß wandern dürfen. Untermaßige Fische müssen behutsam vom Haken gelöst und sofort wieder in die Freiheit entlassen werden. Auch die gesetzlichen Schonzeiten bestimmter Fischarten müssen beachtet werden; sie spielen aber während der Hauptcampingsaison von Juni bis September kaum eine Rolle.

Tabelle 49.6 Mindestmaße für Fische nach DAV-Bestimmungen in cm

Fischart	Binnengewässer	Küstengewässer
Aal	45	40
Bachforelle	25	–
Barbe	40	–
Barsch	15	17
Blei	25	35
Hecht	45	45
Karpfen	35	35
Lachs	Fangverbot	50
Plötze	15	17
Rotfeder	15	17
Schleie	20	20
Scholle	–	25
Steinbutt	–	30
Wels	50	–
Zander	45	45

49.7 **Nur von Fortuna vorzüglich geliebte Gelegenheitsangler dürften an die Grenzen des erlaubten Fanges stoßen.**
So dürfen an einem Angeltag nicht mehr als drei Feinfische, aber insgesamt nur zwei Karp-

fen gefangen werden. Zu den Feinfischen zählen Karpfen, Hecht, Zander, Wels und Barbe sowie alle Forellen und Lachse. Auch mehr als drei Aale darf man an einem Tage nicht aus dem Wasser ziehen. Am offenen Meer sind die Fangmengen nicht begrenzt.

49.8 **Begabte Sportangler fangen gleich mehrere Fische auf einmal.**

So erging es z. B. einem Sportfreund der DDR, als er nach dem Landen eines 76 cm langen Hechts in dessen Bauch einen weiteren mit 21 cm Länge entdeckte und in diesem wiederum einen 4 cm langen Barsch. Auch gefangene Welse bereiten oft Überraschungen. Eine ganze Kollektion verschlungener Merkwürdigkeiten kann ein Fischverarbeitungskombinat in der Kasachischen SSR vorweisen. Das Glanzstück der Sammlung ist eine unversehrte Dose »Wels in Tomatentunke«!
(Nach »Junge Welt« vom 19./20. 9. 1981 und ND vom 23. 8. 1983)

50. Sonne, Wasser, Badestrand

»Männer dürfen öffentlich nur baden, falls sie wenigstens eine Badehose tragen, die mit angeschnittenen Beinen und einem Zwickel versehen ist. In sogenannten Familienbädern haben Männer einen Badeanzug zu tragen.« (Polizeiverordnung von 1932)

50.1 **Sonne in Maßen ist eine kostenlose und heilkräftige Medizin, in Massen ist sie ein heimtückischer Feind!**
In vernünftiger Dosis regen Anteile ihrer ultravioletten Strahlung (UV-Strahlung) die Pigmentbildung in der Haut an, töten Bakterien ab und fördern die Abwehrkräfte des Organismus. Sie unterstützen die Bildung der für das Knochengerüst wichtigen Vitamine D 2, 4 und 5. Setzt man seinen Körper dagegen unvernünftig

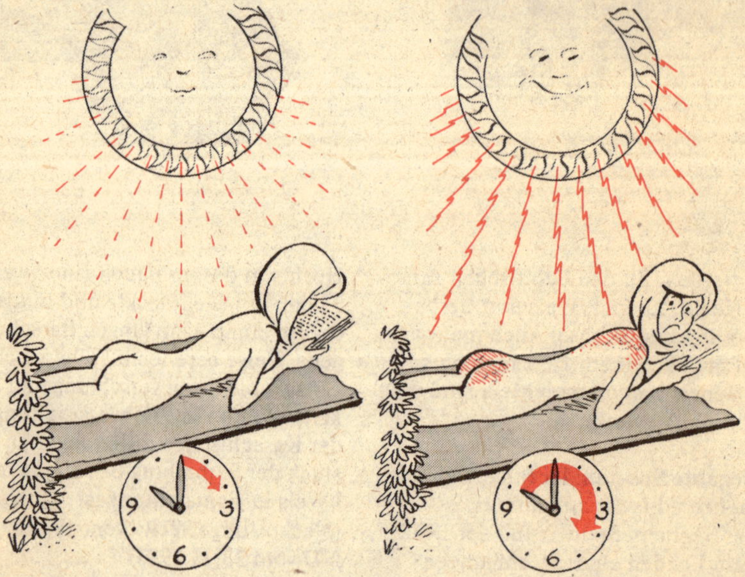

lange der Sonne aus, so kann es außer zu schweren Sonnenbränden (→ 38.2) auch zu Sonnenstich (→ 38.4), Hitzschlag (→ 38.3) und anderen Gefahren für die Gesundheit kommen. Eine gesunde Bräune möchte wohl jeder aus dem Urlaub mit nach Hause bringen, ein andauerndes »Rösten« ist aber in jedem Falle schädlich und kann auch zu Spätfolgen, wie vorzeitiger Alterung der Haut mit Runzelbildung und Verhornung, zu fleckigen Pigmentveränderungen, sogar zu Hautkrebs führen. Der Grad der Bräune steht in keinem Zusammenhang mit dem Nutzen der Sonneneinwirkung für den Organismus!

50.2 **In den ersten Urlaubstagen sollten der Sonnenbestrahlung noch Ungewöhnte ihre Haut erst allmählich der vollen Sonne aussetzen.**

Dabei kann es nützlich sein, sich am ersten Tag in Badebekleidung vorrangig am Zelt, im sonnendurchkringelten Halbschatten des Waldes aufzuhalten. Das für jeden Menschen individuell Verträgliche ist von Typ zu Typ verschieden. Hellhäutige, »echt« blonde oder rotblonde Typen vertragen i. allg. weniger Sonne, dunkelhäutige oder brünette dagegen mehr. Sonnenempfindliche fangen mit 5 bis 10 Minuten Sonnenbad an, danach sind die weniger stabilen Hautpartien und der Kopf schon abzudecken. In den nächsten Tagen kann die Dosis allmählich gesteigert werden. Ein Lichtschutzpräparat – wir empfehlen HELIOTEKT-Salbe – kann die Haut zwar widerstandfähiger machen und einen Teil der Sonnenstrahlung abfangen, es kann den Sonnenbrand damit aber nur hinausschieben, verhindern kann es ihn nicht! Sonnenschutzpräparate werden vor dem Sonnenbad aufgetragen, nicht erst nach dem Sonnenbrand!

50.3 **Absoluter Nonsens ist die Behauptung, daß sich die Haut erst richtig schälen muß, damit sie ordentlich braun werden kann.**

Was sich da auf großen Körperpartien schmerzhaft abschuppt – rosa bis rot entzündete Haut darunter hervortreten lassend –, das sind von der Sonne verschmorte, vordem völlig intakte Hautpartien, die sich gut und gerne noch eine ganze Weile hätten brauchen lassen. Derart erworbene »Bräune«, meist eher eine Gräue, hält außerdem nur kurze Zeit. Welcher klardenkende Mensch würde sich dafür freiwillig einige seiner wertvollen Urlaubstage verderben?

50.4 **Die Gefahr eines Sonnenbrandes wächst in Gegenden mit besonders sauberer Luft (See, Hochgebirge) und starker UV-Reflexion an der Oberfläche (Schnee, Strand, Wasser).**

Vor allem die pralle Mittagsonne ist dort zu meiden. Ein leichter Wind täuscht gern trügerische Kühle auf der Haut vor, er kann aber die UV-Strahlung nicht fortblasen.

50.5 **Vorsicht vor Sonnenbrand beim Brettsegeln und in einem offenen Boot!**

Die sengenden Strahlen kommen vom Himmel und reflektiert auch vom Wasser, und der leichte Luftzug des Fahrtwindes vermittelt angenehme Kühle. Man merkt das Verhängnis leider oft erst dann, wenn es schon zu spät ist. Besonders gefährlich wird die Sache, wenn man in einem sonnenüberfluteten Boot oder auf einer schwimmenden Luftmatratze einschlummert: Ein Wasserspritzer auf den aufgeheizten Körper kann sofortigen Reflextod bewirken!

50.6 **Bei den ersten Anzeichen eines beginnenden Sonnenbrands oder Sonnenstichs** – das sind juckende Haut, Benommenheit, Schwindelgefühl oder Kopfschmerz – ist sofort für Schatten, wenigstens aber für Schutz der Haut und des Kopfes vor der sengenden Sonne zu sorgen.

Man kann auch zwischendurch mal ins Wasser gehen, muß aber den Körper vorher durch ein paar Spritzer abkühlen. Völlig falsch wäre es, den von langer Sonnenbestrahlung aufgeheizten Körper mit einem zackigen Sprung in die kühle Flut »abzuschrecken«; sie kann dabei leicht zum kühlen Grabe werden!

50.7 **Sonnenbrillen zählen zum modischen Zubehör mit zweifelhaftem gesundheitlichem Wert.**

Die einfachen Ausführungen mit gefärbten Gläsern oder Folien schaden den Augen mehr als sie nützen. Ein normales Auge ist außer in wenigen, extremen Lichtsituationen – z. B. bei gleißender Sonne im Schnee – durchaus in der Lage, sich den unterschiedlichen Helligkeiten anzupassen. Durch den natürlichen Regelmechanismus der Pupillenöffnung wird Blendwirkung oder Schädigung des Auges verhindert. Muß es trotzdem eine Sonnenbrille sein, so achte man darauf, daß man optisch einwandfreie Markengläser erwirbt, die es in den Absorptionswerten 25 %, 50 % und 75 % gibt. Sogenannte HELIOMATIC-Gläser passen sich den Helligkeitsunterschieden mit veränderter Lichtdurchlässigkeit an. Sie wirken aber nicht hinter Glasscheiben, durch die das UV-Licht bereits absorbiert wird, also auch nicht im Auto. Autofahrer sollten bei nächtlicher Fahrt niemals eine Sonnenbrille gegen die Blendwirkung entgegenkommender Fahrzeuge aufsetzen. Sind diese vorbeigefahren, so steht der sonnenbebrillte Fahrer kurzzeitig in völliger Finsternis!

50.8 **Baden und Schwimmen sind wohl die willkommensten Vergnügen, wenn man auf einem Campingplatz am Wasser Quartier bezogen hat.**
Sie bringen außer dem reinen Badespaß auch Entspannung und aktivieren alle Körperfunktionen. Wasser, Sonne und sportliche Betätigung wirken als sich ergänzende Reize auf unseren Organismus, fördern die Durchblutung und stärken den Kreislauf. Herz- und Kreislaufkranke jedoch müssen ihre Schwimmbelastbarkeit und die günstigste Badedauer vor Urlaubsantritt mit ihrem Arzt besprechen. Für sie ist das Schwimmen parallel zum Ufer – nicht ins tiefe Wasser hinein – zu empfehlen; der Rückweg ist dann bei Erschöpfung sehr kurz!

50.9 **Vor Badegefahren muß man vor allem die Kinder warnen.**
Sie erkennen sie noch nicht selbst. Trotzdem ist es erschreckend, wie viele Erwachsene trotz besseren Wissens ein schlechtes Vorbild geben und die Gefahren und Verbote beim Baden mißachten. Die größte Zahl von Badeunfällen ereignet sich bei jungen Männern! Es ist darum sicher nicht unnütz, in den folgenden Abschnitten die wichtigsten Baderegeln zu erläutern und die Gefahren aufzudecken, damit unser fröhliches Getummel im nassen Element nicht eines Tages ein tragisches Ende nimmt.

50.10 **Unter keinen Umständen dürfen wir in unbekannte Gewässer springen!**
Das Wasser kann flacher sein als vermutet, Scherben, Steine oder Schrott können auf dem Grund liegen, ein alter abgefaulter Pfahl kann kurz unter der Wasseroberfläche enden. Gar mancher unbedachte oder übermütige Hechter ist schon zum Sprung in den Rollstuhl geworden, weil die Wirbelsäule gebrochen und das Rückenmark durchtrennt wurden. Wie viele dieser Springer mußten schon mit aufgerissenem Leib oder geborstenem Schädel an Land gebracht werden! Wir müssen auch daran denken, daß sich solch ein unglückseliger Mensch niemals aus eigener Kraft retten kann. Ist kein

Helfer in der Nähe, so muß er unweigerlich ertrinken.
Auch beim Springen vom Turm oder einem Steg ist Vorsicht geboten: Andere Badende können sich dort unbemerkt unter Wasser befinden.

50.11 **Mit einer Brille oder Tauchbrille darf man keinen Kopfsprung ins Wasser machen.**
Schwere Augen- oder Gesichtsverletzungen können die Folge sein!

50.12 **Häufiges Schwimmen mit dem Kopf unter Wasser kann Entzündungen an den Ohren oder in den Nasennebenhöhlen hervorrufen.**
Gefahr besteht besonders dann, wenn diese Organe schon einmal erkrankt waren. Bei Ohrenempfindlichkeit hilft i. allg. schon eine dichte Badekappe oder ein eingefetteter Wattebausch im Gehörgang (auch OHROPAX). Damit können sich auch Menschen mit Trommelfellschäden davor schützen, daß Wasser ins Mittelohr dringt, dieses sich entzündet oder der Gleichgewichtssinn gestört wird. Bei Empfindlichkeit der Nasennebenhöhlen schützt eine Nasenklemme, bei Augenempfindlichkeit eine Schwimmbrille (es wird ein ČSSR-Produkt angeboten). Diese ist auch für Träger von Haftschalen zu empfehlen, damit ihre kleinen »Fensterchen« nicht vom Wasser fortgespült werden.

50.13 **Im Wasser mit einer Temperatur unter 18° C darf man sich nicht allzu lange aufhalten.**
Bei 16 °C sind mitunter schon 5 Minuten zuviel; denn die Haut wird nicht mehr genügend durchblutet. Besonders schnell kühlt ein kindlicher Körper aus, weil er im Verhältnis zum Körpervolumen eine viel größere Oberfläche hat als ein Erwachsener. Auch bei wärmerem Wasser sollte man darum den Kindern eine längste Badedauer von 15 bis 20 Minuten zumessen. Das Wasser läuft ihnen ja nicht davon! Bei Fröstelgefühl, äußere Anzeichen sind blaue Lippen, Zähneklappern oder Zittern, muß jeder Badende aus dem Wasser! Nach gründlichem Abfrottieren und Körperbewegung (Ballspiel, Laufen) ist man bald wieder in Ordnung. Hält das Frösteln an, so muß man sich unbedingt ankleiden (z. B. Bademantel).

50.14 **Nasse Badesachen sollen auch bei Sonnenschein sofort vom Körper!**
Vor allem dann, wenn ein leichter Wind geht – den man kaum spürt oder sogar als angenehm empfindet – kann der Körper unter den nassen Sachen stark unterkühlen. Sogar Nieren- oder Blasenentzündungen können entstehen. Keinesfalls darf man mit nassen Haaren auf einem Fahrrad oder gar Motorrad fahren. Ein Schnupfen ist noch das harmloseste, was man sich dabei erwerben kann! Eine Entzündung der Nasennebenhöhlen ist viel schlimmer.

50.15 **Niemals dürfen wir erhitzt von Sport und Spiel, nach einer üppigen Mahlzeit oder unter Alkoholeinfluß ins Wasser gehen!**
Das kann mit einem Kreislaufkollaps enden. Bei Muskel- oder Nackenkrampf muß man das Wasser sofort verlassen.

50.16 **Große Gefahr birgt das Baden in der Nähe von Buhnen, Molen, Seebrücken oder deren Überbleibseln an der offenen See.**
Schon bei geringen Wind- und Seegangstärken bilden sich Sog und Wirbel, die den Badenden u. U. nicht loslassen, ihn gegen die Pfähle, gegen unterseeische Bolzen, Klammern, gegen gesplittertes Holz und scharfe Steintrümmer schleudern können. Schon das häufig zu beobachtende Herumbalancieren auf den glitschigen Buhnenköpfen ist sehr leichtsinnig.

50.17 **Absolutes Badeverbot besteht an Brücken, 100 m nach jeder Seite.**
Auch an Anlegestellen der Berufsschiffahrt, an stilliegenden Wasserfahrzeugen und schwimmendem Arbeitsgerät (auch Fischkästen und Zuchtanlagen), im Bereich von Hafeneinfahrten und Werften, in der Nähe von Schleusen und Wehren und in den für Wasserski freigegebenen Seengebieten darf nicht gebadet werden. Am klügsten verhält man sich, wenn man sich den Badefreuden nur im Bereich der mit Tonnen abgegrenzten, bzw. bewachten Strandabschnitte hingibt. Außerhalb der Betonnung bedrohen schnelle Motorboote Schwimmer und Luftmatratzenpaddler. Darum darf vor allem auch nicht die Fahrrinne der Berufsschiffahrt durchschwommen werden.

50.18 **Die Signale und mündlichen Anweisungen der Mitarbeiter des Wasserrettungsdienstes sind am Strand und im Wasser Gesetz!**
An den Badestränden der DDR bedeutet ein halbhoch gezogener roter Korbball (»Sturmball«), daß das Baden für Kinder und Nichtschwimmer verboten ist; Schwimmer dürfen bis zur Brusttiefe ins Wasser. Bei vollständig aufgezogenem Ball gilt das Badeverbot für alle, es gilt auch für die unbewachten Strandabschnitte! Im Ausland bestehen z. T. andere Regelungen, über die man sich unbedingt informieren muß.

50.19 **An manchen Abschnitten der Schwarzmeerküste ragen Felsen und Klippen aus dem Wasser.**

Ideal zum Sonnenbaden in aller Abgeschiedenheit, aber gefährlich beim Baden und Tauchen dazwischen! Da gibt es Stellen mit starkem Sog, mit Strömung und Strudeln, Höhlen bohren sich unter Wasser in das Gestein, scharfe Abbruchkanten und messerscharfer Muschelbewuchs suchen die Haut aufzuschürfen. Weil diese Strandzonen auch nicht bewacht werden, muß jeder die Verantwortung für Gesundheit und Leben selbst übernehmen und seine sportlichen Aktivitäten gründlich bedenken.

50.20 **In gesperrten Gewässern dürfen wir nicht baden.**

Aber auch Schauminseln, sehr trübes Wasser, starke Pflanzenanschwemmungen, tote Wassertiere, Faulschlamm oder eine buntschillernde Wasseroberfläche deuten darauf hin, daß ein Gewässer durch Industrieabfälle oder Fäkalien verschmutzt ist und sich zum Baden nicht eignet. Man kann sich in solchem Wasser durch die Haut hindurch oder bei einem ungewollten Schluck mit Krankheitserregern infizieren oder den Organismus schädigen. Industrieabwässer können Hautkrankheiten und Vergiftungen hervorrufen.

50.21 **Bei starkem Wellengang dürfen wir nicht so weit hinausschwimmen.**

Dabei kann man seine Kondition sehr leicht überschätzen und kommt vor allem dann in Schwierigkeiten, wenn man nicht rechtzeitig an den Rückweg denkt. Bemerkt man, daß einen die Wellen hinauszuziehen versuchen und man trotz Anstrengung dem Ufer nicht näher kommt, dann ist sofort um Hilfe zu rufen.

Durch möglichst flaches Schwimmen an der Wasseroberfläche suchen wir dem Sog der tieferen Wasserschichten zu entrinnen.

50.22 **In hohen Wellen darf man niemals auf einer Luftmatratze schwimmen.**
Eine Welle kann das Kopfteil der Matratze erfassen und es samt dem Kopf des Schwimmers nach hinten schleudern. Halbswirbelverletzungen und -brüche, sogar Querschnittslähmungen können die tragische Folge sein.

50.23 **Ein ertrinkender Erwachsener sollte, wenn möglich, in direkter Hilfeleistung im Wasser nur von ausgebildeten Rettungsschwimmern geborgen werden.**
Es besteht nämlich die Gefahr, daß er sich in Todesängsten an seinen Retter klammert und ihn mit unter Wasser zieht. Für nicht im Wasserrettungsdienst ausgebildete Helfer ist es darum besser, einen schwimmenden Gegenstand in den Griffbereich des Ertrinkenden zu werfen (Rettungsring, Autoreifen, Schwimmtier, Luftmatratze) oder eine Leine, mit der er an Land gezogen werden kann. (Wiederbelebung: → 38.15)

50.24 **Barfußlaufen ist gesund!**
(Vorausgesetzt, es liegen keine Glasscherben oder scharfkantige Blechdosen herum). Der Fuß als Schwerstarbeiter des Körpers wird im Sand oder auch auf einer Wiese gut gestützt, weil sich der Untergrund der gewölbten Fußsohle ideal anpaßt. Besonders die Muskulatur der Fußsohle, der Zehen, aber auch der Waden wird gestärkt. Kleine Steine im Sand oder der gelegentliche unangenehme Tritt auf einen Kienapfel schaden nichts. Barfuß durch die Natur tut auch Schweißfüßen gut! Längere Spaziergänge »ganz unten ohne« können Fußbeschwerden lindern, teilweise sogar beseitigen.

50.25 **Zur Freikörperkultur läßt sich nicht viel bemerken.**
Man legt an der auserwählten Stelle die letzten Hüllen ab, und alles verläuft so normal wie sonst auch. Lediglich einen Sonnenbrand kann man sich schnell an den ungewöhnlichsten Stellen holen. Also: besondere Vorsicht bei den sonst immer verhüllten Körperpartien! Menschen, die sich der Freikörperkultur verschrieben haben, wollen unter ihresgleichen sein. Sie sehen es nicht gern, wenn sich ein »Textiler«

unter ihnen ansiedelt, der sich ebensogut an seinem eigenen, außerdem meist viel größeren Strandabschnitt tummeln kann. Dieses moralische Recht sollte man respektieren! Trotzdem: Ein für FKK freigegebenes Gelände räumt das Recht zum völligen Entkleiden ein, nicht die Pflicht dazu! Strandwanderer in Badehose brauchen also um solch ein Gelände keinen großen Bogen zu machen. Sie sollten sich aber vorwiegend am Wellenspiel ergötzen, nicht aber die Sonnenfreunde bei ihren Strandspielen anstarren.

50.26 **Unter welchen Bedingungen Freikörperkultur erlaubt ist, dafür ist die »Verordnung über die Regelung des Freibadewesens« zuständig (→ Anhang 10/7/).**
Sie gilt verbindlich für die Ostseeküste, wird aber auch an den Binnengewässern angewendet. Nach dieser Verordnung ist das Wasser-, Luft- und Sonnenbaden an Orten, zu denen jedermann Zutritt hat, nur dann gestattet, wenn diese Plätze dafür von den örtlichen Organen freigegeben und entsprechend gekennzeichnet sind. Außerdem dürfen sich die Sonnenhungrigen auch in stille und geschützte Winkel zurückziehen, in denen sie nicht gesehen werden, oder die Dunkelheit abwarten, bevor sie sich ins Wasser stürzen. Diese Bestimmungen gelten nicht für Kinder unter 10 Jahren; diese können als Nackedei an beliebiger Stelle herumtollen. Wer gegen diese Verordnung verstößt, riskiert eine Ordnungsstrafe.

50.27 **FKK-Strände liegen in unmittelbarer Nähe folgender Campingplätze der DDR:**
- Bezirk Cottbus: Großkoschen (Z/35), Weißwasser (Z/41),
- Bezirk Dresden: Biehain (R/13), Volkersdorf (R/8),
- Bezirk Frankfurt: Althüttendorf (E/56), Sophienstädt (E/21),
- Bezirk Neubrandenburg: Diemitz (C/26), Drosedow (C/28), Peetsch (C/45), Userin (C/59 und C/60), Gotthun (C/80), Alt Schwerin (C/90),
- Bezirk Potsdam: Bestensee (D/70),
- Bezirk Rostock: Börgerende-Rethwisch (0113), Dranske-Nonnevitz (0126), Graal-Müritz (0115), Markgrafenheide (0114), Prerow (0119), Rappin (0131), Meschendorf bei Rerik (0122), Ückeritz/Bansin (0153).

Bei weiteren 25 Campingplätzen des Ostseebe-

zirks liegen FKK-Strände in einer Entfernung von 1 bis 9 km. Darüber gibt die Campingkarte der DDR Auskunft.

50.28 **Den FKK-Gedanken verkannten die Verantwortlichen in mehreren englischen Seebädern offenbar völlig.**

Sie stellten an den Zugängen zum Freibadestrand große Spiegel mit der Aufforderung auf: Bevor Sie hier eintreten, betrachten Sie bitte prüfend ihre Figur! Ob diese gläsernen Richter inzwischen von wütenden Nudisten zerschmissen worden sind, darüber ist nichts bekannt. Dagegen weiß man, wie es dem Gemeinderat des italienischen Badeorts Tropea ergangen ist, der nur jungen, hübschen Damen das Nacktbaden erlauben wollte. Bereits nach wenigen Tagen mußten die Ratsherren ihren verfänglichen Beschluß kleinlaut zurückziehen, weil ihnen ihre Angetrauten wohl die Sache mit Nudelhölzern ausgeredet haben müssen. Nun badet niemand mehr nackt am Strande von Tropea! (Nach Volksstimme vom 4. 6. 1982 und ND vom 8. und 12./13. 6. 1982.)

50.29 **Strandburgenbau ist wegen des manchmal steinigen Untergrundes nicht überall möglich und auch nicht an jedem Strand gestattet.**

Er schädigt die Küste, darum müssen diese Sandtrichter an der Ostsee generell mindestens 2 m von der Dünenabsperrung oder von Anpflanzungen entfernt sein. Obwohl man oft die abenteuerlichsten Robinsonunterkünfte aus Strauchwerk, Knüppelholz und sonstigem Strandgut bewundern kann, erlaubt die Strand- und Badeordnung des Bezirks Rostock diese Baumaterialien nicht. Manchmal werden kunstvolle Edelbauobjekte oder phantasievolle Fabeltiere aus vergänglichem Sand modelliert und bei Wettstreiten der Urlauber im Burgenbau auch prämiiert.

Irgendein Anspruch – z. B. während der Urlaubssaison – auf eine selbstgeschippte und individuell verschönte Sandburg besteht nicht, aber man sollte das Bauwerk des anderen respektieren und nicht okkupieren oder mutwillig zertrampeln.

50.30 **Sollten Sie sich beim Burgenbau nocht etwas schwertun, so kann der Autor eine Literaturempfehlung geben.**

Der Amerikaner Michael DIPERSIO brachte dafür ein Handbuch auf den Markt. Er empfiehlt eine Grundausstattung, bestehend aus Schaufel, Löffel, Eimer, Spaten, Bandmaß und Trichter (?). Auch Weingläser und Blumentöpfe dürfen nicht vergessen werden und ein Fotoapparat, um das Kunstwerk zu verewigen, bevor es wieder zu profanem Dünensand zerrinnt oder von ignoranten Strandwanderern zertrampelt wird. (Nach Junge Welt, Juli 1982)

50.31 **Am Ostseestrand dürfen wir die abgesperrten Dünen nicht betreten.**

Wir benutzen immer die gekennzeichneten Strandzugänge. Die Düne ist auch keine Müllkippe, auf die wir nach Herzenslust unsere Abfälle werfen dürfen, und kein Klosett! Die Bepflanzung der Dünen, der Strandhafer, das Gebüsch und der Dünenwald dienen dem Küstenschutz und sind darum für jeden Urlauber tabu!

50.32 **An der Steilküste lauern stets Gefahren.**

Wir dürfen sie daher nur im Bereich der befestigten Auf- und Abgänge betreten. Vor allem die Kinder sind zu warnen, weil das Spielen (Herumklettern, Runterrutschen), auch das dichte Herantreten an die Abbruchkante oder das Besteigen des Gerölls an der Sohle des Hanges lebensgefährlich sind. Besonders heimtückisch sind in die steile sandige Wand gegrabene Höhlen. Daß diese Gefahr nicht auf Steilküsten beschränkt ist, beweisen mehrere Zeitungsmeldungen im Jahr 1987, in denen von Kindern berichtet wurde, die sich in Kies- und Baugruben Gänge in den Sand gegraben hatten, darin verschüttet wurden und z. T. erstickt sind. Diese auf so schreckliche Weise ausgelöschten jungen Leben mahnen alle Eltern zur geduldigen Aufklärung vor diesem gefährlichen Spiel. Bäume, kurz vor dem Absturz – oder bereits abgestürzte – sind keine geeigneten Klettergerüste für Menschen, die an ihrem Leben hängen. Zelte sollen einen Mindestabstand von 10 m vom Steilufer haben.

50.33 **An der offenen Küste der Ostsee ist die Benutzung jeglicher Sportboote – auch kleiner Schlauch- und Paddelboote – für Urlauber generell untersagt.**

Das gilt auch für andere kenntlich gemachte Grenzgewässer. Lediglich einfache Schwimmkörper, wie Luftmatratzen, Schwimmtiere, Luftreifen und aufblasbare Kinderbadeboote dürfen im Uferbereich bis hin zu den Badetonnen (sonst bis maximal 150 m von der Wasserlinie) benutzt werden, aber auch nur von Sonnenauf- bis -untergang.

50.34 **Wenn kleine Kinder mit einem Badeboot im Wasser spielen oder in einem Schlauchboot paddeln, dann sollten sie schwimmen können.**
Das entbindet die Eltern jedoch nicht von ihrer Aufsichtspflicht; denn wie schnell kann ein so leichtes Boot, z. B. bei ablandigem Wind, ins freie Wasser hinausgetrieben werden!

51. Brettsegeln und Tauchen

»Warum nur", wundert sich der angehende Surfer, »warum hat der Autor gerade diese beiden ungleichen Pferde vor denselben Wagen gespannt?«
Nach den ersten eigenen Versuchen kennt er die Antwort!

51.1 **Eine noch recht junge, aber schöne und sehr campinggemäße Wassersportart ist das Brettsegeln (Windsurfing).**
Auf vielen Zeltplätzen an Gewässern lassen sich dafür geeignete Stellen finden. Eine Ausnahme bilden die Campingplätze an der offenen See, dort ist Brettsegeln für Urlauber generell untersagt. Das Gerät ist zwar sperrig, wegen seiner recht geringen Masse (etwa 25 kg) aber trotzdem leicht zu transportieren (z. B. zwei Segelbretter auf dem Autodach) und schnell zum Segeln klarzumachen. Weil die Segelfläche nur 5,1 m^2 beträgt, wird kein Befähigungsnachweis für Sportsegelboote gefordert, allerdings darf ein Brettsegler ohne diesen Schein seinen Sport nur in Gewässern ohne durchgehende Berufsschiffahrt betreiben. Brettsegeln ist nur am Tage (von Sonnenauf- bis untergang) bei guter Sicht gestattet. Die Kenntnis der Sportbootanordnung ist auch für Brettsegler wichtig.

51.2 **Windsurfen ist keine Tätigkeit, die uns in die Wiege gelegt worden ist.**
Selbst perfekte Sportbootsegler müssen auf dem Brett das Zusammenspiel von Rigg, Wind und dem eigenen Körper völlig neu erlernen.
Der Anfänger ohne entsprechende Anleitung befindet sich meist mehr im Wasser als auf dem Brett und macht unnötige Fehler.
Jeder, der auf ein Segelbrett steigt, muß unbedingt schwimmen können! Aber auch mit entsprechender Anleitung, nach Studium der Theorie (hier sei das Buch »Brettsegeln« von G. HEYDEN empfohlen, → Anhang 11/29/) und ausreichendem »Trockentraining« dauert es geraume Zeit, bis der Surfer die Windstärken von 3 bis 4 ohne laufende Badefreuden verkraften kann. Erste Übungen sollten nur bei geringen Windstärken bis 2 – der Wellengang ist dabei meist noch zu vernachlässigen –, bei auflandigem Wind und ausreichender Wassertemperatur angesetzt werden. So ist wenigstens das Wieder-ans-Ufer-Kommen ohne Unterkühlungsgefahr leidlich abgesichert.

51.3 **Brettsegler brauchen eine zweckmäßige Bekleidung.**
Sie soll die Bewegungsfreiheit nicht behindern und den Körper warm halten. Beim Surfen nur in Badebekleidung (neuerdings verbreitet sich an geeigneten Stellen auch das »Paradiessurfen« immer mehr) und häufigen »Wasserfall« friert man sehr leicht im kühlenden Wind. Man muß dann unbedingt seine Übungen abbrechen, um sich nicht zu unterkühlen. Als Fußbekleidung bewähren sich rutschfeste Sportschuhe mit Profilsohle, eventuell auch oben verschnürte Gummistiefel. Spezielle Surferanzüge sind am günstigsten, notfalls tut es aber auch ein Wasserski- oder leichter Tauchanzug. Als Kopfbedeckung eignet sich eine wollene Mütze, die sogar naß noch wärmt.

51.4 **Große Wasserflächen sind für das Brettsegeln besonders günstig.**
Es weht fast immer Wind, allerdings mit häufig wechselnder Richtung und Stärke. Der Anfänger sollte sie darum vorerst meiden oder seine ersten Versuche in einer stilleren Bucht, möglichst bei auflandigem Wind starten.

51.5 **Auch beim Brettsegeln kann eine Notsituation eintreten.**
Dazu zählen ein gebrochener Mast oder Gabelbaum, ein zerfetztes Segel ebenso wie das Schwinden der körperlichen Kräfte. Dann lautet die wichtigste Regel: Unbedingt auf dem Brett bleiben! Nach Einschätzung der Sachlage, z. B. Möglichkeit der Notreparatur, der Uferentfernung unter Berücksichtigung der Windrichtung und des Wellengangs, des weiteren Sportbootverkehrs in der Nähe ist zu entscheiden, ob man sofort das Notsignal gibt (seitliches Auf- und Abschwenken der Arme) oder ob man versucht, das Ufer aus eigener Kraft zu erreichen. Dabei ist immer die sicherste Variante zu wählen. Beim Abschleppen muß der Brettsegler sofort auf das schleppende Boot umsteigen.

51.6 **Die erste Schule für Brettsegler wurde 1979 in Berlin eröffnet.**
Zu erschwinglichen Preisen werden 5-Tage-Kurse durchgeführt, wobei auch Segelbretter und Surfanzüge ausgeliehen werden können. Für auswärtige Sportfreunde kann eine Unterkunft vermittelt werden. Der Lehrgang schließt mit der Zusatzprüfung Brettsegeln zum Befähigungsnachweis Sportsegelboote ab. Auskünfte können vom Mai bis zum September bei der Surf-Schule Müggelsee, Fürstenwalder Damm 838, Berlin, 1165, schriftlich oder über Telefon Berlin 6 45 54 63 eingeholt werden.

51.7 **Ein Segelbrett kann sich ein geschickter Bastler auch selbst anfertigen.**
Dazu wird eine Originalform benötigt, die er sich ausleihen kann (in Sportverbänden fragen). Die erforderlichen Bau- und Vermessungsvorschriften für ein Segelbrett DELTA oder für eines der »offenen Klasse« kann man beim Generalsekretariat des Bundes Deutscher Segler der DDR, Storkower Str. 118, Berlin, 1055, käuflich erwerben.

51.8 **Unentwegte bauen sich für ihr Surfbrett einen Ruderaufsatz.**
Dann kann man es auch an windstillen Tagen nutzen oder sich bei kühlem Wetter warmrudern. Die genaue Anleitung dazu findet sich im Anhang 11 /32/.

51.9 **Tauchsport mit Atemgeräten ist i. allg. nur Mitgliedern der Gesellschaft für Sport und Technik (GST) in dafür freigegebenen Gewässern möglich.**
Wir beschränken uns darum auf das preiswerte

und sogar für Kinder ungefährliche ABC-Gerät mit Schnorchel, Tauchbrille und Schwimmflossen. Wirklichen Spaß macht das Tauchen aber nur in sehr klaren Gewässern, wie sie nur noch selten anzutreffen sind (z. B. einige Mecklenburger Seen, das Schwarze Meer und manche Kiesgrubenseen).

51.10 Der Schnorchel – ein kurzes Rohr mit Mundstück – ermöglicht uns die Unterwasseratmung beim Schwimmen in der Bauchlage.

Dabei läßt sich die Unterwasserwelt längere Zeit beobachten, und die Wassertiere werden nicht durch den abtauchenden Schwimmer aufgeschreckt. Taucht man tiefer, so füllt sich das Atemrohr mit Wasser, das man nach dem Auftauchen mit einem kurzen Atemstoß wieder hinausbefördert.
Der mitunter von physikalisch weniger Geübten unternommene Versuch, das kurze Luftrohr des Schnorchels mit einem Schlauch zu verlängern, muß erfolglos bleiben, weil der Mensch bereits in geringer Tiefe nicht mehr gegen den auf dem Brustkorb lastenden Wasserdruck zu atmen vermag (so drücken bereits in nur 1 m Tiefe etwa 100 kg auf die Brust!). Außerdem würde man dann immer einen Teil der ausgeatmeten Luft, die im Rohr verbleibt, wieder einatmen.

51.11 Die Tauchbrille mit ihrer ebenen Scheibe gestattet es uns, auch unter Wasser klar zu sehen.

Ohne sie ist alles unscharf, weil das Wasser an der gekrümmten Augenlinse wie eine zusätzliche Zerstreuungsoptik wirkt. Man kauft die Brille in einer Größe, daß sie, ohne zu drücken, an Oberlippe, Schläfen und Stirn dicht anliegt. Eingedrungenes Wasser entfernt man durch leichtes Anheben der Brille unter der Nase. Das Schnorchelrohr kann unter dem Gummiband eingeschoben werden.
Lästig ist das häufige Beschlagen des Glases unter Wasser. Man mindert es, indem man vor dem Tauchgang leicht in die Brille spuckt und den Speichel auf dem Glas verreibt. Auch hauchdünnes Einreiben mit Glyzerin hilft, wer aber hat das beim Tauchen schon bei sich?

51.12 Die Schwimmflossen machen schließlich unsere Bewegungen denen der Fische ähnlich.

Es genügt, die Beine im Kraulschlag einfach auf- und abzubewegen. Es geht aber auch im Delphinschlag mit parallelen Beinbewegungen. Mit Flossen schwimmt man schneller und eleganter, sollen sie aber nicht kräftezehrend wirken, muß man mit der Bewegungsgeschwindigkeit der Beine maßhalten. Das gilt besonders bei sehr großen Flossen, die darum kaum Vorteile bringen. Mitunter ist es schwierig – besonders, wenn die Flossen eine »Schuhnummer« zu klein gekauft wurden –, mit den Füßen hineinzukommen. Dann hilft, wenn nicht schon vom Hersteller vorgesehen, ein kleines, mit einer heißen Nadel in den Zehenteil eingebranntes Loch, das Luft und Wasser beim Hineinschlüpfen entweichen läßt.

51.13 **Auch mit dem ABC-Gerät kann man sich eine Tauchtechnik antrainieren, die ein längeres Verweilen im abgetauchten Zustand erlaubt.**
Ohne Übertreibungen kann man z. B. das längere Luftanhalten üben, wirksamer dagegen ist, den Körper vor dem Abtauchen durch schnelleres Atmen über 1 bis 2 Minuten mit Sauerstoff etwas zu übersättigen. Mit vollgepumpten Lungen taucht man und läßt bei beginnender Atemnot mehrmals stoßweise etwas Luft ab. Die nun deutlich verlängerten Tauchzeiten dürfen den Anfänger aber nicht dazu verleiten, übertrieben tief zu tauchen. In jedem Falle ist daran zu denken, daß man auch noch zur Oberfläche zurück muß. Aus diesem Grunde darf man auch niemals in Grotten, Hindernisse oder in dichten Pflanzenwuchs hineintauchen!

51.14 **Schwarzmeerreisende erwarten beim Tauchen unvergeßliche Eindrücke.**
Vor allem im klaren Wasser an felsigen Küstenabschnitten kann man eine bunte Unterwasserwelt beobachten. Eßbare Muscheln sind dort zu finden, und das wachsame Auge entdeckt bald in einem Tangbüschel eine schöne Zierschnecke für das Aquarium. Aber das Tauchen in felsigen Regionen ist nicht ganz ungefährlich (→ 50.19). Des Tauchens Ungeübte sollten darum ihre Unterwasserausflüge nur bei sehr ruhiger See unternehmen und niemals allein auf Pirsch gehen.

52. Grillparty

52.1 **Camping- oder Gartengrills (vornehm »Holzkohle-Grillgeräte« genannt), sind in sehr verschiedenen Ausführungen und zu unterschiedlichsten Preisen im Angebot.**
Ein Typ sieht aus wie ein voluminöses Stechbecken, ein anderer mehr wie eine umgestülpte Köhlerhütte. Aussehen ist aber ein sehr unsicheres Qualitätskriterium. Für Camper eignen sich vor allem Grills, die sich flach zusammenlegen lassen. Günstig sind lange Beine, so daß sich der Grillrost 40 bis 50 cm über dem Erdboden befindet und bequem vom Campingsessel aus bedient werden kann. Sehr niedrig stehende Grills schädigen durch Strahlungshitze den Bodenbewuchs. Eine Grillfläche von etwa 6 dm^2 ist selbst für 6 bis 8 Personen ausreichend.
Grills, deren Körper sich nach dem Kohlenbekken hin verjüngt, sind besonders sparsam im Kohleverbrauch. Haben sie unter dem Kohlebett außerdem noch verschließbare Luftöffnungen, so läßt sich die Hitze gut regulieren.

52.2 **Wer einen Grill erwirbt oder sich selbst baut, sollte auf folgendes achten:**
Die Kohlenpfanne muß aus stabilem Blech sein (mindestens 1 mm), sonst glüht sie zu schnell durch. In ihrem Boden müssen sich mehrere Luftlöcher oder -schlitze befinden. Der Abstand zwischen Kohlepfanne und Grillrost sei verstell-

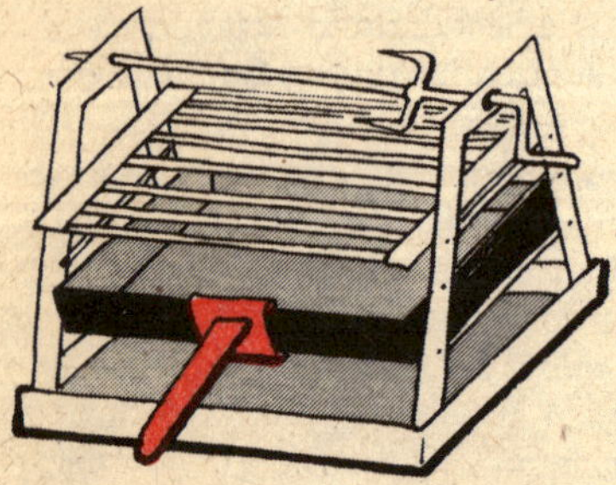

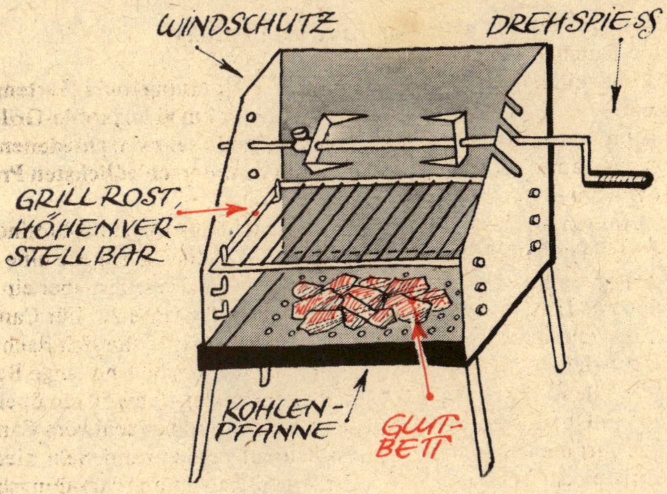

bar, um je nach Stärke der Glut und Art der Grillspezialitäten die Hitze variieren zu können. Günstige Abstände liegen zwischen 6 bis 12 cm. Die Stäbe des Rosts sollten einen Stababstand von höchstens 1,5 cm haben, sonst hängen die Fleischränder herunter und verschmoren, oder die Grillwürstchen fallen durch. Verchromung hält ohnehin nicht lange, schwarzgebrannte Stäbe reichen aus (vor der ersten Inbetriebnahme mit Speiseöl einpinseln!). Ein Windschutzblech ist nur dann erforderlich, wenn am Spieß gegrillt werden soll, damit der Braten beim Drehen nicht so stark auskühlt. Beim Grillen auf dem Rost ist der Windschutz eher hinderlich, er kann Funkenflug kaum verhindern. Am besten, er ist abnehmbar. Die Höheneinstellung des Spießes soll sich verändern lassen. Motorisch angetriebene Spieße gibt es zwar auch, sie würden auf einem Campingplatz anstatt Bewunderung wohl eher Belustigung auslösen.

52.3 **Manche Grills haben auch eine Art »Galgen«, an den man einen zünftigen Bogrács (ungarisch, Kessel) anhängen kann.**
Das bereichert die Anwendung ungemein, denn Kesselsuppen sind auf Campingplätzen – besonders an kühlen Abenden – eine begehrte rustikale Löffelei. Zwei campinggerechte Kesselrezepte finden Sie unter 42.15 und 42.16!

52.4 **Was braucht der Grillmeister noch?**
Eine Holzzange zum Wenden der Fleischstücken und eine spitze zweizinkige Gabel mit Holzgriff, eine Flasche mit klarem Wasser zum Bändigen übermütiger Glut, Öl und Ölpinsel, eine Flasche Helles (Pilsener ist schon Verschwendung), Geduld und natürlich die fleichlichen und sonstigen Produkte (das »Grillgut«) (Bild S. 273).

52.5 **Besser ein »Grillomane« als ein Grillhektiker oder ein Grillmuffel!**
Grillen ist nämlich nicht nur eine »sehr bekömmliche Garungsart«, sondern vielmehr eine zelebrale Abendandacht in froher Runde. Wer als lästige Vorbereitung in irgendeiner Ecke die Glut entfacht, nervös hantiert, bläst, daß die Funken stieben – derweil die Hausfrau nach der bangen Frage: »Bist du nun endlich so-

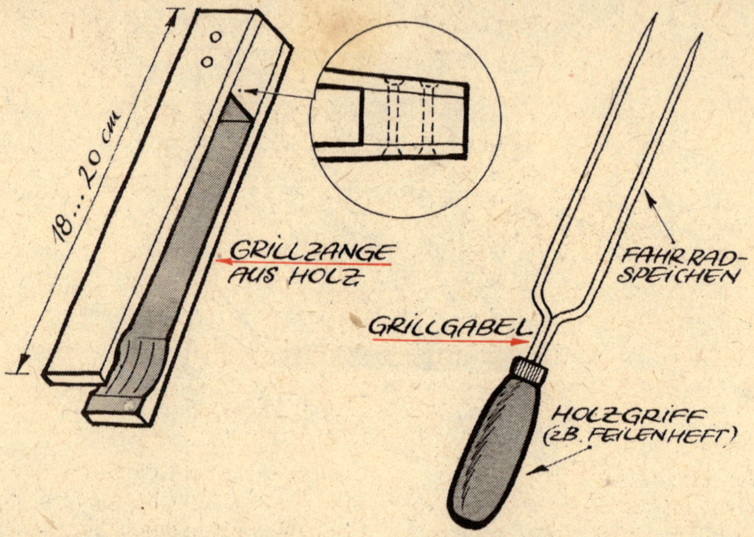

weit?« das Grillgut herausbringt, dann, kaum daß es gar ist oder schon verkohlt, es wieder wegschleppt, um es auf feingedecktem Tisch zu servieren –, der hat den Zauber des Grillens schlichtweg ermordet. Dinieren kann man zu Hause! Um einen Grill sitzt man im Halbkreis herum, eine Gabel in der Hand, eventuell einen Teller, besser eine dicke Holzplatte auf den Knien. Die Zutaten, z. B. Gewürzgurken, raffinierte Würzsoßen, rustikales Brot, das unvermeidliche Ketschup, Bier und etwas Vorbeugendes gegen »Magendrücken«, stehen auf einem Baumstumpf oder im Sand. So wird man nicht nur langsam und genüßlich prasselsatt, sondern auch vom Grillduft betäubt, und die langsam verschimmernde Glut beleuchtet die Schatten zufriedener Gesichter in der heraufziehenden Dämmerung.

52.6 Trotz allen Vergnügens darf man beim Grillen den Brandschutz nicht vergessen.

Auf manchen Campingplätzen ist das Grillen am Zelt nicht gestattet, weil der Untergrund entzündlich ist. Dafür gibt's dann festgelegte Grillplätze; oder man zieht in den Ufersand des Sees. Aber auch wenn wir am Zelt grillen können, müssen wir die elementaren Regeln des Brandschutzes beachten: in Windrichtung keine entzündlichen Gegenstände, Funkenflug möglichst verhindern (gut durchgeglühte Holzkohle erzeugt kaum Funken)! Grundsätzlich ist ein Mindestabstand von 3 Metern zu Campingeinrichtungen einzuhalten. Grillfeuer dürfen niemals unbeaufsichtigt brennen, und ein hilfreicher Eimer voll Wasser steht für Eventualfälle bereit.

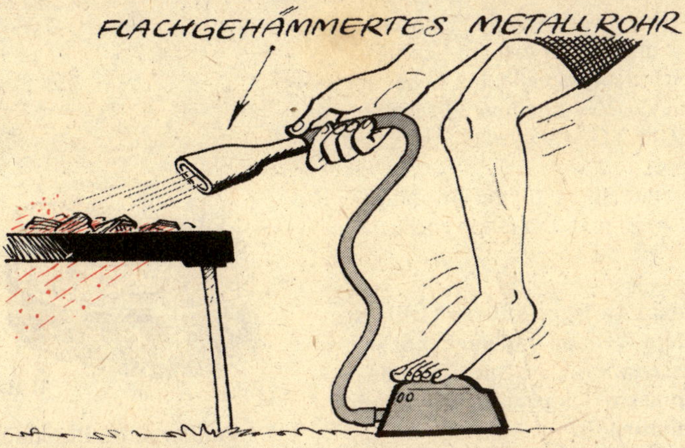

52.7 **Wer seinen Grill mit Spiritus anheizt, muß die Flasche vor dem Anzünden des Grillfeuers außer Reichweite bringen.**
Niemals Spiritus auf mickernde Glut nachgießen, um die Sache »in Gang« zu bringen. Das kann zu allerschlimmsten Verbrennungskatastrophen führen, nämlich dann, wenn die Flamme in die Flasche schlägt und deren Inhalt nach Art eines Flammenwerfers auf umsitzende Personen oder entzündliche Gegenstände schleudert. Mit Benzin darf man einen Grill niemals anheizen, die Dämpfe würden alles verderben!

52.8 **Spiritus, über die Holzkohle gegossen, bewährt sich nur bei sehr trockener Kohle und etwas Wind.**
Besser ist eine Anzündetechnologie nach 52.9; oder man schnitzelt sich einen kleinen Berg trockener Holzspäne, den man entzündet und über dem man ein Kohlehäufchen locker aufschichtet. Das entstehende Glutnest bedarf liebevoller Pflege, z. B. indem man mit einem Brettchen Luft zufächelt. Rastlose oder vor Appetit bereits ausgehöhlte Zeitgenossen verwenden dazu die Campingschildkröte mit ihrem scharfen Luftstrahl. Das funktioniert besonders gut, wenn man den Schlauch verlängert und am Ende mit einer breiten Metalldüse versieht.

52.9 **Die wohl einfachste und sauberste Methode, die Kohlenglut zu entfachen, kennen bestimmt die wenigsten.** Sie funktioniert sicher bei Sturm wie bei völliger Windstille. Man legt 2 bis 3 Spiritustabletten (Hartspiritus) auf die Kohlenpfanne, zündet sie an und schichtet Kohlestückchen lose zu einem Haufen darüber. Ohne weiteres Zutun glüht der Haufen langsam durch. Seit 1985 gibt es übrigens auch einen flüssigen Grillkohleanzünder zu kaufen. Er entfacht die Grillglut mit verhaltener Flamme, enthält keinerlei gesundheitsschädliche Stoffe, und auch beim Nachgießen in die Glut entsteht keine Verpuffung.

52.10 **Das Glutbett ist fertig, wenn alle Kohlestückchen ascheüberpudert erscheinen und im Dunkeln satt glühen.**
Es dürfen keine Flammen aus der Holzkohle schlagen. Bei Flammenbildung, auch wenn sie beim Grillen durch abtropfendes Fett entsteht, wird die Kohle mit Wasser leicht übersprüht. Wird das vernachlässigt, so hat man die Kohle bald über dem Rost und nicht nur darunter!

52.11 **Was können wir alles grillen?**
Der Phantasie sind keine Schranken gesetzt. Bewährt haben sich außer den obligaten Rostbratwürsten (die man halb gar etwas einpieksen sollte, damit sie nicht platzen) auch noch folgende Rezepturen:

- Kebaptscheta: eine bulgarische Grillspezialität aus halb und halb Schabefleisch und Gehacktem, gewürzt mit etwas geraspelter Zwiebel, Knoblauch, Salz (oder Knoblauchsalz), Pfeffer. Je 300 g Fleisch wird ein Ei genommen und soviel Semmelmehl, daß sich eine feste Masse daraus kneten läßt, aus der man reichlich fingerdicke Würstchen formt;
- Kammfleisch oder Rippchen: mit Senf bestrichen und in einer Würztunke aus Bier, Lorbeerblättern, Pfefferkörnern, Piment und etwas Salz etwa 3 bis 4 Stunden eingelegt;

- Leber in Scheiben: eingeölt und mit Mehl bestäubt (Salz und Pfeffer erst am Schluß);
- Leber- oder Schaschlykspieße: bei Leber abwechselnd mit Zwiebelscheiben und Apfelstück, bei Filet mit Gewürzgurke, Speck und Zwiebelscheibe;
- Fisch oder Broiler am Spieß: der Broiler gerät schneller, wenn man ihn etwas vorkocht,
- und vieles, vieles andere!

52.12 **Vor dem Auflegen auf den Grillrost, vor dem Wenden und auch mal zwischendurch müssen wir unsere Spezialitäten mit Speiseöl bepinseln (keinesfalls Leinöl, am besten Sonnenblumenöl).**
Sehr praktisch für Transport und Handhabung ist dabei ein Ölfläschchen mit Schraubverschluß oder Korken, in den ein flacher Pinsel eingeklebt oder eingesteckt worden ist. Das sieht etwa aus wie eine Büroleimflasche, nur etwas größer (siehe Bild unten).

52.13 **Während des Grillens bespritzen wir Fleisch, Leber, Kebaptschetas und Bratwürste hin und wieder mit einem feinen Strahl aus einer Flasche hellem Bier.**
Es duftet herrlich und gibt den Schlemmereien einen feinwürzigen Geschmack. Dabei wird auch gleich zu „scharfe" Glut gezügelt.

52.14 **Brötchen oder Toastbrot können wir auf dem Grill gleich mit aufbaken.**
Passender ist zu Grillgerichten allerdings rustikales Vollkornbrot. Besonders locker geraten in Alufolie eingewickelte frische Kartoffeln (auch Zwiebeln), die vorher eingeölt und mit Salz, Kümmel oder Paprika dick eingerieben wurden. Ob sie schon gar sind, wird mit der Grillgabel getestet. Auch fertig gebratene Broilerstücke lassen sich, in geölter Grillfolie aufgelegt, bald wieder „für neu" anbieten.

52.15 **Zum Grillen empfehlen wir das Mitnehmen von Stricknadeln.**
Nicht etwa, um die Zeit zu verkürzen, falls die Grillglut an feuchten Tagen einmal nicht gelingen will, nein, vielmehr eignen sie sich – ebenso wie Fahrradspeichen – als Schaschlyk- oder Leberspießer. Ein Korken am Ende verhindert, daß wir uns die Finger verbrennen. Mit solchen Nadeln lassen sich Spieße auch auf einem improvisierten Grill aus Steinen zu einem guten Ende bringen.

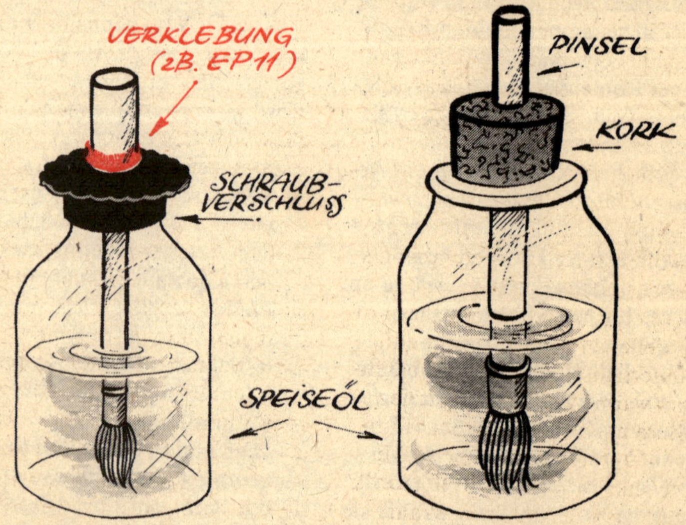

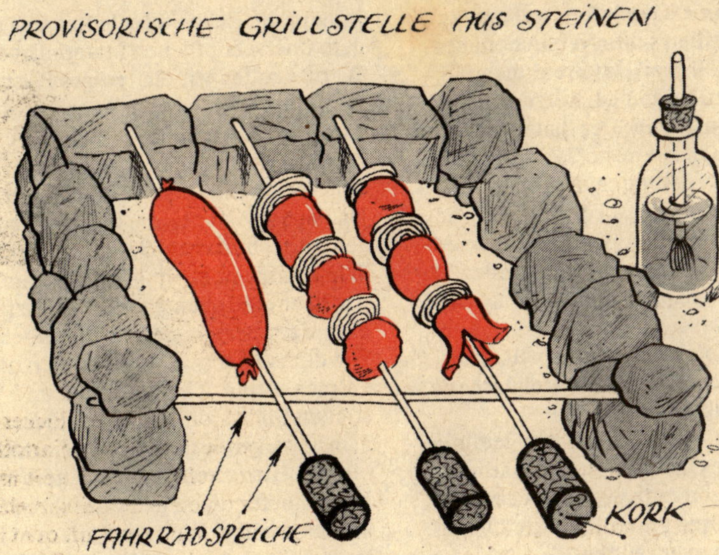

52.16 **Wir wollen den Grill auch nicht als Notkochstelle vergessen.**
Was, wenn uns auf einer Auslandsfahrt das Propangas ausgeht, vielleicht gerade dann, wenn die Mahlzeit halbfertig ist? Was, wenn die Kinderlein nach ihrer warmen Mahlzeit schreien und auch die Eltern nach einer vielleicht fünf- bis sechsstündigen Autofahrt schon bedenkliches Magensausen haben? Dann hilft der Grill; Brennmaterial holt man sich aus dem Wald!

52.17 **Wer trockenes Hartholz beschaffen kann, der kann auch ohne gekaufte Holzkohle grillen.**
Er braucht nur die Geduld, um abzuwarten, bis das Holz, nachdem es gebrannt, sich zu Holzkohle umgewandelt hat, oder man verschwelt es vorher in einer Blechdose mit 2 gegenüberliegenden Luftlöchern auf offenem Feuer. Kenner sagen, daß Grillen auf Buchenscheiten besonders schmackhafte Leckerbissen liefert.

52.18 **Auch mit Kienäpfeln sollen manche das Grillen schon versucht haben.**
Das ist zwar reizvoll, weil das Brennmaterial überall im Wald zu finden ist, trotzdem ist dieses Verfahren abzulehnen. Der blakige Rauch aus dem harzreichen Brennstoff verdirbt den Speisengeschmack, gesundheitliche Störungen sind nicht auszuschließen. Lediglich als Wärmequelle an einem kühlen Abend und zur Abschreckung der saugenden und stechenden Plagegeister ist ein Kienäppelfeuer recht nützlich.

52.19 **Wer Holzkohle sparen will, kann, nachdem alles „verbraten" ist, die Glut mit Wasser ablöschen.**
Er verzichtet dann allerdings auf den gemütlichen Ausklang der Grillparty an der wärmenden Glut. Die nicht verbrannten Kohlestückchen trocknen in der Sonne schnell und sind beim nächsten Mal wiederverwendbar.

52.20 **Zum Grillen im Schnee ist ein Grill mit langen Stelzbeinen günstig.**
Der Rodelschlitten wird zum improvisierten Tisch, und ein heißes Getränk wärmt Grillmeister und erwartungsvolle Gäste von innen her auf.

53. Sammeln und Basteln

53.1 **Im Urlaub haben wir endlich reichlich Zeit für unsere Kleinsten.**
Wir werfen das bereits uninteressante, teilweise wenig zur Kreativität anregende Universalspielzeug in die Ecke und schaffen uns eigenes aus dem unerschöpflichen Materiallager der Natur. Warum sollen wir ein fertiges Plastsegelboot im Strandmagazin kaufen, wenn wir aus Borke, Zweigen, Binsenhalmen, Schilf, Bast, Bindfäden und Stoffresten einen eigenen Windjammer oder ein abenteuerliches Floß basteln können? Da bauen wir Anlagen, die sich richtig nach ingenieurtechnischen Gesetzen bewegen, eine Windmühle oder ein Wasserrad am Rinnsal, das über eine abenteuerliche Holzmechanik eine Hammerschmiede anzutreiben vermag. Die dazugehörigen Landschaften, Block- und Palmenhütten, Zäune, Bäume und Verkehrsstraßen bilden wir aus Moos, Flechten, Wurzeln, Zweigen, Blättern und Kieseln. Solcherart mit der Hinzuwendung der Eltern beschenkte Kinder befriedigen nicht nur ihren Spieldrang auf kurzweilige Weise, sie erlernen beim zwanglosen Mittun auch physikalische Zusammenhänge und konstruktive Lösungen mit einfachsten Mitteln zu finden.

53.2 **Der Bau einer Sonnenuhr auf dem Campingplatz ist nicht schwer.**
Wir suchen uns dazu einen ganztägig schattenfreien Platz, ebnen ihn etwas ein und stecken einen „Schattenstab" unter einem Winkel von etwa 52 ° gegenüber der Horizontalen so in die Erde, daß er nach Norden geneigt ist (exakt müßte der Neigungswinkel der geografischen Breite des jeweiligen Orts entsprechen). Wir eichen unsere Sonnenuhr am einfachsten anhand der Realzeit, die unsere Armbanduhr anzeigt, indem wir die Lage des Schattens stündlich mit

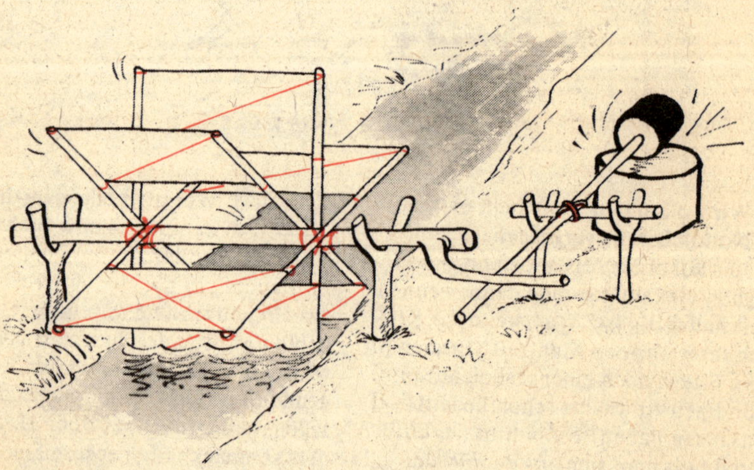

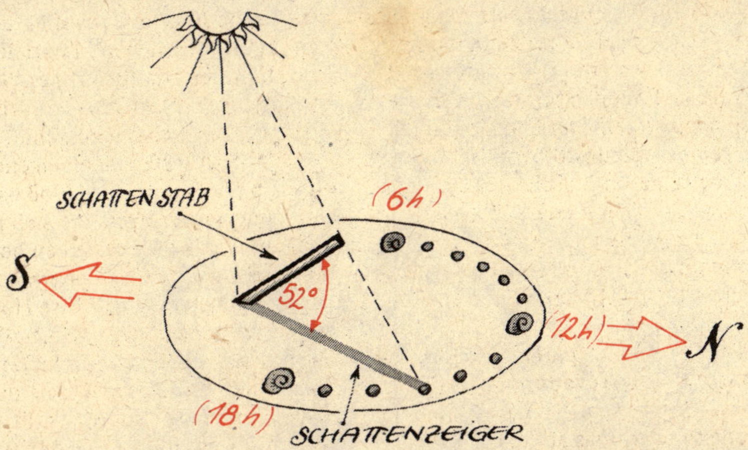

einer Muschel, einem Steinchen o. ä. im Halbkreis um den Schattenstab markieren. Bei dem gewählten waagerechten Zifferblatt ergeben sich jedoch keine gleichmäßigen Abstände. Die Lage des Schattens bei 6.00 h, 12.00 h und 18.00 h heben wir besonders hervor, z. B. durch etwas größere Steine.

53.3 **Getrocknete und gepreßte Gräser, Blüten und Blätter können, auf Karton geklebt und unter Glas gerahmt, einen sehr geschmackvollen Wandschmuck für die Wohnung ergeben.**
Sie lassen sich aber mit feinfühliger Hand und kritischen Augen auch zu sehr kunstvollen Collagen – Stilleben, Landschaften oder Phantasiegestalten – ordnen. Viele Großgräser, Rohrkolben, Samenkapseln (Mohn!), Binsenhalme u. a. ergeben, getrocknet und geschmackvoll arrangiert, einen attraktiven Zimmerschmuck in einer Vase.

53.4 **Aus Wurzeln, Stockschwämmen, Steinen, Donnerkeilen, Versteinerungen, Muscheln und ähnlichen Naturmaterialien** lassen sich sehr dekorative plastische Wandbilder oder räumliche Gebilde als Wand- oder Tischdekoration zusammenstellen.
Der Phantasie sind dabei keine Grenzen gesetzt. Wenn wir mit unserer provisorischen Anordnung der Einzelstücke auf dem Campingtisch zufrieden sind, kleben wir alles nacheinander auf einer stabilen Papp- oder Holztafel auf. Die seitliche Begrenzung muß nicht unbedingt ebenmäßig sein, auch dann nicht, wenn das Ganze als Wandschmuck verwendet werden soll. Auch auf einen Rahmen kann man verzichten, wenn man gleich eine Begrenzung aus Steinen, Flechtwerk, Holzstücken oder Muscheln mit aufklebt.

53.5 **Größere Wurzelstöcke, Stämme oder Feuersteine mit Aushöhlungen lassen sich zu Hause mit Kakteen oder anderen, wenig wasserbedürftigen Gewächsen bepflanzen (Bild S. 276).**
Solche Kompositionen sind sowohl für Garten oder Balkon als auch als Zimmerschmuck oder in einem Blumenfenster geeignet.

53.6 **Wenn wir nun auf die unvermeidlichen Steinfiguren zu sprechen kommen, werden uns manche naserümpfend der Verherrlichung des Kitschs zeihen.**
Sicher, große Kunst ist mit diesen Mitteln kaum zu schaffen, aber Originalität ist schon drin! Wenn wir darauf verzichten, die einfallslosen, bemalten Steinmännecken nachzuempfinden, wie sie uns mit platten Gesichtern aus manchem Souvenirladen dümmlich entgegengrinsen, dann ist schon viel erreicht. Aus bizarr geformten Steinen, Wurzeln, vom Seesand geschliffenen Holzresten, aus Muscheln, Bast und Flechten, vielleicht einem Pelzrest als »Haar«, lassen sich unter Ausnutzung der natürlichen Formen recht phantasievolle Saurier, Lindwürmer, Waldschrate, sogar ganze Räuberlager oder Rockmusikgruppen und lustige Tiere zusammensetzen. Bei solchen Basteleien schärft sich nicht nur der Blick für das Naturmaterial, es entstehen auch persönliche Erinnerungsstücke oder ein sehr individuelles Geschenk.

Zum haltbaren Verkleben der Materialien eignen sich EPASOL EP 11 oder CENUSIL besonders gut. Wer auf bunte Bemalung nicht verzichten kann, der verwendet am zweckmäßigsten Filzstifte mit Lösungsmitteltinte (wasserfest!).

53.7 **Pilze wachsen vom Mai bis in den November hinein, und wer möchte im Urlaub kein Gericht aus selbstgesammelten Pilzen bereiten?**

Das „Fleisch des Waldes" ist zwar sehr schmackhaft und verfeinert selbst noch in getrocknetem Zustand unsere Soßen und Suppen, jedoch enthalten Pilze bis zu 92% Wasser und sind daher als nährstoffarm einzustufen (110 . . . 150 kJ/100 g). Sie sind vor allem als Beilage oder in einer Vorsuppe geeignet. Große und feste Pilze kann man auch in etwa 1 cm breite Scheiben schneiden, wie ein Schnitzel panieren und braten. Pilze sollen immer luftiglocker transportiert, alsbald zubereitet und dann sofort verzehrt werden. Reste eines Pilzgerichts nicht zum späteren Genuß aufheben!

53.8 **Beim Pilzesammeln gilt die gleiche Grundregel wie beim Überholen auf den Verkehrsstraßen: im Zweifelsfalle niemals!**
Wie gefährlich das Verzehren der ohne ausreichende Kenntnisse gesammelten Pilze werden kann, das beweisen die nach Tausenden zählenden giftigen Exemplare, die alljährlich von den ehrenamtlichen Pilzberatern aus dem Sammelgut Unkundiger ausgesondert werden müssen, darunter sogar viele der mörderischen Grünen Knollenblätterpilze. Wo sich die nächste Pilzberatungsstelle befindet, kann man bei der Kreishygieneinspektion erfahren. Oft ist es schon nützlich, sein Körbchen von einem sachkundigen Nachbarn auf dem Campingplatz durchsehen zu lassen. Eine sichere Garantie dafür, daß sich nicht trotzdem ein Tückebold unter den Inhalt geschmuggelt hat, kann das aber nicht sein. Erfahrungen beim Pilzesuchen bekommt man nur beim praktischen Sammeln unter Anleitung eines Kenners. Pilzbestimmungsbücher allein können in Zweifelsfällen nicht immer sichere Auskunft geben; schon die Farbe der Abbildungen kann beim Druck verfälscht worden sein und zu Irrtümern führen.

53.9 **Beim Suchen von Pilzen wird man in der unmittelbaren Nähe des Campingplatzes nur mäßigen Erfolg haben.**
Zu viele haben das Terrain schon durchstöbert! Meist muß man sich schon etwas entferntere Pilzgründe suchen. Beim Sammeln ist auf Warnschilder zu achten, die uns auf versprühte Schädlingsbekämpfungsmittel aufmerksam machen. In solchen Gebieten dürfen keine Pilze und sonstigen Beeren gesammelt werden. Da hilft auch kein gründliches Abwaschen des Sammelguts, das Gift kann über die Wurzeln in die Früchte gelangt sein.

53.10 **Kinder naschen gern von den einladenden Früchten im Wald und am Wegesrand.**
Dabei kümmern sie sich meist wenig darum, daß diese auch giftig sein könnten. Ekelhaft Schmeckendes wird zwar schnell wieder ausgespuckt, aber nicht jede giftige Frucht ist gallebitter. Bei allen sich bietenden Gelegenheiten muß man Kinder von kleinauf mit den genießbaren Wildfrüchten bekannt machen. Unbekannte Arten sind tabu! Aber auch eßbare Beeren und Früchte sind nicht in jedem Falle unbedenklich zu genießen. Sie können durch Pflanzenschutz- oder Insektenvertilgungsmittel beeinträchtigt sein. Jedenfalls sollte man Wildfrüchte nicht gleich vom Strauch, sondern immer erst abgewaschen verzehren (bei Vergiftungen: → 38.16!).

53.11 **Wer Schwarztee aus gesundheitlichen Gründen nicht verträgt oder danach nicht einschlafen kann, dem sei empfohlen, sich im Urlaub etwas Heidekraut (»Erika«, Calluna vulgaris) zu trocknen.**
Man kann daraus ein zartherbes, dem schwarzen Tee sehr ähnlich schmeckendes Getränk bereiten (ein Eßlöffel der zerkleinerten Trockendroge mit etwa 2 Tassen kochendem Wasser übergießen!). Dieser Tee aktiviert die Herz- und Nierenfunktionen und wirkt außerdem leicht stopfend.

53.12 **Sehr schmackhafte, z. T. ungewöhnliche und für die Campingküche ausgezeichnet geeignete Bereicherungen des Speisezettels werden in dem Heft »Wildfrüchte« vorgestellt.** (→ Anhang 11/28/). Die Zutaten aus dem Garten der Natur können wir auf Spaziergängen sammeln.

Der Campinghandwerker

Der Camper denkt an die kommende Saison. Schließlich soll auch dann wieder alles in gutem Zustand sein. Es wird gepflegt, komplettiert, umgebaut. Und wie man sich am besten hilft, wenn unterwegs etwas entzwei geht, das weiß der Camper sowieso.

54. Kleine Kniffe mit großem Effekt

54.1 Polyethylenfolien (PE-) lassen sich mit einem Bügeleisen schweißen.
So kann man aufgeplatzte Nähte an Wasserbällen oder Schwimmtieren und Folienzeltböden reparieren, Plastesäcke nach Maß anfertigen oder Folienbahnen dauerhaft miteinander verbinden. Auch die sogenannten Gitterfolien für Überdächer sind schweißbar. Das Bügeleisen darf – abhängig von der Foliendicke – nicht zu große Wärme entwickeln. Man beginnt mit Stellung »Seide« oder »Wolle« bei einem Reglerbügeleisen und erprobt die günstigste Temperatur und Schweißgeschwindigkeit an einigen Abfallstücken. Die zu verschweißenden Folien müssen auf ebener Unterlage ruhen, die mit einem Trennmittel –z. B. CENUPASTE eingestrichen werden sollte. Das Bügeleisen darf die Folie nicht direkt berühren, sondern die Schweißzone muß mit Pergamentpapier oder Zellophan abgedeckt werden. Sehr schmale und gleichmäßige Schweißnähte erhält man, wenn man das Bügeleisen mit einer »Nase« versieht (Abb.). Die Naht wird unter mäßigem Druck mit langsamer, aber gleichmäßiger Geschwindigkeit gezogen. Kleben kann man PE-Folien mit SALADUR oder EPASOL-KONTAKT. Schweißen ist aber haltbarer und sieht sauberer aus.

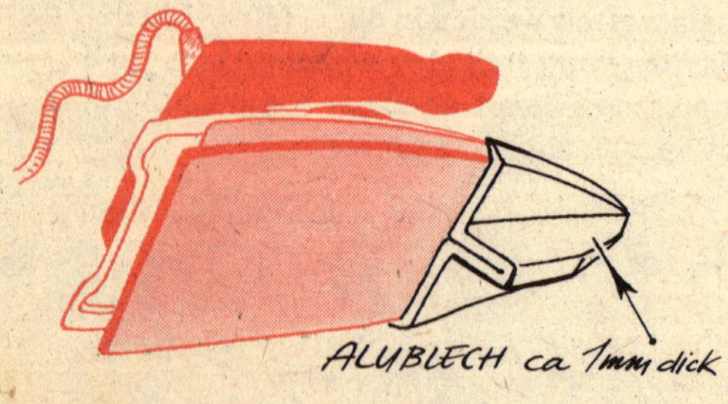

54.2 Platten oder Rohre aus PVC-hart schneidet man mit einem Eisensägeblatt, dünnes Material mit der Laubsäge.
Rohre werden vor dem Biegen fest mit Sand gestopft und an den Enden mit Korken oder Holzpfropfen verschlossen. Dann erwärmt man sie in kochendem Wasser oder unter langsamer Drehung ganz vorsichtig etwa 20 cm über einer Gasflamme (nicht anschmoren lassen!). Die heißen Rohre lassen sich nun in beliebige Form bringen ohne daß sie einknicken. Abgekühlt wird in einer Schüssel mit kaltem Wasser; das Rohr ist sofort formstabil. Geklebt wird PVC-hart mit PCA 20 oder PCM 13, es läßt sich im Heißluftstrahl auch schweißen.

54.3 Schaumpolystyrol- oder PUR-Schaumstoffplatten schneidet man sehr exakt mit einem straff eingespannten Draht (z. B. alte Kocherspirale), der mittels Stromdurchgang erhitzt wird.
Die Platten, auch ganz dicke – gehen hindurch »wie Butter«! Als Stromquelle ist z. B. der Stelltrafo einer elektrischen Eisenbahn geeignet oder die Autobatterie. Keinesfalls darf der Draht direkt an die Steckdose angeschlossen werden! Man wählt den Einspeisepunkt in den Draht (Abb.) gerade dort, daß er eben dunkel zu glühen beginnt.
Schaumpolystyrol läßt sich mit PVAC- oder 3-D-Kleber verleimen, PUR-Schaumstoff mit CHEMISOL L 1504, L 1526 oder L 1518.

54.4 Einen Wasserkanister oder Geschirr aus Polypropylen (PP) schweißen oder kleben zu wollen ist verlorene Mühe.
Gelingt eine Reparatur nicht durch Verschrauben von zwei Blechscheiben mit Dichtungszwischenlage (sogenannte »Topfdichtung«), so kann man das defekte Stück beruhigt der SERO-Wiederverwendung zuführen.

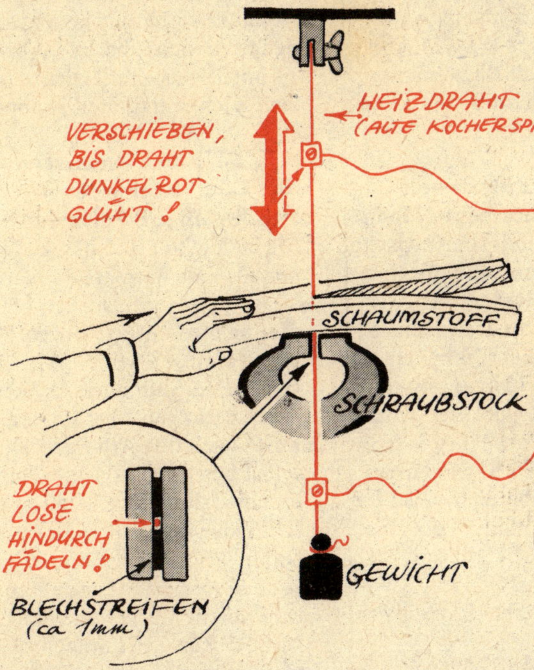

54.5 **Wenig bekannt ist das Verfahren des Schmelzklebens.**

Für den Campinghandwerker ist es ideal, wenn es gilt, Stoff und Papier unter- oder miteinander sauber, fest, dauerhaft, wenig feuchteempfindlich, vor allem aber blasen- und faltenfrei zu verbinden. Es eignet sich u. a. zum Aufziehen von Landkarten oder Fotos auf Leinwand und leistet uns bei der Reparatur von Campingartikeln gute Dienste. Luftmatratzen, Risse im Zelt oder im Faltbootdeck lassen sich sauber flicken (→ 59.16 und 59.17). Die zu verschmelzenden Flächen werden mit 3-D- oder PVAC-Kleber eingestrichen. Dann läßt man sie vollständig austrocknen. Danach werden die Teile »Klebeseite gegen Klebeseite« auf einer ebenen Unterlage aufeinandergelegt. Der eigentliche Klebevorgang entsteht durch Hitze und Druck, wenn man mit einem Reglerbügeleisen (Stellung »Kunstseide« . . . »Wolle«, probieren!) über die zu verklebende Stelle fährt. Der getrocknete Kleber zwischen beiden Teilen schmilzt, verbindet sich und wird nach Ende der Hitzeeinwirkung sofort wieder fest. Zum »Aufbügeln« von Flicken auf buntgemusterten Stoffen bei Campingartikeln (Sonnenschirm, Sesselbezug) verwendet man am besten weißen Stoff. Darauf kann man anschließend das Muster mit Filzstiften (Typ L: lösungsmittelhaltig für Folien, wasserfest!) oder mit Stoffarbe nachzeichnen. Die reparierte Stelle bleibt nahezu unsichtbar!

54.6 **Zum Zusammenfügen von Stoffbahnen, Folien u. ä. auf der Nähmaschine sollte jeder Camper die Kappnaht beherrschen.**

Sie ist sehr stabil, kann nicht ausfransen und ist

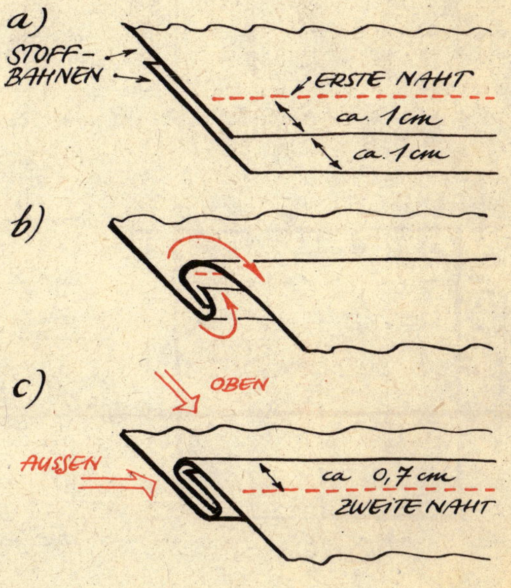

– wenn man sie richtig herum ansetzt – unempfindlich gegen ablaufendes Wasser (Abb.). Die Kappnaht besteht aus zwei Einzelnähten, beim Zuschnitt des Materials muß man insgesamt etwa 3 cm zuschlagen.

54.7 **Folien, gummierte Stoffe und Kunstleder rutschen beim Nähen nicht, wenn man einen Papierstreifen zwischen Transporteur der Nähmaschine und die glatte Seite des Stückes legt und mit einnäht.** Anschließend reißt man den Streifen einfach ab. Man verwendet eine möglichst feine Nadel und stellt großen Stichabstand ein, damit die Nahtstelle nicht unnötig stark perforiert wird.

54.8 **Stoffe – z. B. die Wohnwagenvorhänge im Küchenbereich – werden unbrennbar gemacht,** indem man sie ein- bis zweimal in starker ALAUNLÖSUNG spült (Kalium-Aluminium-Sulfat in Wasser). Ein Anstrich mit WASSERGLAS macht Holz schwer entflammbar.

54.9 **Dederonleinen – z. B. für Zeltabsegelungen oder Festmacherleinen fransen nicht aus, wenn man die Enden mit einer kleinen Flamme verschweißt.** Bei dünnen Leinen genügt schon ein Feuerzeug. Vorsicht aber vor abtropfendem Material: Es entstehen schmerzhafte Brandwunden, die sich leicht entzünden können.

54.10 **Für Wanderer und Motortouristen ist eine patentgefaltete Karte eine zweckmäßige Bereicherung.**
Sie ist leichter und übersichtlicher zu handhaben als eine normale Faltkarte oder ein Kartenatlas (kein Herumsuchen bei Seitenwechsel) und hält wesentlich länger. Durch Umklappen bzw. Herausziehen der Streifen lassen sich sowohl Nord-Süd- als auch West-Ost-Routen leicht verfolgen. Wir können uns eine solche Karte nach den Arbeitsschritten der Abbildung selbst herstellen. Wer sie besonders haltbar möchte, zieht die ganze Karte vor dem Zerschneiden noch auf ganz dünne Leinwand auf. Dann verschwinden die ursprünglichen Falze auch besser, neue lassen sich einbügeln.
Eine solche Karte hat einen einzigen Nachteil: Auf der Rückseite aufgedruckte Informationen sind nicht mehr zugänglich.

54.11 **Einen gut greifenden, beliebig verstellbaren Schnallenverschluß für Bänder aus stabilem Stoff oder Leder kann**

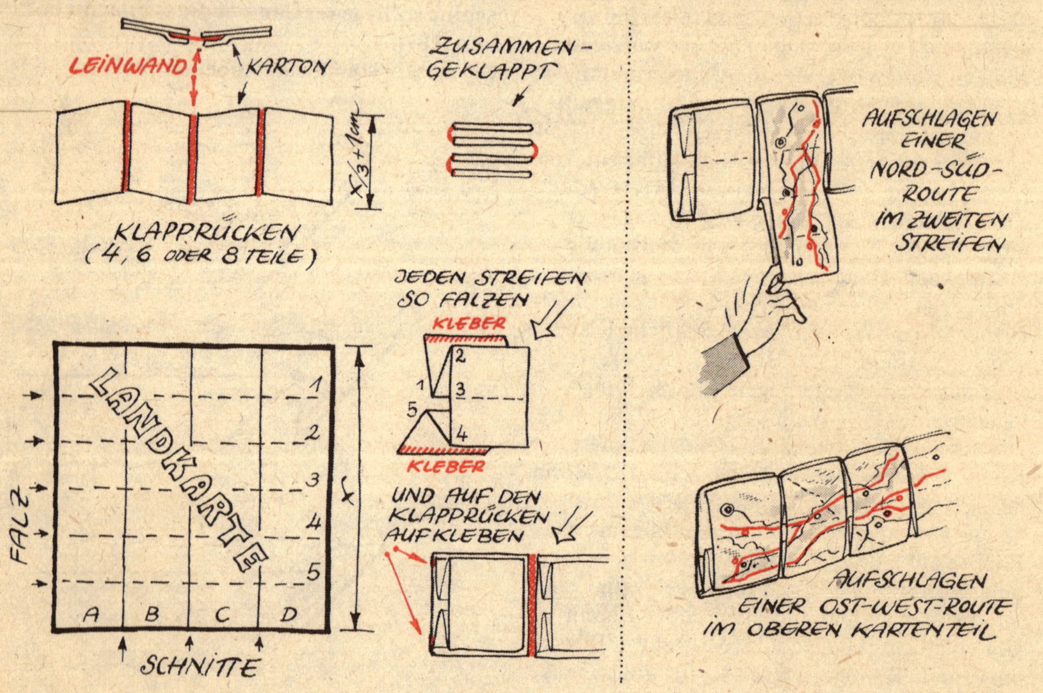

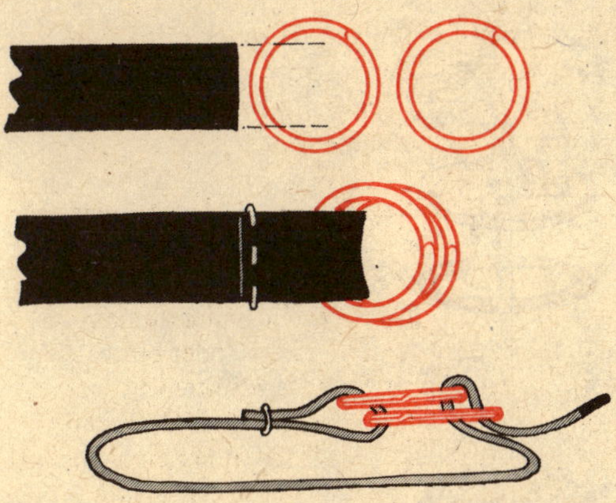

man sich mit zwei Schlüsselringen leicht herstellen.
Der Innendurchmesser der Ringe soll dabei etwas größer sein als die Breite der Bänder.

54.12 **Spanner für Zeltleinen gibt es in verschiedenen Ausführungen.**
Manche rutschen leicht, andere lassen sich schwer verstellen und wieder andere kneifen die Leinen kaputt. Einige Leinenspanner, am besten gleich mit Ersatzleine, sollten immer im Gepäck sein. Wenn einmal ein Spanner fehlt, so helfen ein Stopperstek (→ 54.14) oder zwei kleine Schlüsselringe, die in das Leinenende eingebunden werden:

54.13 **Eine Campingluftpumpe oder einen -kompressor kann man erst dann als perfekt bezeichnen, wenn von »pumpen« auf »saugen« umgestellt werden kann.**
In der DDR ist eine solche Ausführung seit 1984 im Handel, leider ist sie für Campingzwecke etwas üppig ausgefallen. Eine herkömmliche »Schildkröte« umzubauen empfiehlt sich nicht, weil dem zusammengedrückten Gummibalg für den Saugvorgang nicht genügend Spannkraft innewohnt. Dagegen ist ein Umbau bei dem handelsüblichen Campingkompressor sehr einfach zu lösen. Wir entfernen die hintere Platte mit den Ansaugöffnungen und ersetzen sie durch eine Scheibe aus PVC-hart mit eingeklebtem Ansaugstutzen (Abb.). Allerdings muß man die Platte gegenüber dem Gehäuse gut abdichten, damit keine Nebenluft angesaugt wird. Auch der Spalt zwischen Kompressorkammer und Gehäuse (vorn am Pumpstutzen) muß abgedichtet werden. Das Entleeren von Luftmatratzen und Schlauchbooten wird mit einem solchen umgebauten Gerät zur reinen Freude. Beim Umbau empfiehlt es sich, das Anschlußkabel – das vom Werk her ein bißchen kurz ausgefallen ist – unter Zwischenklemmen eines Schnurschalters um etwa 2 bis 3 m zu verlängern (Bild S. 282).

54.14 **Ein Buch über Camping und Wassersport wäre nicht vollständig, würde es nicht auch die wichtigsten (See-**

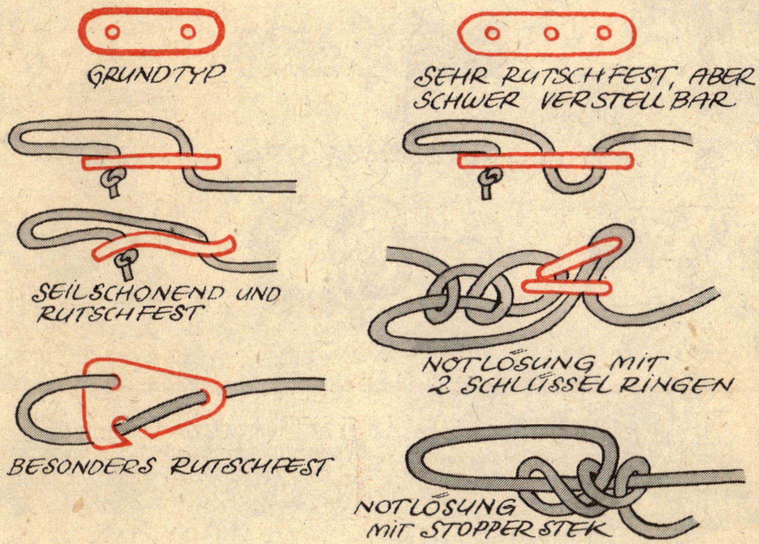

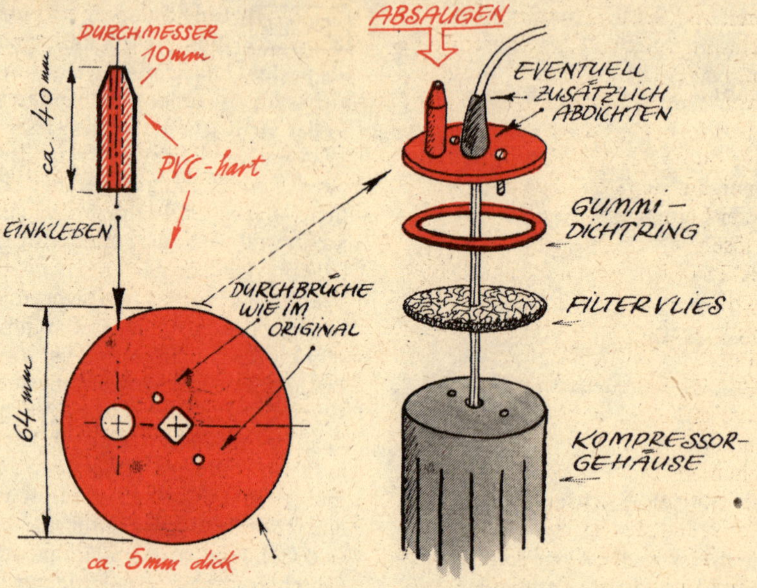
DURCHMESSER 10mm
ca. 40mm
PVC-hart
EINKLEBEN
64mm
DURCHBRÜCHE WIE IM ORIGINAL
ca. 5mm dick
ABSAUGEN
EVENTUELL ZUSÄTZLICH ABDICHTEN
GUMMI-DICHTRING
FILTERVLIES
KOMPRESSOR-GEHÄUSE

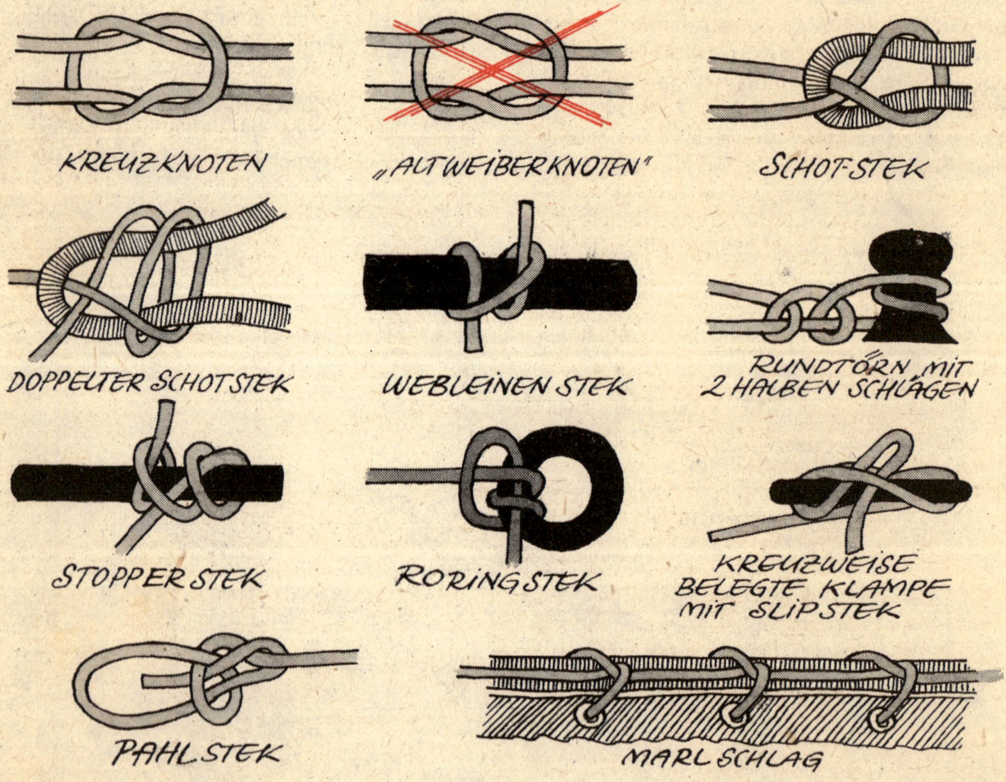
KREUZKNOTEN
„ALTWEIBERKNOTEN"
SCHOT-STEK
DOPPELTER SCHOTSTEK
WEBLEINEN STEK
RUNDTÖRN MIT 2 HALBEN SCHLÄGEN
STOPPERSTEK
RORINGSTEK
KREUZWEISE BELEGTE KLAMPE MIT SLIPSTEK
PAHLSTEK
MARLSCHLAG

manns-) Knoten und Schläge beschreiben. Diese sind nicht nur auf dem Campingschifflein zu gebrauchen. Der KREUZKNOTEN unterscheidet sich von dem ALTWEIBERKNOTEN dadurch, daß jeweils beide Enden einer Leine in gleicher Lage durch das Auge der anderen gezogen sind. Er eignet sich zum Zusammenstekken gleichstarker Leinen und läßt sich ohne Mühe wieder lösen.
Mit dem SCHOTSTEK lassen sich auch 2 Leinen unterschiedlicher Stärke, auch sehr glatte, miteinander verbinden. Noch stärkeren Zug hält der DOPPELTE SCHOTSTEK aus.
Der STOPPERSTEK wird dann verwendet, wenn eine Leine von einer anderen abgezweigt werden soll und auf dieser nicht rutschen darf. Zum Festmachen des Bootes am Poller oder Pfahl, auch von Sturmleinen und Hängematten an Bäumen eignet sich der RUNDTÖRN MIT 2 HALBEN SCHLÄGEN oder der WEBLEINENSTEK, der immer fester hält, je mehr Zug auf der Leine liegt.
Ein Ring wird in eine Leine mit dem ROHRINGSTEK eingebunden.
Eine Klampe wird kreuzweise mit der Leine belegt, ihr Ende läßt sich mit einem SLIPSTEK sichern und ist durch einfaches Ziehen zu lösen. Eine Schlaufe, die sich nicht zusammenziehen kann, z. B. an einer Schleppleine, wird durch den PAHLSTEK gebildet. Zum Anreihen von Tuch oder einer Plane mit Ösen an ein Seil oder einen Stab verwendet man den MARLSCHLAG. Damit lassen sich auch Packtaschen verschnüren oder ein Zelteingang mit defektem Reißverschluß fürs erste notdürftig reparieren (→ 34.7).

55. Wohnwagen mit persönlicher Note

55.1 **Bei den transportablen Küchen der Campinganhänger sollte man Geschirr und Vorratsdosen in den Schränken zweckmäßig und sicher befestigen.**
Das erspart uns angeschlagene Teile, ungewollten »Eierkuchenteig« und ranzige Butter an den Tassenhenkeln. Außerdem läßt sich dann auf kleinstem Raum mehr unterbringen und viel besser Ordnung halten. Eine sinnvolle Anordnung der einzelnen Teile vor der entgültigen Befestigung erspart uns später viel unnütze Räumerei: Oft Gebrauchtes gehört nach vorn in den Schrank! An den Klapptüren können auf der Rückseite kleine Regale für Vorratsdosen verschiedener Größe angebracht werden, so daß die Dosen nach dem Schließen der Tür kippsicher arretiert werden. Töpfe, Schüsseln und Teller werden vor dem Befestigen ineinander gestapelt, das spart Platz! (Bild S. 284)

55.2 **Kleinere und leichte Ausrüstungsgegenstände lassen sich im Wohnwagen oder Küchentrakt eines Zeltanhängers mit einem oder mehreren großen Druckknöpfen kipp- und rutschsicher befestigen.**
Die Druckknopfhälfte mit der Spange wird am Boden des Gegenstands aufgeklebt (EPASOL EP 11), die andere Hälfte mit der Nase an der Stelle, wo der Gegenstand stehen soll. Diese Methode ist bestens geeignet für Eierbecher, Gewürzstreuer, Kerzenhalter, Tischlämpchen, Tassen, Plastebecher, Thermoskannen u. v. a.

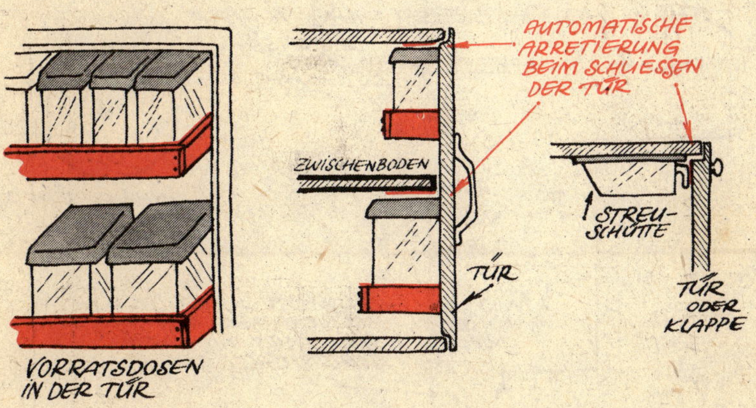

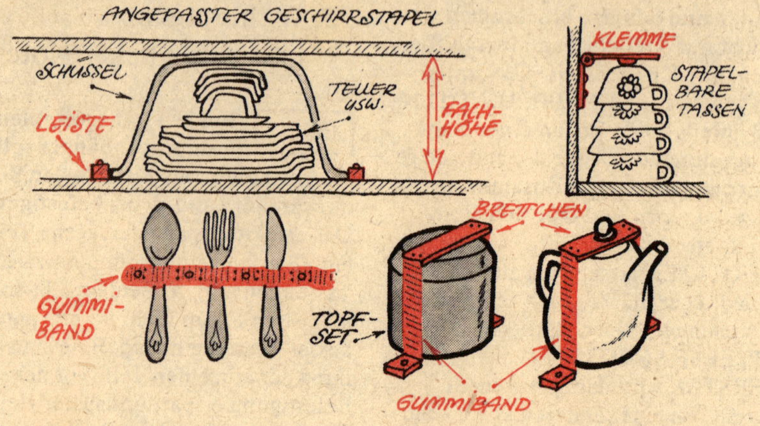

55.3 **In einem Wohnwagen ist ein fest eingebauter Bleiakkumulator sehr vorteilhaft.**

Außer der Beleuchtung können daraus das Kofferradio (→ 41.18 und 41.19), der Kofferfernsehempfänger oder eine elektrische Wasserpumpe (→ 56.5 . . . 7) gespeist werden. Der Akku wird von der Lichtmaschine des Autos mitgeladen. Es ist jedoch eine Leistungsdiode in der Ladeleitung vorzusehen, damit beim Starten des Pkw kein Rückstrom fließt. Die Kapazität (»Amperestundenzahl«) des Wohnwagenakkus wird durch seine Masse begrenzt. Gibt es bei der zulässigen Nutzmasse des Anhängers keine Probleme, dann sind 35 bis 42 Ah schon günstig. Es ist für eine Entlüftungsöffnung ins Freie zu sorgen, da sich beim Laden und Entladen des Akkus Gase bilden. Außerdem sollte der Akku in einer Plastewanne mit

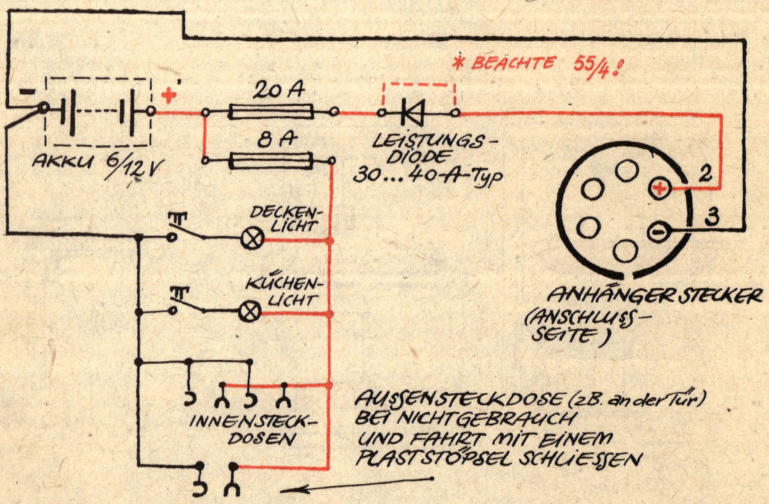

Abfluß stehen (z. B. große Fotoschale), damit nicht eventuell ausfließende Säure den Fußboden zerfrißt und der Akku eines Tages unter dem Wohnwagen steht.

55.4 Eine Diode zur Verhinderung des Rückstroms beim Starten hat einen entscheidenden Nachteil:
Weil an ihr etwa 0,7 Volt abfallen, wird der mitgeladene Akku niemals richtig voll. Besser ist es, die Ladeleitung zur Anhängersteckdose (Klemme 2) während des Startens mit einem Relais zu unterbrechen.

55.5 Für Zeltanhänger, Zelte und Boote ist ein Akkukoffer für 6 oder 12 Volt besonders gut geeignet.
Man kann ihn sich mit zwei Motorradbatterien 6 V/12 Ah, die in ein passend zusammengeklebtes Hart-PVC-Gehäuse eingesetzt werden, selbst herstellen. An den Ausführungen nach Abb. angeschlossen, kann eine 15-W-Lampe etwa 8 bis 10 Stunden leuchten. Baut man mehrere, einzeln abschaltbare Handlampensteckdosen ein, so lassen sich auch mehrere Verbraucher gleichzeitig anschließen (z. B. Leuchte und Kofferradio).

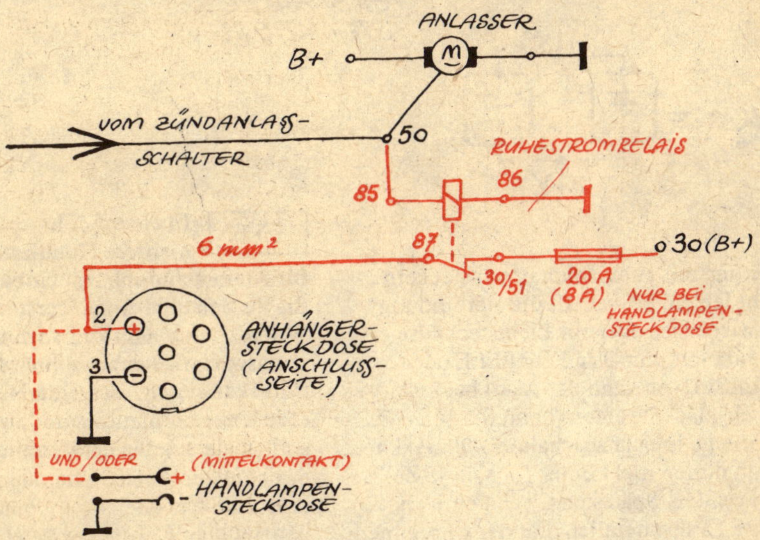

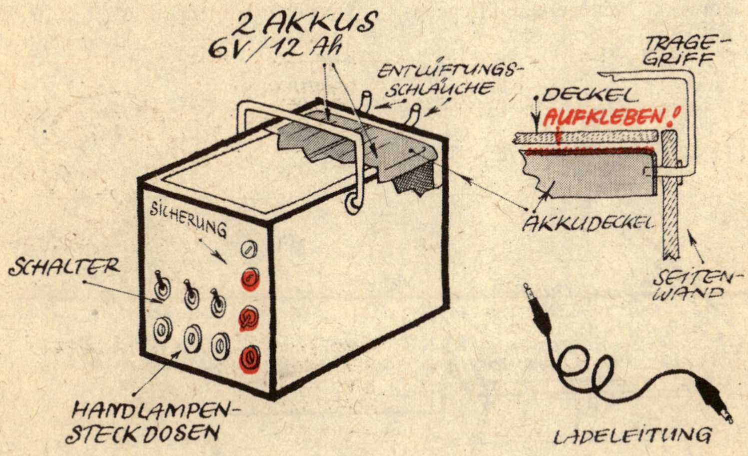

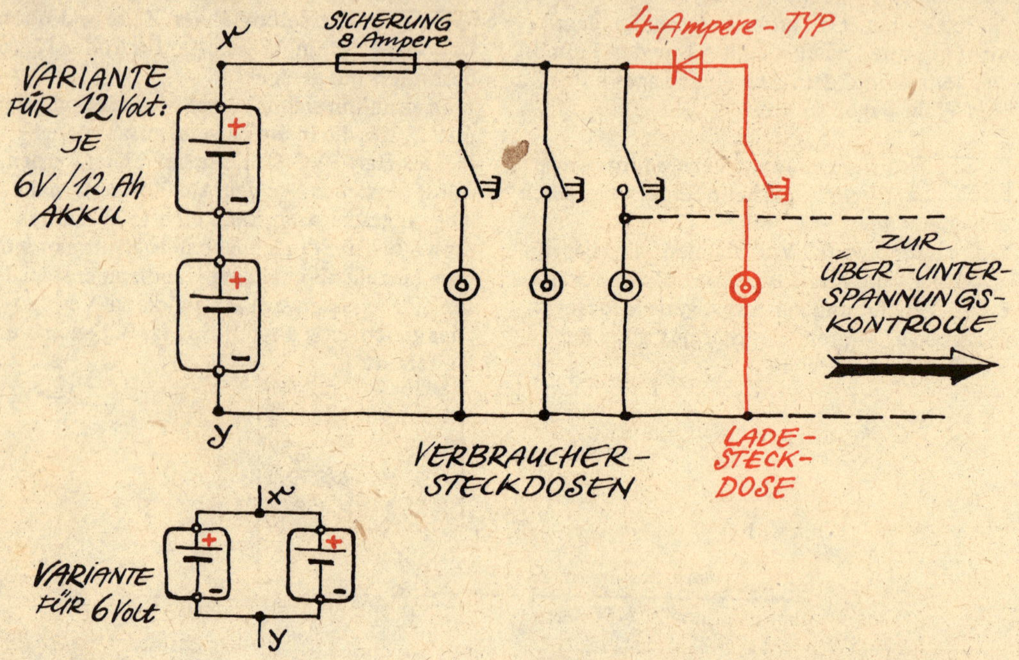

55.6 In einem Zeltanhänger lassen sich mehrere Handlampensteckdosen für Kleinspannung fest einbauen.

Eine Leitung mit zwei Handlampensteckern darf nicht fehlen. Sie schafft die Verbindung zur Autosteckdose oder zur Lichtsteckdose eines Bootsmotors vom Typ FORELLE oder TÜMMLER. Dann kann der Akku bei jeder Fahrt nachgeladen werden (beim Starten des PkW ist die Ladung abzuschalten!). Bleiakkumulatoren dürfen nicht unter 1,8 Volt je Zelle entladen werden. Spätestens, wenn eine angeschlossene Lampe deutlich dunkler zu brennen beginnt, ist der Akku alsbald bis zum gleichmäßigen Gasen aller Zellen nachzuladen. Ansonsten ist die jedem Akku beigegebene Pflegeanweisung zu beachten.

Sie werden dem Anhängerstecker aufgeschaltet. Will man in einem Zelt mehrere Kleinspannungsverbraucher anschließen, die aus der Autosteckdose gespeist werden (→ 35.10), dann ist eine längere Zuleitung mit zwei Handlampen-Aufbausteckdosen als Verteiler günstig. Wem das noch nicht reicht, der kann sich einen Verteiler mit drei oder sogar sechs Steckdosen bauen (Abb.). Übrigens: Auch am Motorrad läßt sich eine Handlampensteckdose zum Anschluß der Zeltbeleuchtung und anderer Verbraucher anbringen. Aber, bitte, das Absichern nicht vergessen (8-Ampere-Autosicherung)!

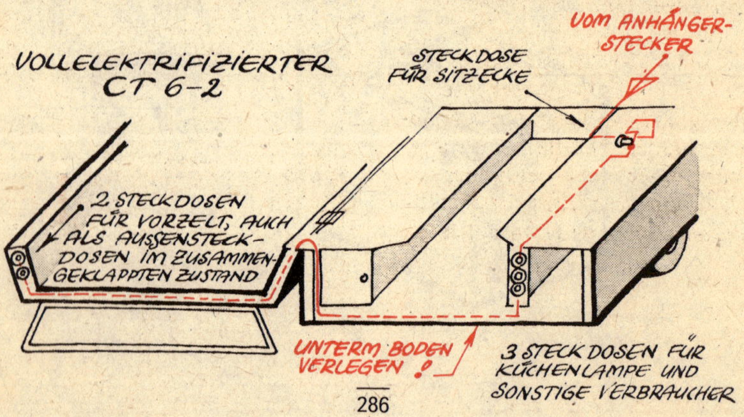

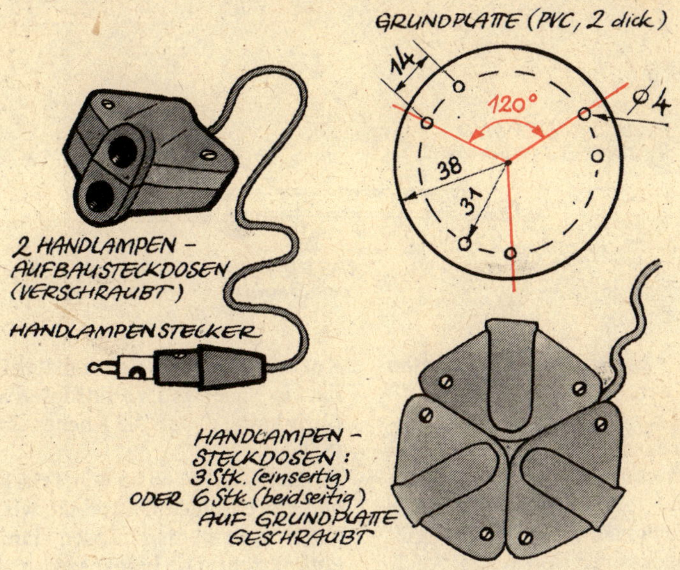

55.7 **Wer die nachträgliche Ausrüstung eines Wohnwagens mit einer 220-V-Anlage oder die Erweiterung einer vorhandenen vornimmt, der muß dazu berechtigt sein.**
Elektrotechnische Kenntnisse allein genügen nicht. Richtig ist, man beauftragt einen autorisierten Fachmann mit der Installation, er hat das richtige Material und die erforderlichen Kentnisse. Für die Ausführung der Anlage gilt TGL 200–063 (Anhang 10/20/). Es muß unbedingt ein Schutzleitersystem mit entsprechenden Schutzkontakt-Steckdosen verwendet werden, in das auch der metallische Fahrzeugkörper einzubeziehen ist. Sehr vorteilhaft ist der Einbau eines Fehlerstrom-Schutzschalters (FI-Schutzschalter). Damit ausgerüstet kann der Wohnwagen an jedes Wechsel- oder Drehstromnetz passender Spannung angeschlossen werden. Das kann vor allem beim Auslandcamping Bedeutung haben. Gegen eine zusätzliche Steckdose in der Außenhaut – z. B. zur Beleuchtung des Vorzelts – ist nichts einzuwenden, es muß aber eine Feuchtraumsteckdose mit Deckel (Schutzgrad IP 43) sein. Die hier anzuschließenden Verbraucher müssen – wie alle anderen beim Wohnwagen auch – entweder schutzisoliert oder, wenn sie berührbare Metallteile haben, mit einem Schutzleiteranschluß versehen sein.

55.8 **Ein textiler Fußbodenbelag im Campinganhänger hat mehrere Seiten.**
Er isoliert wirksam gegen Fußkälte – besonders beim Wintercamping –, ist aber nur schwer sauberzuhalten. Jedenfalls sollte er unempfindlich gegen Feuchtigkeit sein (Kokosgewebe, Reisstrohmatte oder synthetische Faser) und sich leicht herausnehmen lassen.

55.9 **Auf der Schlaffläche des Wohnwagens knüllt sich das Laken nachts schnell zusammen.**
Da hilft es auch nichts, wenn man es fest in die Ritzen der Polsterung stopft. Abhilfe schaffen »Speziallaken« mit taschenartigen Ecken, die man über die Auflegerecken zieht.

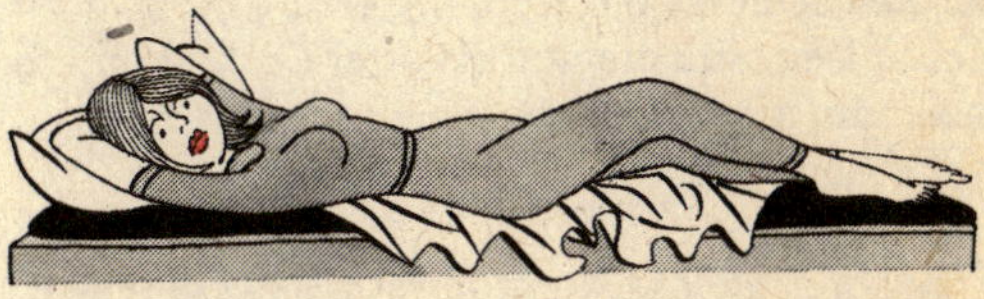

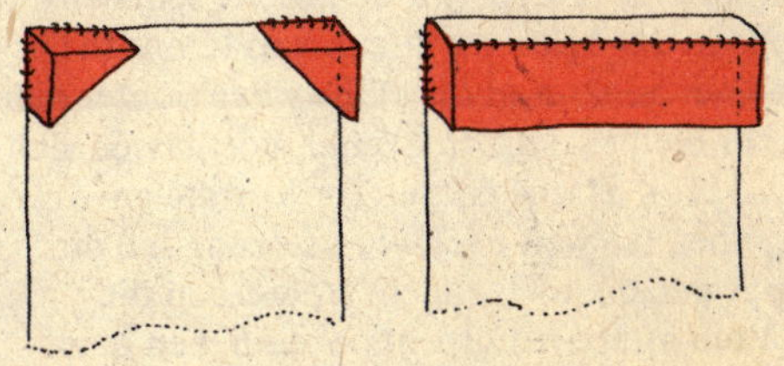

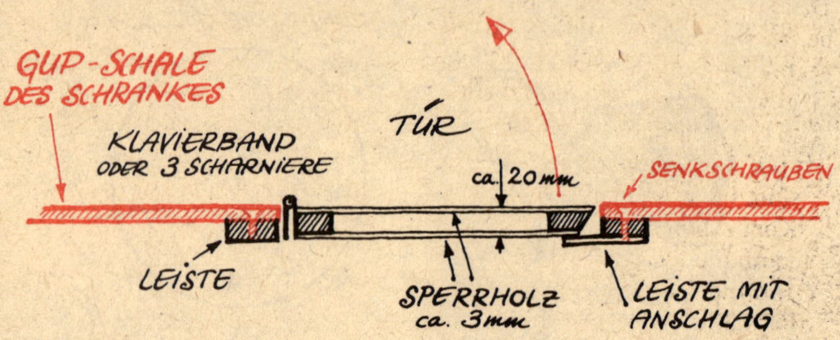

55.10 **Sehr viele Bastelaktivitäten richten sich auf den QEK-JUNIOR**

Dessen rauhe Innenwände, die fehlende Isolierung und die recht spartanische Ausstattung fordern viele Besitzer heraus. So tapezieren einige die Innenwände mit Synthetic-Fell, oder sie kleben 1 bis 2 cm dicke Schaumpolystyrolplatten auf, darüber Kunstleder oder Holztapete. Auch am Kleiderschrank läßt sich einiges tun. Zwischenfächer (3 mm Sperrholz auf Holzrahmen) erlauben eine viel bessere Raumausnutzung und die Unterbringung von Kleinigkeiten. Eine Tür im Schrank ist viel zweckmäßiger als die gewählte Vorhangvariante (gilt auch für die anderen Fächer mit Vorhang). Dazu sägt man am besten die runden Ecken der Schranköffnung eckig aus und paßt rundherum von innen einen Leistenrahmen ein. Die leichte, aber stabile Tür besteht auch aus einem Leistenrahmen, auf den man beidseitig je eine 3 mm dicke Sperrholzplatte aufleimt. Wer mehr Raum im Schrank benötigt, der sollte die Gasflasche an anderer Stelle unterbringen. Dafür kann man sich am Bug des Anhängers über dem Zugrohr einen stabilen Flaschenkasten schaffen (ausreichend für eine 5-kg-Flasche und viel weiteres Zubehör, auch einen Wassertank). Den Umbau der Gasanlage muß ein autorisierter Fachmann vornehmen, die technische Abnahme darf nicht vergessen werden.

55.11 **Beim Camptourist CT 6-2 läßt sich einiges verbessern.**

So empfiehlt es sich, die sehr breite Küchenklappe in der Mitte durchzusägen (einschließlich einer Scharnierhälfte). Das Fach unter dem Kocher bleibt i. allg. trockener, dort lassen sich oben 3 bis 4 Streuschütten für Vorräte anschrauben (so weit nach vorn setzen, daß die Klappe gerade noch zugeht, so werden die Schütten arretiert!). Rechts oben neben dem Kocher kann man ein schmales Fach für einige flache Gläser und Vorratsdosen abteilen, z. B. für Inhalte, denen die Kocherwärme guttut (Salz!).

Farbmarkierungen an den Teleskopstangen geben uns einen Anhaltspunkt, wie weit die Rohre ausgezogen werden müssen, damit das Zelt faltenfrei steht. Die Feinkorrektur nehmen wir erst nach der Befestigung der Seitenwände am Boden vor.

Ein Zwischenboden im Wertfach und einige Kästchen an der Türinnenseite lassen eine universellere Nutzung zu.

Damit die Matratzen der Schlaffläche I nicht immer wieder aueinanderrutschen, werden zwei oder drei breite Gurtschlaufen um alle vier Teile gelegt. Man kann sich auch vier Anschlagbrettchen mit Rohrstutzen anfertigen, die an Stelle der Bügel für die Rückenlehnen eingesteckt werden (Abb.).

Die Gardinen an der Vorderwand des Vorzelts hängen nicht so unmotiviert in das Vorzelt hinein, wenn man unten zwei Schlaufen zum Befestigen anbringt.

Keile aus PUR-Schaumstoff – kopfseitig unter die Aufleger gelegt – erzeugen eine viel angenehmere Liegeposition.

Zusätzlichen Stauraum kann man sich schaffen, wenn im Gepäcktunnel deichselseitig eine »Stautruhe« (für Wäsche, usw.) abgeteilt wird. Über eine Klappe ist sie von oben gut zugänglich, weil keine Auflieger behindern, wenn die Schlaffläche zur Sitzgruppe umgebaut ist. Für ihr Oberteil kann man etwa 40 cm vom Beilegebrett für die Schlaffläche absägen. Zum Schlafen wird der Tisch zuerst eingeschoben, dann der Rest des Beilegebretts.
Mit der Konservierung des Sperrholz-Unterbodens sollte man nicht warten, sonst kann er schon bei der ersten Feuchtigkeit verquellen.

55.12 **Zum Rangieren eines Anhängers per Muskelkraft ist eine deichselartige Zugrohrverlängerung sehr kräftesparend.**
Man kann sie zwar im Kfz-Fachhandel preiswert erwerben, mit wenig Aufwand ist jedoch auch Selbstbau möglich.

55.13 **Ein ständiges Problem für Besitzer von Campinganhängern ist das waagerechte Austarieren auf dem Stellplatz.**
Wie lästig, wenn den Schläfern das Blut in den zu tief gebetteten Kopf steigt, das Wasser in der Spüle nicht vollständig abläuft, das Fett in der Pfanne immer auf die eine Seite strebt und die Suppe vom Teller rinnt! Ein sehr praktisches Hilfsmittel ist ein abnehmbares Pendellot, außen an einer senkrechten Wand aufgehängt. Noch einfacher geht es bei Zeltanhängern mit einer Dosenlibelle, die auf dem Deckel angebracht wird. Ist eine solche nicht zu beschaffen, dann tun es auch zwei Ersatzröhrchen für eine Wasserwaage, die unter einem Winkel von 90° aufgeklebt und mit einem flachen, durchsichtigen Plastkästchen abgedeckt werden (Streuscheibe der eckigen Fahrradlampe!). Vor dem Austarieren der Libellen muß der Anhänger mit Hilfe einer Wasserwaage in der horizontalen Ebene möglichst genau ausgerichtet werden.

55.14 **Die Kurbelstützen an Campinganhängern sind teilweise ein bißchen schwächlich geraten.**
Entweder sie knicken bei etwas schräger Aufstellung ein, oder es stört der zu geringe seitliche Halt, und der Anhänger schaukelt bei unruhigen Schläfern quer zu seiner Längsachse. Abhilfe schafft ein Umbau der Stützen nach Art von Dreieckslenkern. Die Abbildung zeigt das am Beispiel des Camptourist CT 6-2. Wichtig ist bei allen diesen Konstruktionen, daß der Drehpunkt des Dreieckslenkers in einer Linie mit dem Drehpunkt der Kurbelstütze liegt.

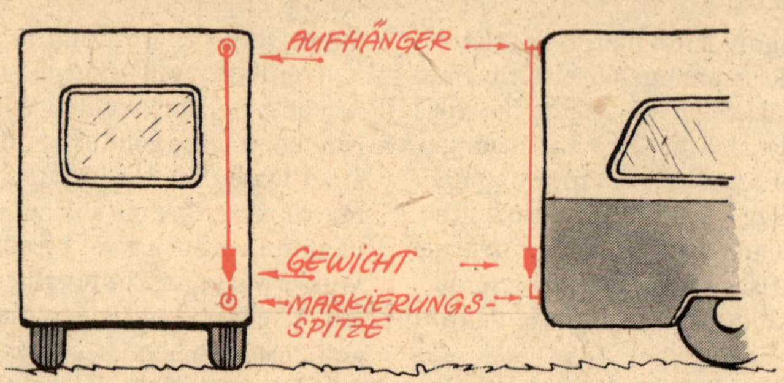

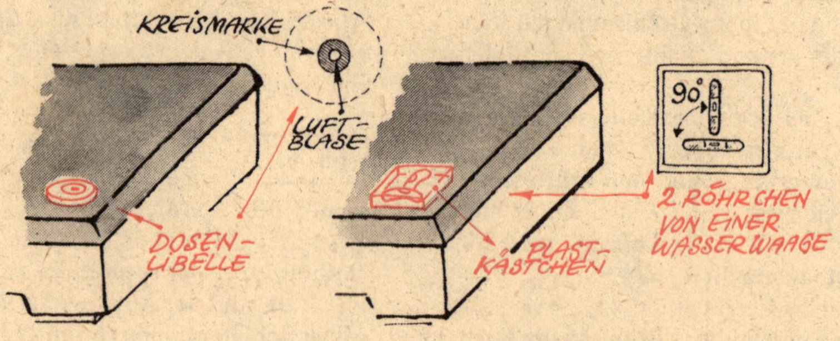

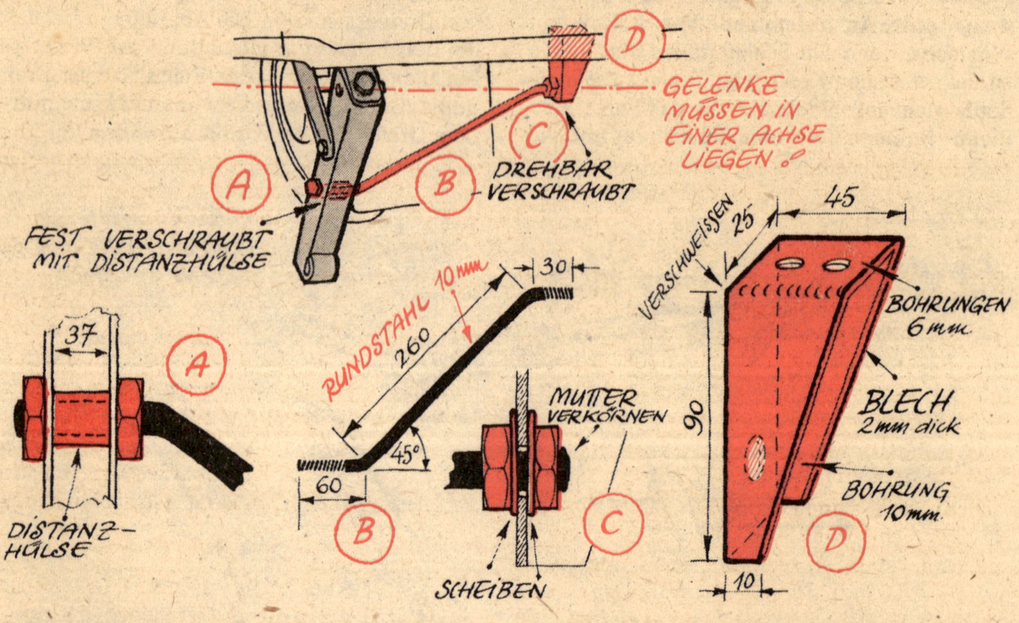

55.15 **Die herkömmlichen Vorzelte der Wohnwagen sind für Wintercamping nicht geeignet.**

Sie sind viel zu groß und haben ein zu wenig steiles Dach, um größere Schneemassen unbeschadet zu vertragen. Ein Abfegen ist nicht immer möglich, manchmal schneit es auch nachts oder wenn man tagsüber unterwegs ist. Daher empfiehlt sich ein schmaleres und steileres SCHNEEZELT, das man selbst anfertigen oder in einer Sattlerei in Auftrag geben kann. Eine Ausführung in der gleichen Breite wie das Originalvorzelt – nur etwa halb so tief – ist besonders günstig. Es gibt genügend Raum, und die

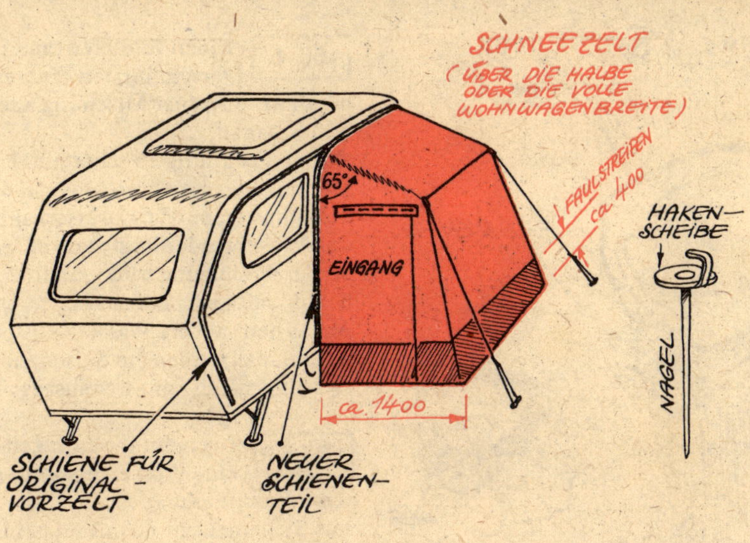

Schiene am Wohnwagen sowie das Originalgestänge (Dachstreben halbiert) können weiterverwendet werden. Auf Fenster und kompliziert zu nähende Anhängsel kann man i. allg. verzichten. Vor dem Einfädeln der Zeltwulst in die Schiene am Wohnwagen streichen wir diese mit einem Frostschutzmittel ein. Sonst kann das Zelt unverrückbar festfrieren!
Bei gefrorenem Boden eignen sich lange spitze Stahlnägel mit einer aufgefädelten Hakenscheibe oder angeschweißten Öse weit besser als normale Heringe.

55.16 **Um die Gasflasche auch bei tiefen Temperaturen vollständig entleeren zu können (→ 31.10)**, ist es für Wintercamping günstig, alle Außenwände des Flaschenkastens möglichst dicht mit Glaswolle oder Schaumpolystyrolplatten zu isolieren.
Die Wand zur Wohnwagenzelle spart man davon aus, damit von dort Wärme in den Flaschenkasten strömen kann. Die ganze Flasche in einen Isoliersack zu stecken, empfehlen wir nicht. Bei stärkerer Gasentnahme kühlt sich nämlich das Gas von innen her durch Entspannung ab, und ein Wärmeausgleich könnte nicht mehr durch den Flaschenkörper hindurch erfolgen.

56. Wasserversorgung

56.1 **Wassersäcke aus Gummigewebe mit Auslaufhahn sind nur für Brauchwasser geeignet.**
Bereits nach kurzer Zeit nimmt das Wasser darin Gummigeschmack an; innere Verschmutzung oder Veralgung kann man kaum ergründen. Wir benutzen Wassersäcke vor allem zum Händewaschen. Dazu hängen wir sie in geeigneter Höhe an einen Baum. Es empfiehlt sich, dem Wasser einige Spritzer Fit zuzusetzen. Dann braucht man beim Abspülen der Hände – und das ist auf einem Zeltplatz oft nötig – keine Seife.

56.2 **Zum Händewaschen eignet sich auch ein Plastekanister von 5 l Fassungsvermögen (Bild S. 292).**
An Stelle des Verschlusses wird ein käuflicher Auslaufhahn aufgeschraubt. Der Kanister wird in geeigneter Höhe in einer Astgabel angebunden.

56.3 **Viele Dauercamper stellen Wasserreservoirs mit großen 50-l-Kanistern oder sogar 200-l-Fässern mit Auslaufhahn auf.**
Solche großen Vorräte sind nur dann zu befürworten, wenn sie an schattigem Ort untergebracht sind, die Behälter wenigstens alle paar Tage vollständig entleert und nur für Brauchwasser genutzt werden. Bakterien oder Algen können das Wasser verunreinigen, es kann fau-

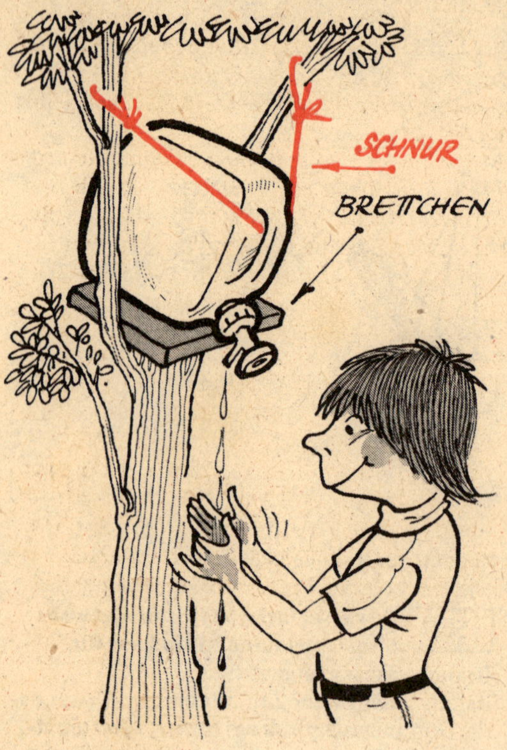

len und bildet somit als Trinkwasser eine Gefahr für die Gesundheit.

56.4 **Einen veralgten oder innen stark verschmutzten Wasserkanister reinigen wir mit einer Mischung aus Wasser, Fit und Seesand.**
Dazu ist er kräftig zu schütteln, bis keine Verschmutzungen mehr sichtbar sind. Es ist deshalb günstig, nur Trinkwasserkanister aus durchscheinender Plaste zu kaufen. Am Ende der Grobreinigung wird gründlich gespült, zum Schluß mit kochendem Wasser.
Ansonsten saubere Wasserkanister und Wohnwagentanks werden am Saisonende vor der Einlagerung mit Essigwasser ausgespült.

56.5 **In einem Wohnwagen kann man eine Wasserversorgung mit elektrischer Pumpe einbauen.**
Aus Sicherheitsgründen sind bei Eigenbau nur 6- oder 12-V-Motoren zulässig. Eine solche Anlage erfordert aber, daß der Wohnwagen am Pkw-Bordnetz angeschlossen bleibt oder einen eigenen Akku hat. Bei 220-V-Stromanschluß ist auch ein Batterieladegerät zur Speisung der Pumpe verwendbar. Der Wassertank wird im Wohnwagen immer weit unten eingebaut. Das ergibt eine günstige Schwerpunktlage und erleichtert die Befüllbarkeit. Die günstigste Größe liegt bei 20 bis 30 Litern. Man fertigt den Tank aus Hart-PVC-Platten von 4 bis 5 mm Dicke, die sich schweißen oder kleben lassen. Weil der

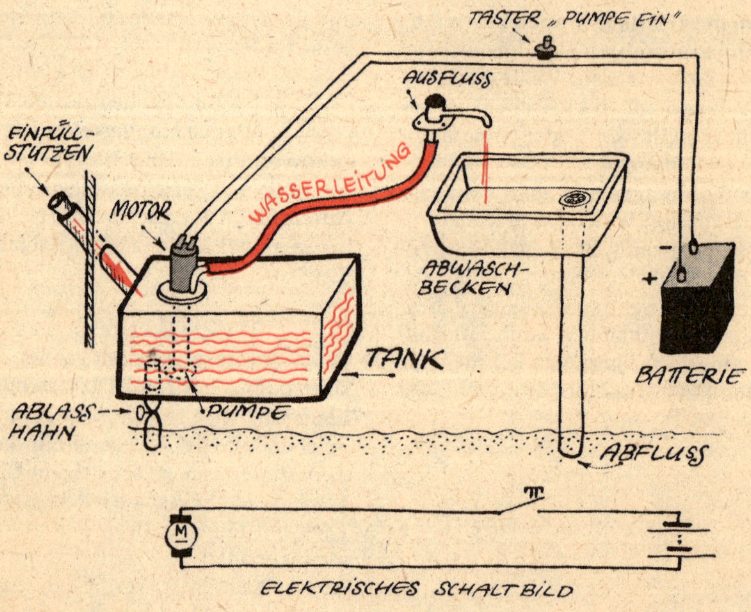

Platz knapp ist, überlegen wir genau, wo wir ihn einbauen wollen. Darum passen wir seine äußere Form auch möglichst perfekt dem verfügbaren Raum an. Günstige Plätze sind z. B. beim WÜRDIG 301 in der Rundung unten im Kleiderschrank (die sonst ungenutzt bleibt, beim FRIEDEL ist im Gasflaschenfach noch Raum und beim BASTEI rechts unten im Küchenschrank oder auch in dem geräumigen Flaschenfach. Der Einfüllstutzen wird so eingeklebt, daß sich der Tank von außen befüllen läßt. Ein Ablaßhahn an der tiefsten Stelle zum Entleeren darf nicht vergessen werden. Die elektrische Pumpe wird direkt auf dem Tank montiert und reicht mit ihrem Gehäuse bis auf den Grund.
Als Ausfluß am Waschbecken läßt sich ein normaler Wasserhahn benutzen, er muß allerdings immer geöffnet sein. Geschickte Bastler bauen den Ausfluß selbst.

56.6 **Als elektrische Pumpe zur Wasserversorgung eignet sich bei einem flachen Wassertank das Aggregat einer Pkw-Scheibenwaschanlage.**
Abgesetzte, selbstansaugende Pumpen (z. B. vom Pkw ŠKODA) können auch für hohe Wassertanks verwendet werden.

56.7 **Wem die recht geringe Fördermenge einer Pkw-Scheibenwascherpumpe nicht ausreicht, der kann sich ein Pumpenaggregat mit einfachen Mitteln auch selbst bauen.**
Man erreicht je nach Förderhöhe und Motortyp einen Ausfluß bis zu 6 l/min. Als Antrieb eignen sich Spielzeugmotoren für 6 oder 12 Volt mit möglichst hoher Drehzahl (etwa 1 Watt/5000 bis 8000 U/min). Das Pumpengehäuse wird aus Hart-PVC-Rohr und -platten zusammengeklebt. Pumpenwelle und -flügel müssen aus Messing sein, damit kein Rost entsteht. Richtmaße sind der Abb. zu entnehmen, das Maß X richtet sich nach der Höhe des Tanks.

56.8 **Auch einen Ausflußhahn kann man sich aus Hart-PVC anfertigen.**
Alle Verbindungsstellen werden geklebt (PCA 20 oder PCM 13). Der Tastschalter (Druckknopfkontakt) für die elektrische Pumpe wird oben in den Ausfluß eingebaut. Etwas aufgerauht, hält auf dem Material Alkydharzlack sehr gut (Bild S. 294).

56.9 **Auch die Handpumpe nach 57.10 läßt sich als Wasserpumpe für den Wohnwagen verwenden.**

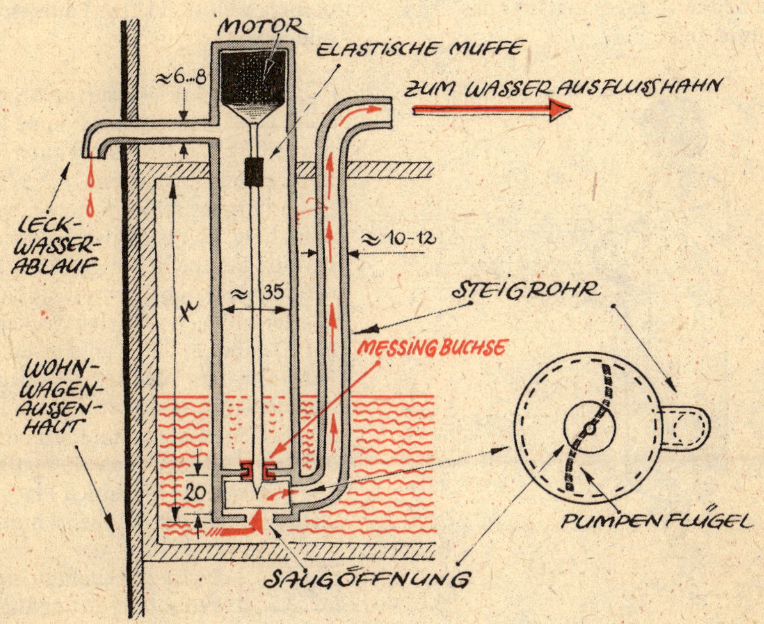

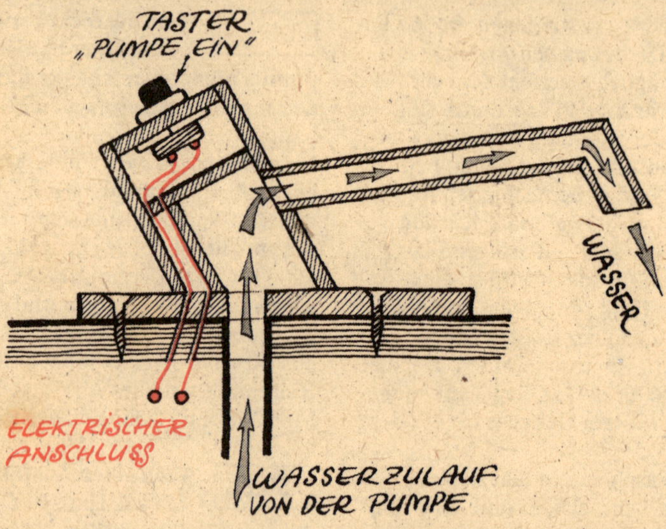

Sie ist besonders universell, da sie keinen Stromanschluß braucht. Das untere Ventil sollte aber sehr sorgfältig hergestellt sein, damit es gut dichtet und das Wasser nicht aus der Pumpe in den Tank zurückläuft. Sollte sie nach längerem Nichtgebrauch nicht ansaugen, dann schiebt man einen kurzen Schlauch auf den Auslauf und saugt kurz mit dem Mund an.

56.10 **Eine Druckförderung mit der »Schildkröte« – etwa wie bei der Dusche nach 56.14 – empfehlen wir nicht.** Es wird zuviel Schmutz angesaugt, der das Trinkwasser verunreinigt.

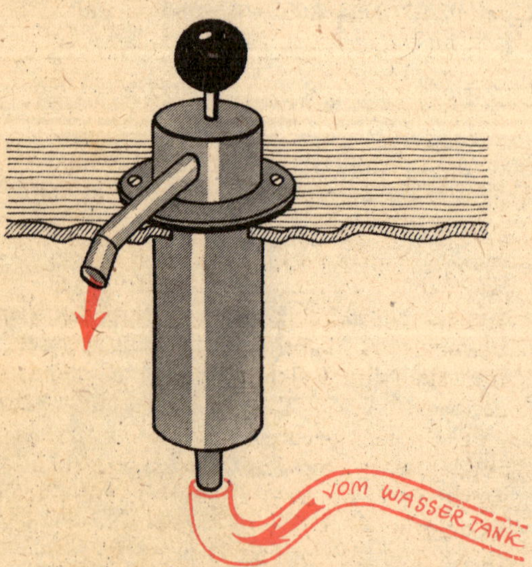

56.11 **Ist in einem Wohnwagen kein Abwaschbecken eingebaut, so kann man es oft nachträglich einsetzen.**
Allerdings ist wegen der beengten Platzverhältnisse meist keine normale Spüle verwendbar. Man kann aber eine kleine viereckige Plasteschüssel oder einen ovalen Plasteeimer mit einem schraubbaren Abflußstutzen versehen und an geeigneter Stelle im Küchentrakt einbauen. Der Stutzen wird mit einem Hart-PVC-Rohr oder einem dicken Abwasserschlauch verlängert und ins Freie geführt. Ein Traps ist nicht erforderlich, weil sich keine Faulgase im Abflußrohr bilden können.

56.12 **Eine Wasserversorgungsanlage mit elektrischer Pumpe kann man sich mit Hilfe eines Kanisters auch für Zelt oder Zeltanhänger schaffen.**
Es entfällt das schwere Heben bei der Wasserentnahme, nichts spritzt daneben. Man installiert die Pumpe in diesem Falle am besten direkt auf dem Schraubverschluß und gestaltet Wasserschlauch und elektrisches Kabel abziehbar. Da aber in den Kanisterverschlüssen aus Polypropylen weder geklebt noch geschweißt werden kann, ist das Pumpenrohr mit einem Flansch zu versehen und mit einem Gummidichtring auf den Verschluß aufzuschrauben. Der Kanister findet seinen Platz neben dem Küchentrakt oder im Küchenschrank.

56.13 **Es ist zu beachten, daß der Spülbeckenabfluß an zugänglicher Stelle**

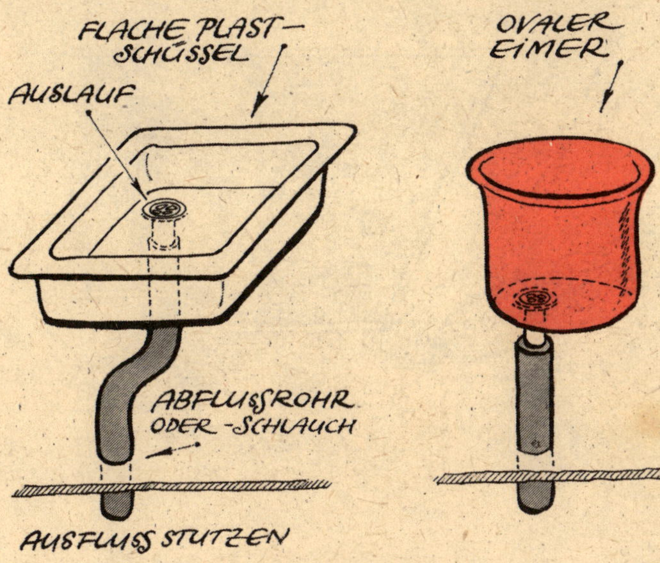

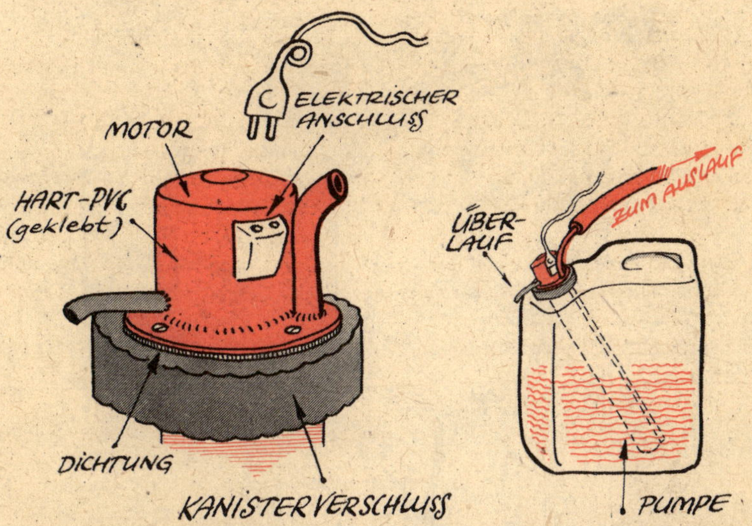

unter dem Wohnwagen ins Freie gelangt. Nachdem der endgültige Stellplatz gefunden ist, muß nämlich eine kleine Grube unter dem Ausflußstutzen ausgehoben werden, damit das Abwasser keine unkontrollierten Wege nimmt (nicht im Wurzelbereich von Bäumen!). Diese Sickergrube wird alle Tage etwas aufgefüllt oder der Boden umgestochen, damit gärende und faulende Speisereste keine Schädlinge anlokken.

56.14 **Eine Campingdusche kann man sich mit einfachen Mitteln selbst bauen.** Es genügt ein Plastekanister mit 20 bis 50 l Inhalt. Der Förderdruck wird von einer »Schildkröte« erzeugt (ein elektrischer Campingkompressor ist nicht geeignet). Schon bei mäßigem Treten schafft man mit der Anordnung nach Abbildung einen ausreichenden Wasserstrahl, der bei dem angegebenn Kanistervolumen genügend lange Erfrischung spendet. Auch ein »warmer Regen« ist möglich, wenn man den (möglichst dunkel gefärbten) Behälter einige Stunden der prallen Sonne aussetzt. Es empfiehlt sich allerdings ein wirksamer Sichtschutz, weil diese etwas eigenwillige Duschtechnik erfahrungsgemäß viele Schaulustige anlockt (Bild S. 296).

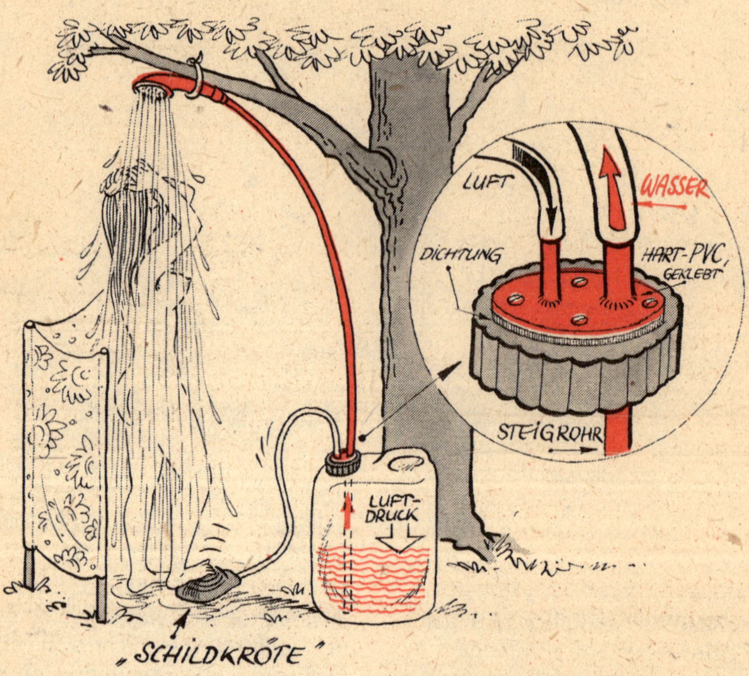

56.15 **Wem das ständige Treten mit dem Fuß lästig ist, der kann einen ausgedienten Autoschlauch als Druckspeicher verwenden.**

Man füllt ihn mit etwa 100 Stößen aus der Handluftpumpe, was für einmaliges Duschen vollkommen ausreicht. In der Luftleitung ist ein Absperrventil erforderlich.

56.16 **Für unterwegs – welch herrliche Erfrischung an heißen Reisetagen im Auto ist dann möglich! – stellen wir uns einen „Duschadapter" her.**

Er wird an Stelle des herkömmlichen Verschlusses auf den mitgeführten, gefüllten Wasserkanister geschraubt und mit dem Reserveradventil verbunden. Wegen des hohen Drucks allerdings

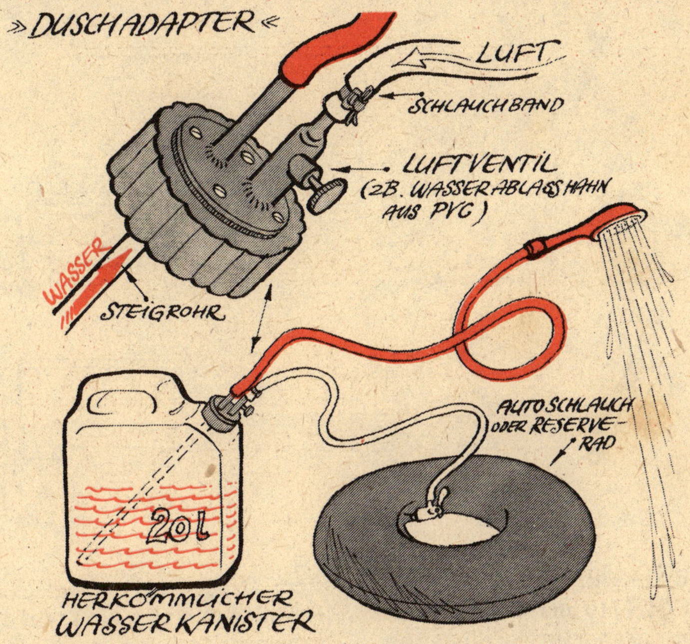

ist der Lufthahn sehr gefühlvoll zu betätigen, sonst kann der Kanister platzen (eventuell Drosseldüse zwischensetzen!) Aber nicht vergessen: alsbald die Luft im Reserverad ergänzen!

56.17 **Auf manchen Zeltplätzen finden sich in oder an den Waschhäusern ein Wasserhahn mit 1/2″-Gewindeanschluß.**
Hat man einen Schlauch mit Handbrause und Anschlußstück im Gepäck, so kann man dort kalt duschen.

56.18 **Das eigenwillige Verhalten eines Campers,** der sein Vorzelt direkt über einer der wenigen Wasserzapfstellen des Zeltplatzes errichtete, kann man keinesfalls gutheißen.
Er hätte wenigstens ein Schild mit Hinweis auf die nächstgelegene Pumpe anbringen müssen!

57. Zubehör für Wassersport

57.1 **Ein voll ausgerüsteter DELPHIN ist schon über kurze Strecken mit drei Personen nur unter Mühe zu transportieren (Bild S. 298).**
Das liegt aber weniger am Gewicht von reichlich 100 kg als vielmehr daran, daß man nirgends ordentlich anfassen kann. Mit einer BUGDEICHSEL und einem speziellen HECKROLLER, deren Konstruktion sich leicht dem D 110/2 und D 140 anpassen läßt, kann das Boot sogar schon von 1 bis 2 Personen – je nach Beschaffenheit des Untergrundes – über längere Strecken „wie eine Schubkarre“ geschafft werden.

57.2 **Zum Tragen über kurze Strecken und Verladen des DELPHINS** ist es vorteilhaft, rechts und links hinten an der Bordleiste je einen stabilen Tragegriff aufzuschrauben.
Bei dieser Gelegenheit kann man beidseits mittschiffs und am Heck kleine Belegklampen anbringen, um Leinen und Fender befestigen zu können.

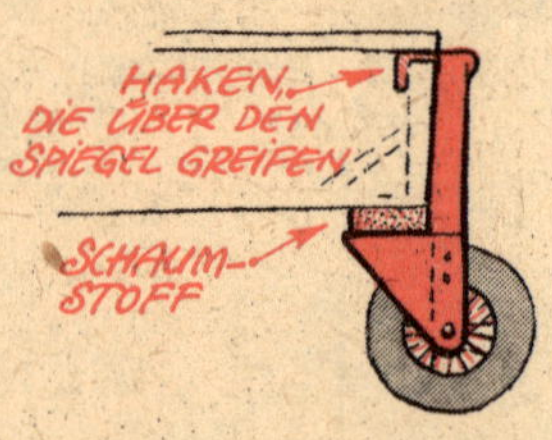

57.3 **Weil die originalen Sitzroste im DELPHIN 110 und 140 auf Dauer recht hart sind, fertigen wir uns Sitzkissen an.**
Sie bestehen aus einem 6 bis 8 cm dicken PUR-Schaumstoffkern, der mit Kunstleder passender Farbe überzogen wird (kein Stoff, die Kissen sind sonst ständig feucht!). Es empfiehlt sich, in den Bezug einen Reißverschluß einzunähen, da man die Kissen sonst innen kaum mehr trocken bekommt, wenn sie einmal klitschnaß geworden sind. Auch die Rückenlehne sollte man polstern. Dabei wird der umgeschlagene Rand des Kunstlederbezuges direkt auf die Holzlehne aufgenagelt.

57.4 **Zum Schutz der Trittroste des DELPHINS und wegen des besseren Aussehens ist es günstig, das Boot mit wasserfesten Teppichen auszulegen.**
Dadurch sinkt auch die Rutschgefahr bei nassen Füßen, und es fallen weniger Fremdkörper auf die Bootshaut, die Scheuerstellen verursa-

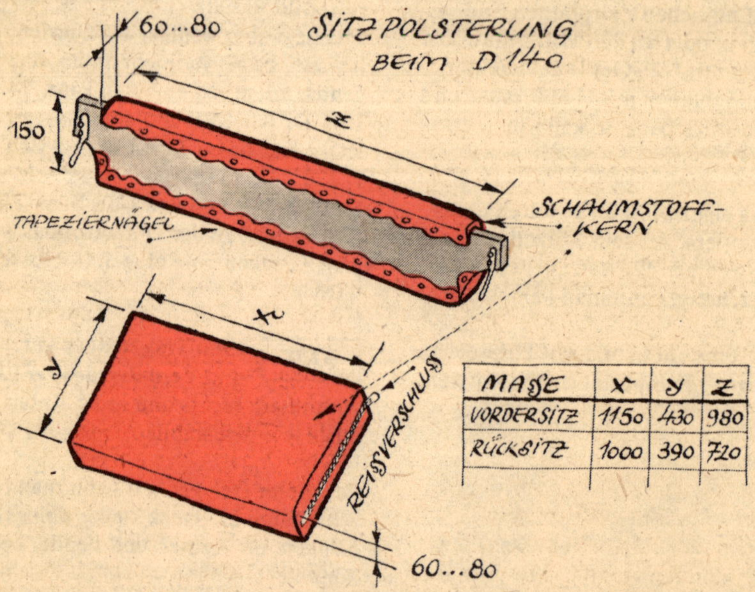

MASSE	x	y	z
VORDERSITZ	1150	430	980
RÜCKSITZ	1000	390	720

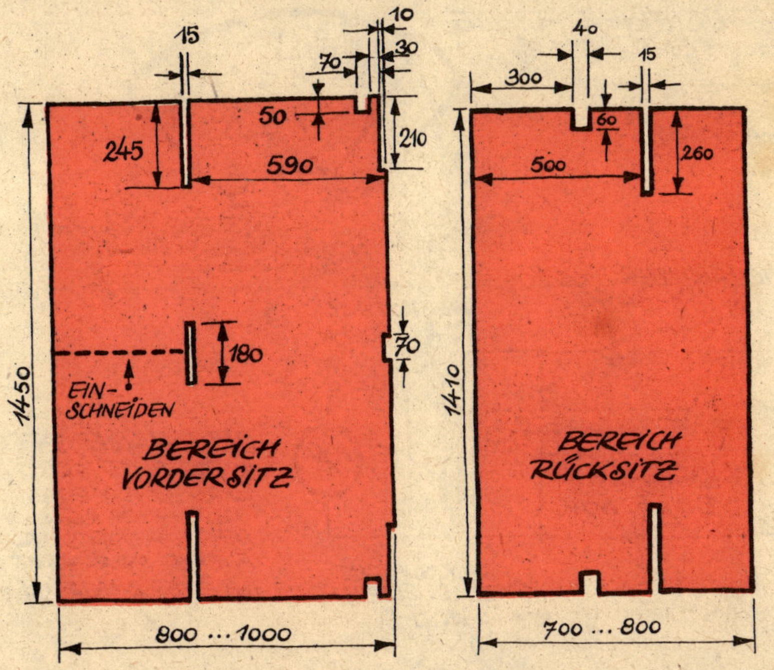

chen oder sich sogar durchpieksen könnten. Geeignet sind z. B. Kokosläufer oder – wenn es einem das wert ist – Reste von Dederon-Auslegware (mit gummierter Rückseite). Beim D 110/2 ist ein durchgehender Teppich vom vorderen Fußbereich bis zum Heckspiegel günstig. Er kann mit angenähten stabilen Bändern an den Bordwänden angebunden werden. Beim D 140 genügen zwei kleinere Teile, die nach dem abgebildeten Muster geschnitten und zwischen Spant 2 und 3, bzw. Spant 4 und 5 gelegt werden. Schwergewichtler unter den Wassersportfreunden sollten außerdem die Trittroste durch untergeschraubte und wasserfest lackierte Latten etwas verstärken (Messingschrauben verwenden!).

57.5 **Aus der Lichtspule der Bootsmotoren FORELLE oder TÜMMLER läßt sich weit mehr herausholen, als nur der Strom zur nächtlichen Bootsbefeuerung.**

Unbelastet, also bei ausgeschaltetem Licht, erzeugt sie nämlich eine drehzahlabhängige Wechselspannung, die bei voller Drehzahl bis auf etwa 30 Volt ansteigt. Das kann man dazu ausnutzen, sich einen einfachen Fahrt- bzw. Drehzahlmesser zu bauen. Man verwendet ein beliebiges Drehspulmeßinstrument, das man nach unserer Zeichnung schaltet. Mit dem Einsteller 100 Ω wird der Zeiger bei voller Fahrt des Bootes auf etwa 3/4 des Vollausschlags eingestellt. Dann kann man die Skaleneichung in km/h mit Hilfe des Relingslogs (→ 48.14) vornehmen. Günstig sind zwei Skalen für unterschiedliche Bootsbelastungen, z. B. obere Skale: zwei Personen, untere Skale vier Personen, bzw. zwei bis drei Personen mit Gepäck. Bei eingeschalteter Beleuchtung oder beim Laden eines mitgeführten Akkus zeigt dieser Fahrtmesser allerdings nicht an (Bild S. 300).

57.6 **Unter Zuhilfenahme des Akkukoffers nach 55.5 kann man sein Motorboot mit FORELLE oder TÜMMLER auch vollständig für 6 oder 12 V elektrifizieren.**

Der Akku speist z. B eine Lampe, wenn man im Boot übernachtet, ein Kartenlicht oder einen Suchscheinwerfer bei Nachtfahrt bzw. ein elektrisches Signalhorn (Kfz-Hupe). Es läßt sich auch eine elektrische Lenzpume aus dem Akku betreiben (→ 57.11) und ein Kofferradio (→ 41.18).

Die Gesamtschaltung, bei der man einige Stromkreise fortlassen oder andere nach eigenen Wünschen ergänzen kann, zeigt unsere Zeichnung. Je nach Spannung des Akkukoffers sind alle Verbraucher auf 6 oder 12 V auszulegen. Eine Ausnahme dabei bilden die Boots-

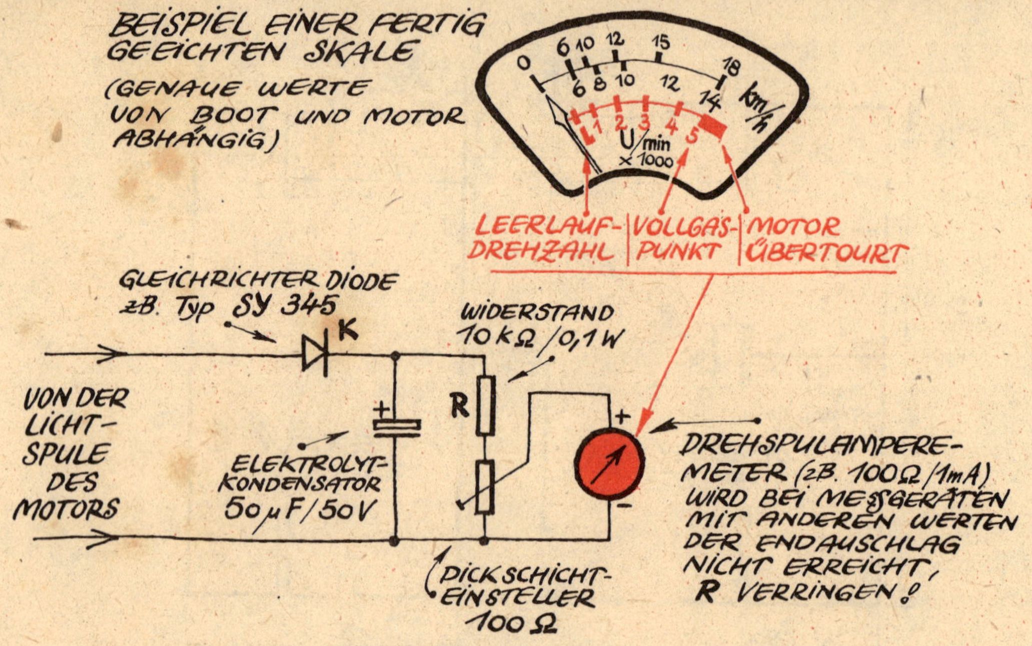
BEISPIEL EINER FERTIG GEEICHTEN SKALE
(GENAUE WERTE VON BOOT UND MOTOR ABHÄNGIG)
0 6 10 12 15 18
6 8 10 12 14
km/h
1 2 3 4 5
U/min × 1000
LEERLAUF-DREHZAHL
VOLLGAS-PUNKT
MOTOR ÜBERTOURT
GLEICHRICHTER DIODE z.B. Typ SY 345
K
WIDERSTAND 10 kΩ /0,1 W
VON DER LICHT-SPULE DES MOTORS
R
ELEKTROLYT-KONDENSATOR 50 µF/50 V
DICKSCHICHT-EINSTELLER 100 Ω
DREHSPULAMPERE-METER (z.B. 100 Ω/1 mA) WIRD BEI MESSGERÄTEN MIT ANDEREN WERTEN DER ENDAUSCHLAG NICHT ERREICHT, R VERRINGERN!

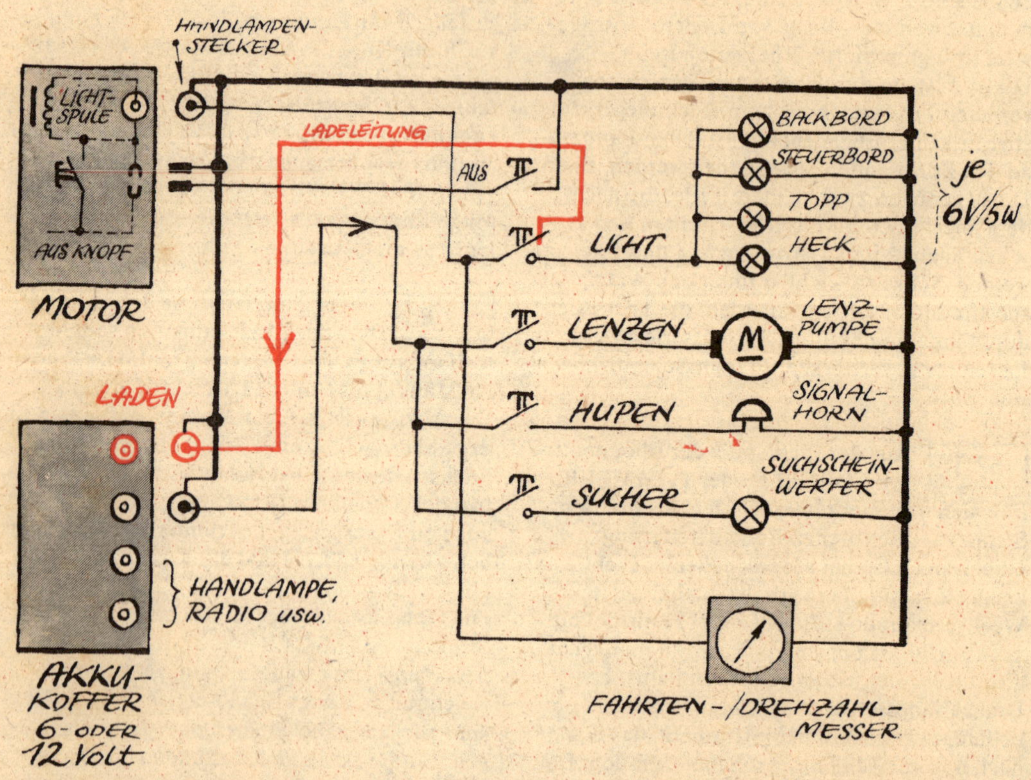
HANDLAMPEN-STECKER
LICHT-SPULE
AUS KNOPF
MOTOR
LADELEITUNG
AUS
LICHT
BACKBORD
STEUERBORD
TOPP
HECK
je 6V/5W
LENZEN
M
LENZ-PUMPE
HUPEN
SIGNAL-HORN
SUCHER
SUCHSCHEIN-WERFER
LADEN
HANDLAMPE, RADIO usw.
AKKU-KOFFER 6- ODER 12 Volt
FAHRTEN-/DREHZAHL-MESSER

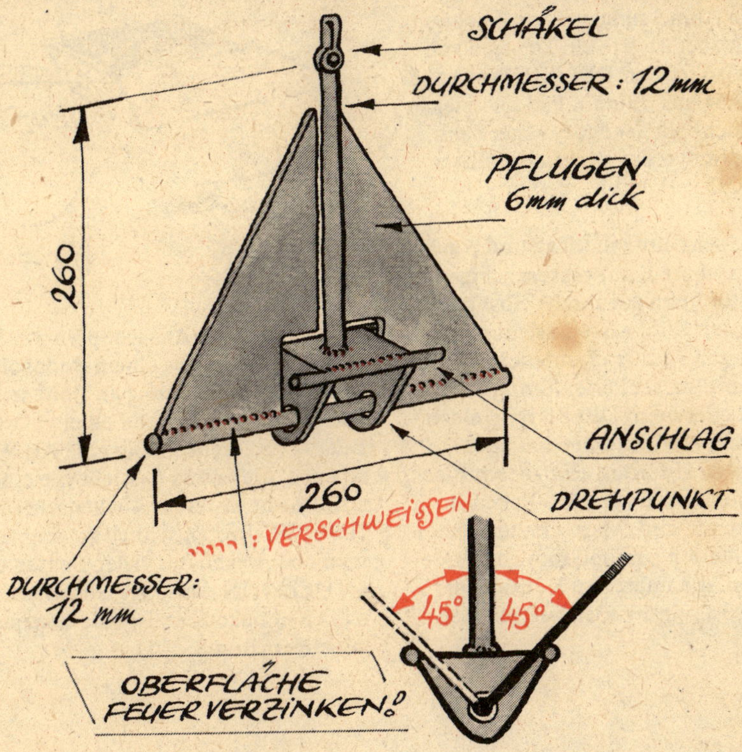

lichter, die in jedem Falle mit Glühlampen 6 V/ 5 W bestückt bleiben. Dadurch kann man auch Nachtfahrten ohne mitgeführten Akku unternehmen. Bei eingeschalteten Lichtern wird der Akku nicht geladen.

57.7 **Einen sehr kleinen, zusammengelegt angenehm flachen, im Sand aber trotzdem gut greifenden Leichtanker (DANFORTH-Anker) können wir uns selbst bauen (Schweißmöglichkeit erforderlich!).**

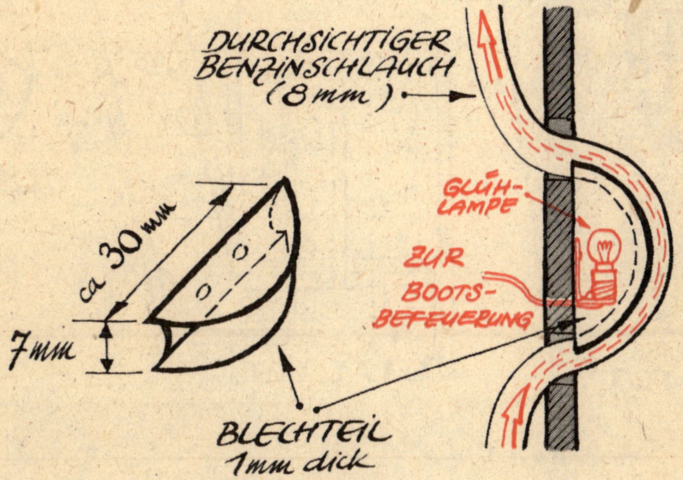

Er wiegt bei den Abmessungen nach Zeichnung etwa 1,5 kg, hält aber so, wie ein Draggen von 5 kg. Er reicht also für den DELPHIN selbst bei stärkerem Seegang aus. Für ein Paddel- oder kleineres Schlauchboot genügt er sogar dann, wenn alle Maße (außer der Dicke der Pflugen von 6 mm) auf 2/3 verkürzt werden.

57.8 **Eine sehr einfache, Tag und Nacht erkennbare Kühlwasseranzeige für einen Bootsmotor kann man sich selbst bauen.**
Man verlängert den Kühlwasseraustritt mit einem durchsichtigen Kraftstoffschlauch bis vorn ins Boot und führt ihn schlaufenförmig durchs Armaturenbrett oder beim DELPHIN einfach durch Spant 5. Gestützt wird die Schlauchschlinge von einem U-förmig gebogenem Blech, in das eine kleine Lampe zur nächtlichen Beleuchtung eingebaut wird. Man schaltet sie einfach den Bootslichtern parallel. Infolge der kleinen Gasbläschen, die immer im Kühlwasser vorhanden sind, ist sein Fließen gut zu erkennen.

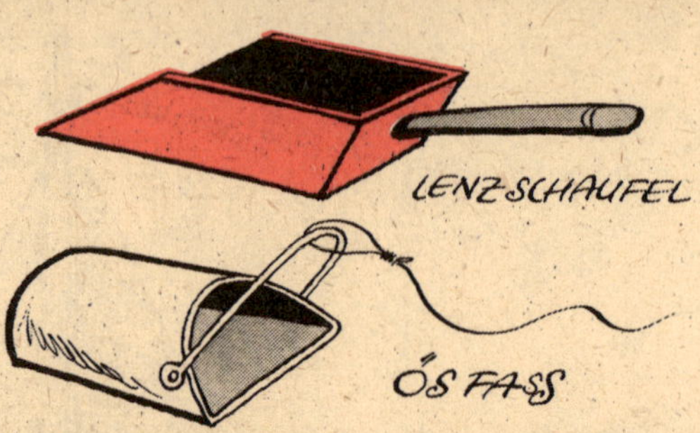

57.9 **Zum Ausschöpfen des Spritzwassers aus einem Boot sollte eine einfache Lenzeinrichtung an Bord sein.**
Das ist im einfachsten Fall ein „Ösfaß“, eine Büchse mit Henkel oder eine Art Wasserschippe, die fast so aussieht wie eine Streuschütte aus unserem Küchenschrank. Sie ist aus Hart-PVC-Resten schnell zusammengebaut. Da man aber wegen der vielen Senten und Spanten im DELPHIN das letzte Bilgewasser nur schwer zu fassen bekommt, ist eine Lenzpumpe viel günstiger (Bild S. 301).

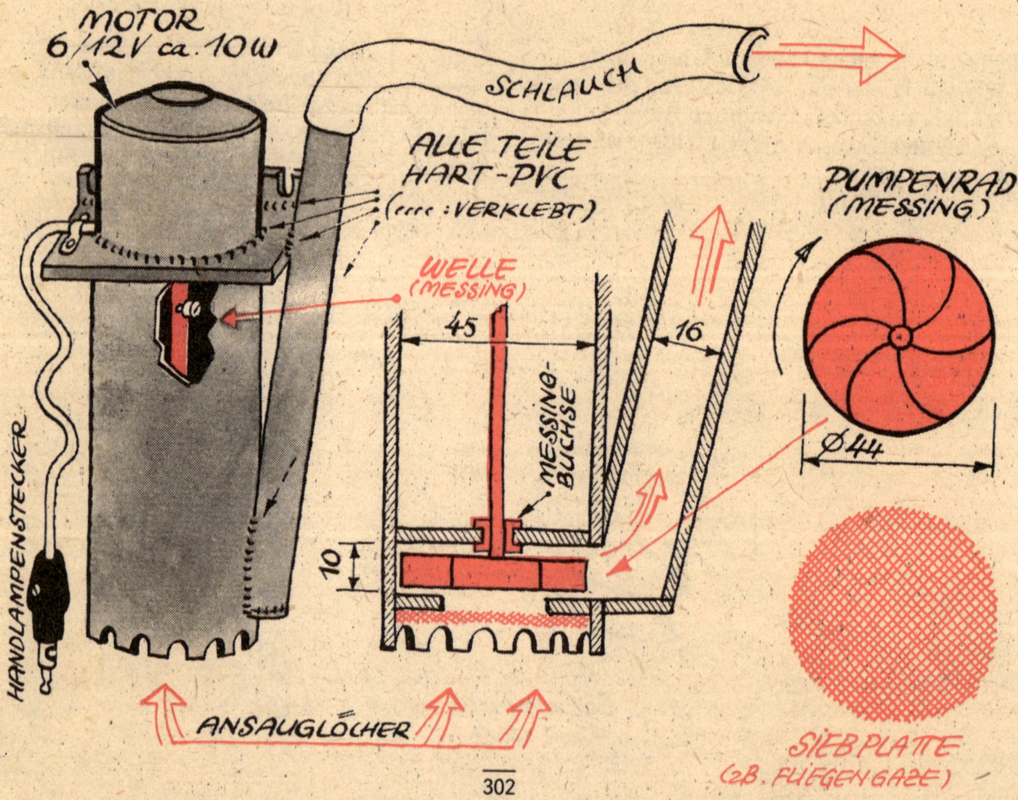

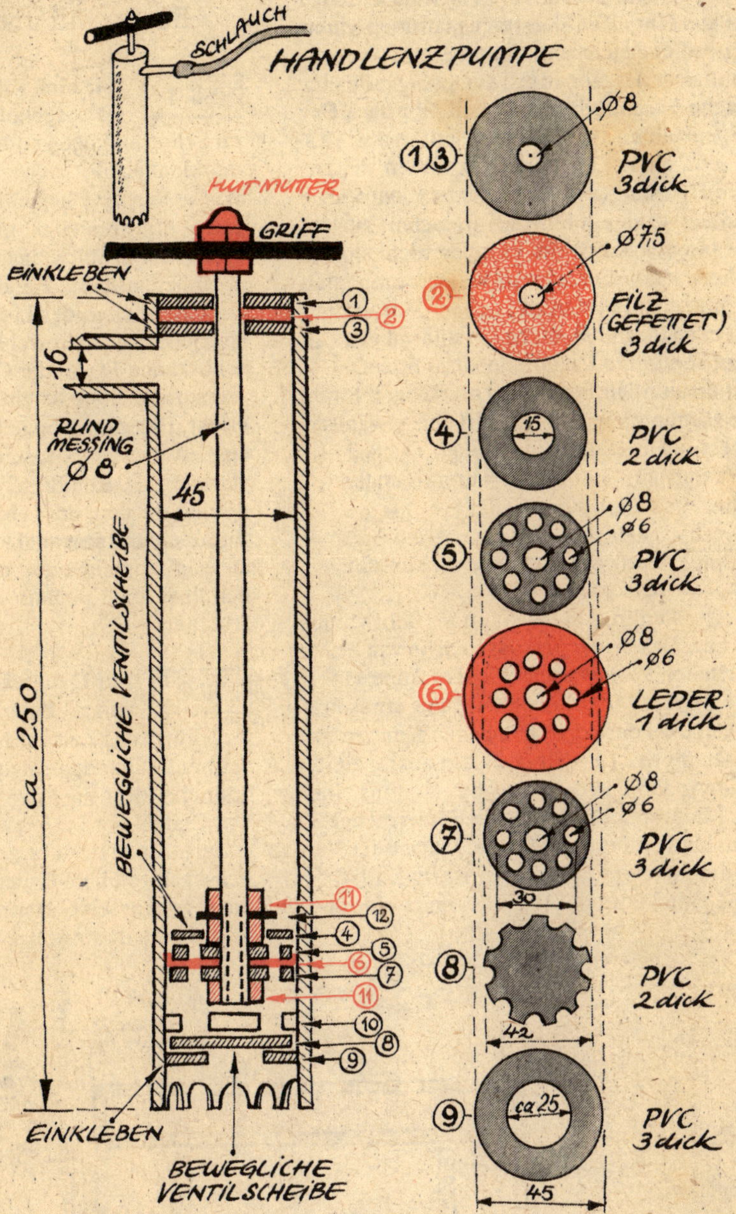

(10) ANSCHLAG KLÖTZCHEN (EINKLEBEN) 4 STÜCK

(11) MESSINGMUTTER, M8

(12) MESSINGSCHEIBE FÜR M8

57.10 **Eine hochwirksame Handlenzpumpe kann man sich im wesentlichen aus Hart-PVC-Resten zusammenbauen.**
Auf unserer Zeichnung sieht das zwar recht kompliziert aus, aber die Teile haben alle eine einfache Form und sind schnell montiert. Der Pumpenstab und die Muttern sollten aus Messing sein, etwas Leder und Filz finden sich in jedem Haushalt (der obere Filzring kann sogar entfallen, wenn ein bißchen am Schaft austretendes Leckwasser beim Pumpen nicht stört). Die Ledermanschette ist in Wasserpumpenfett zu tränken, am besten zu kochen. Man fertigt alle Teile vor und klebt, bzw. schraubt das Ganze von unten beginnend zusammen.
Es ist erstaunlich, welch einen kräftigen Strahl diese Handpumpe erzeugt! Mit den gewählten Abmessungen schafft sie spielend 15 bis 20 Liter Wasser samt kleinen Verunreinigungen je Minute aus dem Boot.

57.11 **Ganz nobel ist eine elektrische Lenzpumpe (Bild S. 302)!**
Sie setzt allerdings einen Akku im Boot voraus (→ 57.6). Das Prinzip ist das gleiche wie bei der elektrischen Wohnwagen-Wasserpumpe (→ 56.7). Der Motor muß allerdings etwas kräftiger sein, bei der vorgeschlagenen Konstruktion hat er etwa 10 Watt (z. B. ein ausrangierter Gebläse- oder Scheibenwischermotor aus einem Pkw). Man erreicht damit eine Fördermenge von 10 bis 15 Litern je Minute. Wegen der Verunreinigungen im Bilgewasser ist im Einlaß der Pumpe eine Platte mit kleinen Löchern erforderlich.

58. Basteleien für Strand und Zelt

58.1 **Wie eine Kühlgrube für Lebensmittel ausgehoben wird und das diese im Schatten liegen sollte, braucht wohl niemandem erklärt zu werden.**
Wir wollen eine hygienisch verbesserte Grube „mit Pfiff“ vorstellen, in der das Kühlgut sauber bleibt, keine Schädlinge darankommen und die auch besser kühlt. Ein dichter Plastesack liegt an den Wänden des Loches am Erdreich an, ein spezieller Deckelverschluß mit Wasserschleuse schützt den Inhalt der Grube. Infolge der Verdunstungskälte entsteht ein zusätzlicher Kühleffekt. Der ringförmige Rand mit dem eingesetzten Plastesack kann z. B. aus glasfaserverstärktem HOBBYPLAST in einfacher Form modelliert werden, oder er wird aus Hart-PVC-Streifen zusammengeklebt, wie der Deckel auch. Täglich ist öfter mal Wasser nachzugießen, bzw. die Filzplatte im Deckel ist zu befeuchten.

58.2 **Für Dauercamper ist ein Überdach von großem Nutzen.**
Es schützt das Zelt vor Nässe, vor allem aber vor herabfallendem Blattwerk und Schmutz, die häßliche Flecke auf der Leinwand erzeugen. Das Zelt ist bei Hitze und Kälte günstiger temperiert. Als Material eignen sich stabile, möglichst schweißbare Folien (→ 54.1), am besten die sogenannten Gitterfolien. Auch stabiles imprägniertes Baumwollgewebe (flächenbezogene

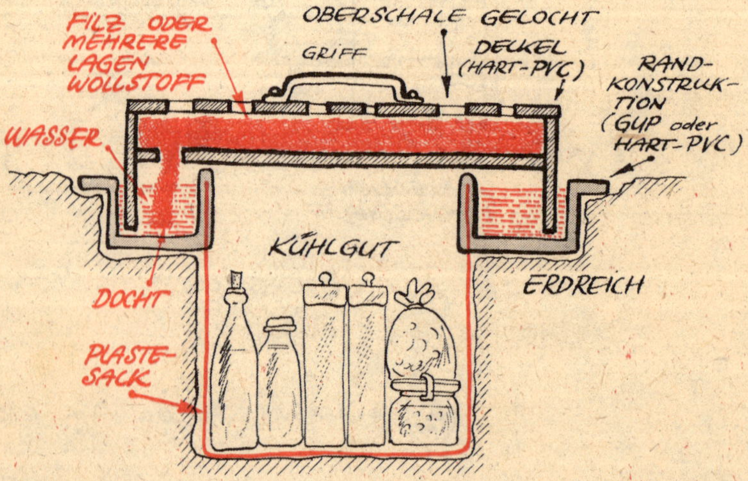

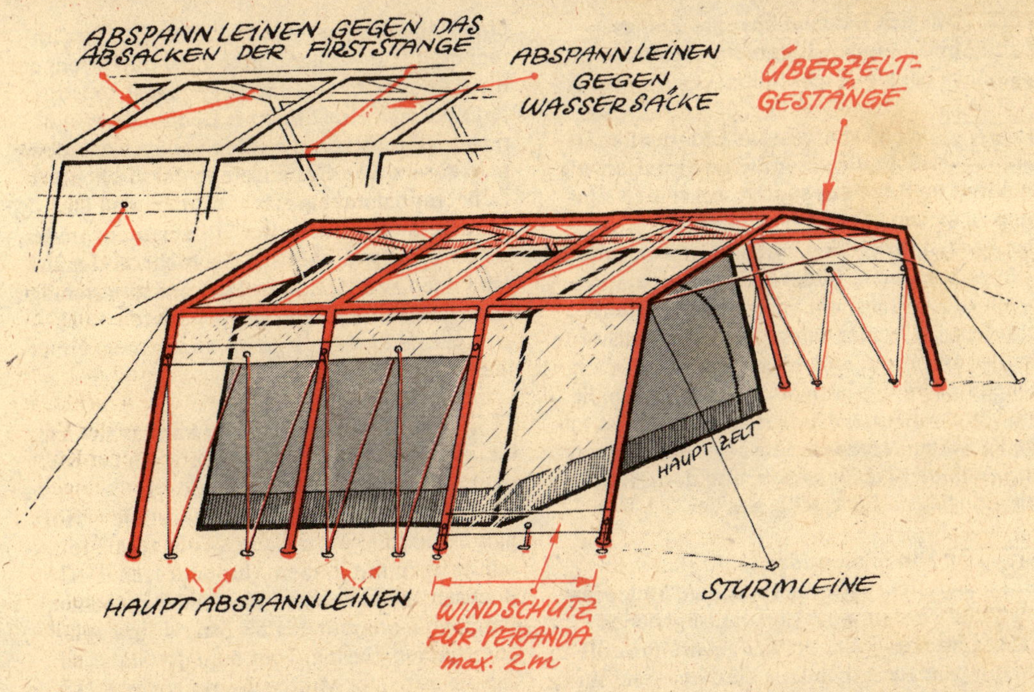

Masse 300 g/m²) kann verwendet werden. In den doppelt umgeschlagenen Rand mit den Ösen zur Absegelung kann man für bessere Stabilität eine Dederon-Zeltleine einlegen. Am First, wo das Überdach auf dem Gestänge aufliegt, empfiehlt sich ein Verstärkungsstreifen von 12 bis 15 cm Breite. Wichtig ist ein stabiles, vom Hauptzelt möglichst unabhängiges Gestänge und eine solide, sturmsichere Abspannung. Ausreichende Dachschräge verhindert Wassersäcke und erleichtert die Reinigung. Das Überdach soll hinten und seitlich mindestens 50 cm über das Zelt hinwegreichen und einen Mindestabstand von 10 cm vom Zeltdach haben. Wird das Überdach an der Vorderwand des Zelts etwas verlängert und zieht man es bis zum Boden herunter, so entsteht eine wettergeschützte Veranda. Schon eine einfache Folie,

schräg zwischen Bäumen über das Zelt gespannt, bildet einen wirksamen Wetterschutz, besonders bei kleineren Zelten.

58.3 **Welcher erfahrene Camper kennt nicht die scheußliche Situation vor dem Zelt im Regen zu stehen, um seinen Eingang zu öffnen oder zu verschließen?**
Der Stoff ist verquollen, und der Reißverschluß zieht sich schlecht. In der Hektik geht man zu forsch vor: Es klafft ein Spalt, oder der Reißverschluß ist für immer dahin! Der bedauernswerte Camper ist reif für eine einsame Insel. Ein einfaches kleines Vordach, am Zeltfirst angenäht und von zwei Stützen aufgespannt, läßt uns solche Probleme vergessen. Der Stoff des Eingangs wird auch nicht mehr so naß, und das trägt zur Schonung des Reißverschlusses bei.

58.4 **Ein Steilwandzelt läßt sich sehr leicht vergrößern.** Einige Meter imprägnierte Zeltleinwand (möglichst gleiches Material wie das Zelt), etwas Faulstreifenstoff und ein paar zusätzlichliche Gestängeteile sind alles, was wir brauchen. Das Zelt wird an einer Stelle ohne Fenster oder Eingang quer durchtrennt und der neue Zeltstreifen mit einer Kappnaht dazwischengenäht. Schneidet man beidseitig kurz neben einer vorhandenen, durchgehenden Naht, so entsteht zum Schluß eine Naht weniger. Man muß das Zelt aber immer quer zum waagerechten First durchtrennen, niemals quer zu einer Schräge. Sonst konstruiert man sich eine Stufe ins Dach! Die waagerechten Dachstangen werden verlängert, indem man zusätzliche Gestängeteile dazwischensetzt. Dabei muß darauf geachtet werden, daß ihre freie Länge zwischen zwei Stützen nicht größer als etwa 2 m wird. Meist ist es mehr, und man muß noch zwei Seitenstützten und zwei schräge Dachstreben vorsehen. Die benötigten Steckkreuze und Stangen sind im Fachhandel erhältlich.

58.5 **Einen Windschutz kann man sich aus bedrucktem kräftigen Leinen oder aus Zeltstoff selbst schneidern.**
Als Pfähle eignen sich z. B. Besenstiele – Holz hält besonders gut im Sand! – die zum Splitterschutz oben mit kurzen Alu- oder Hart-PVC-Buchsen gefaßt werden. Wegen des manchmal steinigen Untergrundes am Strand sind auch Stahlspitzen günstig. Teilt man die Stäbe, so daß sie mit einer Muffe zusammengesteckt werden können, so ergeben sich kürzere Packmaße. Die Anzahl der erforderlichen Felder zwischen den Stäben richtet sich nach der Personenzahl; für drei bis vier Personen empfehlen wir acht Felder. Teilt man den Windschutz, z. B. in drei und fünf Felder, so hat man (bei nur einem

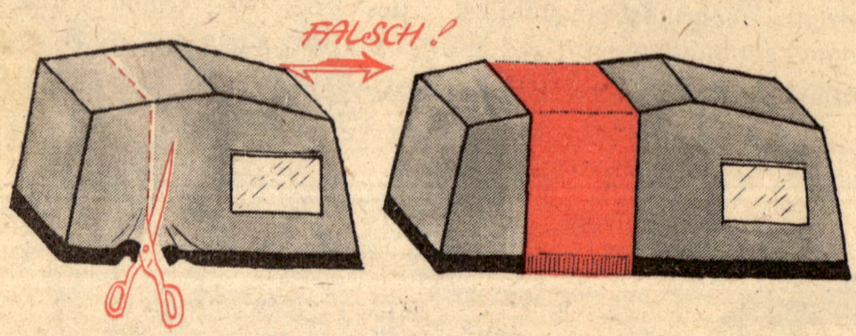

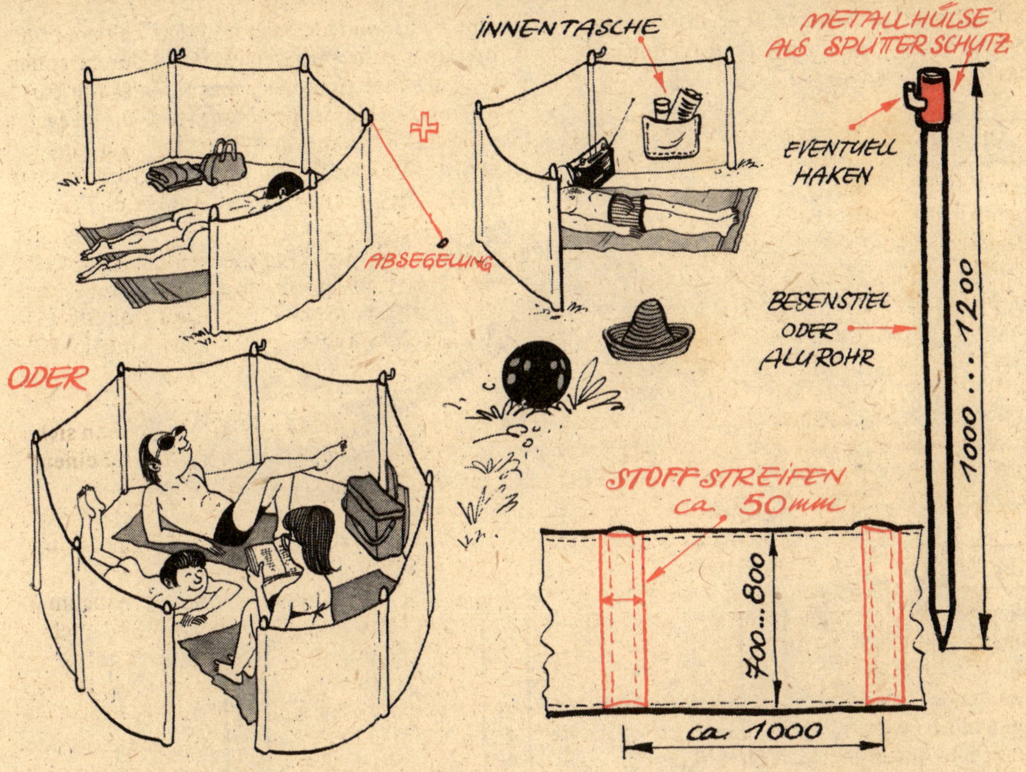

Stab mehr) einen großen und einen kleinen und ist viel variabler! Eingenähte Taschen für Kleinigkeiten und ein bis zwei Haken an den Stäben führen zu einer „wesentlichen Erhöhung der Gebrauchswerteigenschaften“. Übrigens kann man den Windschutz bei stärkerem Wind auch an einigen Stäben absegeln, dann brauchen sie nicht so tief in den Sand geschlagen zu werden.

58.6 **Mancher aufgeschlossene „Naturbeobachter“ – besonders an speziellen Stränden – setzt in seinen Windschutz sogar ein kleines Folienfenster ein.**
Das läßt sich natürlich mit Stoffklappe oder Gardinchen schließen, um beim eigenen Umkleiden allzu neugierige Blicke zu bannen. Tatsächlich mehrfach gesehen!

58.7 **Sonnenempfindlichen Campern ist ein Sonnensegel anzuraten.**
Reist man ans Schwarze Meer – dort ist ein Sonnenschutz unerläßlich –, so kann ein solches Requisit sehr empfohlen werden, weil es das Gepäck nur wenig belastet. Man braucht ein großes Laken, dessen Ecken mit Stoff verstärkt und mit je einer Öse oder Schlaufe versehen werden, einen Stab, ein paar dünne Leinen und Heringe. Solch ein Segel schützt auch vor leichtem Wind. Imprägniert man das Gewebe, so kann man darunter sogar eine kurze Regenhusche abwarten (Bild S. 308).

58.8 **Ein wackliger Tisch ist beim Camping ebenso störend wie in der Wohnung.**
Eine einfache Vorrichtung (Abb.) schafft Abhilfe, und der Tisch läßt sich auch bei unebenem Untergrund gerade und kippfrei stellen. Bei geringen Ansprüchen genügen auch große Heringe, die die Bügel der Tischbeine im Erdboden festhalten.

58.9 **Damit die Campingtischdecke bei Wind nicht davonfliegen kann, gibt es zwei einfache Tricks.**
Man biegt sich aus Hart-PVC-Streifen vier Klammern zurecht (Biegestellen erwärmen!), mit denen man die Decke an der Tischplatte festklemmt. Die Decke bleibt auch bei wütend-

VERSTÄRKUNGSECKE
MIT OESE

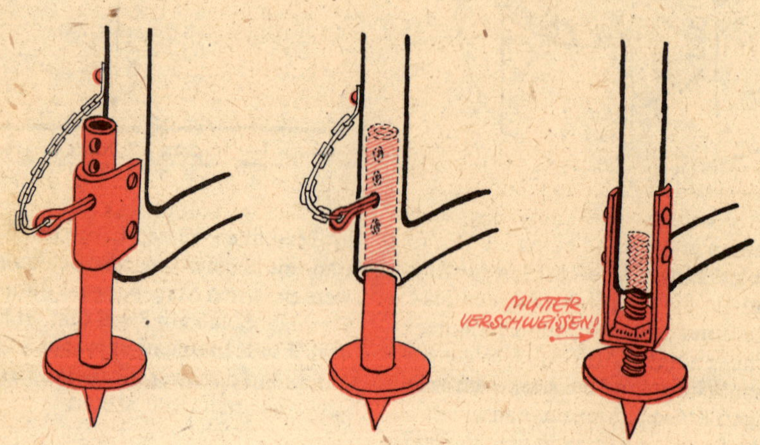
MUTTER
VERSCHWEISSEN!

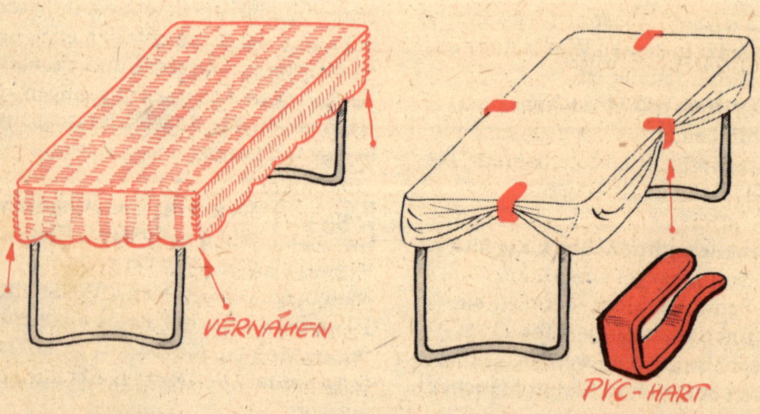
VERNÄHEN
PVC-HART

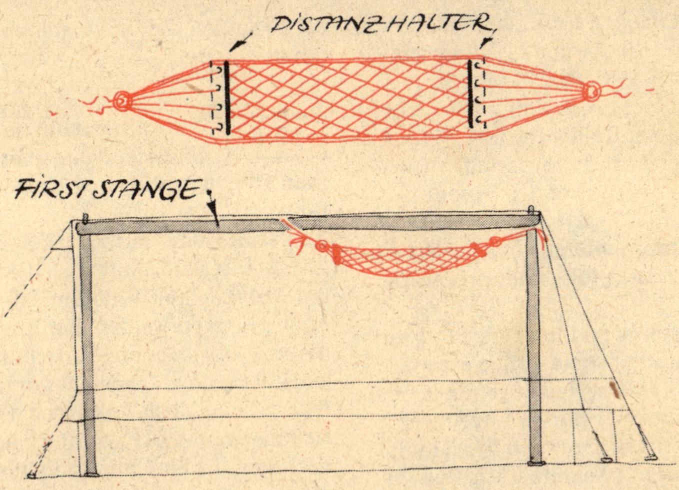

stem Sturm oben, aber das Ganze sieht etwas unordentlich aus. Besser ist, man fertigt sich für den Campingtisch eine ganz spezielle Decke an, deren herunterhängende Seitenteile man an den Kanten zusammennäht.

58.10 Ein hängemattenartig geknüpftes Netz, im Zeltfirst angebunden, ist vor allem bei Hauszelten mit ihrem begrenzten Stauraum sehr praktisch.

Darin lassen sich die weniger knitterempfindlichen Sachen – z. B. Trainings- und Schlafanzüge, Pullover – raumsparend unterbringen. Wird ein solches Netz nur im hinteren Teil des Zelts angebracht, so bleibt vorn sogar die Stehhöhe erhalten. Bei Steilwandzelten kann ein Gepäcknetz oft noch zwischen den Schlafkabinen oder in einer wenig genutzten Ecke angehängt werden.

59. Reparatur und Pflege der Campingausrüstung

59.1 Die Reinigung von Zelten muß sehr differenziert geschehen.

Beschichtete Zeltdächer wischen wir mit einem Schwamm und schwacher Seifenlösung ab. Sie soll aber möglichst nicht über die Stoffseitenwände laufen, weil dadurch die Imprägnierung leidet. Zelte aus Baumwollgewebe werden lediglich trocken abgebürstet, Vollsynthetikstoffe lassen sich aber von der Innenseite mit schwacher Seifenlösung säubern. Danach wird reichlich mit lauwarmem Wasser nachgewischt. Das Zelt muß danach gut austrocknen, damit die Nähfäden nicht verrotten. Folienfenster werden mit klarem Wasser, eventuell mit KLAROFIX geputzt. Faulstreifen und Zeltböden vertragen auch eine starke Seifenlauge. Innenkabinen kann man bedenkenlos mit der Hand in Feinwaschlauge waschen. Die beschichteten Böden werden mit einer Bürste und Waschlauge vorgereinigt und bleiben bei Waschprozeß am besten außerhalb der Wanne.

59.2 Nach einigen Nutzungsjahren sollte das Zeltgewebe nachimprägniert werden.

Damit warten wir nicht, bis es schon durchregnet, sondern wir denken allerspätestens daran, wenn sich an feuchten Tagen in der Leinwand größere Nässeflecke zeigen. Am einfachsten arbeitet es sich mit dem handelsüblichen Imprägnierspray. Das Zelt wird dazu aufgestellt und muß völlig staubfrei und trocken sein. Günstig ist ein sehr windstiller Tag, sonst trägt die Luft das meiste des teuren Nebels davon. Die Nähte behandelt man mindestens zweimal und immer von innen (dazwischen trocknen lassen!). Das Imprägnieren mit Spray wird besonders bei großen Zelten nicht ganz billig, denn mit einer Spraydose schafft man bestenfalls 2 bis 3 m^2. Spray ist darum vor allem dann von Vorteil, wenn man eine undichte Stelle nicht zu großer Ausdehnung provisorisch auf dem Zeltplatz nachimprägnieren will. Anderenfalls arbeitet man mit einem einfachen käuflichen Imprägniermittel, z. B. WAB-germizid (fäulnishemmend), wesentlich preiswerter. Man sollte außerdem erwägen, ob man das Zelt nicht lieber einer Spezialfirma zur Reinigung und Neuimprägnierung übergibt (im Fachgeschäft erfragen!). Aber nicht erst kurz vor der Saison!

59.3 **Zum Imprägnieren von Gewebe eignet sich auch folgendes preiswerte Verfahren:**

Der vollständig saubere und trockene Stoff wird mit einer kalten Lösung von 4 Teilen essigsaurer Tonerde in 100 Teilen Wasser getränkt, oder die Lösung wird mit einer Bürste aufgetragen. Nach dem vollständigen Trocknen wiederholt man diese Prozedur mit Seifenwasser. Der ganze Vorgang ist zwei bis dreimal durchzuführen.

59.4 **Zelte sollte man nicht vollständig waschen und keinesfalls mit chemischen Mitteln reinigen.**

Waschen in der Badewanne – wie mitunter für stark verschmutzte Zelte empfohlen – zerstört die Imprägnierung total und erschwert eine Neuimprägnierung. Chemische Reinigung, bereits das stellenweise Anwenden chemischer Reinigungsmittel, kann Folienfenster, Zeltboden und Faulstreifen angreifen und sogar völlig zerstören. Sehr schmutzige Teile des Zelts sollten im aufgestellten Zustand zunächst trocknen, dann mit reinem Wasser, von außen ausgebürstet werden. Die Nachimprägnierung dieser Stellen mit Spray darf erst nach der vollständigen Austrocknung des Gewebes vorgenommen werden.

59.5 **Stockflecke werden von Mikroben und Pilzen bei Feuchtigkeit hervorgerufen und schädigen das Gewebe in jedem Fall.**

Nicht immer lassen sich diese Flecke wieder beseitigen. Man bürstet die betroffenen Stellen gründlich aus und versucht die Verfärbung mit einer Mischung aus zehnprozentigem Wasserstoffsuperoxid und Salmiakgeist auszubleichen. Oft hilft auch ein dicker Brei aus Kochsalz und Wasser, den man auf den Fleck aufschmiert und einige Stunden einwirken läßt. Auch das Einlegen des Gewebes in Buttermilch oder verdünntem Essig kann Erfolg bringen. In allen Fällen ist nach der Prozedur gründlich mit Wasser zu spülen. Zeltleinwand muß neu imprägniert werden.

59.6 **Zeltreißverschlüsse werden wasserabweisend und gleiten besser, wenn man ab und zu mit einer Kerze über die Zähne fährt.**

Reißverschlüsse vertragen keine Querspannungen, das ist beim Aufbauen des Zelts zu beachten. Bei feuchter Witterung muß die Verspannung gelockert werden. Bei Reißverschlüssen, die immer wieder ohne ersichtliche Beschädigung aufspringen, braucht nur der Schieber defekt zu sein. Nach Austausch desselben läßt sich der Reißverschluß oft wieder einwandfrei betätigen. Ist eine Beschädigung der Zähne ganz am Anfang des Verschlusses entstanden, so sperrt man das defekte Stück einfach mit einer Quernaht ab oder provisorisch mit einer Sicherheitsnadel.

59.7 **Das bogenförmige Einnähen eines Reißverschlusses ist eine sehr diffizile Sache, die man nach Möglichkeit umgehen sollte (Bild S. 311)!**

Auf jeden Fall muß man ihn vor dem endgültigen Einnähen zugezogen im Stoff heften. Vorsichtiges Dehnen des Teils an der Bogenaußenseite kann vorteilhaft sein. Das vorherige Heraustrennen des defekten Verschlusses muß sehr behutsam geschehen; denn der Stoff ist an dieser Stelle für die neue Naht ohnehin sehr knapp! Man spart sich eine Menge Verdruß, wenn man Bögen einfach zunäht und einen schräg aus Zeltstoff geschnittenen Streifen darübersetzt (ein solcher läßt sie „biegen"!). Es werden dann zwei Reißverschlußteile eingesetzt, ein langer zum Aushängen senkrecht, und ein kurzer oben quer dazu. Auf letzteren kann man sogar verzichten, wenn man außen am Zelt einen genügend breiten Schutzstreifen über die Türöffnung setzt. Eine solche „Tür" läßt sich tagsüber bequem zur Seite rollen und mit Schlaufen befestigen. Auch zwei senkrechte Reißverschlüsse können eingenäht werden; der Türstreifen wird dann nach oben zusammengerollt. Beim Reißverschluß muß die angenähte Stoffkante immer einen Mindestabstand von etwa 3 mm von den Zähnen haben, damit der Schieber nicht klemmt. Ist man mit allem fertig, so empfiehlt sich eine Nachimprägnierung der Nähte.

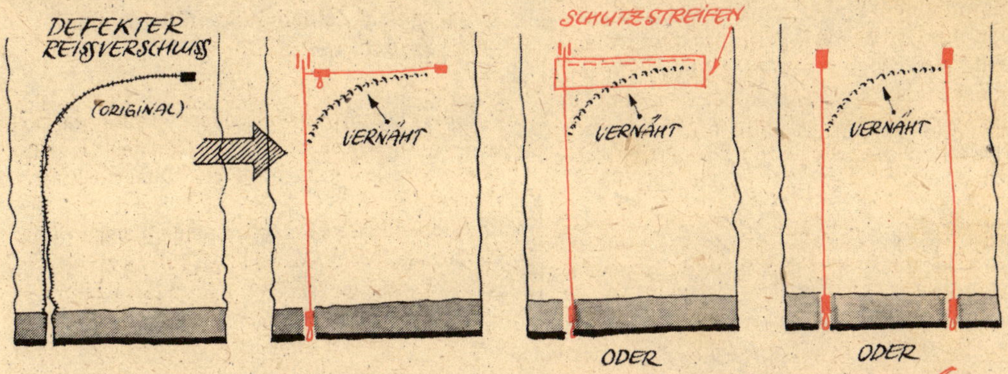

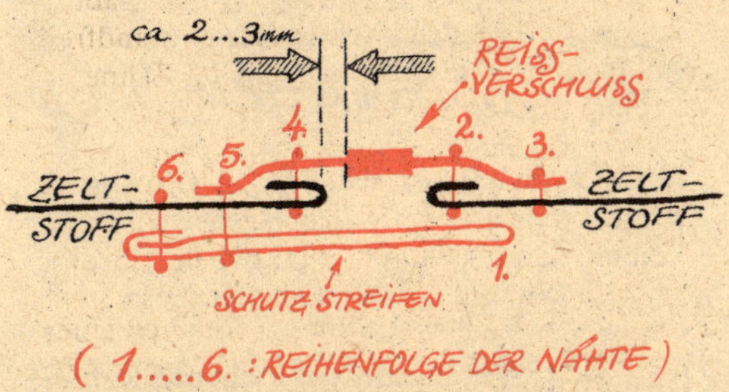

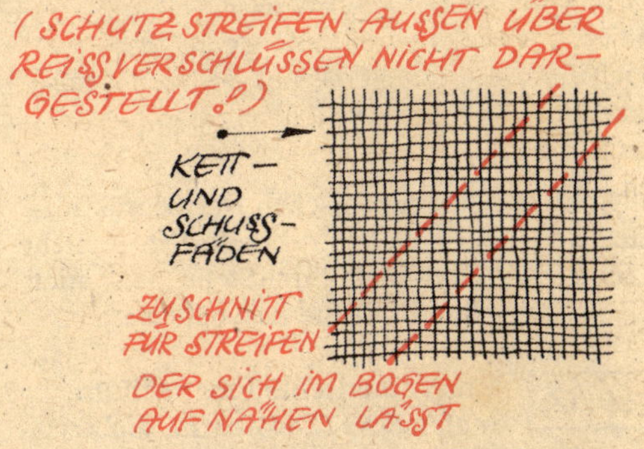

59.8 **Ist ein Reißverschluß für den vorgesehenen Zweck zu lang, so verschweißt man die Plastzähne vor dem Abschneiden mit einem elektrischen Lötkolben.** Reißverschlüsse mit Metallzähnen blockiert man durch eine stabile kurze Quernaht.

59.9 **Ein verrotteter Faulstreifen ist sehr einfach zu erneuern.** Es genügt, den neuen Streifen mit der Nähmaschine über dem alten anzunähen und diesen danach abzureißenn. Das geht auch bei Erneuerung von Folienfenstern.

59.10 **Bei einem gerissenen Gummispannring braucht die Bandschlaufe nicht geöffnet zu werden.** Zehn Minuten vor dem Durchstecken und Verknoten des neuen Rings werden die Berührflächen mit Gummilösung eingestrichen. Ring fest anziehen, und die Klebeflächen kurz mit einer Flachzange zusammendrücken!

59.11 **Müssen ausgerissene Ösen für Zeltnägel oder an Verschlüssen ersetzt werden, so ist vorher beidseitig ein Stoff- oder Lederfleck auf die beschädigte Stelle zu nähen.** Da man die üblichen zweiteiligen Ösen ohne Spezialwerkzeug nicht sauber bördeln kann, empfiehlt es sich, das trichterförmige Teil zunächst mit einer Blechschere zu kürzen. Bevor der Rand der eingesetzten Öse vorsichtig mit der Hammerfinne umgeklopft wird, ist es gün-

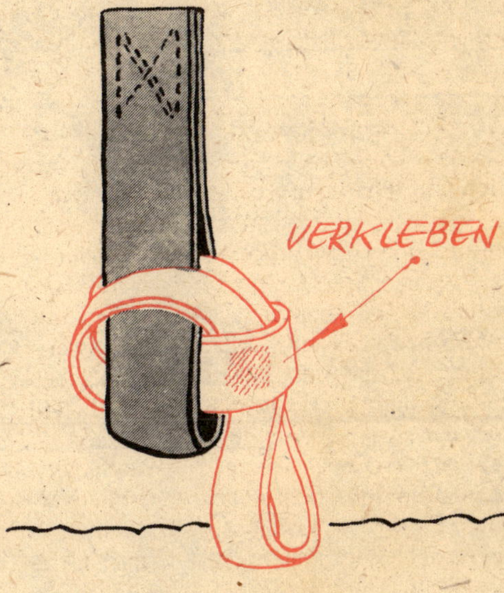

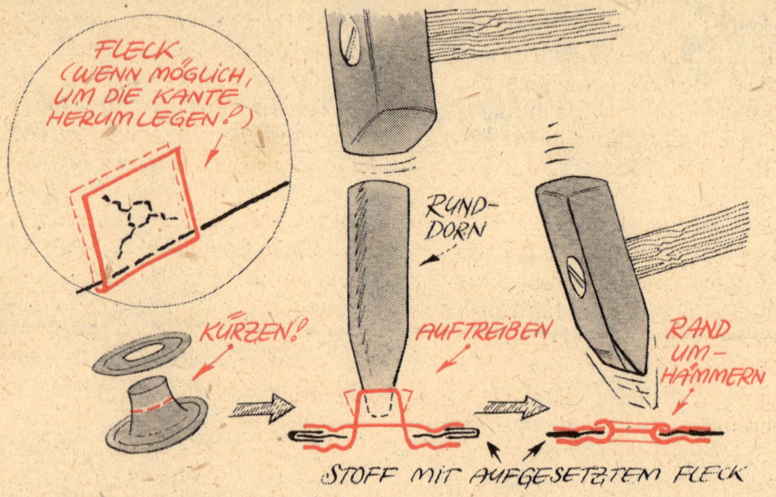

stig, ihn mit einem konischen Dorn etwas aufzuweiten (Abb.). Stehen zweiteilige Ösen nicht zur Verfügung, kann an ihrer Stelle meist auch eine kräftige Bandschlaufe angenäht werden.

59.12 **Mit synthetischer Faser gefüllte Schlafsäcke (Texotherm, Wolpryla-Hochbausch) können mit einem Feinwaschmittel bei 60 °C gewaschen werden.**
Schlafsäcke sollte man nicht schleudern, sie trocknen an der Luft sehr schnell. Günstig ist ein waagerechtes Aufspannen zwischen zwei Leinen, damit sich die Füllung nicht einseitig verschieben und zusammenballen kann.

59.13 **Wegen eines gebrochenen Rohrs braucht man weder Campingsessel oder -tisch, noch eine Zeltstange fortzuwerfen.**
Es gibt verschiedene Möglichkeiten der Reparatur, die dem Rohr die volle Haltbarkeit zurück-

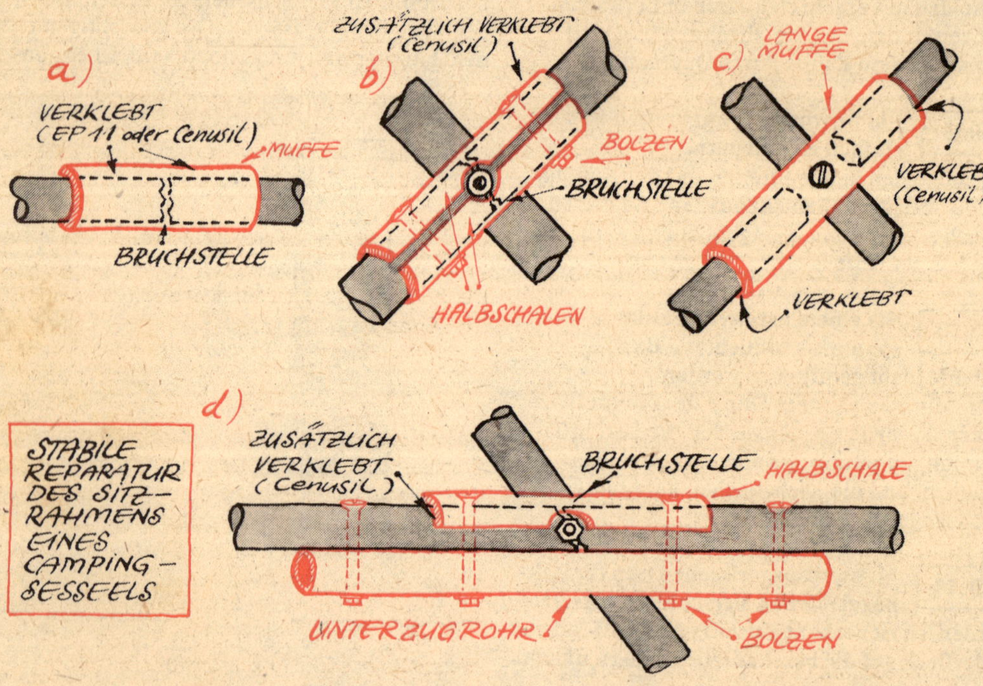

geben. Bei einem Bruch mitten im glatten Rohr ist es am einfachsten, eine Muffe passenden Kalibers über die Bruchstellen zu schieben (Abb. a) und mit EPASOL EP 11 aufzukleben. Bei Knick- und Biegebelastung ist bei Alurohren CENUSIL günstiger, das mit Aluminium eine innige, aber elastische Verbindung eingeht. Liegt der Bruch im Bereich eines Gelenks oder Drehpunkts, so „schient“ man ihn am besten mit zwei aufgeschraubten und zusätzlich geklebten Halbschalen (Abb. b). Manchmal ist es auch günstiger, im Bereich des Gelenks eine lange Muffe zwischenzukleben (Abb. c). Man vermeidet damit zusätzliche, wieder bruchgefährdete Bohrungen. Der eigentliche, meist aus einem starken Niet gebildete Drehpunkt muß dazu demontiert werden (Nietkopf absägen!). Man ersetzt ihn durch einen gekonterten Schraubenbolzen. Bei starker Belastung der Bruchstelle ist das Unterschrauben eines nicht zu kurzen Rohrstücks als Verstärkung zu empfehlen (z. B. unter Sitzen, Abb. d).

59.14 Luftmatratzen werden lediglich mit lauwarmem Wasser unter sparsamster Verwendung eines Feinwaschmittels gesäubert.

Starkes Scheuern des Gewebes ist ebenso zu vermeiden, wie die Verwendung von Benzin oder anderen Lösungsmitteln. Getrocknet werden sie an einem schattigen, luftigen Ort, nicht in der Sonne oder an Heizkörpern.
Das mitunter empfohlene Einfüllen von Talkumpulver in die Luftmatratzen – auch in Schlauchbootkammern – sollte man besser unterlassen. Zum einen ist es von keinerlei Nutzen, denn ein Poröswerden von Gummi kann Talkum nicht verhindern – es ist lediglich ein Gleitmittel –, zum anderen gilt es als krebserregend.

59.15 Eine poröse Luftmatratze ist kein Attribut nächtlicher Entspannung!

In der Nacht erwacht man auf einem „Brett“ anstatt in einem Bett, weil die Luft durch ungezählte winzige Löchlein verpufft ist. Dann hilft oft ein ungewöhnliches Mittel: in jede Kammer der Matratze wird etwa 1/2 l Latex-Bindemittel eingefüllt. Man walkt sie dann gründlich durch, so daß sich die Flüssigkeit im Innern gleichmäßig verteilt. Dann wird die Matratze stramm aufgepummt und fleißig nach allen Seiten gedreht und gewendet, bis der Latex als winzige weiße Tröpfchen an den porösen Stellen austritt (diese nicht abwischen, da sie später wie kleine Korken wirken). Dann wird der Rest des Latex vollständig abgelassen, die Matratze leicht aufgepumpt, damit sie nicht verklebt und mehrere Tage zum Trocknen weggelegt. Soweit der Tip, wie man ihn in ungezählten Veröffentlichungen finden konnte. Er beinhaltet aber nur die halbe Wahrheit. So richtig klappt die Sache nämlich erst, wenn man die getrocknete Matratze aufpumpt und mit einem auf Stellung „Kunstseide“ eingestellten Reglerbügeleisen vollständig überbügelt (zwischen Matratze und Bügelsohle etwas Pergamentpapier legen!).

59.16 Eine Luftmatratze wie einen Fahrradschlauch flicken zu wollen, braucht man nicht erst zu versuchen!

Gummilösung geht mit Gewebe keine dauerhafte Verbindung ein, und der Flicken löst sich bald wieder. Aber wir haben eine sehr haltbare und saubere Möglichkeit gefunden: Man schneidet aus nicht zu dickem Gewebe-Kunstleder einen Reparaturfleck aus und bringt ihn auf der schadhaften Stelle durch Schmelzkleben auf (→ 54.5). Dabei muß Gewebe gegen Gewebe liegen. Auch stellenweise verrottete, durchgescheuerte oder poröse Luftschläuche des Mehrzweckfalzboots DELPHIN lassen sich auf diese Weise noch für lange Zeit retten. Es empfiehlt sich, den Kleber satt aufzutragen und das Bügeleisen in Stellung „Kunstseide“ bis „Wolle“ zu betreiben. Zwischen Kunstleder und Bügelsohle legen wir etwas Pergamentpapier. Solcherart geflickte Stellen sollen möglichst nicht geknickt werden.

59.17 Nicht immer ist es einfach, ein Zelt mit beschädigter Leinwand unter die Nähmaschine zu bekommen (denken wir an Zeltanhänger!).

Auch dann hilft die Technologie des Schmelzklebens (→ 54.5). Kleine und große Risse und Löcher lassen sich dauerhaft reparieren, da eine schmelzgeklebte Stelle ausreichend feuchtigkeitsbeständig ist. Der Reparaturfleck aus Zeltstoff wird von innen auf die Zelthaut aufgeschmolzen, von außen imprägnieren wir anschließend mit Spray nach. Ebenso reparieren wir zerrissene oder morsche Stellen im Faltbootdeck. Mit dem Einnähen eines neues Stoffteils an der Bootshaut wäre nämlich eine Haushaltsnähmaschine hoffnungslos überfordert.

59.18 Wohnwagenfenster und Bootsscheiben aus Piacryl dürfen niemals mit einem trockenen Tuch gereinigt werden (Zerkratzgefahr!).

Es wird ein weicher Schwamm und viel Wasser verwendet. Bei starker Verschmutzung empfiehlt sich zusätzlich Schmierseife oder ein Zusatz von reichlich Fit zum Wasser. Kleinere Kratzer, bzw. matt oder blind gewordene Scheiben sind mit sehr feiner Polierpaste und Watte zu behandeln. Auch Zahnpasta eignet sich sehr gut. Anschließend kann mit einer Schwabbelscheibe trocken nachpoliert werden. Starke Kratzer schleift man zunächst mit feiner Stahlwolle heraus (nicht mit Schleifpapier!).

59.19 Bei Anhängern lösen sich oft Gummidichtungen, z. B. am Deckel.

Zur Reparatur eignen sich die Klebstoffe SALADUR (Tube), CHEMISOL L 1526 oder L 1518 und CHEMIKAL-KONTAKT (Dose). Wichtig ist, daß Gummi und Karosserieteil frei von Fett, Schmutz und Feuchtigkeit sind. Leichtes Aufrauhen mit Schmirgelpapier verbessert die Haltbarkeit der Klebung. Es werden beide zu verklebenden Flächen dünn eingestrichen, nach einer Wartezeit von 20 Minuten aufeinandergelegt und mit kurzem, aber kräftigem Druck verbunden. Die Position des Gummis muß sofort stimmen, denn eine nachträgliche Lagekorrektur ist nicht mehr möglich.

59.20 Zelte werden nach Saisonende in absolut trockenem Zustand im Zeltsack in einem trockenen und kühlen Raum (bis − 16 °C) eingelagert.

Günstig ist, wenn die Luft zirkulieren kann, z. B. bei Lagerung auf einem Holzrost. Bei Zeltanhängern öffnet man etwas den Deckel. So vermeidet man den muffigen Geruch. Aluminiumgestänge werden nur trocken abgewischt, bei Stahlteilen ist es besser, sie bei schadhafter Lakkierung – z. B. im Bereich der Steckverbindungen – ganz leicht einzufetten (aber wirklich nur hauchdünn, sonst gibt es in der nächsten Saison Fettflecke auf der Leinwand!).
Ist etwas zu reparieren, so warten wir damit nicht bis zum nächsten Jahr.

59.21 Wer ganz sorgsam vorgehen will, der verpackt Abspannleinen aus Synthetik getrennt vom Zelt.

Diese Leinen sind z. T. mit einem Mittel behandelt, das die Imprägnierung des Gewebes angreift. Alle abnehmbaren Gummispanner, Haken, Federn werden getrennt verpackt.

59.22 Propanflaschen dürfen nicht in Schlafräumen, Kellern oder auf dem Dachboden aufbewahrt werden.

Der Lagerraum darf auch nicht mit solchen Räumen in Verbindung stehen. Er soll trocken sein, Heizgeräte müssen von Propangasflaschen einen Mindestabstand von 1,5 m haben. Dichtmutter und Schutzkappe gehören auf die Flasche.

59.23 Campingwohnwagen, Lasten- und Zeltanhänger müssen regelmäßig gepflegt und gewartet werden.

Zwar sind die gefahrenen Jahreskilometer i. allg. weitaus geringer als bei einem Pkw, aber der Zahn der Zeit nagt ebenso wie bei jedem anderen Fahrzeug. Im folgenden geht es weniger um die zwar auch wichtigen Schönheitsreparaturen und die äußere Pflege, als mehr um die sicherheitserhaltenden Wartungs- und Pflegemaßnahmen an Fahrwerk, Bremse und Zugvorrichtung.

59.24 Wir empfehlen – ebenso, wie bei einem Pkw – den Unterboden und die Hohlprofile eines Anhängers mit ELASKON K 60 ML zu schützen.

Danach genügt eine Nachkonservierung alle 2 bis 3 Jahre, bei Winterbetrieb aber unbedingt jährlich vor Einbruch des Winters. Bei Böden aus Hartspanplatten oder Sperrholz (z. B. beim Camptourist) ist außerdem eine einmalige, möglichst dichte Beschichtung mit UBOTEX zu empfehlen, um Verquellungen durch Nässe zu verhindern. Blatt- und Schraubenfedern sind dankbar für alljährliches Einsprühen mit Graphitöl. Blattfedern sollen außerdem gefettet werden, damit sie nicht quietschen (dabei gleich Kontrolle, ob Federlagen gebrochen sind!). Gummiblock- und Torsionsfedern sind i. allg. wartungsfrei. In jedem Falle ist bei Pflegearbeiten die Betriebsanleitung für den Anhänger zu beachten.

59.25 Hat ein Anhänger Stoßdämpfer, so gibt uns eine schmierige Staubschicht an deren Unterteil einen ersten Hinweis auf Undichtheit.

Solche Stoßdämpfer verlieren bald ihre Wirkung und müssen ausgewechselt werden. Eine Stoßdämpferkontrolle durch Schaukeln des ganzen Anhängeraufbaus oder durch Eindrücken läßt keine sicheren Rückschlüsse zu. Besser geeignet ist das Beobachten der Anhängerräder während einer Fahrt auf holperigem Untergrund aus einem zweiten Fahrzeug: Die Räder dürfen nicht springen und flattern!

59.26 **Das Abschmieren eines Anhängers wird nach Herstellervorschrift vorgenommen.**
Außerdem müssen die vorgesehenen Durchsichtsintervalle eingehalten werden. Die Kugel der Anhängerzugvorrichtung und alle Lagerstellen der Anhängerkupplung sind immer sauber zu halten. Vor jeder längeren Fahrt mit Anhänger wird die Kugel leicht gefettet. Schmierung brauchen auch die anderen Lagerstellen der Anhängerkupplung, außer die Berührfläche des Exzenterriegels an der hinteren Kugelklaue. Bei einem gebremsten Anhänger brauchen die Gelenke der bremskraftübertragenden Gestänge, das Schubstück im Zugrohr, der Handbremshebel und das Bremsseil Schmierung. Dafür eignet sich das Schmierfett SWB 433 oder SWA 532 (früher CERITOL + K 3). Die Gleitschiene des mechanischen Bremsdämpfers wird keinesfalls gefettet.

59.27 **Alle Reparaturen an der Bremsanlage eines Anhängers sind Sache einer Fachwerkstatt!**
Es wird empfohlen, die Bremsflüssigkeit etwa alle 2 Jahre auswechseln zu lassen. Eine Kontrolle, ob noch genügend Bremsflüssigkeit im Vorratsbehälter ist, muß öfter geschehen: zumindest zu Anfang jeder Saison. Während der winterlichen Betriebspause ist das Schubstück der Auflaufbremse öfter von Hand einzuschieben, der Handbremshebel ist öfter zu betätigen. Die Handbremse darf aber nicht ständig angezogen sein, weil das zu einem Kleben der Bremsbacken in der Bremstrommel führen kann.

59.28 **Zur eigenen Sicherheit muß die am Zugfahrzeug montierte Anhängerzugvorrichtung (AHZV) alljährlich kontrolliert werden.** Dabei ist folgendes zu beachten: Wenn an der AHZV stärkerer Rost aufgetreten ist, so muß dieser entfernt werden, und es ist ein sorgfältiger, mehrschichtiger Neuanstrich erforderlich. Ist bei der AHZV das Zugrohr mit einer Schelle festgeklemmt, so darf es keine Beschädigungen (Verformungen, Einkerbungen oder Scheuerstellen) im Bereich der Schelle aufweisen. Das gilt insbesondere für die im Rohrdurchmesser auf 31,8 mm verringerten AHZV. Die Gummibeilage darf nicht zerquetscht, zerrissen oder spröde sein. Sie soll 125 mm lang sein und rund um das Zugrohr liegen (Abb.). Bei auch nur stellenweiser Verminderung des Zugrohrdurchmessers um höchstens 0,5 mm ist dieses auszuwechseln; ebenso eine beschädigte Gummibeilage (Originalteil verwenden, das in einer IFA-Fachfiliale zu erwerben ist!). Vor jeder Fahrt ist die Kugelstütze auf Risse oder Verformungen zu kontrollieren, schon bei dem geringsten Fehler muß die AHZV von einem Fachmann überprüft werden. Keinesfalls darf man bis dahin noch mit einem Anhänger fahren! Nach längerem Fahrbetrieb mit Anhänger muß der Verschleiß der Kugel mit einem Meßschieber kontrolliert werden. Über mehrere Durchmesser gemessen, darf dieser an keiner Stelle 49 mm unterschreiten. Ansonsten muß die AHZV erneuert werden. Bei einer neumontierten AHZV sind nach der ersten Fahrt – dann alle 2 Jahre – die Befestigungsschrauben auf festen Sitz zu kontrollieren und ggf. nachzuziehen. Außerdem sind die tragenden Stellen der Karosserie im Bereich der AHZV-Befestigungspunkte auf Verformungen und Risse hin zu untersuchen. Das sollte auch dann geschehen, wenn man mit seinem Gespann einmal einen ganz schlimmen „Holper“ durch Schlagloch oder Bodensenke gemacht hat. Die dabei auftretenden Bewegungskräfte können die AHZV sogar aus ihrer Verankerung reißen.

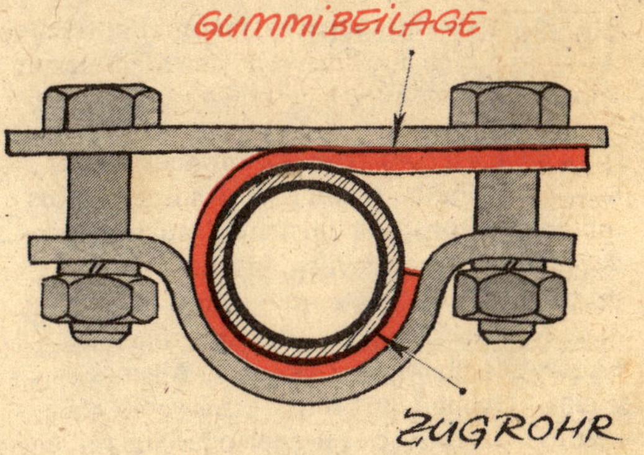

60. Bootsreparatur und -pflege

60.1 **Der Nutzen des Einwachsens der Faltboothaut bzw. des Behandelns mit Faltbootpaste ist umstritten, auch wenn es der Hersteller empfiehlt.**

Zumindest PVC-Häute widerstehen auch ohne diese Maßnahme den Verunreinigungen der Flüsse, dem Salzwasser oder dem Algenbewuchs. „Gebohnerte“ Häute erschweren ein eventuell notwendiges Kleben oder Schweißen. Der Autor, der über 25 Jahre Faltboote verschiedener Typen gefahren hat, benutzte als einziges Pflegemittel Feinwaschpulver oder Fit mit Wasser. Sprödigkeit und Stumpfheit der Häute sind ihm dabei unbekannt geblieben.

60.2 **Die PVC-Haut eines Faltbootes kann man nach etwas Übung mit relativ geringem Aufwand selbst schweißen.**

Wir benötigen einen elektrischen Lötkolben von 40, höchstens 60 Watt, dessen Kupferspitze wir spatelförmig ausschmieden, und eine Drahtbürste. Als Flicken brauchen wir Stücke von PVC-Faltboothaut (Synthetik – FC 17), die wir uns entweder aufgehoben haben (Teile des Faltbootgerüsts sind darin verpackt) oder die wir in einem Fachgeschäft für Wassersport in Streifenform erhalten können. In der Bootshaut lassen sich Löcher und Risse beliebiger Größe und Lage dauerhaft und vollwertig reparieren. Den Flicken sieht man bei sauberer Arbeit kaum, und der Wasserwiderstand des Bootes wird nur unwesentlich vergrößert. Selbst stark beanspruchte und zerkratzte Zonen, wie Kielstreifen oder die Unterkante am Spiegel des DELPHIN können mit Streifen überschweißt werden. Bei sorgfältiger Ausführung reißt eher die Bootshaut, als daß sich der aufgeschweißte Flicken wieder ablösen läßt. Übung erwirbt man am schnellsten, wenn man zunächst 2 PVC-Flecken miteinander verschweißt, ohne gleich auf die wertvolle Bootshaut loszugehen.

60.3 **Es ist sehr wichtig, daß die ausgeschmiedete Lötkolbenspitze zum Schweißen nicht zu warm ist.**

Die richtige Temperatur ist erreicht, wenn man beim Schweißvorgang ein ganz schwaches Bruzzeln hört. Daher muß man den Lötkolben von Zeit zu Zeit aus der Steckdose ziehen. Günstiger arbeitet es sich, wenn man einen 60-Watt-Typ an einem Stelltransformator betreibt (z. B. von einem Fernsehempfänger). Dann sind 170 bis 180 Volt gerade richtig!

60.4 **Die Bootshaut muß beim Schweißen auf einer festen, ebenen Unterlage ruhen.**

Weil wir das Boot möglichst nicht zerlegen wollen, schieben wir zwischen Senten und Innenhaut ein kurzes, dünnes Brett unter die Schadstelle. Der Flicken wird mit senkrecht dazu geführter Schere ausgeschnitten. Dabei soll der Überstand bei der Schadstelle auf jeder Seite etwa 2 cm, bei langen Rissen besser 3 bis 3,5 cm sein. Nachdem die Haut im Reparaturbereich mit Waschbenzin gereinigt worden ist, wird der

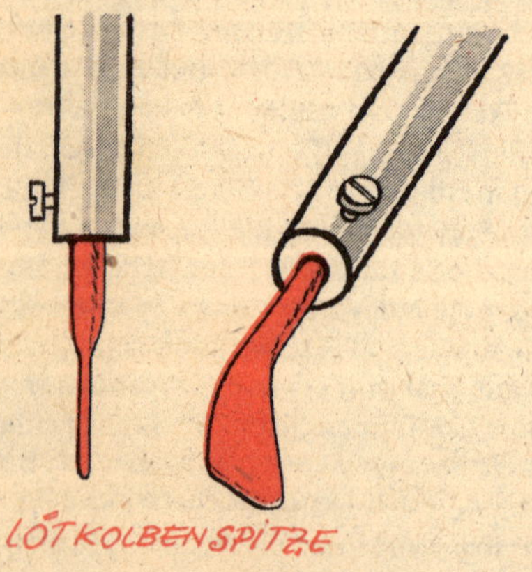

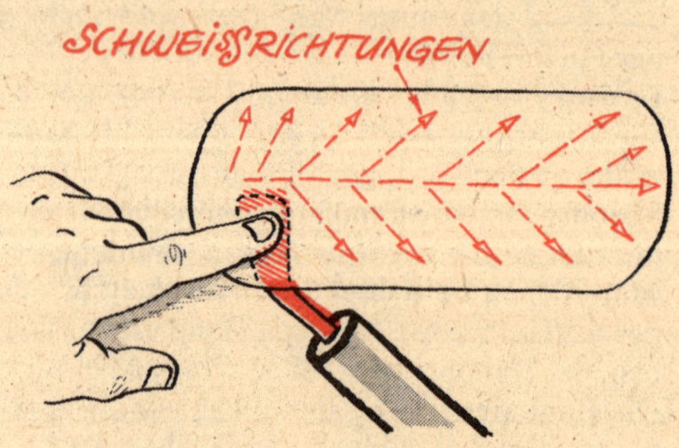

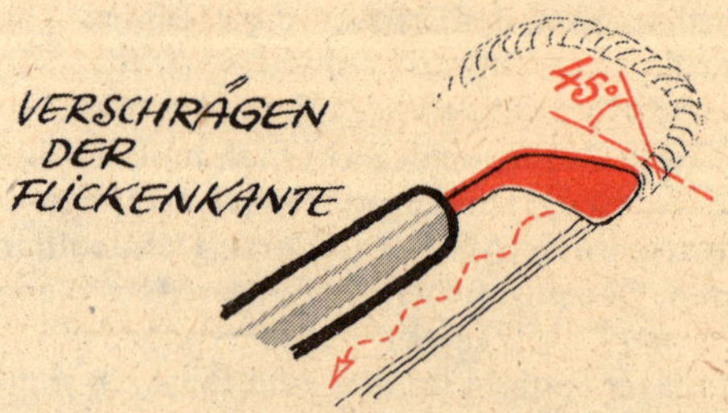

Flicken aufgelegt (glatte Seite nach außen!). Dann schieben wir unseren „Schweißlöffel" zwischen Haut und Flicken – in der Mitte des Flickens beginnend – und drücken ihn mit dem Zeigefinger oder Daumen immer gleich fest an. Auf diese Weise arbeiten wir uns von innen nach dem Rand langsam vor. Dort ist besondere Sorgfalt geboten! Weil der drückende Finger von der Hitze der Kolbenspitze etwas belästigt wird, ist es günstig, einen alten Lederhandschuh anzuziehen. Die Kolbenspitze darf nicht mit verbranntem PVC verklebt sein, daher müssen wir den Schweißvorgang öfter unterbrechen und sie mit der Drahtbürste wieder kupferblank scheuern. Zum Schluß wird die Kante des Flickens abgeschrägt. Das geschieht, indem wir den Lötkolben schräg (ca. 45°) an der Kante aufsetzen und unter schmierenden und gleitenden Bewegungen langsam den ganzen Flickrand umfahren. Nach etwas Übung ist der Übergang von Haut zu Flicken fast homogen.

60.5 **Kleine Ausbrüche und Kratzer in der Bootshaut, die bis auf die Leinwand reichen, können zu deren allmählichen Verrottung führen.**
Daher sind solche Stellen alsbald zu versiegeln. Dazu schabt man mit der spatelförmigen Lötkolbenspitze etwas PVC-Material von einem Flicken ab und „schmiert" es regelrecht in die schadhafte Stelle. Nochmals kurz mit der Kolbenspitze flach darüber, und alles ist wie neu!

60.6 **Nur bei sehr langen Rissen oder Schäden unter Senten oder Spanten sollte man auch noch von innen einen Flicken aufschweißen.**
Das erfordert in vielen Fällen die teilweise Zerlegung des Boots, weil man sonst nicht genügend Bewegungsfreiheit für die Arbeit hat.

60.7 **Obwohl das Schweißen der PVC-Bootshaut auch unterwegs möglich ist – z. B. mit einem auf dem Kocher erwärmten, möglichst dicken Messer – wird man dann wohl eher zur zwar weniger haltbaren, aber doch einfacher auszuführenden Klebereparatur schreiten.**
Die Reparaturstelle und der Flicken werden mit Sandpapier, besser mit Azeton aufgerauht. Ein unter die Senten geschobenes Brettchen schafft eine ebene Unterlage. Der Flicken wird aufgelegt und der Kleber (PCA 20 oder PCM 13) – an

einer Seite beginnend – mit dem Pinsel zwischen Haut und Flicken „geschoben". Dabei wird gleichzeitig der Flicken stückweise schnell und kräftig angedrückt. Bis zum Austrocknen des Klebers müssen vor allem die Kanten des Flickens öfter niedergedrückt oder flächenhaft beschwert werden. Es ist gut, wenn die Klebestelle mindestens 4 bis 5 Stunden (besser länger!) nicht mit Wasser in Berührung kommt.

60.8 **Wer ganz pfiffig ist, klebt das Boot nur von innen.** Dann kann später in Ruhe von außen noch ein Flicken aufgeschweißt werden. Ältere Gummi-Bootshäute werden mit Gummifleck und Gummilösung wie ein Fahrradschlauch repariert. Schweißen lassen sie sich nicht!

60.9 **Gebrochene, verzogene oder verrottete Teile des Bootsgerüsts sollte man nicht als Dauerlösung ausbessern.**
In den Wassersport-Fachgeschäften kann man alle Einzelteile für nur wenig Geld erwerben, und ein geflicktes Teil kann schon im nächsten Urlaub erneut Ärger bereiten. Weil die dünnen Senten relativ häufig brechen, sollte man immer 2 bis 3 der längsten Sententeile als Reserve mithaben. Bricht ein kürzeres, so sägt man das lange Teil auf Maß und setzt die Beschläge des Originalstabs darauf.

60.10 **Ein wasserdichtes Faltbootdeck ist sehr wichtig, sonst hat man bei Brechern über den Bug oder bei Regen immer Wasser im Boot.**
Ist das Deck undicht geworden, ansonsten aber noch in Ordnung, so verwenden wir die handelsübliche BUSSARD-Grobgewebeimprägnierung

(eine Flasche ist für jedes Boot ausreichend!). Das Gewebe des Decks ist zunächst mit einer nicht zu weichen Bürste trocken zu reinigen und anschließend mit Wasser und Seife zu bürsten (gut mit klarem Wasser nachspülen!). Nach dem vollständigen Trocknen kann das Imprägniermittel mit einem Pinsel aufgetragen werden. Mit Grobgewebeimprägnierung lassen sich auch Packtaschen, Rucksäcke, Anhängerplanen und Mannschaftszelte wieder dicht bekommen Für normales Zeltgewebe ist sie nicht geeignet.

60.11 **Am Ende der Saison (zu Beginn schadet es auch nicht!) sind alle stahlblanken oder verchromten Beschläge, die Steuerseile, Bowdenzüge und Schraubverbindungen am Boot leicht einzufetten.**

Das ist bei salzhaltigem Wasser und salzhaltiger Luft besonders wichtig. Das Boot ist vollständig zu entleeren, umzudrehen und abzuklopfen, damit Sand und Fremdkörper herausfallen können und nicht die Haut beschädigen. Bei dieser Gelegenheit lassen sich auch Schäden am Bootskörper aufspüren. Algenbewuchs und Schmutz wird sofort nach Anlandholen des Bootes mit Feinwaschpulver, Schwamm und Wasser entfernt. Angetrockneter Belag macht bei der Beseitigung vielfach größere Mühe!

60.12 **Faltboote dürfen erst nach völligem Austrocknen zerlegt in ihren Packtaschen eingelagert werden.**

Es ist darauf zu achten, daß die Bootshaut keine scharfen Knicke bildet. Darum ist Innenseite auf Innenseite zu schlagen, das Oberdeck dazwischen. Dann werden Bug und Heck zur Mitte gelegt und schließlich aufeinander geschlagen. Die Tasche mit der Bootshaut darf durch keine anderen Packtaschen belastet werden. Die Beschläge des Gerüsts kann man vor dem Verpacken mit Autoschutzwachs konservieren. Zur Einlagerung eignen sich nur trokkene Räume.

60.13 **Ein unzerlegtes Mehrzweckfaltboot DELPHIN kann man auch hängend aufbewahren, z. B. unter der Garagendecke.**

Das spart Raum. Damit sich das Holzgerüst des Bootes nicht verziehen kann, wird allgemein empfohlen, unter jeden Spant einen Gurt zu legen. Nach eigenen, jahrelangen Erfahrungen genügt aber eine Aufhängung nach Zeichnung. Bei einem D 110/2 werden die Gurte unter den Spanten 1/3 und 5/6 untergezogen. Auch eine Lagerung auf Kiel ist auf ebener, glatter Unterlage möglich (Folie unterlegen!). Aus den Luftschläuchen sollte man etwas Luft herauslassen, die Spannvorrichtung des Gerüsts ist etwas zu lockern, dann wird auch in der nächsten Saison die Bootshaut wieder völlig straff und glatt.

60.14 **Auch ein unzerlegtes Faltboot muß vor der Wintereinlagerung vollständig austrocknen.**

Vor allem unter der Bodenleiter bzw. Kielleiste verbleibt leicht hartnäckige Restfeuchte, die das

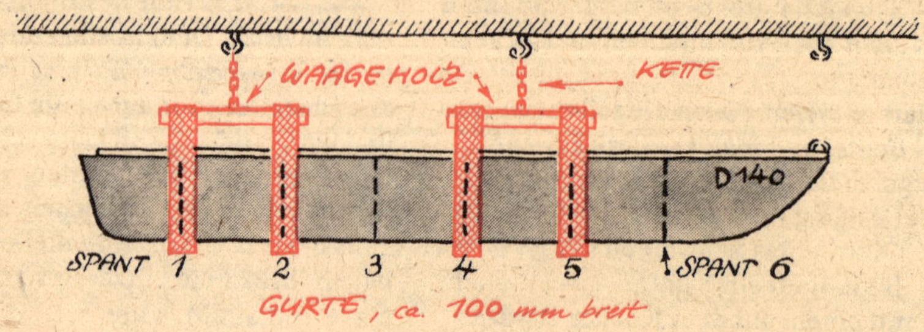

Gerüst verfaulen läßt. Beim Mehrzweckfaltboot DELPHIN 140 ist das U-förmige Blech mit der Ruderpinnenhalterung am Heckspiegel unbedingt abzunehmen, und zwischen Bootshaut und Heckspiegel ist etwas Zwischenraum zu schaffen (zwei schmale Leisten von oben einschieben). Unterläßt man das, so verrottet das Holz an dieser Stelle unweigerlich in wenigen Jahren vollständig.

60.15 **Wer sein Faltboot ständig aufgebaut beläßt, der sollte es doch wenigstens alle 2 bis 3 Jahre vollständig zerlegen.**
Die Haut wird nach Scheuerstellen untersucht und ggf. ausgebessert. Beschädigter oder verwitterter Lack auf Holzteilen wird abgeschliffen. Diese Stellen sind dann mit Halböl vorzubehandeln und nach 2 bis 3 Tagen mit Boots- oder Jachtlack zu überstreichen. Keinesfalls darf dazu Klarlack auf Nitrobasis (NC oder PC) verwendet werden; es bilden sich sonst Blasen und Runzeln. Dasselbe kann uns auch bei Bootslack auf Alkydharzbasis passieren, wenn noch Feuchtigkeit im Holz sitzt. Daher vor dem Streichen ganz gründlich austrocknen lassen! Alle Verbindungs- und Gelenkteile des Gerüsts sind auf Fehlerfreiheit und festen Sitz zu kontrollieren.

60.16 **Schlauchboote bedürfen nur geringer Pflege.**
Das verwendete Material ist sehr alterungsbeständig und strapazierfähig. Wichtig ist, daß Schlauchboote bei Gebrauch nicht übermäßig aufgeblasen sind. Bei Sonnenbestrahlung steigt der Innendruck an. Darum soll man Schlauchboote auch nie in praller Sonne liegenlassen oder wenigstens entsprechend Luft ablassen. Sie dürfen nicht auf sehr unebenem oder steinigem Grund gelagert oder sogar darübergeschleift werden (das gilt auch für alle anderen Boote mit einer Plaste oder Gummihaut!).

60.17 **Im Winter können Schlauchboote mäßig aufgeblasen auf ebenem Grund eingelagert werden.**
Das ist günstiger als verpackte Aufbewahrung, weil ihre Haut keine Falten und Knicke bekommen kann. Platzsparender ist das Aufhängen unter der Decke eines temperierten Raumes in normal aufgeblasenem Zustand. Zur Reinigung am Saisonende genügt ein Feinwaschmittel bzw. Fit in Wasser oder die handelsübliche Faltbootwäsche. Für Holzböden und Spiegel gelten die Pflegeanweisungen nach 60.15.

60.18 **Schlauchboote mit Gummi-Gewebe-Haut repariert man mit normalem Fahrradflickzeug.**
Mit der Wasserung ist danach aber etwa 2 Stunden zu warten. Kinderbadeboote aus Polyethylenfolie werden bei einem Riß oder einer geplatzten Naht am besten mit dem Bügeleisen geschweißt (→ 54.1).

*

Für dieses Jahr ist die Arbeit des Campers getan, und er hat sich ein Guthaben angelegt: Urlaubserlebnisse heißt das Kapital, das im Laufe der Zeit reiche Zinsen trägt. Häßliche Erinnerungen verblassen, erfreuliche bleiben im Gedächtnis und gewinnen mit den Jahren an Glanz.
Mit den Worten des Dichters RÜCKERT schließt sich der Kreis:
„Anfang und Ende sind verwandt,
doch ist der Anfang blind, das Ende hat's erkannt!"

Verlag und Autor danken allen Institutionen und Fachleuten, die Teile des Manuskripts begutachtet oder mit wertvollen Hinweisen zum Gelingen des Buches beigetragen haben:

- Ministerium des Innern, Presseabteilung,
- VEB Reisebüro der DDR, Generaldirektion,
- Staatliche Versicherung der DDR, Generaldirektion,
- Freie Deutsche Jugend, Generaldirektion Jugendtourist,
- Campingzentrum Ostsee,
- L. Habrecht, Tarifamt der Deutschen Reichsbahn,
- C. Rohde, Facharzt für Allgemeinmedizin,
- W. Riedel, VEB Verlag für Verkehrswesen transpress,
- H. Kleffe, Dipl.-Psych., Fachautor für Fotografie,
- G. Böttcher, Oberleutnant der Feuerwehr,
- VR, Dr. M. Eisenhuth, Hygienetierarzt,

Der Dank geht weiterhin an folgende DDR-Firmen, die Material für die Erarbeitung des Buches bereitgestellt haben:

- VEB ISOKO, Schmiedefeld,
- VEB Landmaschinenbau Torgau,
- VEB Fahrgestellbau Erfurt,
- VEB Fahrzeugwerk »Ernst Thälmann« Lübtheen,
- VEB Anhängerbau Wittenberge,
- VEB Stanz- und Emaillierwerke Großenhain,
- VEB Kraftfahrzeugwerk »Ernst Grube« Werdau,
- VEB Automobilwerke Ludwigsfelde,
- VEB Stahl- und Kältetechnik Haldensleben,
- Verlag für die Frau, Berlin-Leipzig,
- VEB Favorit Taucha,
- VEB Textil- und Veredelungsbetrieb Neugersdorf,
- VEB Fahrzeugbau Olbernhau,
- VEB Berliner Vergaser- und Filterwerke Berlin,
- VEB Stahl- und Walzwerk »Wilhelm Florin« Hennigsdorf,
- VEB Kraftfahrzeugzubehörwerk Magdeburg,
- VEB Karosseriewerk Halle,
- VEB IFA-Karosseriewerke Dresden,
- VEB Campinganhänger Großfahner,
- VEB Stahlbau Krippehna, Campingwohnwagen Bad Düben,
- VEB Heimstolz Weferlingen,
- VEB Oberlausitzer Fahrzeugbau Georgewitz-Bellwitz,
- VEB Mathias-Thesen-Werft Wismar,
- Fa. H. Immisch Apolda.

Der Autor bedankt sich außerdem bei den Verantwortlichen auf Zeltplätzen und den ungezählten Campingfreunden aller Altersstufen, mit denen Fragen von allgemeinem Interesse in langen Stunden diskutiert und abgestimmt worden sind.

Anhänge

Anhang 1. Campingwohnwagen

	Masse in kg Leer-/	Nutz-	Abmessungen in mm Gesamt (L×B×H)	Aufbaulänge [Stehhöhe]	Schlafflächen	Außenhaut	Propankocher	Spüle	Heizung	Bremse	Bugrad	Reifengröße	Elektroanlage
WÜRDIG 301-2	290	110	3800× 1720× 2150	3100 [1800]	1980× 1660	HP[1]	vorbereitet	–	–	–	–	5.20-13	6/12 V
QEK-JUNIOR	300	100	3850× 1925× 2050	2900 [1760]	1880× 1860	GUP[2]	+	+	–	–	–	5.20-13	6/12 V
QEK-JUNIOR	360	140	3850× 1925× 2050	2900 [1760]	1880× 1860	GUP[2]	+	+	–	+	–	5.20-13	12 V 220 V[3]
QEK-AERO	500	150	4320× 1947× 2100	3250 [1860]	2150× 1850	ALU[4]	+	+	–	+	+	5.20-13	12 V 220 V[3]
LAUSITZ 310	385	115	4370× 2000× 2300	3100 [1825]	1. 1270× 1900 2. 700× 1900	ALU[4]	+	+	vorbereitet	+	+	5.20-13 oder 145 SR 13	6/12 V 220 V
FRIEDEL	480 (520)	70 (180)	4310× 1870× 2180	3210 [1870][5]	1860 1760	ALU[4]	+	+	–	– (+)	+	6.00-13 oder 6.15-13	12 V 220 V
ALLER 300	400	150	4050× 1980× 2310	3000 [1840]	1. 1360× 1850 2. 640× 1850	HP[1]	+	+	vorbereitet	+	+	5.20-13	12 V 220 V

	Masse in kg Leer-/	Nutz-	Abmessungen in mm Gesamt (L×B×H)	Aufbaulänge [Stehhöhe]	Schlafflächen	Außenhaut	Propankocher	Spüle	Heizung	Bremse	Bugrad	Reifengröße	Elektroanlage
APOLDA LUXUS	500	200	4030× 1870× 2220	3000 [1725]	1850× 1795	ALU[4]	vorbereitet	+	–	+	+	6.00-13	12 V 220 V
BASTEI 350	560[6]	240[7]	4587× 2025× 2360	3500 [1850]	1. 1900× 1605 2. 1900× 700	SPR[8]	+	+	vorbereitet	+	+	155 R 13 oder 6.00-13	12 V 220 V
BASTEI 390	580[6]	220[7]	5320× 2035× 2330	3900 [1850]	1. 1900× 1600 2. 1900× 1200	SPR[8]	+	+	vorbereitet	+	+	155 R 13 oder 6.00-13	12 V 220 V
INTERCAMP 440 T	680	320	5474× 2080× 2410	4371 [1810]	1. 1390× 1900 2. 580× 1880 3. 615× 1880	GUP[2]	+	+	+	+	+	6.00-13 oder 165 SR 13	12 V 220 V[3]
INTERCAMP 440 N	650	350	5474× 2080× 2410	4371 [1810]	1. 1390× 1900 2. 1600/ 1140× 1900	GUP[2]	+	+	+	+	+	6.00-13 oder 165 SR 13	12 V 220 V[3]

1) Hartpapierpreßplatte
2) glasfaserverstärktes ungesättigtes Polyesterharz
3) eingebauter Trenntransformator
4) Aluminium
5) im Stehbereich des Hubdachs
6) + 20 kg mit Heizung SOLAR
7) – 20 kg mit Heizung SOLAR
8) Sprelacart

Anhang 2. Wohnzeltanhänger

Typ	Masse[1] in kg Leer-/	Nutz-	Abmessungen in mm fahrfertig	Zeltgrundfläche	Stehhöhe	Schlaffläche	Küche mit Gasanlage	Spüle	Bereifung	Sonderzubehör
CT 5-3				alle Typen						Schaumstoffaufleger (80 mm dick)/Innenkabinen/Trennvorhänge/Reserveradhalter/Gazeschrank
– Standard	305	195[1]	3143[2] × 1600 × 968	Hauptzelt: 4500×2000	max. 2250	1. 1850× 250	–	–		
Normal	325	175[1]		Vorzelt: 4500×2150	min. 1750	2. 1750× 1100	klappbar	–	5.20-13	
– de Luxe	340	160[1]	3440[2] × 1600 × 968				fest eingebaut	+		
CT 6-2 W				alle Typen						Bugrad/Kippvorrichtung/Reserverad/Reserveradhalterung/Sonnensegel/Vorzelthimmel
– gebremst	320	180	3150[2] × 1600 × 1060	Hauptzelt: 3250×2300	max. 2300	1. 1950× 1400	+	+	5.20-13	
– ungebremst	300	200		Vorzelt: 3250×2300	min. 1800	2. 1850× 1400				
CT 7				alle Typen						Bugrad/Kippvorrichtung/Reserverad/Reserveradhalter/Haupt- und Vorzelthimmel/Sonnensegel/Vorzeltboden/Rückenlehnen mit Polster/Garderobenstab
– gebremst	330	170	3150[2] × 1600 × 985	Hauptzelt: 4300×2000	max. 2350	1. 1880× 1200	+	+	5.20-13	
– ungebremst	310	190		Vorzelt 4300×2200	min. 1780	2. 1880× 1200				

1) ungebremste Ausführungen; bei gebremsten Anhängern reduziert sich die Nutzmasse um 20 kg
2) bei abgenommener Deichsel etwa 750 mm kürzer

Anhang 3. Einachsanhänger für Lasten und Boote

	Masse in kg Gesamt-/Nutz-		Abmessungen (L×B×H) in mm gesamt	Kasten	Ersatzrad	Reifengöße	Besonderheiten, lieferbares Zubehör
HP 300.01 (ungebremst)	300	205	2065 × 1480 × 1080	1260 × 1085 × 400	+	4.00–8 Sport RWS 17	abnehmbare Plane mit Bügel, klappbare Vorderwand und Rückwand, abnehmbare Seitenwände. Sonderwunsch: abnehmbare Rückwand, Zusatzausrüstung zum Transport von Booten bis 4,5 m Länge, 1,5 m Breite und 110 kg Masse
HP 350.01/2 (ungebremst)	350	260	2072 × 1440 × 1050	1850 × 1260 × 400	+	4.00–8 RWH S 17	abnehmbare Plane mit Bügel, klappbare Vorderwand, Rückwand und Seitenwände abnehmbar.
HP 400.01/2 ungebremst	400	310					Sonderwunsch: verschließbarer Deckel, Zusatzeinrichtung zum Transport von Booten bis zu 5,1 m Länge, 1,8 m Breite und 200 kg Masse
HP 400.02/32 (ungebremst)	400	300	2070 × 1360 × 900	1350 × 1000 × 350	+	4.00–8 4 PR	Holzkasten mit Flachplane, Rückwand abnehmbar. Zubehör: Garagenständer zum senkrechten Abstellen
HP 400.01 (ungebremst)	400	310	2045 × 1390 × 875	1380 × 1100 × 400		4.00–8 4 PR	Flach- bzw. Hochplane oder Deckel. Zubehör: Garagenständer zum senkrechten Abstellen

	Masse in kg Gesamt-	/Nutz-	Abmessungen (L×B×H) in mm gesamt	Kasten	Ersatzrad	Reifengöße	Besonderheiten, lieferbares Zubehör
HP 500.01/01 (gebremst)	500	360	2670 × 1505 × 890	1700 × 1100 × 400	–	5.20–13	Spitzplane mit Spriegeln, Heckwand herausnehmbar, Rückfahrautomatik, Feststellbremse. Sonderzubehör: Ersatzrad. Modifikationen des Grundtyps: Kasten mit doppelter Höhe, Gestelle für Motorradtransport und großflächiges Transportgut (z. B. Fenster)
HP 500.95/1 (ungebremst)	500	350	4535[1)]× 1550 × 780	–	+	5.20–13 sl	Bootsanhänger für Boote bis zu 5,5 m Länge und einer Masse von 350 kg. Auf Bootsbreite einstellbar. Sonderwunsch: Mastauflage und Kielablaufrolle
HP 650.01/2 (gebremst)	650	490	2890 × 1560 × 900	1850 × 1150 × 400	+	5.20–13 oder 145 SR 13	klappbare und abnehmbare Rückwand, abnehmbare Deichsel (Bedienungsanleitung beachten!) Sonderwunsch: Flach- oder Hochplane, Deckel, Aufsatzbordwand mit oder ohne Deckel, Flachplane
HP 650.95 (ungebremst)	650	500	5330[2)] × 1620 × 700	–	–	145 SR 13	Bootsanhänger für Boote bis zu 500 kg Masse

1) Hecktraverse ausziehbar; dann Gesamtlänge 5285 mm
2) Hecktraverse ausziehbar; dann Gesamtlänge 6010 mm

Anhang 4. Heizgeräte

Heizertyp	Wärmeabgabe in kW (kJ/h)[1]	Kosten in Pfg/h	Anwendungsvorschlag bei Camping
Gasraumheizer SOLAR 3000	2,88 (10350)	24/9,5[2]	große Wohnwagen beim Wintercamping
Elektrischer Heizer, 2000 W	2,0 (7200)	16,0	
Elektrischer Heizer, 1000 W	1,0 (3600)	8,0	große Wohnwagen und Steilwandzelte in der Vor- oder Nachsaison
Katalytofen 2730	1,05 (3765)	3...3,5	
Propanheizer:			
IR-Wärmestrahler	1,11 (4000)	10,0	(Propanwärmestrahler nicht im Wohnwagen)
KATALYT 900	0,9 (3250)	6,5	
KATALYT 1000	1,0 (3600)	7,2	
Katalytofen 2725	0,64 (2300)	1,5...1,8	Hauszelte beim Wintercamping
Propanheizer: KATALYT 700	0,7 (2500)	5,0	kleinere Wohnwagen und Steilwandzelte in der Vor- oder Nachsaison
Katalytofen 2720	0,19 (670)	0,6...0,7	Hauszelte in der Vor- oder Nachsaison

1) alte Einheit: kcal/h; Umrechnung: 1 kcal/h etwa 4 kJ/h
2) Vollast-/Teillastbetrieb

Anhang 5. Zeltplatzkategorien und Campinggebühren in der DDR

Die Einstufung erfolgt je nach Ausstattung in drei Kategorien:

Kategorie I
Leitungswasser, WC, Waschanlagen mit fließendem Warm- und Kaltwasser, Verkaufseinrichtung(en), teilweise Elektroanschluß für Campingwohnwagen, Steckdosen für Elektrorasierer, Parkmöglichkeit, Arzt oder Gesundheitshelfer, Sport- und Campinggeräteausleihe, ständige Anwesenheit eines Verantwortlichen.

Kategorie II
Leitungswasser, WC oder Trockentoilette, Waschanlagen mit fließend Kaltwasser, Verkaufseinrichtung(en), Steckdosen für Elektrorasierer, Parkmöglichkeit, Gesundheitshelfer, Sport- und Campinggeräteausleihe, ständige Anwesenheit eines Verantwortlichen.
Auf Plätzen der Kat. I und II sind außerdem meist Gaststätte, Poststelle, Kinderspielplätze und Sporteinrichtungen zu finden.

Kategorie III
Handpumpe, Waschstellen, Trockentoiletten, Parkmöglichkeit, Gesundheitshelfer, Verantwortlicher ist nur zeitweilig anwesend.

Die Campinggebühren
werden von den Rechtsträgern der Campingplätze festgelegt. Sie können örtlich verschieden sein und richten sich im wesentlichen nach der Kategorie des Platzes.
Gebühren je Tag:

	Kategorie I	Kategorie II	Kategorie III
je Person[1]	1,–	0,50	0,30
einachsiger Campingwohnwagen	1,–	1,–	1,–
Pkw	1,–	1,–	1,–
Motorrad, Kleinkraftrad	0,50	0,50	0,50
Fahrrad	0,20	0,20	0,20

1) Kinder bis zu 6 Jahren sind gebührenfrei, für Schüler, Studenten, Lehrlinge, Schwerbeschädigte und Rentner gilt eine Ermäßigung von 50 %.

Gebühren für Dauercamping (4 Monate): je Person bis zu M 40,–. Übersteigt die Zeltgrundfläche 15 m², so können für das Zelt gesonderte Gebühren berechnet werden.

Anhang 6. Belastungskenngrößen von Pkw in kg

Fahrzeugtyp	Nutzmasse	Achslast vorn	Achslast hinten	Anhängelast ungebremst	Anhängelast gebremst	Dachlast
Citroën Pallas GSA	400	745	690	475	1000	60
Dacia 1310	400	640	720	440	750	40
Lada 2101/21011/21013	400	630	740	500	800	50
Lada 2102	430	630	865	500	800	50
Lada 2103/2106/21061	400	660	783	550	1000	50
Lada 2105	400	635	760	500	800	50
Mazda 323	400	655	695	450	800	50
Moskwitsch 412	375	680	780	560	750	75
Moskwitsch 2140	400	680	800	560	1000	60
Skoda S 100	375	540	720	400	600	50
Skoda S 105/120 (alle Typen)	400	600	780	400	600	50
Trabant 601 L	385	450	550	300	400	65
Trabant 601 U	390	460	580	300	400	40
VW-Golf L	450[1]	610	600	400	800	75
VW-Golf LS	450[1]	670	600	400	800	75
VW-Golf LD	445[1]	670	600	400	800	75
Wartburg 353 W/L	400	640	680	500	650	60/40[2]
Wartburg 353 W/T	440	640	800	500	650	50/40[2]
Wolga GAS 24	375	860	970	700	1000	80
Zastava 1100	400	620	650	440	680	50

[1] zweitürige Ausführung; bei der viertürigen vermindert sich die Nutzmasse um 25 kg
[2] ohne/mit Schiebedach

Anhang 7. Kfz-Auslands-Haftpflichtversicherung

	Beitrag in Mark für eine Reisedauer bis zu 7 Tagen	1 Monat
Zweiradfahrzeuge	3,00	3,00
Pkw bis 800 cm³ Hubraum	3,00	6,00
Pkw über 800 cm³ Hubraum	3,00	10,00

Anhang 8. Kfz-Auslands-Kaskoversicherung

		Beitrag in Mark für eine Reisedauer bis zu 7 Tagen		14 Tagen		1 Monat	
		A	B	A	B	A	B
Zweiradfahrzeuge bis 100 cm³	ohne SB	3,–	3,–	3,–	6,–	3,–	9,–
	mit SB (100,–)	3,–	3,–	3,–	3,–	3,–	5,–
Zweiradfahrzeuge über 100 cm³	ohne SB	3,–	5,–	6,–	10,–	9,–	20,–
	mit SB (100,–)	3,–	3,–	4,–	6,–	6,–	12,–
Pkw 14,7 ... 29,4 kW (20 ... 40 PS)	ohne SB	6,–	18,–	12,–	36,–	24,–	72,–
	mit SB (300,–)	3,–	7,–	6,–	14,–	12,–	28,–
Pkw 29,5 ... 55,2 kW (41 ... 75 PS)	ohne SB	8,–	25,–	16,–	50,–	32,–	100,–
	mit SB (300,–)	3,–	10,–	6,–	20,–	12,–	40,–

Für Campinganhänger wird der Versicherungsbeitrag ausgehend vom Neuwert des Fahrzeugs und von der Reisedauer berechnet. Der Mindestbeitrag beträgt 3,– M.

A Kasko-Versicherung in der DDR besteht
B Kasko-Versicherung in der DDR besteht nicht
SB Selbstbeteiligung (gilt nur für Unfallschäden)

Anhang 9. Campingversicherung

Versicherungssumme (Wert der Ausrüstung) in Mark	Beitrag in Mark für eine Reisedauer bis 14 Tage	1 Monat	2 Monate (Dauerzelter)	3 Monate	6 Monate
1000,–	1,–	1,50	6,–	9,–	13,50
2000,–	1,50	3,–	12,–	18,–	27,–
3000,–	2,30	4,50	18,–	27,–	40,50
4000,–	3,–	6,–	24,–	36,–	54,–
5000,–	3,80	7,50	30,–	45,–	67,50

Soll im Ausland gezeltet werden, muß das gesondert vereinbart werden.

Anhang 10. Gesetze und Verordnungen

(Rechtliche Grundlagen zur Regelung des Campinglebens, der Touristik und des Wassersports)

/1/ »Anordnung über allgemeine Verhaltensregeln im Brandschutz, über die Evakuierung von Menschen aus Bauwerken sowie über Brandschutzerfordernisse auf Campingplätzen – Verhaltensordnung Brandschutz –« vom 8. Juni 1982 (in Gbl. I, Nr. 29 vom 4. Aug. 1982)

/2/ »Anordnung über den Schutz und die Reinhaltung der Wälder« vom 11. März 1969 (in Gbl. II, Nr. 30 vom 17. April 1969)

/3/ »Erste Durchführungsverordnung zum Landeskulturgesetz – Schutz und Pflege der Pflanzen- und Tierwelt und der landschaftlichen Schönheiten (Naturschutzverordnung)« vom 14. Mai 1970 (in Gbl. II, Nr. 46 vom 19. Mai 1970)

/4/ »Erste Durchführungsbestimmung zur Naturschutzverordnung – Schutz von Pflanzen- und Tierarten – (Artenschutzbestimmung)« vom 1. Oktober 1984 (in Gbl. I, Nr. 31 vom 29. November 1984)

/5/ »Zweite DB zur fünften Durchführungsverordnung zum Landeskulturgesetz – Begrenzung, Überwachung und Verminderung der Emission von Verbrennungsmotoren« vom 15. Febr. 1983 (in Gbl. I, Nr. 5 vom 25. Februar 1983)

/6/ »Vierte Durchführungsverordnung zum Landeskulturgesetz – Schutz vor Lärm –« vom 14. Mai 1970 (in Gbl. II, Nr. 46 vom 29. Mai 1970)

/7/ »Anordnung über die Regelung des Freibadewesens« vom 18. Mai 1956 (in Gbl. I, Nr. 50 vom 6. Juni 1956)

/8/ »Anordnung über die Ordnung in den Grenzgebieten und den Seegewässern der Deutschen Demokratischen Republik – Grenzordnung –« vom 25. März 1982 (in Gbl. I, Nr. 11, Seite 208)

/9/ »Anordnung zur Regelung des Seeverkehrs – Seeverkehrsordnung (SeeVO) –« vom 18. Oktober 1978 (in Gbl.-Sonderdruck Nr. 993 vom 15. Mai 1979)

/10/ »Anordnung über den Verkehr mit Sportbooten – Sportbootanordnung (SBAO) –« vom 2. Juli 1974 (in Gbl.-Sonderdruck Nr. 730 vom 30. September 1974) mit den Ergänzungen:

/11/ »Anordnung Nr. 2 über den Verkehr mit Sportbooten – Sportbootanordnung (SBAO)« vom 15. Mai 1979 (Gbl.-Sonderdruck Nr. 730/1)

/12/ »Anordnung Nr. 3 über den Verkehr mit Sportbooten – Sportbootanordnung (SBAO)« vom 3. Juli 1981 (Gbl.-Sonderdruck Nr. 730/2)

/13/ »Anordnung über die Aufgaben bei gefahrdrohenden Wettererscheinungen« vom 1. September 1983 (in Gbl. I, Nr. 27 vom 4. Oktober 1983)

/14/ »Anordnung über den Umbau und Aufbau von Kraftfahrzeugen und deren Anhänger – Kraftfahrzeugumbauordnung (Kfz-UbO) –« vom 27. April 1982 (in Gbl. I, Nr. 21 vom 1. Juni 1982)

/15/ »Dritte Durchführungsverordnung zur Straßenverkehrs-Zulassungs-Ordnung (StVZO) – Bau, Betrieb und Ausrüstung von Fahrzeugen« vom 28. Mai 1982 (in Gbl. I, Nr. 27 vom 23. Juli 1982)

/16/ »Ordnung über den Aufenthalt in Jugendherbergen, Jugendtouristenhotels und Jugenderholungszentren der DDR« vom 31. März 1980 (in Gbl. I, Nr. 3, Seite 47)

/17/ »Verordnung zum Schutz der Kinder und Jugendlichen« vom 26. März 1969 (in Gbl. II, Nr. 32, Seite 219)

/18/ »Verordnung zur Bekämpfung von Ordnungswidrigkeiten – OWVO –« vom 22. März 1984 (in Gbl. I, Nr. 14 vom 15. Mai 1984)

/19/ »Anordnung über die Mitnahme gefährlicher Güter in öffentliche Beförderungsmittel« vom 27. Februar 1979 (in Gbl. I, Nr. 11 vom 25. April 1979)

/20/ TGL 200-0630, Ausgabe Mai 1984 »Elektrotechnische Anlagen für ortsveränderliche Einrichtungen«

/21/ »Anordnung über die Allgemeinen Bedingungen für die Leistungen des Reisebüros – Leistungsbedingungen der Reisebüros –« vom 27. Juli 1976 (in Gbl. I, Nr. 32, Seite 406)

Anhang 11. Campingliteratur

/1/ Brose, W.; Toebe, W.: Sport- und Campingartikel. VEB Fachbuchverlag, Leipzig 1978

/2/ Sonderheft: Camping, Haushalt im Grünen. Verlag für die Frau, Leipzig 1968

/3/ Hunger, J.: Camping-Wohnanhänger. VEB Verlag Technik, Berlin 1985

/4/ Zeitschrift: Der Deutsche Straßenverkehr. transpress VEB Verlag für Verkehrswesen, Berlin, Jahrgänge 1975 bis 1985

/5/ Uhl, W.: Handbuch für Rucksackreisen. Pietsch-Verlag, Stuttgart 1983

/6/ Müller, K.; Teige, W.: Die Rechte der Käufer. 14. Aufl. Verlag Die Wirtschaft, Berlin 1982

/7/ Lübchen; Thiel: Urlaub, Reisen, Camping. Reihe: Recht in unserer Zeit, Nr. 37. Staatsverlag der DDR, Berlin 1982

/8/ Autorenkollektiv: Rechte beim Reisen. Verlag Die Wirtschaft, Berlin 1984

/9/ Edler, K.-H.; Roediger, W.: Das große Campingbuch. Verlag Neues Leben, Berlin 1961

/10/ Fiedler, K.: Hygienepraxis. VEB Verlag Volk und Gesundheit, Berlin 1982

/11/ Pietsch, K. H.: Ratgeber Wassersport. transpress VEB Verlag für Verkehrswesen, Berlin 1984

/12/ Zeitschrift: Guter Rat. Verlag für die Frau, Leipzig, Jahrgänge 1970 bis 1985

/13/ Hölzel, L.: Mit dem Fahrzeug unterwegs. (Reihe: Recht in unserer Zeit, Nr. 51). Staatsverlag der DDR Berlin 1984

/14/ Buchreihe: Ich fahre einen . . . (Selbsthilfe). transpress VEB Verlag für Verkehrswesen, Berlin

/15/ Autorenkollektiv: Mein Pkw von A–Z. 4. Aufl. transpress VEB Verlag für Verkehrswesen, Berlin 1984

/16/ Campingkarte der DDR. 5. Aufl. VEB Tourist Verlag Berlin/Leipzig 1984

/17/ Fisch, B.: Wandern. Sportverlag, Berlin 1983

/18/ Florstedt, R.: Rund um das Wandern. Verlag für die Frau, Leipzig 1982

/19/ Autorenkollektiv: Sportliches Wandern. Sportverlag, Berlin 1984

/20/ Knoll, M.: Wintertouristik. VEB Tourist Verlag, Berlin/Leipzig 1984

/21/ Minol Ratgeber Flüssiggas. VEB Kombinat Minol, Berlin

/22/ Lotsch, R.: Wasserwandern. Faltblatt. Sportverlag, Berlin 1981

/23/ Wasserwanderatlas der DDR
Teil Mecklenburger Gewässer und Boddengewässer. VEB Tourist Verlag, Berlin/Leipzig 1978;
Teil Märkische Gewässer, VEB Landkartenverlag, Berlin 1976

/24/ Zeiske; Plomann: Fisch- und Gewässerkunde. 6. Aufl. Sportverlag, Berlin 1985

/25/ Basan, U.: Bootsangeln. Sportverlag, Berlin 1985

/26/ Hempel; Mehnert; Sbrzesny: Amateurfilmbuch für alle. VEB Fotokinoverlag, Leipzig 1981

/27/ Hamann, H.: Wir fotografieren. VEB Fotokinoverlag, Leipzig 1985

/28/ Wildfrüchte. Sonderheft. Verlag für die Frau, Leipzig 1984

/29/ Heyden, G.: Brettsegeln. 3. Aufl. Sportverlag, Berlin 1982

/30/ Autorenkollektiv: Selbstgebaut für Auto und Freizeit. ALFA Bratislava; deutsche Ausgabe VEB Verlag Technik, Berlin 1982

/31/ anonym: Winterspaß mit dem Schaumstoffschlitten. In: practic 4/1983, Seite 165

/32/ Quitschala, R.: Ein Ruderaufsatz fürs Surfbrett. In: practic 2/1983, Seite 54

/33/ Gröger, F.: Pilze und Wildfrüchte selbst gesammelt und zubereitet. 3. Auflage. Verlag für die Frau, Leipzig 1985.

/34/ Jugendherbergskarte der DDR. 2. Aufl. VEB Tourist Verlag, Berlin 1987.

Sachwortverzeichnis